U0941585

南昌大学校史

1921—2021

周创兵　主编

图书在版编目（CIP）数据

南昌大学校史：1921—2021/周创兵主编．-- 南昌：江西人民出版社，2021.4

ISBN 978-7-210-10740-8

Ⅰ．①南…　Ⅱ．①周…　Ⅲ．①南昌大学－校史－1921-2021　Ⅳ．①G649.285.61

中国版本图书馆CIP数据核字（2021）第053349号

南昌大学校史：1921—2021

周创兵　主编

责任编辑：李月华

装帧设计：同异文化传媒

出版：江西人民出版社

发行：各地新华书店

地址：江西省南昌市三经路47号附1号

编辑部电话：0791-86898143

发行部电话：0791-86898815

邮编：330006

网址：www.jxpph.com

E-mail:270446326@qq.com

2021年4月第1版　2021年4月第1次印刷

开本：787×1092毫米　1/16

印张：39.75　彩页：20　字数：730千字

ISBN 978-7-210-10740-8

定价：128.00元

承印厂：南昌市红星印刷有限公司

赣版权登字—01—2021—14

校史编撰委员会

主　任

喻晓社

副主任

周创兵　李德平　朱友林　江风益　邓晓华　史国珍

刘成梅　刘耀彬　徐求真　黄细嘉　徐光兵　饶　勇　滕勇前

主　编

周创兵

执行主编

邹锦良

编撰成员

（按姓氏笔画排序）

王　静　方之美　孔爱民　邓筱玲　叶庆华　叶林桢　朱旺力

刘水龙　刘尧飞　刘　敏　李云辉　吴　丹　吴杰华　何丽青

余启胜　张兴荣　欧阳润　赵　果　胡邦宁　钟贞山　黄晓红

常子龙　韩　东　廖元新　熊亚菲　戴　磊

1962 年，江西大学新闻系学生到宜春进行社会调查

1993 年 5 月，南昌大学成立大会召开

1993 年，聘任潘际銮教授为南昌大学校长授聘仪式

1997 年，南昌大学“211 工程”建设立项审核会议

2004 年，江西省人民政府、教育部共建南昌大学协议签字仪式

2005 年，南昌大学和江西医学院合并，组建新南昌大学

江西省人民政府办公厅文件

赣府厅发〔2014〕67号

江西省人民政府办公厅关于印发
南昌大学综合改革试点实施方案的通知

各设区市政府，省政府各部门：

《南昌大学综合改革试点实施方案》已经省政府同意，现印发给你们，请认真贯彻执行。

2014年12月21日

2014 年，南昌大学被列为江西省综合改革试点高校

信息名称： 教育部 财政部 国家发展改革委关于公布世界一流大学和一流学科建设高校及建设学科名单的通知
信息索引： 360A22-07-2017-0005-1 **生成日期：** 2017-09-21 **发文机构：** 教育部、财政部、国家发展改革委
发文字号： 教研函〔2017〕2号 **信息类别：** 高等教育
内容概述： 教育部、财政部、国家发展改革委公布世界一流大学和一流学科建设高校及建设学科名单。

教育部 财政部 国家发展改革委
关于公布世界一流大学和一流学科建设高校及建设
学科名单的通知

教研函〔2017〕2号

各省、自治区、直辖市人民政府，新疆生产建设兵团，国务院各部委、各直属机构，中央军委训练管理部：

根据国务院《统筹推进世界一流大学和一流学科建设总体方案》以及教育部等三部委《统筹推进世界一流大学和一流学科建设实施办法（暂行）》，经专家委员会遴选认定，教育部、财政部、国家发展改革委研究并报国务院批准，现公布世界一流大学和一流学科（简称“双一流”）建设高校及建设学科名单。

2017 年，南昌大学入选国家“双一流”计划世界一流学科建设高校名单

无障碍 | 简 | 繁 | EN | 政务邮箱

请输入您要输入的关键字!

当前位置： 首页 > 省教育厅 > 工作动态

索 引 号: 014501340/2017-17267	发文机关: 省教育厅	文 号:
主题分类:	组配分类: 工作动态	成文日期: 2017-12-14
标 题: 江西省有特色高水平大学和一流学科建设名单的公示		

江西省有特色高水平大学和一流学科建设名单的公示

根据《江西省有特色高水平大学和一流学科专业建设实施方案》和《江西省有特色高水平大学和一流学科专业建设实施办法》的要求，经11月30日省有特色高水平大学和一流学科专业建设领导小组第一次会议审定，现将我省有特色高水平大学和一流学科建设名单公示如下：

一、高水平大学整体建设名单

南昌大学

拟建设8个学科群：新材料技术、食品科学技术与健康、化学、生物学、临床医学、江右人文与文化软实力、绿色发展与应用经济、思政教育与新闻传播。

2017 年，南昌大学被列为江西省有特色高水平大学整体建设高校

2019 年 1 月，学校召开部省合建工作座谈会

2020 年 8 月，学校部署“双一流”建设周期总结工作

2020 年 9 月，国务院学科评议组一致同意通过南昌大学“双一流”建设周期总结报告

南昌大学江风益团队荣获 2015 年国家技术发明奖一等奖

南昌大学谢明勇团队荣获 2016 年国家科技进步二等奖

2019 年，江风益教授当选中国科学院院士

2019 年，南昌大学承办国际产学研用合作会议

2018 年，全校教职工大会召开，庆祝第 34 个教师节

2019 级新生开学典礼融入思政教育

2019 年，南昌大学开展万名大学生“青春告白祖国”首场宣讲会

2020 年，南昌大学“青春的担当”新年音乐会举办

南昌大学前湖校区北院

南昌大学前湖校区南院

序　一

南昌大学百年华诞，编纂成世纪校史，学校领导嘱我作序。作为在南昌大学工作近20年的校友，既欣喜于学校的发展成就，又觉得有一份特别的情愫，不能不答应下来。

江西有着灿烂厚重的文明史，特别是宋明时期，江西向中华文明贡献了许多大师级的人物。从欧阳修到汤显祖，从陆九渊到江右王门学者，从王安石到解缙，从曾安止到宋应星，无论文学、理学还是经世致用之学，江西人都曾执华夏之牛耳，我们很难想象一部没有江西人的中国文化史。古代江西能取得如此高的成就，一个重要原因是文教事业发达。宋元明三代，江西书院数量均为全国之最，史载中国最早的书院高安桂岩书院、天下“四大书院”之首的白鹿洞书院、朱陆之辩所在的鹅湖书院、培育了文天祥等诸多杰出人才的白鹭洲书院等，为其声名最著者。历史上江西出过1万多名进士，超过中国古代进士的十分之一，所谓“区区彼江西，其产多才贤”，绝非文学家的夸饰之辞。

近代伴随着经济社会的衰落，江西文教事业也进入衰退期。虽然民国江西仍涌现出诸多卓荦学人，如史学大师陈寅恪、植物学泰斗胡先骕、工程学家蔡方荫、物理学家吴有训、生物学家杨惟义、政治学家萧公权等，但都是留学欧美成才。作为近代化最有力推进器的大学，在赣地出现很晚，始于1906美国美以美教会在九江兴办的南伟烈大学，且历时短暂。兴建大学作育人材，以求改变江西贫弱处境，成为民国江西各界的热切梦想。在为数很少的民国大学中，最值得称道的是1921年何焕奎先生创立的江西公立专门医科学校和1940年诞生于抗战烽火中的国立中正大学：前者开创了江西医学高等教育之先河，也是民国以来江西延续最久的大学实体；后者不仅是近代江西唯一的国立大学，而且在首任校长胡先骕“大学教育，既贵专精，尤贵宏通”的理念导引下，成为一所声名颇著的综合性大学。这两所大学正与今日的南昌大学有着直接和间接的渊源。然而民国时期战乱动荡、治理无方，江西高等教育举步维艰，两校也屡濒绝境，仅能勉强撑持。这与古代江西文教的璀璨辉煌，形成了巨大反差。

中华人民共和国成立以后，江西高等教育得到前所未有的发展。特别是1958年江西大学、江西工学院以及江西共产主义劳动大学的建立，使江西高等教育迈上了新的台阶。但也有曲折和教训：1953年原南昌大学（前身即中正大学）被撤销拆分，仅保留师范部（后江西师范学院），江西高等教育受损严重；“文化大革命”期间，江西大学、江西工学院等大学被撤并，后虽恢复，但已大伤元气。以致到改革开放之后的一个时期，江西仍然是没有全国重点大学、没有博士点、没有国家学部委员（院士）的“三无”省份。高等教育的薄弱，成为长期制约江西经济社会发展的关键因素之一。

改革开放推动了中国特色社会主义事业的伟大飞跃，江西高等教育也由此迎来了持续快速发展的最好时期，无论是办学规模、人才队伍、学科建设、科研水平和服务社会，都有明显进步。其中最浓墨重彩的一页，是1993年原江西大学和江西工业大学合并成立南昌大学，中科院院士、著名焊接专家潘际銮先生出任首任校长；其后2005年江西医学院再与南昌大学合并，组建新南昌大学。

南昌大学的建立和建设，在新时期江西高教史上具有重要而深远的意义。

其一，江西省委省政府举全省之力重点建设南昌大学，顺应了全省人民对江西能够有自己的高水平大学的殷切期盼，也为切实加快江西高等教育发展提供了重大战略举措和有力抓手。

其二，建立南昌大学是江西解放思想，抓住机遇，深化教育体制改革，整合优化高教资源配置的重要实践和突出成果，作为当时全国高校合并的典范，其对全国高校体制改革起到了积极推动作用，因此得到国家教育主管部门的高度重视和特殊支持，这对于南昌大学和江西高等教育建设发展具有难以估量的积极效应。

其三，南昌大学的建立和建设，使之成为名副其实的学科门类齐全、综合实力较强的综合性大学，并得以迈入首批国家“211工程”重点建设高校行列，其后又连续跻身于国家“中西部高校综合实力提升工程”，国家“双一流”计划世界一流学科建设和部省合建高校。作为中西部地方高校的排头兵，南昌大学不仅为江西甩掉“三无”帽子做出了直接贡献，更为江西高等教育和区域经济与社会的发展发挥着难以替代的重要作用。

总之，南昌大学的创建有力推动了江西高等教育的发展和进位赶超，使得江西高等教育终于在国家高教格局中占据了一个相对重要的位置，因而成为江西教育发展史上一个具有里程碑意义的重要事件。而从更长的历史时段来看，南昌大学在振兴江西，重塑江西历史文化辉煌的历史进程中，也具有其重要和地位意义。回顾历史，我们不能不为当年江西省委省政府主要领导同志的远见和魄力感佩致敬，也不能不充分体认南昌大学所负有的特殊历史使命和责任义务。

自 1985 年春到 2006 年初，我在江西大学和南昌大学工作 18 年（其间有三年离开到南开大学读博）。我是南昌大学建设和发展的亲历者、参与者和见证者，并且随着学校的发展从一个青年教师逐步成长为学校管理者，与各位同事和学生们一起同甘共苦，努力奋斗。我自幸能够为南昌大学略尽绵薄，也感恩南昌大学所给予我的一切。虽然离开学校已经多年，但我依然牵挂着南昌大学的发展。

我高兴地看到，进入新时代，在江西省委省政府的有力领导和支持下，南昌大学秉持“学术立校、人才强校、依法治校”的办学理念和“人为本、德为先、学为上”的育人理念，朝着建设国内外知名的高水平综合性大学目标创新开拓，积极进取，进一步明确办学定位，努力深化教学改革，凝聚强化办学特色，加强学科和人才队伍建设，不断增强科研创新能力，提升学校治理水平，取得了多方面的新突破和令人瞩目的成就。尤其是江风益教授荣膺国家技术发明一等奖和中国科学院院士，以及 2018 年美国商务部因为他的工作将南昌大学列入“危险名单”，这些反映了南昌大学一流学科及其科技创新成就已经具有世界影响；而 2017、2018 年学校入选国家“双一流”计划世界一流学科建设高校和部省合建高校，既是国家对南昌大学的充分肯定，也为学校未来发展提供了巨大动能。更加令人欣喜振奋的是，南昌大学的建设和发展得到了习近平总书记的亲切关怀和直接指导，并且深情寄语“南昌大学前途无限”，这是指引和鼓舞所有南大人更加努力奋进的强大精神力量。

但我也想说，实事求是地看，虽然南昌大学取得了极为显著的办学成绩，仍然存在着短板和不足，在一定程度上还属于“大而不强”。与此同时，江西高等教育在全国的地位仍然相对偏低，其与江西经济社会发展需要和党、政府及人民群众的期盼还有不小差距。因此南昌大学没有理由满足于已取得的成就，实现建设目标，完成历史使命仍然任重道远。

“自古根深枝叶蕃，百年乔木到今存。”南昌大学建校百年之际，正是中国共产党成立百年之时，也是我们国家全面建成小康社会、实现第一个百年奋斗目标，开启全面建设社会主义现代化国家新征程、向第二个百年奋斗目标进军的起步之年。这一时间契合，既深刻提示南昌大学这所世纪学校与国家命运的紧密关联，也强烈发出南昌大学担当责任、与时俱进的时代呼唤。在这个特殊时间交汇点上，我们热切期待南昌大学奋力开启新征程，扬帆奋进再出发，谱写下一个百年更加恢宏精彩的新篇章。我由衷希望并相信，南昌大学将按照习近平总书记的要求，不忘初心，脚踏实地，以问题为导向，以改革为动力，以人才为根本，以质量为核心，以特色为方向，努力完善现代大学制度，尊重教学科研规律，保障教师和学生的主体地位，创新人才和培养的模式，创造良好的教书育人和学术研究条件和氛围，推动“双一流”建设更快、更高水平地发展。如此，南昌大学必能完成自己肩负的历史使命和宏伟目标，在振兴江西和实现中华民族伟大复兴的史册上，留下自己光荣而鲜明的印记。

谨序。

邓鸿

2021 年 3 月 20 日于北京

序　二

今年5月2日，南昌大学将迎来百年华诞，值此之际，学校组织专人重新梳理百年校史，这是非常有意义的一件事。学校邀请我为这本校史作序，让我得以在感叹星移斗转、日新月异的同时，还可以静心回忆学校从青山湖畔到前湖之滨的一段历程。

从历史的角度来看，南昌大学办学100年的历史，就是一部江西高等教育从小到大、由弱变强的奋斗史。1921年，江西公立医学专门学校创立，为南昌大学办学的最早源头。1940年，国立中正大学在江西泰和成立，这是南昌大学办学的另一个源头。1949年，国立中正大学更名为国立南昌大学。1950年，更名为南昌大学。1953年，南昌大学撤销，包括生物在内的7个学科留给新成立的江西师范学院。1962年，江西师范学院生物系并入江西大学生物系。1958年，江西大学和江西工业学院的创立，填补了江西当时无综合性大学和工科高等院校的空白。1993年，江西大学和江西工业大学合并成立南昌大学后，顺利进入“211工程”重点建设高校行列，江西终于迎来一所国家重点建设大学。到2005年南昌大学与江西医学院合并组建新南昌大学，江西终于打造出一所文理工医学科齐全的综合性大学，这也奠定了现在的南昌大学的基本格局。

回想1993年江大、江工合并成立南昌大学，这在整个中国高等教育发展史上都是浓墨重彩的一笔，因为它开创了中国高等教育体制改革的先河。至今我依然清晰地记得，当时江西省委省政府对于破解高等教育滞后难题是非常急切的，他们抢抓国家开展211工程的机遇，下定决心将江西大学和江西工业大学合并组建一所新的综合性大学，加大投入和支持力度，力争纳入国家211工程重点建设高校行列，以打破江西没有国家重点建设大学的尴尬局面。实践证明，当时的决断是完全正确的，如果没有抓住当时的历史机遇，可能就没有2005年南昌大学与江西医学院的二次合并，也就没有南昌大学如今的百年辉煌。

从1993年到2002年，我受聘担任合并成立的南昌大学首任校长将近10年。在青山湖畔将近10年的工作经历，成就了我与南昌大学的不解之缘，也锻造了我人生当中最宝贵的一段回忆。当年从清华大学来到江西担任南昌大学校长，既是因为感动于家乡人民的热切期盼和省领导的厚爱诚意，也是缘于自己作为一名赣鄱儿女的内心想法，因为无论身处何方，我都从未忘记——我是江西人。都说我是焊接领域的专家，其实我最得意的一个项目就是和班子成员一起，把原江西大学与原江西工业大学焊接起来，形成一个不仅无缝而且还要实现1+1>2效应的融合体。

现在人们习惯于说“责任重大，使命光荣”，但对于当时来南昌大学担任校长的我来说，应该是“使命光荣，责任重大”。因为当时合并成立南昌大学，是开了全国高等教育体制改革的先河，江西在这方面成了“第一个吃螃蟹的”，要想顺利实现无缝对接，而且还要融合壮大，没有任何可供借鉴的经验，一切都是靠摸着石头过河。所幸的是省委省政府对南昌大学的建设发展高度重视，不仅在班子配置和经费支持上予以重点倾斜，而且经常关心和指导学校的发展，及时帮助解决学校遇到的问题。到现在，省委省政府不装空调、省钱支持南昌大学发展的感人故事，吴官正同志当好南昌大学的后勤部长的重教佳话，仍然浮现在南昌大学师生的脑海之中。

在“三上一建”的思路指导下，南昌大学经过重整学科、推行“三制”、建强师资、强化科研、增强服务等一系列举措，使得两校融合取得实质性进展，1+1>2的办学效应得到显现，并在1997年正式跻身国家“211工程”重点建设高校行列。江西这块浸润着红色热血的土地上，终于迎来一所承载江西父老乡亲梦想的综合性大学。这里面，离不开省委省政府对我个人和学校的关心支持，离不开学校党政领导班子的团结共事，离不开全校师生校友的共同奋斗。青年学子的琅琅书声、教职工们的忙碌身影、实验室里的彻夜灯光，是青山湖畔最动人的音符。

随着学生规模的不断扩大，青山湖校区有限的校园已经难以满足南昌大学的办学需要，迫切需要开辟一个空间更大的新校区。经过全校师生多次讨论和反复论证，学校在2002年选定在前湖之滨建设南昌大学新校区。虽然因为卸任校长一职没有参与前湖校区的建设，但因为担任名誉校长的缘故，我多次来过前湖校区，看着这个校区一天天变得更加美丽更加完善，心里有说不出的高兴。特别是学校经过省部共建、二次合并、综合改革、部省合建、入选“双一流”计划世界一流学科建设等重大发展里程，变得更加强大，让我对南昌大学“作示范、勇争先、创一流”更加充满信心。

在百年校庆之际，我很欣喜地了解到，江西在“十四五”规划当中明确提出“要举全省之力，力争把南昌大学建设成为世界一流大学”，南昌大学在百年辉煌的新起点上，又将在前湖之滨开启建设世界一流大学的新征程。备受鼓舞之余，欣然写下这段文字，是为南昌大学百年校史之序，更为“南昌大学前景无限”之序。

潘际銮

2021 年 3 月于清华园

序　三

“大学之道，在明明德，在亲民，在止于至善。”在庆祝伟大的中国共产党成立100周年之际，南昌大学也迎来了办学百年庆典。“欲知大道，必先为史”，编撰好校史，以史明理、以史鉴今、以史励志。不忘办学初心，牢记育人使命，开创美好未来。

我是一位外乡人，2013年一个偶然的机会来到了南昌大学工作。八年来，我用脚步丈量校园，用心灵感知文脉，用情怀体悟精髓，试图读懂这所具有百年历史的学府。读的时间越久、感触越深，越能品味她的历史传承与文化厚重。正所谓历久而弥新！百年学府，世纪华章。历代南大人始终与时代同行、与国运相系，秉承“大学之道”，自强不息、励精图治，扎根赣鄱大地办大学。透过历史的云烟，我们可以清晰地看到，这是一所创业于烽火岁月中始终坚持坚守的高校，也是一所勇立于改革大潮中敢为人先的学府，更是根植于革命老区拼争一流的大学。

老一辈南大人筚路蓝缕、以启山林。爱国志士何焕奎在战火纷飞的年代，怀着救国之志，勇挑创办江西公立医学专门学校的重担；植物学家胡先骕于抗日危难之际，毅然回到家乡，敢于扛起国立中正大学的大梁；历史学家谷霁光在共和国初创之际，支援江西发展，推动“西江第一流”的教育；著名焊接专家潘际銮在全国高教改革之时，义无反顾推进学校教育创新，破解江西高等教育“三无”问题。

新时期南大人奋发有为、敢为人先。从1993年到2013年学校走过了三校融合、建设发展的两个十年。第一个十年，江西大学与江西工业大学合并组建南昌大学，开创全国高等教育体制改革的先河；学校获批为国家“211工程”重点建设高校，成为融合发展阶段的里程碑。第二个十年，学校建设了环境优美的前湖新校区，成功入选国家“中西部高校综合实力提升工程”；与江西医学院合并，组建新南昌大学，揭开了学校建设发展的崭新一页。

新时代南大人与时俱进、求实拓新。学校注重内涵发展与特色发展，2013—2020年为第一阶段，进一步明确了“学术立校、人才强校、依法治校”的办学理念和“人为本、德为先、学为上”的育人理念，确立了“育人为本、创新引领、合建驱动、改革攻坚、实干兴校、拼争一流”的工作方针和“压规模、调结构、转机制、提质量、强服务”的工作主线。从2014年率先在全国地方高校启动综合改革，到2017年、2018年先后跻身国家“双一流”建设、部省合建高校行列，再到世界一流学科建设“特区”的建立，形成了世界一流学科建设、高水平大学整体建设和部省合建“三位一体”的建设布局，呈现出综合实力稳步提升、社会影响力不断扩大的发展态势。

南昌大学师生员工永远铭记：习近平总书记曾两次亲临学校视察，鼓励学校走创新发展之路，勉励青年学子“用青春铺路，让理想延伸”；老省长吴官正三上清华邀请潘际銮院士出任南昌大学首任校长；20世纪90年代，为扶持学校发展，省政府将原本用于办公大楼安装空调的资金用于支持学校“211工程”建设；新世纪初，江西省和南昌市将自然风光最好的地块划给学校，建设了如今这座规模宏大、环境优美的新校区；“十四五”开局之年，省委省政府给予了“举全省之力办好南昌大学，争取进入世界一流大学建设行列”的历史机遇。我们也永远不会忘记各级领导、海内外广大校友和社会各界在不同时期对学校建设和发展的大力支持和帮助！

“凡是过往，皆为序章。”站在新的历史起点上，南昌大学承载着在赣鄱大地建设一所具有江西底色、中国特色的世界一流大学梦。我们提出“在部省合建高水平大学中作示范，在国家‘双一流’建设中勇争先，开启世界一流大学建设新征程”的工作新定位。这既是从更高层次深入贯彻习近平总书记对江西工作更高要求在高等教育领域的具体实践，也是我们回应习近平总书记在视察南昌大学时殷切期望的自觉行动。

“明者因时而变，知者随事而制。”展望未来，面对世界百年未有之大变局和中华民族伟大复兴之战略全局，面对高等教育千帆竞发、百舸争流的严峻挑战，面对江西“举全省之力办好南昌大学”的殷切期望，我们每个南大人要聚焦立德树人使命，善于识变求变应变，激扬“踏平坎坷成大道”的豪情壮志，凝聚“风雨无阻向前进”的智慧力量，推进更深层次的改革、更高水平的开放、更大力度的创新，永葆“闯”的精神、“创”的劲头、“干”的作风，实现教育事业更高质量发展。

百年传承，不忘办学初心；筑梦前行，牢记育人使命。学校百年校庆定位于人文校庆、学术校庆、校友校庆，举办百年庆典的基本宗旨在于追寻百年文脉，彰显办学成就；汇聚办学资源，赋能美好未来。我们深知，目前学校的人才队伍、科研条件、办学资源及内涵建设等离办学目标要求还有很大差距，可谓使命光荣、任重道远。但我们深信，在教育部和省委省政府的正确领导下，依靠全校师生员工的共同努力和广大校友及社会各界的大力支持，南昌大学一定会在世界一流大学建设新征程中乘风破浪、感恩奋进、前景无限！

是为序。

周创兵

2021 年 3 月

目　录
Contents

中篇　百年建制

下篇 百年经典

前　言

南昌大学的办学源头是成立于1921年的江西公立医学专门学校。20世纪初，江西迭经兵火，疾疫流行，社会急需高等医学专门人才。1916年，日本千叶医专毕业生何焕奎、日本冈山医大毕业生杨瑞苞、东大医药学校毕业生曾贞等医药界同人上书江西省议会，要求设立江西医药专门学校，经过何焕奎等人5次艰苦申办，终获成功。1921年，江西省府准予拨经费6978银圆筹办江西公立医学专门学校。学校成立后历经九次更名，遭遇四次停办危机，饱尝七次搬迁之苦，体验战后重建之艰。创办于1937年的国立中正医学院亦是南昌大学办学的源头之一，国立中正医学院与江西医学院有着深厚的历史渊源。其校址后来成为江西医学院的北院，国立中正医学院的校舍成为江西医学院的行政办公区，国立中正医学院中正医院院址最后成为江西医学院第一附属医院。中华人民共和国成立后，学校升格，提升了办学层次，1958年与中国人民解放军第八军医大学合并，实现了军地院校的融合，进行了开门办学的尝试。改革开放后，学校不断发展壮大，各项事业取得长足进步。2005年，江西医学院与南昌大学合并，组建新南昌大学。

南昌大学办学的另一个源头是创办于1940年的国立中正大学。1939年3月，南昌沦陷，青年学子日益迫切的生活压力和学习要求，成为一个严重的社会问题。创办大学，是江西对高等教育日益迫切的需求，也是省内外有识之士的积极主张。1940年6月1日，江西省政府在泰和县杏岭举行了国立中正大学筹委会成立仪式。江西籍著名学者胡先骕博士应邀回到家乡主持校政。1949年8月1日，国立中正大学更名为国立南昌大学。1953年10月，国立南昌大学正式撤销。不少学科和教授调出至武汉、南京、广州、长沙等院校。其中，中文、历史、数学、物理、化学、生物、艺术7科留给新成立的江西师范学院。1962年，经江西省委文教领导小组研究决定，江西师范学院生物系并入江西大学生物系，江西大学继承了国立中正大学的文脉。

1953 年，国立南昌大学撤销后，江西无综合性高等学校，直至 1958 年 5 月江西大学成立，赣鄱大地才再次出现综合性大学。1958 年，“根据中央政治局扩大会议的精神，为了使教育能很好地为社会主义革命和社会主义建设，及为实现共产主义的伟大目标服务，必须坚决地贯彻党的教育工作方针，认真地进行教育革命”。中共江西省委按照中央这一精神，决定创办江西大学，“江西大学为我省的综合大学，设置若干系，筹备工作由省文教委员会负责”。江西大学第一任校长由时任江西省委第一书记杨尚奎兼任，省委文教部部长吕良兼任校党委书记。在此之前，1953 年全国高等学校院系调整，南昌大学工学院分别并入华中工学院、华南工学院、中南矿冶学院、中南土木建筑学院。江西工科高等院校成为空白。重建工科高等院校成为一个迫在眉睫的问题。1958 年 5 月 12 日，江西举全省工业系统之力，开始江西工业学院的筹备工作，中共江西省委书记处书记白栋材兼任院长。

1992 年，国家教委部署国家“211 工程”。江西省抓住时机，向国家教委申请建设一所国家重点大学。江西省拟将省内实力较强的两所大学江西大学和江西工业大学合并起来，加大投入，创建重点大学。1993 年，国家教委给江西省人民政府正式发文，同意江西大学与江西工业大学合并，定名南昌大学。江西省委聘请中科院院士、清华大学学术委员会主任潘际銮教授担任校长。南昌大学的组建开创了中国高等教育改革的先河，1997 年南昌大学成功入选国家“211 工程”重点建设高校行列，并破解了江西高等教育“三无”困局。

进入新世纪，随着学校招生规模的不断扩大，拓展办学空间势在必行，南昌大学迫切需要建设一个布局合理、功能完善的山水校园。2002 年，南昌大学在南昌市红谷滩红角洲建设新园区，打造一个具有一流的基础设施和办学条件，信息畅通、资源共享、功能完备的新校区。2004 年，江西省人民政府、教育部共建南昌大学。2005 年，南昌大学与江西医学院正式合并组建新南昌大学。通过两校的实质性融合，南昌大学学科门类更全，学科水平更高，综合实力更强。

进入新时代，南昌大学迈上了发展的快车道。2014 年，南昌大学被列入江西省高水平大学整体建设高校。2015 年，南昌大学江风益团队硅衬底高光效 GaN 基蓝色发光二极管项目摘得年度唯一国家技术发明一等奖，这是地方性高校首次获此殊荣。习近平同志曾两次视察南昌大学。2008 年 10 月，中央政治局常委、中央书记处书记习近平视察学校时深情寄语“南昌大学前景无限”。2016 年 2 月，习近平总书记再次亲临学校视察，就高校科研创新和人才培养发表重要讲话，并勉励学校走创新发展之路，希望当代大学生珍惜韶华，用青春铺路，让理想延伸。2017 年，南昌大学入选国家“双一流”计划世界一流学科建设高校。2018 年，南昌大学入选部省合建高校。2019 年，江风益教授当选中科院院士。2020 年 11 月 27 日，中共江西省委十四届十二次全体会议通过《中共江西省委关于制定全省国民经济和社会发展第十四个五年规划和二〇三五年远景目标的建议》，提出“持续推进高等学校‘双一流’建设，举全省之力办好南昌大学，争取进入世界一流大学建设高校行列”。

目前，南昌大学拥有前湖、青山湖、东湖、鄱阳湖 4 个校区，其中前湖主校区占地面积 4321 亩，校舍建筑面积 150 万平方米。现设有人文学部、社科学部、理工一部、理工二部和医学部，拥有 12 个学科门类的 129 个本科专业，3 个国家重点（培育）学科，15个博士学位授权一级学科。学校设有5所直属附属医院，化学、临床医学、农业科学（食品科学与工程为主）、工程学、材料科学、药理学与毒理学、生物学与生物化学 7 个学科进入 ESI 世界排名前 1%。在全国第四轮学科评估中，食品科学与工程学科评估等级为 A，位列全国第 3 名。学校现有教职工 4392 人，其中中科院院士 1 人，“双聘”院士 4 人，国家级人才 23 人。学校本部现有全日制本科学生 34143 人，各类研究生 14781 人，国（境）外学生 1218 人。

一百年沧桑巨变，一百年风雨兼程。南昌大学数易其名，屡迁校址，几经拆合，然而“昌大南疆”的学脉赓续不断，薪火相传，弦歌不绝，桃李芬芳。建校以来，学校共培养了 50 多万名优秀人才，为国家和地方经济社会发展做出了重要贡献。

上编

百年源流

南昌大学是一所具有百年办学历史的高等学府。20 世纪初的中国处于一个历史大转折和大变动的时代。1921 年，中国共产党的诞生深刻地改变着中国的前途命运。南昌大学的办学历史也始于 1921 年。在那个战火纷乱的年代，江西籍留日医学生何焕奎等人勇挑兴教救亡的重担，创立江西公立医学专门学校，开创了江西近代高等教育的先河。1940 年，国家民族处于抗日危难之际，江西籍著名学者胡先骕欣然受邀回到家乡，勇担国立中正大学建设之重任，使之成为国民政府时期国内 19 所国立大学之一。1958 年，国家全面推进社会主义革命和建设，江西落实中央精神，在困难中创建江西大学和江西工业学院，使综合性大学和专门工科院校再次出现在赣鄱大地。1993 年，江西大学和江西工业大学实现合并，开创了中国高等教育合并的先河，谱写了江西高等教育发展的壮丽华章。20 世纪末，南昌大学入选国家“211 工程”重点建设高校行列，破解了江西高等教育“三无”困局。进入新世纪，南昌大学步入了发展的快车道，2003 年建设新校区，2004 年入选省部共建高校，2005 年与江西医学院组建新南昌大学，2008 年中央政治局常委、中央书记处书记习近平视察学校时深情寄语“南昌大学前景无限”。步入新时代，南昌大学发展更快更强。2015 年，学校江风益教授团队硅衬底高光效 GaN 基蓝色发光二极管项目摘得年度唯一国家技术发明一等奖；2016 年，习近平总书记再次亲临学校视察，就高校科研创新和人才培养发表重要讲话，并勉励学校走创新发展之路，希望当代大学生珍惜韶华，用青春铺路，让理想延伸；2017 年，学校入选国家“双一流”计划世界一流学科建设高校；2018 年，学校入选部省合建高校。梳理学校百年历史，回顾学校百年辉煌，南昌大学为江西高等教育作示范，在中部地区高等院校勇争先，为中国高等教育创一流书写了绚丽华章。

第一章　办学溯源

南昌大学的百年办学历史，追根溯源，源头有五。其最早的源头是创办于1921年的江西公立医学专门学校，1937年国立中正医学院也是南昌大学办学的源头之一，1952年升格为江西省医学院，2005年与南昌大学合并成新南昌大学。1940年创立的国立中正大学也是南昌大学的办学源头之一，1949年改名为国立南昌大学，1953年国立南昌大学撤销后，组建江西师范学院，1962年江西师范学院生物系整体并入江西大学。1958年创办的江西大学和江西工业学院亦是南昌大学的两个重要源头，1993年两校合并组建南昌大学。

第一节　江西医学院（1921—2005）

江西医学院的前身是1921年成立的江西公立医学专门学校。学校成立后历经九次更名，遭遇四次停办危机，饱尝七次搬迁之苦，体验战后重建之艰，历经劫难，学脉不断，筚路蓝缕，艰苦办学。中华人民共和国成立后，在党和政府的领导和关怀下，学校升格，提升了办学层次，促进了军地院校的融合，进行了开门办学的尝试。改革开放后，学校不断发展壮大，各项事业取得长足进步。进入新世纪，学校发展强劲，2005年8月与南昌大学合并，加入“211工程”重点建设高校行列，步入部省合建和一流学科建设高校的快车道，在新的起点上，开启融合发展、建设“双一流”大学的新征程。

一、创业维艰　矢志救亡图存

（一）江西公立医学专门学校

1. 学校创办的历史渊源

在书写江西公立医学专门学校的历史时，必须要提到与它有密切关系的江西医学堂和江西军医学校。这两所学校是江西公立医学专门学校人力资源的诞生地和办学理念的发祥地。

江西医学堂创办于1902年，是江西省官办最早的一所有正规毕业生的高等医学校。它是一所中西医结合的学校，该校监督陈日新认为“学医必先读医书，医书有二，曰中学、西学。中学之失传者，以西学还之，中学之未备者，以西学补之，务在中学驭西学，不以西学驾中学”。由于其属官办性质，监督、教习多数是官府中人，经费由地方政府拨给。该校毕业生中有多人在江西现代医学教育史上占有重要的一席，如姚国美曾任神州国医药会江西分会会长、江西中医药专门学校教务主任，喻智静（字知青）、钟季襄（字醉卿）在赴日留学回国后成为1921年江西公立医学专门学校创始时的四名教授之二，前者还是江西公立医学专门学校创建后的第一任教务主任，两人均为江西公立医学专门学校创建做出了极大贡献。1905年，江西医学堂因清朝政府停止拨款而停办。

江西军医学校于1912年由归国留日医学毕业生王若伊（字厚卿）、王若宜（字宜春）申请创办，江西省军政府特准设立。1913年更名为江西公立医学专门学校（前），其办学理念和培养方法受日本医学影响深远，教员多是日本留学归国毕业生，所用教材也多译自日本。但由于经费支绌，在1915年首届51名学生毕业后宣告解散。其创始人王若伊、王若宜与后来1921年成立的江西公立医学专门学校创始人何焕奎同为日本千叶医专毕业生，办学理念一脉相承。

2. 学校创办的艰难过程

江西公立医学专门学校的创办，得益于五位江西籍留日学成归国的爱国志士，学校创始人何焕奎贡献最巨。

何焕奎，名士魁，字星萃，1883年出生于江西进贤县三里乡何家村。1902年参加县学考试，成绩优异。1904年参加南昌府试，即获秀才。1906年考取留日公费生，赴日本东京学习语言及基础课程。1908年考入日本千叶医专，1914年毕业后，怀着报效祖国之心，毅然回国，来到南昌，筹资创办豫章医院，用学到的现代医学知识和技能行医诊疗，治病救人。但个人的力量毕竟是有限的，作为一个爱国的热血青年，他心中有着更大的抱负。当时江西迭经兵火，疾疫流行，社会急需高等医学专门人才。1915年以后，江西已无高等医药学校存在，于是，何焕奎心中开始萌发再创办一所医药学校的梦想和初心，承担起为国家和家乡培养高等医学人才的使命。

1916年，何焕奎与留日归国的日本冈山医大毕业生杨瑞苞（字竺襄）和日本东大医药毕业生曾贞（字干生）等同道商议，认为江西急需现代医学人才，单靠几个国外留学生是远远不能满足社会需要的，只有继续开办医药专门学校才是最好的办法。于是，大家公推何焕奎执笔上书江西省议会，申请创办江西公立医药专门学校，建议招收医科和药科学生各 1 班。但省议会以库款支绌、校址等困难为由未能采纳何焕奎等人的建议。

1917 年，孙中山发起护法运动，举兵北伐，北洋军阀派兵南下，江西境内刀光剑影，一时伤员剧增。何焕奎等又向省议会上书申请创办江西公立医药专门学校，以同样理由被驳回。

1918 年，赣南大战爆发，战争十分惨烈，伤员不计其数。当年又回来了两位南昌籍的日本医大毕业生喻智静和日本冈山医大毕业生钟季襄，亦加入筹办医校中。何焕奎等再向省议会提出创办江西公立医药专门学校，还是被拒绝。

1919 年初，何焕奎等改变申请呈送对象，将创办江西公立医药专门学校的申请对象从省议会改为省长戚扬，依然碰壁。何焕奎在《医专事略》一文中记载了上述四次申办的经过："自民五到民九为请求开办本校，奎与曾干生（曾贞）、杨竺襄（杨瑞苞）诸同志上书于省议会者三次，上书于戚省长者一次，皆不得当。"

五四运动后，国内不少地方陆续兴建和扩建了一批高等医校，为江西开办一所新的医校做出了示范，更为重要的因素是赣南大战后，伤兵之多，已使江西医疗卫生界不堪重负，这就为创办新的医校以培养高等医药人才奠定了需求基础。1920 年，何焕奎等又一次请愿于省长公署，终获同意。但限于经费，只设医科，药科未开设。

3. 学校的成立与创建

1921 年，省政府准予拨经费 6978 银圆筹办江西公立医学专门学校（以下简称江西医专），学制 5 年。同年 3 月 19 日省署正式下文委任何焕奎为校长。聘杨瑞苞、喻智静、钟季襄、曾贞等人为教员。8 月招考 32 人，均来自旧制中学或高中毕业生，并正式开学。但此时尚无校址，即具文呈送江西督军陈光远，请求拨顺外大校场为校址，但陈光远未表同意。只好租赁南昌解家厂（即今苏圃路北段）民房三进为校舍，暂解燃眉之急，勉强开展教学活动。后来，江西医专认可 3 月 19 日为校庆纪念日。

1922 年初，何焕奎等又向江西督军陈光远等申请南昌市贡院前公产房屋（即今南昌市卫校西侧）作为校舍，陈光远虽未断然拒绝，但也未立刻照准。是年 2 月，孙中山在广东再举护法旗帜，出师讨伐北洋军阀。5 月 6 日，孙中山在韶关誓师，发出总攻令，分兵进攻江西赣州，全省震动。是役，伤兵源源运到省城南昌，因缺乏医生，陈光远招江西医专师生为之诊疗。当时伤兵多暴戾异常，动辄怒骂呵斥，甚至加以皮鞭。诊疗人员备受辛苦，坚持工作 20 多天才告结束。之后，江西医专师生以不受医疗报酬为请求，才得政府批准南昌市贡院前公房 1 栋为学校固定校址。

何焕奎《医专事略》载："翌年（1922）赣南发生战争，伤兵运省者，多如薪积，陈督嘱曾军医课长振奎邀同教员学生等为执治疗之役，奎与杨（杨瑞苞）、钟（钟季襄）、喻（喻智静）三君及学生数人，并不受酬，唯以批校址为请，于是似风飘飘之医校，至此乃翘然，有校址矣。"

1923 年以后，学校陆续请准拨费建筑教学楼房 1 座、实验（习）室 1 排、职员宿舍 1 栋以及头门房屋 1 所。首届学生 1921 年 8 月入学，1924 年进入临床学习，于是学校开始筹建附设诊疗所的工作，并派刘清叔（日本千叶医专毕业）赴上海购买一批药品、器械，为诊疗所的开办做好物资准备。

1924 年秋，学校创办了附设诊疗所，由何焕奎兼任所长，设内外两科，刘清叔（日本千叶医专毕业）任内科医长，吴克俊（日本冈山医大毕业）任外科医长。1925 年 7 月，以李为涟（日本东京帝大毕业）代吴克俊（日本冈山医大毕业）为外科医长，同时接收第一期学生的实习。至此，学校粗具规模。其间修订了教学计划及章程制度，每年按期招收新生，聘任数名专职教师，开始走上了正规的办学道路。

1925 年春，教育部视学王家驹、洪逵来校视察，对学校的建设深为赞许，报教育部复准立案。此时学校已有 5 班（期）学生。

1925 年，方本仁担任江西军务督办后，为整肃异己，对部下论功行赏，委任部下军医担任一些重要职务，且欲掌控江西医专，欲让何焕奎辞职。此举遭到省内教育界的反对，知名人士宋育德等人向省长提出反对无果，不得已拖到 1925 年 9 月底，何焕奎被迫离职。1926 年他被政府选派赴德国深造，成为柏林大学医学院研究生。他自选"致胖原因"为研究课题，经两年艰苦的钻研，写出了《脑内分泌与致胖原因》的论文。他的科学见解，在当时有一定的科研价值。1928 年他被柏林大学医学院授予医学博士学位。1929 年，何焕奎从德国返回南昌，带着报效祖国，服务家乡的强烈愿望，着手创建了南昌市立医院并任院长，后还兼任学校外科教授，继续为学校服务。

1925 年 10 月，委刚回江西的永新县人、原长沙仁求医院（现湖南省人民医院）院长、留美医学博士王子玕接任何焕奎为江西公立医学专门学校校长，兼任附设诊疗所所长。续聘刘清叔、李为涟为内外科医长，并立即对附设诊疗所进行改造，将诊疗所院舍楼上房间改为病室，楼下又增设诊疗室数间。但王子玕是留美医学博士，其学术偏向为英美医学教育体系，与本校原有日本教育体系明显不同。特别是在人际关系上，他很难与下融合，与上沟通。且他任内充满战事，特别是后期，更是在枪林弹雨之中，难有建树，1926 年 10 月他黯然离职。1926 年 11 月，北伐军克复南昌，学校处于风雨飘摇之中，张绍衢奉命为本校维持员。王子玕离职后，于

1927 年重返长沙，任湘雅医学院院长。1937 年 7 月，他毅然放弃了湘雅医学院院长之职，奉调回南昌担任国立中正医学院首任院长，直至 1949 年 8 月，是国立中正医学院唯一的院长。

（二）中山大学医学部

1. 中山大学医学部

1926 年 11 月，北伐军克复南昌后，成立临时政权江西省政务委员会作为全省最高权力机构，对建立新的政治、文化和社会秩序有所筹划。其中在教育方面，江西省政务委员会决定在南昌以原江西公立工业、农业、法政和医学四个专门学校为基础，联合组建一所综合性大学，命名为中山大学。将原四个专门学校改为大学专门部。1927 年 2 月 1 日，省政务会任命王恒、傅尔□、李为涟、吴恺、彭学沛、陈礼江、吴有训 7 人为大学委员，组成筹备委员会。同时，江西公立医学专门学校奉令隶属之，并改称中山大学医学专门部（简称中山大学医学部），委派大学委员李为涟为中山大学医学部主任。

1927 年 2 月，江西中山大学医学部将附设诊疗所改为附属医院，聘刘清叔任院长，除内外科外，又增设皮肤花柳科，由胡廷桢（日本长崎医大毕业）任医长。并呈请省政府增加预算，从附设诊疗所成立时的常年经费 4000 元增至每月经费 1796 元。随即增设眼耳鼻咽喉科，由吴光涛（日本冈山医大毕业）任医长。自此附属医院已有 4 科，求诊者日益增加，旧有院舍已不足，亟待扩建添筑病室。1927 年 8 月，八一南昌起义后，江西中山大学被停办。

2. 江西省立医学专门学校

1927 年 8 月，江西中山大学停办后，中山大学医学部更名为江西省立医学专门学校（以下简称江西医专）。8 月 18 日，学校奉令暂停招生，限期"清党"。教育厅厅长陈礼江委李为涟为江西医专保管员，旋即委任其为校长。学校一时处于混乱状态。此后数年，每年招生都要事先得到教育厅批准。

为了保住学校，李为涟等在维持正常教学秩序的同时，特别重视附属医院建设。1928 年秋间，在本校地址内添筑养病室（住院部）一所。新院落成后，又增设妇产科。至此，附属医院拥有病床 100 张。据 1929 年 12 月附属医院年报记载，李为涟校长兼医长，刘清叔院长兼医长，胡廷桢、吴光涛、熊俊（日本东京帝大毕业）分任医长，另有医员 5 人、助产员 1 人。

在李为涟校长主持下，学校组织机构逐渐健全起来。据 1929 年《江西教育界》第 1 期记载，学校管理机构的组成人员有：校长李为涟，教务主任喻智静，应用主任刘清叔（兼任附属医院院长），训育主任吴光涛，事务主任许赞猷（日本长崎医大毕业)，宿舍主任郭元梁（两江师范学堂毕业）。另有吴克俊、李甲才（日本千叶医专毕业)、杨瑞苞、曾贞、胡廷桢等为教员。

1930 年，南京政府教育部决定“废止专门学制，实行专科学制”，“省立医学专门学校停止招生，逐年结束”，致使江西医专 1930 年未能招生，同年 7 月起教育费用被停发，学校陷入停顿。由于全校师生的坚决抵制和社会各界积极支持，直到 10 月，学校才恢复上课，并于 1931 年继续恢复招生。

（三）江西省立医学专科学校

1930 年学校奉令“废止专门学制，实行专科学制”。1931 年 4 月，教育部接受江西省立医学专门学校改称江西省立医学专科学校的立案。同年 8 月，教育部发布部令，正式将其更名为江西省立医学专科学校（以下简称江西医专），一直到解放初，始终沿用此校名。

学校改名后仍由校长主持校政，在校部设校务会议、经济委员会、特种委员会与校长办公室。下设教务处、事务处、训育处、附属医院和宿舍管理 5 个部门，各设有主任负责。教务处下直属注册股和成绩股，另设有各学科主任教员、教员参加的学科会议，处理各学科的教学工作；事务处下直属会计股、庶务股、保管股、图书股和仪器股；教务处设有教务会议，事务处设有事务会议，训育处下未设直属机构，但设有训育会议，由训育主任主持。附属医院设院长 1 人，掌握全院事务，下设各科、各股主任 1 人，分管医务事宜。同时，按照部令制定各种办事细则并实施，但是江西省却未按照部令将经费拨给学校，致使学校发展举步维艰。

1931 年 8 月，学校改名后，即设五年制专科，招收高中毕业生，不久在上营坊（即今南昌市卫校校址）购地数亩。

1932 年，学校校园面积 9.82 亩，有普通教室 4 间，解剖、组织、病理、生理、化学、细菌等实习室各 1 间。有中文图书 80 册、外文图书 1027 册，杂志、报纸等 16 种，仪器设备 1763 件，博物标本 263 件。学校共有教员 14 人，在校生 110 人。全年由省库拨款 63664 元，其中俸给费 31332 元、办公费 1782 元、设备费 6182 元、附设机关用费 24150 元。

1934 年，学校建造病房 1 栋，手术室数间，教室 1 栋，宿舍 1 所。

1934 年，学校分教务、事务、训育、业务 4 处，仍由校长总理之。教务方面分基本、临床二系。基本系下设 13 个学科，各设主任 1 人，兼任教员、助教各若干人；临床系下设 12 个学科，各设主任 1 人，兼任教员、助教若干人。

1934 年，教育部修改高等教育学制，废止了医学专科，采用医学院一级制，并下令江西省立医学专科学校停止招生。江西医专的学生向校方提出：改校名为省立医学院，同时革新校政，充实设备，添聘教师，推进学校的发展。但学校迫于形势压力，未敢应允。于是，学生又向省教育厅请愿，仍遭拒绝。在忍无可忍的情况下，公推学生代表张德淦、赖金源等5人到南京向教育部请愿，教育部部长王世杰不但不予接见，反而指令学校开除5名同学的学籍。此举引起学生公愤，集体罢课，并向省教育厅厅长程时煃据理力争，同时上书省政府，请准予改院和恢复5名同学的学籍。当时，省政府主席熊式辉下布告称："查汝等不守校规，集体罢课，掀起学潮，到处请愿，图谋不轨，实已目无法纪，应立即严加管制，所请'改为省立医学院及收回被开除的五人'一节，碍难照准。"同时，派出大批警察到校镇压，关押请愿学生，并勒令一年级学生离校。这场斗争持续了8个月，虽未达到预期目标，但当局不得不同意学校恢复招生。

1936年底，教育部开始筹建国立中正医学院。1937年7月，国立中正医学院成立，委王子玕为院长。教育部认为江西省没有必要办两所高等医学院校，又一次下令"医专停止招生，逐年结束"，省政府有关人士亦应允将拨给江西医专办学的经费转拨给国立中正医学院使用。后因抗日战争，兵站医院、后方医院纷纷设立，急需大批医务人员，而此时中正医学院又已迁出江西，经学校多方努力并在社会各界的支持下，省政府主席熊式辉才同意向教育部提出保留江西省立医学专科学校的要求。在这种形势下，教育部同意江西省立医学专科学校继续招生，并拨给办校经费。

1937年春，学校编订同学录，国民政府主席林森在同学录上以校训题词："忠爱勤俭"。省政府主席熊式辉题词："业精于勤，学在为人服务于社会，要认识有劳苦而莫露其劳苦，医药之学在自己不断的研究，乃可求其日新而又日新 。"教育部长王世杰为同学录题字；校长李为涟作序。王子玕题词："敬业乐群。"社会知名人士程时煃等为同学录题词。

（四）抗战时期学校的七次搬迁

1937年8月15日，日军飞机轰炸南昌，此后，空袭频繁，教学十分困难，学校为顾全学生学业，遂将校本部迁至郊区七里街（即今南昌市青山北路口），但附属医院仍留市区。学校担任南昌市防空司令部防毒大队，由附属医院组织救护大队第二中队，积极开展抗战救护工作，院内病室一律腾空，改收伤兵，以应战争需要。岂料下半年学校连遭敌机轰炸，校院房屋设备多被炸毁，损失惨重。为维护学生学业，保留残余设备，同年12月，学校奉教育厅令迁出南昌。从此，学校为图存救亡，不畏艰险，历经了7次搬迁。

一迁新喻。1938年1月迁到江西新喻县（今新余市），借文庙暨明伦堂为临时校院地址，照常上课开诊。7 月 26 日，九江经过激战后落入敌手，赣北形势极其严峻，江西由此投入直接对日作战中。因战事迫近，学校经请示省教育厅同意，迁离新喻。

二迁赣县。1938 年 7 月，学校从新喻迁至赣县，校院均设置于旧镇台衙门，分别上课开诊，并收容病人。同年秋，招收新生 1 个班。

三迁南康。1939 年 6 月，赣县屡遭敌机骚扰，学校奉令迁至南康县潭口镇，师生分别被安置在该镇廖家祠和附近民房内，附属医院分院设于赣县的旧镇台衙门。9 月，招收战时救护人员训练班 1 班。即使在如此艰难的条件下，学校仍制订了“将来计划”，其中提到：“准本省医学人才，目下供不应求，本校现正力谋扩充，拟请省政府增加常年经费，以便增聘基础医学教员及增购各种重要设备，并拟请准予改办省立医学院，俾谋尽量发展。”

1940 年 1 月，学校增设高级护士职业科，招新生 1 班。同年 11 月，李为涟辞去校长职务，熊俊继任校长。熊俊就任后，从全国各地招聘了许多名教授来学校任教，如细菌学教授李梃、药理学教授罗潜、病理学教授杨简（后为中国科学院生物学部学部委员）、矫外科教授孟宪亮、内科教授程崇圮等人，为提高教学质量发挥了重要作用。

在南康的办学过程中，因农村人口过少，医院病例不能切合教学需要，影响了学生的实习质量，也影响了医学毕业生的医疗水平与就业质量。于是，学校不得已做出了迁返赣县的决定，但在南康潭口镇留设附属医院分院。

四迁返赣县。1940 年 12 月，学校又迁回赣县，院址设于省立赣县乡村师范学校内，并于旧镇台衙门设附属医院门诊部，另在附近自建平房两栋作护士科宿舍及教室之用。

1941 年 4 月，学校本部再迁赣县东门外川峰埛，校址设于盐局仓库，并在该地及燕窝坪购地自建教室及礼堂等房舍，条件极为简陋，用竹筋泥浆建成，仅能遮风挡雨而已。熊俊还设法寻来一些图书，供教学使用。学校特别为杨简教授盖了一个 20 多平方米的病理研究所，用以对本省各医疗机构送来的标本做鉴定。同年 9 月，恰逢江西第四区行政督察专员兼保安司令蒋经国之子患病，熊俊校长派顾毓麟大夫去为之诊疗并治愈，这样，学校就得到了蒋经国的大力支持。学校将附属医院迁入小南门省立赣县中学原址后，扩展了多间房屋作为院舍；又在大南门外乡村师范附近加建平房 1 栋，与以前所建 2 栋均作为外科住院部；而将护士科教室及附设卫生事务所设于学宫坪武庙内。同年除招收五年制专科新生，并添设六年制专科 1 班。1942 年秋，建生理学教室与病理学教室。1944 年秋，奉教育厅令设立高级药剂职业科，招收新生 1 班，并于大南门外外科住院部增建病房及临床教室各 1 栋。

五迁于都。1945 年 1 月，战火又燃，很快就迫近赣县。经调查，学校决定将于都葛坳作为临时校址。赣县银坑与赖村之间盗匪猖獗，在葛坳的师生员工几经惊吓，草木皆兵，无法安居。不得已，学校决定将校址迁往当时省政府临时驻地宁都。

六迁宁都。1945 年 3 月，学校迁到了宁都县石上乡，借李家祠及九江女子师范学校校舍之一部为校舍。6 年制专科一、二、三年级暨附设药剂职业科、护士职业科均在石上乡上课。附属医院在宁都公园路购民房开设宁都诊所，并在石上乡设石上诊所。6 年制专科四年级及五年制四、五年级随宁都医院上课。同年 7 月，学校本部迁宁都温家祠，自建楼房 1 栋，又租赁民房 2 处，为高年级学生上课、作宿舍用，将石上改为临时分校。

七迁回南昌。1945 年 8 月抗战胜利后，学校决定迁回南昌。8 月 29 日，熊惨校长先期偕同省府人员返回南昌。9 月 10 日，熊惨及随员 2 人察看学校原校址，只见瓦砾遍地，满目荒凉，校舍全部被毁。9 月 26 日拜访南昌市艾怀瑜代理市长，商妥先借邮政路法院前小学校址为校本部与附属医院院址，于是决定分期迁回南昌，并电令胡献尚（日本东京帝大毕业）、胡献可（日本东京帝大毕业）等 12 名医护人员携带医药器械先行回到南昌开诊。10 月 14 日，租赁系马桩 151、157 号民房 2 栋，为本校第二部，此房屋用于教员宿舍（起先也作教室用），内含寝室 10 间，传达室、工役室、会客间、膳厅、厨房各 1 间。10 月 15 日，租赁荆波宛（即今羊子巷附近）14 号民房 1 栋为本校第三部，租赁匡庐郸（即今松柏巷附近）民房 6 栋为本校第四部。11 月 1 日，学生开始报到。同月 19 日，恢复正常上课。随后留宁都人员分两批迁回南昌。从此，学校结束了“流浪”生涯，转入重建办学的阶段。

在迁回南昌前，杨简、李梃、罗潜等一批与江西医专在抗战期间同甘共苦的知名教授返回广东，而孟宪莀、程崇圯等留在本校，继续为学校的发展努力奋斗。

（五）抗战胜利后学校的重建

1. 学校的重建

学校迁回南昌后，开始了重建工作。但当时处境十分艰难。1945 年度，省里仅拨发经费 600 万元（法币），临时经费 592 万元，远远不够实际支出。在初期修建校部与附属医院的 6 项工程中，共用去建筑费 3810 万元左右，而经费来源仅得到善后救济总署江西分署补助修建费 1000 万元，教育厅分配复原修建费 450 万元，缺口达 2000 余万元。由于经费困难，除向银行借贷外，其余费用全部仅依靠拥有 40 多张病床的附属医院的收入来维持。修建图书馆靠的是同学们向外捐募及校友们的捐助。廖信鸿在《校友会成立周年回顾》中叙述此事 ：“又为协助本校之发展，发扬本校之精神起见，筹建图书馆基金，拟定捐册分送诸校友募集，陆续收到是次捐款共计法币四百三拾五万二千余元，然而物价奇涨，劝募金额有限，所收捐款虽未达原议之半数，但……需费共法币一千五百万元，较已收捐款额，相差悬殊，不敷之数，全由校当局设法垫支。”在熊俊校长的主持下，1946 年 2 月起学校在南昌市湖滨公园前街学校原址开始建筑两层楼房、平房各 1 栋，作为办公室、教室、实验室之用。

1946 年 3 月 11 日，熊俊校长调任省卫生处处长。4 月，省政府委学校附属医院矫外科主任孟宪荩为校长，孟于 4 月 3 日到职即接手主持学校的重建工作。5 月起又开始建大厨房、传达室各 1 栋。同年 6 月间重建工作基本完成后，校部由邮政路迁入新校舍办公。12 月，在江西医专原校址建筑图书馆、解剖教室、职员宿舍各 1 栋。

1947 年底，学校有图书 3110 册，其中医药书籍占五分之三，其重要者多为日、德、美等国原版书。仪器方面，解剖组织学兼生物学教室有切片机、显微镜、石蜡箱、解剖器械、人体骨骼标本 12 具、切片标本 100 余种、挂图约 100 幅；生理学兼药理学教室有自动描记器及其附属装置动物解剖器械、天秤及各种药器及挂图；病理学兼寄生虫学教室有切片机、显微镜、孵卵箱、天秤、测微镜、解剖器械、药品色素、挂图及显微镜切片标本；生物化学兼有机化学教室有精密天秤、糖定量器、沉淀器，各种化学药品、玻璃器皿、标本、挂图等；细菌学教室有显微镜、高压消毒器、哺育箱、各种药品及玻璃器皿等；分析化学、无机化学教室有精密天秤及其他药品、仪器等；制药化学教室有电气马达 1 具、机动轧片机 2 架、手摇轧片机 5 架、磨粉机 1 架、压榨机 1 架、离心沉淀器 1 架、天秤 3 架及玻璃器皿若干；附属医院有普通医疗用具、电疗器械、药品、电气冰箱、太阳灯和 X 光器械大小 2 副、病床 80 张。

在如此艰难的条件下，学校还力求扩大规模，争取升格为医学院。在五年建校计划中，特别提到学校升格理由：（1）教师资格以大学或独立学院高；（2）编制以大学或学院多；（3）经费以大学或学院多；（4）大学或学院有外出留学资格；（5）待遇以大学或学院高，医专不改大学或学院，则教授难聘，且亦难留。因此，学校向省教育厅请求从 1948 年起升格为省立医学院，招收高中毕业生，同时仍附设六年制医专科、牙医专科、药学专科和职业病科。但这一请求未获批准。1948 年 12 月 24 日教育部指示暂缓改学院。

1948 年 7 月，学校教务主任为李为涟，训导主任为彭凤潭，附属医院主任为胡献尚，全校有专任教授 11 人，特约教授 2 人，兼任教授 5 人。

2. 附属医院的重建

学校附属医院（以下简称附院）原有院舍全部毁于抗战。1945 年 9 月，附院随学校迁回南昌，借邮政路 2 号之法院前小学旧址为临时院舍。10 月 15 日，开设门诊，当时设有内、外、儿、眼、皮花 5 科。11 月 5 日，病房开始收容住院病人。同时学校也在积极筹划建设永久性院舍。

1946 年 3 月，省教育厅核准南昌市小金台前省立女子家事高级职业学校地基拨归学校建筑附院院舍。1946 年 4—7 月间，学校多方筹资先后建筑鱼鳞板二层楼房 2 栋。

1946 年间，商准善后救济总署江西分署以 8000 万元预算，为附院建筑正式院舍。6 月 30 日设计完毕，正拟招标兴工，忽值分署人事有变动，经费没有着落，兴建院舍工程只好停顿。1947 年 3 月，教育部拨发修建补助费 4000 万元，另向银行借 4500 万元，又从附院收入抽拨数百万元，凑成 9000 余万元，复行招标兴建门诊部二层大楼。结果东复营造厂以 13.2 亿元复标承建，在附院与该厂签订合约后同月 26 日动工，但进度十分迟缓，开工历 40 余日，仅完成工程十分之一，继而更是进入全部停工状态。

1947 年 3 月，忽接联勤部南昌营产管理所营产字第 0087 号公函，以此地基系前左营武职衙署旧址，列为营产，命令立即停工。迭经函电交涉，方收到该所 1947 年 5 月 12 日营产字第 167 号公函为奉江西供应局（36）辰齐营声（一）粮字第 8134 号代电，以附院系属新建院舍，始准招标。6 月 30 日，因施工进展缓慢召集东复营造厂负责人及各该厂保商举行座谈会，经三方面决定此项工程由本院收回自办。关于东复营造厂亏欠附院材料，迭经索还，因一再施延，附院只好聘请律师状诉南昌地方法院，一直到同年 11 月 19 日，方得追保偿清。工程亦于 11 月完竣。建筑此项砖砌洋瓦二层（附假三楼）门诊部大楼，时历半年，耗费 2.3 亿元。其后院之两层活动房屋，前面之砖砌洋瓦二层办公室、传达室、消毒间以及厨房、厕所等，则自 1947 年 10 月动工，至 1948 年 2 月间次第完成，耗费共计 3.1 亿元。附院在两年以内建有大小房屋 10 座，共耗费约 5.5 亿元。

1948 年 1 月 7 日，附院于 24 小时内将住院部迁入新院舍，其他部门则陆续搬移，历时 1 月，方才迁妥。1948 年 2 月 22 日起，在新院舍内正式办公。经过重建，附院的住院部规模得以扩大。1947 年附院门诊人数 46576 人，住院病人 1346 人，1948 年附院门诊人数 14111 人，住院病人却增至 2221 人。附院手术能力大为增强，能开展胃手术、全子宫切除术等，其技术水平在当时江西医疗界首屈一指。

抗战胜利后学校组织机构变化大同小异，以 1947—1948 年间为例，仍遵照教育部修正之专科学校规程，设校长一人，总理校务。校长下分设教务、训导、总务三处及会计室、统计室、附属医院、公共卫生事务所，并各设主任 1 人。教务处分设注册、出版两组及图书室。每组设主任 1 人，管理员若干人；训导处分设生活指导、课外活动、体育卫生三组，各组设主任 1 人，训导员、女生指导员、体育指导员及医师、护士若干人；总务处设文书、庶务两组，每组设主任 1 人，组员、书记若干人。会计室、统计室各设主任 1 人，佐理员、统计员各若干人，出纳 1 人；校长室设秘书 1 人，书记若干人。另设校务会议及招生、编辑、经费稽核、公费审查等各种委员会。

专业设置有 4 年制专科、6 年制专科、高级药剂职业科、高级护士职业科 4 科。

1948 年 6 月校刊复刊第 12 期记载，学校组织机构及成员有校长孟宪莀，教务主任李为涟，训导主任彭凤潭，附院主任胡献尚，另有教授蒋加年、刘懋淳（皮花科主任）、程崇圯（内科主任）、喻智静、俞德章、彭松云、杨学志（妇产科主任）等，特约教授石斯同、谭世杰，兼任教授王寿松、高茂山、向西年、涂琳等。

（六）救饥救寒，迎接南昌解放

1947 年，全国学生掀起了“反内战”“反饥饿”“要饭吃，要生存”的斗争高潮，学校师生积极投身于江西的“救饥救寒”运动中。是年 5 月 21 日，国立中正大学学生“反饥饿，要活命”的游行示威遭到省当局残酷镇压。事件发生后，本校部分学生与外校学生一起立即联合组织了五二一事件后援会，一致罢课，冒雨游行示威。同年冬天，本校学生参与成立了南昌专上学校学生救饥救寒联合委员会。1948 年 1 月 7 日在校内募得 510 万元。1 月 11 日，南昌专上学校救饥救寒运动救济股在学校开会，医专学生陈振中为会议主席，当即决议指派两位代表赴社会处搜集有关饥寒难民名单数目之资料，拟待捐款缴齐后，即行全部购买食米，并随后发配。1 月 16 日，为响应救饥救寒运动，学生与大华歌舞团合作，在光明戏院演出平剧，成绩显著，售票募得 1932 万元，仿照南昌市专上学校救饥救寒联合委员会办法，发给学校附近贫民。

1949 年初，国民政府组织“应变委员会”。1949 年 3 月，学校成立“应变委员会”。医专师生因势利导，利用“应变委员会”名义积极开展护校活动。4 月 1 日，南京发生血腥镇压学生运动惨案。4 月 17 日，学校与其他学校的 500 余名学生赶往望城岗国立中正大学，参加“四一血案死难烈士追悼会”。这次大会实际上是南昌进步学生的大联合，是向国民党反动派发动冲击的动员誓师大会。5 月 1 日，胡献尚接任校长，并担任学校“应变委员会”主任，组织护校纠察队，日夜值班巡逻，保护学校财产。

在南昌解放前夕，学校进步学生组织“激流音乐会”和“音乐合唱团”，演出话剧、刻写油印进步歌曲，散发给同学们传唱，开展了印发传单、张贴标语活动。部分同学还创办了《生活报》，转发新华社消息，对南昌人民和学校师生员工迎接解放起了鼓舞作用。在解放南昌的战斗中，在南昌学联的组织下，医专部分学生与中正医学院学生一起参加了战地救护组，多次在战场抢救解放军伤员。1949 年 5 月 22 日，解放军进驻南昌，学校广大师生与市民一道喜庆南昌解放。

二、解放新生　迎来发展新机

1949 年 5 月 22 日，中国人民解放军解放南昌，江西省立医学专科学校（以下也简称江西医专）获得了新生。至 1951 年底，先后经历了军管会接管学校、三校合并、隶属关系变更与四校分设以及医专升格为医学院的筹备过程。

（一）解放军军管会接管学校

1949 年 5 月 28 日，解放军将前供应局用房拨给学校为校舍，随即学生和学校机关迁往此址办公。5 月 30 日，学校恢复全日制上课，并给教职员工发放 5 月份薪俸。6 月 9—14 日，南昌市军管会文教接管部副部长吕良来校视察，先后召开学校和附属医院师生大会和教职工座谈会，并派南昌市军管会文教接管部李宏、石某、宫某驻校开始办理接管事宜。6 月 22 日，吕良等来校接管学校，并宣布各级领导不变，教职员工全部留用，各项工作仍按原计划进行。江西医专的校长仍由胡献尚担任，并任命刘懋淳为附属医院院长等。

（二）建立青年团组织

解放前，学校没有中共地下党组织和党员。军管会接管后，1949 年 5 月 21 日，学校成立第一届学生自治会，选出刘芳镐为理事主席。9 月，南昌市成立学联筹备委员会，学校派学生代表黄文长参加，并担任委员。次年，市学联正式成立，学生代表黄文长为执委。9 月 15 日，由省青年工作委员会派李绳祖同志来校组建成立团小组。12 月 2 日，团小组发展了一批团员，并正式成立团支部。1950 年成立团总支。1951 年开始吸收优秀教职工和学生入党。1953 年成立团委。

解放前，江西医专民主党派组织有地下“民盟”组织，此后，在江西医专相继有九三学社、农工民主党等民主党派组织成立。

（三）三校合并

1949 年 8 月 28 日，省政府决定：以原江西省立医专加以改造为基础，与原省立助产学校、省立护士学校合并为省立医学专科学校。8 月 30 日，省政府任命李宏为校务委员会代理主任，张信昌为副主任。8 月 31 日，省文教厅聘任李宏、张信昌、李为涟、程崇圮、刘懋淳、易煌、熊大荣、谢坚白、张玉春、黄文长、樊行敬、王雪菲等人为学校改革委员会委员，李宏任改革委员会主任，张信昌任副主任。9月底，李宏因工作调离。10月3日，省政府任命徐福静为学校校务委员会代理主任。因省文教厅未曾批准学校校务委员会组织人选，故学校处理事务时仍沿用“改革委员会”名义视事。

合校后，原医专分设为医科、药科，为一部；原护士学校改称“医专附属护士科”，为二部；原助产学校改称“医专附属助产科”，为三部；产院与附院合并，为四部。同时制定《江西省立医学专科学校组织规程草案》，并调整组织机构。学校机关设教导和总务两处。李为涟为教导主任，徐节培为代总务主任。1951年5月教导处改为教务处，程崇圮兼任教务主任。学校另设招生委员会、毕业试验委员会、校刊编辑委员会、学生学习生活指导委员会4个临时委员会。附属医院设矫外、普外、皮花、内科、妇产、五官、小儿等科，刘懋淳、程崇圮为正副院长。合校后，学校教师、医师和护士随之增加，附属医院病床由40张扩大到174张。

（四）隶属关系变更

自1949年8月起，学校隶属省文教厅管理；1950年4月，省政府决定，将学校移交省卫生厅管理。4月26日，省政府决定卫生厅厅长许德兼任校长。9月，省卫生厅副厅长邱倬兼任副校长，徐福静改为专任副校长。9月28日，中南军政委员会卫生部批复同意学校改由省卫生厅领导。12月20日，中南军政委员会教育部就学校领导关系问题报告中央教育部。1951年1月11日，中央教育部发文函告，同意学校划归省卫生厅领导。

（五）招生开学

1949年9月招收新生257人（内专科80人、药剂科40人、护士科37人、助产科50人、护士补习班50人）。这批学生在十分艰苦的条件下学习，没有统一教材，由教师自编，学生刻写、校对、油印和装订。学生在老师带领下到市郊坟场捡人骨制作标本，千方百计寻找和搬运尸体供教学使用。同学们还经常参加各种建校劳动。

1950年秋季招生，医科专业恢复招收高中毕业生，修业5年，对招生对象提出了明确要求：报考医专者必须历史清白，身体健康，无不良嗜好，志愿从事人民医务事业。对于高中毕业同等学力者，必须具有县、市以上教育行政机关证明方能报考。报考年龄为18岁以上25岁以下，工农子弟可以放宽到28岁。护士、助产、药剂科报考学历是初中毕业生，报考年龄是16岁以上25岁以下。少数民族和华侨学生可从宽录取。护士、助产科学生75%享受公费，其他学生实行人民助学金制。工农子弟、军烈属有享受申请人民助学金优先权。

为满足抗美援朝对医务人员的急需，1951 年学校开办了江西省第一医士学校，学制两年。学生以高度的政治热情，用两年时间学完三年课程。共办两期，毕业生 300 余人。

（六）政治学习与思想教育

1949 年 10 月后，学校加强了师生的政治学习与思想教育。政治学习以小组为单位组织学习。学习小组按业务性质和工作地区编排。全校分 16 个小组，每组 10~12 人，每周学习 2 小时以上。学习强调理论联系实际，开展批评与自我批评，结合进行民主鉴定，举行集体测验和考查。通过学习，革除了单纯技术观点，加强了对马列主义认识，克服了个人主义思想，提高了为人民服务精神。同时，加强学生的思想政治教育。政治课程进行了调整，开设“新民主主义常识课”，取消“三民主义”和“伦理学”课程。通过思想政治教育，培养学生艰苦奋斗、忘我牺牲和真心为人民服务的精神。

1949 年暑假，部分进步师生分别去八一革大和暑期青年学习园学习。学习的主要内容有“新民主主义论”“社会发展史”等马列主义、毛泽东思想理论知识，以及党的路线方针政策法令。这批学生中的大部分后来回到学校工作，成为学校政治活动的骨干。1950 年下半年，教职员工还在豫章中学集中参加思想改造学习班学习，清除亲美、崇美、恐美思想，提高知识分子民族自尊心，树立全心全意为新中国服务的思想。

在政治学习的同时，学校也重视教职工业务学习。业务学习由教务处组织领导。医学、数理化、语文、史地等学术会议每月举行一次；总务会议由总务处组织每周举行一次；附属医院院务会议和学科会议、医学英语文献阅读报告会等每周举行一次。

（七）参加土改和“抗美援朝运动”

1950 年冬，江西省开展土地改革运动，学校师生组成下乡工作队，编入省土改工作团，到新建县生米乡、南昌县青云谱乡开展土改工作。

1951 年，全校师生积极地投入抗美援朝运动，纷纷报名参加志愿军。广大师生省吃俭用，积极捐献，排练话剧《美帝暴行图》在中山纪念堂售票公演，为支援抗美援朝筹集资金。演出盛况空前，场场满座，省委书记陈正人、省长邵式平亲自前往观看。同时，学校抽调一批医务人员参加首批中南区抗美援朝医疗手术队江西队和国际红十字会第九医疗大队江西队。手术队队长胥繁荪，副队长刘孔芝；医疗队队长段胜如，副队长邵一亭。

（八）校园的扩展

合校后，学校在校学生已逾千人，校舍不足问题尤为突出。1950 年始，省市有关部门又先后将乐平同乡会馆，上营坊 14 号房，新建县考棚旧址，同盟中学校址，阳明路 10 号和 20 号（即今省儿童医院院址），晦庵路 150 号，裘家厂 19 号以及一纬路 17 号、22 号、23 号、24 号，孺子亭 5 号，四纬路 16 号，文山路东侧张家菜园，赣省中学等处房地产划拨给学校。至 1951 年，学校校址总面积扩大了 3 倍。

（九）医专的拆分

1950 年 2 月，省卫生厅对江西医专与助产学校、护士学校合并后的体制进行研究，认为为便于教学和管理，医科、药剂科应各立一校，分别称“江西省立医学专科学校”和“江西省立药科学校”；助产科、护士科合并成立江西省立护士助产学校。

1950 年 12 月 8 日，校务委员会代理主任徐福静调离学校，赴中共中央警卫处任保健科科长，专司中央领导保健工作。

1951 年 1 月 22 日，省卫生厅正式做出决定，原江西医专的护士、助产、药剂三科分别独立设校。药科学校以学校已有药剂科为基础与卫生材料厂密切合作，适应发展本省制药工业和解决卫生机构中药剂人员之需要；助产学校以学校已有助产科为基础加以充实；护士学校以学校已有护士科为基础与省立医院密切联系，各校统归卫生厅领导。该决定同年 3 月经中南军政委员会教育部批准，正式执行。

1951 年 3 月 31 日，省政府决定孟宪荩为江西省立医学专科学校副校长。5 月左右，副校长邱倬离职。

（十）医专升格的筹备过程

1951 年，学校申请升格为医学院，得到省卫生厅支持。7 月 14 日，省卫生厅呈请中南军政委员会卫生部，“将江西省立医学专科学校改为江西省立人民医学院”。理由是：“该校学制属于高级医学教育，现在高级医学教育，有医学院制，而无专科制度”，“根据该校近年招生情况，本省有大量高中毕业生志愿学医……招收高中毕业生后，便于培养高级卫生人员，利于学生升学”，“江西省除有中南军区医学院一所外，再无其他医学院，且该院招生不限于江西一省，而毕业生又均系国防军的卫生干部，为适应本省卫生建设之需要，应有医学院一所”，“各科设备经本厅拨款添购后，亦均够医学院标准”，“该校现有各科师资资历，均合医学院标准”。7 月 28 日，中南军政委员会卫生部向中南军政委员会教育部提出“江西医专改为医学院”。8 月 20 日，中南军政委员会教育部向中央教育部报告，提出“江西医专已具有改为医学院条件与必要，因此，我们同意该省卫生厅意见，将江西省立医学专科学校改称为江西省医学院”。9月20日，中央教育部批复：“江西省（立）医学专科学校改称为江西省医学院事，经与中央人民政府卫生部洽商决定，可予同意。”10月16日，中南军政委员会教育部、卫生部发文函告：“转知你省医专。奉中央教育部批复同意改称江西省医学院。”

为了充分做好改院准备工作，经省政府发文批复，省卫生厅1951年11月21日发文通知成立院务筹备委员会，许德为主任委员，刘之纲、魏怡春、孟宪荩为副主任委员，吕良、徐之光、时朴斋、胡献可、顾毓麟、胡献尚、阎席丰、王寿松、王克、齐同瑞、刘懋淳、程崇圮、乐峰为委员。11月22日，召开第一次院务筹备委员会会议，讨论成员分工和草拟制度。接着连续召开了8次会议，做出了系统表、编制表、组织规程、各种制度和经费预算等。12月29日省卫生厅正式宣布：呈奉江西省人民政府核准，准于1952年元旦江西医专正式更名为江西省医学院，学校终于实现了升格的夙愿。

三、升格改院　提高办学层次

1952年1月1日，江西省立医学专科学校正式更名为江西省医学院。从此，学院实现了人才培养层次的新跨越，开启了本科教育的新征程。

（一）升格后遗留问题的处理

1952年3月12日，学院就江西医专遗留问题及江西省医学院学制定位问题等向省文教厅和卫生厅请示：“根据现行医学院学制，医本科入学资格为高中毕业，修业年限为4—5年。该院现五年制专科有一年级（1951年由中南高等学校统一招生委员会分配的）及二年级（1950年由医学院自招）各1班，均具有医本科完全相同之条件——入学资格为高中毕业，修业年限为5年，基此，五年制专科一年级、二年级两班，拟分别改称为‘医本科一年级’与‘医本科二年级’。”“六年制专科入学资格为初中毕业（不收同等学力），修业年限为6年，在第一、二年级就将高中课程精简地重点地全部修毕，后4年的课程与医学院的课程没有多大区别，再查医学院的牙科学系、公共卫生学系的修业年限亦为4年，基此六年制专科改为医本科，似属合理。又根据以往五年制专科（高中毕业入学）与六年制专科毕业后的服务能力，亦无甚轩轾，因此我们对六年制专科亦拟同时改称为医本科。”中央教育部于1952年9月29日发文复函中南军政委员会教育部：“关于江西省医学院原有班级更改称谓事，我部同意你部意见：五年制的班次因系招收高中毕业生，应称为医本科，六年制的班次系招收初中毕业生，应称为专科。”中南军政委员会教育部将这一意见于1952年10月7日发文答复省文教厅和卫生厅。10月25日省文教厅与卫生厅发文知照江西省医学院。医专升格后，还留下了三个班的专科学生尚未毕业，学院决定以后不再招收专科新生，专科教育就此逐年结束，不再续办。

（二）江西省医学院改名为江西医学院的审批过程

1951 年 12 月，省卫生厅以校名是否冠以“省”字，发文向上级请示去掉“省”字。12 月 15 日中南军政委员会教育部发文函复：以根据中央教育部规定，该院系省办学校，自不应删去“省”字，仍应称“江西省医学院”。

1953 年 4 月 8 日，中央卫生部发文规定，江西省医学院受中央卫生部领导，委托江西省人民政府代管。5 月 12 日学院又行文向中央卫生部再次请示，拟将江西省医学院中的“省”字去掉。同年 6 月 3 日，中央卫生部发文正式批复，同意将“省”字去掉，改称“江西医学院”。同年 7 月 20 日，省卫生厅批准自 10 月 7 日起使用“江西医学院印”，“江西省医学院印”自行注销。

（三）党政管理工作

1. 行政领导

1952 年 2 月 14 日，省卫生厅发文函告：“奉江西省人民政府二月七日（52）府人干字第 31 号通知：‘经省府第三次行政会议通过卫生厅厅长许德兼任省医学院院长，魏怡春为第一副院长，孟宪莀为第二副院长，除报请中南军政委员会批准任命外，希通知各该员先行到职为要。’”7 月 11 日，魏怡春离职。1953 年 9 月 10 日，省政府发文函告：“尚友任江西医学院副院长，除另行办理提请中央政务院批准任命外，现因工作需要，希先行到职工作。”同年 9 月 12 日，尚友到职视事。

1954 年 2 月 23 日，省政府批准设立江西省高等学校工作委员会，吕良任主任委员，许德、孟宪莀、尚友等 13 人为委员。10 月 7 日，学院成立院务委员会，由各教研室主任、各科长、工会、党、团、学生会负责人组成。院务委员会设常务委员会，其成员是许德、孟宪莀、尚友、杨学志、王族光、胡献尚、叶鹿鸣、黄木兰、程广金、程崇圮、夏永新、张子才、杨仲达、顾毓麟、齐同瑞。

1954 年 10 月 30 日，省政府转发中央农业部、文化部、教育部、卫生部、司法部、体委、高教部《联合通知》，江西医学院由中央卫生部委托江西省政府管理。

1956 年 2 月 10 日，省委决定林怀远任江西医学院副院长。

2. 党组织建设

1952 年 7 月 1 日，江西省医学院党支部成立。学院秘书处副主任邓子华任党支部书记，附属医院副院长乐峰任党支部副书记。同年 10 月发展了第一批党员。职工和学生等均成立了党小组。1953 年 11 月 9 日，邓子华调离，乐峰调任学院秘书处主任，仍兼管党的工作。

1954 年 10 月，江西医学院分党总支成立，受省高校党总支领导。学院办公室主任黄木兰兼任分总支书记；10 月 16 日，程广金任分总支副书记，王莹、谭启民、王族光等人任分总支委员。江西医学院分党总支委员会下设学生、职工和附院 3 个党支部。

1955 年 4 月，江西医学院党总支成立，副院长尚友任第一书记，学院办公室主任黄木兰为第二书记，程广金为副书记，委员有宫永良、王振春、谭启民、王莹、王族光、赵凤乾。至 6 月学院共有中共党员 63 名。

1956 年 4 月，中共江西医学院第一次代表大会召开并成立了党委会，林怀远任党委书记，黄木兰任副书记，党委委员有尚友、王振春、宫永良、谭启民、于庆甫、严慕苏、程广金、王莹、薛琳、王族光、董辅生。其时，全院党员共有 93 名。其后，因各种原因，党委成员多有调整。1957 年 9 月，院党委成员有林怀远、尚友、程广金、宫永良、于庆甫、谭启民、严慕苏、王振春、薛琳、孙道忠、周子明、邓碧清。11 月，许德任学院党委委员。后来还有孙道忠、周子明、邓碧清担任过学院党委委员。

（四）机构设置调整

1952 年改院后，学院本部下设秘书、教务、总务三处。秘书处下设人事、组教、秘书三科。教务处下设教务、教材、卫生三科及图书馆和编译室。在教材科下设立了绘图、模型、缮印三组及药品器械保管室和动物室。总务处下设会计、总务二科。

1952 年 3 月 17 日，省卫生厅发文通知，南昌市第四区实验卫生所由学院接管，并改称为江西省医学院公共卫生实验所。同年 4 月 1 日，该所正式移交给学院。

1954 年 10 月 7 日，经上级批准，学院将原秘书处改为办公室，其原所属的人事、秘书两科不变，而组教科改为宣教科，负责全院的宣教工作；将原团委改为团工委，负责团建与学生工作；教务处所属教材科与教务科合并成立教学行政科，负责教材及注册、学生成绩计算等工作。另设教学研究科、生产实习科，分别负责教学研究及生产实习等工作，该处所属的图书馆不变；总务处所属总务科改为行政管理科，会计科改为财务科，保留保健科；另设立基建办公室，负责全院基建事宜；设立科学研究办公室，负责巴甫洛夫学说学习、助教培养、科学研究等工作。

1958 年 4 月 16 日，省人民委员会发文批复，同意学院“内部机构设：办公室、人事处、总务处、教务处、科学研究室和图书馆，原各处所属科一级机构全部撤销。全院人员编制核定为 300 人”。因临近与第八军医学校合并，故学院实际没有对机构做变动。

（五）学院的扩展与扩建

自 1952 年元旦改院以后，学院的招生规模开始扩大，当年招生 61 人。在 1953 年以后，历年招生均超过 110 人。特别是 1956 年，招生规模已接近 400 人。随着招生规模的扩大，学院与附属医院乃至院舍面积也随之扩展。

1. 院本部的扩展与新建

改院前，学院在阳明路院舍总建筑面积约 8210.52 平方米，基地总面积 18446.23 平方米，绝大多数建筑破烂不堪。改院后除将可以修理使用的大部分进行修理外，新建办公室、教室、实验室、楼房各 1 栋，平房 2 栋，教职员工宿舍楼房 2 栋，学生宿舍平房和饭厅各 1 栋等，另又购本院东侧张家菜园菜地 15 亩，共新增加建筑物总面积 2771.43 平方米，基地总面积 17585.37 平方米，较改院前分别增加 33.75% 和 95%。1954 年 7 月，经上级决定，第六军医大学校址划归第八军医中学。不久，经省委省政府确定，以八一大道北端以东，第八军医中学以南，包括市专卖局、防疫站、中医实验院以及附近民房在内的菜地约 15 万平方米，共计 200 余亩地为学院新院址。中南军政委员会拨款 26 亿元（当时币制），省政府拨款 20 亿元，共计 46 亿元。同年 10 月中旬，开始收购基建基地，新建院舍。1955 年 2 月寒假，学生全部迁入新院舍，并按期在新院舍上课。同年下半年，新建外科示范教室、动物室。1956 年暑假，学院本部从阳明路迁至新校址。此校址就是后来江西医学院的南院（即现在的东湖校区南院）。

2. 附属医院的扩建

改院后，为了加强临床教学工作，1952 年 3 月，由魏怡春兼附属医院院长，不久，省卫生厅调整了附属医院格局，将原附属医院改称为内科医院，地址设在原南昌医院处（即今江西省人民医院院址）；原省立医院改称为外科医院，地址设在原省立医院处（即今二附院院址）。两医院共有 400 张病床，行政上直接归省卫生厅领导，教学任务由学院下达并指导。原医专附属医院人员按照本人业务专长进行了重组，编余人员与卫理公会南昌医院部分人员重组为南昌医院，地址设在小金台址（即今南昌市第一医院院址）。原归省卫生厅领导之城区卫生实验所自 1952 年 4 月起划归学院领导，担负学院学生的公共卫生实习任务。但由于学院本部在行政上不直接领导教学医院，给临床教学工作带来诸多不便，1954 年省卫生厅决定，将外科医院改为江西医学院附属医院，并自 1954 年 11 月起划归学院领导。1955 年 1 月，附属医院正式成立，在原外科医院的基础上增加了内科人员，病床数由 200 张增加到 250 张。同年下半年，在附属医院兴建理疗室和教学手术室各 1 栋。1956 年，省卫生厅决定，将中医实验院合并到学院附属医院。

（六）人才培养工作

1. 调整教学机构

1952 年，根据改院后的实际情况，学校调整了教学机构。将生物学系合并于解剖学系，物理及普通化学系合并于生物化学系，寄生虫学系合并于微生物学系，眼耳鼻喉科学系及齿科合并为五官科学系，X 光学系合并于内科学系。全院共有解剖、生理、病理、药理、生物、微生物、公共卫生、内科、外科、小儿科、妇产科、皮泌科、五官科 13 个学系，教学医院有内科医院及外科医院，卫生学系设有卫生实验所。

1953 年又单独成立寄生虫学系。

1954 年 10 月，学习苏联经验，结合本院教学实际，学院将原有各学系改为教研室，共设生化、生理、药理、解剖（含组胚）、寄生虫、微生物、病理、化学、物理、生物、卫生学、政治、俄文、体育 14 个教研室。1955 年，又将教研室改名为教研组。

1955 年 1 月恢复附属医院，学院于 6 月对临床各学系进行改组，在附院建立了 9 个临床教研组，即内科学基础、系统内科、临床内科、外科学总论、系统外科、临床外科、耳鼻喉科、眼科、皮肤性病学教研室，小儿科及妇产科教研组仍分别设在省儿童医院和省妇幼保健院内。

2. 强化教学管理

为了适应改“院”后教学发展的新形势，根据中央教育部颁发的课程计划和本院的实际情况，制订了课程计划方案，加强业务学习，突击学习俄语，不断建立健全教学规章制度，实行教学“三联”会议制度，统一编审教材，集体备课，进行预讲，安排听课、实验、课外辅导，实行五步教学法，提高教学效果和质量等。

3. 师资队伍建设

1952 年，学院新增专职教授 4 人、副教授 5 人、讲师 9 人、助教 27 人，加上原有和借聘的老师，全院教学人员中，专职教授 12 人，兼职教授 4 人，专职副教授 14 人，兼职副教授 1 人，专职讲师 18 人，兼职讲师 3 人，助教 57 人。随着学院的发展，一批德才兼备的教学人员分配到学院任教，到 1956 年春，学院专职教师达 172 人，教学辅助人员 45 人。同时，学校选派教师赴北京、上海、华南、山东、江苏等医学院校进修。1956 年，学院基础学科和附属医院 60 余名教师、医师报考副博士研究生（四年制），李宝华、黄文长、徐叔云、孙尚滔、陈立礼等被录取，其中部分同志学成返校工作。据统计，1953—1958 年间，学院先后派出进修教师达 60 余人。

1958 年，中央卫生部从中央卫生干部进修学校调二级妇产科教授孙明、三级教授曾立胜（儿科）和吴道钧（内科）来院任教。至此，一支初具规模的教师队伍基本建成，为学院发展奠定了基础。

4. 改善办学条件

改院后，学院不断改善办学条件，以适应升格后教学发展的需要。1952 年，学院花 3.5 亿元购买了新的教学仪器设备。同时，模型组全年制造各类模型 81 具；绘图组共绘繁简挂图 1029 张。在病理解剖方面，全年解剖尸体 52 具；在人体解剖方面，全年共收集尸体 28 具，供应本院学生的解剖实习（每 2 个同学有 1 具尸体），骨架保证学生实习每人 1 副。图书馆经迁移扩大了面积，添置了图书木架，从而改变了原来许多图书因场馆狭小和缺乏上架书架，只能长期积存书箱的现象，大大提高了图书的利用率。为便于对图书借阅和管理，图书馆依据波士顿医学图书分类法与东北图书馆分类法，参照其他图书馆的先进经验，根据本院实际情况重新编定图书分类表，编制卡片目录，使图书馆逐步进入科学管理。

1953 年，学院新购图书 3831 册，外文杂志 173 种；新购显微镜 46 架、分析天秤 13 架；解剖及病理大体标本增加了 330 件；模型增加了 500 件。病理学系解剖尸体达 138 具；病理临床检查达 575 份。

（七）科学研究工作

1952 年下半年后，学院科研工作主要是结合学科实际开展。1954 年省卫生厅成立医学科学研究委员会，开始了有计划有组织的科研活动，主要围绕江西地方病、流行病、工矿卫生和中医中药等展开，特别是把危害人民健康的血吸虫病作为科研的重点。如"钉螺杀灭法的实验"和"血吸虫病治疗之改进"等 11 个与地方病、流行病有关的研究课题，经卫生部医学科学研究委员会批准列入 1955 年卫生部科研计划。1955 年全院科研计划列题 82 项，1956 年全院科研计划列题 90 项，副教授以上的教学人员有 81% 参与了科研工作。同时在学生中成立了 20 个科研小组，在教研组领导下进行科研工作。1957 年，全院科研计划列题 86 项，其中与血吸虫病的防治有关者 13 项，与"除四害"有关者 2 项，与中医中药有关者 28 项，经中央卫生部批准列入国家计划的有 7 项。1958 年，全院科研计划课题 139 项，列入国务院科学规划委员会医药组编制的科研计划研究题共 15 项，列入"血研"计划的 15 项，列入省科研计划的有 24 项。

四、军地融合，实现壮大提升

在编写江西医学院院史时，回避不了国立中正医学院的史实。其与第八军医学校1954年4—7月间交汇，后者1958年6月又与江西医学院合并，使新的江西医学院师资队伍、招生规模、校园面积迅速扩大，教学、科研、医疗等办学条件得到极大改善，办学水平明显提升。其三者之间有着历史渊源。

（一）国立中正医学院

清末民初，西风渐进，西方医学开始逐渐进入中国。辛亥革命后，我国高等医学教育的主要力量大多操控在外国人手中，如北京的协和、湖南的湘雅、上海的圣约翰、山东的齐鲁、四川的华西等，以北京协和医学院著名生理学家林可胜博士等为代表的爱国志士极力倡议要用自己国家的力量，办一所最好的医学院与之匹敌，王子玕也积极主张发展我国公医制度。时任江西省主席兼南昌行营主任熊式辉非常赞成林可胜和王子玕的倡议和主张。于是，他向蒋介石建议在江西南昌办一所国立医学院，并提议取名国立中正医学院，得到蒋应允，并向蒋推荐了林可胜和王子玕作为院长人选，让蒋决定。蒋认为林可胜在英国出生成长，不会讲中国话，担任校长不合适。因此，就确定王子玕作为院长人选。

1936年10月，南京教育部开始着手筹建国立中正医学院，聘请林可胜、陈志潜、王子玕、颜福庆、朱章赓、金宝善、黄建中7人为国立中正医学院设计委员会委员，林可胜为委员会主席，陈志潜为秘书，聘王子玕为国立中正医学院筹备主任。嗣又加聘潘骥（时任江西省卫生处处长，潘辞处长后，由继任处长方颐积继任委员）、左维明为设计委员。11月3日，学院设计委员会在南京教育部举行第一次委员会会议。此后不久，经王子玕与教育部参事陈泮藻等亲自勘定，并经江西省政府于1937年1月征收南昌阳明路东一带地基300亩为该院院址。3月，由江西省政府拨付国币17万元，迁移院址内坟墓和填平地基。4月，建筑工程在教育部开标，中标者的大楼造价为国币32.6万元。此后，收买院址附近民田，扩充地基。不久，即开始兴建成临时办公处、教学大楼、科技楼、学生宿舍、院长住宅及教职员工宿舍等。

1937年4月，江西省政府决定以省立医院为国立中正医学院实习医院。

1937年6月19日，教育部聘王子玕为国立中正医学院院长。7月3日，王子玕正式就职。根据《国立中正医学院组织大纲》规定，院长室设秘书一人。在院长下分设教务、训导、总务三处，每处各设主任1人，由院长从教授中选聘兼任之。学院设有解剖、生理及药理、病理（包括法医）、内科（包括放射学）、外科（包括妇产科）、公共卫生6个系科，学制为本科6年。8月2日，在南昌、南京、武昌等地招考新生120名。9月25日举行开学典礼，报到学生108名。

1937年8月15日，国立中正医学院成立不久，日机轰炸南昌。10月20日，该院在一次空袭中被炸。12 月 8 日，教育部下令该院向吉安迁移，并借白鹭洲中学上课。1938 年 1 月 24 日又迁往永新，借用县城大成殿、图书馆、王家祠等为临时院舍，2 月 3 日开始上课。6 月，购买永新县城内盛家坪地基，9 月建成临时院舍。

1938 年 11 月 4 日，因江西抗战，教育部下令该院迁往昆明。12 月，全部人员抵达昆明。此时，教育部统一招生分发本学院新生 71 名。1939 年 1 月，购买昆明城郊白龙潭地基，兴建临时院舍。同时，奉教育部令招考平津沪学生，录取 23 名。1 月 19 日借昆明青年会为教室，开始上课。3 月，建成昆明白龙潭临时院舍，即迁入新院舍。

1939 年 5 月，联络同在昆明办学的国立同济大学医学院、国立上海医学院、国立云南大学医学院及云南省立医院商讨滇南医学教育、卫生机关合作办法。9 月 10 日，国立同济大学医学院、国立云南大学医学院教职员代表来院商讨医学教育合作办法。同月，与国立上海医学院联合，在昆明市设立门诊处。10 月，教育部统一招生，分拨该院新生 62 名。

1940 年 8 月，日本帝国主义的魔爪伸向昆明。8 月 24 日，教育部电令该院迁移黔西一带地区，并令该院学生享受公医生待遇。9 月，该院迁设贵州镇宁县城，修理镇宁县城东岳庙，租赁民房为临时院舍。因城镇较小，医院实习发生困难，该院将四年级学生送去贵阳国立湘雅医学院暂时借读。1940 年 10 月，教育部统一招生，分发该学院新生 60 名。同年 11 月，在镇宁县设立保健室，嗣改为门诊处。

1941 年 5 月，江西省政府以赣省医药人才缺乏，商同王子玕院长，陈准教育部，允该院迁回江西。8 月，录取新生 73 名，并在泰和县鱼池口、永新县盛家坪两处同时兴工建筑院舍。同年 9 月 4 日开学，学院四、五年级学生设班在泰和院舍，一、二、三年级学生设班在永新院舍。总办公处设永新。12 月，在永新县设立门诊处。1942 年 8 月招收新生 50 名，因两地分设，诸多不便，于 1943 年在永新添建房舍，筹设医院，秋季开学时即将泰和之高年级学生一并迁往。1944 年 7 月，长沙失守，赣西告危，学校因战争形势奉教育部令将低年级学生迁至唐江镇，高年级学生迁至蓉江镇。1945 年 1 月，又迁福建省长汀县。因觅屋困难，除向早已迁来长汀的厦门大学商借中山堂外，另租民房为临时教学住宿之所，一面赶购城西旷地增建实验室、男女生宿舍 4 栋，勉强应用。抗日战争胜利后，该院准备迁回南昌，但原有校舍被敌拆毁，仅余之残破男生宿舍 1 栋等，也为军队占领。几经交涉，雇工修葺，终于在 1946 年 1 月始将四、五年级学生迁回南昌市原校址。并开始继续修建教学大楼、礼堂、图书馆、师生宿舍以及附属中正医院等院舍。至 7 月 11 日，全部师生迁回南昌。

1949年5月22日，南昌解放。6月9日，南昌市军管会文教接管部奉令接管国立中正医学院，尚友等人参加了接管工作，并组织全体教职员工开展政治学习，进行思想教育。8月12日，国立中正医学院改为南昌医学院，并开始招生。解放初的这段时间仍由王子玕担任院长，主持学院日常业务工作。原中正医学院的教职员工基本上都予以留用。8月27日，江西省人民政府发出“教字第一号通令”，公布《江西省教育改革方案》，方案明确南昌医学院归华中局领导。9月，奉中南军区命令，南昌医学院与随军进驻南昌的解放军第四野战军医学校合并组建解放军华中医学院，属军队建制，学院设院长、副院长和政治委员，由第四野战军卫生部副部长涂通今兼任院长，刘钊任政委，熊少南任副院长，曹旭任政治处主任，米景贤任教育长，张波任附属医院院长，徐亚光任附属医院政委。大批军队干部充实了各级领导班子，提高了工作效率。10月1日举行了合并大会，两校师生进行了联欢。

1950年8月，第一届全国卫生会议确定，每个大军区建一所医学院。10月，解放军华中医学院奉中南军区命令更名为中南军区医学院，归中南军区卫生部领导。1951年10月，各军区的医学院按序号命名，11月又更名为第四军医学院。1952年8月，奉中央军委命令，再更名为第六军医大学，属中央军委后勤部卫生部建制，委托所在大军区领导。

1954年4月7日，中央军委颁布《关于军医大学合并的决定》后，第六军医大学奉令迁往重庆与第七军医大学合并，仍称第七军医大学（其后1975年更名为第三军医大学，2017年，又更名为陆军军医大学）。至此，原国立中正医学院及最后的第六军医大学结束了在江西南昌的办学历史，其校名也画上了终止符。留下的校址校舍与附属医院等于1954年8月被第八军医学校奉令接管，留下的附属医院改名一七三医院。

（二）第八军医学校

第八军医学校是解放军总后勤部直接领导的一所军队学校，师资力量较强，设备较好，教学科研和医疗体制较完善。

1952年11月24日，中南军区发布命令：“奉中央人民政府人民革命军事委员会11月5日命令，中南军区应组成两个军医中学，番号称‘中国人民解放军第八、九军医中学’……一、以原华南军区卫生学校为基础，与广西军区卫生学校、原第四十四军卫生干部训练队合编组成为第八军医中学（驻汉口）。二、以河南军区卫生学校为基础，与中南军区后方勤务部卫生部药剂训练队合编组成为第九军医中学（驻长沙）。……五、上述抽组之两个军医中学，应于十二月二十五日到达指定地点……由中南军区后勤部负责接收……”按照中南军区命令，1953年1月，由华南军区卫校、广西军区卫校和第四十四军卫生干部训练队在汉口组建成第八军医中学，魏建为校长；由河南军区卫校在长沙组建成第九军医中学，王广斌为校长。在组建两所军医中学过程中，由于校址等具体原因，1953 年 5 月，原驻汉口的中南军区后勤部卫生部药剂训练队由原决定编入第九军医中学改为第八军医中学，为该校药科。不久后，第四十二军卫生干部训练队编入第九军医中学，马统一为副校长；中南空军军医学校编入第八军医中学；江西省军区卫生学校并入第九军医中学。

1953 年 9 月 22 日，中南军区发布命令："奉中央人民政府人民革命军事委员会九月十九日命令：决定第八、九两军医中学合并，并撤销第九军医中学。"仍以魏建为校长，马统一为副校长。10 月 9 日又任命高彦身为副校长。

1954 年 7 月，第八军医中学奉令由汉口迁往南昌。7 月 12 日首批先遣人员由马统一副校长率队抵达南昌原第六军医大学校址。8 月 13 日中南军区发布命令：奉中央人民政府人民革命军事委员会命令，决定第八军医中学按 739 人之定额进行整编，整编后改称中国人民解放军第八军医学校，原第八军医中学番号即行撤销。校址为南昌原第六军医大学校址，所有人员分 10 批，于 9 月 27 日全部抵达南昌，接管了第六军医大学的校址校舍、部分师资（如杨和庭、喻江山等人）及仪器设备等财产。8 月 27 日，中南军区任命牛步云为第八军医学校校长，魏建为副校长，马统一为第二副校长兼一七三医院院长。9 月 7 日中南军区调任阎海为第八军医学校政治委员，李彦为政治处主任。9 月 21 日，高彦身副校长奉令调离。同年 10 月，马统一奉令离职。

1954 年 10 月 9 日，根据中央人民政府人民革命军事委员会 1954 年 6 月 1 日颁发的《中国人民解放军军医学校编制表》，开始进行整编工作。整编后，第八军医学校的组织系统为：训练处（辖教务科、文具教具供给科）、政治处、干部科、队列科、物资保证处（辖军需科、给养管理科、卫生所）、财务科。为做好整编工作，总后勤部卫生部派出整编小组到第八军医学校协助工作。1954 年底结束整编工作，全校 94 人调他部，11 人转建，20 人转业，43 人解雇，8 人待分配，调入 138 人，全校原有 1050 人，整编后有 1020 人。10 月 12 日，江西军区后勤部发函："接中南军区后方勤务部勤计字二九二号公函称：'一七三医院原划归江西军区供给，现改由第八军医学校供给'，据此确定一七三医院自本（十）月一日起，由第八军医学校供给。" 11 月，在原学校党委的基础上增补了医院负责同志与新到校的负责干部，成立了新一届的党委会，阎海为党委书记，牛步云为党委副书记。1955 年 1 月，调整经中南军区党委正式批准。

1954 年 12 月 28 日，中南军区后勤部转发中南军区命令，规定第八军医学校党政工作归江西军区管理，干部调配由中南军区后勤部干部处负责，业务指导由中南军区后勤卫生部负责。

1955 年 7 月，南京军区根据军委总后勤部关于“第八军医学校归属总后勤部建制，在总后勤部学校管理部尚未正式公布前，其业务领导、党政、行政、供给工作均暂请南京军区后勤部领导负责”的电示，决定该校党政、供给工作由江西军区予以代管，业务领导由南京军区后勤部卫生部负责。

1955 年 11 月 28 日，共青团中央第一书记胡耀邦来校视察，在学校大礼堂为全校教职员工作了《关于前途问题》的报告，指出，“落后了要赶上去，要在不同阶段达到不同的目标（赶超英美）”。他强调说：“我们有这个本事，有这个雄心和志气，我们的前辈能够打下江山，我们也一定能建设江山，建设社会主义和共产主义。”

1956 年 1 月 30 日，第八军医学校召开全校党员代表大会，并选出党委会，阎海为第一书记，牛步云为第二书记，阎海、牛步云、李彦、徐亚光、魏建为党委常委。7 月 10 日，南京军区党委正式批准。9 月 7 日，解放军总后勤部党委增补苏震为校党委常委。

1956 年 6 月 23 日，江西省军区遵照国防部同年 1 月 28 日及军委总后勤部 6 月 14 日指示，将第八军医学校（含一七三医院）拨归总后勤部建制，其业务教育、干部管理、政治工作和行政管理由总后勤部直接领导，物资保证、编制装备的武器、军士以下人员的调配、医院药品、器材、病员收容任务仍由江西军区负责。

1957 年，一七三医院创办附属卫校，唐玉芳兼任校长，招生 100 名。

1958 年 6 月 6 日，中央卫生部、解放军总后勤部联合发出《关于交接医务学校、医院的决定》，将第八军医学校等 7 个单位移交卫生部领导，并对在校学员做出了具体处理意见：1954 年级学员于暑假毕业后由军队分配工作；1955 年级学员于当年 11 月底前由第八军医学校负责将原定理论课程授完后，即由军队分配到各医院实习，实习期满后由军队分配工作；1956、1957 年级学员由第四军医大学接收，并按原教育计划训练至毕业。《决定》规定，移交工作在 7 月底以前结束，军队负责供给至 8 月底，从 9 月 1 日起由地方接供。

（三）与第八军医学校合并组建新的江西医学院

1. 两校合并的筹备过程

根据 1958 年 6 月 6 日中央卫生部、解放军总后勤部联合发出《关于交接医务学校、医院的决定》，解放军总后勤部副政委李耀、训练部副部长杨尚高、总后勤部卫生部部长孙仪之与中央卫生部副部长钱信忠、崔义田等负责交接事宜，并由双方指派干部组成工作组，协助办理交接手续。早在公布第八军医学校交给中央卫生部领导这一决定之前，中央卫生部已与江西省人民委员会达成协议，即该校由江西省人民委员会接管，并与江西医学院合并，仍称江西医学院。1958 年 6 月 8 日，江西医学院与第八军医学校联合召开党委会，出席会议的有许德、林怀远、刘毓瑞、苏震、魏建、梁凯轩、宋群、马隄、崔景文、程广金、薛琳、程崇圮、谭启民、傅彬、严慕苏、邓碧青、邓泽材以及卫生部代表周司长、总后勤部卫生部代表陈处长。许德主持会议，林怀远宣读党委委员名单。会议决定医院的名称暂不变，待合并以后再考虑改变，会上还研究了招生规模等事宜。6 月 11 日，两院校党委会继续举行联席会议，牛步云到会参加了讨论。会议决定一七三医院命名为江西医学院第一附属医院，江西医学院附属医院改名为江西医学院第二附属医院，两个医院的编制和配备一并保持，江西医学院办公地址设在原第八军医学校办公地址。刘毓瑞转达了卫生部周司长的意见 :“(合并后的) 医学院是全国设备最好的医学院，要求多下蛋。”许德在会上正式宣布 :“明天下午算为正式合校。”6 月 12 日，卫生部正式决定，将第八军医学校交江西省人民委员会接管。江西医学院与第八军医学校联合举行会议，省委书记处书记、省人民委员会副主席方志纯和总后勤部副政委李雪三中将出席了会议，并宣读了江西省人民委员会将第八军医学校与江西医学院合并的决定，同时宣布了两所医院更名的决定。会后，两校教职员工举行会餐祝贺，晚上还举行游园晚会。

2. 党政管理工作

（1）党政领导调整

1958 年 7 月 12 日，接交委员会与江西医学院、第八军医学校党委向省委报告了“江西医学院与第八军医学校并校后，新的党委成员与各处室以上干部配备意见”。学院党委和行政主要领导如下 : 第一书记兼院长许德 (省委宣传部原副部长兼医学院院长)，第二书记兼副院长林怀远 (原医学院党委书记兼副院长)，第三书记阎海 (原军医学校政委)，第四书记刘毓瑞 (原军医学校政治部主任)，副院长魏建 (原军医学校副校长)、尚友 (原江西医学院副院长)、孟宪莐 (原江西医学院副院长)。党委常委有许德、林怀远、尚友、魏建、阎海、刘毓瑞、严慕苏、谭启民、程广金、苏震。后因阎海并未到职，由刘毓瑞就任党委第三书记。

1959 年，尚友、苏震、严慕苏同志调离学院。此时，学院党委常委有许德、林怀远、刘毓瑞、魏建、程广金、谭启民 6 人。7 月 27 日，省委决定程崇圮任学院副院长。

根据中共中央和国务院关于教育工作的指示，“在一切高等学校中，应当实行学校党委领导下的校务委员会负责制”，经省委宣传部批准，1959 年 9 月 23 日成立了新一届江西医学院院务委员会。主任委员为林怀远，副主任委员有乐峰、孟宪苠、魏建、程崇圮，常务委员共有 13 人。

1959 年 9 月 29 日，省委任命乐峰为学院党委书记兼副院长。此时，学院党委会书记有许德、林怀远、乐峰、刘毓瑞。行政领导为：院长许德，副院长林怀远、乐峰、孟宪苠、魏建、程崇圮。

1959 年 10 月 7 日，江西医学院院务委员会第一次全体会议通过了《江西医学院院务委员会暂行组织条例（草案）》。

1961 年，刘毓瑞调离学院。4 月 27 日至 30 日，召开江西医学院第二次党代表大会。出席会议的共有 156 名代表，乐峰在开幕式上讲话，林怀远代表第二届党委会在会上做工作报告。会议选举了中共江西医学院第三届委员会，委员共有 21 人。经过中共江西医学院第三届党委会全体委员选出常委会，许德为党委第一书记，林怀远、乐峰为党委书记，常委还有魏建、程崇圮、程广金、傅彬、马会卿、唐玉芳、崔景文、谭启民。同年 9 月，宋群被补选为党委常委。1963 年许德去职，林怀远任学院党委第一书记，乐峰任学院党委第二书记。

（2）组织机构调整

1958 年 7 月两校合并后，学院党群机构有党委办公室、组织部、宣传部、工会、团委；行政机构有秘书室、教务处、总务处（含保健室）、人事处、科学研究室、图书馆。上述各机构均设正副处长（主任）和秘书，未设独立的科级机构。另外，还设置了农场、小学、幼儿园等附属机构。

1959 年 10 月，学院组织机构设置如下：党的机构为党委办公室、宣传部、组织部以及基础部、医疗系、第一附属医院、第二附属医院 4 个党总支和行政支部；行政机构为教务处、总务处、人事处、院长办公室、科学研究室、生产办公室、基础部、医疗系、卫生学系、儿科学系、第一附属医院、第二附属医院；群团机构为工会、团委。

1960 年初，学院党委统战部正式成立，与党委办公室合署办公。同年，党委决定教务处与基础部、医疗系合署办公。1 月 20 日，成立儿科学系系务委员会及系常务委员会，孟宪苠兼任主任委员，顾毓麟、杨宝文、曾立胜、王季鸿为副主任委员。2 月 21 日，成立学院直属机关党总支与学生党总支，放射医学系与卫生学系均成立党支部，直属学院党委领导。11 月 7 日，省委宣传部批复，学院正式成立卫生学系与放射医学系。卫生学系内设人民公社卫生教研组、除害灭病教研组、劳动保健教研组、营养研究室；放射医学系内设 4 个教研组。

1961年5月30日，学院成立医疗预防处，与科研室合署办公。10月9日，学院决定在卫生学系内设立5个教研组：保健组织学、流行病学、劳动保健学、环境卫生学、营养卫生学。12月27日，学院党委决定基础部与教务处分开办公，成立基础部部务委员会；医疗系与教务处分开办公，医疗系下设办公室，并于第一附属医院设医疗系一部办公室，第二附属医院设医疗系二部办公室；儿科系设在省儿童医院，市立第一医院为儿科系的协作教学基地。上述机构自1962年1月1日起开始分立办公。根据党中央“调整、巩固、充实、提高”八字方针，1962年10月15日，学院决定撤销卫生学系与放射医学系，分别改为医疗系卫生教研组和工业卫生教研室，在卫生教研组内设保健组织学、卫生学、流行病学3个教学小组。

1963年9月，学院行政机构为院长办公室、教务处、人事处、总务处、图书馆、基础部、医疗系、儿科系、第一附属医院、第二附属医院。

3. 人才培养工作

两校合并后，学院的教学条件大为改善。师资力量大为加强，学院共有教学人员363人，其中教授13人，副教授19人，讲师59人，教员32人，助教173人，教学辅助人员67人。校园面积扩展到633亩，其中院本部南北两院共505亩，第一附属医院90亩，第二附属医院38亩。建筑面积达10万余平方米，其中教学用房2.9万平方米，医疗用房2.9万平方米。病床达800张。教学设备和图书资料大幅扩充，教学医院增至6所。

1958年，学院充分利用两校合并后的优越条件，大规模扩大招生来源，增加招生数量。除招收应届高中毕业生外，还免试招收了部分调干生，他们都来自地方和军队卫生部门，是基层医疗单位的骨干，相当一部分还是团级以上的领导干部。此外，首次从全省应届高中毕业生中免试招收了部分品学兼优的保送生。1958年共招收425人，较1957年翻了1倍多。到1959年，全院在校生达到1872人，其中医疗系本科163人，儿科系60人，三年制医疗系专科135人；另有护士学校学生86人，业余大学医疗系130人，检验班30人，外文系58人。此外，根据中央指示精神，进行了医学教育教学改革探索。贯彻执行“高教六十条”，减轻学生负担。

1958年11月，学院组织广大师生开展学习中医基础知识与针灸，收集民间验方与秘方，形成了群众性学习中医热潮。1959年初，学院党委成立了中西医合流促进委员会，统一领导学院的学习中医运动，制订了学习中医的规划：一年学习、二年开花、三年结果。教学计划内将中医课时增加至500学时。

1961年9月，学院认真贯彻“高教六十条”，教学中要求做到“三基”（基础理论、基本知识、基本技能）、“三严”（严肃的态度、严格的要求、严密的方法）。

1965 年，学院生物化学专业开始招收研究生，是全省高校最早招收研究生的学科专业，导师为赵天睿教授。

4. 科学研究工作

1958 年至 1965 年，学院承担科研计划课题 855 项，其中国家课题 119 项，重点课题 14 项，华东协作课题与省级课题 166 项，省血吸虫病研究委员会审定的科研课题 15 项。共发表论文 1673 篇。

1958 年，二附院张以延与龚胜连合作研制的“心房颤动除颤器”获卫生部金质奖，开创了学院荣获部级科技奖的先河。

1959 年，学院成立科学研究委员会，加强了对科研工作的组织领导。

1960 年，蔡锡麟被评为“全国先进工作者”。

1962 年 12 月，学院党委根据教育部《关于为老教师配备科学助手的意见》精神，为二级教授孟宪扆（外科）、程崇圮（内科）、孙明（妇产科），三级教授刘懋淳（皮肤科）配备了科学助手。

1963 年 7 月，卫生部成立了医学科学委员会，委员有江西医学科学分院副院长郑兆龄等 181 人。程崇圮为卫生部科委内科学专题委员会委员，刘懋淳为皮肤病学专题委员会委员，杨学志为妇产科学专题委员会委员。

1964 年，江西省湖口县突发“湖口病”，全年发病 1026 例，病死 94 例。1965 年又发生 96 例，复发 165 例，病死 4 例。在省卫生厅领导下，学院派出十余位老师参加防治工作，取得很好的效果，并获卫生部嘉奖。

1965 年，生化教研组彭伟堂发现的“关于鸟氨酸氨基移换酶活力的测定方法”，是当时一种最快速的检测方法，易于推广和下农村。二附院张以延研制的“心室纤维性颤动消除器”，对于拯救手术中发生心室纤维性颤动的病人免于死亡具有重要价值，该产品荣获首届全国无线电工程制作二等奖。

5. 业余大学

1958 年 5 月，学院党委决定创办业余大学，并报省委宣传部和省卫生厅批准后，成立了江西医学院业余大学委员会，由党委书记兼任主任委员，学院院长和教务长为副主任委员，有关人员为委员，负责领导业余大学工作，目的是为低学历在职人员提高工作业务水平，6 月 27 日开始招生，9 月开始上课。1958 年除招收医疗系学员，还招收了外文系和检验专修班。1959—1966 年每年均招收一期医疗系学员，学制 3~5 年。学员经单位同意后，参加入学考试，按招生名额录取；部分学员由单位推荐保送入学。

（四）国立中正医学院与江西医学院的历史渊源

从上面国立中正医学院（最后改为第六军医大学）和第八军医学校的办学历史中，我们不难发现二者是有交汇的，前者是从南昌迁往重庆与第七军医大学合并，后者是从武汉迁入南昌接收接管前者留下的校址校舍、部分教师与仪器设备及其附属医院后改称的一七三医院。至于国立中正医学院与江西医学院之间的关系，在行政和教育层面上是没有关联的，只是设在同城的两所学校。她们之间看似无关实则有关，中间的桥梁与纽带就是第八军医学校。

1. 国立中正医学院（最后改为第六军医大学）的校址成为江西医学院的北院。但此院址并非是中正医学院直接移交给江西医学院的，而是 1954 年 7 月第八军医中学（8 月 13 日改为第八军医学校）奉令从汉口迁至南昌接管了第六军医大学（即原中正医学院）校址校舍、部分教师和教学科研仪器设备。1958 年 6 月，第八军医学校又与江西医学院合并，组成新的江西医学院。此校址就成了江西医学院的北院，现在阳明东路两侧的央央春天、金涛国际花园和南大医学院社区就是当年国立中正医学院校址所在地。

2. 国立中正医学院（最后改为第六军医大学）的校舍成为江西医学院行政办公区和高年级教学区以及教职工的主要住宅区。当年国立中正医学院大门、北院教学大楼、北院礼堂与图书馆、老科学楼、老 24 栋、红楼、梯形教室等国立中正医学院及后来的第六军医大学留下的有代表性的建筑，在校友中记忆犹新。

3. 国立中正医学院成立时的实习医院是江西省立医院（江西医学院第二附属医院的前身之一）。国立中正医学院成立不久，1937 年 4 月，省政府决定以江西省立医院为国立中正医学院的实习医院。同年 7 月 3 日，曾在江西公立医学专门学校担任过第二任校长的王子玕正式出任中正医学院首任也是唯一的院长。

4. 国立中正医学院中正医院（最后改为第六军医大学附属医院）院址最后成了江西医学院第一附属医院。抗战胜利后，1946 年国立中正医学院迁回南昌时建成的国立中正医学院中正医院，于 1949 年 5 月南昌解放后由南昌市军管会接管，先后更名为南昌医学院附属医院、华中医学院附属医院、中南军区医学院附属医院、第四军医学院附属医院和第六军医大学附属医院。1954 年 4 月 7 日，其核心骨干人员奉命随校迁往重庆，大部分普通医务人员和设备留在南昌。同年 8 月 9 日，奉中南军区命令，原第六军医大学附属医院改称为解放军一七三陆军医院。同年 8 月 26 日，中南军区决定，一七三陆军医院由江西省军区负责供给，其党政工作、行政管理、干部调配由江西省军区领导，业务指导由中南军区后勤部卫生部负责。1954 年 10 月 10 日，中南军区又将一七三医院划归第八军医学校管理。1958 年 6 月，第八军医学校与江西医学院合并时，一七三医院经学院党委决定命名为江西医学院第一附属医院。

5. 国立中正医学院（最后改为第六军医大学）的部分基础医学教师和许多临床医护人员都留下在院本部和一七三医院工作，其中黎鳌院士于 1941 年国立上海医学院毕业后就到国立中正医学院任教，直到 1954 年 4 月随学校迁往重庆第七军医大学。国际著名学者牛满江教授抗战期间曾在国立中正医学院任教，而黄志强（1944 届）、葛宝丰（1945 届）、黎磊石（1948 届）、黎介寿（1949 届）、陈灏珠（1949 届）、程天民（1951 届）等院士都在此接受医学教育。这些都是国立中正医学院培养、中华人民共和国成立后在党的教育关怀下，成长起来的著名学者和校友。中正医学院毕业生中还有许多人留在了当时第八军医学校及合并后的江西医学院工作，如原江西医学院院长朱越藩，著名教授冯高闳、符式珪、姚家生、孙砚田、徐雪儿、吴夑卿、王素娟、吴忠华、孙周、董长安等，自始至终都在这里参加教学活动，为江西医学院的发展发挥了极大的作用。

6. 抗战胜利后，两校迁回南昌，教学活动中常有教师互动，相互兼职授课和共办学术活动。如国立中正医学院中正医院院长谭世杰被江西医专发文聘为特约教授，国立中正医学院院长王子玕被聘为江西医专三十六学年第二学期专科毕业试验委员会委员，缓解了江西医专师资缺乏的燃眉之急。

7. 国立中正医学院最后更名为第六军医大学迁往重庆与第七军医大学合并仍称第七军医大学。从此，国立中正医学院和第六军医大学结束了在江西的办学历史。这两个校名永远留在了南昌，而且画上了终止符。

正是因为这些历史渊源，很多原中正医学院及最后更名为第六军医大学毕业的校友就把后来的江西医学院认同为母校。

五、特殊时期 探索开门办学

1966—1976 年的十年，学院和全国高校一样进入到一个特殊时期，学院的党政管理、人才培养模式和教育教学方式都发生了很大的变化，可谓是经历了一次教育教学大革命，走过了一段曲折的探索发展道路。

（一）“军宣队”和“工宣队”进驻学院及成立革委会

1966 年 6 月 23 日，省委责令学院主要领导停职检查，并调原福州军区步兵学校政治部主任张九同等 5 人组成省委工作组进驻学院，由张九同负责全面工作，马金元、王玉延、张夫君、纪永明分别负责学生党总支、基础部、一附院和二附院的工作。至 9 月下旬工作组撤离学院。10 月上旬，省委又派张达三、汤化生等来学院组成新党委，张达三任党委书记。

1967 年 9 月，省军区派出由王传科、董义来等 5 人组成的首批“解放军毛泽东思想宣传队”进驻学院。这批军宣队后来参加了学院和附属医院革委会领导班子，直至 1970 年 5 月才撤离学校。

1968 年 3 月 20 日，省革委会派南昌警备区政委张锡祚和王殿阁等 5 人组成的临时领导小组来学院筹备成立革委会，张锡祚与王殿阁分别担任组长和副组长。1968 年 6 月 8 日，省革委会批准“江西医学院革命委员会”成立，由 42 名委员组成（暂缺 5 名），王殿阁任主任，军宣队队长王传科及史文仁、陈树义、程广金 4 人任副主任。学院革委会成立以后，第一、二附属医院革委会相继成立。在学院革委会成立不久，又成立了学院革委会党的核心小组，由王殿阁、王传科、陈树义、许昌华、赵惠山、韩来凯 6 人组成，王殿阁任核心小组组长，王传科任副组长。随后两个附属医院的革委会成立，也相继成立了党的核心小组。

1968 年 9 月 3 日，省革委会派江西拖拉机厂徐玉祥、赵浩良等 30 人组成的“毛泽东思想工人宣传队”进驻学院，徐玉祥任队长，赵浩良任副队长。队员分别派驻基础医学部、学院机关和一、二附院，领导学校清理阶级队伍和“斗、批、改”。直至 1969 年 7 月这批“工宣队”才撤离学校。

（二）师生下放劳动接受再教育

1968 年，学院革委会根据省革委会要求，为落实毛泽东主席“五七”指示和“把医疗卫生工作的重点放到农村去”的“六二六”指示，在工宣队和军代表的帮助下，动员和组织了全院 80% 的教师、干部分别下放到安福、泰和、永新、新干、峡江、上高、余干、德安等县，1969、1970 两届学生下放到军垦农场；两个附属医院的医务人员，组建“六二六”医疗队下到全省农村巡回医疗。后来，全部就地安家落户。一附院医疗队分布在遂川、永新、安福等县，二附院医疗队分布在波阳（今鄱阳）、石城、都昌等县。1968 年 6 月，学院还组织了以 1968 届学生为主体的“六二六”医疗队，共 300 余人，分赴余干、遂川、瑞金、湖口、波阳等十几个县，一方面接受贫下中农再教育，另一方面为贫下中农防病治病；并开办“六二六”服务站，开展对聋哑、小儿麻痹等疑难病症的治疗。他们背着药箱，走村串户，为缺医少药的边远山区农民群众服务。1966 届毕业生于 1967 年 9 月全部分配到基层卫生单位。1967、1968 两届毕业生也分别于 1968 年 7、11 月份全部分配到农村基层医院。学校剩下人员不到 100 人。

（三）组建江西医科大学

1. 党政领导

1968 年 11 月 1 日，经省革委会批准，成立了“江西医科大学临时领导小组”，王殿阁任组长，负责江西医学院与江西中医学院合并组建江西医科大学的筹备工作。

1969 年 5 月 29 日，省革委会决定江西医学院与江西中医学院正式合并，成立“江西医科大学革命委员会”，王殿阁任主任；两个学院的原革委会副主任、常委、委员（除已调出外）仍为江西医科大学革委会的副主任、常委和委员，共计 25 人；王传科、王汝泉、苏震、史文仁、陈树义、程广金 6 人为副主任。

1970 年 9 月，省军区向江西医科大学派出原〇四八四部队的谭鸿云、韦玉琪、马保初 3 人组成的第二批解放军毛泽东思想宣传队，参加学校的领导工作。直至 1975 年 5 月这批军宣队才撤离学校。

1971 年 12 月 27 至 29 日，学院召开了中共江西医科大学第一次党代表大会，正式代表 58 人，与会代表 53 人，因公缺席 5 名。大会选出了中共江西医科大学委员会。12 月 31 日，省革委会政治部发文批准了江西医科大学党委会组成人员，即王殿阁任书记，谭鸿云、苏震任副书记；党委常委有 10 人，即王殿阁、谭鸿云、苏震、王汝泉、陈树义、马保初、韦玉琪、许昌华、赵惠山、程崇圮；党委委员有 20 人。同时，还批准增补谭鸿云、程崇圮为江西医科大学革委会副主任，马保初、韦玉琪、赵惠山和魏建 4 人为校革委会常委。江西医科大学党委成立后，下设 5 个学生连队党支部、1 个机关党支部和 1 个附属医院党支部。党的生活和党的工作初步得到了恢复和开展。

1973 年 2 月 13 日，省革委政治部通知，彭福山和崔景文任江西医科大学党委常委。

2. 学校下迁与两个附属医院的脱钩

1970 年 2 月，根据省革委会的统一部署，江西医科大学校址由南昌下迁到吉安市郊区青原山原康复医院（精神病院）和青原山净居寺，实行面向农村开门办学。当时，学校没有一个学生，干部、教师 80% 已下放，两校合并后，剩下不到 300 人，然而，要在短期内将两个学校的教学仪器设备、科研器材、办公用品、生活用具等，全部拆、包、装箱，以车、船装运至 300 千米以外的吉安青原山。全校上下克服各种困难，在不到 3 个月的时间里，基本上完成了学校搬运任务，为 5 月份新生开学上课做了物资准备。学校下迁后，江医南院校舍拨给福州空军医院，原教学大楼改修成病房；江医北院拨给省委党校，办毛泽东思想学习班。与此同时，两个附属医院相继与学院脱钩，划归南昌市管辖。原学校在两个附属医院教学编制的临床教师，全部脱钩，归属于南昌市卫生部门。一附院改为“南昌市第一医院”，原一附院的门诊部拨给南昌市急救站。二附院改为“南昌市第二医院”，并在南昌市湾里区耗资100余万元兴建了一所有500多张床位的湾里医院。

3. 招收首届工农兵学员与面向农村开门办学

1970年3月，省革委会政治部下达了招收和培养工农兵学员的任务，学校按照省革委会教育组招生通知精神和要求，从全省招收了525名工农兵学员，学制为1年，后延长3个月，“社来社去”，不包分配。5月4日，学校在吉安青原山正式开学上课。根据培养目标、学员情况和办学条件，当时学校制订了一个特殊的教学计划和实施方案：整个教学分基础与临床两个阶段，前者4个月，后者11个月。基础课教学在学校本部净居寺里因陋就简进行，由本校基础与临床老师混合任教；临床课教学和见习、实习全部安排到省内3个地区25个县医院，以此作为临床教学基地，实行全方位的开门办学。聘请当地医院的医生作为临床教师，承担学生的临床讲课、临床见习和毕业生实习的指导工作。在教学组织和领导建制上，将525名学员划分为5个连，每个连队配备3~4名干部、4~5名教师，并建立临时党支部，负责全连的教学和师生思想政治工作。学员下教学基地后，师生思想政治工作由连队带队干部与当地医院党支部共管；教学安排由带队老师与当地医院领导共同协商，按学校的教学大纲和教学计划要求执行。

与此同时，学院还承担了全国培训“赤脚医生”的工作，仅1969—1970年，就举办了3期“赤脚医生”短期培训班，先后为农村培训了300余名“赤脚医生”。

4. 新建校舍与开展医疗、科研工作

学校下迁到吉安青原山后，为了创造基本的教学、医疗和科研条件，由省革委划拨资金，新建和修建校舍4栋，新盖门诊部1栋，扩建了修配厂、印刷厂、药厂和实验室，建筑面积达8093平方米。同时，还新建了1个农场。在设备极其简陋的情况下，师生们仍然开展了医疗、科研工作，并取得了一些成果。例如，校中心研究室对兰花草等草药进行了抗菌试验，提取了抗菌的有效成分，并广泛应用于临床；开展了应用中西医两法治疗老年性慢性支气管炎的研究，并调查和防治病人7670例和26248人次；从喜树中提出了抗癌新药——喜树碱等；广大师生在面向农村开门办学的实践中，收集和整理了1500余个单方和验方；编辑和出版了《赤脚医生手册》和《新医实践》杂志。

5. 学校迁回南昌原址

学校下迁近两年的办学实践证明，在一无临床师资、二无附属医院教学基地的条件下，要培养适应现代科学技术发展的高级医学专门人才是极其困难的，有些教学科研上的问题也是无法解决的。因此，学校向省革委会提出迁回南昌办学的建议。1971 年 9 月 8 日，省革委会决定，同意江西医科大学由吉安青原山迁回南昌原址。后因“九一三”事件影响，又暂停回迁工作。直至 1972 年 1 月 10 日，学校召开全校教职员工大会，具体部署迁校工作。在搬迁过程中，一部分教学、科研和医疗设备搬运回南昌学校原址。还有一批仪器设备调拨给了吉安当地县医院和卫生防疫站，仅显微镜就 300 余台。在青原山新建的 8000 余平方米的校舍和门诊部全部无偿地留给吉安市康复医院。至 4 月 5 日，学校胜利完成迁返任务。

1972 年 4 月 2 日，省革委派出由南昌柴油机厂工人组成的第二批工人毛泽东思想宣传队进驻学校。工宣队由 12 人组成，魏腊根任队长，周正琪任副队长，后增补戴申屏、月光华两位副队长。根据省革委文教办教育组《关于驻高等院校工宣队长、副队长参加所在院校党委的意见》精神，工宣队队长魏腊根为学院党委常委和革委会常委，其余副队长为学院党委和革委会委员。直至 1977 年 2 月 11 日第二批工宣队才撤离学校。

6. 两个附属医院“复钩”

1972 年 5 月，学校迁回南昌后，省革委会决定恢复原一附院、二附院与医科大学的隶属关系。“脱钩”的附属医院“复钩”，附属医院原为学院编制的临床教师和下放的临床教师，全部回归学校，从而保证了学校办学必要的场所和师资条件。

7. 干部、教师和医务人员“复钩”

1968 年 10 月，学校干部、教师和两个附属医院的医务人员，先后下放 707 人，其中学校 238 人，一附院 263 人，二附院 206 人，他们下放到全省 47 个县（市）公社，组织关系、工资关系全部与学校脱离。1972 年 8 月底起，学校根据省革委会有关文件通知精神，先后派出专人或发出公函，到下放人员所在地联系，逐一了解和落实下放人员的复钩工作。截至 1973 年 5 月，已有 445 人先后复钩，其中学校干部教师 137 人，一附院 159 人，二附院 159 人。之后，剩下的部分人员陆续复钩，只有极少数人由于当地需要和本人意愿而没有复钩。这批下放人员的复钩，不仅加强了学校和附院的骨干力量，而且大大激发和调动了干部、教师和医务人员的积极性、创造性，初步改变了学校和附院教学、科研、医疗工作的面貌。

（四）医科大学的撤销与江西医学院的恢复

1972 年 11 月 14 日，省革委决定：将江西医科大学改为江西医学院。江西医学院校址仍为原医学院校址；江西中医学院迁原江西药科学校内，原药科学校并入江西中医学院。1973 年 3 月 28 日，省革委发文正式通知全省各高校：“经国务院批准，同意……江西中医学院在江西药科学校基础上恢复”。江西医科大学改为江西医学院后，学院领导班子作了调整，王殿阁继续担任医学院党委书记兼革委会主任，杨杏珍、苏震、谭鸿云任党委副书记兼革委会副主任，陈树义、史文仁、王汝泉、程崇圮任院革委会副主任，原有医科大学革委会常委和委员仍为医学院革委会常委和委员。

学校迁回南昌原址后，将被拆除的教室、实验室等教学、实验设施重新修建起来，以适应教学科研工作需要。在修建校舍的同时，学校首先恢复了基础医学部和临床医学部。恢复或重建了各基础课和临床课教研组，以便开展教学、医疗和科研工作。基础医学部先后成立了药理、生理、生化、病理解剖、病理生理、微生物、寄生虫、生物、组胚、人解、数理、化学、外文、体育 14 个教研组；临床医学部成立了原子医学、卫生学、医学、精神病学 4 个直属教研组；一、二附院相应成立了内科学、外科学、妇产科学、儿科学、五官科学、皮肤病学、传染病学、口腔科学、放射科学 9 个教研组；重建了内基和外总两个实验室；恢复了马列主义教研室的哲学、政治经济学和中共党史 3 个教研组，从而保证学校和附属医院教学、医疗和科研工作的顺利开展。

（五）改革学制与招收工农兵大学生

根据当时中央教育部和卫生部关于高校学制改革的指示，学校医疗专业由五年制改为三年制。从 1972 年 8 月开始招收工农兵大学生。其中 1972 级 333 人，1973 级 401 人，1974 级 417 人，1975 级 459 人，1976 级 458 人。在这五届学生的教学中，学校以两个附院和南昌市区的省级、市级医院为基础，仍坚持面向全省地（市）县级医院开门办学。学校与省卫生厅共同商定，选择医疗技术设备条件较好，交通较便利的萍乡、景德镇、清江、丰城、南昌、乐平、进贤和波阳等市、县医院，作为学校开门办学的教学基地，并新建了教学用房，有效保证了教学工作的顺利进行。在招收工农兵大学生的同时，学校还先后举办了 5 期西医学中医进修班（简称“西中班”），共培训学员 395 人。其中，第一期 85 人，第二期 100 人，第三期 90 人，第四期 70 人，第五期 50 人。学制为 1 年，开设了中医学基础、方剂学和针灸学等 10 余门课程，并安排了 5 个月的临床实习，取得了较好的教学效果。

（六）体育和科研工作

这期间，学院不仅政治课论和基础专业教学得到了恢复，而且体育课教学和体育活动，也列入了正常的教学课表，并恢复了学校体育运动委员会，积极组织师生参加体育活动和体育比赛，举办校运会，取得了较好的成绩。1973 年 10 月，学校组队参加了南昌市第六届运动会。同年 12 月，学校举行了 1966 年以来的第一次

(即第十三届)田径运动会。以后每年都举行田径运动会和各单项比赛。这些体育活动的开展，有力地促进了学生德、智、体全面发展，激发了各年级学生拼争竞技，且形成了学校的特色，至今校友记忆犹新。

1973年11月15日，学校成立科学技术委员会，苏震任主任，程崇圮、孟宪荩、魏腊根和王祥麟任副主任，委员有17人。在这段时间里，广大教师结合农村实际需要，开展了一些医学科研活动，如针麻切除血吸虫脾脏的研究；中西医结合治疗骨折及农村多发病研究；草医草药治疗农村常见病研究；中草药制剂杀癌Ⅰ、Ⅱ、Ⅲ、Ⅳ号合剂的研究，该成果后来被编入人民卫生出版社出版的《肿瘤手册》中；中药治疗咽喉炎的研究，该成果被新建县制药厂以专利购买，制成“喉安冲剂”，在全省广泛使用；阴道尿瘘手术的研究与开展以及心脏骤停49分钟抢救成活等。据不完全统计，在1972—1976年间，基础医学部和临床医学部的教师发表科研论文42篇，出版专著2部，自编教材和讲义数十部。

六、改革开放　取得丰硕成果

1976年10月粉碎“四人帮”后，特别是1978年底，党的十一届三中全会的胜利召开，标志着我国进入了改革开放新时期。学校百废待兴，也开始迈出改革开放的新步伐。

(一)党政管理工作

1. 党政领导变动

1977年2月，学校党委常委魏腊根因工宣队撤出学校而离职。

1979年上半年，王汝泉调离学校。至1979年5月底，学校党委成员有：党委书记王殿阁，党委副书记杨杏珍、苏震，党委常委程崇圮、陈树义、许昌华、赵惠山、彭福山、崔景文。学校行政领导：革委会主任王殿阁，革委会副主任杨杏珍、苏震、程崇圮、陈树义、史文仁。同年6月，根据上级指示，撤销学校革命委员会和政治部，学校革委会主任王殿阁改任学院院长，学院革委会副主任杨杏珍、苏震、程崇圮等改任副院长。

1979年9月，省委决定杨锡光任学院院长，胡林、马隄任副院长，免去杨杏珍副院长职务，免去王殿阁院长职务，并明确学院党委会不设常委。

1980年4月21日，省委决定杨锡光任学院党委书记、院长，苏震、胡林任副书记、副院长，马隄、程崇圮任党委委员、副院长，孟宪荩任学院副院长。6月16日，省委组织部发文通知，郭汇、崔景文为学院党委委员。

1981年11月15日，根据中纪委“建立与健全纪检机构”的要求，学院党委决定成立中共江西医学院纪律检查委员会，纪委书记由党委副书记胡林兼任。委员有姚幼虞、程占东、李瑞、李殿儒、郭文生。

1983 年 8 月 26 日，省委决定徐青和主持学院党委工作，朱越藩主持学院院务工作，陈彼得、张培任学院副院长。同年 11 月 25 日，省委决定徐青和任学院党委书记，陈彼得、张培任党委委员。

1984 年 1 月 12 日，省委决定朱越藩任学院院长，孟宪莅任学院名誉院长。

1985 年，上级指示，学院实行党委领导下的院长负责制。确定院长对外代表学院，对内主持学院经常性工作。院长对党委负责，党委对行政工作起保证监督作用。同年 5 月 31 日，省委决定邹良志任学院党委副书记。

1987 年 2 月 24 日，省委决定刘泉开和朱玉芬任学院副院长、党委委员，程占东任党委委员、纪委书记，免去朱越藩院长职务，由刘泉开副院长主持院务工作。

1988 年 9 月，省委、省政府决定吴宣成任学院院长和党委副书记，武代洪任党委副书记，魏家凤任党委委员、副院长，免去邹良志党委副书记职务，改任学院副院长。同年 10 月，省委、省政府决定免去陈彼得、张培党委委员、副院长职务。

1990 年 8 月 9 日，省委决定武代洪任党委书记，程占东为党委副书记兼纪委书记。免去徐青和党委书记职务。

2. 隶属关系变更

1979 年 7 月 22 日，省革委下发《关于高等院校领导管理体制的暂行规定》，学院党的建设、政治运动、干部管理和思想教育工作由省委宣传部领导和管理，行政业务工作由省卫生局具体管理。1980 年，学院的业务工作由省教育厅管理。

1982 年 3 月，省卫生厅向省政府提交了要求改变江西部分高等医学院校现行行政业务管理体制的报告。同年 6 月 2 日，省政府批复卫生厅，同意将学院重新划归省卫生厅管理，行政业务管理的职责范围由省卫生厅和省教育厅按中央文件的有关规定具体划分。从 1983 年起，学院的经费和发展经费由省财政厅按规定标准拨给省卫生厅，基建投资由省计委统筹安排。

3. 机构设置调整

1979 年 4 月，根据上级关于恢复高等院校工会组织的文件精神，学院召开了工会会员代表大会。会议选举了由 13 人组成的学院第三届教育工会委员会。苏震兼任工会主席，许昌华任专职副主席。至此，学院工会正式恢复。1981 年 8 月 27 日，省委组织部发文通知，许昌华任学院工会主席。

1982 年，学院先后成立科研处和口腔医学系。

1984 年 2 月 17 日，省机构编制委员会发文《关于江西医学院机关处室机构设置的批复》，同意学院党委机构设置党委办公室、组织部、宣传部、统战部；行政教学机构设置院长办公室、教务处、科研处、人事处、行政处、保卫处、马列主义教研室、共产主义思想品德教研室、基础医学部、图书馆、学报编辑部。

1984 年 4 月学院成立统战部、共产主义思想品德教研室，将临床医学部改名为医学系，将保卫科升格为保卫处。9 月设立医院管理处、培训部、医学教育研究室和口腔医学系及基建委员会，恢复设立了学生工作部。

1985 年 6 月和 7 月，学院分别恢复卫生学系和儿科医学系。

1986 年 4 月，经省政府批准，成立江西医学院附属口腔医院。

1986 年 4 月 16 日，省编委发文规定，学院处级党委机构设党委办公室、组织部、宣传部、统战部，又增设了学生工作部，并在该文中明确“纪律检查委员会、工会、团委和人武部、总支、支部按有关规定设置”。文中规定，学院处级行政教学机构设院长办公室、教务处、科研处、人事保卫处、总务处、计划财务处、器材设备处、社会科学部（含马列主义教研室与思想品德教研室）、学报编辑部、基础医学部、图书馆。科级机构设置：院办公室下设秘书科、外事科、医院管理科，教务处下设教务科、师资培训管理科、教材科、临床教育科、成人教育科、医学教育研究室，科研处下设科研科、研究生管理科，总务处下设总务科、膳管科、房产科，计划财务处下设财务科、审计科、基建科。并明确“各专业系及附属单位业务科室的设置，请报有关部门审批”。同年 5 月 15 日，学院行文省编委；5 月 24 日省编委函复，同意将人事保卫处分设为人事处和保卫处。至此，江西医学院的处、科两级机构格局已经形成。

1987 年，在原教务处教材科的基础上成立了器材设备处。1988 年 3 月，学院成立了业余党校。4 月，基建科、财务科从总务处划出成立计划财务处。4 月 24 日成立学院机关党总支。10 月，增设退休职工党支部。

1988 年 12 月 24 日，学院向省卫生厅提出《关于江西医学院本部机构设置和人员编制的请示》。1989 年 5 月 12 日，省卫生厅做出批复，同意学院设置正处级教学及业务机构 10 个：基础医学部、社会科学部、临床医学系、预防医学系、儿科医学系、口腔医学系、高教研究室、学报编辑部、图书馆、培训中心。

1990 年 1 月 1 日，省编委与省卫生厅发文通知，根据国家教委有关文件精神，“学院行政管理机构层次为院、处（部、室）、科三级建制。党政处（部、室）级管理机构限额为 13 个，机构名称由学院根据实际工作需要自行研究确定，报省编委、省卫生厅备案”，“教学业务机构由学院按有关规定设置；学院纪检委、共青团、工会等组织机构由学院按有关章程规定办理”。同年 3 月 8 日，学院党委决定将“学生工作部党总支”改为学生党总支，学生工作部改为学生工作处。

1990年6月7日，学院根据赣编发〔1990〕第05号文件规定，设置党政处（部、室）级管理机构13个，其中党委机构4个，即党委办公室、组织部、宣传部、统战部。行政机构9个，即院长办公室、人事处、保卫处、学生工作处、教务处、科研处、计划财务处、器材设备处、总务处。同年9月，学院成立医学影像学系。

1990年9月，学院成立老干部办公室，隶属组织部领导。

截至1990年底，学院党的组织机构有：党委办公室、组织部、宣传部、统战部、人民武装部、纪律检查委员会办公室、基础医学部党总支、学生党总支、机关党总支、一附院党委、二附院党委、附属口腔医院党支部、医科所党支部。1991年3月12日，学院党委决定，临床医学系设立党总支，原江西医学院机关党总支予以撤销，改设机关第一党总支、机关第二党总支和机关第三党总支三个党总支。同年12月，根据省直工委文件批复，组成了江西医学院附属口腔医院党委和医学科学研究所党委。

截至1991年底，学院除上述13个党政管理机构和10个正处级教学业务机构外，还按照有关规定设置了监察室、世界银行贷款办公室、科技开发中心、基建办公室以及二级单位一附院、二附院、附属口腔医院和医学科学研究所。

（二）人才培养工作

1. 本科教育

1977年10月，国务院批转教育部《关于一九七七年高等学校招生工作的意见》，全国高等院校恢复统一考试。11月，在教育部统一部署下，省文教办公室下发《调整我省各级学校学制的通知》，正式确定学院恢复医学专业本科5年学制。1978年2月，经全省组织高考后，1977级共录取442名本科生。同年秋季又招收78级551名本科生。1979年、1980年、1981年、1982年分别招收505名、545名、515名、515名本科生。

为改变医学本科教育专业单一的状况，在恢复本科办学的同时，学院便开始着手进行专业调整工作。针对江西省口腔医学人才严重缺乏的问题，学院加快了口腔医学系的筹建步伐。1981年1月，学院与上海第二医学院口腔医学系签订代培口腔师资协议书，并从1979级学生中选派12人，从第五学期开始赴该院口腔医学系学习直至毕业。同年9月，成立口腔医学系筹备工作小组，常铭钢任组长。1982年，正式成立口腔医学系，并于同年9月招收首届口腔医学专业五年制本科生20人。

1984年9月，学院医学专业被确定为省属高校重点专业。

1985年9月招收卫生专业本科生60名，儿科学专业本科生40名。学制均为5

年。在此之前，儿科医学专业已于1982年开始试招本科生。

根据1985年学院医学教育研究室对江西省2000年西医专门人才需求预测研究，提出增设“医学影像学”这一专业是现实和未来发展的客观需要。1988年3月，国家教委下达《关于部分高等院校医药本科筹建专业调整审批意见的通知》，同意学院自1988年起筹建医学影像学专业。1990年初，筹建工作基本就绪，3月学院申请正式招生。9月医学影像学系正式成立，首届招收医学影像学专业五年制本科生30人。

1986、1987年，学院先后两年参加了省教委组织的全省重点专业评估，临床医学专业被确定为全省高校重点专业。

1987年，根据国家教委颁布的全国高等院校医药本科专业目录，学院的医学专业和卫生专业分别改称临床医学专业和预防医学专业。

至1991年，学院医学本科共有临床医学、预防医学、儿科医学、口腔医学和医学影像学5个专业。

2. 研究生教育

1979年9月，学院恢复研究生招生工作，生物化学、组织学与胚胎学、药理学、内科学（心血管病）、外科学（普外）、妇产科学6个学科专业共招收13名硕士研究生。学制均为3年。1980年9月，增设微生物学与免疫学、放射诊断学专业招生。1981年9月，人体解剖学专业开始招生。

1981年11月，学院获批全国首批硕士学位授予权单位，妇产科学、放射诊断学两个学科专业获得首批硕士学位授予权。至1991年，生物化学与分子生物学、药理学、内科学（心血管病）、人体解剖学与组织胚胎学、病理学与病理生理学、儿科学、外科学（普外）、外科学（泌尿外）、耳鼻咽喉科学、口腔临床医学、生理学、内科学（消化系病）、外科学（烧伤）获批，共15个学科专业先后获批硕士学位授予权。

1979—1991年，共招硕士研究生260人，共毕业硕士研究生148人。

1982年，学院设立科研处，研究生工作归口科研处管理。同年，学院成立学位评定委员会，负责学位授予审核工作。为进一步做好学位工作，学院先后制定了《江西医学院硕士授予工作细则》《关于接受外单位申请硕士学位的暂行规定》《江西医学院医学各专业本科毕业生授予学士学位工作细则》等。

3. 成人教育

1980年10月，根据国务院批转教育部《关于大力发展高等学校函授教育和夜大学的意见》，学院开办了“自费”走读班。学制5年。采取统一考试，择优录取的方法，招收医学专业本科生147人。1981年3—4月，学院相继向省教育厅提交了《关于我院“自费”走读班改为夜大学的请示》和《关于举办江西医学院夜大学的请示》，同年 9 月，省政府批复省教育厅，同意设立江西医学院夜大学。“自费”走读班学员也随之转为夜大学首届医学专业本科生。1983 年 1 月，学院夜大学被教育部列入首批公布的全国高等医学函授部和夜大学名单。

1985 年 7 月，夜大学增设护理学和临床检验学两个专科专业。1988 年 7 月至 1990 年 7 月，先后举办护理学、预防医学、麻醉学、临床检验、妇幼卫生、中西医结合 6 个专科层次的“专业证书”教学班，1991 年又按照上级指示停招了专业证书班。至此，3 年共培训学员 684 人。

4. 重建教学基地

根据卫生部《关于整顿和发展高等医药院校临床教学基地的意见》的要求，1981 年 3 月，学院在南昌市内的江西省人民医院、江西省妇幼保健院、江西省儿童医院、江西省精神病院、南昌市第一人民医院、南昌市第三人民医院、南昌市传染病院 7 所教学医院中恢复了内科学、外科学、妇产科学、儿科学、传染病学和精神病学等 14 个教研室。教研室成员除部分已在这些教学医院工作的学院在编教师外，还聘请了教学医院中一些临床经验丰富，具有较强教学能力的业务骨干担任兼职教师和各教研室的负责人。

1981 年 10 月，在南昌召开了临床教学实习医院工作会议，来自全省各地、市 38 所教学实习医院主管医教的负责同志以及部分地、市卫生局领导参加了会议。会议讨论通过了《江西医学院关于加强临床教学基地业务建设的几点意见》，进一步明确了教学、实习医院的任务、职责及要求，意见指出：“教学医院是永久性的教学基地，它的任务和附属医院基本相同，承担包括讲授临床课、带见习和毕业实习等临床教学任务，负责学生的思想政治工作和生活管理工作。实习医院是长期的临床实习基地，它与附属医院或教学医院协作，承担学生毕业实习的任务。”会议根据省卫生厅〔81〕赣卫教字第 32 号《关于调整全省医药院校临床教学实习基地》的文件精神，确定江西省第一人民医院、江西省第二人民医院、江西省儿童医院、江西省妇幼保健院、江西省结核病防治所、江西省精神病院、南昌市第一人民医院、南昌市第三人民医院、南昌市第四人民医院、南昌市传染病院、南昌铁路中心医院、新建县人民医院、南昌县人民医院、滁槎血防站 14 所医院为教学医院。宜春地区人民医院、吉安地区人民医院、吉安市人民医院、抚州地区人民医院、抚州市人民医院、上饶地区人民医院、九江地区人民医院、九江市人民医院、九江市妇幼保健院、景德镇市第一人民医院、景德镇市第二人民医院、景德镇市第三人民医院、萍乡市第一人民医院、洪都机械厂职工医院、清江县人民医院、丰城县人民医院、南城县人民医院、进贤县人民医院、乐平县人民医院和波阳县人民医院20所医院为实习医院。会议还就帮助教学、实习医院进行业务培训、开展学术交流和科技协作等问题达成了协议。此后，学院每年均召开教学基地会议，总结交流经验，表彰先进集体和个人。

5. 教学改革

1984年9月，学院成立医学教育研究室后，于1985年创办了医学教育研究刊物《江医教研》，为广大教师和教育管理工作者进行教学研究和教学改革搭建了交流、借鉴和推广的平台。1988年2月，江西省出版事业管理局颁发内部报刊准印证（赣内出字第88028号）。1989年，该刊主编由刘泉开担任。同年年底，全省内部报刊进行清理整顿，经报批，省出版事业管理局重新颁发了内部报刊准印证（赣内刊01—085号）。该刊1990年第一期正式易名为“江西医学教育”。

为了提升教学效果，学院积极推行教研室集体备课制、主讲教师试讲制、教学评估制等教学管理制度。针对高等医学教育存在的“三多一重”（即课程门数多、教学时数多、教学内容多、学生负担重）和学生实践能力偏低等问题，进行教学改革。1985—1987年，修订本科教学计划，采取“三增三减”（增加选修课，减少必修课；增加自习时间，减少授课时间；增加实践环节，减少理论教学）措施，医学专业的总学时由3834减少为3242，缩减了15.4%。针对学院本科教育已从单一科系发展成为临床医学、儿科医学、口腔医学、预防医学的多科系教育特点，1987年，学院制定并组织实施了“多科系（本科）同异步教学计划的整体优化与宏观调控”的教改方案，对口腔医学5门专业课程810学时、儿科医学4门专业课程369学时、预防医学9门专业课程660学时的教学计划进行了调整，既做到四系教学计划中有关医学专业“共同属性”课程同步进行，又做到四系各自专业特点的不同专业课程异步安排，理顺了临床医学、口腔医学、儿科医学、预防医学四个系之间的教学关系，优化了教学过程。

1988年4月，国家教委发布《关于普通高等学校本科教育工作的意见》，提出了加强普通高等学校本科教育工作的十条措施，并决定1989年召开首届全国高校教学工作奖励大会，建立教学成果奖制度。1989—1990年，经省高校优秀教学成果奖评审委员会评审，学院有8项教学成果获江西省高校优秀教学成果奖，其中二等奖4项，三等奖4项。

马隄、张兴荣等主编的《中国解放区医学教育史的研究》由人民军医出版社公开出版，为全国第一本公开出版的解放区医学教育史研究专著。

（三）科学研究工作

1978 年全国科学大会、全国医药卫生科学大会、全省科学大会相继召开，学院第一附属医院合作完成的“争光霉素”获得全国科学大会科学技术奖，符式珪等人专著《女性尿瘘的手术治疗》中的理论与实践获得全国医药卫生科学大会先进个人奖；另外，学院还获得全国医药卫生科学大会科学技术奖 2 项，全省科学大会科学技术奖 13 项。

1978 年，学院决定 1971 年创刊的《新医实践》停刊，并在此基础上恢复了 1956 年创刊、1966 年停刊的《江西医学院学报》。

1981—1991 年，学院共承担各级各类课题 572 项。其中，国家级课题 23 项，省部级课题 203 项，科研经费共计 358.13 万元。经成果鉴定，“肿瘤细胞染色质 NP-DNA 复合物研究”“摩拉氏菌分类学研究”“摩拉氏菌类的质粒和分子遗传学研究”“脑血管构筑超微结构和神经支配研究”“中草药抗乙型肝炎病毒表面抗原与单纯疱疹病毒研究”“人类 T 细胞肿瘤细胞株的无血清培养和生长因子研究”等具有国内或国际先进水平。

1978—1991 年，共获得各级各类科技成果奖励 75 项。其中，国家发明奖 2 项，部委科技成果奖 8 项，省级科技成果奖 27 项。曹勇等的“高频喷射呼吸机”于 1984 年获江西省优秀科学技术成果一等奖；1985 年又获国家技术发明三等奖，这是学院历史上首次获得国家级科技成果奖。戴育成等的“慢性淋巴细胞白血病 B 淋巴细胞集落的形成”于 1985 年获得了江西省优秀科学技术成果一等奖，1988 年又获卫生部科技进步二等奖。王尚福等的“微晶陶瓷人工关节生物材料的研究及临床应用”于 1987 年同获国家技术发明四等奖和卫生部科技进步二等奖。曾司鲁等的“国人脑血管的系列研究”于 1988 年获国家教委科技进步二等奖。戴育成等的“人类 B 淋巴祖细胞（BL-CFG）体外无血清半固体培养的研究”于 1990 年获江西省科学技术进步一等奖。

1986 年 7 月，经卫生部批准，学院被确定为国家临床药理基地。

（四）对外学术交流

党的十一届三中全会以后，学院开始了对外学术交流活动。最早的是二附院兰绪达教授于 1980 年 10 月在突尼斯参加中国援外医疗队工作期间，出席了在突尼斯召开的“第七届亚非眼科学术代表大会”，并任大会执行副主席，在会上还宣读了学术论文。1981 年，二附院郭万善在突尼斯援助时，应邀出席了突尼斯国际外科学术会议。

1983 年 9 月 21 日至 10 月 2 日，日本九州大学医学部解剖教室第一讲座教授山元寅男应邀来院访问与学术交流。1984 年 5 月 17 日至 31 日，九州大学医学部寄生虫教室教授石井洋一应邀来院访问和讲学。

1984 年 8 月，戴育成副研究员出席在美国亚特兰大召开的第十三届国际实验血液学会议，并在会上宣读研究论文，还担任了分会场的执行主席。这是学院正式派出的第一位参加在国外召开的国际学术会议代表。

1984 年 12 月 10 日至 21 日，以学院副院长陈彼得教授为团长、名誉院长孟宪苠教授为顾问的学院代表团一行 4 人，应邀访问日本九州大学医学部，并与该大学医学部正式签订了校际交流协议书。日本电视台记者对签字仪式作了现场采访并在当天的电视新闻中播放。日本《九州日报》在显要位置刊登了“江西医学院与九州大学医学部结嫁姐妹学校”的消息。访问中还与日本福冈大学医学部、久留米大学医学部、广岛大学医学部建立了联系。从此，日本九州大学连续多年接收学院派出的中青年教师为访问学者和攻读博士学位研究生（如丁健、张学军等），并取得了实质性成果。

1985 年至 1991 年，学院与日本九州大学医学部、齿学部互访学术交流频繁，对方先后派出学部领导和教授 14 批次来院访问讲学。学院先后派出领导和教授 5 批次到访学术交流。1987 年 11 月，口腔医学系又与九州大学齿学部建立了校际合作关系，对方连续多年接收江西医学院留学生。

7. 接管江西省医学科学研究所

江西省医学科学研究所创建于 1972 年 3 月 20 日，由省卫生厅领导。1981 年 2 月，江西省卫生厅决定撤销省新医药研究所建制，将该所并入省医学科学研究所。1983 年，省政府决定，将该所划归江西医学院领导，实行医教研三结合的管理体制。1984 年 5 月 5 日，省医科所正式移交给江西医学院管理。

8.70 周年校庆

1991 年 5 月 10 日，来自海内外的历届校友 3000 余人团聚母校，庆祝建校 70 周年。省人大常委会副主任裴德安，省政协副主席金立强、叶学龄及吕良、邓子华等老同志出席校庆典礼；宋任穷、谷牧、陈敏章、毛致用、白栋材、方志纯、赵增益、陈癸尊等领导和熊俊老校长为江西医学院建校 70 周年题词。在 70 周年校庆筹备过程中，学院确定了“德高医精”为校训，谱写和确定了校歌。

七、深化改革　激发办学活力

1992 年春，邓小平视察南方，谈话以后，中华大地迎来了改革开放的第二个春天。学院在党的十四大精神和邓小平建设有中国特色社会主义理论指引下，教育教学工作进入改革发展的新阶段。

（一）管理与体制改革

1. 党政领导调整

1993 年 3 月，省委省政府决定免去程占东学院党委副书记兼纪委书记职务和刘泉开学院党委委员、副院长职务。4 月，省委决定史冠郁任学院党委副书记。

1994 年 1 月 14—15 日，中共江西医学院第四次代表大会召开，选出新一届党委会和纪委会。武代洪任党委书记，吴宣成、史冠郁任副书记，易炳星任纪委书记。党委委员有邹良志、魏家凤、易炳星、岳东英、邱逸樵、曾能祥、董炳良，上述选举结果省委以赣字〔1994〕14 号文批复同意。随后，省政府决定，免去孟宪荩名誉院长职务。

1996 年 2 月 15 日，省委组织部、宣传部发文通知，易为民任学院党委委员、院长助理。5 月 28 日，省政府决定，易为民任学院副院长。

2. 管理体制改革与机构调整

根据 1992 年 9 月 25 日学院党委《关于我院深化改革的决定》，至 1993 年 7 月上旬，改革方案基本实施完毕。至此，学院党群机构有党委办公室（与统战部、人武部合署）、纪委办公室（与监察室、审计室合署）、组织部、宣传部（下辖校报编辑部）、（下辖民主党派办公室）、保卫部（与保卫处、派出所合署）、工会（妇委会、附属小学及幼儿园）、团委和党校。行政机构有院长办公室、人事处、教务处、科研处、总务处、学生工作处、保卫处、校办产业办公室、监察室、审计室。上述处级机构中，除教务处、总务处外，均不再设置科室。业务机构有基础医学部、社会科学部、医学一系（一附院）、医学二系（二附院）、口腔系（口腔医院）、医科所、预防医学系、儿科医学系、影像医学系、图书馆、医学情报中心、学报编辑部。

为适应新形势下高等医学教育发展需要，根据 1993 年 5 月 31 日《江西医学院院系结合实施方案》，学院进行了全方位的院系结合改革，院系结合即附属医院与相关专业学系结合，实行医、教、研三结合，教、学、管一体化管理。经过院系结合改革，把临床医学系一分为二，分别与一、二附院进行院系结合成立临床医学一系和临床医学二系；口腔医学系与附属口腔医院结合；儿科医学系与省儿童医院结合。到 1994 年，学院处级教学机构有 3 部 6 系，即社会科学部、基础医学部、军事体育部、临床医学一系、临床医学二系、儿科医学系、口腔医学系、医学影像学系、预防医学系。从此，学生管理体制由原来统一归属学生工作处负责改为由部系负责，临床医学专业学生实行分段管理，前二年由基础医学部管理，后三年由临床医学一、二系管理，其他小系（口腔、预防、儿科、影像）专业由所在学系固定管理。各系成立党委（基础医学部党总支）下设教工党支部和学生党支部。学生工作处职能转变为宏观协调管理。

1993 年 10 月 27 日，学院成立军事体育部。1995 年 4 月 5 日，学院设立计划生育委员会办公室。5 月 5 日高教研究室从教务处划出，恢复处级建制。8 月 30 日，实验动物室更名为“实验动物科学部”。1996 年 7 月 8 日，学院撤销原培训中心和教务处成教科，成立成人教育部。7 月 11 日，学院成立国际教育交流中心。1997 年 6 月 11 日，学院成立研究生办公室，同时撤销教务处研究生科。

3. 人才培养工作

（1）本科教育

1992 年起，学院在临床专业基础上开展了妇产科学、眼耳鼻喉科学、皮肤性病学、急救医学、麻醉学、检验学、医学美容等专业后期分流教学，在预防医学专业的基础上进行卫生检验、营养与食品卫生专业分流教学，以满足和缓解社会对上述短线紧缺专业人才的需要，逐步建立与社会主义市场经济相适应的高等医学教育机制。与此同时，学院还根据社会需求，积极拓展招生渠道，调整办学层次，扩大办学规模。1993 年，除按计划在本省招收本科生外，积极扩大在外省的招生比例，学院本科年招生人数首次突破 600 人大关。此外，从 1993 年起，学院还连续 3 年尝试性地招收了自费大专班学生。1996 年，国家实行统一并轨招生，学院一共招收 666 名本科生，其中省外学生达 150 名。

1994 年，学院制定《弹性自费试读制度》，在学生中实行竞争淘汰制度。

（2）学科建设与研究生教育

1992 年，经省卫生厅批准，学院“微生物与免疫学”“消化内科学”“心血管内科学”确立为重点学科。

1993 年，学院进行机构改革，研究生科由科研处划归教务处。

1994—1997 年，经国务院学位委员会批准，内科学（呼吸系病、血液病）、外科学（胸心外）、中西医结合临床（内科）肿瘤学专业先后获批硕士学位授予权。

1994 年，学院与外校合作联合招收合作培养博士生。一附院王崇文教授与上海第二医科大学仁济医院汪伦基教授联合招收内科学（消化）专业博士生。同年，一附院彭轼平教授与湖南医科大学湘雅医院张时纯教授联合招收外科学（泌外）专业博士生。1997 年，二附院盛茂鑫教授与上海第二军医大学长征医院王会元教授联合招收外科学（普外）专业博士生。

1996 年，国务院学位委员会办公室发文通知，学院 18 个学科专业可开展“在职人员以研究生毕业同等学力申请硕士学位”工作。同年 9 月，学院首次招收在职研究生 37 人。

1996 年，在专家评估的基础上，经省政府批准，学院的消化内科和心血管内科被确定为省级重点学科，同时，烧伤外科学、泌尿外科学和儿科学被确定为“九五”期间省级重点建设学科。

（3）成人教育

1993 年，学院夜大学增设大专层次的口腔医学专业。1994 年，增设大专层次的妇幼卫生学和医学影像学专业。1995 年，增设大专层次的卫生事业管理专业。到 1997 年 9 月，学院成人教育在校生有 2000 多人。被省教委授予“优良”夜大学办学单位，被省人事厅批准为“继续教育培训基地”。

4. 科学研究工作

为调动科研人员的积极性和创造性，学院科研管理工作引入激励机制，1993 年，制定了《江西医学院专职科研编制分配及核定办法》《江西医学院科研工作量及津贴核发细则》。1995 年 12 月 26 日，学院召开全院科技大会。

1992—1997 年，共获准各级各类科研课题 511 项，其中国家自然科学基金课题 42 项，省部级课题 214 项，总经费 651.4 万元。

1992—1997 年，共获得省部级以上科技成果奖励 32 项。其中：

1992 年，秦达意的“油膜隔离法化学箝技术与分子依从性离子性通道的研究”获国家教委科技进步二等奖，1993 年又获得了国家自然科学四等奖，填补了江西省在国家自然科学奖的空白。

1995 年，黄绍烈等的“运用中医中指中节同身寸确定食道心房调搏导管深度的最佳位置”获国家技术发明三等奖。郭光华等的“高频喷射通气和机理研究”获国家教委科技进步二等奖。

八、世纪交替　开启崭新篇章

1997 年 9 月，党的十五大召开。学院高举邓小平理论伟大旗帜，坚定中国特色社会主义办学方向，全院师生团结奋进，以崭新的面貌迈向新世纪。

（一）管理与体制改革

1. 党政领导

1997 年 11 月，省委省政府决定汪忠武任学院党委书记，魏家凤任党委副书记、院长，胡永新任党委副书记，沈建华任党委委员、副院长。

1998 年 9 月，省委组织部、宣传部发文通知，傅克刚任学院党委委员、院长助理。同年 12 月，陈伟高任学院党委委员、院长助理。

2000 年 2 月，省委省政府决定免去沈建华的学院副院长职务，傅克刚任学院副院长。同年 9 月，省委决定程传裕任学院党委副书记。

2003 年 5 月，省委省政府决定高金庆任学院党委委员、副院长。10 月，免去汪忠武党委书记职务，由胡永新主持学院党委工作；免去魏家凤的院长职务，由傅克刚主持学院行政工作，任党委副书记；高国兰任学院党委委员、副院长。2004 年 8 月，省委省政府决定胡永新任学院党委书记，傅克刚任学院院长。

2. 隶属关系变更

在 1998 年上半年之前，学院由省卫生厅主管。1998 年，省教委向省人民政府提交了《关于江西医学院、江西中医学院、赣南医学院划转我委主管的请示》。同年 9 月 25 日，省人民政府批复学院改由省教委主管。

3. 机构设置调整

1999 年 4 月，学院进行机构设置调整，党群部门机构有党委办公室、纪检办公室、组织部、宣传部、统战部、工会、团委、党校。行政部门（包括行政监督）与业务部门的机构有院长办公室、人事处、人才交流中心（与人事处两块牌子一套人马）、教务处、科研处、计划财务处、总务处、学生工作处、招生与毕业生就业指导办公室（与学工处合署）、保卫处、校办产业管理处、离退休人员管理办公室、监察室、审计室、高教研究室、研究生部、现代教育技术中心、成人教育部、实验动物科学部、图书馆、学报编辑部、军事体育部、人民武装部（与军事体育部合署）、社会科学部、基础医学部、临床医学一系、临床医学二系、预防医学系、医学影像学系、儿科医学系、口腔医学系。

2001 年 4 月，成立护理学系。

2002 年 5 月，成人教育部更名为成人教育学院。同年 7 月，成立药学系。同年 9 月，预防医学系更名为公共卫生学院。

2003 年 11 月，临床医学一系更名为第一临床医学院，临床医学二系更名为第二临床医学院，口腔医学系更名为口腔医学院。

2005 年 4 月，科研处更名为科学技术处，在原科研处职能的基础上，增强科技成果推广和对外科技服务管理工作职能。

4. 综合改革

1998 年 10 月，学院党委印发《江西医学院综合改革方案要点》，全面实施各项改革举措，该方案要点共分“党建工作”“机构改革”“人事制度改革”“分配制度改革”“教学改革”“后勤改革”“校产改革”七个方面，明确学院机关处室的基本职能，剥离服务职能、经营职能，划出附着在机关职能处室的教学科研辅助服务等部门；

调整部分管理机构，对承担经营管理职能的部门或科室，转制实行企业化管理；实施分配制度改革，力求逐步做到教职工的工资收入与岗位职责、工作业绩和贡献直接挂钩，建立优劳优酬、绩效为主的激励机制。

为落实后勤“小机关、多实体、大服务”的要求，调整了总务处机构，原有7个行政科室调整为2个行政科室和3个服务中心。组建后勤生活服务总中心，使后勤经营服务与学院事业管理规范分离，实现后勤服务经营市场化。

2000年5月，学院党委决定，拿出科研处副处长、研究生部副主任、成教部副主任、宣传部副部长、人事处副处长、教务处副处长、高教研究室副主任、学报编辑部副主任、图书馆副馆长等岗位，实施干部职位公开选拔，竞争上岗。

（二）人才培养工作

1. 本科教育

1998年10月至11月，学院组织全院师生开展“学习邓小平教育理论，深化教学改革大讨论”活动，前后经历动员、讲座、学习、讨论、交流和总结六个阶段。这一活动使广大师生增强了做好教学工作的紧迫性和责任感，对转变教育思想和观念，全面推进教学改革具有重要的促进作用。

在课程设置上，大大增加了人文社会科学课程和反映医学科学发展的前沿课程以及新兴边缘交叉课程。选修课由原来10门增加到30门，其学时由267学时增加到981学时。选修课实行学分制。必修课与选修课之比由原来的10 ∶ 0.8调整为10 ∶ 1.9。

在课程结构上，突破传统“三段式”的链式结构，初步建立了以专业素质课程模块为主，以思想道德素质课程、文化素质课程、身心素质课程模块为辅，以隐性课程模块为外围，渗透多模块之中的注重和体现全面素质教育的综合模块化课程结构，做到思想道德素质课程、文化素质课程、身心素质课程、专业素质课程、隐性课程不断线。

在教学计划安排上，实行“前期基础趋同，后期专业分化”，调整学时中做到了“两个加强”“两个保证”，即加强外语和计算机教学，保证“两课”和专业主要课程教学。

1999年增设护理学专业，首届四年制本科护理专业30人。2000年增设药学专业，首届招收四年制本科药学专业59人。2003年增设临床药学方向招生。

1998—2005年，学院共获得国家级教学成果二等奖1项，省级教学成果奖11项，其中一等奖4项，二等奖6项，三等奖1项。其中，2005年，欧阳群玲等的教改课题“医学网络教学研究与应用”获得第五届高等教育国家级教学成果二等奖。

2. 研究生教育

1997 年 9 月 27 日，学院根据上级有关文件精神和要求，向省教委请示申报博士学位授予单位获准后，于 10 月 18 日学院向国务院学位委员会申报博士学位授予单位，并同时提交了博士学位授权学科专业即外科学（烧伤）、内科学（消化）和内科学（心血管）三个学科专业的申报材料。

1998 年 11 月 10 日，国务院学位委员会批准学院为新增博士学位授予单位，相应授权学科专业为外科学（烧伤），开辟了江西省医学教育独立培养博士研究生的新纪元。

1998—2005 年，细胞生物学、免疫学、外科学（骨外）、内科学（内分泌与代谢病、肾脏病）、外科学（整形）神经病学、流行病与卫生统计学、社会医学与卫生事业管理学专业先后获批硕士学位授予权。

2000 年 10 月，学院被国务院确定为开展临床医学和口腔医学专业学位的试点单位，从而改变了学院单一的学术型培养模式，改善了研究生教育结构，增加了培养类型，拓宽了培养途径。2002 年学院正式启动临床医学和口腔医学专业学位的培养工作，首批招收专业学位研究生 59 人。

2003 年，内科学和外科学获批二级科学硕士学位授予权。

1997—2005 年，学院共招收统招博士研究生 65 人、统招硕士研究生 1525 人，共毕业统招博士学位研究生 29 人、统招硕士学位研究生 594 人。

3. 成人教育

1998 年，成人教育增设大专层次预防医学专业。1999 年，获批护理学专业专升本教育。2002 年，组织学院教师自编成人高等医学教育系列教材，分本、专科两个层次，共 21 套，基本覆盖了基础医学和临床医学的各主干课程，由江西科学技术出版社正式出版。

（三）科学研究与学科建设

1. 科学研究

1998—2005 年，学院共获批省级及以上科研课题 1362 项，其中国家自然科学基金课题 48 项，“863” 合作项目 2 项，“973” 合作项目 2 项，科研经费总计 2622 万元，

1998—2005 年，学院共获批省级及以上科研成果奖励 45 项，其中国家部委二等奖 1 项，三等奖 3 项；江西省自然科学二等奖 4 项，三等奖 10 项；江西省科技进步二等奖 7 项，三等奖 20 项。

1999 年，学院成立科学技术协会。

2000年，成立《实用临床医学》杂志社，挂靠学报编辑部。2000年，创办《实用临床医学》杂志，创刊为季刊，2002年改双月刊，2005年改月刊。

2. 学科建设

1998—2005年，学院获批省级重点学科11个、省级重点实验室4个、省级医学领先学科19个，实现了生物学、基础医学、临床医学、口腔医学4个一级学科中重点学科群的突起。

2003年，学院建立国家干细胞工程技术研究中心江西分中心和天津协和干细胞基因工程有限公司江西工作站。同时，学院聘请世界著名科学家、中国工程院外籍院士何大一担任江西医学院名誉院长；聘请中国工程院院士樊代明、郑树森、邱蔚六3人分别为消化系病研究所名誉所长、肝胆疾病研究所名誉所长和口腔医院名誉院长（口腔病研究所名誉所长）。

（四）附属单位拓展

1. 江西医学院抚州分院

2000年1月6日，省政府常务会议讨论并原则同意江西省教委《关于将抚州医学分院并入江西医学院的请示》。同年3月27日，经省政府研究，同意将抚州地区行政公署所属的江西医学院抚州分院（不含其附属医院）成建制的并入江西医学院，同时撤销抚州地区行政公署所属的江西医学院抚州分院建制，但保留其名称不变。属江西医学院的直属二级分院（级别不变），其人、财、物、招生计划、教学等接受江西医学院的领导和管理。

2. 附属医院拓展

2000年1月，学院与南昌市第一医院联合共建江西医学院第三附属医院，与南昌铁路中心医院联合共建江西医学院第四附属医院。

（五）80周年校庆

2001年5月19日，来自国内外校友和全院师生共8000余人相聚母校，共同庆祝江西医学院建校80周年。中共中央政治局委员吴官正发来贺信；全国人大常委会副委员长吴阶平、全国政协副主席毛致用、原卫生部部长钱信忠、教育部总督学柳斌、省委书记舒惠国、省长舒圣佑等领导题词祝贺；省委副书记钟起煌，省政协主席朱治宏，省委常委、宣传部部长、省人大常委会副主任张克迅，省人大常委会副主任陈癸尊，副省长胡振鹏，省军区政治部主任王峰少将，以及南昌大学校长潘际銮等领导到会祝贺。

（六）新校区建设

2003年10月20日，学院举行了新校区建设奠基典礼，新校区建设正式启动。

新校区位于红谷滩红角洲前湖高校园区，占地862亩，规划用地49.475万平方米，规划建筑面积23.202万平方米，规划总投资5.85亿元，通过分期建设最终达到在校就读生8000人左右的规模。

2004年11月，新校区建设一期工程竣工。经过一年的建设，基本完成了2幢教学大楼、6幢实验大楼、1幢青年教师公寓、11幢学生宿舍、2个师生食堂和2个运动场的建设任务，基本满足低年级（前三年）本科生的理论与实验教学以及学生食宿与运动需要。但学院机关及各学院教职工办公与科研主体仍留在八一大道上的东湖老校区。

学院本着远期规划与近期建设相结合、整体规划与局部调整相结合等原则，对新校区建设与老校区改造重新进行了谋篇布局。新校区以医学类各专业低年级本科生（含留学生）和其他专业本科生教学为主；老校区以医学类高年级本科生（含留学生）临床教学、研究生教育、成人教育、医学科学研究基地以及医药学术交流中心和行政办公区为主。老校区教学楼、行政楼、图书馆等列入了改造工程范围。

2005年2月，学院成立校园建设指挥部，下设办公室、工程技术部和引资投资部，以应对南昌市阳明东路东扩工程实施，科学规划新老校区的功能布局。规划新校区二期工程建设（后因与南昌大学合并而停止）。

2005年8月17日，省政府决定江西医学院与南昌大学合并组建新的南昌大学，江西医学院冠名为南昌大学医学院。8月24日，在南昌大学青山湖校区逸夫馆举行了两校合并暨新南昌大学揭牌仪式。从此，学校加入“211工程”重点建设高校行列，步入部省合建和世界一流学科建设高校的快车道，在新的起点上，开启融合发展，建设“双一流”大学的新征程。

第二节　国立中正大学与南昌大学（1940—1953）

1940年成立的国立中正大学是国民政府时期国内19所国立大学之一，享有较高声誉。1949年8月1日，国立中正大学更名为国立南昌大学。1952年，全国大规模院系调整开始，国立南昌大学农学院首先分出并单独组建江西农学院。1953年，因全国高校院系调整，国立南昌大学部分学科、专业移至今武汉大学、中山大学等十几所高校，仅保留少量专业教师，重新组建成立江西师范学院。1962年，经江西省委文教领导小组研究决定，江西师范学院生物系（其前身即国立中正大学生物系）并入江西大学生物系。1993年，江西大学和江西工业大学合并，组建新南昌大学。可以说，国立中正大学是南昌大学办学的源头之一。

一、筹备建立，创办中正大学

20 世纪 20 年代，江西各界不断呼吁在本省兴办大学，并为此做出积极努力。1926 年冬，国民党在江西建立政权之始，曾想组建中山大学，惜未办成。1929 年，江西省教育厅筹办省立江西大学，同年 9 月便遭教育部下令停止筹办。

（一）创立前的筹备

1934 年夏，国民党在白鹿洞书院附近的庐山海会寺举办了三期庐山军官训练团。蒋介石来此训示团员时，与江西省政府主席熊式辉在秀峰（原名开先寺）谈话，表露在庐山建立大学的想法，熊式辉就此把握机会，建议由江西省来主办这所大学，得到蒋的认可。后经多次考察，将海会寺、白鹿洞书院一带的 1000 亩地作为大学永久校址。

1939 年 3 月，南昌沦陷。由于沦陷区扩大，青年学生纷纷涌入赣西、赣南和福建等较为安全的后方。后方的升学压力猛然增加。青年学子日益迫切的生活压力和学习要求，催生了严重的社会问题。在江西办大学，是江西对高等教育日益迫切的需求，也是省内外有识之士的积极主张。

1939 年 8 月，省内外学者在吉安市遂川县文庙约集开会，讨论江西省立大学筹备事宜。会议决定创办“省立中正大学”，组织筹备委员会，并将会议结果报呈教育部批准。会后，江西省政府在泰和先后聘任晏阳初、邱椿、马博厂、萧纯锦、程时煃、高柳桥、吴华宝、雷洁琼、王次甫、文群、杨绰庵、朱有骞、何棣先、刘中藩、蔡方荫 15 人为筹备委员，设立校舍设备、图书仪器和教育计划 3 个委员会，分别以省政府委员程时煃、邱椿和筹委会代主任马博厂为主席，着手经办具体事项。

1940 年初，筹委会推定马博厂等三位委员到重庆，向蒋介石和教育部长陈立夫汇报筹备情况，得到赞许。3 月 10 日，由于杏岭村地处泰和县城郊，距县城约 5 华里，地势平缓、民风淳朴，学校确定此为校址，随后校区建设也迅即铺开。杏岭至黄岗的公路以高效率完工通车。除却当地士绅刘厚生捐借的两栋新建的楼房作为办公场所和图书馆外，其余的礼堂、教室、宿舍、膳厅、实验室、绘图室、诊疗室均为木屋架、木门窗，灰土地面，竹筋泥墙壁，桐油绵纸窗，青瓦小屋顶的简易平房，连同静生生物调查所人员住宿区（李村）在一起，共有 81 栋校舍。

1940 年 5 月，教育部发出指示：“中正大学定为国立，筹备事务，仍托由江西省政府主持并聘定熊式辉、程时煃、邱椿、萧纯锦、马博厂、蔡方荫、朱有骞、罗廷光为筹备委员会委员，熊委员式辉为主任委员。”6 月 1 日，在泰和杏岭校区举行了筹委会正式成立仪式。7 月 9 日，熊式辉向蒋介石举荐了校长人选 7 人，即陈布雷、蒋廷黻、王世杰、何廉、甘乃光、胡先骕、吴有训。前5人不能或不愿来赣出任校长；而吴有训无意离开昆明，乃力荐胡先骕出任，得到各方首肯。9月，国民政府行政院正式任命胡先骕为国立中正大学校长。

（二）正式创立

1940年10月1日，胡先骕到校就职。10月4日，招收的第一批新生到校，共计391名，分别来自赣、粤、浙、皖、苏、湘、闽、桂等省，还有部分南洋的侨生。此时，全校专任教师有40人，其中教授21人，副教授19人，师生比例接近1∶10。

10月31日上午，国立中正大学举行奠基典礼和开学典礼。省党政军机关负责人、各界嘉宾与国立中正大学全体师生共同出席。国民党总裁蒋介石致电，教育部长陈立夫发来贺信，熊式辉则亲笔撰写了奠基碑文，并作《中正大学之创立及今后之希望》的长篇演讲。师生共同演唱了王易作词、程懋筠谱曲的《国立中正大学校歌》："澄江一碧天四垂，郁葱佳气追朝曦，巍巍吾校启宏规，弦歌既昌风俗移。扬六艺，张四维，励志节，戒荒嬉，求知力行期有为，修己安人奠国基。继往开来兮，责在斯。"胡先骕校长发表讲话，宣布国立中正大学正式成立。为庆祝国立中正大学的成立，下午5时，熊式辉专设酒席，举行游龙灯活动及平剧演出。次日，学校正式上课。

学校初创时期，条件虽然简陋，但由于筹建准备充分，办学迅速走上正轨。学校组织设立三处三院一部，分别为：教务处、训导处、总务处，文法学院、工学院、农学院和研究部。学校设校务委员会作为学校最高决策机构，由校长、教务长、训导长、总务长、三院院长、各系主任及教授代表若干人组成。校务委员会设常务会议，由校长、教务长、训导长、总务长和三位院长组成，每周至少开会一次。另外，根据具体工作的需要，学校还设有招生、出版、图书、校舍设计、基金、卫生等专门委员会。

国立中正大学的创立，填补了民国时期江西境内综合性大学的空白，缓解了战时后方学生的升学困难，提升了江西高等教育的品质。自此，国立中正大学扎根赣鄱，与国运紧紧相系，不断彰显其精神传统，为世人所瞩目。

二、创办初期，在危难中奋发

（一）发展脉络

国立中正大学创办初期，国民政府对其颇为重视，提供了一系列支持。国民政府原拨的200万元作为学校基金存入银行，分文未动，每年另拨经费。1941年，国民政府又拨给经常费70.5万元，临时费60万元，另拨给美金2万元用于从国外购买图书仪器。同时，江西省政府亦每年拨款 20 万元。由于经费较为充裕，学校得以在杏岭建设，在完成了校舍的第一期工程后，又安排了科学馆、实习工厂等第二期工程。到 1942 年，学校建起各类建筑物 100 余栋，初步形成了杏岭大学村。

1941 年 1 月，皖南事变爆发，国民党掀起第二次反共高潮。学校中的反动势力对积极抗日的共产党进行思想文化上的“围剿”。10 月，学生知晓了皖南事件真相，对国民党不满的情绪在校园内蔓延开来。政治系二年级学生郑鸣鹗组织一批同学，创办了《北斗》墙报，揭露了皖南事变的真相。校园里出现了“反对抗日战线中暗藏的汪精卫”“反对迫害真正抗日的人民力量”“反对国民党利用抗日大发国难财”等标语口号。

1942 年 1 月底，训导处以“共党嫌疑罪”宣布开除郑鸣鹗的学籍。学生们非常愤怒，遂发起游行，要求训导处收回处分。这时，进步同学从一特务学生身上搜出一份学生的黑名单，群愤激荡。最终查明幕后操纵者是训导长朱某。于是，全校爆发了“杀猪（朱）事件”。学生在校园内游行，随即到校部请愿，强烈要求校方撤回开除郑鸣鹗的布告，将朱某驱逐出校，开除该特务学生。2 月初，校方被迫全面接受学生的要求。

5 月，日军为打通浙赣线肆意进犯赣东，临时省会泰和人心惶惶，动荡不安。文法学院教授姚名达对此无比愤慨。在他倡导下，国立中正大学战地服务团应运而生。首批参加服务团的师生达 40 余人，分设宣传、组训、慰劳、救护、通信、赈济等小组。

6 月 24 日，学校举行了授旗及团员宣誓：“为了我们共同的大母亲——祖国，让我们这些孩子们善尽我们的责任。”6 月 25 日晨，全体团员无惧暴雨，高昂爱国主义热情和民族主义精神，齐声高唱团歌从泰和县杏岭向前线樟树进发。战地服务团沿途采取街头讲演、绘制标语漫画、表演歌咏剧等形式宣传抗日，并出版了《战地通讯》。在吉安各界召开的欢迎会上，姚名达激昂陈词，号召青年们：“到前线去！到战壕去！做一个中华民族的好儿女！”在这样的环境下，服务团到战地医院进行慰问，向每位伤、病员发放 1 元至 3 元的慰问金和一两食盐，为难民免费施诊施药，同时代写书信 300 余封，并先后在新余、峡江、新淦（今新干）3 县发动青年学生，分别组成了 3 个青年战地服务团，引领广大青年为解救民族危难奉献青春力量。

7 月 4 日，日军调集五六路人马，从三个方向对桥东一带进行迂回包围，战局迅速恶化，情况危急。服务团 30 余名团员在姚名达的率领下，“抱有牺牲决心”由樟树火速前往桥东，赶往野战医院为伤员换药包扎。7 月 6 日，服务团在转移过程中被日军骑兵队冲散。姚名达带领剩余 10 人，在黑夜中冒雨前往新淦。7 月 7 日晚，姚名达等 11 人到达新淦县的石口村，在一间祠堂借宿时被日军包围。最终，37 岁的姚名达教授和 24 岁的学生吴昌达在抗争中壮烈牺牲。翌日，消息传到学校，全校师生失声痛哭。7 月 28 日，两位烈士的灵柩被护送到泰和，临时省会各界 800 余人举行了迎灵祭。

8 月 28 日，战地服务团从前线返回学校。两个月内，战地服务团除做了大量战地宣传和战地慰问工作外，还免费施诊施药，共诊治伤病员 3000 余人、义民 1000 余人、农民 500 余人。战地服务团的抗日爱国行动不仅是实际行动方面的表率，而且在精神上鼓舞了师生，坚定了他们抗战必胜的信念，推动校园乃至全省抗日气氛的空前高涨。

1940—1944 年，学校在体系、教学、管理以及物质建设各方面，都得到较快的发展，成绩斐然，开创了江西高等教育新纪元。

（二）院系设置

1940 年，学校成立之初设有 3 院 9 系，具体如下：文法学院，下设政治系、经济系、教育系；工学院，下设土木工程系、化学工程系、机电工程系；农学院，下设农艺系、畜牧兽医系、森林系。1941 年 8 月，文法学院增设文史系，农学院增设生物系。

1942 年 8 月，受江西省政府委托，学校开办了三年制师范专修科，分史地和理化两组；受国民政府委托，开办了两年制行政管理专修科，又在赣县的龙岭开设分校，以应对国内战局变化。各院系一年级新生和师范专修科学生均在龙岭分校就读，本科生在上二年级时返杏岭本部上课。同时，学校还创办了附属实验学校和附属中学。1943 年 8 月，受江西省税务局委托，开办了两年制税务专修科。1944 年 8 月，根据教育部指示，开办两年制土木工程专修科。

（三）师资力量

学校创立之初文法学院师资较强，该院先后由马博厂、陈清华任院长，余精一、姚名达、陈戚鹏、任启珊、方铭竹、唐庆增、高柳桥、吴华宝、王易等教授都在国内颇有影响。该院四个学系中，又以教育系师资更强，教授有童润之、罗廷光、罗容梓、陈鹤琴、程懋筠、周葆儒、胡昌祺等。教育系极为重视理论与实际的结合，不仅先后办了附属幼儿园、附属实验小学，还在杏岭大学村附近设立了社会教育实验区，创办了萝陂、官溪等几所民校，由该系师生承担教学工作。

工学院院长由国内著名的结构力学权威蔡方荫担任。当时的工学院以蔡方荫为核心，聚集了一批年轻有为的青年教授，如吴诗铭、王宗和、刘乾才、袁行健、彭旭虎、赵仲敏等。其中，土木工程系以考试最多、给分最严而著称全校。该系的教师基本上是留学归来的30多岁的年轻人，大多是由清华、交大转来本校执教的。系主任由年仅30岁的俞调梅担任，教授有俞调梅、王修案、何正森、高宇昭、邵德彝、戴良谟、方达功等人。这些教师以教学认真、要求严格赢得了学生的尊敬。后来，蔡方荫辞去院长一职（由潘慎明接任），专心教学。他和青年教授一起，培养了一批批基础扎实的土木工程人才。

农学院院长周拾禄是国内很有影响力的农学家，在农学院任教且颇有影响的教授有张明善、鲁昭祎、张肇骞、严楚江、冯言安、马大浦等人。农学院4个学系中，畜牧兽医系师资较强，教授有卢润孚、戴立生、何琦、李静涵、盛彤笙、王宗祐等。

三、动荡南迁，在变迁中坚守

（一）设立龙岭分校

国立中正大学成立后，考虑到江西赣南地区文化教育事业发展较为不足，时任赣南行署专员的蒋经国一直要求学校整体迁往赣州；而一贯奉行自由主义的胡先骕出于学校发展的考量，不愿意受制于蒋经国，以迁校困难为由婉言拒绝。此后，在国民政府和蒋经国的一再催促之下，学校不得已于1942年8月在赣县西门外龙岭赣南新村设立分校，名为“国立中正大学龙岭分校”，亦称“赣县分校”。对于国立中正大学来赣南设立分校，当地各界普遍予以欢迎，各级政府亦大力协助，给分校开办提供便利。

建校初期，龙岭分校租借当地47幢房屋作为校舍，于10月迁入办公。11月25日，首批学生开学报到注册，12月1日正式上课。1943年1月，又新建宿舍以及食堂，以保障分校学生基本生活学习。当时学校规定，除农学院外，国立中正大学各学院新生（包括师范专修科新生）均需在龙岭分校报到注册上课。本科生在分校完成一年级课程后，才可转入杏岭校本部学习。

龙岭分校设校务主任一人，由校长聘请罗容梓教授兼任；设校务委员会，由校务主任和文法、工、农三学院及师范专修科代表各一人组成。至此，国立中正大学形成了一校二地三学院（文法学院、工学院与农学院）和四个专修科（三年制师范专修科、两年制行政管理、税务与土木工程专修科）的办学格局。此外，学校还创办了附属实验学校和附属中学。

（二）《江西民国日报》事件

1943年5月，江西省泰和县发生《江西民国日报》事件。因保护学生正当权益并拒绝处分学生的校长胡先骕，于1944年春天被迫辞职。当时学校最大的戏剧团体是中正青年剧社，1943年5月，应省会各界纪念五四运动筹委会之约，为庆祝戏剧节并赈济逃荒来到泰和的粤东饥民，该社9日晚在建艺剧场义卖公演四幕话剧《野玫瑰》。其间，《江西民国日报》一项姓记者无票入场寻衅，被学生强请出场后恼羞成怒，翌日在《江西民国日报》上刊登一则不实新闻，对这次义演进行指责。全文为："国立中正大学青年剧社昨晚公演话剧《野玫瑰》，演出成绩欠佳，秩序尤成问题。"新闻见报后，引起学生们的强烈不满，中正青年剧社派出代表前往报社交涉；而报社口是心非，执意护短，始终未予更正，因而引发事端。几天后，全校近千名学生群情激愤，冲击江西省党部并捣毁《江西民国日报》。

对于这一事件的发生，南京、南昌等地的日寇广播电台肆加利用，做出了夸大其词的不实广播："国立蒋介石大学反对抗战，与中国国民党发生激烈冲突。"如此一来，此事使得重庆最高当局极为震怒。教育部长陈立夫立即召见正在重庆工作的胡先骕校长，并将蒋介石"惩办为首学生"的手令转交给胡校长，要其迅即返校处理。6月2日，胡校长回校后，了解到此事只是学生轻率无知，系一时冲动所为，并无政治目的，随即召开全校学生大会，对参与学生"各予申诫一次"；并上报重庆方面，表示"吾教育无方，责任在我"。但重庆方面对胡校长如此处理的方式甚为不满。在短短3个月内，教育部训导委员会副主任钱云阶（7月5日）、国民党中央组织部长朱家骅（7月14日）、教育部长陈立夫（8月11日）先后到校，对胡校长施加压力。胡校长均以"未便变更"为由拒绝重新处理。

1943年12月25日，国民党中央党政考核委员会特派专员王惟英来校劝说。由于胡先骕校长刚正不阿，坚决拒绝对学生重新处理，最终激怒重庆当局。1944年2月，为了保护学生，胡先骕校长以身体不佳为由辞去校长一职，随后仍留在学校。而新校长3月底即任命，5月2日才到职，可见重庆当局清除"异己"之急迫。5月3日，胡先骕离校时，全校师生专门举行了欢送会。胡校长在会上做了题为"离别的艺术"的讲话："今日大会，一送一迎，在国内各大学中诚为创举。"激愤之情，溢于言表。

（三）局势动荡，学校南迁

1944年5月2日，著名经济学家肖蘧正式接任校长一职。此时，日寇为稳定中国战区局势，急迫打通大陆交通线，以便以主要精力对付太平洋战场，于是在中国内地再次发动猖狂进攻，战局又趋紧张。6月，衡阳被困。学校处在极度危险的境地，为保护师生安全选择提前放假，首届学生有316人毕业。同时学校将贵重图书仪器运往赣县龙岭分校，准备南迁。后因日寇南下，江西中部政局趋于稳定，学校仍在杏岭本部开学，运往分校的图书仪器又被悉数运回。

1944 年底，日寇打通了平汉、粤汉大陆南北交通线，并以少数兵力对赣西赣南作战术进攻。1945 年 1 月底，在泰和的江西省政府等机关团体匆忙撤往宁都县，全校师生亦随之撤离。师生们从泰和出发，经老营盘抵达兴国，之后，又迁至宁都长胜。龙岭分校顺势撤销，迁至长胜与校本部合二为一。撤退期间，家在老营盘的税务专修科学生赖维枢与家人一道，每天备房备餐，先后接待了国立中正大学教师 20 余人、学生近 200 人，在校内传为佳话。此外，在搬迁途中，学校存放于泰和小塘洲的仪器、标本和 2000 余册图书，遭日军突袭，全部被毁，致使后来的全部实习、实验一度停开。4 月，学校借用阳都中学校舍和部分民房在长胜复课。6 月，国立中正大学第二届学生有 392 人在长胜毕业。

国立中正大学迁往宁都长胜，虽历尽艰辛、损失惨重，但同时也磨炼了师生意志，为抗战胜利复员、学校中兴，保存了实力。

四、胜利复员，在动荡中新生

（一）抗战胜利，搬迁复员

1945 年 8 月 15 日，日本天皇宣布无条件投降，艰苦的十四年抗日战争终于取得了胜利。国立中正大学师生欢欣鼓舞，一方面，抗战胜利后，国民党政府复原南昌；另一方面，学校的长远发展要求首先从位置上做出改变，学校搬迁势在必行。一番勘察讨论后，学校决定于 10 月暂迁至东距南昌市区 20 千米的望城岗，以此为临时校址，并函电教育部和军政部备案。教育部拨给学校复员修建费共计 8.1 亿元。

同年 11 月初，学校复员搬迁开始，重要文件、贵重图书和仪器先用汽车从长胜运至泰和，再经赣江船运至南昌；笨重器械、校具则用木筏顺流而下；原杏岭校舍建筑全部拆卸，所有木料扎成木排，连同原存泰和器物，一并经水路运至南昌。师生则分成两支队伍，自行寻找交通工具北上。12 月底，复员搬迁工作基本结束。一年内三易校址，师生转徙流离，备尝艰辛。学校因陋就简，修复望城岗原军政部营房作为学校建筑，并陆续新添建筑，作为过渡校址。

1946 年 1 月 7 日，学校正式复课。6 月，学校第三届毕业生共 325 人毕业。此时望城岗原有的 62 栋营房已不能满足教学和学生住宿需要，于是学校又用从杏岭拆卸运来的旧材料修建一批新房舍。教育部拨款 3 亿元建筑费后，学校陆续动工建起了大礼堂、图书馆、实习工厂等。此外，学校还利用经费引进了一批实验仪器设备。工学院恢复了在杏岭时期设有的各种实验室和实习工厂，并增设普通化学、分析化学、有机化学、热力、无线电、电磁等实验室。此外，农学院也重建了实习基地，但囿于土地使用限制等原因，规模不如原杏岭实习基地。迁校到望城岗仅是权宜之计，弊端较多，发展空间有限。学校永久校址到底该设在何地，一直是人们热议的话题。

1946 年 7 月中旬，学校派人分别勘测了庐山海会寺和东郊青山湖畔老飞机场两地，初步确定以庐山为校址。8 月，肖蘧校长陪同教育部长朱家骅亲赴海会寺勘探，并呈报蒋介石。取得同意后，学校决定将校址设在海会寺一带，并将白鹿洞一带圈入，最终确定的校园面积达数千亩。选址搬迁的同时，学校还进行了院系调整，增设理学院，设数学、物理、化学 3 个学系，全属新办；又并入农学院生物系，共计 4 学系。将文法学院的文史系分为中国文学、外国文学、历史 3 个学系，并逐步停办了师范、行政管理、税务、土木工程 4 个专修科，以加强本科教学。

1946 年 9 月 22 日，蒋介石来校巡视，表示要办好这座以他的名字命名的大学。朱家骅表示，“将来必须扩充发展成为规模最大之大学，凡大学内应有之院系机构，无不包容”。为此，学校拟订了开设 12 个学院招收学生万余人的发展规划。为了尽快实施规划，学校不惜经费从上海等地购进大批测量仪器，在海会寺一带进行了实地测量，并征收了第一期共 1000 亩土地。

1947 年 6 月，文法学院调整为文学院和法学院两个院系，将生物系分为植物系和动物系，同时法学院增设法律系。1948 年 10 月，经过调整，全校有 5 个学院共 18 个系，有图书 41608 册，中文期刊 760 种。师资规模在经历抗日胜利后的锐减之后有所回升，全校教师 181 人，其中教授 65 人，副教授 46 人，讲师 17 人，助教 53 人。

（二）南昌解放，学校更名

1949 年 4 月 21 日，解放军横跨长江。校长林一民于 4 月 23 日“自行离校”，前往广州，后前往台湾。4 月 25 日，学校组织了由教授、职员、学生、工警等 17 人参加的临时校务委员会，又称应变委员会。会议中推选了蔡枢衡教授为主任委员，戴鸣钟、郭庆棻、严楚江、张明善、吴士栋、刘纯俄等为委员，并决定照常上课，毕业生不允许提前毕业。

4 月 29 日，中共中正大学党支部领导的学生服务部更名为国立中正大学学生应变委员会，并在党支部领导下，灵活而积极地向师生宣传共产党的方针政策，稳定师生员工情绪，使得学校逐步平稳度过黎明前的黑暗。

5 月 22 日，南昌解放。由于中正大桥遭到破坏，又有赣江阻隔，短时间内学校仍处在国民党军队控制之下，国立中正大学学生应变委员会因此组织了护校活动。

5 月 26 日凌晨，国民党军队逃窜，应变会为迎接解放军，迅速组织了 100 余人抢修湘赣公路上被破坏的蔡家桥。中午时分，解放军的一支队伍在红旗引导下与学生们的拥簇下，迈进了学校的大门，学校获得解放。

5 月 30 日，校务委员会召开了第 82 次会议，决定派委员刘纯俄代表学校向解放军办理登记，并改组原校务委员会，推举刘乾才、刘纯伎、郭庆菜、戴鸣钟等 7 人为委员，设主任委员 1 人、副主任委员 2 人，分别驻南昌市内令公庙和望城岗办公，为人民政府的接管做准备。6 月初，南昌市军事管制委员会全面接管国立中正大学。当时，学校有教职员 201 人，工警 239 人，学生 1081 人。学校经费极为欠缺，只剩下向南昌商家募捐到的 200 担大米和 400 银圆。

6 月 16 日，江西省人民政府宣告成立。南昌市军事管制委员会派军代表农康带领军管小组来接管中正大学。他们首先召集学生会负责人座谈，拜访教授，了解情况，商讨学校的接管工作。经过协商，确定了校接管委员会成员名单以及各院系和其他单位接管小组的名额和成员。据统计，国立中正大学校本部当时有教职员 201 人，工人 239 人，学生 1081 人。

6 月 23 日，接管工作委员会成立，委员会由教授、副教授、讲师、助教代表各 1 人，学生代表 2 人，职员代表 1 人，工警代表 1 人组成。农康任主任委员。各院系和校直属单位先后成立了接管小组。农康在全校师生员工大会上郑重宣布："前中正大学，由反动统治下的大学，变为人民的大学。"接管工作在接管委员会的领导下，紧紧地团结和依靠学校中进步的师生员工，工作进展较为顺利。接管从情况复杂的理、工、农三个学院开始，而后为文学院、法学院、校办公室、校图书馆、保管室、档案室、会计室等。在清点所有财产物品账目，并一一造册登记后，初步弄清了学校的家底，并发现了过去管理方面和规章制度上的种种弊端，为今后改进和加强管理提供了有益的经验。全部接管工作进行了 7 天，于 6 月 30 日结束。7 月，国立中正大学第六届毕业生共 260 人毕业。

国立南昌大学的组建接管委员会完成接管工作后，学校成立了"研究学习委员会"，行使学校的行政事务职权。刘乾才担任委员会主任，吴士栋、郭庆棻担任副主任，委员由正副主任聘请。全校师生员工在积极开展政治学习的同时，就如何开展学校工作进行了讨论。其中关于更改校名问题，大家提出了诸如"南昌""江西""人民""新华""八一""红旗"等名称。农康综合了大家的意见，认为"南昌大学"较好。他解释说，学校地址设在南昌，南昌为我国人民解放军诞生地，是江西省政治、经济、文化、军事的中心，又是古代著名的文人荟萃之乡，学校改称南昌大学很有意义。他的意见，得到了广大师生员工的赞同。

1949 年 8 月 1 日，国立中正大学更名为国立南昌大学。8 月 27 日，江西省人民政府决定并发布命令，以南昌大学、江西八一革命大学为基础，与原省立江西工业专科学校、江西农业专科学校、江西体育师范专科学校合并为国立南昌大学，下设政治学院、文学艺术学院、工学院、农学院、理学院和体育专修科。9月6日，国立南昌大学成立改革委员会，艾寒松、农康、魏东明、吴允中、蔡枢衡、刘乾才、郭庆棻、杨克毅等19人为委员，艾寒松、农康分别任正、副主任。

1949年9月11日，经省教育厅呈报中南军政委员会教育部批准，国立中正大学正式更名为国立南昌大学。

五、百废待兴，更名南昌大学

从立校之始到学校更名，国立中正大学前有抗战艰辛，后有内战纷乱。在不平静的时代大背景里，学校师生的勤勉奋进，使国立中正大学成功跻身民国一流学府的行列，并被誉为民国时期发展最为迅猛的国立大学。新中国的建立、南昌的解放，给国立中正大学带来了新生，更名为国立南昌大学则迎来了历史的新纪元。

（一）发展脉络

1949年9月26日，国立南昌大学开始招生。政治学院共招2000名，第一部招收初、高中、大学以及各级同等学校或同等学力的未从业者，年龄20~28岁。第二部和第三部各招收已经从事教育工作的中、小学教员和大学的助教、讲师，年龄20~45岁。这是为适应革命胜利后各方面都需要大批干部的情况而招收的，学习期限3个月。理学院招收80名，其中数学系20名，物理系15名，化学系15名，动物学系15名，植物学系15名。工学院招收150名，其中土木工程学系40名，机械工程学系30名，电机工程学系30名，化学工程学系20名，采冶工程学系30名。农学院招收110名，其中农艺学系30名，森林学系20名，畜牧兽医学系20名，农产制造学系20名，农业工程学系20名。文学艺术学院招收外国语文系（俄文、英文）30名。以上各系修业年限均为四年。体育专修科招二年制（另加实习一年）学生30名。各院系均招收高中、师范或职业学校毕业者，或一年前修满高中和高职二年级课程经考查成绩合格者。

10月11日，学校改革委员会主任艾寒松、副主任农康发表公告：政治学院设在原心远中学和剑声中学，文学艺术学院设在原葆灵女中和豫章中学，工学院设在原省立工专，即南昌市书院街33号。农学院设在莲塘，理学院设在原高级工业职业学校，体专地址不变，即南昌市人民体育场2号。校部设原南昌师范学校。10月23日，校部迁至松柏巷原省盐务局（今省委党校老校区校址）。11月4日，各院系相继开课。政治学院开学时，江西省委书记陈正人、江西省政府主席邵式平莅会讲话。

11月8日，为更好地领导和管理学校工作，学校改革委员会决定成立教职工代表大会，在拟定的组织规程中规定：代表大会原则上为咨询、建议、协助传达会议机构。大会代表应具备四个条件：思想进步，为人公正，学习、工作积极，群众拥护；并规定改革委员会委员不得当选。

同日，改革委员会还决定在各院实行院务会议制，并通过了院务会议暂行规程。11月22日，改革委员会为了使各系能够更好地组织教学、推动系务工作，决定设立系务会议，并通过了系务会议暂行规则。遵照改革委员会决议，各院、系分别以院、系负责人、教职员代表及学生代表组成各院、系务会议。11月26日，国立南昌大学附设工农业余学校举行开学典礼。参加者有学员103人（全部为在职的干部和职工），教员6人。

1950年2月14日，江西省人民政府批准南昌市军事管制委员会申报意见，将南昌市城东青山湖畔的老飞机修配厂的东部近千亩土地及其附属建筑物土地拨给南昌大学作永久校址。

（二）体系建构

国立南昌大学初期，院系设置完整，师资力量雄厚，行政管理系统也比较完善。这为进一步将旧大学改造为人民的新大学打下了基础。

学校的校务委员会为全校最高权力机构，设委员会正、副主任及委员，并由教务长、总务长、各院院长及教授会、讲师和助教会、职工会、学生会、工警会等团体的代表组成。除了正、副主任、教务长、总务长、各院院长由人民政府任命外，各院的系主任和各院、处的职员均由校务委员会聘任。

学校行政部门的设立：秘书处，下设人事室、文书组；教务处，下设生活指导组、体育组、出版组、注册组、图书组；总务处，下设庶务组、交通组（包括车队）、保管组、会计室、出纳组、医院以及南昌办事处；校务委员会下设办公室，另设有福利委员会、经济委员会（负责审核经费与生产）以及其他委员会。

学校院系设置方面基本上沿用校、院、系三级建制，设有五个学院和一个专修科。文学院下设5个系：中国文学系、外国文学系、教育系（附设实验小学）、历史学系、地理学系。文学院在南昌大学与江西八一革命大学合并时，与八一革命大学的文艺部合组为文学艺术学院。法学院下设三个系：政治学系、经济学系、法律学系。法学院与江西八一革命大学合并时，与江西八一革大的研究部、民运部、教育行政部合组为政治学院。理学院下设5个系：数学系、物理系、化学系、动物学系、植物学系。工学院下设4个系和6个专科：电机工程学系（附设电厂）、机械工程学系（附设机械工厂）、土木工程学系、化学工程学系和土木工程科、机械工程科、化学工程科、采冶工程科、农业工程科、水利专修科。农学院下设5个系和1个专科：农艺学系（附设农场）、森林学系、病虫害学系、畜牧学系（附设牧场）、兽医学系和农艺科。体育专修科，设二、三、五年制。

六、改革调整，在变通中争先

（一）发展脉络

1950年2月，江西省人民政府决定恢复江西八一革命大学，南昌大学独立设置。经中南军政委员会教育部批准，南昌大学组织校务委员会负责领导学校的工作，改革委员会工作结束后，艾寒松调离学校。刘乾才任校务委员会主任委员，蔡方荫为副主任委员兼工学院院长，杨惟义为副主任委员兼农学院院长，郭庆棻为副主任委员兼理学院院长，魏东明为副主任委员兼秘书长和文法学院院长，黄野萝为委员兼教务长，戴鸣钟为委员兼总务长。其他委员还有万泉生、林希谦、杨克毅、李如沆、张天才、张安国、吴士栋、章瑞麟、张杰。

1950年6月1—9日，中央在北京召开第一次全国高等教育会议。会议讨论了改造高等教育的方针和新中国高等教育建设的方向。会议指出，新中国的高等教育应以理论与实际一致的方法，培养具有高度文化水平的、掌握现代科学技术成就的、全心全意为人民服务的、高级的国家建设人才；准备和开始吸收工农干部和工农青年进高等学校，以培养工农出身的新型知识分子。会议通过了《高等学校规程》《关于实施高等学校课程改革的决定》《关于高等学校领导关系的决定》等五项草案，讨论修正了各系科课程改革的方案。

学校认真贯彻这次会议精神，对原来院系作了适当调整。如将文学院、法学院合并为文法学院，中国文学系与历史系合并为文史系，停办政治系和法律系；理学院将动物系与植物系合并为生物系；工学院增设水利工程系；农学院畜牧系和兽医系合并为畜牧兽医系，病虫害学系并入农艺系；增设师范部等。经过适当调整后，南昌大学致力于院系建设，一方面巩固和发展原有院系，尤其是一些有优势的院系；另一方面根据形势发展需要建设新的系科。

同时为了贯彻落实《关于实施高等学校课程改革的决定》，南昌大学还先后派出秘书长魏东明、教务长黄野萝、教授郭庆棻、彭先荫、胡正谒等外出参观学习，并对课程和教材采取了“删、增、编、借”等措施。在教材建设上，各系都有所侧重，并力求联系江西的实际，如化学系讲矿物分析时重点分析江西的矿产；化工系讲造纸时，根据江西毛竹丰富的特点，偏重讲竹浆造纸；农艺系根据江西农业以粮、棉为主的特点重点讲稻作学和棉作学。

1950年6月，美帝国主义悍然出兵朝鲜，将战火烧到鸭绿江畔，抗美援朝运动随之展开，全国人民同仇敌忾。为了加强海军建设，中国人民海军学校聘请南昌大学一批教授、讲师、助教前往帮助教学。教师们纷纷报名，仅工学院报名的就有40余人。南昌大学许多青年学生也毅然响应党和祖国的号召，有59名同学参加了军事干校。次年7月，学校还派蔡文显、徐先兆参加中国人民抗美援朝慰问团赴朝鲜慰问。回校后他们向全校师生报告了志愿军抗美援朝的英雄事迹。

1950年9月，学校为了加强对学生的思想政治教育和管理，决定成立"学习辅导委员会"，由校务委员会正主任、副主任、人事科长、学习辅导员及学生代表组成。办事机构设教务处，有专职学习辅导员28人。他们对学生全面负责，既管思想，又管学习和生活。学生的学业成绩，主要通过期末考试来评定。学校规定：学生学期课程成绩有三分之一不及格，或二分之一成绩不满50分者，一律不准补考；学生学科成绩有二分之一不及格者，不准介绍转学。

1950年12月，为及时交流教学、科研和学生学习活动情况，南昌大学校务委员会决定出版《南大校刊》，成立南昌大学校刊编辑委员会，设委员9人，并于该月发行创刊号391份。文法学院学生还办了大型壁报《在爱国主义旗帜下》，在校内具有一定影响。

1951年5月28日，为了培养国家急需的师资，中央教育部批准南昌大学设立师范部，任言担任师范部主任。7月，学校正式组建了师范部，设中国语文、史地、数学、物理、化学、生物、艺术（含音乐、美术2个专业）、教育、体育9个专科，学制3年。学生全部公费，参加统一招生。9月，学校还受有关部门委托增设了银行专修科。为了培养工农干部，学校还附设了工农业余学校。

1951年8月，学校聘请了哈尔滨苏联侨民伊林、萨福诺娃夫妇任教。1952年1月又聘请苏联专家希利亚津夫妇来校任教。为了响应"向苏联学习"的号召，学校还将外语系由主要学习英语改为学习俄语，聘请詹实之、李重恒、刘德荣等俄语教师。一时之间，学校俄语教学力量在中南区高校中首屈一指。

1952年7月20日，全省中等以上学校教师思想改造学习会在南昌剧场举行开学典礼。南昌大学全体教师出席了这次大会，并听取了江西省人民政府主席邵式平等人的动员报告。这次思想改造运动的目的是解决教师的立场、观点、方法问题，要求肃清封建的、买办的、法西斯的反动思想，树立工人阶级思想，为今后系统地学习马列主义、毛泽东思想打下基础。会议结束后，学校随即成立了"南昌大学思想改造学习委员会"，由任言主持。在全省统一部署下，学校的思想改造运动历时50天，发展是健康的，参加运动的教师接受了一次深刻的思想政治教育，为迎接新中国伟大经济建设和教育改革高潮，奠定了初步的思想基础。

1952 年 10 月，学校师范部主任任言、院系科负责人谷霁光、彭先荫、熊化奇以及各科教师 18 人参加了中南地区教学计划、课程设置和教材讨论会。在教学方法上，学校也做了不少改进。如有的理论课程将学生编成若干小组，在听完课后分组进行讨论。讨论时教师到各小组巡回指导，讨论结束后，由教师做总结和解答问题。为了帮助和指导学生学习，学校还建立了教师下班辅导制度。

（二）师资力量

据 1950 年 12 月教职员工名册，全校有教职员工 543 人，其中教师 240 人，职员 118 人，工友 185 人（包括校警 20 人）。教师中有教授 64 人，副教授 57 人，讲师 36 人，助教 83 人。教授占教师总数的 26.7%，副教授占 23.8%，二者合计占 50.5%。教授平均年龄 44.9 岁，副教授平均年龄 42.1 岁。教授中，国外留学归来的占 70.3%；副教授中，国外留学归来的占 11.4%。教授中在国外获博士学位的 4 人，获硕士学位的 21 人。农学院院长杨惟义、工学院院长蔡方荫均于 1955 年 6 月被聘任为中国科学院首批自然科学方面的学部委员（1993 年改称院士）。南昌大学还聘有兼职教师 3 人，其中兼职教授 1 人（国外留学归来），副教授 1 人，讲师 1 人。

（三）人才培育

国立南昌大学时期虽然只有 4 年，但它是学校发展的一个重要历史阶段。新中国成立之初，国家急需各类专门人才。1950—1953 年，国立南昌大学共培养毕业生 1870 人，其中本科生 976 人，专科生 894 人。他们都属全国分配，仅 1950 年毕业生 428 人，就调去中央 225 名，解放军四野 20 名，中南人事局 92 名，民政部 9 名，江西本省安排 82 名。国立南昌大学毕业生大都成长为国家建设的重要骨干力量，不少人担任党政部门、科研、文教单位的重要领导职务，在学术界崭露头角的更不乏其人。

1952 年，全国进行大规模院系调整，国立南昌大学农学院首先分出并单独组建江西农学院。1953 年 10 月，国立南昌大学被撤销。1958 年 5 月，江西大学成立。从国立中正大学的创建，到更名为国立南昌大学，再到江西大学的创立，近代以来江西综合性高等教育在传承中不断发展，共同为 1993 年南昌大学的组建奠定基础。

第三节　江西大学（1958—1993）

1958 年，江西大学成立，填补了江西综合性大学五年的缺位和空白。学校成立之初，面临较为严峻的困境，在艰难中缓慢发展。1978 年以后是江西大学迅速发展的时期，学校管理体系得到调整，师资力量不断强化，科研水平显著提高，国际化程度日益加深。江西大学自此闻名海内外，成为全国百所著名大学之一。

一、满载希望，在困难中诞生

（一）困境坎坷　艰难诞生

1. 创立的背景

1952 年，全国高校进行院系调整。1953 年国立南昌大学部分学科、专业被移至武汉大学、中山大学等十几所高校；仅保留少量专业教师留给刚刚成立的江西师范学院。此后数年，江西综合性大学出现空白，1958 年 5 月江西大学成立，综合性大学才再次出现在赣鄱大地上。

1958 年，根据中央政治局扩大会议的精神，“为了使教育能很好地为社会主义革命和社会主义建设，及为实现共产主义的伟大目标服务，必须坚决地贯彻党的教育工作方针，认真地进行教育革命”。江西省委按照中央这一精神，决定创办江西大学，“江西大学为我省的综合大学，设置若干系，筹备工作由省文教委员会负责”。1958 年 6 月，江西大学第一任校长由中共江西省委第一书记杨尚奎兼任，省委宣传部副部长吕良兼任校党委书记，刘瑞霖、张慈瑞、李林为校党委副书记；吕良、刘瑞霖、李林、邹锦诚为副校长；吴启中为秘书长。学校设社会学科、中国语言文学、新闻、数学、物理、化学等系。

在 1958 年 10 月的开学典礼上，杨尚奎校长发表讲话：“当前，各个社会主义建设战线和全省人民，对我们这座新生的大学，如同对其他兄弟大学一样，抱着无限的希望，希望源源不断地培养出大批建设上所需要的人才。我们一定要不负众望。要做到开始的好，发展的好。好的标志，就是多快好省地培养出大批又红又专的共产主义战士。”他强调教育一定要和生产劳动相结合。在人才培养上，杨尚奎认为当时的江西大学主要是为高等学校培养师资，为国家培养科学研究人员和工程技术人才，为社会主义建设和共产主义建设源源不断地输送又红又专的人才。

江西大学校址最初设在南昌市青山湖西畔原南昌师专和南昌地委党校旧址，1960 年后，又在青山湖东畔近千亩的土地上新建校舍。按照省人民委员会的决定，学校必须于 1958 年完成筹建工作，当年开始招生。在不到一年的时间内完成学校筹建招生工作，对当时的江西大学而言困难重重。

2. 创立之初的困境

学校创办初期，专业教师奇缺，相关图书设备稀少。

学校刚创办时虽从江西省行政学院调入教职工 70 余名，但其中多数是行政人员和政治理论教员，与所设专业相符的教师甚少，教学的正常开展存在比较严重的困难。面对这一迫在眉睫的问题，中央、省委、省人民委员会高度重视，省内外院校也给予了大力支持，先后从南京大学、华东师范大学、复旦大学、武汉大学、中山大学、上海外国语学院、上海体育学院、华中师范学院、厦门大学、江西师范学院、江西教育学院抽调教授、讲师、教员近百人，如孙泽瀛（数学系），刘朝阳、刘叔麟（物理系），陶桐、涂维（化学系），胡寄窗（社科系），管雄（中文系），林悠如、沈荣熙（体育教研室），罗正庵（图书馆）等。省委第一书记兼校长杨尚奎还亲自给几个省的领导写信，请求支援或委托培养师资。经过努力，仅 1959—1960 年学校就增加教师 77 人，行政人员 17 人。

教师队伍的壮大缓解了教师奇缺所带来的问题。不过，当时教师的工作并非只是教书育人，也要支援社会教育，参加劳动锻炼。1959—1960 年，教师在完成江西大学教学的同时，还先后前往南昌电机厂、南昌化工原料厂、江西电机厂、江西造纸厂、江西化工厂、省直机关、东湖区委、进贤县委党校、塘山人民公社等单位办业余学校。根据不同单位的实际情况开设课程，如马列主义教研室四位教师下放在学校附近的塘山人民公社劳动，就在那里办起红专业余学校；哲学系师生下到进贤县参加生产劳工、进行社会调查时，就在那里担任业余学校的讲课任务。1959—1960 年上学期，学校还抽出 35 人参加劳动锻炼。为学校长远发展，同一时期，学校还抽调 20 名教师到兄弟院校进修提高。因此，虽然教师有所增加，但实际在学校参与教学、工作的人员还是较少，教师队伍奇缺的问题在创办之初并未得到根本解决。

为了使教学科研活动能够顺利开展，当时的教师付出了艰辛的努力。在学习党的教育理论基础上，为正常开展教学，教师自编多种教材和教学大纲，如 1958—1959 年自编教材 18 种、自编教学大纲 26 种。

创办初期，学校图书资料很少。最初的图书资料是从撤销的行政学院移交而来，其中大部分是政治理论书籍，专业书籍需重新购置。当时的办学经费不算充足，但也尽力购置。如报纸 1958 年仅有 29 种，1960 年增至 50 种；杂志原有 55 种，1960 年增至 255 种；图书 1958 年原有 28600 册，1959 年增至 128600 册，1960 年增至 139486 册，基本满足了教学科研需要。

购置图书资料相对简单易行，用于教学科研的机器设备却很难获得，为此学校多方挖掘潜力，多次派人赶赴上海，尽可能添置一部分仪器设备，如 1959 年就购置仪器 293 件，在一定程度上缓解了这一问题。不过总体上，技术设备还是缺乏，如当时物理、化学系提取锗、静电极速器和半导体硅的试制，都是在设备简陋、技术落后的情况下，试制人员用陈旧简陋的设备代替复杂精密的仪器进行试验并获得成功。因设备较少，为了充分发挥现有器材设备的作用，学校制定《教学设备器材管理及损失处理暂时办法》，规定学校一切设备均以“集中掌握，统一调度”为原则，如不按操作规定或粗心大意导致损失，或因保管不当损坏，应全部或部分赔偿；未经许可擅自动用器件，不服从教师指导，不执行试验规则，屡经教育仍不注意者，给予相应处分。

建校之初，江西大学的经费严重不足。1959 年 10 月，学校实际开支的编制经费是 18400 元，而教育厅所拨经费只有 15158 元。更糟糕的是，教育厅在 11 月并未增加经费，而是继续削减为 13573 元。江西大学初创，百废待兴，学生和教师都在不断增加，所需经费必定是不断增多，但实际得到的经费却在不断减少。这是因为当时自然灾害开始爆发，政府经费捉襟见肘。经费不足确实影响到江西大学的发展。

办学一年后，学校发动和组织师生进行教育思想和学术观点的讨论和批判，并在这个基础上总结办学一年的经验教训，重新审定原有的发展规划和教学计划等。

（二）新生到来　希望无限

虽然存在以上困难，但学校招生工作仍得以正常开展。最初的两年招收学生 1020 人，其中共青团员 552 人，占学生总数的 54.5%；团外青年 468 人，占学生总数的 45.5%。工农成分的学生 561 人，占学生总数的 55.33%；其他成分的学生 439 人，占学生总数的 44.67%。

1. 新生学习内容

学生入学后，除学习本专业的知识，学习、参与的其他内容分为四类。

一是学习马克思列宁主义基本理论。进入江西大学的学生需要学习马克思列宁主义基本理论。政治理论教育成绩的考核既关注理论学习的情况，也要了解平时的实际表现。课程的学习根据试卷评分，学生政治觉悟采取定期鉴定的办法。

二是学习毛泽东的著作。据统计，仅 1959 年，全校有学习毛主席著作小组 96 个，参加学习人数 927 人。组织全校报告会 6 次，各系报告会 27 次。每周学习时间 5~6 小时。创办各种刊物 90 种，出刊期数 226 期，刊出文章 3035 篇。组织 1 次全校性现场交流会，有经验交流文章 7 篇。

三是参与劳动实践。如 1959 年，学校组织师生参加修筑南钢铁路、青山湖公路和抢收抢种等义务劳动。修筑南钢铁路半个月，完成 1 万多方的筑路任务。一年之内，全校师生共完成劳动日 86100 多个。不少生长在城里的学生，对农村的生活和劳动、人民的思想感情了解很少，通过下乡劳动，逐渐感受到劳动人民的质朴可爱。这是他们在课堂上学习不到的内容，学生有感而发，创作出不少相关作品。

四是参与群众性文化娱乐活动。1958—1959年，学校文工团员有134名，其中戏剧队25名，舞蹈队30名，乐队32名，合唱队47名。演出节目71个，大型话剧1个、小型话剧4个、歌舞66个。演出16次，对外联欢6次，到公社演出5次。体育活动也积极展开，在两届学生中，有普通射手52人，劳卫制一级815人，劳卫制二级457人，三级运动员235人，二级运动员12人。这些文化娱乐活动，培养了学生们高尚的情操，有助于学生的身心健康。

2. 重视新生管理

为了保证教学正常有序进行，1958年，江西大学制定了严格的点名、请假制度，要求每堂课必须点名，对于班主席（班长）未参加的选修课，由其指定专门的学生负责点名。点名册一周发放一次，周末上交，点名册必须详细记录学生上课的情况，标明旷课和缺课的学生。对于因病或其他事故不能参加实验、实习、劳动，或不能上课者，必须请假，向班主席（班长）领取请假单详细填写，再到系办公室办理请假手续。对于因生病或其他突发情况不能提前请假的，则在3日内补办请假手续。请假1天以内，系办公室批准即可；请假一天以上，3天以下，则需报教务处；请假三天以上，需校长同意。

对于旷课或缺课，江西大学制定了相应的处罚制度。第一次旷课不满3节的，由系办公室给予教育，旷课3节以上的系办公室必须给予严厉批评或令其作书面检讨；第二次旷课连前累计不满五节，令其在小组内检讨，超过5节在全班公开检讨；第三次旷课连前累计不满10节，由系给予警告，10节以上者给予记过处分，并通知家长。对于第四次旷课者，由系主任签署报给学校给予留校察看处分，并通知家长。第五次旷课者，由系主任签署报校后勒令停学一年或开除学籍，并通知其家长。对于迟到早退者，劝告无效给予记过处分。

丰富的学习内容、严格的制度规定，丰富了学生的知识体系，保证了教学质量，维护了教学秩序，有利于江西大学平稳走上发展的轨道。

二、初步发展，在改革中前行

（一）灾害突袭　蹒跚前进

1958年，江西大学正式招生，整体工作逐渐步入正轨。1959年，中国农产品和农副产品大幅度减产。这对刚成立的江西大学而言，无疑也是一记重锤。

1. 设法克服困难

为了克服暂时的经济困难，学校根据中央精简职工和减少城镇人口的决定，适当调整合并了部分机构。1961年初，学校抽出干部29名，工人90名，下放到农业生产第一线和基层；1961 年 9 月，又精简下放职工 43 名。为了解决蔬菜供应不足的问题，学校多次开会研究解决办法。如 1960 年 4 月 11 日学校召开的校党委常委会第二次会议通过了利用新校址部分空地开展业余种菜的计划，要求各单位抓紧时间把菜籽种下，到 7 月底生产蔬菜数万斤。会议还提倡大力开展养猪、饲养家禽等计划，争取自力更生，解决部分肉食问题。

针对冬季少数学生缺少棉衣、棉被的情况，在认清困难形势的基础上，鼓励学生向家里或亲戚朋友写信自己设法解决。同时，学校多次与市商业局联系，要求在可能的范围内给予适当解决；对学校原有库存的棉絮、棉花、被单做了及时清理和发放。

为了使学生生活质量不受过大的影响，1961 年，江西大学将学生的伙食费由原本的每月 9 元增加为每月 10 元。对于患有浮肿、肝炎、肺结核等主要疾病的学生，在生活上给予适当照顾，设立营养食堂，伙食费每人每月 12 元。

2. 教学稳步推进

尽管存在诸多困难，但高校改革在全国如火如荼地开展。1960 年 4 月，国务院副总理陆定一在全国二届人大二次会上做了《教学必须改革》的报告，教育部部长杨秀峰作了《积极进行教学改革，多快好省地发展教育事业》的讲话，这一时期的高校教育改革就此拉开序幕。在这次教育改革中，教学是重中之重。为此，江西大学主要做了三个方面的工作。

第一，建立教改组织，制定教改方案。为使教学改革工作能够正常开展，学校成立教改领导小组，教务处为教改领导小组的办事机构，各系分别建立系教改领导小组，各教研室组成立教改领导小组。在深入调查研究的基础上，明确存在的主要问题，提出改进原则方案。

为了制定教改方案，学校以系为单位，组织调查小组，深入工厂、农村、学校调研，并派出部分教师到南京、上海等地的高校参观学习，在实践中总结思考，吸取其他高校有益的经验。在此基础上，各系制定教改方案，拟定教学计划，编写教学大纲和教材。如中文系苦战 18 天，完成了《毛泽东文学理论》等 2 本书的初稿；数学系以 20 天时间，编写出《概率论》等 8 种教材；化学系用 3 个星期的时间，编写出 7 门课程的教学大纲和教材，约 400 万字。到 1960 年 8 月，全校共制定教改方案 6 个，编写教学大纲 40 种，教材 23 种，共计 665 万多字。

第二，积极创办业余学校。1960 年 1 月，国务院成立业余教育委员会，同年 4 月 8 日，教育部部长杨秀峰在全国人大会议上强调发展工农业余教育的重要性。随后，教育部、全国总工会在天津联合召开全国业余教育会议。在这一思想指导下，江西大学对原有的业余学校进行整顿，在短期内又创办业余大学、红专学校 10 所，共有17个班级，学生1608人，其中工人908名，占学生总数的56.4%，农民154名，占学生总数的9.58%，在职干部546名，占学生总数的34%。

第三，加强教育与生产、实践相结合。1960年，江西大学成立教改领导小组，除整顿、巩固原有的永修县江益农场和新建县望城岗农场外，又扩大、新建了一些新的基地。在校外，学校先后与塘山、蒋巷、麻丘等人民公社，与江西造纸厂、南昌钢铁厂、西湖无线电厂等工厂以及柘林水库等建立了联系，作为学校教学、劳动、科研“三结合”的基地。

3. 学校蹒跚前进

三年严重困难时期，在党和政府领导下，在全校师生的努力下，学校的体系做了一些调整，科研等方面取得了瞩目成绩。

江西大学原有哲学、中国语言文学、新闻学、数学、物理学、化学6个系，1960年又增设生物学系，在哲学系增设政治经济学专业，在数学系增设计算数学专业，在物理系增设无线电电子学专业。如此，至1960年底，学校已发展成为有7个系12个专业、在校学生1700多人、教职工500多人、图书资料20万册的初具规模的综合性大学。自办了无线电厂、机械厂、印刷厂等一批小工厂和永修县江益农场、新建县望城岗农场，并建有附属小学和幼儿园各一所。同年教育部批复同意江西大学学生最大发展规模为5000人。

1960年6月，江西大学又修订了《江西大学建校十年规划》，内容分为学校任务，系、专业设置，学校发展规模，人员编制，基本措施五方面的内容。根据《江西大学建校十年规划》，学校的系、专业、学制等均做了调整，拟在1962年将哲学系的政治经济学专业改设政治经济学系，在1967年以前在全校逐步增设4个专业和14个专门化；在学制上，根据各系不同的情况，大部分系、专业改成五年制，数学、物理从1960年起改为五年制，中文、化学系从1961年起改为五年制，哲学系哲学专业从1962年起改为五年制，其余的系和专业均为四年制。

三年困难时期，江西大学在科研工作方面的成绩较为瞩目。1960年上半年，学校师生写出一批论文和书稿，如马列主义教研室写出《马克思主义哲学讲义》，哲学系写出了《政治经济学教科书》，新闻系结合在南昌蒋巷人民公社劳动的经历写出《蒋巷人民公社调查报告》，中文系1958级师生在南昌麻丘人民公社劳动一个月写出63万字的《麻丘人民公社史》，中文系1959级师生在工厂劳动写出《铁牛放歌》等。物理系和化学系结合技术革命，制造出市场上难以见到的教具34种，完成52种比较重大项目的提炼、试制任务。物理系和化学系还与生产、总务等部门合作，初步完成实验室管道化等技术革新项目16项27种。

到1960年，参加科研工作的师生也越来越多。3月15日，江西省教育厅组成高等院校科学研究领导小组，王纪明任组长，邹锦诚任副组长。3月17日，江西大学科学研究工作委员会成立，邹锦诚为主任，谷霁光、陶桐为副主任。从教学单位到行政单位，都建立了科研综合小组，绝大多数教师，尤其是青年教师都参加了科研工作，部分学生和职工也参与了科研。如在1960年7月全校召开的第二次科学报告会上的50多篇论文中，老年教师写了7篇，青年教师写了23篇，学生写了16篇，职工写了3篇。

（二）高教改革　全面调整

1961年9月，中共中央工作会议讨论通过试行《中华人民共和国教育部直属高等学校暂行工作条例（草案）》（即《高教六十条》）。1962年3月，周恩来总理在全国人大二届三次会议上的报告中指出，这个条例可以在全国高等学校中试行。《高教六十条》规定：高等学校必须以教学为主，努力提高教学质量，生产劳动、科学研究、社会互动的时间应该安排得当，以利教学；正确执行党的知识分子政策，正确执行“百花齐放，百家争鸣”的方针，提高学术水平；实行党委领导下的以校长为首的校务委员会负责制；做好总务工作；改进党的领导方法和领导作风，加强思想政治工作等。

1. 调整教学制度

根据教育部颁布的教学方案，江西大学成立校务委员会，吕良为主任委员，刘瑞霖、张慈瑞、臧靖、邹锦诚、谷霁光、于生等为副主任委员。校务委员会修订了各专业的教学计划，调整了课程之间的比例关系，如政治课由原来文、理科均占总课时的20%，调整为文科占20%，理科占10%。基础课、专业课的比例、课程开设的先后次序及内容安排等也做了相应的调整。与此同时，适当增加基础课的学时比重，增加习题课，过去未学或没学好的基础课，安排一定的时间补修。改进理论实验课和习题课的教学方法，加强作业批改，定期督促检查及指导。

在教学、科研、劳动的时间安排上，更加注意从实际出发，取消低年级的科研时间，学生在教师指导下写一些读书心得，适当参加学术活动；高年级的科研与教学紧密结合，或随学年论文、毕业论文进行，或与生产业务实习和社会调查结合进行。这样既符合低年级以学好基础课为主的要求，又注意确保高年级有充足时间参加科研活动，确保教学质量提高。对教学、劳动、休假三者时间的比率，也做了如下调整：

项目 \ 时间（月）	调整前		调整后	
	文科	理科	文科	理科
教学	7.5	8.5	8	8.5
劳动	3	2	2	1.5
休假	1.5	1.5	2	2

2. 改革学校体系

学校的行政体系与专业体系做了一些改变。调整了系行政和系党支部的关系，系务委员会在校党委、校务委员会的领导下，全面负责系行政工作，系党支部对系的行政工作起监督保证作用。

1962 年，江西大学的系、专业改变较大。1962 年经江西省委文教领导小组研究决定：江西师范学院生物系并入江西大学生物系。江西师范学院生物系二、三、四年级 125 名学生和该系的师资、设备一同并入江西大学生物系，充实了学校生物系的力量，并保留原设的动物学和植物学两个专业。江西师范学院生物系源自国立中正大学。国立中正大学是民国时期江西著名学府，1949 年 9 月更名国立南昌大学，1952 年至 1953 年全国高校院校调整，国立南昌大学生物系进入江西师范学院，到 1962 年，源自于国立中正大学的生物系整体划归江西大学。

同年，哲学系改为政治教育系，不再设立哲学、政治经济学专业，原政治经济学专业学生全部并入政教系，并成立经济思想史教研组。新闻系从 1962 年起暂停招生，原二、三、四年级学生增加中文系有关课程，学习年限由四年改为五年。数学系设数学专业，分设几何和代数专门组。物理系设物理专业，其无线电专门化调整为无线电物理专门化，原子核物理专门化停办，仍保留原子核物理教研组。化学系设化学专业，原无机化学和有机化学二专业分别改为无机化学专门组和有机化学专门组等。

3. 完善硬件设施

1961—1962 年，江西大学在硬件设施建设上成绩突出。1961 年，学校完成化学大楼、四栋学生宿舍、文科教学楼、浴室及物理大楼大部分工程。1962 年开始兴建生物教学试验房、图书馆、4 栋及 5 栋教工宿舍、室内运动场。1961 年，随着化学楼和部分新宿舍的建成，校部主要部门于 1961 年 7 月从北院（今青山湖西岸恒茂花园）迁到东院（今南昌大学青山湖校区北院）办公，北院成立联合办公室，处理其他事务。

至 1962 年底，新校址建成化学楼 1 栋、学生宿舍 4 栋、教工宿舍 3 栋、可容

3000 人用餐的学生餐厅 1 个、教学楼 1 栋，还有浴室、变电间、汽油库、水泵房、平房等共计 20 栋，投资 334 万元，建筑面积 39120 平方米。学校购置 220 多万元图书和仪器，厦门大学支援学校外文图书 2000 多册。

此时，学校发展到 7 个系 12 个专业，2000 多名学生，近 600 名教职工。共有专业课和公共课 180 多门，教育计划规定的课程，除极个别的由于条件限制外，都已基本开设。

（三）平稳发展　成绩初显

1. 加强教学管理

度过三年困难时期之后，学校各项工作有条不紊地展开。1963 年江西大学建校 5 周年，学校举办纪念大会，江西省省长方志纯等参加了大会，省委常委、宣传部部长莫循发表讲话，著名数学家、复旦大学副校长苏步青及厦门大学党委书记未力工前来祝贺，党委副书记、副校长刘瑞霖做了报告。同年，校党委多次召开会议，研究贯彻党的八届十中全会精神，提出要加强生产劳动教育，加强基础课教学，制订五年建系规划，整顿机关作风，确定以教学为中心、为教学服务的思想。

为了完成上述工作任务，学校狠抓基础课教学，明确专业方向，调整学制年限，确定以数学系、外语教研组、马列主义教研室为重点，带动全校工作，并决定自 1959 级起，各专业学制均由五年改为四年。为使学生集中精力完成学习任务，保证德、智、体全面发展，学校规定三大纪律：学生在校期间，不准谈恋爱，不准结婚，服从组织分配。如有违反者，一律勒令退学。

1963 年 5 月，学校审定了全校 7 个系的教学计划，包括培养目标、专业设置、学制年限、课程开设、生产劳动与教学实习等内容。在教学中，要求处理好政治与业务、红与专、理论与实践、基础课与提高课的辩证关系。学校要求各系制订五年建系规划，确定专业基础范围，提出过好基础关的标准和措施；要求校、系、教研组三级领导均要深入课堂或实验室，了解学生掌握“三基”（基础理论、基础知识和基本技术操作）情况，加强对基础课教学和基础实验教学的检查工作，加强生产劳动教育，与附近厂、社挂钩，建立经常性的联系。后来学校又提出全校各专业所开设的 84 门基础课都要编写教学大纲，明确每门课程在教学计划中的地位、性质、任务、要求、应达到的水平。1964 年初，学校又强调文科要加强教材建设，理科要加强基本技能训练，重点抓好基础课教学实验和习题课，修订教学日志、升留级等各种规章制度，严肃组织纪律。

在师资建设中，学校充分发挥中老年教师的骨干作用，为老教师配备青年教师当助手。在老教师的精心指导下，经过试教训练，让青年教师逐步掌握备课、讲课、辅导、实验、批改作业和考试考查等教学环节，大胆走上讲台。学校要求所有教师特别是青年教师制订红专规划，坚持在职进修，不断提高思想觉悟和业务水平；并设立考核制度，树立先进典型。1963 年 4 月召开全校教职工大会，学校表扬了一批先进人物和先进集体；1964 年 4 月，学校召开全校群英会，校党委副书记臧靖主持，选出百分之十的先进个人和先进集体，并评选出出席全省文教先进工作者大会的代表若干名。

2. 丰富学习方式

坚持理论联系实际。1963 年，学校成立劳动教育中心小组，把组织师生参加农村社会主义教育运动和赴工厂、农村等基层单位进行教学实习列为教学内容，规定文科参加 6~7 个月的生产劳动，理科为 5 个月。1963 年，政教系的学生前往南昌二中、南昌三中、南昌五中、南昌六中、南昌七中、南昌八中、南昌十中、南昌十一中、南昌十七中等地实习，新闻系的学生前往江西日报社、江西人民广播电台、南昌晚报社、赣南日报社、景德镇日报社、赣东北日报社、赣东日报社、赣中日报社、井冈山报社、九江日报社等单位实习，中文系的学生前往蒋巷中学、丰城一中实习，化学系的学生前往 801 厂、冶金研究所、地质局中心试验室、中国染料三厂、上海染料厂、新中化学厂实践，生物系学生前往南昌一中、师院附中、南昌七中、南昌十中等地实习，物理系学生前往九江一中、九江二中、九江三中、九江县中、新建电子仪四厂、上海无线电厂等单位实习、实践等。1964 年，校党委副书记臧靖带领政教、中文系 260 多名师生赴临川县安阳公社参加社教运动。同年，中共江西大学党委向中央人民政府高等教育部、中共中央宣传部教育处及江西省教育厅反映部颁教材存在的问题：强调教师要掌握外语，缺乏区别对待；强调理论多，实践少；教学计划课程多、周学时多，自学少；教材多而杂。

针对这种情况，学校贯彻毛泽东、刘少奇关于两种劳动制度两种教育制度的指示，实行半工半读的教学方案。1964 年学校召开文科负责人会议，总结教改经验教训，着手实施半工半读教改方案。副校长李云扬领导中文系部分教师进行文学史教改，亲自授课，并做教改报告。年底，副校长李云扬传达广州文科半工半读调查研究座谈会精神，副校长于生传达北京理工科会议精神，制定文科半工半读教改方案。1965 年 1 月，江西省委同意江西大学文科（中文、政教两系）实行半工半读的教学方案，并决定将文科迁往瑞金县沙洲坝创办江西大学瑞金分校，由黄金贵、张希仁等人组成江西大学瑞金分校筹备小组。随即，学校派出以黄金贵为首的先遣工作队，到达瑞金县沙洲坝，接管原赣南农干校的校舍和部分财产，着手筹办瑞金分校。紧接着，中文、政教两系 300 多名师生，由南昌奔赴瑞金县沙洲坝办学。经过短时间紧张的准备工作，江西大学瑞金分校于3月正式开学，全校师生在当年中华苏维埃政府大礼堂举行了开学典礼。1965年4月，副校长李云扬在校党委会上介绍瑞金分校的工作情况。9月，副校长李云扬传达高教部政治工作会议精神，同时传达了周扬等领导对江西大学瑞金分校教育革命和教育改革的指示。11月，安徽大学代表团来校参观，副校长李云扬陪同赴瑞金分校参观。随后，生物系也由全日制改为半工半读制，广大师生走出校门，深入厂矿农村，进行教学改革和科学实验。

3. 强化保障体制

在狠抓教学工作的同时，学校广泛开展体育活动，加强身体锻炼，提高身体素质。1963年10月，在南昌市大学生运动会上，学校运动员在跳远、三级跳远、撑竿跳和200米赛跑等项目中打破1962年南昌市大学生运动会的最高纪录，取得了优异成绩。1964年，学校开展教职工冬季体育活动，丰富了教工的业余生活，增强了教工体质，提高了工作效率。

为提高图书利用效率，学校图书馆改进了工作方法和制度。教师借书限制由15册变为20册，开课教师所借书籍其中5册借期可延长为半年。为了照顾毕业班学生下乡下厂，凡五年制的四、五年级，四年制的三、四年级学生，均可借书5册。总库与专业书库的图书，进行了一次全面的调度。废除入库证办法，教师凭工作证换取号牌进入总库看书、找书，出库时凭号牌换回工作证。对于单本期刊，开始试行出借办法。对于图书馆工作人员的服务态度，也做了改进。

为解决教职工的实际问题，学校于1962年设立托儿所，教职工子弟从刚出生到2.5岁之间，均可交由托儿所照看,6个月以下的儿童每月收费4.5元,6个月到1.5岁之间的儿童每月收费5元，1.5岁至2.5岁之间的儿童每月收费4元。托儿所晚上6点下班。但对于有晚班工作的教职工，增加一定的费用，可以延长每日的托儿时间。

4. 办学成绩初显

1963—1966年，全国经济得到发展，学校在这期间取得了比较好的办学成绩。

1963年，学校制订了1963年至1972年的基础科研计划，列出科研项目25项。生物系当年被列为国家科委生物学十年规划的执行单位之一，林英等教职工承担了“江西植被类型、植被分类分区及其历史发展研究”的科研任务。1963年4月，学校成立学报编委会，李云扬兼任主任，谷霁光、陶桐任副主任。7月，学报编委会决定将学报命名为“江西大学科学研究论文集”，分自然科学、社会科学分册出版，明确提出学报要为生产、教学服务。后《江西大学科学研究论文集》改名为“江西大学学报”。

1964年，学校完成科研项目14项，其中国家十年科研规划3项，省科委2项，校级项目 9 项。国家项目有植被类型分区及其历史发展研究，南方山地植被特征类型、演替及其合理利用途径的研究，农作物病虫害基本调查研究。省属项目有江西野生动物资源调查、鄱阳湖动物调查、X 光单色照相机在实践中的应用。数学系承担了国家科委数学十年规划中整机几何项目，一般空间的鉴定与曲线鉴定间的依附关系，一般欧氏联络空间的几何探究的研究。各系的学术论文：中文系 41 篇，著名作家胡旷等 27 人参加省文艺学会论文 6 篇；政教系参加省哲学社会科学联合会论文 15 篇；数学系撰写论文 18 篇；化学系撰写论文 5 篇；生物系撰写论文 20 篇；物理系撰写论文 7 篇。

1965 年，学校承担国家十年科技课题 4 项：微波理论和技术中数学物理方法的应用，江西棉花虫害调查研究，中国植被分类分区及群落生态（江西部分），江西野生动物资源调查。承担全国农业发展十年规划科研项目 2 项：南方土地植被特征分类及合理利用途径的研究，红壤地植被类型和演替。承担国家电子学十年规划项目 1 项：数学物理方法的应用与发展。上报的全国科研成果 13 项：煤焦油及粗苯常压催化加氢研究，α－乙酰氨噻唑及其四甲基取成物与四甲基二氧甲烷的反应，芋的初步解剖，南昌近郊蟾蜍产卵习性的调查，联络空间的几何探究——欧氏空间的广义平行性，关于离散赋值，一类带有位移的奇异积分方程，一类差分一积分方程，康一西问题的介的稳定性，关于共形可分黎曼空间的张量特征，关于欧氏空间曲间的广义平行与绝对平行，运筹学在工农业生产中的几点运用，关于波导管的格林张量函数。

同时，师生积极将所学知识应用于实践，为江西的发展贡献力量。政教系参加江西省社联科研活动，对农业、商品发展、家庭副业和山区经济理论等问题进行了研究。生物系调查了江西省亚热带植被，为农业规划、水土保持提供了有力根据；与南昌市郊区星光大队合作，进行番茄、蔬菜、水稻、棉花等高产试验。化学系为洪都机械厂分写英国 LeeSmeth 化学有限公司的接触照相材料，与天津机械修配厂合作制造 X 光单色照相机等；化学系陶桐研究猪屎豆代替精饲料，可以节约大量粮食。数学系结合水产工程计算，写出了规划论文。

截至 1965 年，江西大学有生态地植物学研究室、物化教研室、分析教研室、有机教研室、无机教研室、动物教研组、植物教研组、植物生理教研组、遗传育种教研组、动物生理教研组、抗癌药物科研小组、“基本粒子的平衡温度”小组、“数理方法在微波传输中的应用”小组、无线电教研组等十数个科研机构，从事各自领域的前沿研究。

1966 年初，校党委书记、副校长李云扬主持召开科研人员学习会，当年江西大学有科研项目31项，其中属国家十年规划的项目有3项：数学物理方法的应用与发展、井冈山植被资源调查和江西棉花害虫调查。

三、遭遇逆境，在艰难中恢复

（一）撤销学校　火种依存

1966年全国进入到一个特殊时期，江西大学也卷入其中，多名教师遭遇不幸。当年6月，瑞金分校有部分学生贴出大字报，学生之间发生冲突。

1968年9月，江西省革命委员会决定撤销江西大学，所有学生全部遣散到恒湖、恒丰、安福等军垦农场，参加生产劳动锻炼。10月，80%的干部教师脱钩下放到瑞昌、武宁、修水、永修、德安、瑞金等县参加生产劳动，接受贫下中农的再教育。“三查”对象集中在莲塘，继续接受批斗和改造。少数留守人员留下看守校园和财产，等候安置处理。

1969年1月，根据江西省革命委员会的通知，江西大学理科的留守人员及设备并入江西工学院，改名江西理工科大学；江西大学文科留守人员，并入江西师范学院，改名江西井冈山大学。江西大学生物系图书仪器和植物标本移交江西共产主义劳动大学总校，动物（瓶装）标本移交南昌动物园，供群众参观。学生实验用的标本埋在化学楼旁地下。这样，江西大学所有的人员、图书资料及仪器设备统统被瓜分殆尽，学校仅剩下一个空旷冷落的校园。学校没来得及搬走的图书（线装书）资料被当废纸变卖。同年4、5月间，南昌八一无线电厂奉命搬进江西大学校园，教学大楼变成了厂房。7月，南昌八一无线电厂又迁出校园，解放军空八军军部奉命由福建漳州调入南昌，搬进江西大学校园。这样校园又变成了军营。

1970年3月，江西理工科大学奉命由南昌迁往武宁县，江西井冈山大学奉命由南昌迁往井冈山。因武宁县条件太差，无法办学，江西理工科大学旋即被迫由武宁迁至景德镇。

据统计，江西大学原有校舍70多栋，总面积达8.7万多平方米，全部被占用。其中总校（东院）25栋，总面积51925平方米，全部被解放军空八军军部占用；北院22栋总面积1.5万平方米，被江西电子仪器厂占用；瑞金分校20余栋，总面积2万平方米，被瑞金县占用。

这时期，学校教职工下放农村的有488人，占教职工总数的77%。留守人员转入其他学校的有141人，占教职工总数的23%。学校原有藏书50余万册，包括中文图书25万册、外文图书7万册、线装书籍2万多函、期刊6万余册等，除一小部分保存在理工科大学，绝大部分散佚。物资财产、仪器设备也分散各处。

（二）学校恢复　重回正轨

1. 恢复江西大学

1972 年 8 月，中共江西省委决定恢复江西大学，9 月成立江西大学复办筹备组，由王纪明任组长。筹备组办公地点最初设在江西宾馆二楼，后迁至当时江西医科大学北院，分为人事、教务、后勤三个小组。1972 年 10 月，筹备组首先制订复校后的学科、专业设置和基本建设等项目的初步规划和设想。紧接着派出七人分三批奔赴九江、武宁、瑞昌、德安、永修、南昌、新建、瑞金等县市，进行下放人员的“复钩”摸底工作。经过多方努力，基本上摸清了下放人员的所有去向和现实表现。下放人员和原江西大学留守人员所表现出的个人政治素质、业务能力，以及各级组织对“复钩”工作的大力支持，为江西大学的恢复打下了良好的基础。

筹备组还派出专人赴有关单位查找、核实和收回所有财产。经过交涉，空八军军部交回化学楼和部分学生宿舍。1972 年 11 月第一批“复钩”人员兴高采烈地返回学校，回到了阔别近五年之久的校园。

1972 年 11 月底，王纪明带领江西大学教育参观团，先后赴北京、上海、天津和辽宁等五省二市 15 所高等院校参观学习，了解高校综合教育有关学科设置和规章制度，学习兄弟院校落实各项政策的经验，并带回 300 多种教材和资料。12 月 27 日省委决定王纪明任江西大学筹建小组组长，周振远任副组长。从此，江西大学筹建小组搬回校内（今南昌大学青山湖校区北院）办公，江西大学重建筹备工作基本就绪。

1973 年 2 月，下放干部、教师陆续“复钩”返校。留在江西理工科大学和井冈山大学的原江西大学教师全部返回江西大学。下放在九江地区的“复钩”人员暂时集中住在九江县沙河镇。全校干部和教职工分别在江西大学校部和九江县沙河镇举办为期 10 天的短期学习班。

1973 年 3 月，省委批准《关于大专院校专业、学制、机构设备问题的请示报告》，其中明确规定：“江西大学文科主要培养有社会主义觉悟的，有一定马列主义哲学社会科学知识的宣传工作人员，理论工作人员和中等学校师资；理科主要培养有社会主义觉悟的自然科学实验、理论研究、科技工作人员和中等学校师资。设中文、政治、数学、物理、化学、生物六个系，暂设汉语言文学、马列主义基础理论、数学、金属物理、无线电物理、半导体物理、无机化学、有机化学、分析化学、动物学、植物学等 11 个专业，学制均为三年，学校规模为一千七百人。”1973 年 6 月，江西大学筹备处为了更好地开展历史学科的教学和活动，决定成立历史研究室，直属于学校。

1973 年 3 月，中共江西省委同意成立中共江西大学临时总支，周振远任书记，鲁明任副书记。政治、物理、化学三个系成立临时领导小组，中文、数学、生物三个系和机关成立临时党支部。与此同时，筹建小组还成立了宣传组、校保卫、保密小组。全校六个系组成 23 个小分队，先后赴 148 个厂矿企业和农村社队等单位，进行“开门办学”。

经过近一年的艰苦筹建，学校各级党政组织基本建立，原来的教师干部绝大部分调回学校，还从外地和外单位调进一批教学和行政人员。从江西理工科大学和井冈山大学转来的第一批学员 143 人正式上课。1973 年 8 月学校在停止招生 7 年后，又开始招收三年制学生 270 名、一年制“在职新闻报道人员培训”学员 35 名。9 月，复办后的江西大学正式开学。由于校园尚未全部收回，新生暂时分在校部和九江县沙河基础部进行学习活动。中文、政治、生物、数学、物理、化学 6 系师生暂在九江沙河镇上课。1973 年底，解放军空八军军部奉命搬出江西大学校园，房屋、设备、家具等一并归还江西大学。同年，学校还开办了子弟小学，解决教职工子女上学问题。至此，学校基本恢复正常秩序。

2. 恢复时期的成就

1972 年、1973 年两年时间，学校取得了一些成绩。仅这两年在研的项目就有：江西亚热带植物资源的调查研究，江西亚热带植被类型与植被区划，实验植物群落的定位研究，抗癌药物的研究，江西棉花害虫的研究，江西鱼类资源调查，水稻品种的培育，江西药用植物的组织鉴定，催化剂活性研究，化肥厂铜液自动分析，化肥厂煤气含硫自动分析，从工业三废中回收有色稀贵金属，抗癌药物的合成，晶体管彩色电视接收机，微波在等离子体中的传播，关于相对论的一些问题，功率管二次击穿，闸墩与牛腿应力分析，罗湾水电站高压钢叉管应力分析，分析钢筋叉管应力的一般规律等。学校教师编写了《中国经济思想史》《“五四”以来文艺战线两条路线斗争史》《当代文艺研究》《鲁迅作品研究》等作品。

1974 年，全国开展所谓“批林批孔”“评法批儒”“评水浒运动”和“反击右倾翻案风”等运动，一部分教师被当作“修正主义教育路线回潮”的典型代表批判。在“教育要革命，学制要缩短”教育思想制约下，学校对原定学制、培养目标、教学计划、教学方法均做了重大修改，并聘请工农兵来学校上课。

四、成就显著，在创新中发展

1977 年 8 月，邓小平在全国科技工作座谈会上明确号召全社会都要“尊重知识，尊重人才”。在这一思想指导下，江西大学开始肃清极“左”思潮的影响，各项工作重新步入正轨，出现新的起色。

（一）人员调整　机构革新

1. 优化领导班子

1978 年，学校在深入揭批“四人帮”罪行的基础上，纠正了大批冤假错案，为大批蒙冤受屈的干部教师平反昭雪，为迫害致死的 2 名校领导召开追悼会，为备受迫害的谷霁光先生恢复了名誉。截止到 1979 年 6 月，学校为在“革命运动”中受到不公正审查的干部、教师 117 人全部恢复名誉，落实了党的政策。

1978 年 3 月 14 日，中共江西省委决定张慈瑞任江西大学党委书记兼校长，学校恢复了生产科研处，成立了政治部，教革处改为教务处，校务处改为行政处。同时任命一批中年干部，充实各系、处、室班子。为了充分发挥校内各职能部门的作用，学校于 1978 年 4 月下发《关于机关各部门工作职责试行的通知》，要求全体机关工作人员必须牢固树立为教学、科研服务的思想，要有全局观念，部门工作要从全校一盘棋出发，发扬党的群众路线和实事求是、调查研究的传统作风，办事要雷厉风行。学校还印发《关于校容整顿和管理制度的意见（草案）》《关于整顿校容的通知》等文件，从抓管理入手，以期建立良好的教学环境和教学秩序。

1979 年，中共江西省委决定张慈瑞任江西大学党委书记，谷霁光任校长，林怀远任党委副书记、副校长，鲁明、林英任副校长，组建中共江西大学委员会，撤销了长达 7 年之久的江西大学筹建小组。

1983 至 1984 年，省委对江西大学的领导班子又做了新调整，决定关键任党委书记，王仲才、陈正夫任党委委员、副校长；戴执中任校长，谷霁光任名誉校长；肖纯槐、张继福任副校长，王毅忱任顾问。

1985 年，按照“革命化、年轻化、知识化、专业化”要求，学校全面调整了系处室领导成员。至 1986 年底，121 名中层干部的平均年龄为 47.8 岁，比原来减少 5.6 岁；具有大专以上文化程度的 106 人，占总数的 80% 以上，干部年龄结构、知识结构趋于合理。

1987 年 1 月，省委、省政府再次调整江西大学领导班子：党委书记为关键，副书记张继福；校长王仲才，副校长陈正夫、肖纯槐、熊耀祖、邹道文；名誉校长谷霁光、戴执中；顾问王毅忱。

1987 年，省长吴官正到学校视察工作。

学校领导班子确定后，随即进行领导体制改革，建立高度民主、法制完备、富有效率、充满活力的领导体制，实行党政分工，在中文、历史、经济、数学、电子科学等系试行系主任负责制。贯彻民主原则，通过民主方式产生系主任，由系主任按干部“四化”标准提名系副主任，并实施系主任任期目标负责制。校部机关各处室实行目标管理。

1991 年，学校选举产生新的党委成员，吴吉祥任党委书记，蒋如铭任党委副书记，王振东任纪委书记。新的党委委员均有大专以上学历，6 人具有副教授以上职称，平均年龄 49.5 岁，相比上一届降低了 5.2 岁。新的纪委委员具有大专以上学历的 6 人，平均年龄 49.7 岁，比上一届年轻了 3.3 岁，新的党委班子实行了专业结构的优化，形成了合理的年龄梯队。

2. 调整学校体系

1984—1987 年，学校合并、新建了一些工作机构。1987 年 6 月 2 日成立江西大学校务委员会，王仲才任主任，陈正夫、肖纯槐任副主任，为学校审议机构，对学校行政方面的重大事务进行审议，保证重大决策的科学性和可行性。校务委员会由校系行政领导、知名学者以及民主党派代表 29 人组成，95% 成员具有副教授以上职称。

院系机构也做了一些调整。1978 年后陆续增设外语系、经济系等，1984 年 4 月恢复了新闻系，并确定生物学、基础数学、电子计算机科学为学校重点专业；确定马克思主义发展史、中国哲学史、汉语学、中国古代文学、新闻摄影、英美文学史及选读、中国古代史、中国现代史、资本论、刑法学、代数、数学规划论、半导体器件、微波生物电子学、金属新材科学、分析化学、物理化学、食品化学、鱼类学、昆虫学、心血管生理学、遗传学、电子计算机软件等 23 个学科为学校重点学科。1984 年 9 月，经省政府批准，学校生物学、基础数学、计算机科学 3 个学科、专业为省属高等学校重点学科专业。1985 年 1 月建立食品科学系、电子科学系，图书馆系更名为图书情报学系，增设信息专业。1986 年增设日语、审计学、档案学、经济法、食品分析、食品工程、发酵工程、食品营养等专业。1987 年 10 月，又调整确定汉语史、现代汉语、新闻学理论、中国古代史、中国革命史、国民经济管理学、刑法学、马克思主义哲学史、中国哲学史、应用数学、理论物理、微波生物医学、分析化学、物理化学、无机化学、动物学、植物学、微生机学、计算机应用软件、开发技术、食品化学 21 个学科为学校重点学科。学校对重点专业和重点学科实行“三优先”政策，即急需与短缺人员优先调进、教材经费优先安排、仪器设备优先解决。

1980 年后，学校的办学环境有了很大改善。1983 年，学校对食堂实行半企业化管理，要求做到“物美价廉、营养卫生、保温多样”。1986 年，新图书馆竣工并投入使用，新建生物楼、专家楼、培训楼和 8 栋家属宿舍、100 套青年教工宿舍。

修建 1600 立方米蓄水池，增容供电量达 1000 千伏安。1986 年，学校获得世界银行贷款 180 万美元，省政府投入约 600 万元。利用这两笔款项，学校引进国际先进的教学、科研仪器设备，兴建了 6000 平方米的分析测试中心大楼、计算机中心与电教中心、1200 平方米的周转仓库（现青山湖校区原档案馆），购买了 8.1 万美元的紧缺的外文书籍，改善了学校的计算机与分析测试教学科研条件。

1988 年，学校拥有 15 个系，27 个本科专业，13 个专科专业；有 7 个一级研究所，5 个二级研究所，32 个研究室；有 9 个专业获硕士学位授予权；拥有全省最大面积的图书馆，馆内藏书 148 万册，中外期刊 2000 多种；有教职员工 1700 人，其中专职教师 900 多人，有正、副教授近 300 人，讲师等约 500 人；在校研究生 110 人，本专科学生近 4000 人，夜大学生 522 人，干部专修学生近 200 人。江西大学成为一个具有相当规模和实力的综合性大学，被国家教委列为全国百所著名大学之一。

（二）改革教学　培育师资

1977 年是国家恢复高考招生制度的第一年，全校于 1978 年 2 月招收新生 509 人，其中高中（中专）生占 95%，文化素质明显提高。至 1978 年底，全校教工总数达 1330 人，其中专业技术人员 569 人，教学人员 470 人，工程技术人员 83 人。在校学生达到 1180 人，与 1976 年相比，教工增加 1 倍，学生增加 43%。

学校制订《江西大学 1978—1985 年发展规划》，以将学校办成具有全国重点学校水平的大学作为奋斗目标，计划招生人数达 4000~5000 人，并招收研究生。1985 年，师资培养达到 1200~1500 人，其中 70% 教师达到讲师以上水平。加大投资力度，1980 年学校计划投资图书仪器科研经费共 722.1 万元，兴建图书馆、生物楼、教学楼及师生宿舍 7 万平方米。

为了更好地发展，学校对教学和师资工作非常重视。

1. 调动师生积极性

1984 年，为更好地调动学生学习的积极性，为学生毕业后从事新兴科学、边缘科学提供知识储备，学校在本科专业中推行了学年学分制，允许学生在一定范围内根据自己的特点选修课程。1986 年，学校颁发了《江西大学课程选修、免修暂行方法》《江西大学培养尖子学生暂行方法》《江西大学主、辅修专业及双学位制的暂行办法》。1988 年全面修订教育计划的同时，将学分制改革深化，拟从 1988 级试行新学分制，即学分制、两段制、双学位制和提前毕业制相结合的制度。为了更好地做好学生工作，1987 年，熊耀祖副校长主持召开各系负责学生工作的会议，讨论了《关于江西大学学生守则的补充规定》。

为调动教师积极性，学校加快处理历史遗留问题，为受迫害的教师平反昭雪，纠正冤假错案，归还被抄财产，落实党的政策，有的还被委以重任。同时，按照“坚持标准，保证质量，全面考核，择优提升”的原则，评定教师职称。从1978年到1983年，学校晋升一批教授、副教授和讲师，其中教授、副教授占7.4%，讲师占46.5%，助教和其他职称占46.1%。1989年评定教授6名，副教授76名，其中教师系列60名，管理实验等系列16名。

2. 重视专业课程建设

1979年开始，按照教育部教学大纲的要求，学校重新制订新的教学计划，并开设新的选修课、专题课。1984年，为适应新形势和新技术革命的需要，学校再次修订教学计划和教学大纲。1988年，又再次对教学大纲进行了普遍修订，更新了内容，增加了交叉学科的实践环节，减少必修课，增加选修课，减少课堂讲授，加强实践环节。为了鼓励教学，学校还设立“新课奖”“优秀教材奖”“公共基础课教学基金”等。

为抓好课程建设，提高课程质量，1987年，学校开展建设重点课程和评选一类课工作。1988年学校举办“江西大学课程建设成果展览”，哲学系展出“中国哲学史”，中文系展出“现代汉语”，历史系展出“世界现代史”，数学系展出“高等数学”，物理系展出“电磁学”，化学系展出“物理化学”等课程。展览引起了较好的反响，兄弟院校和新闻单位对此均密切关注。1990年至1991学年，学校评选出一类课程30门：哲学系的“马克思主义哲学原理”“马克思主义哲学经典著作”“西方哲学史”，中文系的“文学概论”“中国古代文学史”“中国当代文学史”，新闻系的“中国现当代文学”“广播电视”，历史系的“中国古代史”“中国现代史”，法律系的“刑法学”“民法学”，外语系的“精读”，图情系的“图书分类学”“科技文献检索”，公外教学部的“精读”“听力”，数学系的“高等教学”“高等代数”，物理系的“金属学”“力学”“热学”“晶体管原理”，化学系的“无机化学原理”“近代化学分析”，生物系的“人体组织解剖学”“微生物学”，电子系的“电子线路”“脉冲与数字电路”，计算机系的“计算操作系统”。

为促进教学改革，提高教学质量，1986年9月，学校成立“江西大学教育质量评估小组”。同年，校评估小组会同江西省教委工作组，对生物学、计算机科学、应用数学、化学、汉语言文学、法学、新闻学七个专业和基础数学、中国古代史两个硕士学位点进行评估。在此基础上，生物学、基础数学、计算机科学、物理、化学等专业向省教委申请省重点专业。1987年，对高等数学、公共外语、马克思主义哲学、政治经济学等课程也进行了评估。此后，学校制定《江西大学课程教学质量评估规范》，在各系普遍开展教学质量评估工作。

1990 年后，根据国务院学位委员会、国家教委学位〔1991〕15 号文件和省教委赣教高二字〔1992〕004 号文件精神，学校将教学评估深入到研究生培养当中，对学校 9 个研究生硕士点进行了教育评估。对于优秀教学成果和优秀教材，学校也给予奖励，1990 年评选出优秀教学成果奖一等奖 4 项，1992 年评选校优秀教学成果奖一等奖 5 项。1988 年至 1990 年学校对正式出版的由学校教师任主编或第一编者的教材，进行了评奖，评选出优秀教材 40 部，其中一等奖 10 部，二等奖 10 部，三等奖 20 部。

3. 注重培养师资

为提高教师的业务水平，学校鼓励教师在职进修或外派进修。1978 年前后，外派全国重点院校进修的教师超过 100 人，还有 8 人被派到美国、加拿大、联邦德国、日本、南斯拉夫等国进修，其中 6 人攻读博士学位。与此同时，大力引进国内外知名学者来江西大学交流、任教。至 1988 年底，学校先后在国内外聘请了 100 多名著名专家在校任兼职教授、学术顾问，接待了几批国外和中国港、澳地区的专家或友好人士来校讲学或参观访问。1989—1990 年，学校外派近 10 人前往苏联、德国、美国、澳大利亚、意大利、荷兰、日本等国参加学术会议，进行学术交流，赴美国、德国、加拿大、英国等进修的有 10 余人。为了加强外事工作和外籍教师的管理，学校还成立外事工作领导小组，由王仲才任组长，领导小组下设办公室负责日常外事工作。1983 年先后制定了《江西大学关于外国专家工作的分工细则》《江西大学涉外活动暂时规定》《关于聘用外籍教师工作的程序和有关规定》《关于短暂邀聘国内外专家生活待遇和礼遇接待的暂行规定》等有关文件。

为加强师资力量，学校着力培养学术带头人，建立合理的学术梯队。1984 年 7 月，学校制定《江西大学关于建设重点学科、学术梯队和培养学术带头人的试行意见》，择优确定中年教师 31 人为学校第二代学术带头人的首批培养对象。经过进修培养，有 29 人晋升为副教授，9 人为硕士研究生导师，15 人讲授研究生课程，27 人连续超额完成教学工作量。1987 年秋，学校选派 12 名教授作为博士生导师培养对象，以填补博士授予点的空白。这些举措培养了一批中坚和尖端师资力量，如 1986 年，谷霁光、胡寄窗、孙泽瀛、刘朝阳、戴执中、陶桐、邓宗觉等教授被写入《中国人名词典》；1989 年，邱光诜获评全国教育系统劳动模范并获得人民教师奖章；1991 年，曾庆诚被国家教委评为“全国优秀教师”；马列教学部、物理系、历史系世界史教研室被评为教书育人先进集体。

4. 发展成人教育

学校自创办以来，就为挂钩的厂社等单位举办业余学校，免费传播文化和专业知识。学校创办夜大，设置中文、哲学、法律、历史、新闻、化学、电子、生物等专业。1985 年，学校夜大学哲学专业还在湖口县与六二〇厂联合举办了全脱产班。同年，经省政府批准，学校与德安共青城联合创办江西大学共青职业学院，学制 2~3 年，规模 1500 人，设乡镇企业管理、会计与统计、政治宣传、淡水养鱼业等大专制专业，为共青城培养实用人才。

此外，学校开设短期专修班。1984 年 4 月，省委确定江西大学为全省新闻干部的培训中心，并开办摄影与新闻干部专修班。1985 年，中文系开办秘书班，食品化学系开办食品代培班，学校与省审计局合办审计专科班。1986 年，中文系开办作家进修班，还与江西省总工会和江西省妇联联合开办工会干部秘书班和妇女干部秘书班。

5. 加强对外交流

学校注重加强与国内外大学的联系。1982 年，学校党委副书记、副校长刘瑞霖率学校考察团，到西南各兄弟院校参观考察。1986 年 7 月，学校与北京大学正式签订全面合作协议。1987 年 11 月间，校党委书记关键、校长王仲才等参加华东“四校”协作会，并与杭州大学、苏州大学、安徽大学、烟台大学建立了以“交流、互利、互补”为原则的合作关系，开展协作活动。1988 年 4 月间，学校派人参加在武汉召开的全国省属综合性大学协作筹备会，与全国有关兄弟院校建立了广泛的联系。

据统计，1979 年至 1982 年，全校教师参加的全国性学术团体有中国物理学会、中国化学学会、中国数学学会、中国动物学会、中国植物学会、中国古代文学会、中国诗经学会、中国屈原学会、中国红学学会、中国现代文学研究会、中国当代文学学会、中国外国文学学会、中国新闻教育学会、中国哲学史学会、中华孔子研究会、中国历史学会等。不少教师受到校外学术团体的聘请，如林英受聘于华南植物研究所，为该所学术委员会委员；戴执中、邓宗觉、李凤仪等 5 人被聘为江西省科学院兼职研究员。

为了加强国际学术、教育交流和友好往来，学校积极与境外高等院校建立联系。至 1987 年，与学校建立学术、教育交流关系的境外院校及研究机构有美国的肯塔基州立大学、俄克拉荷马市立大学、路易斯维尔大学、俄亥俄大学、新泽西州西东大学，加拿大的西安大略大学，日本的东京工艺大学、京都产业大学，联邦德国的东亚研究院，南斯拉夫马其顿共和国的西里尔麦托迪大学，香港中文大学、香港理工学院。1989—1990 年，学校聘请德籍夫妇克劳荷斯与多罗特娅等国外学者来校任教。1991 年，学校又先后接待 5 位国外专家来校讲学。

来学校参观讲学的国外学术团体有美国新墨西哥州和得克萨斯州大学农业和营

养学代表团，美国芝加哥自然历史博物馆与中国科学院共同组成的中美科学考察中国灵长类人代表团，美国图书馆访华团，日本东京士居摄像制作研究所等。学校还与外国学术单位或团体建立了关系。1979 年以来，生物系农业螨类研究组与美国加利福尼亚州粮食农业部康乐博士、美国亚利桑那大学都特尔博士、美国佛罗里达州植物工业部登马克博士、日本鸟取大学江原昭三博士以及加拿大等国著名螨类专家建立了良好的交流机制。校图书馆也先后与美国耶鲁大学、哥伦比亚大学、华盛顿大学等大学建立图书资料交流关系。

学校与境外大学的人员交流非常密切。1981 年 10 月，学校副校长刘瑞霖作为中国大学校长代表团成员出访了澳大利亚。1981 年，林铧云参加了在联邦德国召开的第九届运筹学大会。1983 年，美国英语协会主席温德林来江西大学看望外籍教师纳什和格林，王仲才副校长出面接待。1985 年，王仲才、陈正夫、彭国平等校领导赴日本土居摄影制作研究所和东京工艺大学访问，与东京工艺大学结成姊妹学校。1986 年，校长戴执中，副校长王仲才、陈正夫在江西宾馆与东京工艺大学校长会谈，商议两校进一步合作事宜。1987 年，副校长张继福参加江西省高校教育考察团赴美国访问。

（三）科研创新　成果丰硕

1. 科研保障激励机制建立

学校创办以来比较重视科研工作，恢复秩序后，学校指定一位副校长主管这项工作，设立科研处专管全校的科研工作，成立学术委员会和 32 个研究室，拨专款资助重点项目。

1986 年，学校按照“经济建设必须依靠科学技术，科学技术必须面向经济建设”的方针，制定了《1986—1990 年社会科学和自然科学研究规划》。根据本省国民经济和社会发展的需要，增加了稀土工艺流程改造和稀土颜料应用、柑橘保鲜、计算机应用、古籍整理、鄱阳湖生物资源考察等社会急需的科研项目，并确立了 17 个重点研究项目，以科研推动经济建设。1986 年 7 月，经省教委批准，学校成立了数学应用、生物、电子技术、稀土化学、语言应用、哲学 6 个研究所，1988 年成立中国当代文学研究所。

截至 1988 年，全校有 7 个一级研究所、5 个二级研究所、32 个研究室，有 1 个实验中心、40 个实验室和 1 个科学咨询服务部。各研究机构都建立了相对稳定的科研方向。学校还改革了科研拨款办法，改无偿拨款制为三种拨款办法：30% 以无偿形式拨给基础研究，30% 以部分有偿形式拨给应用科研，40% 以有偿贷款形式划给开发性科研。1986 年学校颁布《江西大学研究鼓励奖励条例》，以鼓励先进，增强竞争机制。

1991 年，在总结“七五”期间科研工作成绩和经验的基础上，学校带头负责，组织省内七所高校制订了《江西省自然科学研究“八五”计划纲要》和《江西省哲学社会科学研究“八五”计划纲要》。学校还根据实际情况，制定了科研“八五”规划。进一步建立、健全科研管理制度，制定和颁布《江西大学科研管理条例》《江西大学科技成果管理条例》《江西大学科研优秀成果奖条例》《江西大学科技兴农基金管理办法》《江西大学科技成果校内转让管理办法》《江西大学教育科技有偿服务条例》《江西大学校外单位联办企业管理条例》等，促进了科研工作的开展。

2. 自然科学成绩斐然

1977 年，学校开展了 34 个科研项目研究，其中国家项目 3 个、省属重点项目 6 个、协作项目 19 个，当年完成 25 个项目。1978 年，学校向上级提交了筹建江西省生物研究所、电子研究所和催化研究所的报告，同时向省科技组提出“关于研制微型计算机”的报告和“太阳能电解水组氢项目”“基因工程（即遗传工程）研究项目”和“研究冶金理化检验方法”的报告。学校会同上海科技出版社，决定与上海自然博物馆、复旦大学、山西大学、华南热带作物研究院、中国农科院柑橘研究所、四川粮食科研所等单位联合编写《中国农业螨类》一书。同年，投资 77 万元购置了国产 709 型电子计算机，为教学科研提供有力保障。修订《1978—1985 年江西大学文科科学研究规划纲要》，要求完成 131 篇（部）论文著作，并筹建校系学术委员会和哲学、政治经济学、陶瓷发展、中国语言学等研究机构。理科研究按原定计划，完成 4 个重点项目：江西植被及植被图，遗传与育种，电子计算机技术，有色稀有金属的萃取化学及稀土催化剂研究。

在 1978 年全国科技大会上，学校研制成功的地炮仪获全国科学大会奖，填补了国家空白。学校物理系 77-1 地炮专用计算机试制小组、生物系动物生理组、动物昆虫组、数学系计算数学组 4 个先进单位出席江西省科学大会。数学系戴执中《赋值论研究》获省科学大会一等奖。理科各系承担了国家有关部委、省科委、经委及有关厅局、南昌市和本校项目 253 项。到 1984 年，学校完成项目 135 项，有的项目取得突出成绩：物理系和校属电子仪器厂等合作研发的“77-1 型”“77-2 型”地炮计算机荣获 1979 年全国科技大会合作成果奖；邓宗觉主持研究培育的婺源荷包红鲤、万安玻璃红鲤和兴国红鲤，是该鱼种全国首先提纯的优良品种，已推广到全国 24 个省市有关单位养殖，该成果于 1981 年获国家水产总局科技成果一等奖等。

1988 年，林光华的“淡水鱼类（兴国红鲤）种质鉴定技术研究”获中国水产科学研究院科技成果二等奖和农业部科技进步三等奖，薛士良主持的“SXY-821 型大白鼠血压测量仪”获卫生部医学科技成果乙级奖，贺伦燕主持的“江西稀土矿洗提工艺”（合作）获国家科技发明三等奖，杨志斌和胡泗才的“稀土农用分析、稀土农用管理研究”获国家“三委一部”的表彰奖，林英的亚热带植被研究引起了国内外学者的高度重视，生物系参加研究的“籼型杂交水稻”项目获国家科委特等奖等。

1991 年，学校获批项目增多，自然科学研究获省级以上课题就有 38 项，获得经费 55.665 万元。其中国家自然科学基金 6.2 万元；省级项目 2 项，获得经费 9.5 万元；省自然科学基金 16 项，获得经费 6.17 万元；省二级项目 6 项，获得经费 11.225 万元。1991 年是学校获批项目最多的一年，位列全省首位。同年，李凤仪教授获省科技进步三等奖，并和陈正夫教授出席了“江西省高校第四届科研成果汇报会”，学校“电阻—氧化物—半导体效应晶体管（ROS）”等 8 项高新技术成果在大会交流和展览，“铂锡稀土重整催化剂研究”等 23 项科技成果入选《江西高等学校“七五”优秀科技成果选编》等。当年，学校还承担了芙蓉李精加工、宁冈家鱼人工繁殖研究、5000 平方米山区自然流水养鱼研究等 3 项科技兴农课题。

学校丰富的科研成果为国家经济社会发展提供了支持，很多科研成果被运用于经济生活的实际中。稀土研究所的“矿酸氧化物的工艺”被全省 300 多个矿场采用，为江西稀土矿业开发发挥了较大作用。“TMK 截体萃取光光度法”1984 年用于德兴铜矿生产，一年就生产副产品黄金 2549.9 两，产值 228.7 万元。“江西稀土洗提工艺”在定南、信丰、兴国等老区县推广应用，取得了显著的经济效益和社会效益。其中定南县的稀土生产，由 1984 年的年产 105 吨增加到 1986 年的年产 200 吨，年产值由 7 万元增至 900 万元，创利税 90 多万元。化学系与稀土化学研究所的“碳氨沉淀提取稀工艺（中试）”在龙南、定南、万安、兴国、九江等地推广使用，1988 年获利税 70 多万元。化学系与江西德兴铜矿研究的“高精测金法——低品位黄金分析检验法”1988 年通过国家级鉴定，使德兴铜矿的资金回收率在提高 5% 的基础上又提高 5%。叶安祚研制的“电阻—氧化物—半导体场效应晶体管（ROS）”为新型半导体场效益管，在电话送话器中有广泛的应用前景。物理系为樟树四特酒厂修理引进“瓶装装箱微机及电控部分”，可节约外汇 1.3 万马克（折人民币 7.5 万元）。1991 年，化学系与安徽铜陵市新桥硫铁矿合作完成了“铁帽形金银矿尾矿的综合利用研究”。

3. 人文社科成果丰硕

1976—1988 年，学校人文社科科研水平有较大提高。谷霁光《西魏北周时期统一与割据势力消长的辩证关系》、陈正夫《论孔子及历史上对孔子与孔子思想的改造》荣获江西省社联 1982 年优秀论著甲等奖，刘敬诚等合编的《使人聪明的学问》获 1983 年全国通俗政治理论读物二等奖，胡经岱的小说《船歌》获江苏省《青春》

杂志1982年“青春文学奖”、小说《雨夹雪》1984年获团中央“五四青年文学奖”和“江西省建国三十五周年优秀文艺奖”，刘运祺、蔡炘生编注的《辛亥革命诗词选》广受评论界好评。彭国平的《摄影讲座》获1986年《中国摄影报》华光杯摄影知识读报比赛“最好技术文章”及“最好专栏”奖，胡辛小说《四个四十岁的女人》获1986年全国短篇小说奖，胡平报告文学《在人的另一片世界——中国残疾人福利基金会纪要》获得1988年全国优秀报告文学奖，1987年丁慈良主持编导的《理解万岁》电视剧获得《大众电影》第五届金鹰奖，新闻系摄影专修科73幅作品于1986年12月在日本东京工艺大学展出，新闻系摄影专修科1985级作品展览1987年在北京美术馆开幕。

不少学术论文被学术刊物转载，仅1976年到1984年在《江西大学学报》（哲社版）发表的403篇文章，有123篇被中国人民大学《书报复印资料》全文影印，43篇被《人民日报》《新华文摘》《社会科学动态》等全国报刊转摘，编入教材指定为参考资料有43篇。

1989年，姚亚平的《人际关系语言学》获北京市优秀图书三等奖、江西省青年社会科学工作者首届优秀科研成果奖、全国优秀图书金钥匙三等奖。谷霁光的《府兵制考释》获1990年江西省社联第四次优秀社会科学研究荣誉奖。胡平的《世界大串联》获1989年“中国潮”报告文学征文一等奖。吴吉祥等人的《论社会主义商品经济条件下的执政党建设》获江西省纪念建党70周年学术讨论会论文一等奖。

1991年，学校哲学社会科学研究获省级以上课题37项，获经费12.59万元，其中获批国家社科基金课题4项，经费3.6万元。文科获第二届全省高校社会科学优秀成果奖6项，中文系被评为省高校科研工作先进集体。人文社会科学10项研究获省高校古籍整理研究1990—1991年首次优秀成果奖，4篇文章获江西省纪念建党70周年学术讨论会优秀论文，并入选《江西省纪念建党70周年学术论文选》。1991年出版各种著作60部，发表论文846篇。俞兆鹏的《谢枋得年谱》获江西省古籍研究优秀成果奖，《论宋徽宗时期的通货膨胀》获中国钱币学会首届优秀学术成果金泉奖。同年，学校教师编写的《陈赞贤传》《陈正人传》获全国优秀畅销书奖和吴玉章社会科学基金一等奖。

自1972年复校以来，特别是改革开放之后，学校进入了快速发展时期。通过调整学校组织机构，教学水平不断提高，师资队伍日益壮大，科研成果不断提升。学校的发展为此后组建南昌大学打下了坚实的基础。

第四节　江西工业大学（1958—1993）

1958年，江西工业学院的成立，填补了江西工科高等院校的空白，江西省举全省工业系统之力创建江西工业学院。学院成立后，走过了艰苦创业、充实发展、改革提升的不平凡发展之路，取得了一系列教学和科研成果，为江西工业发展，为江西高等教育发展，尤其是为1993年南昌大学的成立奠定了坚实基础。

一、发展亟需，在希望中诞生

1. 建校的历史背景

高等工科教育是工业革命的产物，在工业化、现代化进程中发展壮大，成为高等教育的一个重要组成部分。由于历史的原因，江西高等教育发展滞后，高等工科教育尤为落后。到1949年，江西只有8所高等院校，分别是国立中正大学、国立中正医学院、江西省工业专科学校、江西省农业专科学校、江西省立医学专科学校、江西省水利专科学校、江西省兽医专科学校、江西省体育专科学校。南昌解放后，江西省人民政府接管了以上8所院校，把几所专科院校并入中正大学，整合为南昌大学。江西工业专科学校成为南昌大学工学院。

1953年，全国高等学校院系调整，南昌大学工学院分别并入华中工学院、华南工学院、中南矿冶学院、中南土木建筑学院。至此，江西工科高等院校成为空白。

1957年，江西省科技队伍仅有2.92万人，其中工程科技人员更少。高等教育结构与经济建设对工程技术人员的需求极不相称，因此，重建工科高等院校成为一个迫在眉睫的问题。1958年，我国进入全面建设社会主义时期，以经济建设为中心，以工业化为目标。工科院校的产生实属历史的必然。

2. 江西工学院成立

1958年5月12日，江西省委省政府指示，由省委工业部负责领导，省各有关厅、局及工业性的学校负责人组成江西工学院筹备委员会，举全省工业系统之力，开始工学院的筹备工作。5月19日，启用“江西工学院筹备委员会”印鉴。6月18日，省委发出〔58〕147号通知，决定成立江西工学院，并确定了学院的领导集体：中共江西省委书记处书记白栋材兼任院长，张时超任第一副院长，高陵任党委书记兼副院长。6月22日，《江西日报》公布了省委关于成立江西工学院的决定，主要内容有：中央决定下放三机部的南昌航空工业学校给江西省，作为创办江西工学院的基础；确立江西工学院“勤工俭学、半工半读、理论与实践相结合”的办学方针；设立机电、化工、冶金、造纸、纺织、土建、地质7个系；招录高中毕业生

800~1000 人，三级以上技工 500~700 人。

同年 7 月 1 日，江西工学院正式成立，在省委会议室举行了第一次院务会议，会议由白栋材主持，省委书记处书记、省人民委员会副主席方志纯到会做指示。

学校开学在即，急需建立院、系、处室机构，配备干部。为此，7 月 2 日，白栋材主持召开有关厅局长会议，明确各有关厅局长兼任工学院的系主任，并由各厅局负责调配系副主任，解决了各系负责人的问题。同时，省委工业部分配来几名转业军官，手工业干校、工农中学的校长，南昌航空工业学校副校长分别担任各部处室负责人。

7 月 8 日，据江西省委通知，江西工学院组成了党委会，由张时超、高陵、牟桂本等 7 人组成。张时超任党委书记，高陵、牟桂本任党委副书记。

7 月 12 日，“江西工学院”印鉴正式启用。

开学前夕，省长邵式平，省委书记处书记、省人民委员会副主席方志纯传达中央决定，南昌航空工业学校不下放给江西省。这突如其来的决定令建校计划一时陷入困境。为摆脱困境，省委决定停办江西工农中学，暂定其校址为江西工学院的校址。

工农中学是 1949 年后一段时期内，为培养工农干部迅速掌握科学文化知识而设立的学校，属普通中学性质。江西工农中学虽然结束了，但其办学政策仍然延续下来，成为江西工学院办学构想的一部分。

按照办学构想，江西工学院从 6 月开始自主招收三级及以上技工，原计划招收 500 人，因符合条件的生源远远不足，通过考试最终录取机械制造专业 46 人、工业民用建筑专业 25 人，共计 71 人。又从当年全国高考的考生中录取新生 700 人。同时，学校从高级中学、工矿企业、科研院所抽调了一批教师和专业工程技术人员，组成了 58 人的教师队伍。

9 月 8 日，在江西工农中学礼堂（位于今南昌市司马庙）举办了学院的成立大会暨新生开学典礼，省委省政府领导亲临大会。全校师生员工近千人欢聚一堂，中共江西省委书记处书记白栋材讲话，师生代表致辞、献礼。此后，每年的 9 月 8 日成为学校的校庆日。

3. 办学与建设并进

开学后，经过短暂的入学教育，全体新生即投身于大炼钢铁，参加劳动锻炼，历时一个月，作为开学后的第一课。同时，学院组织教师按教学计划安排课程，做好开课准备。又以工农中学的理化实验室为基础添置必要的仪器设备，做实验准备。当时，虽然教师数量不足，设备不齐，学院却仍然保证了学校如期开课，并做实验。

第一，基础设施建设。江西工学院把搞好基础设施建设作为首要任务。经过多方协商，由省政府批准，江西工学院以南昌市市郊谢家村为校址，按万人规模规划和设计，征地1000亩，实际使用1077亩，耗资11.3万元。全院师生从新校舍的建设过程中看到了学院的希望，因此表现出极大的热情。大家一起动手，在新校址上从西往东修了一条中心大道，叫作“红专大道”，成为永久的纪念。土建系的师生搜集资料，外出参观，积极研究，对校址进行测量，提出了江西工学院的平面布置图，还制作模型展览，广泛征求意见。

学院按照平面布置图组织施工，先建教工单身宿舍、学生宿舍、学生食堂，以缓解校舍的不足。1959年5月28日，建筑面积8918平方米的化工楼破土动工，使新校址的建设进入主体攻坚阶段；随后动工的是建筑面积1.2万平方米的机械楼。

第二，领导班子建设。为了适应边办学边建设的繁重任务，省委先后从厅（局）和转业干部中选派人员充实学校领导班子。1958年7月8日，省委通知：张时超任党委书记，高陵、牟桂本任党委副书记。11月3日，省委工业部通知：党委成员增至16人，并由张时超、高陵、王德珍、张本禄、朱启、杨筱庭6人组成常委会。12月13日，院党委常委决定并经省委批准，增加黄建涵副院长为党委委员、常委委员。1959年3月18日，增加陈树仁为院党委委员。5月28日，成立院务委员会，常委委员有白栋材、陈树仁、张时超、高陵、黄建涵等11人。

1961年5月，省委工交部通知，潘良甫任党委副书记兼副院长。8月14日，省委办公厅通知，由高陵任江西工学院院长，免去白栋材院长的兼职。1962年10月5日，省委任命吴启中任江西工学院副院长、党委常委，伍乃茵任党委副书记。

第三，师资队伍建设。开学以后，为了满足各专业教学计划中的百余门课程教学和各教学环节的顺利进行，学院从三个方面广纳人才，组建教师队伍。在国家高教部和省委的支持下，学院先后从南京工程学院、华中工学院、南京航空学院、华东师范大学、上海交通大学、湖南大学等著名院校调来一批讲师以上的教师，其中教授3人（万泉生、杨克刚、孙云雁），还有相当于副教授、讲师的教员20多人，作为教师队伍中的骨干力量。在短短一年内，来校的大学毕业生、研究生共有200余人，其中有学成归国的留苏、德、南斯拉夫等国的留学生，包括研究生、博士生共6人。学校选拔优秀学生进行师资培训，从1958年招收的学生中，挑选100名品学兼优者到全国重点大学和省委党校学习，学费由学院承担，毕业后回校任教。20世纪60年代初，高陵院长主持江西工学院工作时，在教师队伍里普遍提倡“定红专”规划，要求老师要过“教学关、外语关、业务关”三关，经常开展教研活动，不断组织老师外出进修，下厂锻炼，读专业类学术著作。

二、艰苦奋斗，在调整中巩固

1959—1961年，我国发生严重的经济困难，国家和人民遭到重大损失。江西工学院白手起家，创业过程困难重重，主要是资金短缺、物资匮乏，新校舍的建设难以为继，甚至影响师生的基本生活，学校面临上马还是下马的生死抉择。但是，经过一年多边办学边建设的磨砺，大家对办好学院有了更大的信心和决心。此时，国家提出“调整、巩固、充实、提高”的八字方针，经济建设正稳定健康发展。学院认真贯彻八字方针，坚持办学，在调整中巩固。到1964年，调整任务基本完成，学院得到巩固。在省委省政府的大力支持下，这一期间，学院主要做了全面调整、改善条件、充实队伍三项工作。

1. 全面调整，整合资源

同一时期诞生的省内工科院校先后有宜春工业专科学校、江西科技大学、江西共产主义工业劳动大学。江西省委省政府决定缩短战线，集中力量办好一两所学校，因此决定对江西省的工科院校进行资源整合。

1959年8月，省教育主管部门委托江西工学院代训宜春工业专科学校学生89人，随后将宜春工业专科学院划归工学院，同时转让干部、教师4人。江西工学院在经济上得到国家的相应补偿。

1961年4月，创办于1960年3月的江西科技大学与江西工学院合并，集中国家的教育投资，更好地发挥了投资效益。

1962年5月，江西共产主义工业劳动大学撤销，校舍移交江西工学院使用，物资和部分人员也调拨给江西工学院。江西共产主义工业劳动大学附属八一机床厂设备较好，老工人多，能满足学生生产实习的需要，同时还能解决金属切削、液压传动、机床电力设备、机械制造工艺4个实验室及刀具陈列室的设备问题。由于两校紧邻，合并后解决了一部分教学和生活用房，减少了基建任务，节省了基建投资。

第一，调整结构。建校之初，学校的最初设想是设立机电、化工、冶金、造纸、纺织、土建、地质7个系。随着建校工作的推进，江西省委工业部领导和学院领导一致认为，江西工学院的系应以基础工业的通用件为主，冶金、造纸、纺织、地质则应由相关厅局负责。经过酝酿、报批，1959年5月，学院由最初的7个系调整为机械、电机、化工、土建4个系。停办系的学生转系，如冶金系学生转到电机系。

第二，控制规模。初期构想的招生规模是招收高中毕业生800~1000人，三级及以上的技工 500~700 人，总体规模达万人。在调整中学校逐年减少了招生人数，压缩总规模。1958—1965 年江西工学院招生人数具体为：1958 年 700 人，1959 年 107 人，1960 年 716 人，1961 年 408 人，1963 年 273 人，1965 年 309 人。（1962 年暂无统计数据。）

从 1960 年起，学制由 4 年改为 5 年。为渡过暂时困难，1961 年已入学的 327 人放长假 1 年，1962 年返校继续学习。

1964 年 1 月 22 日，院务委员会决定开办业余大学，设机制专业，实行春季招生，当年录取 59 人，多数为江西拖拉机厂、江西柴油机厂和本校实习工厂的工人和技术人员，学制 5 年，每周二、四、六晚 7 点到 10 点授课。同年 5 月，《江西工学院学报》创刊。经过多次调整，确定 2000 名左右学生的办学规模。

2. 改善条件

第一，教学楼建设。随着新校址建设的进展，教学大楼、教工宿舍、学生宿舍、食堂等基建面积达 28839 平方米，院党政领导部门和化工、土建两系迁至新址办学，原校舍严重不足的困难开始得到缓解。经过一年零两个月的建设，1960 年 7 月化工楼基本建成。面积为 1.2 万平方米的机械楼同时开始设计，这是当时南昌市仅次于省政府大楼的第二大楼。从 1959 年开始基建，至 1961 年 6 月，学院在建的楼房共 16 栋。这一年，机械楼基本建成，校舍总面积 4 万余平方米。1962 年 2 月，据省教育厅批文，投资 393 万元的教学和生活用房共 4.94 万平方米开建。

第二，实验室建设。1959 年 4 月，学院成立设备科，专门负责设备的采购和管理工作。学院为加强实验室建设，以“积极采购国内外先进设备，力避浪费，贯彻艰苦奋斗、自力更生方针，购置与自制相结合”为指导思想，各教研单位高度重视，抽调大批教师投入实验室建设中，逐渐克服了投资不足、先进设备匮乏等诸多困难。1959 年初步建起 18 个实验室，到 1960 年底实验室达 24 个。在购置实验设备的基础上，学院注重强化实验室的管理工作，先后建立了院、系、室三级管理体制，制定《固定资产管理制度》《危险药品管理制度》《实验员、保管员工作守则》《学生实验守则》等一系列管理制度，规范了实验室的管理工作。学院还建立了仪器维修组，既满足教学上的需要又节约了经费开支。到 1966 年上半年，学院先后建立实验室 50 多个，还有加速器等科研项目，连同实习工厂的设备，合计固定资产约 600 万元，基本上满足了教学需要。

第三，图书馆建设。学院坚持为教学和科研提供服务的理念，进行了一系列的建设工作。在购买图书数量上，学院要求逐步达到学生每人 100 册；在订购中外期刊时，注重连续性；图书馆对教师开放，方便教师查阅书籍和报刊；坚持为师生创造良好的阅读环境。据统计，1960 年底图书馆藏书达 9 万册。1965 年 4 月，图书馆破土兴建，历时一年建成并使用，藏书共有 18 万册，中外报刊达 650 多种。

第四，附属工厂建设。生产实习是工科教育的一个重要环节，工科学生必须经过认识实习、生产实习、毕业实习和毕业设计几个环节，方能扎实掌握专业技能。为了更好地做到教育与生产劳动相结合，学院建校先后建立了机床厂、仪器厂、铸造厂等工厂。机械系教师亲自上阵，从自制土机床开始，工人班的学生向所在厂求援机床，加之江西共产主义工业劳动大学机械厂的并入，随后不断购买新设备，这样学院从无到有，办起了豫章机床厂。到 1966 年，职工和固定资产增长较快，不少毕业生留校分配到该厂工作，技术力量迅速增强，有各类机床 26 台，不仅满足了全院学生金工实习的要求，解决了部分学生的生产实习问题，而且有的科研项目也到工厂结合生产进行，生产出 C618、C616 系列车床和 M7130 平面磨床，还向学校上缴利润，这为该厂发展为后来的全国明星企业江西第三机床厂奠定了基础。1960 年 7 月，院电机厂建成，投入生产，能生产多种小型变压器，修理收音机、扩音机、扩大器、电器仪表等。学院的仪器修理组也发展成为江西工业学院仪器厂（1966 年至 1976 年期间，该厂移交省机械厅，更名为江西无线电器材厂，生产大型热加工设备高频电炉）。学院机械系铸工教研组的教师们，利用实验室设备，筹建了江西精密铸造厂。这些院办工厂的建立，一方面为学院的教学、科研提供了实践平台，为实现学校的教学、科研、生产三结合提供了保证，另一方面为实现从科学知识向生产力的转化，减轻国家的经济负担，促进国民经济发展，做出了重要贡献。

第五，基础设施建设。至 1966 年上半年，学院建成的教学用房、生活用房、行政用房等建筑面积达 6 万平方米。此外，学院还兴建了田径运动场、水泥球场、游泳池等，绿化植树 10000 余株，校园建设初具规模。

第六，关心群众生活。1961 年 1 月，院党委、院务委员会提出关于执行《中共中央、国务院关于保证学生、教师身体健康的紧急通知》的实施意见，在物资匮乏的情况下，切实保证师生的物质供给，生活补贴一分不少，规定应该供应的粮食、食油、国家凭票供给的副食品全部到位。同年 5 月，为进一步贯彻教育与生产劳动相结合的教育方针，执行党的大办农业、大办粮食的指示，学院成立蔬菜生产委员会，黄建涵任主任。还组建了农场，开展农副业生产，以改善师生生活。

第七，充实队伍。1959 年，学院有教师 152 人，为加强师资队伍建设，30 名教师被派往清华大学、浙江大学、天津大学、同济大学等 10 所院校进修，占教师总数的 19.7%。到 1960 年，江西工学院基本形成了以老教师为骨干、以青年教师为主力军的 300 余人的教师队伍，承担了全校 4 个系 13 个专业 155 门课程的教学任务。

初步建立的教师队伍非常年轻。据1961年统计，学院350位教师平均年龄27.5岁，平均教龄3年。因此，学院把对教师的培养与提高工作列为重要工作之一。为提高教师的教学水平，学院主要采取了以下措施：

动员教师按照“红有底、专有劲”的要求制订自己的红专规划。要求教师从自己的实际出发，提出具体的要求和措施，以不断提高自己的政治、业务水平，形成自觉提高政治、业务水平的氛围。

加强教研组的领导，提倡岗位练兵，在教学实践中提高教学水平。以教研室为单位，组织教师认真备课，钻研教材，集体讨论教案，互相试讲，互相帮助，发挥集体的力量，逐步提高教学质量，收到良好效果。

各教研组严抓教学法的改进工作，重视教师业务水平的提高，坚持钻研业务，加强基础，在实践中积累知识，提高水平。学院在各教研组开展探讨教学法活动的基础上，多次召开全院性的教学法经验交流会。

经过8年的培养与提高，学院的教师素质有了很大的提高。到1966年前，学院有教职员工744人，其中教师356人，有教授2人，相当于副教授的教员4人，讲师78人，为学院教学水平的提高提供了人才保证。

在此期间，学院还取得了一系列可喜成绩：1960年，江西工学院工人班被评为全国教育方面社会主义建设先进单位；高陵代表江西工学院参加了全国教育、文化、卫生、体育新闻方面社会主义建设先进单位和先进代表大会，受到周恩来总理的接见；在加速试验室建设过程中，闵光谦老师发扬艰苦奋斗、自力更生的精神，坚持自制与购置相结合，自制了大量的玻璃仪器，组建了玻璃生产车间，被评为先进工作者，出席了1960年全国教育先进工作者代表大会。

经过努力，学院得到巩固，在极端困难的情况下有所发展，培养了一批学生，使之如期毕业，为社会输出了一批人才。其中不乏顶尖人才，例如1962年化工系毕业的邱定藩被评为中国工程院院士。1962—1965年江西工学院毕业生人数分别为374人、300人、40人和456人。江西工学院被誉为江西“工程师的摇篮”。

三、三次搬迁，在困境中办学

1. 学院停办

经过8年的创业，江西工学院已粗具规模，但却随即遭遇了时代厄运。1966年，院系党组织受到了冲击，学院陷入瘫痪半瘫痪状态中。

在这时期，学院领导调整频繁。1966年6月26日，省委决定解放军工作组24人进校，以福州部队某部政治部副主任刘玉政任工作组组长、赵毅任副组长。7月，省委决定，江西工学院由以刘玉政为首的省委工作组直接领导，院党委的工作在运动期间也由工作组直接领导。8月，省委派来新党委书记安健，党委委员、副院长鲁毅。9月，在大联合的号召下，群众组织夺取了学校的权力。1968年3月，成立由革命领导干部、群众组织代表和军代表组成的江西工学院革命委员会，潘良甫任主任。1969年，江西工学院易名“江西理工科大学”，成立江西理工科大学革命委员会，孟绍周任主任。1970—1972年期间，王泽民任江西理工科大学革委会副主任。1972年11月，罗庭柱任校革委会主任。

在此期间，先后有各种外界力量介入学校工作。从1966年6月解放军工作组进校以后，又陆续有解放军毛泽东思想宣传队长驻学校。1968年8月24日，洪都机械厂毛泽东思想宣传队进驻学校。1972年4月，省委派江西柴油机厂工宣队进校。

1968年10月，学校开始大规模下放干部，首批下放到江西省金溪县等38个县（市）。至12月底全院下放400人，其中干部35人，教师365人。

1966、1967、1968年分别有应届毕业生779、340、257人。到1968年12月，毕业生陆续离校。12月4日，69届、70届学生遣散到芙蓉农场等军垦农场参加生产劳动。至此，学院实际处于停办状态，8年创业几乎重归于零。

2. 三次搬迁

1969年，毛泽东做出“大学还是要办的，我指的主要是理工科大学还要办”的指示，这为工科院校留下了一定的生存空间。据此，江西工学院于1969年6月易名为“江西理工科大学”而继续存在。9月，据上级指示，江西大学理科和江西农学院农机系并入江西理工科大学。随后，开始了3次大搬迁。

1970年2月，按照江西省革命委员会赣发〔70〕13号文件通知，为了使理工科大学更好地走毛主席“五七”指示的道路，办好社会主义新型大学，以适应教育革命发展和战备的需要”，理工科大学从南昌迁往武宁县新城，这是第一次大搬迁。校址设武宁县新城，武宁县共大、黄埚中学、新城医院房舍均移交给江西理工科大学。江西工学院多年奋斗所建立起来的校舍、教学楼、实验室以及实习场所被改用为南昌针织总厂基地，教学仪器、图书在搬迁的过程中遭到严重的损坏，多数设备荡然无存。

武宁县新城地处赣西北一个偏僻的山区，连水电道路都不畅通，仅靠一所农村中学和乡村医院，几座民房作为校舍，根本不具备高校办校条件。条件尽管如此简陋，但为了体现学校的存在，满足青年的求知欲，经省革委会批准，学校招收了由城乡基层保送、学成后仍回原基层工作的“社来社去”新生497人，学制1年。按照《理工科大学教育大纲（草案）》和《江西理工科大学连队建设的初步意见》，把留校的67名专任教师和部分党政干部，组成农具、农机修理、水利、机电、化肥5个专业连队。这些专业连队实际上只具象征意义。

因武宁县确实不具备办学条件，经省革委会同意，学校在同年8月又从武宁迁往景德镇市陶瓷研究所（现位于景德镇市新厂西路556号），这是第二次大搬迁。景德镇虽属工业城市，陶瓷研究所也属科研机构，和办学有许多相通的地方，但是范围窄小，也没有和教学相关的实验和实习设备，更没有拓展空间，办学条件仍属勉强。学校在景德镇勉强维持了一年的课程教学，学生主要接受相关专业的基本知识教育，如机械类的工程数学、机械制图等。之后，随即分赴机械厂、化工厂等企业进行现场教学。

1972年，省革委会决定将学校迁回南昌旧址。同年，学校招收了机械、水电2个专业学生共38人，继续办学。

3. 坚持办学

学校迁回南昌以后，收回了部分校舍，重新整理，回调部分下放的教师。至1972年8月，有332名教工先后返校复职。同年，招收首批“工农兵学员”270人，分为机制、发电、无机化工和工民建4个专业。

1973年1月，原由江西大学并入的物理、化学系剥离，两系的师生和设备返还江西大学。2月，据省革委指示，江西理工科大学恢复原名江西工学院，罗廷柱任学院党委书记、革委会主任。此后，连续招收1973—1976级工农兵学员，其中1974级470人，1975级500人，1976级530人。这段经历充分体现了学校的生命力，体现了广大教育工作者对教育事业的忠诚，体现了广大知识青年强烈的求知欲望。

四、恢复建设，在充实中发展

1. 恢复秩序，重建机制

1976年10月，随着全国形势的扭转，江西工学院也进入恢复发展的新阶段。江西工学院从创办开始就直接从有实践经验的工人中选拔学生加以培养，在1966年到1976年间也优先招收“工农兵学员”，并持续到1976年。更多是直接招收参加全国统考的高中毕业生。两类学生各有所长，但不经考试、直接从工农兵中选拔的学生也有明显的缺陷：年龄大小不一，文化基础参差不齐。这就与教育的循序渐进规律相悖，学校教育需要因材施教，不可能因人施教。所以相对而言，经过考试从高中毕业生中选拔学生加以培养更加符合教育规律，教学过程比较顺畅，收效更快。

重建学校内部管理体制和机制。在领导体制上废除革委会的一元化领导体制，重新确立党委领导下的院长负责制。1980年4月，省委〔80〕105号文通知，罗廷柱任院长，潘良甫、李克勤任副院长。1982 年 2 月，省委〔82〕10 号文通知，任命谢叔敏为江西工学院副院长。在机构设置上，改变原有的政治部、教革部、后勤部等机构，在党团系统下恢复党委办公室、组织部、宣传部、工会和共青团组织；在行政系统中恢复院长办公室、人事处、教务处、总务处、科研处和生产处等职能机构；在教学系统中，按校、系两级建制，按专业和学科分设教研室、组，形成各个不同的教学和科研集体。

重新学习和贯彻教育部关于高等学校的暂行工作条例（即《高教六十条》)，建立正常的工作秩序和教学秩序。

2. 落实政策，建设队伍

与此同时，学院采取一系列的措施落实党的知识分子政策，进一步调动教师积极性。

第一，恢复教师和干部的职务。1966 年前，学院有教职员工 744 人，其中教师 356 人，有教授 2 人，相当于副教授的教员 4 人，讲师 78 人。1976 年后，他们被取消的职务均予以恢复。蒙冤的同志获得平反、恢复名誉。1981 年 4 月 9 日，院党委文件明确（任命）科级干部 12 人。9 月，院党委文件任命副处级干部 25 人，正处级干部 12 人。

第二，恢复教师职称评定工作。1978 年 7 月，院党委扩大会研究设立院教师职称评议小组，潘良甫任组长。1979 年院党委决定经省教育组批准，林云镜等 117 名教师晋升为讲师。同年 3 月，第一批职称评定公布。1981 年 5 月 28 日，经省长办公会议研究批准，林治平等 5 人晋升为副教授，这是 1976 年以后学校首次晋升的高级职称。1982 年 8 月 3 日，经院学术委员会业务评审，院长办公会同意，詹先泽等 27 人晋升为讲师。8 月 7 日，潜学海等 9 人晋升为实验工程师、技师。

3. 收复资源，充实设备

1973 年，为贯彻中央〔72〕28 号文件精神，学院与南昌针织总厂达成协议，于 1976 年底将占用的校舍全部归还江西工学院。

1974 年 4 月，据中央〔72〕28 号文件精神，省机械局、宜春地区代表及学院代表在上高第三机床厂（即原校属豫章机床厂）举行三机厂交回江西工学院的交接仪式。

1979 年 11 月，学院第 24 栋家属宿舍基建动工。1980 年 10—12 月，第 25、26、27 栋家属宿舍动工。同时进行清产核资工作。全院土地面积 339.6 亩，建筑面积 75776 平方米，教学仪器设备 2702 件，价值 281 万元。生产仪器设备 8384 件，价值 544 万元。

1981 年 10 月，学院结构、铸造、锻压实验室，阶梯教室，第 28、29 栋家属宿舍动工兴建。

讲师宿舍楼群的修建是学院这一时期主要的基建项目，有效地改善了教师的住房条件，是当时学校全力操办的一件大事。

1982 年 1 月 16 日，学院语音实验室建成，交外语教研室使用。

五、实施改革，在发展中提升

经过几年的恢复发展，学校进入以改革促发展的新阶段。

1. 实施改革举措

学院按照“干部四化”的要求，调整院领导班子。新时期、新任务对干部提出了新要求。经过省委组织部门的考察，从在职的干部和教师中挑选出符合“四化”（革命化、年轻化、知识化和专业化）要求的人才，作为学院的预备干部。1983 年 8 月 29 日，学院召开新老班子交替会。出席人有罗廷柱、谢叔敏、李克勤、毛文友、黄定元、杨应群、王敬亭等。9 月，院新领导班子黄定元、杨应群、谢叔敏、王敬亭主持工作。据省委〔1983〕120 号文，黄定元主持院党委工作，杨应群主持院务工作，谢叔敏、王敬亭为副院长。据 12 月省委〔1983〕214 号文，省委任命黄定元为院党委书记。1984 年 1 月 12 日省政府任命杨应群为学院院长。1985 年 1 月，省政府办公厅〔85〕21 号文复函，为适应教育形势发展的需要，省政府同意江西工学院的请示，将学校更名为“江西工业大学”；校名更改后，其规格和任务不变。杨应群任校长，武代洪任校党委副书记（主持党委工作）。1985 年 4 月，张世英（女）任副校长。1986 年 9 月，省委〔86〕102 号文通知，李嗣垦任江西工业大学党委委员、副校长，潘传康任副校长，黄汝为任校党委委员、副校长。1988 年 7 月，省政府任命李嗣垦为江西工业大学校长。同年，省委〔88〕159 号文通知，王文才任江西工业大学党委书记，李嗣垦任党委副书记。省委〔88〕189 号文通知，史冠郁任江西工业大学党委副书记。1991 年 6 月，刘锡忠任副校长。1991 年 8 月 28 日省委〔91〕172 号文通知，欧阳锦堂任党委委员、副校长。

加强校内管理体制改革。学校制订了校内管理体制改革总体方案，以人事制度改革为突破口，在总体部署上采取总体设计、分布到位的做法。在人事制度改革方面，强化编制意识，严格编制管理，本着“精简、紧缩、精干、高效”的定编原则，搞好定编工作。完善按需设岗、按岗聘任，确定岗位职责，逐步精简编内人员，调整队伍结构，工作效率明显提高。在分配制度改革方面，理顺分配关系，强化激励机制，实行岗位津贴、教时津贴、业绩津贴和特殊津贴，逐步克服平均主义和大锅饭现象，调动了广大教职工的积极性。

1987 年 7 月，据省教委文件，学校教师高级职务任职资格人员有：教授 7 人，潘传康、郭季炳、杨德品、孙祖龙、林治平、何友观、李汉麟；副教授匡君杰等 117 人。9 月，据省教委文件，学校新增教师高级职务任职资格人员有：教授 3 人，郑今明、雷良钦、李火林；副教授张凤兰等 12 人；高级实验师周志文等 2 人。

在教学改革方面，学院把着力点放在提高教育质量上，逐步调整学科、专业结构，适时地增加部分新专业，适当增加委培、定向和自费生的招生比例，不断提高办学效益；实行毕业生有偿分配，有偿分配即用人单位向学校支付一定的费用。1984 年 7 月试行毕业生有偿分配，来校联系的单位众多，其中德兴铜矿首次以 20 万元接收 19 名毕业生，开有偿分配的先河。由于情况的变化，有偿分配的方式只进行了两年就未能持续，却开收费办学的先导，对于教育的财务系统改革产生了一定影响，并引起了有关部门的重视。时任中央政治局委员胡启立与教育部负责人彭珮云、何东昌来校视察时都给予了高度关注。

2. 提高办学水平

第一，加强专业建设。1984 年增设食品工程专科、精细化工本科专业。1984 年 9 月，经省政府批准，江西工学院的锻压工艺及设备、工业与民用建筑、工业自动化 3 个学科、专业为省属高等学校重点学科、专业。10 月，省教委同意增设给水排水、粮食工程、环境工程、包装工程、管理工程等本科专业，将原无机化工专业更名为化学工程专业，同意成立电气与电子工程、机械、食品加工、建筑设计 4 个研究所。1985 年 8 月，经省教委批准增设食品工程系、食品机械系。1988 年 8 月，经省教委批准，学校在电机系进行不分专业招生的改革试点，增设计算机科学技术系、管理工程系。1990 年 6 月，省政府办公厅文，同意增设纺织工程专业（专科），学制三年，当年开始招生，学生在省纺织职工大学就读。

第二，成立食品工业学院。1984 年 10 月 12 日，在食品专业和食品研究的基础上筹备成立江西工学院食品工业学院，由校长杨应群兼任组长。1986 年 8 月，经国家教委批准，江西工业大学食品工业学院（二级机构）成立，发展规模 2000 人，投资 700 万元。1986 年 12 月，江西省计委批复，食品工业学院建筑面积 1.4 万平方米（教学大楼 8000 平方米，学生宿舍 3000 平方米，教工宿舍 3000 平方米），总投资控制在 700 万元之内，其中国家补助 400 万元，省财政投资 300 万元。

第三，提升办学层次。1977 年 6 月，经省教育厅批准，水工、发配电、化机专业升为本科专业。学院关于专业情况的报告称：属巩固提高的专业有机制、铸造、内燃机、工企、电机、发配电、无机、有机、房建、水工；申请停办电器制造专业，欲增专业有金属热处理、电子技术、化工机械、化工分析、给水排水；电机制造专业更名为电机专业，房建专业更名为工业与民用建筑专业。筹办电化教学设备，筹建电化教学组。1978 年 9 月，学院内燃机专业开始招收本科生。1982 年院党委决定，争取设硕士点，招硕士研究生。罗廷柱院长赴北京联系商谈有关事宜。学院设研究生办公室，谢叔敏任主任。9 月初定 1983 年招硕士生名额，包括在职研究生计 14 名。1983 年 9 月，经省政府批准，开始招收硕士生，专业有固体力学、结构工程、工业自动化、电机、压力加工。1990 年新增工程热物理、机制、铸造 3 个硕士生授予点。

第四，开展干部培训。1977 年，数学师资班开始招收学员。1986 年 8 月，招收干部专修班 80 人，夜大学招生 80 人。1987 年 10 月，受省委组织部、省经委委托，学校举办高级工程师培训班。继而，先后举办多期厂长经理培训班，全省相当一部分总工程师、厂长、经理来校接受过培训。

至 1993 年，全校设有 2 个学院（食品工业学院、乡镇企业学院）、8 个系（机械、电机、化工、土建、食工、食机、计算机、管理）和 3 个部（基础课部、马列主义教研部、体育教研部），下设 31 个专业，50 个教研室。在校学生 5441 人，其中本科生 3367 人，专科生 913 人，研究生 40 人，夜大生 50 人，函授生 1071 人。办学条件明显改善，育人环境得到优化，校园占地达 430 亩，校本部校舍建筑总面积近 18 万平方米，实验室 50 余个，固定资产 4591 万元，图书馆藏书 74 万册。学校编辑出版的刊物有《江西工业大学学报》《江西工业大学校报》，并与省内工科院校联合出版《江西工科高等研究》杂志。

在此期间，学校为国家培养了大批优秀人才。1985 年土建系水利工程建筑专业毕业的钟登华被评为中国工程院院士，就是突出的代表。

3. 科研成果丰收

学校在创办之初就把科研引进教育工作中，坚持教学和科研相结合。然而，由于条件限制，科研成果并不突出。在新的环境下，科研情况有了较大的发展，不断取得新的成就，从新材料、新工艺、新产品的研发到新理论、新技术的发展都有所收获。

1977 年 10 月，化工系与全南县造纸厂共同研究出利用造纸废液提取腐殖酸并掌握其应用技术。1982 年 10 月，林治平研究的“锻压变形力的理论计算与测定”项目获省科技成果二等奖。1987 年 9 月，在第三届全国发明展览会上，危仁杰研制的“W-84 型水玻璃砂溃散剂”项目获银牌奖，章道增研制的“型砂气力冲击实砂装置”项目获铜牌奖。

1988 年 11 月，耿茂鹏研制的“型砂气流冲击紧实机构”项目获北京国际发明展览会铜牌奖。1989 年 11 月，“加强考试管理，促进学风建设，教学仪器设备应用计算机科学管理”项目获国家教委优秀教学成果奖。1990 年 9 月，蒋捷先发明的“从蜂蜡中提取油菜素甾醇类物”项目获第五届全国发明展览会金牌奖。

1992 年 2 月 4 日，《中国科学报》报道郑泉水在变形体转动理论研究中，为著名的“哥西平均转动”首次导出简单而完善的表达公式，填补了 150 年来世界上在这一理论研究中的空白。同年 11 月 25 日，王福如主持研究发明的“发电机相间故障新型保护装置”项目获北京国际发明展览会银奖，在同类型保护装置中处于国际领先水平。

科研成果都具有一定的影响。

1985 年 10 月 9 日首届全国发明展览会上，时任国家主席李先念观看我校从乌柏类制取类可可脂的科技成果。同年 12 月，陈财水主持的“以乌柏脂为原料制取类可可脂的方法”项目获全国首批两项发明专利。1986 年 11 月，该项目获得在武汉举行的第二届全国发明展览会银奖，全国人大常务委员会委员长彭真出席了该展览会，并仔细观看了该项科研成果。

1992 年 4 月 18 日，潘传康和江风益的生机科研项目“半导体宽禁带Ⅱ—Ⅵ族超晶格结构研究”项目，通过省科委主持的技术鉴定。时任省长吴官正发来贺信。

1979 年 1 月，院属江南化工厂进行三十烷醇小试。1983 年 1 月，秦中赴美参加全美三十烷醇学术讨论会，宣读了论文《从蜂蜡中制取三十烷醇及其制剂的研究》。7 月，院属江南化工厂三十烷醇获国家经委颁发的优秀新产品金龙奖。1987 年 10 月，秦中的三十烷醇科研论文被国际学术会议收录。

与此同时，校办工厂也取得了众多成果。

第一，江西第三机床厂。1990 年 12 月，况振中等研发的“BQ1838 型无卡轴旋切机”项目获国家科技进步奖二等奖。1991 年，2MA4965 型剪切刀片磨床研制成功，通过省级产品鉴定和科研鉴定，处于国内先进水平。

第二，江南电子仪器厂。1985 年 11 月，TPCW-2335 电火花线切割床被评定为省优产品，其后开发的系列产品屡获省部级优质产品称号和新产品奖。产品畅销国内，远销欧美、东南亚。线切割机是机电一体化的早期样机，后成为国家第四机械工业部的定点产品。1989 年 10 月，选派技术人员赴印度尼西亚进行电火花线切割机产品安装调试、维修服务和技术培训工作。1989 年 11 月，选派技术人员赴印尼洽谈业务并进行市场考察。1990 年，选派技术人员赴菲律宾安装调试线切割机床。

第三，江南化工厂。1986 年 12 月，“佳宝”洗染香波批量生产，投放市场后经济效益、社会效益显著，畅销国内，远销南亚。1989年10月，江南化工厂应香港伟启实业有限公司邀请，派人赴港，与中国香港、中国台湾和马来西亚、新加坡客户洽谈“佳宝”洗染香波销售业务。

各个校属工厂还为社会创下了丰厚的利润。

6个校属工厂1989年完成工业总产值2601万元（计划2330万元），实现利润352万元（计划326万元），上缴学校利润108万元（计划143万元），上缴税金160.2万元（计划134.8万元）。1990年1月，召开校属工厂工作会议。会议下达了1990年计划指标，工业总产值2435万元，利润286.3万元。

1991年1月22日，召开校属工厂工作会议，校长李嗣垦作工做报告，总结1990年的工作，部署1991年的工作任务。1990年，校属工厂完成工业总产值2545.78万元，销售收入2333.75万元，实现利润304.55万元，上缴利润116.9万元。同年11月，校属江南化工厂、江南电子仪器厂被授予“省级先进企业”称号。1993年1月5日，召开校属企业工作会议。会议充分肯定了1992年校属企业所取得的成绩，完成工业总产值4420万元，比1991年增长35%；实现利润445万元，比1991年增长51%。会议下达了1993年计划指标：工业总产值5870万元，利润640万元。

据统计，1983—1993年，学校通过鉴定的科研成果100余项，其中获国家科技成果进步奖二等奖1项，获国家发明奖三等奖1项，获省优秀科技成果和省科技进步奖二等奖以上的有10项。此外，还申请专利26项，获国家批准的有14项。许多科研成果填补了省内空白，获得了较好的经济效益和社会效益。

六、扩大开放，在交流中前进

对外开放对于提高办学水平、促进学校发展起到了积极作用。江西工业大学作为一所内陆地区普通高等学校，对外开放起步较晚、起点不高，是缓步走向国际的。学校从“请进来”到“走出去”，从交流到合作，逐步扩大对外开放。

1. 邀请海外学者

1979年6月，加拿大大不列颠哥伦比亚大学教授余耀南（祖籍江西丰城）应邀来院访问，做题为“北美电力系统稳定问题及发展趋向”的专题讲座。1983年10月14日，余耀南再次顺访学院，并作电力系统方面的专题讲座和爱国主义主题报告。1984年12月经省政府同意，聘请余耀南为江西工学院名誉教授。1986年1月，余耀南将自己的科研专著《动态电力系统》50本及其他论文赠送学校。此外他还利用自己部分科研经费亲自为江工培养1名研究生。

1985年7月，美国纽约大学技术学院工业工程技术系副教授、系主任徐哲先生

（祖籍江西丰城）应邀来访，做关于机器人研究的学术报告。同月，美国北卡罗莱纳大学政治科学系教授、东亚研究会主席齐锡先生（祖籍江西资溪）应邀来访，做题为“现代经济发展三要素”的专题报告。

1986 年，美国加利福尼亚州立大学教授范新亚先生应邀来校讲学，后赠送有关数学、化学分析、生物化学专业书籍近 50 本。5 月，联邦德国刚翼国际有限公司总裁高飞达先生顺访学校，商谈有关合作可能性问题。6 月，美国匹兹堡大学机械工程系副主任陈霖生教授顺访学校，座谈有关校际科研、教学交流的可能性问题。9 月，联邦德国黑森州职业培训专家组团长、黑森州经贸部郝恩培尔格先生来校洽谈太阳能合作研究项目；联邦德国东亚研究院阿罗斯·奥斯特瓦尔德一行 3 人来访，初步达成联合办学的意向性协议，同意为学校 2 名研究生赴德进修提供两年的奖学金，并赠送学校若干专业书籍；美国英语学会会长温德林先生一行 5 人来校看望在学校任教的英语学会教师，与学校交谈教学有关情况。10 月，德籍华人陈曾同博士应邀来校做题为“建筑室内装潢”的专题讲座。10 月 21 日，美国能源部纽约环境测量研究室水质分析专家刘玉玲女士（祖籍江西南昌）应邀来访，做题为“分析化学与有机化学”的专题讲座。11 月，加拿大籍华人胡著仁博士顺访学校。

1987 年 2 月 18 日，联邦德国黑森州吉生高等工业学校奥托捏克副校长和恩尔何恩教授来访，商谈科研合作项目问题，并做专题报告。9 月，联邦德国波恩东亚研究院黑塞弗尔教授一行 4 人来访，商谈落实学校选送 2 名教师赴德进修事宜，并赠送有关机械、建筑、化学、食品等专业书籍 49 本。同年，邀请美国密歇根州立大学里斯应教授来校讲学。

1988 年 2 月，联邦德国波恩东亚研究院董事黑塞费尔德教授、荷也海姆大学食品工艺系微生物专家哈曼斯博士来校就有关创办联合研究员的问题与学校进行洽商。哈曼斯做题为“西欧生物技术与食品工艺关系”的学术报告。学校聘请黑塞弗尔德和哈曼斯为客座教授。5 月，美国水果蔬菜加工、保鲜专家王乐国教授顺访我校，做题为“果蔬的各种加工技术”的专题报告。7 月，纽约州立大学技术学院副教授徐哲先生顺访学校，就教学、科研交流问题与学校进行座谈，并做题为“品质管理、工程经济”的专题报告。8 月，美国赛费尔德大学计算系应用数学系阿伦·索伦教授、艾屋·津诺伯博士顺访学校，做题为“不确定性系统的确定性控制——变结构控制系统”的学术报告。9 月 28 日，联邦德国波恩东亚研究院奥特涅克教授一行 3 人顺访学校。10 月，加拿大华裔学者陈德珊先生（祖籍江西广丰）应邀来校讲学，做“电力系统暂态稳定性”“核能发电”方面的专题讲座。11 月，美国英语学会驻香港办事处吉利安博士来校进行工作访问，了解在学校任教的美国英语学会教师的工作生活情况。同年，美国肯塔基州路易城大学第一副校长、政治系教授杜礼若先生顺访学校；省教委同意美国赛费尔德大学计算系应用数学系教授齐罗伯尔·阿兰索朗埃瓦博士来校讲学。

1989 年 8 月省教委批复，同意邀请联邦德国慕尼黑技术大学营养生理研究所所长西格斯纳和国家农业研究所动物营养研究所所长苏尔兹顺访学校。

1990 年，英国驻华大使馆一等秘书、英国文化委员会驻华南代表马丁·戴维信先生来访，就文化、科技和学术等方面的交流问题与学校进行了座谈。6 月 1 日，英国海外志愿服务社唐纳德先生来访，探讨派遣员工学者来校讲学的可能性。9 月 28 日，日本五十铃汽车公司专务董事长小池贞光先生应邀来校出席授予其名誉教授称号仪式，并代表公司赠送学校最新发动机样机一台，并做题为“发动机燃油经济性”的专题报告。

1992 年 10 月 6 日，日本五十铃技术开发公司会长、学校名誉教授小池贞光先生一行 4 人来访。小池贞光先生做题为“汽车的安全性和安全技术”的专题报告。

2. 聘请外籍教师

1985 年 8 月，美国英语学会约翰·科克伦、安德鲁·劳伊应聘来校任教。1986 年 3 月，美国英语学会伊丽莎白·康宁汉姆应聘来校任教。同年 9 月，美国英语学会朱丽·霍卿应聘来校任教。1987 年，美国英语学会帕特里夏·柯爱德、伊丽莎白·豪厄尔应聘来校任教。1988 年，聘请美国英语学会希拉·萨利文、劳丽·胡伯来校任教。1990 年 9 月 1 日，美国英语学会爱德华·列默斯、约翰·柏杜及夫人苏·柏杜应聘来校任教。1991 年 9 月 1 日，省政府办公厅下函，爱尔兰籍专家诺拉·玛丽·奥得里索来校任教，为期 1 年。

3. 国际学术交流

1981 年 2 月，潘传康公派赴美国北卡罗来大学进修“离子束分析”，不久被委任为北卡大学加速器实验室负责人，在世界著名物理学杂志上发表研究论文 3 篇，在美国有关学术年会上做研究成果报告 3 次，1984 年 9 月回国。

1984 年 9 月，何友观参加在瑞士召开的国际电机会议，宣读论文《异步电机同步运行分析》。11 月，选派学校第一位国家公派留学生土建系教师王燕赴新西兰留学。

1985 年 11 月，派遣秦中以客座教授身份赴美国密执安州立大学农药研究室从事“农药酶化学”方面的研究与交流。

1986 年 3 月，校长杨应群、副校长谢叔敏赴联邦德国黑森州吉生高等工业学校访问，建立校际友好关系，确立科研合作项目，签订了利用太阳能制冷保藏食品研究协议书。9 月，郑泉水赴美国得克萨斯大学参加第一届国际计算力学会议，其撰写的《有限变形近似几何原理》学术论文被会议收录。同月，何友观撰写的《小型凸极同步电机谐波励磁绕组最佳匝数的计算与测定》、黄劭刚撰写的《具有桥式整流负载的三相同步电机的稳态分析》、辜承林撰写的《矢量控制的简化模型及其在微机控制的 PWM 变频调速系统的应用》3 篇论文被在联邦德国慕尼黑召开的国际电机学术研讨会接受，并收入会议论文集。10 月，何群与李希靖合作撰写的《用银柱探头测定淬火介质冷却能力的传热学处理方法》学术论文，被在匈牙利布达佩斯召开的第五届国际材料热处理会议接受，并收入会议论文集。

1987 年 1 月 6 日，王敬亭副校长参加省高校考察团赴美考察高等教育。5 月，林治平参加在日本举行的第二次中日冷锻学术会议，宣读了《盒形件冷挤压变形力的上限解》论文。11 月 15 日，马永焕应邀赴联邦德国黑森州吉生高等工业学校访问。同年，黄劭刚撰写的《模拟三相可控硅桥式电路的新方法》论文被在法国召开的第二届电力电子及其应用欧洲会议接受，并收入会议论文集。

1988 年 3 月，省政府同意郑泉水赴美参加计算工程国际会议。4 月，由省科委组团，高荫榆赴了日内瓦参加第一届国际植物新品种展览会。同年，陈义凤被英国剑桥国际名人传记中心特邀为会员，被列入《澳洲与远东名人录》；省政府同意胡振鹏赴加拿大渥太华参加第六届世界水资源大会，马永焕以高级访问学者的身份赴联邦德国东亚研究院进修，何成宏以高级访问学者的身份赴日本宇都宫大学从事塑性加工机械振动问题的研究与交流。

1989 年 7 月，扶名福应邀参加在日本举行的第二届国际塑性力学和当前塑性理论应用学术讨论会，并宣读《内时理论的数学和微观塑性力学基础》论文。同年，林治平应邀参加在美国召开的第七届数学和计算机模拟国际会议，并宣读《开式冲孔工艺的计算机模拟》论文。

1990 年 1 月，陈义凤参加江西中德联合研究院的组团赴联邦德国考察访问。同月，郑泉水公派赴英国诺丁汉大学进行课题研究。4 月，马永焕公派以高级访问学者身份赴联邦德国波恩大学进修，在德费用由艾伯特基金会提供。8 月，丁年雄公派以高级访问学者身份赴俄罗斯莫斯科高等工程院做“生产流水线诊断学”的研究与交流，并与乌拉尔工学院机械系草签合作协议书；省政府办公厅函复，同意秦中赴捷克布拉迪斯拉发参加第五届国际纤维素会议，其与他人合作的《植物纤维催化氧化一步法制草酸》论文被会议录用。12 月，潘传康副校长应邀赴美国休斯敦大学、北卡大学、西摩尔兰学院讲学，主要内容为固态超晶格的研究历史、现状与动向，并与北卡大学签订了愿意接受潘传康教授推荐的博士研究生备忘录。同年，经国家科委批准，由中国科协组团，包忠诩赴俄罗斯参加中苏锻压学术双通会议，并宣读《挤锻工艺的变形分析》论文。

1991 年 1 月 24 日，雷小刚继 1990 年被评为省优秀青年教师之后，又受到国家人事部、国家教委表彰，被评为“有突出贡献的归国留学人员”（1988 年公派赴意大利进修，1989 年 12 月回国），其事迹《人民日报》《江西日报》《中国教育报》曾有报道。1991 年 10 月，省政府办公厅同意周天瑞参加在韩国召开的第六届汽车工程太平洋国际会议。其论文《注塑模型腔的超塑性成型新工艺》被会议录用。同年 11 月，省政府办公厅同意秦中赴美国参加第六届国际纤维素会议。同年，省政府办公厅同意扶名福赴香港参加亚太地区计算力学会议。

学校积极开展国际学术交流。1983 年至 1993 年间邀请国外专家、学者 20 余人来校短期讲学或举办讲座，长期聘请外国文教专家 10 余人。同时，先后选派 40 余名教师赴国外进修深造或参加学术会议。1986 年，江西工业大学与德国吉森·弗立德堡高等工科学校建立了校际联系。

第二章 融合发展（1993—2002）

1993 年至 2002 年，是南昌大学融合发展的 10 年，江西大学与江西工业大学合并组建南昌大学，开创了全国高等教育体制改革的先河。在此基础上，南昌大学抓住机遇，实现跨越发展，不仅被列为“211 工程”建设高校，而且破解了江西高等教育“三无”的世纪难题，成为高校融合发展阶段的里程碑。

第一节 两校合并，组建南昌大学

一、举全省之力建设全国重点大学

赣鄱大地，自古人才辈出，人文荟萃。近代以来，江西文化教育逐渐衰弱，直到五四运动前后，江西尚未有一所高等院校。1921 年后，江西省才陆续创办江西公立医学专门学校、江西省立商业学校、国立中正大学等高等院校。中华人民共和国成立后，江西各高校经过 1952 年高校大调整、“大跃进”与“文化大革命”时期教学中断、学校搬迁，原本薄弱的高等教育元气大伤。改革开放后，江西仍然没有一所全国重点大学、没有一个博士点、没有一位国家学部委员（院士）。20 世纪 90 年代，江西在高等教育方面还属于“三无”省份，远远落后于国内其他省份。1992 年，全省在校研究生仅 400 人，每万人口拥有研究生数为全国倒数第三；江西每年考出省的大学生有五六千人，但回省的不过 1000 余人；“七五”期间分配到江西的博士仅 10 人。高等教育的滞后导致人才的短缺，经济的落伍导致人才流失，人才短缺与经济落后之间的恶性循环，一直困扰着江西社会经济文化各方面的发展。

20 世纪 90 年代初，国家教委提出面向 21 世纪重点建设 100 所左右高等学校和一批重点学科，即国家“211 工程”。江西省教委抓住时机，向国家教委申请在江西建设一所国家重点大学。国家教委决定大力支持江西高等教育的发展，并同意将江西省实力较强的两所大学合并，加大投入，创建重点大学。省长吴官正听取了省教委关于两校合并的汇报后，批示决定：“将江西大学、江西工业大学合并，投入一个亿，建成全国重点大学。”

1992 年 12 月 15 日，省长吴官正主持召开第 43 次省长办公会议，召集省委宣传部、省计委、省教委、省财政厅等部门负责人，讨论省教委提交的《关于江西大学与江西工业大学合并建设一所重点大学的总体方案》。吴省长坚定地表示：“需要集中精力建设一所全国重点大学。”会议决定成立由省教委负责人和江西大学、江西工业大学的党委书记、校长 5 人组成的并校工作领导小组，在省长、分管省长的领导下开展工作。省委书记毛致用连续主持召开了两次省委常委会，肯定和支持这一重大举措。

1993 年 2 月 6 日，国家教委计划建设司司长徐敦潢受国家教委委派，率高教司、社科司、研究生办、科教司等部门同志一行 6 人，在省教委副主任周绍森陪同下，来到江西大学、江西工业大学，就集中力量建设一所重点大学，争取早日进入“211 工程”进行全面考察。当天下午，省长吴官正、副省长黄懋衡等会见了国家教委考察组。吴官正恳切陈词：“我不怕投资，就怕投资后说这个项目不行，要建另一个项目。国家教委点个头、认个账，我们就加大投资干起来，建设一个，成功一个。我们下定决心，财力物力集中解决。建设一所重点大学，分数高的考生可能多留一些在江西读书。”

1993 年 3 月 1 日，国家教委正式发文，同意将江西大学与江西工业大学进行合并，重新定名为南昌大学。当时，国家教委关于大学命名有个不成文的规定：部委院校应以当地城市命名，省属院校应以省命名，市属院校则必须在院校前加一“市”字。经反复筛选，综合考虑，周绍森向吴官正汇报后，确定命名为“南昌大学”，一是南昌历史悠久，文化底蕴深厚；二是江西大学和江西工业大学都能接受；三是以所在城市命名，规格较高，目标是进入全国重点。国家教委批复：“望你省进一步加强对南昌大学的领导，做好各方面的工作，及时解决实施过程中的各种问题。积极创造条件，使该校尽早进入国家 211 工程计划。”

关于校长人选，吴官正指出，新组建的南昌大学首任校长必须由国家学部委员担任。根据吴官正的指示，省教委迅速列出了一份江西籍学部委员（院士）的名单；同时建议，江西经济要发展，工科教育尤为关键，校长人选必须要有丰富的办学经验。通过讨论，省领导一致认为：校长人选最好是江西籍、有工科背景、在高校工作的学部委员。

吴官正利用赴京参加全国人民代表大会的间隙前往母校清华大学访问，向母校领导袒露了改变江西高等教育现状、诚聘人才的急迫心情，希望清华大学帮助推荐南昌大学校长人选。清华大学校领导对江西省的请求给予了热情的支持，按要求拟定了一份推荐名单。恰巧，清华大学提出的校长人选名单中，排在第一位的，正是江西省所期望的第一人选——中科院学部委员、清华大学学术委员会主任、江西籍的潘际銮教授。

1992 年底及 1993 年 3 月，受省政府委托，省教委先后两次召开部分在京江西籍国家学部委员扩大会，探讨了江西省如何建一所重点大学，同时也为了解部分同志是否有赴江西工作的意愿。两次会议，潘际銮教授都参加了。他对桑梓之地的高等教育、经济文化建设十分关心，提出了许多中肯的意见与构想。潘际銮教授是国际著名焊接专家，他的焊接理论和方法享誉世界，为全国诸多重点工程的建设提供了坚实的技术支撑。会后，吴官正省长委托黄懋衡副省长和周绍森副主任亲往潘际銮教授家中，恳请潘际銮教授能出山为江西高等教育的发展再出一把力。

66 岁的潘际銮教授有感于家乡亲人的至诚之心，欣然接受了邀请，毅然决然踏上了返乡上任之路。家乡的变化和对经济发展的渴望，令潘际銮教授怦然心动。到南昌后，省委书记毛致用和省长吴官正两人前往潘际銮教授下榻的江西宾馆，再次对潘际銮教授出任南昌大学校长表示感谢。

1993 年 4 月 14 日，省委、省政府在江西大学学术报告厅举行南昌大学校长受聘仪式。满怀故土深情的潘际銮教授在毛致用书记等江西省委、省政府领导和学校师生代表的注视下，郑重地从吴官正省长手中接过了南昌大学校长聘任书，开始了他为江西高等教育事业的艰辛创业历程。省委、省政府同时任命省教委副主任周绍森为南昌大学党委书记，并宣布了南昌大学领导班子名单。潘际銮、蒋如铭、熊大成任党委副书记，李嗣垦、潘传康、熊耀祖、黄汝为、何小江任党委委员、副校长，王振东任党委委员。同年 6 月，李嗣垦任常务副校长，吴志强任党委委员、副校长。10 月，王振东任纪委书记。

5 月 4 日是青年节，青年是祖国的未来，是朝气蓬勃的象征。南昌大学在 1993 年的青年节诞生了。这一天，她以焕然一新的面貌迎来了八方嘉宾，诞生庆典在南昌大学北校区隆重举行。省领导毛致用、吴官正、朱治宏、彭崑生、钟起煌、陈癸尊、黄懋衡、吴永乐、廖延雄、戴执中、罗明，老同志白栋材、傅雨田、吕良，南昌市领导蒋仲平、史骏飞等出席庆典。国家教委有关部门负责人周远清、周克平、吴镇柔，清华大学党委副书记黄圣伦，华中理工大学党委副书记冯向东，日本东京工艺大学校长代表、教务部长田中益男等专程前来祝贺。

省教委副主任、南昌大学党委书记周绍森主持大会，省政府副秘书长王飚宣读了国家教委关于成立南昌大学的批文。在热烈的掌声中，南昌大学校长潘际銮代表学校党委、行政宣布南昌大学正式成立并讲话。

副省长黄懋衡在会上指出：南昌大学的成立，标志着江西省高等教育事业发展到了一个新的阶段，必将对江西省经济的振兴产生重大而深远的影响。她希望把南昌大学办成具有相当水平的教学中心和科研中心，在办学等各个方面坚持高水准，提出严要求，加大改革力度，加快发展步伐，通过改革，以一流的教学质量与科技成果为江西和全国的经济建设和社会发展服务，开创建设重点大学的新局面。

国家教委高教司司长周远清受国家教委主任朱开轩委托，代表国家教委祝贺南昌大学成立。他希望南昌大学充分发展文、理、工合并后的优势，真正做到理工结合，文理渗透，建设成一所新型大学，为江西的政治、经济、科技、文化服务，为江西的社会主义建设做出更大贡献。

省教委主任黄定元在会上讲话，清华大学党委副书记黄圣伦、日本东京工艺大学教务部长田中益男向南昌大学成立表示祝贺。南昌大学的教师代表和学生代表也先后在会上发言。

5月4日上午10时30分，在彩旗飘扬、花篮簇拥的南昌大学南区、北区门口，举行了隆重的“南昌大学”校牌揭幕仪式。毛致用、吴官正、潘际銮、周远清为校牌揭幕。校名“南昌大学”由全国政协副主席赵朴初题写。当四个金光闪闪的大字展现在人们面前时，全场掌声雷动，鼓乐齐鸣，南昌大学从此掀开了崭新的一页。中共江西省委原书记白栋材为南昌大学的成立题词“千秋伟业”。

二、南昌大学开启建设新征程

南昌大学组建后，学校领导班子带领全校师生，大刀阔斧，雷厉风行，开始了办学体制机制改革与建设“211工程”重点大学的实践。

1993年6月25日至30日，校党委召开首次教职工代表大会，大会的主题是：团结起来，同心协力，大胆改革，加快建设，上质量，上水平，上效益，为学校尽快进入“211工程”，办成全国重点大学而奋斗。会议制订了《南昌大学建设与发展总体方案》《南昌大学内部管理体制改革方案》《南昌大学学分制、淘汰制与滚动竞争制及实施办法》等三大改革方案。上任伊始，潘际銮校长根据世界科学、技术、社会、经济发展趋势，围绕江西的经济、社会发展对人才的需求，提出了办学指导思想，即：面向21世纪，以改革总揽全局，定位于江西，服务于江西，紧密围绕江西的经济和社会发展，建设有自己特色的南昌大学。同时又提出了办好南昌大学的十大措施：一是根据21世纪科学技术发展的趋势和江西省、国家经济发展的需要，对学科、系和专业进行大幅度的改造；二是在本科教学中实行学分制、淘汰制和滚动竞争制；三是加强人才的引进和人才的培养工作；四是充分发挥专家教授在建设南昌大学当中的主导作用；五是抓好重点学科建设；六是抓好五年发展规划；七是制定南昌大学内部管理体制改革条例；八是大力发展校办企业；九是抓好校园建设；十是加强后勤队伍建设。潘际銮校长的办学指导思想明确，措施具体，得到了学校党政领导和全校师生员工的支持和拥护。

1993 年 1 月，国家教委在《关于同意江西大学、江西工业大学合并的通知》中明确提出：为适应江西经济建设和社会发展的需要，新组建的南昌大学要按照“文理渗透、理工结合”的思路进行“调整、设置新的专业”“办出水平和特色”。8 月，国家教委主任朱开轩在《南昌大学改革与发展汇报》上做出重要批示：“综合大学和工科大学有机结合，真抓实干，南昌大学是首例，很不容易，望细心爱护，在政策允许的范围内予以扶植与支持；我相信办好了，会对全国有重要影响。”

南昌大学成立后，多次得到党和国家领导人的关怀。1995 年 3 月，中共中央总书记、国家主席、中央军委主席江泽民为南昌大学题词：“建设好南昌大学为江西经济腾飞和社会进步作出更大贡献。”1994 年 5 月，国务院总理李鹏鼓励南昌大学进一步发展并题词：“提高办学水平，振兴江西经济。”1994 年 5 月，国务院副总理李岚清在为南昌大学题词中明确指出：“发挥联合优势，进一步提高教学质量和办学社会效益，为办好新型综合性大学作贡献。”各级领导的殷切期盼与嘱托，成为学校改革与发展的强大动力。有着长期高教工作经验的潘际銮校长也认为，本科以上的复合型人才最适合市场经济的需要，而复合型人才的培养就要求打破原有的文理工相互脱节的状况。为此，潘际銮和校领导班子成员一道，坚持以改革为动力，以发展为第一要务，真抓实干，矢志不渝地遵循这一指导思想，努力构建富有特色的“文理渗透、理工结合”的学科体系。

南昌大学成立后，学校在国内省属高校中率先对系、所和学科进行大幅度调整和改造。将原来两校的 29 个系（院）、76 个专业优化组合为 24 个系、3 个学院。调整后出现了一批理、工结合的系（院），如将江西大学的计算机科学系与江西工业大学的计算机工程系合并成为计算机科学工程系。在管理、财经等方面设置了文理兼容的系、科和专业。所有系（院）都按照文、理、工渗透的思路，对培养目标、教学大纲、教学计划、教学内容和教学方法等做了重新修订和改革。

1994 年 7 月，在共青城召开的学校党政领导和主要中层干部参加的党委扩大会上，参会人员清楚地认识到，学校在师资队伍、办学条件、教育水平以及自我发展能力等方面与“211 工程”遴选条件存在较大差距。为了缩短差距，达到“211 工程”遴选条件，潘际銮校长提出在现有的 27 个系（院）的基础上组建学科群的设想，他认为组建学科群“第一，可以集中人力，形成比较强大的学术梯队；第二，可以集中实验研究设备，形成有实力的研究基地；第三，可以集中各系的成果，突出学校已有的科研水平；第四，可以更好地进行学科交叉，形成学术上的优势；第五，可以扩大学术领域，更好地规划学科发展方向，更好地规划硕士点、博士点，也可以规划承担国民经济和社会发展重大问题的课题”。他的设想很快在学校党政班子中形成了统一意见。组建学科群这项工作从 1994 年 7 月开始到 1995 年初基本结束。这项工作堪称“大动作”，仅原两校南北区间调整搬迁工作就涉及 80% 的系和近 3000 名学生，仅实验室等的内部装修和搬迁费用就投入了 300 多万元。但这样做是值得的，它不仅使学校综合实力得到进一步提高，而且也使江西大学和江西工业大学达到了实质性的合并。因此，学校的党政领导称这项改革举措是进入“211 工程”新的里程碑，是“实质性并校”。

学校在大规模进行学科融合调整的同时着重抓教学改革，并以学风建设为切入口积极推行以学分制、淘汰制、滚动竞争制为核心的学生“三制”改革。潘际銮校长指出：“学无压力难以成才，要办好大学没有投入不行，但光有投入也不行，抓学风比抓投入更重要，因为那是直接关系学生全面素质和教育质量的大事。”在全国的省属高校中，南昌大学率先推行学生“三制”。虽然顶着各种压力，但“三制”改革始终没有动摇。由于学生“三制”的全面实施，学风很快有了好转，教育质量有了大幅提高。同时，学校在教师中实行“聘任制、考评制和奖惩制”，在干部中实行“任期目标责任制、考评制和奖惩制”，将德能勤绩分政治思想和业绩两个方面分别量化考评，考评结果分为优秀、称职、基本称职、不称职四等，每年滚动一次，考评结果与晋职、任免、聘任等挂钩，形成激励机制，调动了教师、干部积极性，促进了教师教风、干部作风的转变。

学校十分重视师资队伍建设，根据江西省的实际情况，制订了中青年教师培养计划。潘际銮校长提出：“师资队伍建设，一是引进，二是培养，重点要立足于就地培养”，“江西作为浅内陆省份，经济相对落后，引进人才比较困难，我们要充分发挥老教师的作用，同时要把精力放在培养中青年教师上”。他鼓励教师提高水平，出成果，做贡献。同时投入数百万资金，设立师资培养基金，选派中青年骨干教师到国内外高校攻读硕士、博士学位和进修访问。他希望若干年后南昌大学能出名师、出大师，只有这样，学校才会有长足的发展。

为了提高教师科研水平，潘际銮校长多次在教职工大会上呼吁：“我们的教师要去争取国家课题，接大任务，这非常重要。不打大仗出不了将军，不搞大课题出不了人才！”为了引导教师在科研上有追求、有作为，也为了使学校科研工作走出困境，步入大道，年近古稀的他不辞辛劳，经常率各系所的精兵强将走出校门，寻求科技合作伙伴，争取各种科研经费。10年间，潘际銮校长跑遍了全省各地市，并逐个拜访了在南昌的省级有关部门，建立了广泛的联系。在大家的共同努力下，科研工作终于结出了硕果。“九五”期间，南昌大学共承担国家和省部级科研项目766项，其中国家“863”项目5项，国家自然科学基金项目47项。获省部级以上科技进步奖36项，人文社科奖128项，其中国家科技进步二等奖2项、第12届中国图书奖2项，有200项科研成果向社会转化。拥有涉及机电、化工、医药、信息等领域20多家校办企业，为江西经济建设和社会发展做出了巨大的贡献。

第二节　改善条件，进入“211工程”

一、加快升级，完善基础设施

进入20世纪90年代，网络技术发展突飞猛进，而落后的办学条件已成为制约学校发展的瓶颈。为加快推进南昌大学早日进入“211工程”重点高校行列，学校采取了一系列举措。通过引进现代科技等方式，加强校园网络建设，加快文献资源建设，提升现代教育技术水平，改善办学条件，提高办学水平。

第一，强化建设网络资源。1995年开始，学校筹建校园计算机网络，这是全国首批加入中国教育和科研计算机网络（CERNET）示范工程网络的百所大学之一，被教育部和江西省教委确立为“江西省教育和科研计算机网络中心”“CERNET江西省节点”，为全省高校、教育单位提供CERNET接入服务。同年3月，学校成立校园网络建设筹备小组。12月，建成155平方米校园主干网（ATM），校园网通过9600bps的X.25线路连接到上海交通大学。1996年4月，校园网筹备小组与计算机技术工程研究所合并，成立校信息工程技术研究中心。同年，正式加入中国教育和科研计算机网。校园网完成验收，建立了DNS、WWW和邮件服务系统。1997年3月，成立“南昌大学校园网管理委员会”。6月，《南昌大学校园网管理暂行规定》颁布，校园网开通拨号上网服务，首批用户入网，省内第一所高校通过南昌大学连入CERNET。1998年5月，江西省教委成立“江西省教育和科研计算机网络中心”，挂靠在南昌大学（信息工程中心）。1999年，校园网络主干改造为100M三层以太交换网。4月，南昌大学被教育部确定为CERNET江西省主节点，由教育部、江西省教委和南昌大学共同出资建设。2000年5月，校校园网管理委员会成员调整。省节点上行线路提速至2M的DDN。2001年，扩建了校医院、中德研究院、老干办等20余个楼栋子网，引入运营商全面建设校内教工宿舍和学生公寓的宽带网，并与校园网互联。同年 5 月，“CERNET 华东南地区主干网江西主节点建设”项目通过国家验收。9 月，南昌大学思科网络技术学院成立，节点上行线路提速到 155M，江西省网上招生试点成功。

1993 年 5 月，江西大学图书馆和江西工业大学图书馆合并成立南昌大学图书馆。馆舍总面积 2.3 万平方米，设南、北两个分馆。南区馆重点收藏工程技术类学科文献信息资料，北区馆主要收藏文、理科类学科文献信息资料。同年，引进与开发图书馆计算机集成管理系统，自建近 20 万种 70 余万册书目数据库和 1.3 万条读者数据库。1994 年，计算机检索工作站建立，开展馆藏文献及光盘文献数据库的检索查询工作。5 月，学校率先在江西省高校图书馆界全面实现书刊采集、编目、流通、阅览和馆藏检索等业务工作与服务工作的计算机管理。1997 年，“图书馆计算机光盘网络系统”和“中国学术期刊（光盘版）文献检索咨询一级站”建立，提供导读、阅览、检索查询、定题服务、科研产出能力分析、引文分析及项目查新等专项服务。1999 年，图书馆展开自动化建设，在南区馆和北区馆分别建设 1 个规模为 60 台计算机的多媒体阅览室和 1 个具有光盘塔网络系统的电子文献检索室，将南、北区馆计算机管理系统升级为一个系统下的图书馆集成管理系统，完成南北区图书馆的实质性融合，升级后的集成管理系统于 4 月 3 日正式投入运行。5 月，电子文献检索室投入使用。11 月，多媒体阅览室开放使用。2000 年，购置中外文图书及期刊合订本 109 万册；订购中国学术期刊（光盘版）、中国科技期刊数据库等 11 种光盘数据库；订购网上文献资源 10 余种。2001 年，开展网上文献信息资源建设，建立相关镜像站点，增建人大复印资料数据库和万方数据资源库，购置并链接国内优质网站引进的境外数据库资源、美国《工程索引》（EI）、英国《科学文摘》（Inspac）数据库、OCLC First Search 数据库；链接国内优质网站引进的 CALIS 文献保障中心相关数据库、PQDD 等即时免费的数据库；筹建《红土地》特色数据库。

1993 年，学校建成了有线电视网络，正式开播校内电视新闻。1994 年设立南昌大学频道，丰富了教职工业余文化生活。1999 年，学校建设了 6 套多媒体教室。学校投入 63 万元，建立了先进的电视制作系统，提高了工作效率，增强了制作各类教学录像和教学课件的能力。2000 年，学校投入 70 万元，将有线电视网络由原来的 300MHz 单向传输电缆网络改造成为 861MHz 双向传输的光纤电缆混合网——HFC 网，同时改造了机房前端系统，将光信号传送至校园主干网上的各个光接收机。2001 年 5 月，校电化教学中心更名为现代教育技术中心。2002 年，新建现场直播系统和青山湖校区有线电视主机房、演播室，为学校重大活动提供现场直播服务。

第二，夯实办学基础设施。南昌大学继承了江西大学和江西工业大学的所有资产，由于历史原因，多年来，两校资产投入有限，加上多次搬迁、管理不到位等原因，落后的硬件设施难以支撑学校现代化的办学要求。两校合并后，学校通过提升后勤保障力度、规范资产设备管理、加强基础场馆建设，加大对硬件设施的投入，通过多方面举措夯实基础设施建设，改善办学条件。

1994 年，通过制定《南昌大学学生宿舍管理条例》《南昌大学房屋管理条例》，对全校房屋进行普查；制定印发了《南昌大学校园环境管理条例》，成立南昌大学校园治理领导小组，全面清除校园的基建余土、碎石及卫生死角；完成了南区第 43 栋、第 45 栋集资楼管道煤气的安装工程和第 28 栋、第 29 栋、第 33 栋、第 41 栋的煤气改建工程。1995 年，制定了《南昌大学分房条例》《南昌大学集资房条例》《南昌大学清理不合理住房实施办法》《南昌大学教职工住房分配和管理暂行条例》；大量铺设草皮，新植、移植各种树木，使学校的绿化率达到 56%，当年被江西省和南昌市评为“园林绿化单位”。1996 年，改革水电费回收和管理体制，组建节能办公室；印发《南昌大学公有住房租金改革暂行规定》《南昌大学全额集资建房暂行办法》《南昌大学住房公积金制度实施办法》。1997 年，实行水电费支出总承包，呈现回收与节支同步增长；办理 800 余套集资房的分房手续。1998 年，完成了 5 栋宿舍的照明线路改造及电表安装工程，完成多处主水管漏水的抢修任务。1999 年，实施《南昌大学后勤改革总体方案》。根据“精简、统一、效能”的原则，建立精干的后勤管理“小机关”后勤管理处，根据后勤服务职能，组建后勤服务中心，两者建立甲乙方契约关系。2000 年，做好向教职工出售公有住房，将省教委高校住宅小区的全额集资房列入房改。

1993 年 5 月，江西大学设备管理处和江西工业大学教务处设备科合并组建设备管理处。1994 年，设备管理处与境外有关公司洽谈，签订了频谱测试仪、高频示波器等测试仪器涉外合同。1995 年，根据学校学科群的调整和学院的组建，将同类型、同学科实验室逐步合并，实验室由 115 个调整为 93 个；进行全校资产清查，核查各实验室仪器设备账物。1996 年 6 月，实验室精简为 74 个。7 月，完成对全校实验室用房和各系单位行政用房全面丈量调查。1997 年，在全省率先实现了实验室仪器设备计算机管理；投资 581 万元，购置仪器设备 395 台（件）。1998 年，制定《南昌大学关于加强物资管理工作的暂行规定》《南昌大学“211 工程”建设仪器设备购置管理办法》《南昌大学关于加强计算机管理的暂行条例》《南昌大学科教仪器招标投标管理暂行办法》；实验室调整为 70 个，实验室使用面积为 3.13 万平方米；投资 412 万元，购置教学科研仪器设备 650 台（件）。1999 年 3 月，对行政用房、实验室用房面积进行了调查，清理闲置和挪作他用房屋6260平方米，从中安排1000多平方米的房屋作为教学用房；投资584万元，购置教学和科研仪器设备792台（件）；5月起，首次对全校范围内土地、房屋、车辆、仪器设备、家具、图书等固定资产进行全面清查登记；实验室调整为59个，实行校院两级管理，实验室使用面积为39198平方米。2000年，制定《南昌大学物资采购管理暂行规定》；投资648万元，购置教学科研仪器设备1229台（件）。实验室使用面积达36002平方米。2001年，对全校实验室作相应的调整，共有56个实验室；购置教学科研仪器设备2373台件。截至2002年，教学科研仪器设备总值达13489万元。

1993年至1998年，新建机电楼、学生宿舍、学生食堂、教工宿舍等，改造扩建了化学楼、机械楼、文科楼等项目，累计新建校舍建筑面积87440平方米。1999年，新建学生宿舍，建筑面积9000平方米，完成投资480万元；新建学生食堂，完成投资120万元；新建稀土中试车间和金工实习车间，建筑面积分别为2800平方米和1140平方米；引资新建了学生宿舍，建筑面积为2.2万平方米。2000年，在南区新建综合教学楼，建筑面积为10548平方米，完成投资1195万元；集资新建教工宿舍和高教小区宿舍712套，建筑面积为6万平方米。2001年，新建逸夫馆，建筑面积为5656平方米，完成投资1129万元；新建了南北区教工宿舍，建筑面积为1.55万平方米；新建南北区学生宿舍，建筑面积为8000平方米，完成投资480万元。2002年，在北区新建了综合教学楼，建筑面积为16424平方米，完成投资2026万元；在南区新建体育馆，建筑面积为4.29万平方米，完成投资900万元；在南区新建了室内体育馆，建筑面积为5763平方米，完成投资1700万元。截至2002年10月，学校占地面积为2682588平方米，固定资产23407万元，校舍建筑总面积849552平方米，其中教室面积65050平方米，实验室面积210841平方米。

二、“211工程”建设整体立项

1993年8月4日，《中国教育报》内参刊登的《新组建的南昌大学采取有力措施力争早日进入“211工程”》中介绍了南昌大学准备从五个方面把工作做好，实现进入“211工程”的目标，把南昌大学办成全国重点大学。该文章报送党中央、国务院、国家教委和有关部委领导同志。

1994年1月14日，就南昌大学“211工程”预审事宜，副省长黄懋衡在省教委副主任、南昌大学党委书记周绍森等陪同下，专程赴京向国家教委汇报。国家教委副主任张孝文充分肯定了南昌大学的良好发展态势。3月，全国“两会”期间，李岚清副总理在江西代表团讲话时指出，“要鼓励联合进入‘211工程’，江西大学和江西工业大学合并（成南昌大学）是对的，我赞成”。5月，南昌大学召开校风建设大会。会上，潘际銮校长提出，我们的中心任务，就是利用3到5年时间进入“211工程”，利用5到8年时间办成一所在全国有一定影响力的重点高等学校。7月，南昌大学在共青城召开“211工程”工作会议暨第八次党政联席会议，就学校建设总体方案、组建“211工程”学科群、筹划校院系三级管理体制等重大问题进行了反复酝酿和研究。8月29日，潘际銮校长在全校教职工大会和学校党委会上强调，学校的建设与发展已经进入了新的阶段，已经成功实现了两校合并和江西省博士点零的突破，现在要进行第三大战役，就是争取通过“211工程”预审和立项，这是学校“重中之重”的工作。10月，黄懋衡副省长在省教委主任黄定元陪同下来校视察“211工程”预审准备工作。

1995年3月9—10日，国务院学位委员会办公室主任、国家教委“211工程”办公室主任、研究生办公室主任王忠烈专程视察南昌大学。王忠烈考察了南昌大学的办学思路、过程与做法，认为南昌大学成立两年来面貌焕然一新，改革力度大，发展势头好，合校以后取得很大成绩，对全国、全省高等教育产生了很大影响。7月，学校召开教职工代表大会，潘际銮校长做了《南昌大学“211工程”整体建设项目论证报告》。12月，黄懋衡副省长率领省“211工程”建设领导小组成员对南昌大学“211工程”预审工作进行了检查，听取了潘际銮校长关于南昌大学“211工程”预审主题报告的汇报，并观看了南昌大学申请进入“211工程”的电视专题片，对南昌大学迎接“211工程”预审工作进行了认真讨论，并提出了不少的建设性意见和建议。

1996年1月，学校在南区大礼堂召开全体干部职工“211工程”预审动员大会。13日上午，学校举行“211工程”部门预审开幕式。省委书记吴官正、代省长舒圣佑、省委副书记舒惠国、省委副书记钟起煌、常务副省长黄智权、副省长黄懋衡、南昌市代市长刘伟平、国家教委“211工程”办公室主任王忠烈以及“211工程”预审专家组成员王梓坤、黄克智、龙驭球、旭日干、刘正义、黄树槐、吴林、许征帆、刘玉柱、钱匡武、陈立丰、裘宗舜和江西省“211工程”领导小组全体成员等，出席了部门预审开幕式。吴官正、舒圣佑、刘伟平分别代表江西省委、江西省人民政府和南昌市人民政府做了讲话。王忠烈、王梓坤分别代表国家教委、专家组做了讲话。之后，国家教委“211工程”办公室领导和专家组全体成员听取了潘际銮校长关于南昌大学“211工程”自我评估和整体建设规划的报告，听取了副省长黄懋衡、省教委主任黄定元关于全省教育特别是普通高等教育情况的报告。下午，“211工程”预审专家组全体成员和参加预审工作的其他人员分组实地考察了校机械电子工程中心、建筑与环境学院、人文学院、政法学院、经济学院、化工原理实验室、水利水工实验室、食品工程研究所、生物工程研究所和中德联合研究院，审阅了学校整体发展规划，召开了学术带头人和中青年学术骨干座谈会。

1996年1月15日上午，中共中央政治局委员、国务院副总理李岚清在国家教委党组成员朱新均、省委书记吴官正、副省长黄懋衡等领导的陪同下视察南昌大学，并召开了座谈会，省委书记吴官正主持。李岚清副总理观看完南昌大学“211工程”预审片后，第一个鼓掌表示满意。随后，潘际銮校长汇报了南昌大学组建以来“真投、真合、真干”和学校四大改革、六大建设取得显著成绩的基本情况，省教委副主任、南昌大学党委书记周绍森和省教委主任黄定元先后汇报了江西省高等教育和基础教育的改革与发展情况。李岚清副总理在听取汇报后作了重要讲话，对南昌大学合并成功给予充分肯定，他说，“原来我讲支持和赞成你们的合并，现在要加个‘更加’支持和赞成”。15日下午，学校举行“211工程”部门预审闭幕式，王梓坤院士代表专家组宣读了专家组评审意见，全体专家一致建议通过对南昌大学进入“211工程”的部门预审，南昌大学成为全国第一所通过预审的地方高校。从此，江西省高等教育事业迎来了一个崭新的发展时期。

1997年1月6日，南昌大学第一届教职工代表大会第一次会议隆重召开，大会通过了《南昌大学“九五”“211工程”建设规划》等决议。2月，学校决定全面推出“十六三计划”，作为南昌大学1997年乃至整个“九五”期间“211工程”建设与发展的重要纲领与战略部署。“十六三计划”即：抓好十个重点建设项目，深化六项改革，加强三项建设。5月18日，以中国科协副主席左铁镛院士为组长、华南理工大学党委书记刘正义教授为副组长，马善贤、陈定方、南庆贤、陈立丰、陈章太、李德华、金涌等专家组成的专家组，对南昌大学“211工程”建设立项可行性研究报告进行审核。19日，专家组一致通过对南昌大学“211工程”建设立项审核。11月，国家计划委员会根据国务院批准的《“211工程”总体建设规划》，就江西省人民政府、国家教委联合申报的《关于南昌大学“211工程”建设项目正式立项的请示》正式下文批复，同意南昌大学作为“211工程”项目院校在“九五”期间进行重点建设，标志着南昌大学正式成为“211工程”重点建设大学。

1998年8月，教育部副部长韦珏莅临南昌大学考察“211工程”建设项目。潘际銮校长汇报了南昌大学“211工程”建设总体方案、工作思路和5个子项目的实施情况。12月，南昌大学通过了教育部组织的“211工程”一期建设中期检查。2000年1月，胡振鹏副省长在省政府主持召开专题会议上强调，2000年以后江西省高等教育“一个重点、两个加强”的方针不会改变，省里仍将继续大力支持和重点建设、发展南昌大学。

2001 年 2 月，胡振鹏副省长在南昌大学“211 工程”建设项目验收时指出：“十五”期间将对南昌大学“211 工程”总投资 1.5 亿元，每年投资 3000 万元。南昌大学要集中力量做好迎接国家对建设项目整体验收的准备工作。4 月下旬，在江西省“211 工程”建设领导小组直接领导下，由 31 位来自北京大学、清华大学等 12 所高校、中国社会科学院等科研机构和国家语言文字委员会、省有关厅委的专家分 4 个专家组，分别对南昌大学“211 工程”一期建设子项目进行验收，并对 14 个子项目进行实地考察。24 日下午，各专家组在验收工作总结会上宣布南昌大学子项目均全优通过验收。胡振鹏副省长表示，江西省委、省政府将继续支持南昌大学“211 工程”二期建设。

2001 年 6 月 18—19 日，根据国家计委和“211 工程”部际协调小组办公室的部署和要求，江西省人民政府受国家计委的委托，经“211 工程”部际协调小组办公室确定，组建“211 工程”建设项目验收专家组对南昌大学“211 工程”一期建设项目进行了整体验收。经专家组成员认真讨论和评议，认为南昌大学“211 工程”一期建设全面超额实现了建设目标，达到了国家验收的各项标准。

2002 年 10 月底，根据国家计委、财政部和教育部的统一部署，江西省人民政府邀请北京师范大学原校长王梓坤院士为组长的专家组，一致通过了《南昌大学“211 工程”二期建设项目可行性研究报告》的论证，南昌大学“211 工程”二期建设正式启动。

第三节　教学改革，提升育人质量

一、组建学科群　扩大办学规模

1993 年 9 月，为改变文理工分离的格局，学校将原江西大学、江西工业大学共 76 个专业优化组合为 29 个系（院），其中新组建 13 个，调整 4 个，内部调整 12 个，本科专业 46 个，专科专业 21 个。1994 年 7 月至 1995 年春节前，学校将 29 个系（院）进一步优化组合为 10 个学科群，对应的是人文、政法、经济、生命科学与食品工程、数理与材料工程、机械电子、信息工程、化学化工、建筑环境工程和共青（工商）共 10 个学院。学科群的建设将江西大学与江西工业大学各专业从“组合”发展为“化合”，真正意义上实现了两校合并。

1998 年，学校根据国家教育部颁布的专业目录进行了专业调整，专业数增至

42个。1999年本科专业为44个。2002年本科专业增至67个。2002年3月，“中国人民解放军驻南昌大学后备军官选拔培训工作办公室”成立并揭牌。6月，机械设计制造及自动化等20个专业入选江西省首批高等学校本科品牌专业。9月，学校开始招收体育教育本科专业和高水平运动员预科班，填补了学校在体育教育方面的空白。11月，江西省第一个人文素质教育基地——南昌大学旅游学院人文素质教育基地在省博物馆揭牌。

1993年南昌大学录取本专科生3504人。截至1998年底，在校学生总数为10862人，首次突破万人。根据国家统一要求，1999年学校开始大规模扩招，当年录取本专科生4745人，在校本科生达15000人。随后逐年激增，2000年在校本专科生17709人，2001年23399人，2002年28913人，十年招生规模扩大近3倍。并校10年，学校录取类别发展扩大为文史、理工、艺术、体育、高水平运动员、国防生等，从外省录取的学生约占全校学生的40%。

江西大学与江西工业大学合并之前，研究生招生数量很少，南昌大学合并成立当年仅招硕士研究生83人，1994年才首次招博士生4人，之后招生人数逐年增加。此外，1999年开始招收了非全日制研究生和同等学力硕士研究生。经过10年的发展，截至2002年，在校统招全日制研究生（含博士）704人，10年增长了8倍多。

1993年并校时学校有硕士点17个，博士点为零。1993年12月，经国务院学位委员会第五次会议批准，南昌大学成为江西省第一个博士学位授权单位，“金属塑性加工”二级学科成为江西省第一个博士学位授权点，扶名福为博士生导师，李凤仪被批准为“工业催化”专业的博士生导师，并批准9个二级学科为硕士学位授权点，全校硕士学位授权点增至26个。至2000年12月，南昌大学硕士学位授权点增至60个，覆盖了全校近90%本科专业，博士点增至5个。

1993年5月，学校成立“南昌大学成人教育学院”。2002年5月，成人教育部更名为成人教育学院。成人教育学院依托南昌大学普通高等教育优良的办学条件和雄厚的办学实力，历经10年发展，办学规模逐年扩大，专业门类逐年增加。1993年仅有5个专升本专业和10个专科专业招生，发展至2002年，共有30个专升本专业、21个高达本专业和84个专科专业招生。招生人数由1993年632人增长到2002年7910人，10年增长了近12.5倍。1993年至2002年，成人教育共计招生33370人，创建了集多形态教育模式、多层次学历教育、多门类学科专业为一体的规模适度、特色鲜明的办学体系，形成了学历与非学历教育、文理工兼容并蓄的开放办学格局，为社会各行各业培养了一大批骨干力量。

二、深化教学改革　创新课程体系

1993 年 6 月，学校正式推出《南昌大学学分制、淘汰制与滚动竞争制及实施方法》，通过“因材施教、柔性培养、奖优罚劣、滚动竞争”的方式对思想品德、学习成绩都在前 10% 的学生实行重奖，对后 10% 的学生实行部分交费处罚，对未完成 40% 规定学分的学生实行淘汰。1994 年 9 月，为了培养拔尖创新人才，通过选拔优秀的理工科学生试办理工实验班，聘请校内优秀的老师，着重强化数学、外语、计算机、物理等基础教育，学生两年后自主选择专业。理工实验班培养的学生基础扎实，考研升学率在 70% 以上。

1998 年，为了提高基础课程的学习质量，学校对 10 门基础课中的部分课程实行学生“自主选课制”和“课程学习递进制”。1999 年，学校完善重修制和课程递进学习制，允许学生采取多种形式的重修或申请免听，之后通过学校组织的课程考试即可。同时，规定在进入专业课程学习前，如果未取得规定学分的 60% 者，必须跟下一年级修读。学生在规定的弹性学制范围内完成了教学计划规定的学分才可以正常申请学位。1999 年上半年开始，学校推行主讲教师岗位制，计划对主要的 10 门基础课逐步实施在全校教师中公开招聘教师，实行“优劳优酬”，即通过“高要求、高待遇”的政策导向，以此调动教师的教学积极性，提高教学质量。1999 年，学校教学研究工作整体取得突破，教育部立项项目有 6 个。

1993 年，学校作为江西省“两课”改革试点单位，在全省率先开设了落实党的十四大精神的“建设有中国特色社会主义理论”课程，同时将“形势与政策”课列为必修课。1995 年，教育部启动文化素质教育试点活动，学校作为 52 所素质教育试点单位，在全校范围内推出文化素质课程“套餐制”，将文学类、音乐类、美术类、大文化类及科技类 5 大类别共计 36 门课程纳入教学计划。

1998 年 2 月，学校共有 7 门课获得省级“优质课程”称号。数学建模和电子技术 2 门课程获省级教学成果一等奖，高等数学课程获江西省教学成果二等奖。截至 2000 年，学校建成“百门课程”，达到优秀教学工作评价标准；2001 年学校选定了“两课”、英语、计算机等 10 门课程作为全校的公共基础课，并确立了各学院重点建设的共计 100 门优质骨干课程。2002 年积极推行“双语教学”，各教学单位也开展了部分课程双语教学试点。“九五”期间，学校每年投入 500 万元，主要用于购置课程教学资料，投入 40 万元用于资助教师出版教材和开发制作多媒体课件。

三、聚焦人才培养　提升育人质量

学校自合并成立以来，始终将重心放在人才培养与学科建设，从多方位多角度提高本科生、研究生和成人教育的培养质量。

1999 年 11 月，学校被评为落实“高校体育工作条例”优秀学校。2000 年学校组织力量自主研制和开发了“综合教务信息管理系统”，有效地提高了教学管理工作效率。2002 年学校颁发了《关于进一步加强本科教学工作提高教学质量的意见》，完善和修订了《南昌大学学籍管理规定》《南昌大学授予学士学位实施细则》，进一步明确学校的根本任务是培养人才，教学工作始终是学校中心工作。明确规定，未通过国家四级英语考试的毕业生，可向学校申请参加四级英语考试，补授学士学位，不受毕业年限限制。同年，学校首次开展青年教师公开教学评比活动，12 位教师获公开教学评比优秀奖，11 位教师获鼓励奖。

1994 年 1 月 5 日，学校召开 6 个重点学科负责人、26 个硕士点导师代表和博士生导师迎春座谈会。潘际銮校长指出，科研工作首先要做到“三上”：一是要上规模，搞大兵团作战；二是要上水平，突破国家三大奖、社科国家奖以及省级一等奖；三是要上效益，为江西经济社会发展产生效益。5 月，潘际銮校长在南昌大学召开校风建设大会提出，要办成一所在全国有一定影响力的重点高等学校，需要做到以下三点：一是大幅度提高本科教学质量；二是扎扎实实提高研究生培养质量；三是建设一批重点学科，形成特色，使其达到全国一流水平。经过八年的重点投入，南昌大学学科建设取得丰硕成果。

2002 年 1 月，教育部正式决定将南昌大学列为教育部对江西省重点支持的大学，下拨教育振兴行动计划专项资金 4500 万元，主要用于重点学科建设等方面，其中材料物理与化学国家重点学科 1945 万元，分析测试中心 1000 万元。截至 2002 年，学校的“材料物理与化学”“食品科学”两个学科入选全国重点学科。“食品科学”研究机构被批准为教育部重点实验室。2002 年 4 月，江西省副省长胡振鹏、教育部科技司司长谢焕忠、省教育厅厅长漆权为南昌大学教育部食品科学重点实验室和 2 个国家重点学科（食品科学、材料物理与化学）揭牌。加上 2001 年“半导体发光及器件工程中心”被批准为教育部工程中心，学校在国家重点学科、重点实验室、重点工程中心这 3 个重大科研机构设置和科研实力的认定上获得了重大突破。

为推进南昌大学“211 工程”建设，学校不断加强教育教学改革，提升教学质量，改变“小打小闹”格局，通过多种方式提升学校本科教学水平，加强与国家重点高校的交流合作，为提高教师教学能力搭建学习平台。1996 年 4 月，“全国综合大学教务处长联席会议”在南昌大学召开，国家教委高教司副司长王彦及北京大学、清华大学等全国综合大学和部分工科师范大学共 76 所高校的教务处长出席会议，并就“面向 21 世纪教学内容和课程体系改革”“大学生文化素质教育”等问题进行了深入研讨。1998 年 10 月，“华东地方综合性大学第十二次会议”在南昌大学举行，11 所大学的与会代表围绕“地方综合性大学面向 21 世纪改革与发展的办学思想与特色”“地方综合性大学如何提高办学效益为地方经济建设和社会进步服务”等主题进行了广泛深入的交流。2000 年 11 月，“面向 21 世纪课程教材系列”研讨会在南昌大学举行，教育部高教司司长钟秉林，江西省教育厅副厅长洪三国，高等教育出版社社长于国华、社长助理林海等出席。2001 年，以“转变教育观念，改革地方高校人才培养模式”为主题的全国研讨会在南昌大学召开，教育部副部长周远清出席会议并作重要讲话。

1995 年，学校首次参加全国数学建模竞赛，一举获得一等奖，此后连续 15 年获此殊荣。唐英先后获“全国优秀三好学生”、“江西十大杰出青年”称号、“全国十大三好学生标兵”称号、“首届胡楚南全国优秀大学生奖最佳奖”、“首届德敏全国残疾人成才奖”一等奖、“中国大学生跨世纪发展奖学金”优秀奖等，刘菁荣获“全国优秀三好学生”“首届胡楚南全国优秀大学生奖百优大学生”等称号。2000 年 1 月，在江西省第十一届学生电子设计制作大赛上，学校荣获大学本科组团体总分第一名。2001 年 10 月，学校组成的江西代表队以总分 310 分的好成绩荣获第三届中国互联网知识大奖赛总决赛二等奖。同年 12 月，学校隆重举行全国大学生数学建模、电子设计竞赛江西赛区颁奖大会，江西省政府副省长胡振鹏、省政协副主席刘运来出席颁奖大会。2002 年 6 月，首届中国绿色生态住宅设计大赛揭晓，学校研究生潘方勇的参赛作品脱颖而出，在一等奖空缺的情况下，成为全国 9 名三等奖获得者之一。

1993—2002 年，学校继续教育荣获多项国家级奖项，1997 年，学校成人教育学院荣获“全国成人高等教育评估优秀学校”称号；1996、2000 年，两次荣获“全国自学考试先进集体”称号；2000 年，荣获“全国招生工作先进集体”称号。十年间，学校继续教育无论在教学质量还是在招生规模方面都得到了快速发展，办学实力进一步加强，综合实力稳步提升，满足了社会人员对学历提升、进修学习的需要，提高了全省劳动人员的就业质量。

第四节　优化队伍，提高研究水平

一、推进人事改革　优化师资队伍

学校坚持以师资队伍建设为重点，以提高办学水平为目标，在合并、调整、理顺关系的基础上，积极推进校内机构、人事制度的改革，遵循“坚持方向，稳定规模，优化结构，重点培养，提高质量”的工作方针，努力造就一支德才兼备、作风严谨、奉献求实、结构合理、充满活力的师资队伍。在队伍结构上，教授人数由1993年并校之初的74人增加到2002年的223人，增长了301%；教授、副教授占专任教师总数的51%，教授、副教授、讲师和助教的比例为1∶1.9∶1.3∶1.5；学历、学位层次上，具有博士、硕士学位的教师占专任教师的总数从6%提高到35.3%，其中具有博士学位的教师占专任教师总数的7.3%，具有硕士学位的教师占专任教师总数的27.9%；经教育部批准设立长江学者特聘教授岗位2个。截至2002年，学校专任教师总数达到1253人。其中教授223人，副教授416人，国家级“百千万人才工程”培养对象2人，国家有突出贡献的中青年专家8人，江西省高校学科带头人、中青年骨干教师、省跨世纪学术和技术带头人100余人。

1993年6月，学校出台《南昌大学校内人事体制改革实施方案》，开展了“三定”（定岗、定员、定机构）工作，提出了“强化编制意识，调整运行机制；按需设置岗位，明确各岗职责；严格考评考核，健全聘任制度；优化队伍结构，提高整体素质；增强办学活力，提高办学效益”的人事改革工作要求。1993年9月和1995年9月以“精简、紧缩、精干、高效”和有利于优化教职工队伍结构为原则，学校制定实施了《1993—1994年度南昌大学本部人员定编方案》。

1994年3月，学校依据国务院有关文件精神，制定实施了《南昌大学关于工资制度改革工作的意见》。这次工资制度改革，是国家人事制度改革的一项重要内容，对调动教职工积极性、理顺工资关系具有重要意义。

1995年9月，为了促进学科建设，发挥综合优势，增强办学活力，提高管理效益，学校制定并实施《南昌大学校院系三级管理试行办法》，建立校院系三级管理体制，明确了校院系主要责权。同年，为了引入竞争机制，使教职工的业绩与切身利益挂钩，充分调动教职工的工作积极性，对全校教职工实施“三制”管理，即对管理人员实行任期目标责任制、考核制、奖惩制管理，对专业技术人员实行聘用制、考核制、奖惩制管理，对工勤人员实行合同制、考核制、奖惩制管理。同时，学校实施《1995—1996年度南昌大学本部人员定编方案》，按照学校在校学生人数确定教职工总体编制数及各类人员的编制数量。1999上半年，学校在工作要点中提出：进一步深化校内体制改革，实行由校院系三级管理向校院两级管理平稳过渡，明确要求机关职能部门要做到简政放权，由微观管理向宏观管理转变，由完全管理型向管理服务型转变，加强学院一级责权，使学院真正成为一个办学实体。2001年11月，为进一步深化学校内部管理体制和分配制度改革，制定实施了《南昌大学校部机构调整方案（试行）》《南昌大学分配制度改革改革方案（试行）》。通过校内分配制度改革，实行新的岗位津贴制度，提高教职工待遇，同时建立竞争激励机制，向教学科研第一线倾斜，在增量中拉开分配差距。

师资队伍建设取得积极成效。1993 年，学校制定《南昌大学“211 工程”整体建设规划》，提出了加强对重点学科、博士点、硕士点的团队建设，加强对中青年学术带头人和骨干教师的培养，加强对青年教师的培养，积极引进国外留学人员来学校工作，加强师资队伍管理等一系列师资队伍的建设目标、工作思路和具体措施。5 月，为强化各类队伍管理，促进人事体制改革，保障教学、科研等各项任务的顺利完成，学校制定实施了《南昌大学人事调配工作暂行办法》，对人事调配的原则、办法、手续、纪律做出了规定，明确调入人员以教师为主，一般干部和工人原则不予调入的要求。11 月，为稳住和吸引高学历、高学位人才，建设好一批重点学科、硕士点、博士点，促进学校上水平、上质量、上重点，学校根据人才市场竞争激烈的实际情况，借鉴外省、外校经验，学校向省教委提出了《南昌大学关于学校实施稳住和吸引人才的优惠待遇的请示》，获省教委批准实施。

1994 年 12 月，为促进优秀中青年学术、技术人才的教学、科研工作积极性，创造条件支持中青年学术骨干走上国内、国际学术舞台，学校依据省人事厅有关文件精神，制定实施了《南昌大学关于选拔优秀中青年人员破格晋升副高、正高专业技术职务的实施意见》。1995 年 7 月，学校制定实施了《关于引进人才和具有博士学位人员有关待遇问题的补充规定》，明确了引进人才和高学历人才的科研启动经费、安家费、津贴和分居两地配偶的安置政策，从待遇上保障了引进人才和稳定高学历人才工作的开展。1997 年 1 月，学校召开首届“双代会”，潘际銮校长做了题为“鼓足干劲，团结奋斗，创建一流大学”的工作报告，在报告中对学校 1993 年到 1997 年的师资队伍建设工作进行了总结，明确了今后 5 年的师资队伍建设工作重点和建设目标。6 月，为建设一支思想政治素质高、业务上过得硬的教学科研队伍，达到南昌大学“211 工程”建设总体目标的要求，学校颁布实施了《南昌大学跨世纪学科带头人、教学科研骨干及后备人才选拔、培养、考核管理规定》。7 月，学校制定了《南昌大学关于省级高校中青年学科带头人和骨干教师工作状态评价及新增对象推荐工作的通知》，决定按照省教委的有关文件要求对南昌大学 26 名省级高校中青年学科带头人和 15 名中青年骨干教师进行业绩评价，并遴选新增人选。

1998 年 3 月，在南昌大学第一届教职工代表大会第二次会议上，潘际銮校长做了题为“团结进取，励精图治，为建设一流大学而努力奋斗”的报告，潘际銮校长指出，学校师资队伍建设还远远达不到“211 工程”总体建设要求。“211 工程”建设要求我们建成一支由中国科学院和中国工程院院士、国际知名学者、高水平学术带头人、学术骨干组成的，政治业务素质好、群体实力强、结构合理的高水平的师资队伍。他还强调：办大学要以人为本，积聚一批真才实学的人才；在继续大力引进人才的同时，高度重视现有人才的培养，千方百计留住人才，不能顾此失彼；要想尽办法提高教职工的待遇，这是建设师资队伍，留住人才，保证教学、科研工作需要，提高教育质量，实现办学目标的重要环节。9 月，为进一步提高教师的教学、科研素质，使教师培训和科技人员继续教育工作规范化、制度化，学校实施《南昌大学教师培训和科技人员继续教育暂行办法》和《南昌大学在职人员报考研究生暂行规定》，鼓励教职员工在职攻读博士、硕士学位、参加社会实践活动和各种形式的培训、访学、学术交流活动。

1999 年 9 月，学校下发《南昌大学关于全面推进素质教育，大力提高本科教学质量的意见》，提出了树立教师在学校中的主体地位，切实提高教师待遇；提高师资队伍的学历层次；努力做好稳定现有人才工作；推行主讲教师岗位制；不断更新和优化知识结构，有计划地安排教师在职进修提高；建立激励机制，使高级职称教师下实验室带实验；鼓励机关和院系行政人员分流到教学第一线工作，建立健全公共服务体系，强化为教学、科研服务等一系列师资队伍建设的具体措施。

2000 年 9 月，校党委书记周绍森在南昌大学第一届教代会第四次会议暨中层干部会议上讲话时指出，学校要大力加强教师队伍建设，继续努力改善教职工生活待遇。一是人才培养不能光靠引进，应做到外部引进与内部培养并重，对在教学、科研方面扎实工作，对学校做出贡献的人要重点培养，有计划地送出去深造；二是要凝聚人心，留住人才，关键在提高待遇，“待遇不提高，人心难稳定”，要逐年提高教师的课时津贴；三是要建立激励竞争机制，调动全体教职员工的积极性，分配要拉开差距，真正体现多劳多得、优劳优酬；四是要加大师资培养费的投入；五是要解决住房问题，特别是青年教师和刚到校青年教师的住房问题，要加快高校小区建设进度；六是学校后勤社会化取得了成绩，但不彻底，后勤有的部门积极性没有完全调动起来，对教职工服务的态度要改善，服务质量要提高。潘际銮校长在总结讲话中指出，师资队伍仍有差距；最重要的是缺乏高水平师资队伍，特别缺乏名师、大师，缺乏过硬的学术梯队，学校在教学质量上要有新的突破，必须继续加强师资队伍建设，特别是教学师资队伍建设，主讲教师制度要坚持下去，要推动以网络和多媒体为核心的现代化教学手段的改革。在学术水平上要有新的突破，要继续以重点学科为主体，以标志性工程为龙头，推动全校学术水平的提高，培养大师，通过大任务、大成果、大奖励才能培养出来；要培养一批思想过硬、学术水平很高、能团结人的学术学科带头人。同年，根据教育部有关文件精神，结合南昌大学“211工程”期间建设目标，在总结“九五”期间师资队伍建设经验的基础上，学校制定《南昌大学2001—2005年师资队伍“十五”建设规划》，明确提出了未来五年师资队伍建设的指导思想和目标，以及实现师资队伍目标的具体措施。

二、加强科研管理　提高研究能力

为迎接世界新技术革命的挑战，20世纪90年代开始，国家决定实施“科技兴国”战略，江西省委、省政府适时推进“科教兴赣”战略，这对于促进南昌大学科学研究的发展有着重大的现实意义和深远的历史意义。学校抓住国家启动“211工程”的契机，充分利用良好的科学研究外部环境，调动教师开展科学研究的主动性、积极性和创造性，科研能力逐年增强，科研成果逐年增加，科研水平逐年提升。

第一，科研管理更加规范。1993年校学术委员会成立，负责对学校重大学术问题进行决策和论证，实行专家治学。学校充分利用多学科优势，根据学科群的特点，重点加强学科交叉渗透，调整科研机构，增设体现理工结合、文理渗透的科研中心，设立信息工程、食品工程、材料工程、生物工程、环境工程5个研究中心和人文学科基地。学校鼓励校内人员合理流动和跨学科、跨院系进行队伍组合，使人才队伍更合理，使教学、科研、开发相互促进，共同发展。学校设立了重点学科建设、基础理论建设、本科建设3大基金，积极组织研究项目以形成优势强项申报省部级、国家级项目，培养了一批科研骨干。

1993年以来，为了促进科研管理的科学化、规范化，学校先后制定了22个科研管理条例。1998年6月，学校修订《南昌大学科技工作管理条例》，包括《南昌大学科研工作管理条例实施细则》《南昌大学科技开发管理暂行办法》《南昌大学科学基金管理办法》《南昌大学学术交流工作管理办法》《南昌大学科学技术保密工作管理办法》。1999年，学校制定了《南昌大学关于计算教师科研工作量的有关规定》。

第二，科研基地夯实重组。1993年，学校成立机械电子研究所、工程力学研究所。1994年，成立材料科学研究所、应用化学研究所、计算机技术工程研究所、城市规划研究所。1995年，成立稀土与微纳功能材料研究中心。1996年，成立近代物理研究所。2000年，成立江西省发光材料重点实验室。

2000年6月，通过国际合作形式，江西省唯一的涵盖科研、开发、技术培训和技术咨询的多功能食品的工程中心——中德食品工程中心（FEC）竣工。该中心是江西省食品工程教学实习的一个重要实践基地。2001年4月，由德国技术合作公司（GTZ）委托的专家小组对江西中德食品工程中心进行了项目评估，认为这是中德技术合作的一个突出典范。6 月，集研究、开发、实施产业化及培养创新创业人才于一体的南昌大学科技园在南昌高新技术产业开发区举行开工典礼，科技园的根本任务是孵化高新技术企业，建成具有辐射功能的高技术企业孵化基地、创新创业人才培养基地和高新技术创新基地。

2002 年，学校半导体发光材料及器件工程中心被批准为全国重点工程中心，被教育部批准当时国内唯一的“食品科学”教育部重点实验室成立。同年，“中国中部经济发展研究中心”在学校挂牌成立，著名经济学家萧灼基专程前来为研究中心揭牌。同年，江右哲学研究中心、客赣方言与语言应用研究中心成为江西省高校人文社科重点研究基地。

第三，学术交流活跃广泛。1998 年，学校承办了“世界华文文学研讨会”“中国国际私法学会年会”。1999 年学校举办了全省性学术会议 3 次，组织举办了南昌大学校庆学术报告会，首次举办“应星学术讲座”。该讲座以江西历史名人“宋应星”命名，通过邀请国内外、省内外学者和各界知名人士，来南昌大学介绍当今中外科技、经济、政治、文化、社会等各领域发展的新理论、新观点和发展趋势，与师生共同赏析高雅文化和艺术。2000 年，学校先后邀请全国人大常委会副委员长成思危，著名学者杨叔子、柳百成等来校讲学。2001 年，学校承办“全国第五届中巴地球资源卫生数据与遥感应用技术”研讨会。2002 年，学校主办“食品安全与食品贸易国际研讨会”，来自德国和欧盟其他国家及美国共 20 多名官员、专家、学者，以及 120 多名全国各地的政府官员、食品界专家和企业代表参加了此次研讨会；举办了“建筑与文化 2002 国际学术研讨会”“中国哲学史研究回顾与展望学术研讨会”等系列学术会议。

第四，学术期刊影响力增强。1993 年，在《江西大学学报》和《江西工业大学学报》基础上创办《南昌大学学报》。《南昌大学学报》自 1993 年第 2 期始，分人文社会科学版、理科版和工科版。2000 年 2 月，《南昌大学学报・人文社会科学版》进入“中国人文社会科学核心期刊”行列。6 月，《南昌大学学报・人文社会科学版》《南昌大学学报・理科版》同时进入“中文核心期刊”行列。《南昌大学学报・工科版》为中国科技核心期刊。

科研项目快速增长。1993 年至 2002 年，学校共获得各级各类课题 2459 项，其中国家级项目 95 项，省级项目 1080 项。特别是“GaN 蓝色发光材料生长的 LED 研究”和“电渣熔铸曲轴一步整体成型技术及其装置开发”项目被列为国家高技术研究发展计划（“863”计划）。学校科研经费逐年增长，从 1993 年的 166 万元到 2002 年的 1386 万元，年平均增长约 70%。

1996 年在江西省政府召开的“江西省高科技发展协调会”上，范广涵和江风益领衔申报的“氮化镓蓝色发光二极管的研制”课题一次性落实科研经费 240 万元，成为当时全省基础研究投入最大的项目。1997 年学校共获得各类国家自然科学基金资助项目 11 项，子课题 1 项，新增资助经费突破百万元。这是建校以来，获得国家资助自然科学研究项目最多的一年。1999 年江西省“九五”重点科技攻关计划“速溶百合全粉新工艺研究”项目通过鉴定。该项目采用超微细化、生物酶、微胶囊、二次流化床造粒干燥等现代食品工程高新技术解决产品品质问题，产品填补国内空白。1999 年，周绍森、陈东有承担的教育部理论研究中心课题成果《科教兴国论》由山东人民出版社出版，获“中国图书奖”。2000 年 1 月，张志永主持的国家社科“九五”规划重点课题“当代重大科学技术发现发明的智慧研究”，通过了专家组鉴定，这是江西省“九五”期间仅有的两个国家社科重点课题之一。由卢晓勇等完成的国家社科基金项目阶段性成果《进一步扩大利用外商直接投资规模的对策建议》被全国社科规划办《成果要报》2000 年第 1 期刊登，并报国务院有关部委领导参阅。2002 年，学校 3 个项目获批教育部人文社科研究“十五”规划立项课题，其中规划基金项目 1 项，专项任务研究项目 2 项。

第五，产出一批科研精品。1993—2002 年，学校教师共发表论文 13000 余篇，其中三大检索收录论文 456 篇；出版专著 450 余部；通过鉴定的科研成果 183 项；申请专利 34 项；共有 353 项科研成果获得厅局级以上奖励。主要获奖成果如下：

1993 年，杨国泰等主持的“锻锤隔振技术的推广应用”项目获国家教委科技进步三等奖；林光华等主持的“棘胸蛙繁殖生物学及其人工试养的研究”项目获林业部科技进步三等奖；何成宏等主持的“机械压力机隔振技术”项目和彭宣宪等主持的“乙型肝炎患者血清和粪便中抗体特异性和激活补体类 HbsAg 免疫复合研究”项目获江西省科技进步二等奖。1994 年，潘传康等主持的“应变超晶格研究”项目获江西省科技进步一等奖。1995 年，何友观等主持的“单双层绕组间最佳匝数配合”项目获国家发明四等奖；刘成梅、李凤仪、贾仁安、扶名福等主持的项目同时获得江西省科技进步二等奖；刘焕辉著的《交际言语学导论》、刘勉玉著的《中央苏区三年游击战争史》分别获江西省第六次社会科学优秀成果奖一等奖；陈世润等著的《坚持“两手抓”，促进高校德育工作由“软”到“硬”的转化》获江西省高等学校第四届社会科学优秀成果奖（1993—1994 年）一等奖。1996 年，曾广兴主持的“实域理论与实代数几何中有关问题的研究”项目和倪永年等主持的“多元分析法在分析化学中的应用研究”项目获江西省科技进步二等奖；邵鸿著的《商品经济与战国社会变迁》（江西人民出版社）获江西省第七次社会科学优秀成果奖一等奖。1997

年，王鸣等主持的“位相物体的自动分析技术”项目获江西省科技进步二等奖；黄文瀛、龚仁山、龚循华、胡思勤等教授主持的项目同时获江西省高校1994—1995年度优秀科技成果一等奖；俞兆鹏著的《谢叠山大传》（江西人民出版社）获得十一届华东地区哲学社会科学优秀图书奖。1998年，陶捷主持的“EBG自行式架桥机”项目获江西省科技进步一等奖；谢勇等著的《论中国浅内陆省区域经济的发展——江西跨世纪区域经济发展研究》获全国高等学校第二届人文社会科学研究成果奖三等奖；南昌大学中国兵制史研究所编的《谷霁光史学文集》获江西省第八次社会科学优秀成果特设荣誉奖。1999年，郑为完等主持的“粉末油脂生产工艺及产品开发”项目获国家科技进步二等奖。2000年，陶捷主持的“EBG系列架桥机”项目获2000年度国家科技进步二等奖；甘筱青著的《欧洲模式——政府引导型市场经济体制下的国家对企业的管理》、刘纶鑫主编的《客赣方言比较研究》、郑晓江著的《传统道德与当代中国》、刘勉玉著的《曾山传》等专著同获江西省第九次社会科学优秀成果奖一等奖。2001年，杨国泰等主持的“大型（5吨）电液自由锻锤砧下直接隔振装置”项目获江西省科技进步二等奖。2002年，张华等主持的“焊缝跟踪与熔透集成智能控制系统”项目获江西省科技进步二等奖；倪永年主持的“化学计量在电化学波谱解析中的应用”项目获江西省科学技术自然奖二等奖；黄平槐和葛刚主编的《生存智慧：社会化行为生态学导论》卢晓勇撰写的咨询报告《主要发达国家对华投资比较研究》（国家社科规划办《成果要报》）分别获江西省第十次社会科学优秀成果奖一等奖。2002年3月，《江西日报》刊登了时任中共中央总书记、国家主席、中央军委主席江泽民询问新开发的蓝色发光材料情况的消息，南昌大学的发展得到总书记的亲切关怀。

第五节　拓展合作，扩大办学影响

在经济全球化背景下，高等教育兴起了一轮国际化浪潮，互惠型和跨国界的交流与合作日益密切。随着高等教育国际化的推进，高等教育有了更多跨国境、跨民族、跨文化交流、合作和竞争的机会，学校于1993年合并之初成立了外事处，学校的国际合作与交流事业初步形成框架。为进一步扩大国际交流，2001年，学校外事处更名为国际合作与交流处。

一、聘任外籍专家　增加来华留学

1993—2002年，学校共聘请外籍专家118名，分别来自美国、法国、日本、德国和爱尔兰等国家。外籍专家来校主要教授英美语言文学、法国语言与文学、日语、德语等专业的相关课程，与学校教师或科研人员一起编写教材或参与科研课题，培养研究生，为学校提高教学和科研水平，加快学科建设和学科梯队建设做出了贡献。其间，绝大多数外籍专家工作认真负责，对我友好，受到学校师生的一致好评，其中 11 名外籍教师获得江西省政府年度“江西友谊奖”（后改为江西省政府“庐山奖”）。

学校外籍专家、教师的聘请工作由校外事处（国际合作与交流处）归口管理，各学院有院领导分管该项工作。各学院根据实际需要提出聘请外籍专家、教师的计划，由主管部门会同教学、科研等管理部门进行评估和审核，经主管领导批准后实施。来校任教一学期以上的外籍专家、教师必须与学校签订合同，主要内容包括：聘任起止日期、每周授课时数、受聘方应享受的待遇和应尽的义务以及违反合同应受的处罚等。

1993 年 5 月两校合并之前，江西大学外籍教师住在江西大学专家楼，江西工业大学则住在教工宿舍区 36 栋 1 单元。并校后，由于条件所限，外籍教师依旧分开住宿、统一管理。1996 年 5 月，省政府外事办公室、省教委要求外专楼归口本校外办管理，学校专家楼划归外事处管理，大部分外籍教师入住专家楼，由学校提供周到服务。

1993 年 12 月，学校制定了《南昌大学聘请国（境）外人士为名誉教授、客座教授、兼职教授、顾问或高级顾问的条例》。1994 年 10 月，聘请美国国际合作委员会主席、世界著名社会活动家陈香梅女士为名誉教授。同年，聘请德国慕尼黑科技大学营养研究所教授、原东德自然科学院名誉院长柯申斯纳博士为名誉教授。1995 年 4 月，聘请中德联合研究院德方副院长郝思汉博士为名誉教授。1999 年，聘请英、美、韩等国 6 名有较高学术名望的专家、学者为客座教授。2002 年 9 月，聘请英国阿伯泰·邓迪大学校长王百能（Bernard King）博士为名誉教授。1993—2002 年间，学校共授予 4 位英、美、德等国籍的知名专家、学者或社会活动家“名誉教授”称号，授予 8 名英、美、德、韩等国籍的具有较高学术水平的专家学者“客座教授”称号。

1993—2002 年，学校共招收了法国、韩国、日本、马来西亚、也门、柬埔寨、布隆迪等国家的来华留学生 86 人。学校来华留学生工作的发展可分为三个阶段。起步阶段（1993—1998 年）：每年招收 2~4 名，在校留学生数量很少，1998 年学校在校留学生仅 14 名。发展阶段（1999—2000 年）：1999 年，招收来自法国、韩国、日本、马来西亚等国的留学生 25 人；2000 年，招收来自法国、韩国、日本等国的留学生 19 人。突破阶段（2001—2002 年）：2001 年 12 月，国家留学基金管理委员会同意南昌大学接收享受中国政府奖学金的来华留学生，在全省高校中实现了可接受政府奖学金留学生的零的突破。同年，招收来自法国、韩国、日本等国的留学生 19 人；2002 年，首次接受享受中国政府奖学金的外国留学生 7 人，分别来自也门、柬埔寨、布隆迪和德国等国家。

二、开展对外交流　推进交流合作

1993—2002 年，学校共接待来访外宾 310 多批 1300 多人次，来访的外宾主要是国外高校领导和管理人员、专家学者，此外还有一些企业界人士以及少量的政府官员，来自美国、英国、法国、德国、芬兰、加拿大、澳大利亚、新西兰、新加坡、日本、韩国、泰国、奥地利等 20 多个国家或地区。1993 年 5 月并校时，日本东京工艺大学派代表前来参加南昌大学成立大会并宣读贺信。1994 年 5 月，美国纽约州立大学尤蒂卡分校校长彼得·卡彦、常务副校长雪莉·马特尔一行 7 人专程来校，参加校庆活动并与学校签订了校际合作交流关系协议，同时授予周绍森美国纽约州立大学荣誉博士学位，聘请潘际銮为该校名誉教授，李嗣垦、潘传康、吴志强为该校客座教授。10 月，瑞士籍著名作家、欧洲华文作家协会会长、世界华文协会副会长赵淑侠女士来校访问并讲学。1998 年 6 月，法国驻华大使毛磊携科技文化专员一行来学校访问，为新落成的中法中心教学大楼剪彩，并做“中法文化交流与贸易发展”的演讲。1999 年 4 月，法国驻武汉总领事馆总领事尚多礼一行访问学校，代表法国政府向中法中心赠送书籍，并评价“中法中心为中法友谊做出了积极贡献，该中心是中法合作办学的典范”。2000 年 6 月，学校举行中德两国政府合作项目“中德食品工程中心开业典礼”，德国驻华大使馆参赞、德国技术合作公司北京办事处负责人出席。2002 年 9 月，英国阿伯泰·邓迪大学校长王百能访问学校，并被聘为名誉教授。11 月，德国技术合作公司东亚处处长、欧盟驻华使团经济商务处一秘以及来自法国、德国、奥地利等国家 30 多位食品专家和企业界人士访问学校中德食品工程中心和中德联合研究院。

1993—2002 年，学校共派出 290 多批 800 多人次出访美国、英国、日本、法国、德国等近 20 个国家或地区。1994 年 9 月，校党委副书记熊大成，副校长黄汝为一行 4 人赴德国访问黑森州黑森弗里德堡专科大学，就太阳能制冷保鲜农产品食品的合作项目进行磋商，并访问了波恩大学、奔驰公司、慕尼黑科技大学等，商谈校际合作事宜。1996 年 8 月，潘传康副校长一行 4 人赴美国参加亚特兰大国际家具配件及木工机械展。1997 年 3 月，应法国普瓦提埃大学校长邀请，游海副校长一行 3 人访问该校，并与法国普瓦提埃大学校长共同签署了《南昌大学与普瓦提埃大学关于建立校际合作关系的协议》。1999 年 6 月，甘筱青副校长应美国 ISMTEE—99 组委会常务助理戴伯·马丁博士邀请赴美进行学术访问。7 月，根据中德两国政府签署的文件，中德食品工程中心中方代表前往德国技术合作公司总部参加了设备招标的评标，中德合作项目的设备采购正式开始。

2000 年 2 月，甘筱青副校长应邀赴法国普瓦提埃大学做为期一个月的访问教授，讲授有关课程和开展课题研究，并探讨进一步合作办学事宜。7 月，全国人大常委会副委员长成思危率领中国高级管理科学代表团访问法国，甘筱青副校长随团出访。其间，代表团专程访问普瓦提埃大学，并接见学校选拔赴法短期学习和实习的部分留学生。成思危副委员长多次对该合作办学项目给予了赞扬和鼓励。2002 年 7 月，法中学院在法国普瓦提埃大学举行揭牌仪式，甘筱青副校长与江西省教育厅领导一起赴法国参加揭牌仪式。同月，校党委书记周绍森、副校长邵鸿等中德联合研究院董事赴德国参加中德联合研究院（江西—OAI）在德国召开的董事会，之后赴法国访问，并出席法中学院揭牌仪式。

开展国际学术交流。1993—2002 年，学校派出了近 200 批 500 多人次的教学科研人员赴国外或境外参加学术交流活动。经省政府批准，举办国际学术会议 4 次，出席国际学术会议的有 500 多名海内外专家、学者和企业界人士。1993 年 6 月，“两岸经贸与科技发展学术研讨会”在校学术交流中心举行，王建煊、李达海等 50 余位来自海峡两岸及美国经贸、科技方面的专家、学者及社会、企业界知名人士参加研讨会。8 月，学校在庐山举办了“第六届世界华文文学国际学术研讨会”。这次研讨会是江西历史上规模最大、规格最高的一次国际学术会议。参加会议的有来自海内外华文文学界的专家、学者、知名作家 150 余人，其中包括世界华文女作家陈若曦、台湾著名诗人洛夫等。2002 年 10 月，学校与中国建筑学会、江西省建设厅、庐山管理局联合举办了“建筑与文化 2002 年国际学术研讨会”，国内外 150 多名著名专家、学者参加该研讨会。11 月，学校中德食品工程中心与德国技术合作公司北京办事处联合举办了“食品安全与食品贸易国家研讨会”，副省长朱英培、德国技术合作公司东亚处处长、欧盟驻华使团经济商务处一秘等出席研讨会，来自法国、德国、奥地利等国家以及国内 160 多名食品专家和企业人士与会。

推进港澳台交流。1993—2003 年，学校共接待了港澳台来访 60 多批 200 多人次，学校赴港澳台地区参加学术研讨会、教育合作等活动达 80 多批 120 多人次。1994 年 11 月，香港勤 + 缘出版社社长、香港著名作家梁凤仪来学校讲学。1997 年 1 月，香港中文大学地理系师生 26 人来赣实地考察地形、地貌、地质和有关生态环境等。

其间，国际著名地理学家、英联邦地理学会主席、香港亚太研究所所长、香港中文大学逸夫书院院长杨汝万教授来校做学术报告。8月，戴执中教授赴香港中文大学进行学术交流。1998年9月，应台湾庆龄工业研究中心主任邀请，潘际銮校长赴台湾访问讲学。

联合创立中德联合研究院。1988年9月24日，由江西省教育委员会、江西省科学技术委员会、江西大学和德国波恩东亚研究院联合创立中德联合研究院（江西—OAI）（以下简称中德院），是以食品科学与技术为主要研究方向的科研机构，其宗旨是“发展江西食品科学，为区域经济建设服务”，合作时间为15年。2003年9月24日中德双方合作期满后，中德院整建制移交南昌大学。截至2002年，德方共投资700万马克，中方共投资1800多万元人民币。中德院已建成建筑面积4000平方米的教学科研大楼和3000平方米的生活大楼。科研实力雄厚，设有食品工程、生物工程和精细化工3个教研室，科研条件优越，拥有260多台（套）进口仪器设备。1994年国家学位委员会批准中德院依托南昌大学设立食品科学硕士学位授予点，1996年中德院又获得依托南昌大学设立食品科学博士授权点。2000年12月，中德院被确定为“江西省食品生物技术重点实验室”。

合作建设中德食品工程中心。江西中德食品工程中心（FEC）是中德两国政府间的合作项目，旨在创建一个具有世界先进水平的科研开发、咨询及培训的食品中试基地和教学实践基地。中德双方组成的江西—OAI中德联合研究院董事会及其委任的领导小组为其最高领导机构，潘际銮校长为领导小组组长。FEC既是中德联合研究院的二期工程，也是南昌大学“211工程”的重点建设项目之一。经过几年的筹备，江西中德食品工程中心于2000年6月20日正式投入运行。FEC是由德国政府无偿援助600万马克、中方配套投入1000多万元人民币共同建成的，占地面积9000多平方米，拥有多功能的食品中试车间、食品添加剂（含精细化工）中试车间及功能齐全的培训楼。2001年4月，奥地利著名项目评估专家纽塔斯博士一行3人对中德食品工程中心项目进行中期评估，评估结论称，中德食品工程中心是“中德技术合作的杰出典范”。2002年11月，中德合作期满，中德双方举办了盛大的合作期满仪式；12月，中德食品工程中心全部移交给南昌大学管理。

联合设立中法中心。1996年，经国务院学位办和江西省教委批准，南昌大学与法国普瓦提埃大学开展国际合作办学，建立中法中心，联合招收、培养研究生，颁发法国国家文凭DESS—CAAE（工商管理硕士）。该项目是全国首批10个经国务院学位办批准授予境外学位的中外合作办学项目之一。中法中心及中法合作培养工商管理硕士项目得到中法两国政府和企业界以及欧盟等国际机构的重视和支持，多次获得法国政府提供的财政资助和中国—欧盟高等教育合作项目的资助。法国驻华大使毛磊和法国驻武汉总领事尚多礼分别于 1998 年 6 月和 2000 年 4 月先后访问中法中心，对合作项目的进展给予高度评价。2001 年 4 月，校中法中心以优良的成绩通过全国学位与研究生教育发展中心对合作办学项目的评估。8 月，中国驻法国大使吴建民一行视察校中法中心，欣然题词："成绩卓著，再创辉煌。"

启动中泰大米深加工国际合作项目。1997 年 6 月，中泰"大米深加工研究与开发"国际合作科研项目正式启动，中方合作方为南昌大学，泰方为泰国皇家技术学院，中泰双方各承担其中两个子项目的研究。1998 年 11 月，游海副校长一行 4 人赴泰国访问，执行"大米深加工研究与开发"长期合作科研项目。1999 年 7 月，泰方一行 6 人来学校进行大米深加工研究。之后，每年双方派出科研人员前往对方进行研究，为期两周左右。通过合作研究以及到企业考察、访问、咨询等方式，中方为泰方解决了方便米粉黏性方面的一系列问题，泰方为南昌大学以及江西省食品企业解决了米粉复水再加工技术难题。

成立中英联合学院。2000 年 6 月，副省长胡振鹏率省教育代表团访问英国，校党委副书记姚亚平随团出访。经中国驻英国大使馆教育处推荐，南昌大学与英国阿伯泰・邓迪大学签署了两校合作培养软件工程和信息技术专业硕士研究生的意向。2001 年 11 月，国务院学位办、江西省教育厅批准，同意南昌大学和英国阿伯泰・邓迪大学联合培养信息技术专业和软件工程专业硕士研究生，招收学员 50 人，学制 2 年，并授予英方学位。2002 年 2 月，南昌大学与英国阿伯泰・邓迪大学合作培养"信息技术""软件工程"专业硕士研究生，春季招收第一批 49 名学生入学。中英联合学院挂靠在校信息工程学院，具体负责组织实施该合作办学项目。整个教学过程共 2 年分为 4 个阶段，分别在南昌大学和阿伯泰・邓迪大学 2 个教学点完成。

吸纳境外捐赠。1993 年 12 月，美国加州大学勃蒙纳校区谢定中赠送日产松下传真机 1 台，价值 550 美元。1994 年 3 月，在学校任教的日本籍外籍教师小坂孝彦先生赠送樱花树苗 100 株，种植在生物园。同年，陈香梅女士决定每年捐赠 5 万元人民币，在南昌大学设立"陈香梅教学奖"，面向全校师生，每年奖励教师 10 名、学生 10 名。1995 年 5 月，香港勤 + 缘出版社社长、香港著名作家梁凤仪捐赠一批图书资料。1996 年，日本友好人士赠送公爵小轿车一辆，价值 60 多万人民币。1997 年 1 月，美国 Sybase 公司赠送价值 90417 美元的软件产品。1998 年 6 月，法国莫兰出版公司通过法国普瓦提埃大学给中法中心捐赠一批图书资料，价值约为 1 万法郎。1999 年 1 月，经教育部和邵逸夫基金会会商审定，由邵逸夫基金会向南昌大学捐赠 500 万港币，在学校兴建"逸夫科学文化馆"。2001 年 9 月，法国普瓦提埃大学向学校赠送 178 册书籍。

第六节　党建引领，改进思政工作

加强党的建设，是办好社会主义大学的关键。1993—2002 年，学校党的建设工作扎实推进，取得重大成绩。1998 年学校受中组部、中宣部和教育部联合表彰，被评为 1993—1998 年度全国高校“党的建设和思想政治工作先进单位”、1993—1998 年度全省高校“党的建设和思想政治工作先进单位”。1995 年 7 月，校党委书记周绍森代表南昌大学党委在全国第五次党建工作会议上做典型发言。

一、配强领导班子　调整干部队伍

1994 年 11 月，省委对南昌大学领导班子进行调整，姚亚平任校党委副书记，王振东任校党委委员、副校长。1995 年 6 月，省委省政府下文，游海任校党委委员、副校长。同年 8 月，周绍森当选中国共产党江西省第十届委员会委员。同年，熊耀祖副校长被评为全国高校优秀思想政治工作者。1996 年，潘际銮校长第二次荣获全国五一劳动奖章。同年 9 月，胡振鹏任副校长；10 月，何小江任校纪委书记。1997 年，潘际銮当选中国共产党第十五次全国代表大会代表。同年 11 月，熊耀祖任常务副校长。1998 年 2 月，周绍森、胡振鹏当选第九届全国人民代表大会代表。同年 10 月，程样国、扶名福、甘筱青任校党委委员、副校长。1999 年 12 月，省委决定李水弟任校党委副书记；同月，省政府下文，邵鸿任副校长。2000 年 1 月，校党委决定，并经省委组织部同意，李建民任校长助理。

学校注重领导班子建设，加强党委中心组学习。学校党委中心组成人员除校党委委员外，还扩大到有关机关处室、“两课”负责人和各学院党委书记，发挥校党委中心组学习的示范作用。学校党委中心组作为全省高校代表在“省直地厅级中心组学习经验交流会”上做经验介绍。1999 年，校党委中心组在学习制度上，坚持两周一次；在学习内容上，理论联系实际，每次学习联系学校改革和发展中的一个实际课题进行讨论，如“当前高等教育形势分析与学校的对策”“面向 21 世纪南昌大学的改革发展思路”“深入揭批‘法轮功’夺取与‘法轮功’邪教斗争的最后胜利”等 10 多个专题；在学习形式上，确立中心发言人，由一位校党委委员和一位职能部门或学院负责人共同担任；2001 年，校党委中心组学习更加完善，坚持做到“五有”：有制度、有计划、有记录、有主题、有中心发言人。学院的中心组学习卓有成效，学习形式不断创新。

学校重视干部队伍建设。1993 年两校合并后，为实现真正融合，学校进行了全校机构和干部的调整，完成近 90 个处系一级单位和 297 名处级干部的调整，形成了统一的管理模式。全校党政管理机构精简了 6 个；中层干部平均年龄下降 4 岁；24.6% 的中层干部换岗交流。学校实行干部聘任及任期制，所有行政干部均由校长聘任，聘期 3 年。根据学校工作的总目标和各部门的分目标，确定每位干部的任期目标，按照“一二三四”的办法进行干部考评：“一个中心”，将干部的业绩与学校的中心工作联系起来考核；“两个体系”，将德能勤绩情况分政治考评与业绩考评两个量化指标体系打分；“三级考评”，采用群众考评、同级考评和校考评小组考评相结合的办法，综合确定考评总分；“四级分等”，按考评总分排序，将全校中层干部分为优秀、胜任、基本胜任和不胜任等。每年考评一次，按考评结果排序，实行滚动竞争，根据考评结果确定干部的任免奖惩。1994 年和 2000 年进行了全校优秀干部表彰，对不能胜任的亮黄牌，甚至免职或下岗学习，调动了广大干部奋发向上的积极性。

二、加强党的建设 改进思想政治工作

1993 年并校以来，校党委高度重视党建与思想政治工作，积极探索新时期党建与思想政治工作的新路子。面对国际国内形势的新发展，坚持以邓小平理论为指导，全面贯彻落实党的十五大精神和全国教育工作会议精神，在不断深化教育改革、全面推进素质教育的工作中，进一步加强党的建设和思想政治工作，掀起了并校以来改革和发展的又一个高潮。

基层党组织和党员队伍建设成效显著。1993 年制定《南昌大学系党总支工作暂行条例》《南昌大学教工党支部工作暂行条例》，下发《关于进一步加强基层党组织工作的意见》，建立了党建工作目标管理责任制，制定基层党委、总支、支部工作目标和考核标准，每年学校召开一次党建工作会。学校在 9 个学院建立党委，强化院系党的建设，实行院党委领导下的院长负责制，实行校院系三级管理。认真做好发展党员工作，增强党组织的生机与活力。全面贯彻“坚持标准，保证质量，改善结构，慎重发展”的方针，做到质量与数量并重，教育与发展并重。结合实际提出把发展党员工作的重点放在青年教工和大学生上，下发《关于加强在大学生中发展党员工作的意见》，制定《南昌大学发展党员工作操作程序》，明确了校院系党组织的有关职责。学生党员比例由并校前的 1.8% 上升到 1997 年 7 月份的 9%，青年教工党员比例已达到 30.7%。新党员质量进一步提高。据统计，学生党员中 95% 以上获得过校级“优秀学生干部”“三好学生”“优秀团干”等荣誉称号和各类奖学金。

2001年，学校各级党组织以“三个代表”重要思想为指导，积极构建党建思政教育管理三级网络体系。制定《南昌大学党建暨思想政治教育工作三级网络管理暂行条例》《南昌大学党建暨思想政治教育工作考评方案》；并成立以校党委书记为组长，党委副书记、副校长为副组长，有关职能部门主要负责人为成员的“南昌大学党建暨思想政治教育工作领导小组”；各学院和各基层单位也成立了相应的工作小组，形成了学校、学院和各基层组织三级逐级负责、通力合作、齐抓共管的良好局面。以加强党的基层组织建设为龙头，推进了四个基层组织（党支部、教研室、团支部、学生班级）的建设。坚持在党员中开展“一个党员一面旗”活动，努力提高党支部的战斗堡垒作用。党员联系班级制度逐步到位，学生的思想政治工作得到进一步加强。全校共有385名党员教师分别联系155个学生班级，党员教师深入学生班级、学生寝室，了解学生的思想状况，帮助学生解决实际问题，促进了师生之间的交流，提高了党员教师自身素质。思政工作队伍建设得到加强，学校已形成院党委副书记、系团委书记、年级主任、班主任为主体的专兼职思政干部队伍。

加强理论武装，坚持用邓小平理论、“三个代表”重要思想武装头脑，把教育干部师生摆在党的建设的突出位置。党委每学期都对学习进行整体规划和部署，大致分“把握科学体系和精神实质的全面学习”“划分研讨专题的深入学习”和“联系工作实际的对照学习”三个阶段。结合学习贯彻党的十五大精神，在全校师生中开展改革教育思想和教育观念的大讨论。建立健全“理论中心组”“党校培训”“在岗自学”和“周二政治学习”四项学习制度。培训党员和入党积极分子6000多人次，领导干部近千人次，骨干教师1897人次。1996年，学校党校被评为“省直先进基层党校”。通过学习邓小平理论，党委班子的理论素养得到加强，领导水平得到提高，教育观念得到转变，党委的领导核心作用得到发挥，党委真正成为学校工作的“主心骨”，成为全校师生员工的“贴心人”，整体工作呈现向前跃进的好势头。

2000年，为认真贯彻《中共中央在县级以上党政领导班子、领导干部中深入开展以“讲学习、讲政治、讲正气”为主要内容的党性党风教育的意见》（中发〔1998〕17号文件）以及江西省委有关文件的精神，学校制定下发了《南昌大学领导班子和领导干部“三讲”教育实施方案》（南大发〔2000〕8号）和《南昌大学处级干部“三讲”教育实施方案》（南大发〔2000〕9号），按照全省高校“三讲”教育动员会议的要求，学习、借鉴江西省高校第一批“三讲”教育单位的成功经验和做法，在校领导班子和领导干部、处级干部中深入开展了“三讲”教育活动。

学校党委确立了“三讲”教育活动的指导思想，明确目的要求，严格步骤方法，加强组织领导。集中教育阶段分“思想发动、学习提高，自我剖析、听取意见，交流思想、开展批评，认真整改、巩固成果”四个阶段进行，坚持高标准、严要求，认真掌握政策，为切实解决学校领导班子和领导干部党性党风方面存在的突出问题，校党委班子对“三讲”教育中查摆出来的问题进行了认真的分析研究，在立说立行、边整边改的基础上，制订了《南昌大学“三讲”教育整改方案（征求意见稿）》（南大发〔2000〕10 号），分时间段认真制定扎实、有效的整改措施 50 条，其中近期整改措施 22 条、中期整改措施 23 条、长期整改措施 5 条。通过开展“三讲”教育，进一步促进了领导班子和领导干部队伍建设，全面提高了干部的思想政治素质，为改革发展稳定提供思想和组织保证。

为巩固校、处两级干部“三讲”集中教育成果，校党委决定在认真搞好党员处级干部“三讲”集中教育总结，全面落实各项整改措施的同时，利用 2000 年寒假前近一个月时间，以党支部为单位，在全校教职工党员中开展以学习“三个代表”重要思想为主要内容的自我教育活动，并制定下发了《关于在全校教职工党员中开展以学习“三个代表”重要思想为主要内容的自我教育活动的通知》（南大发〔2000〕11 号），进一步将“三讲”教育活动引向深入。

学校党委高度重视宣传思想工作，开展了一系列具有创造性的工作，受到上级部门领导的好评。重视理论建设，始终高举邓小平理论伟大旗帜，认真宣传和贯彻党的十五大、十六大精神，并分层次、分重点抓好各个层面的理论学习，起到一级带动一级、一级推动一级的效果。给全校处级以上干部配齐《邓小平教育理论学习纲要》，结合新出台的各种政策、法规、领导重要讲话编辑《南大宣教》和《宣传与教育》。2001 年，党委宣传部编辑下发 6 期《宣传与教育》，为各单位提供政治学习资料。1996—1997 年，学校被评为全省高校宣传思想工作先进集体。学校的普法工作一直得到上级有关部门的好评，多次受到省级表彰。2001 年，学校被省直工委评为“三五”普法先进单位。

学校在学生中积极营造学习邓小平理论的氛围。至 1998 年底，全校“学生邓小平理论学习小组”已发展到 372 个，参加人数达 7982 人。每年举办一次学校思想政治教育研讨会和校办企业思研会，协助编辑多期《南昌大学思想政治教育研究论文集》。成功承办“全国教育系统第二次邓小平建设有中国特色的社会主义理论研讨会”和“江西省第三次邓小平理论研讨会”。

学校重视对外宣传工作，抓住有利时机，在《人民日报》《光明日报》《中国教育报》《江西日报》等媒体上专题宣传学校办学成就，在海内外产生了积极反响。据统计，仅 1993—1998 年，国家级、省级新闻媒体报道南昌大学近 2000 余次。

为了让外界更多更清楚地了解南昌大学，学校每年编辑出版一次《南昌大学改革与发展纪实》。每逢有重大改革举措或重大事件时便编辑一期《南昌大学发展动态》。在对内宣传方面，重点抓好校报、广播、有线电视和宣传橱窗等方面的建设，开展形式多样的校园文化活动，颇受师生欢迎和好评。多年来，学校已为新华社、江西日报社、江西电视台等新闻单位培养了一大批优秀的新闻工作者，有的已成为行业的骨干力量。

学生思想政治教育工作取得很好成效。1994 年初，校党委做出了在全校开展“三学”活动的决定，号召师生“学邓小平理论，坚持社会主义方向；学英模品质，培育集体主义情操；学中华优秀文化传统，弘扬爱国主义精神”。之后，又进一步在学生中开展“三爱”活动，即一年级学生开展“爱校求知”，二、三年级学生开展“爱国修身”，四年级学生开展“爱省成才”教育活动，并制定《南昌大学学生评优条例》《南昌大学学生行为规范》等，形成一种经常持久、扎实有效的思想教育机制，涌现出江西“十大杰出青年”“全国三好学生十大标兵”全国“百优三好学生”等。

学校着力抓好“两课”建设和思想政治工作，探索新时期思想政治工作的新思路，形成新时期思想政治工作新氛围。校党委高度重视、精心领导“两课”建设，成立了由党委书记挂帅，一名党委副书记、一名副校长参加的“两课”建设领导小组。党委制定了《关于加强“两课”建设的意见》，把“两课”列为全校 10 门（类）重点建设课程之首，投入近百万元重点建设。校党委领导亲自主持编写了两部“两课”教材，亲自给学生讲课，并经常下班级听课。“两课”教学部被评为全省先进单位，两位教师获全国“两课”教学先进个人奖，一位教师在全省“两课”公开教学中获一等奖。“两课”建设还被推荐在 1997 年第六次全国高校党建会上做经验介绍，形势政策课在国家教委组织的教学工作会上介绍经验，得到广泛好评。

2001 年，学校扎实推进思想政治教育进网络，抢占网络思想教育阵地。始终坚持以育人为本，继承创新，走有自己特色的网络思想政策教育新路，确保“五个到位”，即党委领导到位、队伍建设到位、人员培训到位、经费投入到位、网络建设到位。学校成立了南昌大学思想政治教育进网络领导小组，学校先后投入 10 多万元建立专门的思想政治教育工作网站——南昌大学“红土地”党建思政网。学工部的南大家园网、南大热线网，思政部、图书馆等单位的网站在广大师生中产生了较好的反响。

三、强化纪检监察　重视廉政建设

学校党委高度重视党风廉政建设和反腐败工作，贯彻“两手抓、两手都要硬”

的方针，坚持反腐败“三项工作”格局，加强思想政治建设，强化党内监督机制，标本兼治、综合治理，把反腐败斗争引向深入，为促进学校改革、发展和稳定发挥了重要作用。

1993 年，为适应新形势的工作需要，学校成立了由 11 位同志组成的校纪律检查委员会，在各党总支和直属支部配备兼职纪检委员，邀请特邀监察员，形成了广泛的纪检监察工作网络。制定了《南昌大学纪委工作条例》《南昌大学监察工作条例》《南昌大学特邀监察员工条例》等 21 项规章制度。

1995 年，学校党委将领导干部廉政自律与加强思想政治建设相结合，印发《关于学习孔繁森加强领导干部廉洁自律的通知》，号召全校党员领导干部学习孔繁森同志先进事迹，提高广大干部对廉洁自律重要性的认识，增强了廉洁奉公、遵纪守法意识和拒腐防变的能力。

1998—1999 年，根据中共中央、国务院《关于实行党风廉政建设责任制的规定》要求，在广泛征求意见的基础上，学校党委制定印发《南昌大学党风廉政建设责任制实施意见》。各单位、各部门按照《实施意见》的要求，先后制定本单位、本部门《党风廉政建设实施办法》，明确了领导干部党风廉政建设的责任。

2000 年，在“三讲”教育活动中，学校党委把严肃党的政治纪律、组织纪律、经济工作纪律和群众工作纪律列入解决党性党风方面问题的重要内容。加强对党员干部的教育、管理和监督，组织党员干部观看有关电影、电视，从中得到启示和教育。

2001 年，针对反腐败工作的新特点和新要求，学校党委先后制定印发《南昌大学党风廉政建设责任追究实施方法》《南昌大学处级单位和处级领导干部管理和监督的若干意见》《领导干部个人和家庭重大事项报告制度》等相关制度，使党风廉政建设和反腐败工作做到有章可循、管理规范、扎实推进。

四、加强统一战线工作　发挥凝心聚力效能

校党委重视统战工作，加强对统战工作的领导，党委有 1 名副书记分管，行政有 1 名副校长联系。校党委把统战工作列入重要议事日程，每学年都要专门研究统战工作，并召开全校统战工作会议。校党委下发了 7 个关于统战工作文件，分别是 1994 年的《关于进一步做好南昌大学统战工作的意见》《关于统战工作的若干规定》、1995 年的《关于选拔、培养、推荐和任用党外领导干部的规定》《关于民主党派、无党派人士参与南昌大学民主管理、民主监督的制度》《关于支持和协助民主党派加强自身建设的规定》《关于进一步加强南昌大学统战工作的意见》和 1997 年的《关于进一步加强院系统战工作的意见》。

不断建立和完善统战工作制度。一是协商座谈会制度，校党委每学期召开 1~2 次座谈会，就学校的重要工作和决策事项向党外人士通报，并征求他们的意见和建议。二是交友联谊制度，校党政领导分工联系民主党派和“三胞”、侨联组织，积极参加他们组织的活动，经常与党外代表人物交心谈心，重大节日走访和看望党外代表人士。三是民主管理制度，学校召开党代会，邀请民主党派负责人列席。四是民主监督制度。学校聘请了特邀监察员、教学督导员、基建督导员，组织他们参加监察审计活动、教学情况的检查和督促活动、基建项目的招标活动等。

做好党外代表人物的物色、选拔和培养工作。从 1993 年至 2002 年间，党外代表人士中担任省级以上人大代表、政协委员共有 67 人次，其中，全国人大代表 6 人，省人大代表 5 人次（含省人大常委 2 人），省政协委员 56 人次（含省政协副主席 1 人，省政协常委 17 人）。截至 2002 年 6 月，在任民主党派中央委员 4 人（民革中央委员 1 人，民盟中央委员 2 人，九三学社中央常委 1 人），在任民主党派省委会正、副主委共 5 人（九三学社省委会正、副主委各 1 人，民革省委会副主委 1 人，民盟省委会副主委 2 人）；在任党外副处级以上干部 49 人，其中厅级干部 1 人。

学校统战工作在校党委领导下，认真贯彻落实中央和省委关于统战工作的方针政策，拓宽思路，发挥优势，取得了一定成绩。1994、1996、1997 年 3 次被省委统战部评为全省统战工作目标管理先进单位。2002、2003 年获得全省统战工作重点目标管理考核综合先进单位。2003 年民盟南大委员会副主委黄菊花教授被评为全国三八红旗手。

附：南昌大学历届各民主党派、统战团体组成人员名单（1993—2003）

一、民革南昌大学总支

第一届（1993—1997）

主　委：张剑青

副主委：包忠炳　陶学荣

第二届（1997—2001）

主　委：黄天纵

副主委：陶学荣　马志武

第三届（2001—2005）

主　委：贾益纲

副主委：罗时民　陈其纶

二、民盟南昌大学委员会

第一届（1993—1997）

主　委：何成宏
副主委：叶居新　何学渊　辜　清　潘秀明（1995—1997）
第二届（1997—2000）
主　委：叶居新
副主委：辜　清　潘秀明　黄劭刚
第三届（2000—2003）
主　委：辜　清
副主委：黄劭刚　黄菊花　朱为英　欧阳珊　陈　涛
三、民进南昌大学委员会
1. 民进南昌大学支部
第一届（1993—1996）：
主　委：饶忆梅
2. 民进南昌大学总支
第一届（1996—2001）：
主　委：王港元
第二届（2001— 2005）
主　委：王港元
副主委：张　彬　刘波澜
四、农工党南昌大学委员会
1. 农工党南昌大学支部
第一届（1993—1997）：
主　委：姚翰英
副主委：王再顺　曾翠英
第二届（1997—2001）：
主　委：曾翠英
副主委：刘天伦　文师华
2. 农工党南昌大学总支
第一届（2001—2006）：
主　委：文师华
副主委：刘天伦　黄增德
五、九三学社南昌大学委员会
第一届（1993—1997）

主　委：秦　中（1993—1995）　耿茂鹏（1995 年—1997）

副主委：林一民　耿茂鹏（1993—1995）　钟伯刚（1995—1997）

第二届（1997—2001）

主　委：耿茂鹏

副主委：林一民　周天瑞

第三届（2001—2005）

主　委：耿茂鹏

副主委：周天瑞　王德保

六、南昌大学侨联委员会

第一届（1993—1997）

主　席：雷　冲

副主席：翁爱梅　吴景探

第二届（1997—2001）

主　席：陈海晏

副主席：张玉明

五、工会和教代会工作高效规范

校工会始终贯彻寓教于乐的方针，组织开展群众性文体活动。每年以基层工会为单位组织参加校田径运动会；每年三八妇女节，组织不同类型的女教职工活动；每年举办教职工篮球和排球比赛；经常举办各种歌舞比赛和晚会。1994 年，学校代表队参加全省职工桥牌赛获甲级队称号；1996 年荣获全省庆“三八”健美操比赛团体总分第一名；1998 年，获省直机关工委组织的象棋比赛团体第一名。工会主动关心职工生活，及时把学校的温暖送给教职工。工会还积极开展支援灾区捐款捐物活动。1994 年，广大教职工捐衣物 2 万件。1998 年夏季江西遭受特大洪涝灾害，教职工 3 次捐衣物共计 4 万余件。

校工会秉承“强化素质、师德为先”的理念，大力实施“现代师表工程”，广泛开展以“三育人”为目的的“树、创、献”活动，强化了师德师风建设。1996 年，开展宣传和学习“先进模范人物”活动；1997 年，举行学校首届“十佳中青年教师”评选和“三育人”先进个人评选，举办两场“十佳教师”事迹报告会。每年开展工会工作先进集体和工会工作积极分子评选，并进行表彰。1993 年至 2002 年，潘际銮荣获全国五一劳动奖章（1996 年），杨柏云荣获全国五一劳动奖章（1999 年），张萌荣获全国先进女职工称号（2001 年），江风益荣获全国师德先进个人称号

（2001 年、2004 年），黄菊花荣获全国三八红旗手称号（2002 年），张华荣获全国师德标兵称号，10 余人次获得全省劳动模范、全省先进工作者、全省师德标兵、全省师德先进个人、全省岗位创新活动“创新女标兵”等荣誉称号。1995 年和 1997 年，学校被评为江西省工会工作先进集体。1999 年，学校被授予江西省民主管理先进单位。2002 年，校工会被省教育工会授予目标管理先进单位，校女工委被授予全省女职工工作先进集体。

校工会积极参与学校民主管理和民主决策，围绕维护教职工权益开展工作。1995 年 7 月，学校召开了南昌大学教职工代表会，与会代表认真审议了《关于南昌大学“211 工程”预审总体论证报告》《南昌大学校内管理体制改革报告》《南昌大学教职工住房分配和管理条例》。1997 年 1 月 6—8 日，学校召开了南昌大学第一届“双代会”，会议通过了校长工作报告、财务工作报告、工会工作报告、《南昌大学“211 工程”整体建设规划》和《南昌大学教职工代表大会实施细则》。1998 年 3 月，第一届“双代会”第二次会议审议通过了《南昌大学后勤改革实施方案》。1999 年 9 月，第一届“双代会”第三次会议审议通过了《关于进一步加强以“三讲”为内容的学习，切实转变机关工作作风的意见》《关于加强“211 工程”建设，进一步抓好重大科研项目和高科技产业的意见》。2000 年 9 月，第一届“双代会”第四次会议审议通过了《南昌大学“211 工程”“十五”建设规划》。2001 年 7 月，第一届“双代会”第五次会议审议了《400 套建房、集资方案》《人事分配制度改革方案》。2002 年 7 月，第一届“双代会”第六次会议审议了《南昌大学新校区建设规划报告》《南昌大学新校区设址方案》。

六、共青团与学生会工作走向全国

在校党委的领导下，学校共青团工作在立足校园、面向全省、走向全国的努力中不断发展。从 1994 年起，学校连续 5 年被评为江西省共青团工作先进单位。从 1995 年起，连年被授予全国社会实践先进单位和全省社会实践先进单位。2000 年，校团委被评为全省五四红旗单位，2001 年和 2002 年被授予全国五四红旗单位、全省五四红旗团委标兵。学校 4 次被评为“挑战杯”全国大学生课外学术科技作品竞赛全国优秀组织奖。组队参加全省学生电子制作大赛，荣获七连冠，共获 70 余个一等奖。中央电视台、新华社、《人民日报》、《光明日报》、《中国教育报》、《中国青年报》等全国性新闻媒体对学校共青团工作报道达 30 余次。

1995 年底，随着各学院的成立，标志着校、院、系三级管理体制的形成。校团委找准自己的定位，明确自身职责，坚持“抓基层、抓实事、抓实效”的工作方针，理顺校、院、系三级团组织工作机制，把团支部建成班级工作的核心，把团小组建在寝室。

1997 年 6 月，南昌大学首届团代会、学代会隆重召开，大会选举出以徐求真为书记的第一届中国共产主义青年团南昌大学委员会。学生会工作逐步走向规范化、制度化。编制了《南昌大学团的制度汇编》，完善了发展新团员制度、团员教育评议制度、调研制度、推荐优秀团员入党制度、学生会干部考评制、学生会“六个一”工作考评制、南昌大学学生社团管理暂行条例等。1998 年，校团委书记徐求真被选为团省委常委，并参加共青团第十四次全国代表大会。1993 年—1998 年，共有 3045 人被评为优秀团员，1004 人被评为优秀团干，评出先进团支部 283 个。向党组织推荐 4038 名优秀团员，被吸收为中共党员的 2209 人，向机关、社会团体、企事业单位推荐 400 余名优秀青年就业。

1997 年，校团委应邀参加全国 30 所高校社区援助工作交流会，并做会议发言。在团中央和中国青年报联合开展的“十城百校班班有报”活动中，学校被评为 6 个先进单位之一。学校把培养高素质的干部队伍放在共青团事业发展首位，多途径、多层次、多形式让团干、学干接受锻炼和培训。每年团校按时开班，培训近万人次，这支队伍在团学工作中发挥了中坚作用，毕业后得到了用人单位的欢迎和重用。团委抓住校园文化的育人功能，推出“树文明校风，做文明学子”“百日千分”“文明形象塑造月”等活动，组织万名团员“创建文明校园迎校庆”等大型文明活动，举办了“拥抱明天”“再创辉煌”“继往开来”等 30 余场节日庆典文艺晚会，举办青年歌手大赛、社团文化艺术节，促进了校园学术、科技、文化、艺术氛围的形成。树立精品意识，推出“红旗支部月月评”“一个支部一面旗”“团日设计大赛”“团旗行动月”“共青团创建文明校园”等特色活动，充分发挥团支部的整体优势，增强团的工作细胞活力。

第三章　建设发展（2003—2012）

2003—2012 年的十年，是南昌大学建设发展的重要阶段，学校建设了 4500 余亩风景秀美的前湖新校区，按照省部共建需要与江西医学院进行实质性融合，组建新的南昌大学，形成了文理工医学科门类齐全的办学格局，为高水平大学建设营造了良好的育人环境和办学条件。

第一节　拓建校区，开启“二次创业”

高等教育扩招政策实施以来，各高校学生规模取得了突飞猛进的成效。随着学生数量急剧增加，高校原有的办学场地和办学资源越来越不能满足办学需要。为此，许多高校先后进入新校区建设，南昌大学积极响应江西省南昌市高校新园区建设，并在南昌市昌南新园区建设新校园。

一、前湖校区建设

2003 年 1 月，江西省发改委正式批复南昌大学新校区校园建设可行性研究报告，同意学校在南昌市红谷滩新区红角洲前湖以北、昌樟高速公路以南、丰收水库以西、来龙山以东征地 3600 亩，建设新校区。新校区总体规划结合城市“一江两岸”的发展思路，体现“自然、自在、自律”的新思想、新原则；规划突出以人为本，尊重南昌地区的人文、气象和地理特征，尊重和保护山水原貌和自然环境，特色鲜明；充分展示了智能化、生态化，传统与现代风格相结合的山水园林式的现代综合性大学园区的理念。新校区总体规划特点可概括为“一核、二环、三水、五区”。

一核是指最大限度地保留了新校区中部大片丘陵地貌和良好植被，称之为“绿核”，“绿核”是校园名副其实的“绿肺”。二环是指围绕“绿核”，设置了一圈内环道、一圈外环道，环道经过校园五个功能区的边缘，将五个功能区串联起来。三水是指完整地保留了新校区北部的水库，并在面向前湖、靠学府大道的北界一线，结合现有水面，因形就势开辟了两列带形水面；水库使学生区和教学区保持了适当的距离，而带形水面则让大学的标志性建筑精彩地展现在城市景观中。五区是指办公区、教学实验区、学生生活区、文体活动区、教职工生活区。

规划以网络化的结构骨架将地块合理划分，在充分尊重自然生态环境的基础上，建立多层的生态、绿化系统。设计方案功能分区明确，达到动静分开，强调利用原有地貌、水域、植被，突出山水景色，同时又体现人文气息。

2003年2月8日，第一幢建筑——学生第一食堂破土动工。从3月份开始，1—4栋学生公寓、教学楼、校区正大门、广场、简易体育场、校园主干道路基及2座桥梁工程陆续动工，9月实现通水，10月实现通电，确保了6300名新生于10月10日入住前湖校区。用了不到8个月的时间，完成了700余户民房及3000余座坟墓的搬迁，新建了10栋建筑面积共计13万平方米的校舍，建成了校区正大门、3个广场、1座简易体育场、10个篮球场、10个网球场，构筑了13.6千米的主干道路基和2座桥梁部分桥基，挖铺雨水管14千米、污水管5400米、自来水管7900米、煤气管道900余米，铺设电信、网络、有线电视光缆、电缆及管道14千米，栽种灌木9万余棵，铺设草皮5万余平方米，基本完成一期工程建设任务。

从2003年11月初开始，二期工程全面启动，6幢学生公寓、食堂、综合教学楼、基础实验中心、行政办公楼、主干道路面铺设、两湖景观园林等工程相继开工。2004年3月，学生第二食堂主体建筑封顶；4月，行政办公楼、6幢学生公寓主体建筑相继封顶；5月，基础实验中心楼主体建筑封顶；6月，综合教学楼主体建筑封顶；9月，新校区所有道路沥青路面工程全部铺设完成，总里程达到14千米，铺设人行道板8万余平方米，主干道上的2座桥梁也投入使用。截至9月，新校区二期建设重点工程全部完成，建筑面积近20万平方米的校舍竣工交付使用，保证了2004级新生顺利入学。同时，还建成了校区东大门和景观桥1座，铺设电缆16千米及电信、网络、有线电视光缆7.5千米，网络建点10259个，种植各种乔木2.4万余棵，铺设草皮25万余平方米，修建了园林景观5处，安装景观灯240余套。

2004年3—8月，新校区迎来了建设的快速发展阶段。分30余次完成了七大基础实验中心上亿元的仪器设备招标采购任务。学校改变单一的银行贷款投资方式，成功招商投资单位3家，投资金额达5亿元，投资建设校舍面积达36.4万平方米，为缓解建设资金紧张、加快新校区建设步伐，创建了良好条件。这一成功尝试，在国家当时调控银行贷款利率、资金紧缩的大环境下，优势突显。在有的学校因资金贷款困难而出现停工时，南昌大学没有受到影响，为实现3年基本建成新校区的目标奠定了坚实基础。从 2004 年 3 月开始，还陆续开工建设了体育中心、昌海楼、安保楼、医院、建工楼、理科楼、艺术与设计教学楼、人文楼、环境与材料科学楼工程，建筑面积达 36.73 万平方米。完成了三期学生公寓家具、教室设备（课桌椅、多媒体等）、基础实验室、图书馆仪器设备的招标采购任务，一批实验教学中心相继建成。

2005 年是新校区建设工程量最大的一年，是新校区建设的决战年。经过 3 年的建设，新校区的基础设施得到进一步完善，多幢教学楼交付使用，为实现学校的迅速发展奠定了坚实的物质基础。从 2005 年年初开始，理科楼、信工楼、国际交流中心、高级学生公寓、四期学生公寓、研究生公寓楼，教工区体育场、研究生院办公楼、四期学生食堂等 9 个项目陆续开工，建筑面积达 42.07 万平方米。交付使用的有艺术楼、昌海楼、环化楼、行政中心楼、校医院、体育场、保卫楼、三期学生公寓、食堂、水泵房 13 个建筑项目，建筑面积达 20.58 万平方米。同时还完成配套项目包括铺设光纤光缆 27 千米、电缆 26 千米、电话及广播线路 80 余千米，安装路灯 200 余盏，种植乔木 5.4 万余棵、小灌木 20 万余棵，铺设草皮 7.79 万平方米。全年竣工的总面积达 75.36 万平方米，占到了前湖校区规划建筑总面积的 70%。

同年，学校加大融资力度，融资项目多达 7 个。体育场馆、国际交流中心、研究生公寓、高级学生公寓、四期学生公寓楼群、四期学生食堂、教工区运动场，总融资金额达 4.16 亿元，为新校区建设提供了有力的资金支持。

2006 年是前湖校区建设的收官之年，学校克服了工程量大、资金短缺的重重困难，上下团结一心，真抓实干，既保证了 2006 级 8000 名本科新生、2700 名研究生的顺利入学，又为学校的整体搬迁创造了条件。2006 年，9 幢四期小高层本科生公寓、6 幢多层本科生公寓（包括医学院）、3 幢小高层研究生公寓、2 幢学生食堂、图书信息中心楼、人文楼、生命理科楼、建工楼、信工机电教学楼、教工区运动场、研究生院楼及配套建筑交付使用，总建筑面积达 55 万平方米。同时还完善了各建筑物周边道路和配套设施。

前湖校区建设坚持与节约型校园建设同步推进，为所有学生公寓安装了太阳能热水系统，所有的校园绿化养护均利用回收的雨水，建成了国内首座符合国际比赛标准的全太阳能热水系统游泳馆。

二、开启二次创业

2003 年 1 月，学校党政班子召开研讨会，深入学习贯彻党的十六大精神，对关系学校中长期发展的一系列重大问题进行了认真研究和探讨。会议强调南昌大学自

1993年组建10年以来，与合并前比、与省内高校比取得了很大的成绩，但是和周边省市的兄弟院校相比，学校的差距相当明显。会议号召全校师生应该奋起直追，要扑下身子，进行二次创业，实现南昌大学的超常规发展。同时，会议提出了学校的定位是全国性、国际化、高水平。

“全国性”就是从学校服务和影响范围来讲，即思考学校的所有问题都应摆在全国范围内这个参照系上来考虑，绝不能满足在省内的所谓领先，应立足江西、面向全国，使全国各地、各条战线都能感觉到南昌大学的存在，感觉到南昌大学的影响；学生生源和师资来源也应该是全国性的，逐步加大外省生源的比例，争取在2~3年内达到50%以上，同时加大引进师资的力度。

“国际化”就是从高等教育发展趋势和要求来看，学校应该大力推进国际化。办学理念、师资培养、教材建设、教学计划、人才培养、学生教育等都要与国际接轨，使南昌大学融入教育国际化潮流中，提高教育教学质量和办学水平。

“高水平”就是从学校的发展目标和任务来讲，今后学校要用10年左右时间基本完成由教学型向教学研究型大学的转变，力争综合实力进入全国高校前50强，达到国内一流、国际知名。

（一）实施“四名工程”

2003年2月20日，学校召开年度工作会议暨南昌大学第二届教代会第一次会议，会议首次提出大力实施“四名（明）工程”，即名园工程、名师工程、名牌工程、明星工程。

“名园工程”就是建设新校区和改造老校区。要以“改善教学、科研、学习、工作与生活条件”为基本价值取向，完成对新、老校区功能布局的整体规划，并分步组织实施；要加强新校区建设，用2年左右时间，使之成为设施先进、山水园林、布局科学、环境典雅的现代教学园区；要在广泛调研和反复论证的基础上开始老校区的重新规划和合理改造，使全校师生员工安居乐业、安居乐学。

“名师工程”就是加强师资队伍建设，抓紧学科带头人等高层次人才的培养和引进。名师培养目标应有阶梯性，在不同层面，名师的标准各有不同。

“名牌工程”就是加强以“211工程”重点学科为龙头的学科建设。学科是大学的品牌，建设大学应以学科建设为核心。学科发展水平，是一所大学在国内外地位的主要标志。要认真抓好“211工程”为代表的重点学科建设，建成一批在国内外有重要影响的品牌学科。

“明星工程”就是搞好学校科技开发和科技成果转让工作，真正做到为江西地方经济建设、社会发展服务，成为地方经济建设发展的科技支撑力量。科技园、工程中心，要加大开发和转让力度。要对校办科技产业、运作机制、管理机制等方面进行改革，充分发挥它们的积极性，创造更大的社会效益和经济效益，培育出在国内外有较大影响的科技明星企业。

在明确实施“四名（明）工程”战略的同时，学校紧紧抓住战略机遇期，积极适应高等教育大众化的新形势，紧密结合江西经济社会发展需要和南昌大学实际，带领全校师生员工真抓实干，加快推进“二次创业”步伐。

（二）推进“三个转移”、做好“三篇文章”

2007 年，南昌大学新校园建设基本完成，本科教学工作水平评估获得优秀，学校应顺势发展，全面提升，形成新的局面。同年 5 月，南昌大学第三次教职工暨工会会员代表，会议提出推进“三个转移”，做好“三篇文章”，继续大力实施“四名工程”战略。“三个转移”就是积极推进工作重心从以外延发展为主转移到内涵建设上来，从以数量扩张为主转移到进一步提高质量上来，从以教学为主转移到教学与科研并重上来；“三篇文章”就是抓管理，抓质量，抓特色。

2007 年 12 月，学校召开中国共产党南昌大学第一次代表大会，校党委书记郑克强在大会上做了《认真贯彻党的十七大精神，为建设高水平新型综合性大学而努力奋斗》的报告，通过了《积极推进“三个转移”，认真做好“三篇文章”，努力建设高水平的新型综合性大学》的工作报告，强调要“把实现‘三个转移’、做好‘三篇文章’同实施‘四名工程’、推进‘二次创业’紧密结合起来”，进一步阐述了实现“三个转移”、做好“三篇文章”的内涵：

实现“三个转移”是落实科学发展观、服务江西、促进崛起的迫切需要，是学校又好又快发展的战略选择，是建设高水平新型综合性大学的必由之路。

要坚持国家战略优先与服务区域发展相结合，坚持重点建设与带动整体发展相结合，提高自主创新能力，实现教学、科研同步发展、相互促进，增强学校办学综合实力，实现从以教学为主向教学、科研并重的转移。

要坚持质量、规模、结构、效益的统一，稳定本科生规模，发展研究生教育，创新教育教学理念，创新人才培养模式，创新教学管理机制，提高高层次人才特别是拔尖创新人才的培养质量，造就学术领军人才，构筑人才高地，实现从以数量扩张为主向质量提高的转移。

要继续解放思想，把握高等教育发展的机遇和规律，以改革促建设，以改革谋发展，把改革贯彻到学校建设与发展的各个方面，创新发展理念，转变发展方式，增强可持续发展能力，实现从以外延发展为主向内涵建设的转移。

管理是强校之基，质量是立校之本，特色是兴校之策，这三者相互依存、相辅相成。做好管理、质量、特色“三篇文章”，是实现“三个转移”的有力举措。

抓管理，就是要以科学发展观为指导，创新体制机制，创新手段方法，减少管理层次，降低管理成本，提高管理效益。要切实加强人力资源管理，树立“人力资源是第一资源”的思想，优化配置人力资源，合理利用人力资源，科学开发人力资源，调动教职员工的积极性、主动性和创造性，为学校发展提供人力保障；要切实加强财力资源管理，促使经费投向更具针对性、合理性和连续性，提高经费使用效益，为学校发展提供财力保障；要切实加强物力资源管理，完善管理信息系统，构建先进、开放、共享的公共服务体系和资源平台，定期检查评估，提升资产利用效率，为学校发展提供物力保障。

抓质量，就是要以实施“质量工程”为牵引力，把提高质量贯彻到学校建设与发展的每个环节，保证学校建设与发展质量稳步提高。要坚持在培养学生创新精神和实践能力上下功夫，完善人才培养模式和培养机制，改革教学内容、方法和手段，不断提高教学质量；要坚持在建设学科创新平台和创新团队上下功夫，为科学研究提供装备条件和政策保障，不断提高科研质量；要坚持在增强服务意识和服务能力上下功夫，加强能力建设、作风建设和制度建设，不断提高服务质量。

抓特色，就是要以服务地方经济建设和社会发展为立足点，走特色发展之路。要坚持以“211 工程”建设为契机，着力加强特色学科建设，巩固有优势的特色学科，发展有基础的特色学科，培育有潜力的特色学科；要坚持以“科教兴赣”为目标，突出重点，注重基础，加强应用，推进转化，产出一批科技含量高、社会影响大、经济效益好的特色成果；要坚持以文化创新为重点，增强文化发展活力，创新文化活动形式，不断满足师生日益增长的文化需求，使学校成为发展江西区域特色文化的示范区和辐射源。

（三）化解债务风险

新校区的建成，让学校的办学质量和水平迈上了一个新的台阶，奠定了今后一个时期持续健康发展的坚实基础。但与国内许多建设新校园区的高校一样，学校也因此面临着沉重的债务问题。2007 年，根据当初的贷款协议，学校剩余的银行贷款大部分要在随后的 3~4 年内到期，学校因此面临着很大的财务风险。针对新校区建设的债务压力，校党委和行政多次组织专题研究，制订了防范债务风险的方案。通过土地拍卖，成功置换老校区土地 245 亩，获得 7 亿元土地拍卖金，同时通过争取省政府专项资金支持、强化内涵建设等多种措施，使学校的总负债规模化解了三分之一。

2008 年，国际金融危机爆发，学校积极筹划调整银行贷款结构，努力达到省政府提出的银行贷款“短改长、高改低”的目标。在省政府主要领导的直接关心和支持下，在上级有关部门的大力帮助下，国家开发银行总行于2009年2月初通过了由国家开发银行牵头，中国建设银行、中国银行、中信银行参与的总额为12亿元、贷款期限为16年的南昌大学债务重组银团贷款项目，即把南昌大学在随后3~4年内需全部归还的银行贷款分摊在今后的16年内支付，每年还本资金只有原来的五分之一左右。

2009年3月27日，南昌大学债务重组银团贷款项目签约仪式在前湖校区举行。学校分别与国家开发银行江西省分行、建设银行江西省分行、中国银行江西省分行、中信银行南昌分行签约。这是国家开发银行首次与国内高校单独签订的总量大、期限长的债务重组银团贷款项目。此举从根本上化解了学校的债务风险，为高校化解债务风险做了有益探索。

第二节　省部共建，推进新的融合

进入21世纪，中国高等教育实现了历史性跨越，进入到大众化发展阶段，以“共建、调整、合作、合并”为内容的高等教育体制改革，形成了中央和省两级管理、以省为主的管理新体制。2004年开始的省部共建地方高校工作，促进了高等教育全面、协调、可持续发展。这一时期，中国高等医学教育管理发生了历史性的变化，先后有一批医学院校先后并入综合性大学，打破了中国高等学校按部门、按行业、按单一学科独立设置的体制格局。

一、省部共建

2004年12月15日，江西省人民政府、教育部共建南昌大学协议签字仪式隆重举行。教育部部长周济与江西省省长黄智权分别代表教育部和江西省政府签署了协议。协议如下：

（一）南昌大学是地处我国中部的一所基础较好、特色鲜明、在国内外有一定影响的高等学校，在国家高等教育布局中具有重要的作用和特殊的区域地位。重点建设好南昌大学，是江西省和教育部的共同责任。实行以江西省为主管理，教育部重点支持的省、部共建，是新时期推进高等教育创新的又一重大举措，旨在加快南昌大学各项事业改革与发展的步伐，不断提高教育质量和科研水平，并努力成为我国中部地区高素质人才培养、高水平科学研究及推进高新技术发展和成果转化的重要基地之一。

（二）积极推进南昌大学实施“十五”“211 工程”建设，努力提高重点建设学科的水平。教育部将给予大力支持，保证中央专项经费的落实到位。江西省确保“十五”“211 工程”建设经费和正常事业费投入。在南昌大学今后的事业发展中，教育部将视条件和可能，积极争取给予一定的经费投入支持。

（三）教育部将对南昌大学改革、发展、建设等方面给予更多的关注与扶持。

1. 指导和帮助南昌大学制订战略发展规划和学科建设规划。

2. 加强对南昌大学在教学、科研、学科建设、师资队伍建设等方面的指导和支持，推进改革创新。

3. 教育部将在相应的人才培养基地、重点学科、重点实验室、工程中心、博士点等有关布点和建设中将南昌大学纳入整体规划统筹考虑。

4. 吸收南昌大学参加教育部召开的直属高校的重要会议，进一步推动南昌大学与教育部直属高校的相互学习和信息交流。支持和指导南昌大学推进国际合作与交流。

（四）江西省进一步加强对南昌大学的领导，集中力量重点建设好南昌大学，在政策、经费等方面加大对南昌大学的支持力度，为南昌大学的改革与发展创造良好的办学环境。

1. 继续把南昌大学作为江西省高等教育建设的重点，纳入全省经济建设和社会发展的总体规划，作为重点项目，集中力量，抓紧抓好。

2. 进一步推进加快南昌大学的改革发展步伐，在人才培养、博士点建设、重点学科、重点实验室和工程中心等方面为南昌大学提供更好的条件。进一步整合教育、科技资源，进行体制和机制创新，促使南昌大学在江西省高校布局结构调整、优化教育资源配置、提高江西省高等教育整体水平和办学效益上发挥龙头和示范作用。

3. 积极推进原江西医学院在南昌大学内部的实质性融合。

4. 随着本省经济的发展，今后继续增加对南昌大学的经费投入，主要用于基本建设、重点学科、重点实验室和工程中心建设。

5. 在重大科研项目申报评审、人才引进、重点学科、重点实验室和工程中心等方面予以倾斜支持。在校舍建设、校办产业改制、后勤社会化等方面实行特事特办、优先优惠。

（五）江西省和教育部依据《中华人民共和国高等教育法》，为南昌大学建立并完善自我发展、自我约束的运行机制积极创造条件，最终实现南昌大学面向社会依法自主办学。

（六）在共建过程中的实施细则及具体事宜，由江西省、教育部组织南昌大学具体研究确定。

实施省部共建后，江西省人民政府和教育部积极落实协议内容。教育部积极吸收南昌大学参加有关会议，及时传递中国高等教育改革与发展的信息，加强教育对省部共建高校工作的指导，充分听取省部共建高校的意见和建议，促进了南昌大学的发展。2004 年 11 月和 2005 年 12 月，为了指导共建高校制定战略发展规划，推进地方高校的发展，教育部直属办先后在广西和北京召开了共建地方高校和直属高校发展规划研讨会，吸收了南昌大学参加，指导南昌大学制定发展规划。在《江西省国民经济和社会发展第十一个五年规划纲要》中明确提出："积极实施南昌大学省部共建和'211 工程'建设。""十五"期间，南昌大学共完成了"211 工程"建设总投资 26362.24 万元，其中中央各项资金和江西省政府配套资金全部到位。

二、新的融合

随着全国高等教育管理体制改革的深入推进，2005 年在江西省人民政府和教育部的推动和指导下，南昌大学开始推进与江西医学院的实质性融合。

2005 年 8 月 17 日，省政府决定南昌大学与江西医学院合并组建新的南昌大学，江西医学院改名为南昌大学医学院。同时，江西省政府以赣府字〔2005〕50 号文《关于同意南昌大学、江西医学院合并组建新的南昌大学的批复》发至省教育厅，全文如下："省教育厅：赣教字〔2005〕5 号文收悉。经省政府研究，并报经教育部批准，同意南昌大学与江西医学院合并组建新的南昌大学，同时撤销原两校建制。两校合并组建方案由省教育厅报省委、省政府审定后实施。"

2005 年 8 月 17 日，江西省委教育工委、省教育厅联合发文（赣教字〔2005〕6 号），全文如下："南昌大学：你校报送的《关于江西医学院与南昌大学实质性融合的实施方案（昌大发〔2005〕10 号）》收悉。经研究，并经报省委、省政府，同意你校上报的《实施方案》。请你校按照省委、省政府和《实施方案》要求，切实加强领导、周密部署、积极稳妥地推进江西医学院与南昌大学实质性融合工作，实现优势互补、资源共享，促进新的南昌大学更快更好发展，为江西经济社会做出更大贡献。"

江西医学院与南昌大学合并，是江西省委省政府进一步贯彻国家高校发展战略和推进科教兴赣主战略的重要举措，也是深化江西教育综合改革实验的实践探索，标志着江西高等教育进入了一个新阶段。通过两校的实质性融合，使新的南昌大学学科门类更全、学科水平更高、综合实力更强，逐步发展成为国内一流、国际知名的研究型大学。同时，促进医学学科的快速发展及其与其他学科的交叉、渗透和融合，建设国内一流医学院，大力提高江西医学教育与医疗服务质量与水平，为江西在中部崛起，全面建设小康社会做出更大贡献。

2005 年 8 月 24 日，遵照《江西省人民政府、教育部共建南昌大学协议》，学校举行了南昌大学与江西医学院正式合并组建新南昌大学的揭牌仪式，教育部副部长吴启迪出席。随后，学校根据中共江西省委教育工委、江西省教育厅《关于对南昌大学实质性融合方案的批复》（赣教字〔2005〕6 号文件）精神，组织实施了《南昌大学实质性融合实施方案》，明确了实质性融合要遵循改革创新、促进发展、积极稳妥、重点扶持的原则。为进一步实现江西医学院在南昌大学内部实质性融合，学校制定并实施了《南昌大学医学院工作运行暂行办法》（昌大发〔2005〕11 号），在学校建制、医学院内设机构运行机制、医学院及其管理的附属单位干部级别和管理、学校人事、财务等管理体制及运行模式等方面都做了明确规定。学校内部管理实行统一校名、统一法人、统一领导、统一规划建设、统一财务、统一规章制度。为了确保融合工作平稳推进，学校设置融合过渡期（2005 年 9 月至 2007 年 1 月）。在过渡期的前期，医学院内设机构暂时保留，对口衔接，正常运作。逐步进行资源整合和机构调整，先对基础学科和机关管理部门进行整合，再逐步推进其他领域的整合。

为在融合初期建立平稳有序、高效快捷的工作运行机制，积极稳妥地促进各项工作正常进行，学校研究决定，医学院工作运行实行如下办法：

一是学校党委、行政对全校工作实行统一领导和部署，各职能部门对口衔接，医学院党委、行政及各部门根据学校总体要求、工作部署和统一的规章制度，相对独立负责地组织实施。

二是学校与医学院各职能部门、业务和公共教学部门，以及相关学院之间，要做好对口衔接工作。各部门要积极主动地采取走访、开联席会等形式进行衔接。通过衔接，要确保学校政令和信息渠道的畅通，确保学校日常工作正常运行。学校职能部门可与医学院有关部门进行工作协商，并进行业务指导。各部门要对原有规章制度逐步进行清理和修订，制定统一的规章制度。

三是学校收到的上级有关文件、通知等，应及时转医学院阅办，各部门、各单位收到的上级有关文件、通知等，应和医学院机关部门、单位传达沟通。医学院需对外报送的文件、报表等，应交由学校统一报送。学校重要工作、紧急工作可同时向学校和医学院职能部门进行部署，日常工作可由学校职能部门向医学院相关部门进行传达安排，医学院相关部门根据学校统一的部署结合实际贯彻落实。医学院相关部门可向学校职能部门商询、报告工作。职能部门之间不能协调一致的事项，可分别报告学校和医学院分管领导协调解决。

四是南昌大学作为一级法人，统一对外公务活动；请示、报告、报表等上行文一律由学校上报；鼓励医学院及其附属单位自行对外开展学术交流与合作，争取资金和项目。进行重大对外公务活动、签署对外合作协议等，需以南昌大学名义进行时，应向学校报批后实施。

五是按照党的干部政策，采取“老人老办法，新人新办法”，医学院干部原有职级待遇保持不变，新任干部按照干部工作有关规定和程序办理。医学院及其附属单位处级干部的聘（任）免，由医学院党委根据校党委核定的岗位和职数提出考察人选，校党委组织部和医学院党委组织部共同考察，报校党委决定。医学院及其附属单位科级干部的聘（任）免，由医学院党委按照规定的程序和职数研究决定，报校党委组织部备案。

六是院内人事调配由医学院人事部门自行审核决定，报校人事处备案；人员调进调出须报校人事处审核和办理有关手续。2005 年度教职工专业技术职务评聘工作由医学院在结构比例范围内按照江西省职改办有关文件要求自行组织实施，校人事处办理聘任手续。医学院离退休职工由医学院按学校统一规定进行管理，职工离退休报校人事处备案。

七是在保持医学教育体系的完整性和相对独立性的同时，相同或相近的公共基础课教学单位要抓紧调研，制订出学科、专业和课程调整方案，推进实质性融合。本科教学评估工作由学校评建办牵头制订方案，尽快实行接轨。

八是统一学校财政账户，原江西医学院财政拨款并入南昌大学基数。从 2006 年 1 月 1 日起，由学校负责编制统一的预决算，实行预算管理。实行单独的经费包干，校长授权医学院院长行使财务审批权，并执行统一的财务管理制度。原江西医学院单位账户、财务人员由学校统一管理，并设立二级财务。

九是学校对全校各校区实行统一规划、统一布局、统一建设，对各校区公共服务体系进行统一规划建设。有关部门尽快提出方案，报学校审定后组织实施。

十是学校对原两校前湖校区的学生管理、后勤服务、安全保卫等逐步实行统一管理，原有机构和人员进行整合。医学院党委负责医学院基层党组织建设和思想政治工作。党团费、工会会费按规定上交学校有关部门。

从此，融入新南昌大学的医学高等教育在新的起点上，面对新的机遇与挑战，开启发展新征程。通过两校的实质性融合，南昌大学学科门类更全，学科水平更高，综合实力更强。同时，促进了医学学科的快速发展和学科的交叉、渗透与融合，提高了江西医学高等教育和医疗服务的质量与水平。

第三节 迎评促建，提升办学水平

教学评估是全面保障和提高教育质量的重要举措。1998 年全国高校大规模扩招以来，中国高等教育逐步进入大众化阶段。高等教育规模的迅速扩大引起了政府和全社会对高等教育办学条件、教育质量与规范管理的高度重视和广泛关注。为了全面保障和提高高等学校本科教学质量，教育部自 2002 年开始全面正式启动高等学校本科教学工作水平评估工作，国家《2003—2007 年教育振兴行动计划》，将“高等学校教学质量与教学改革工程”列为六大重点工程之一，提出了要建立周期性教学评估制度，所有本科院校均必须接受教育部本科教学工作水平评估。据此，2003—2013 年，学校开展了以改善办学条件、提升办学水平为目标，以组织准备、专家考察、整改提升为梯度阶段的迎评促建工作。

一、组织准备

2003 年，南昌大学启动迎接教育部本科教学工作水平评估的迎评促建工作。学校迎评工作紧紧围绕“以评促建，以评促改，以评促管，评建结合，重在建设”的 20 字方针，组织全校师生开展了教育思想观念大讨论，解放思想、更新观念，树立科学的教育观、质量观、人才观和发展观，凝练出“格物致新，厚德泽人”的新时期校训，形成了“育人以学生为主体，教学以教师为主导，服务以江西为重点，管理以学院为重心”的办学思路，制订了学校战略发展规划，明确了学校的办学指导思想。

2003 年 11 月 12 日，学校召开全校教学工作会议，正式启动迎评促建的工作，成立南昌大学本科教学工作水平评估与建设工作领导小组。

2004 年 5 月，学校正式成立本科教学评估与建设办公室，全面统筹协调学校评建工作。6 月至 12 月底，校评建办组织文科组和理工组两组校内专家，对校本部的 13 个学院的本科教学评估第一阶段的准备情况进行了第一次校级摸底评估，并组织学习考察组赴苏州大学、扬州大学、东华理工学院、内蒙古大学学习考察迎评促建工作，邀请多名国内知名评估专家开展多层次的评估指标体系辅导和研讨、指导开展以评促建工作。2005 年初至 8 月，学校制订并下发《南昌大学 2005 年以评促建工作计划》，同时发布《对〈普通高等学校本科教学工作水平评估指标体系〉内涵的理解与认识》等评估工作纲领性文件。

江西医学院正式并入融入新南昌大学后，针对合并后新学校的评建工作，2005年9月，学校制订实施了《关于两校合并后南昌大学迎评促建工作面临的问题及工作方案》，调整充实校评建办领导干部和工作人员，并召开了并校后的首次全体中层干部、副教授以上人员大会。会议强调，评建工作不仅要贯彻教育部“二十字方针”，还要加上“以评促合”的方针，“以评促建，以评促合，以评促改，以评促管，评建结合，重在建设”成为并校后学校评建工作新的指导方针，并就并校后评建工作存在的问题、解决方案、工作进度等提出了具体要求。随后，学校召开评建工作活动月动员大会，明确把当年11月中旬至12月中旬定为“评建工作活动月”，号召各职能部门、各学院开展一系列的建设、检查和评比工作，力争评建工作活动月的努力，把学校的评建工作推上一个新的台阶。

2006年，《南昌大学2006年工作要点》（2006年1号文件）第一条明确提出：“全力以赴抓好‘迎评创优’工作，提高教育教学质量。”随后，学校相继召开迎接教育部本科教学工作水平评估动员大会和第二次评建工作院系大检查工作。为快速推进迎评促建工作，6月前学校组织全校各学院完成了从青山湖校区整体搬迁至前湖校区北院工作。7月，为集中精力和时间做好各项评建工作，学校召开暑期评建工作布置会，决定全校教职工取消暑假，暑期按正常作息时间上班，正式全面部署和推进暑期的评建工作。9月底，学校邀请教育部、教育厅知名评估专家组成专家组到校进行本科教学工作水平预评估，以教育部专家评估的水平标准和实战工作状态进行了检验和预演全校迎评准备工作。10—11月，学校根据预评估专家的反馈意见和预评估存在的问题，评建办再次组织全校师生员工进一步查缺补漏、完善提升。11月20日，学校召开总动员大会，会议以校党委行政名义号召全校干部职工、全体教师、学生紧急行动起来，以团结进取的精神风貌、以昂扬必胜的坚强信心、以奉献拼搏的钢铁斗志、以扎实细致的工作作风全身心地投入迎评决战中来。

二、专家考察

2006年11月26日—12月1日，根据教育部《关于做好2005年普通高等学校本科教学工作水平评估的通知》（教高司函〔2005〕文件）精神，以江汉大学李进才教授为组长、清华大学胡显章教授为副组长的教育部专家组一行17人，对学校本科教学工作进行了为期一周的整体全面考察。

2006年11月26日，学校召开校长报告大会暨评估专家欢迎会，省领导、省教育厅领导以及省“211工程”建设领导小组成员单位代表等领导出席。

在一周的考察评估期间，专家组听取了学校关于本科教学工作水平评估的工作汇报；审阅了南昌大学本科教学工作水平评估的《校长报告》《自评报告》《基本状态数据》《支撑材料》等相关材料；观看了本科教学工作水平评估专题片；参观了办学成就展；考察了校现代传媒中心、图书馆、网络中心、生物博物馆、材料科学与工程实验中心、多媒体教室网络集控机房、语言自主学习室、电工电子实验中心、基础物理实验中心、基础化学实验中心、工程力学实验中心、工程训练中心、体育场馆、医学生命科学标本陈列馆、人体寄生虫学实验室、教育部食品科学重点实验室、教育部发光材料与器件工程研究中心、学生宿舍和食堂等教学、生活设施；走访了教务处等 19 个职能部门和 14 个学院；观看了大学生文化素质汇报演出；调阅了 37 门课程的 1895 份学生试卷、19 个专业的 897 份毕业论文（设计）和 555 份实验实习报告及其他有关材料；分别召开了校领导、中老年教师、青年教师、专业负责人、实验实习基地管理人员、教学管理人员、中层干部、理工科类学生、文科类学生、学生管理干部等 10 个座谈会；随机听课 46 门次；对 112 名学生分别进行了计算机、英语、化学和医学临床四个方面的技能测试；走访了江铃汽车集团公司、校附属医院等校外实习基地。

专家组在全面考察的基础上，经过认真分析和深入讨论，形成了《对南昌大学本科教学工作水平评估的考察意见》。专家组认为：南昌大学由原江西大学、江西工业大学和江西医学院经过两次合并组建而成，是江西省人民政府与教育部共建的江西唯一一所国家“211 工程”重点建设高校。在中央领导的亲切关怀和江西省委省政府的正确领导下，南昌大学全面贯彻党和国家的教育方针，全校师生员工艰苦奋斗，抢抓机遇，开拓进取，实现了南昌大学的快速发展和江西高等教育的历史性跨越，结束了江西高等教育长期无院士、无博士点、无重点大学的历史，取得了国家重点学科、国家大学科技园、教育部重点实验室及工程中心零的突破，为实施“科教兴赣”“人才强省”战略，促进江西乃至国家的经济社会发展做出了积极的贡献，成为江西省人才培养、科学研究和科技成果转化的重要基地，为实现江西在中部地区崛起提供了有力的人才保障和智力支撑。

专家组认为，南昌大学高度重视本科教学评建工作，成立了党政一把手为组长的评建工作领导小组，统一思想，团结一心，坚持以发展为主题、以改革为动力，牢固树立质量立校的观念，采取一系列措施，加大投入，加强建设，深化改革，严格管理，规范办学，大力实施“四名工程”，有力地推进了教学工作和其他工作，全面提升了本科教学工作质量，评建工作取得了明显成效，广大师生员工呈现出奋发向上的良好精神风貌，取得以下主要成绩：南昌大学办学指导思想明确，定位准确，改革发展思路清晰，牢固确立教学工作中心地位；大力实施“名园工程”，办学条件显著改善；积极推进“名师工程”，师资队伍建设成效明显；深化教育教学改革，教学质量稳步提高；强化教学管理，质量保障和监控体系完善；加强校风学风建设，营造良好育人环境。

专家组认为，南昌大学在长期的办学实践中，始终秉承优良办学传统，大力弘扬艰苦奋斗精神，立足江西，扎根红土地，以服务社会、造福地方为己任，在继承中创新，在创新中发展，形成了鲜明的办学特色：南昌大学以并校为契机，探索高教管理体制改革，充分利用文、理、工学科门类齐全的优势，优化资源配置，构建并践行了“文理工渗透，学研产结合”的新型办学模式，有力地提高了办学效益和办学水平，使南昌大学的人才培养质量和综合办学实力在较短时间内得到迅速提升。南昌大学并校改革的成绩得到了中央领导和社会的充分肯定，“理工结合型人才培养模式的研究与实践”等多项教改项目获得国家级和省级教学成果奖。

专家组建议：希望南昌大学继续大力实施“人才强校”战略，加大高层次人才的引进和培养，继续提升学科整体优势，全面提高本科教学水平，并希望江西省委省政府和教育部继续加大对南昌大学的支持力度，以保持南昌大学快速协调发展的势头，早日实现高水平新型综合性大学的目标，为国家经济社会发展和促进江西在中部地区崛起、为中华民族的伟大复兴做出新的更大贡献。

三、整改提升

教育部评估专家考察结束后，学校开展了为期一年的评估整改工作。学校按照评估整体工作安排，确定 2007 年为评估整改年。在评估整改阶段，校党政班子高度重视评估整改提升工作，针对专家组的评估意见，多次召开党委会、校长办公会、评估领导小组扩大会，反复认真研究，统一思想，下定决心，明确整改工作指导思想、基本原则和工作目标，确定整改工作内容，制订切实整改计划、整改措施与时间安排，制订了《南昌大学本科教学水平评估整改方案》上报教育部。

（一）整改内容

1. 继续大力实施“人才强校”战略。根据整改方案，学校通过继续抓好“名师工程”建设，继续实施杰出人才引进计划，继续加强对中青年教师的培训、培养工作，继续加强科研团队建设，继续加强师德师风建设，继续加强制度建设，继续落实教授、副教授为本科生上课制度等整改举措，进一步大力实施“人才强校”战略，加大高层次人才，特别是学科带头人的引进和培养力度，逐步建成一支与学校发展长远目标相适应的高水平师资队伍。

2. 继续提升学科整体优势和专业建设水平。根据整改方案，学校一方面通过继续强化优势学科保持学科发展的新优势，打造特色学科促进学科发展的新特色，培育新兴学科实现学科发展的新突破等整改举措，进一步提升学校学科整体优势，提高学科和专业的整体水平，为本科教学奠定更加扎实的基础；另一方面通过改革人才培养模式，进一步优化课程体系，强化课程建设，围绕人才培养目标，加大教学内容、教学方法和手段改革力度，继续加强实践教学环节，构建创新教育新体系，积极开展学术交流，举办学术讲座，营造良好的学术环境等整改举措，进一步以高水平的科研全面促进本科教学水平的不断提高。

（二）评建成效

2007 年 5 月 23 日，教育部下达《关于公布中国人民大学等 133 所普通高等学校本科教学工作水平评估结论的通知》（教高评函〔2007〕1 号），确定南昌大学本科教学工作水平评估结果为优秀，标志着学校本科教学工作跨入全国优秀高校行列。学校在三年多时间的迎评促建工作中，结合新校区建设，对照教育部评估标准，前瞻规划，抓住“以评促建、重在建设”工作重点，攻坚克难，夯实基础，提升质量，以评促建工作取得了显著成效。

1. 学校进一步明确了办学指导思想。以邓小平理论和“三个代表”重要思想为指导，以科学发展观统领全局，坚持社会主义办学方向，全面贯彻党的教育方针，坚持“育人为本、教研并重、兼容并蓄、致善致用”的办学理念和“崇德尚能，知行合一”的育人理念，紧紧依靠全校师生员工，抓住机遇，开拓创新，发挥学科综合优势，以本科教育为主体，以研究生教育为龙头，培养综合素质高、知识结构合理、基础扎实、知识面宽、具有创新精神和实践能力的高级专门人才，为实现江西在中部地区崛起提供有力的人才保障和智力支撑。

2. 学校办学条件显著改善。学校把新校区建设和迎评促建工作有机结合起来，实施“名园工程”，建成了占地 4500 多亩、校舍 130 多万平方米的设施先进、山水园林、布局科学的现代教学园区；建设了 10 大基础实验教学中心（其中 8 个被评为省级实验教学示范中心）、46 个专业实验室；建成了覆盖全校、多校区互联的校园计算机网络系统，构建了数字图书馆的基本框架，初步建成了现代教育技术支撑系统；实施老校区改造，使青山湖校区、东湖校区面貌焕然一新，青山湖、东湖、前湖 3 个校区，占地面积 5863 亩，校舍面积 194 万平方米（生均占地面积 97.2 平方米），其中教学行政用房 82 万平方米（生均教学行政用房 20.4 平方米）；教学科研仪器设备总值 3.18 亿元（生均教学科研仪器设备值 7106 元）；图书馆藏书 265 万余册（生均图书 83.5 册）；本科四项经费投入达 4266 万元，占学费比例超过 30%。

3. 师资队伍建设成效明显。学校结合以评促建实施“名师工程”，启动杰出人才引进计划和“111”人才培养计划，推进人事分配制度改革力度，加强了师德师风建设，优化了教师队伍结构和水平。2006 年全校生师比为 15.75 : 1，其中医学类生师比为 10.3 : 1。全校专任教师总数 2231 人，其中 45 岁以下教师 1862 人，占比 83%；46 岁以上教师 369 人，占比 17%；副高以上职称教师 983 人，占比 44%；博士学位教师 360 人，占比 16%；硕士学位教师 908 人，占比 41%；外校毕业教师 1353 人，占比 61%。

4. 学科专业建设水平不断提升。发挥并校后学科综合优势，大力实施以“211 工程”重点学科为龙头的“名牌工程”，形成了文理工医布局合理、协调发展的学科专业体系，博士点、硕士点覆盖了所有学科门类和绝大多数本科专业。2006 年学校拥有本科专业 89 个；一级学科博士学位授权点 3 个、二级学科博士学位授权点 18 个，一级学科硕士学位授权点 20 个、二级学科硕士学位授权点 175 个；教育部重点学科 2 个，“211 工程”重点建设学科 5 个，省重点学科 41 个；教育部重点实验室 2 个、工程中心 2 个、人文社科重点研究基地 1 个，科技部工程中心分中心 1 个，国家药监局研究基地 1 个，省重点实验室 8 个、工程中心 2 个，省高校重点实验室 2 个、工程中心 1 个，省高校人文社科重点研究基地 5 个，省高校德育重点研究基地 1 个。

5. 教学质量显著提高。学校不断深化教学改革，制定并实施了新的学分制，建立了“加强基础、拓宽口径、分流培养，文理渗透、理工结合，因材施教、柔性培养”的高素质人才培养模式；实行主辅修制、双学位制，开办了理工试验班；建设了“南昌大学精品课程系统”和“南昌大学教育在线”平台，推进数字化教学方法和教学手段，鼓励教师开发并使用多媒体课件。到 2006 年学校获批国家级精品课程 2 门、省级优质课程 38 门；承担国家级、省部级以上教研项目 380 项，获国家级优秀教学成果奖 3 项、省级教学优秀成果奖 33 项；获国家级多媒体课件二等奖 1 项，省级多媒体课件一等奖 6 项，主编出版教材 152 种，2006 年入选“十一五”国家级规划教材 8 种。2015 年全校本科生英语四级通过率超 91%、考研录取率超 17%，本科生在国家级各类学科竞赛获奖 193 人次，52 篇本科毕业设计（论文）获评省级优秀论文奖，外省生源录取率达 46%，年底本科毕业生就业率超 90%。

6. 自主创新能力明显增强。学校实施以科技开发和科技成果转让为主的“明星工程”，促进学研产结合，为促进区域创新体系建设、服务地方经济社会发展做出了积极的贡献。2005 年科研经费达到 8000 多万元，取得了“硅衬底蓝光 LED 材料与器件”等一批具有自主知识产权、具有国际国内领先水平的科技成果。

第四节　夯实基础，提升整体水平

在“以评促建，重在建设”工作思路指引下，学校坚持以服务学校发展为重点，以师生满意为标杆，切实推进教学教学改革，为提升人才培育质量提供了有利条件。积极推进服务多元化，为构建共享平台提供了有力支持。在加强基础建设的同时，坚持完善管理体制，创新服务模式，全面提升公共服务平台与保障体系的质量、水平和效益，办学条件得到极大改善。

一、教育教学改革

2003 年，学校制定了新的本科教育学分制实施方案，为配合新方案实施，更好地因材施教，促进学生个性发展，学校实行本科导师制，给大一、大二每个自然班配备一名副教授及以上职称的导师，大三、大四按年级配年级导师，指导其选课、课外阅读、提高专业认识、规划大学生活等。同年，学校制定《南昌大学导师工作条例》，明确导师工作职责和权利，加强导师考核管理。

2006 年，学校修订了培养方案，实施通识教育基础上的宽口径专业教育，突出本科教育的基础地位，注重吸收国内外教学改革与研究成果。

2007 年 1 月，校工程力学实验中心荣获国家级实验教学示范中心称号，“高等数学”课程被评为国家精品课程，这是继“现代汉语”课程入选国家精品课程之后，取得的又一成果。5 月，学校印发《南昌大学关于实施本科教学质量与教学改革工程的若干意见》，计划每年拨付 1000 万元支持质量工程建设。11 月，黄国俊的“基因工程”双语课程被评为“国家双语教学示范课程”，实现了江西省双语教学示范课程零的突破。

2008 年，制订了《南昌大学 2008 年培养方案》。该方案构建了由通识课、学科基础课、专业课、个性课程组成的课程体系，设置了 II 类通识课和个性课程供学生选修，扩大了学生自主学习的权力。同年，学校申报的“公共数学教学团队”被确定为国家级教学团队。

2009 年，学校开始实施研究生培养机制改革，把“研究生创新人才培养计划”“南昌大学博士研究生国外访学计划”列为“211 工程”三期建设项目。9 月，雅思在江西省的第一个考点落户南昌大学。

2010 年 7 月，教育部批准南昌大学为首批“卓越工程师教育培养计划”试点单位，是全国 61 所获批高校之一。“质量工程”是继“211 工程”“985 工程”和“国家示范性高等职业院校建设计划”之后，中国在高等教育领域实施的又一项重要工程，是新时期深化本科教学改革，提高本科教学质量的重大举措。

2012 年，在国务院学位办公布的年度全国优秀博士学位论文评选结果中，由谢明勇教授指导的食品科学与工程学科博士研究生陈奕的博士学位论文《灵芝质量控制模式研究及黑灵芝多糖研究初探》成功入选全国百篇优秀博士学位论文，实现了江西省和学校“全国百篇优秀博士学位论文”零的突破，标志着学校拔尖创新人才培养取得了显著成效。

二、学科建设发展

2003 年 9 月 17 日，国家发改委委托中国国际工程咨询公司聘请专家组对《南昌大学“211 工程”二期建设项目可行性研究报告》进行评估。专家组对南昌大学“211 工程”二期建设项目可行性研究工作给予高度评价，一致认为思路明确、重点突出、材料翔实，资金安排合理，建议通过项目评估。

同年 9 月，在第九次学位授权点申报工作中，学校环境工程、机械电子工程等 2 个学科获得博士学位授予权，旅游管理等 17 个学科获得硕士学位授予权，获得了公共管理硕士、工商管理硕士专业学位授予权，并获批准开展中法合作培养医院管理硕士，获得了高校教师在职攻读硕士学位授予权（含管理科学与工程、材料物理与化学、工业催化 3 个学科），还拓宽了工程硕士的软件工程、化学工程 2 个工程领域专业学位授予权。

2006 年，在第十次学位授权点申报工作中，学校获批 2 个一级学科博士点、10 个二级学科博士点、19 个一级学科硕士点和 74 个二级学科硕士点。获批内科学二级学科博士学位授予权（涵盖 8 个三级学科博士点：心血管病、血液病、呼吸系病、消化系病、内分泌与代谢病、肾病、风湿病、传染病）。

2006 年 6 月 22—23 日，按照国家发改委、教育部和财政部的部署，根据 211 工程部际协调小组办公室的要求，江西省政府聘请由管华诗、王梓坤、钟登华、钱培德、陈皓明、陈春声、陈大鹏组成的专家组，对南昌大学“211 工程”二期建设进行整体验收。经专家组认真研讨，一致认为南昌大学始终把“211 工程”作为提高办学水平和促进南昌大学发展的重要战略来抓，坚持以学科建设为核心，以队伍建设为基础，以“科教兴赣”为目标，以改善办学条件为重点，大力实施名牌工程、名师工程、名园工程，形成了一批有显示度的标志性成果，实现了跨越式发展，圆满地完成了“211 工程”二期建设任务，建议通过整体验收。

2006 年 11 月，学校获批 41 个“十一五”省重点学科。

2007 年，学校获得法律硕士专业学位授予权。同年，学校在“材料科学与工程”“食品科学与工程”“管理科学与工程”3个一级学科博士点进行了自主设置二级学科博士点的工作，共有7个二级学科获得通过。其中，获批临床医学博士后流动站，标志着江西省医学界实现了博士后科研流动站零的突破。

2008年，江西省发改委下发了《关于南昌大学“211工程”三期食品科技与食品安全等5个重点学科建设项目可行性研究报告的批复》，原则通过“食品科技与食品安全”“先进材料技术”“现代装备制造技术”“鄱阳湖生态环境与资源利用”“心血管、消化、肿瘤重大疾病的基础研究与技术转化”5个重点学科建设项目的可行性研究报告。5个重点学科总投资1.49亿元，其中申请中央预算内专项资金2300万元，省政府配套资金1.26亿万元。项目建设期限为4年，从2008年起至2011年止。

2008年，江西省教育厅组织专家对南昌大学的省高校“十一五”重点学科进行中期检查，41个重点学科均通过了专家评估，机械电子工程、工业催化、内科学（心血管）和内科学（消化系病）4个学科被遴选为江西省高校“重中之重”学科。

2009年，学校获得临床医学博士1个专业学位授予权和教育硕士、艺术硕士、公共卫生硕士3个专业学位授予权。

2010年，学校获得汉语国际教育硕士、翻译硕士、新闻与传播硕士、旅游管理硕士、工程管理硕士和农业推广硕士6种专业学位授予权。

2010年7月5日，学校根据211工程部际协调小组办公室《关于开展“211工程”三期中期检查工作的通知》要求，组织专家组对“211工程”三期建设的15个子项目进行中期检查。专家组认为，各学科项目建设水平普遍提升，可能形成的标志性成果已经显现。

2010年9月，国务院学位委员会开展新的一轮博士、硕士一级学科授权点评定工作，学校共申报了6个一级学科博士点和20个一级学科硕士点。截至12月，学校共有国家重点学科2个，国家重点培养学科1个，省级重点学科41个；一级学科博士点4个，二级学科博士点29个，一级学科硕士点20个，二级学科硕士点176个。

2011年，根据《江西省财政厅关于下达2011年中央财政支持地方高校发展专项资金预算的通知》（赣财教〔2011〕84号）有关精神，学校“新能源材料与技术”“外科学”两个重点学科建设项目分别获得中央财政支持地方高校发展专项资金预算400万元；“光伏材料与器件教学实验平台”“临床医学教学实验平台”两个教学实验平台建设项目分别获得中央财政支持地方高校发展专项资金预算300万元；“流域生态学研究平台”和“新能源汽车技术研究平台”两个科研平台和专业能力实践基地建设项目分别获得中央财政支持地方高校发展专项资金预算300万元。合计2000万元。

2012 年，学校研究员王立主持的“大尺寸 Si 衬底 GaN 基 LED 外延生长、芯片制备及封装技术”课题，获得“十二五”国家高技术研究发展计划资助 5000 多万元。

2012 年，学校正式举行了南昌大学“211 工程”三期建设项目验收工作会议。邀请了各领域知名的 22 位专家组成验收专家组，验收工作专家组全面检查了南昌大学“211 工程”三期建设目标、建设任务和建设资金完成情况，一致认为南昌大学“211 工程”三期建设成效显著，同意南昌大学“211 工程”三期建设通过整体验收。

2012 年，学校入选“中西部高校提升综合实力建设规划”和“中西部高校基础能力建设工程”。为振兴中西部高等教育，促进国家高等教育协调发展，切实提升中西部高校办学能力，提高人才培养质量，加快中西部高水平大学建设步伐，国家先后出台实施了中西部高校“基础能力建设”和“综合实力提升”两大工程，这是继“985 工程”“211 工程”后推动高等教育发展的又一重大举措。中西部高校基础能力建设工程从 2012 年开始，以 5 年为一个周期，重点支持中西部 24 个省、自治区、直辖市 100 所地方高校的发展建设。中西部高校综合实力提升工程从 2012 年开始到“十二五”末，在无教育部直属高校的省份，专项支持一所本区域内办学实力最强、办学水平最高，区域优势明显的地方高校建设高水平大学。

2012 年，在江西省教育厅公布的江西省首批“2011 协同创新中心”名单中，学校牵头组建的“江西省 MOCVD 装备与工艺 2011 协同创新中心”位列其中。该中心按照“国家急需、世界一流”的目标，由学校和国内知名大学、优势企业联合组建，将在 LED 高端装备制造技术及其匹配的材料制备工艺方面开展协同创新，努力实现生产型 MOCVD 装备国产化，为中国半导体照明产业的可持续发展做出积极贡献。

三、师资队伍建设

自 2003 年始，学校贯彻落实科学发展观，实施以师资队伍建设为主要内容的“名师工程”，把加强师资队伍建设作为人才强校战略的重中之重来抓，积极推进人事体制改革，坚持“内育外引、提高质量、营造环境”的方针，确立了以发展育人才、以人才带学科、以学科建团队，引进、培养、流动三者统筹考虑、协调推进的师资队伍建设工作机制，学校的人才队伍建设呈现出蓬勃发展的态势。

2006 年，学校以长江学者、美国明尼苏达大学教授阮榕生为带头人的“食品质量与安全”创新团队入选教育部“长江学者与创新团队发展计划”。

2007 年，以清华大学长江学者郑泉水为院长组建了跨学科的高等研究院。

2008 年，以江风益为带头人的“半导体照明技术”创新团队入选教育部“长江学者与创新团队发展计划”。

2009 年，以南昌大学食品科学与技术国家重点实验室主任谢明勇为带头人的“食品科学与技术优势科技创新团队”入选江西省科技创新“六个一”工程首批优势科技创新团队。同年，通过省委省政府高水平拔尖创新人才引进计划的实施，学校根据引进的三位长江学者的学术优势，结合学校相关学科的实际，组建了转化医学研究院、生命科学研究院、空间科学研究院等科研平台。

2010 年，以长江学者阮榕生和国务院学科评议组成员谢明勇为带头人组建的食品科学与技术国家重点实验室，顺利通过科技部组织的建设验收。

2011 年，以江风益为带头人的国家 LED 工程技术研究中心成功获得科技部批准组建。

2011 年 5 月 28 日，南昌大学理学院化学系教授、博士生导师、物理化学硕士点负责人、江西省高校中青年学科带头人、中国稀土学会催化专业委员会理事石秋杰因病医治无效，不幸逝世，享年 48 岁。工作以来，她坚持党的教育方针，爱岗敬业，潜心科研，爱生如子，坚持不懈地教育学生追求真知、树立人生理想，成为教师的楷模、人生的榜样。2011 年，石秋杰同志被评选为江西省第二届“道德模范”（敬业奉献类），《光明日报》2011 年十大典型人物。2011 年 12 月 20 日，《新华文摘》2011 年第 23 期“人物与回忆”栏目刊载南昌大学石秋杰老师事迹追记通讯，《永生的“博导妈妈”——追记南昌大学化学系教授石秋杰》。

2011 年，梅林教授成功入选中组部第六批“千人计划”入选名单。2012 年 3 月，石秋杰先进事迹报告会在南昌滨江宾馆举行。石秋杰老师爱岗敬业、潜心科研、爱生如子，是为人为师的楷模。她很平凡，但在平凡中体现着伟大，她是一个平凡而伟大的人。石秋杰与这几年红土地涌现的曾庆香、王茂华、李超、朱贤度等先进典型一样，是新时期赣鄱儿女的优秀代表，是中华民族的优秀儿女，是社会主义核心价值体系的生动实践者。他们的价值追求和精神境界，代表着社会主义先进文化的前进方向，是当今社会最宝贵的财富，是新时期学雷锋的典型。

2012 年，学校教授邱建丁、王立入选教育部“新世纪优秀人才支持计划”。

2012 年，学校口腔医院内科主任、教授杨健获全国五一劳动奖章，第二附属医院荣获全国五一劳动奖状，第一附属医院心血管内科获“全国工人先锋号”荣誉称号。

四、科学研究发展

2003 年，经科技部批准，科技园成为国家大学科技园。

2003 年，中国中部经济发展研究中心、江右哲学研究中心、客赣方言与语言应用研究中心同时获批为江西省首批高校人文社会科学重点研究基地。

同年，经济与管理学院尹继东《中国中部经济发展问题研究》获得江西省第十次社会科学优秀成果奖著作类一等奖，法学院胡雪梅《“过错”的死亡——中英侵权法宏观比较研究及思考》亦获得著作类一等奖。

2005 年，洪涛等的《缝隙连接参与脑血管痉挛的机理研究》获得教育部高等学校自然科学二等奖。

2006 年，为了学习贯彻全国科技大会精神，学校召开了科技大会，制定了《南昌大学鼓励自主创新，推动自主创新建设的意见》，使学校学术研究走上规范化、制度化、科学化的轨道。

2006—2007 年，“食品质量与安全”创新团队和“半导体照明技术”创新团队先后成功入选教育部“长江学者与创新团队发展计划”。

2006 年 6 月，教育部正式批准南昌大学中国中部经济发展研究中心为教育部人文社会科学重点研究基地，实现了江西省教育部人文社会科学重点研究基地零的突破。

2006 年 7 月，江风益领衔的具有国际领先水平和自主知识产权的“硅衬底蓝光二极管材料与器件”科研成果产业化在南昌市高新区实施产业化。项目引进了国际风险投资。

2007 年 4 月，由南昌大学与江南大学联合申报的食品科学与技术国家重点实验室获批，这是中国食品科学与技术领域和江西省在国家重点实验室建设方面零的突破。

2007 年，在江西省第十二次社会科学优秀成果奖名单上，人文学院詹世友的《公义与公器——正义论视域的公共伦理学》获得著作类一等奖，公共管理学院廖晓明的《论我国公共部门危机预警组织系统的建构》获得论文类一等奖，法学院钟筱红《绿色贸易壁垒法律问题及其对策研究》获得著作类一等奖，马克思主义学院程样国的《国际新公共管理浪潮与行政改革》获得著作类一等奖，人文学院周平远的《文艺社会学史纲》获得著作类一等奖，经济与管理学院的郑克强《科学发展观与江西社会事业发展》获得著作类一等奖，中国中部经济社会发展研究中心编撰的《中国中部发展论丛》获得著作类一等奖。

2008 年，高国兰教授主持的“农村卫生适宜技术应用示范研究”、程晓曙教授主持的“极端气候条件下疾病发生规律及诊断防治技术研究”获批“十一五”国家科技部支撑计划重大项目。同年，第一附属医院谢勇等的“以壳聚糖为佐剂的 HP

疫苗免疫保护和免疫治疗作用及其机制的研究”获得江西省科学技术进步奖一等奖，陶捷等的“高速铁路数字化测量系统”获得江西省科学技术进步奖一等奖。

2009年，在江西省第十三次社会科学优秀成果奖名单上，经济与管理学院黄新建的《环鄱阳湖城市群发展战略研究》获得应用策略研究类一等奖，经济与管理学院卢晓勇的《利用外资战略与维护国家经济安全》获得著作类一等奖，管理学院贾仁安的《规模养种生态能源工程反馈动态复杂性分析》获得著作类一等奖，经济与管理学院郑克强的《发展中地区产业结构服务化演进新论——江西发展现代服务业问题研究》获得著作类一等奖。

2010年，刘志刚等的“过敏性疾病尘螨变应原的基础研究及其诊断试剂盒的研制”获得江西省科学技术进步奖一等奖。

2010年，辛洪波、吕农华两教授主持申请的项目获“重大新药创制”科技重大专项“十二五”实施计划2011年课题立项资助，国拨经费分别为400万和1650万元。

2011年，由辛洪波教授主持牵头、吕农华教授主持承担的两项“重大新药创制”科技重大专项“十二五”实施计划2011年课题由科技部正式批复下达，资助经费分别为3449.91万和1533.11万元。同年，刘三秋等的“天体系统的非线性结构”获得江西省自然科学奖一等奖，江风益等的“硅衬底GaN基蓝色发光二极管”项目成果获得江西省技术发明一等奖，第一附属医院吕农华等的“重症急性胰腺炎内科综合治疗方法的研究与应用”获得江西省科学技术进步奖一等奖。

2011年1月，国家硅基LED工程技术研究中心正式获得国家科技部立项批复，标志着南昌大学第一个国家级工程技术中心正式诞生。同年，学校作为主持单位获2项国家高技术研究发展计划（“863”计划）项目：国家硅基LED工程技术研究中心申报的“大尺寸Si衬底GaN基LED外延生长、芯片制备及封装技术”项目获得5565万元资助经费，这也是国家在材料领域资助额度最大的项目；食品科学与技术国家重点实验室申报的“果蔬发酵食品、调味品及微生物油脂生产关键技术”项目获得1004万元资助经费。主持两项国家“重大新药创制”科技重大专项：“特异性阻断核心蛋白亚基形成的抗乙肝病毒多肽药物研究”项目获得3449.91万元资助经费；“构建国际标准的规范化药物临床试验研究与评价技术平台（消化系统疾病）”获得1533.11万元资助经费。洪葵教授领衔的“遗传性心血管病与猝死关联的遗传基础与防治研究”创新团队入选教育部2011年度“长江学者和创新团队发展计划”，这是江西省医学领域入选该计划的第一个创新团队，也是学校入选该计划的第3个创新团队。

2011 年，在江西省第十四次社会科学优秀成果奖名单上，法学院钟筱红的《维护环境安全——控制外国污染转移法律问题及其对策研究》获得著作类一等奖，人文学院陈东有的《公务员要把为人民服务作为自己最重要的政治素质》获得论文类一等奖，经济与管理学院郑克强的《政府应急管理与公共服务案例研究》获得著作类一等奖，人文学院胡松柏的《赣东北方言调查研究》获得著作类一等奖。

2012 年，国家自然科学基金项目再创佳绩。立项 193 项，资助总经费 8970 万元，立项数和经费数额均同比增长近 20%，在全国 2178 家依托单位中排名第 59 位。同时，以南昌大学作为第一完成单位，教授闫洪申报的“触变锻造轻质合金的关键技术”科研成果荣获 2012 年度教育部高校科技进步二等奖。

2012 年，学校共获得国家社会科学基金项目 30 项，其中重点项目 2 项、一般项目 9 项、青年项目 17 项、后期资助项目 2 项，获资助总额为 470 万元。学校立项数、立项学科、获批资助经费、立项率均创历史佳绩，立项总数在全国高校中排第 19 位，在地方“211 工程”高校中排第一，立项数居全省首位。

2012 年，生命科学与食品工程学院植物学教师姚成义培养的 50 余只丝带凤蝶蛹随着“神舟九号”飞船成功发射升空。

2012 年，教书育人楷模先进事迹首场报告会在北京人民大会堂隆重举行。报告会开始前，中共中央政治局常委李长春，中共中央政治局委员、国务委员刘延东亲切看望了学校焦晓燕等报告团成员和 2011 中国大学生年度人物，李长春强调，要深入宣传教书育人楷模和大学生先进人物的事迹，形成崇尚先进、学习先进、争当先进的鲜明导向，在全社会大力营造爱岗敬业、尊师重教和促进学生健康成长的良好环境，为推进社会主义核心价值体系建设、促进教育事业科学发展提供有力的思想保证、精神动力和舆论支持。

第五节　促进交流，繁荣大学文化

进入 21 世纪以来，扩大教育国际合作与交流，通过各种形式引进国（境）外优质资源，提升学校教学、科研以及管理水平，成为中国高等学校实施跨越性发展的重要举措，国际化成为教育评估体系中的一项重要指标。同时，随着时代的进步，大学文化建设正向着广度和深度发展，学校不断繁荣和发展与时俱进的大学文化，积极推进和谐校园建设，开创了大学文化建设的新局面。

一、对外合作与交流

2003 年 5 月，教育部国际司批复学校承办几内亚经济管理师资培训班，这是中国高校首次进入非洲进行境外办学并颁发学业证书。7 月，学校作为受教育部邀请的 40 余所高校之一，参加了在法国举办的“21 世纪中国高等教育展”，学校与法国各高校开展的合作办学与交流工作，受到广泛赞誉。10 月，国务委员陈至立、文化部部长孙家正访问法国普瓦提埃市，接见南昌大学留学生。同年，学校被授予“全国聘请外国文教专家工作先进单位”称号。

2004 年 2 月，学校访问团赴法国巴黎高等理工学院等著名高校，推动中法高等教育合作的全面发展。12 月，学校赴台湾进行学术交流和访问，学校 MPA 教育中心与台湾中正大学和政治大学签署学术交流合作协议。

2005 年 3 月，学校获批日本政府贷款项目，贷款资金 101696 万日元，其中 96553 万日元用于电工电子、基础物理、基础化学、工程训练 4 个实验教学中心和分析测试中心建设，5143 万日元用于人员培训。9 月，联合国秘书长特派员、联合国系统驻华首席代表、联合国开发计划署总部评估厅主任、经济学专家马和励（Khalid Malik）率领联合国一行 8 人访问学校。10 月，正在江西省进行访问的菲律宾总统格洛丽亚·马卡帕加尔·阿罗约（Gloria Macapagal Arroyo）就加强东盟与中国及菲中友好合作关系在学校发表了主旨演讲，实现了外国国家元首访问江西高校的历史性突破。11 月，德国巴登符腾堡州艾因根市市长 Johann Vrieger、艾因根市文化教育体育局局长 Karl-Otto Schlfferle 来访。

2006 年 9 月，比利时布鲁塞尔国民议会第一副议长、比利时前任副首相、国民欧洲委员会成员和前任主席 Jos Chabert 来访。9 月，南昌大学代表团参加了教育部组织的俄罗斯“中国年”中国高等教育展系列活动。

2008 年 3 月，德国美因茨大学校长 Gerhard Muth 一行来访。5 月，在前湖校区任教的外籍专家和外籍教师全部入住前湖校区国际公寓。10 月，著名华裔物理学家、诺贝尔物理学奖得主杨振宁先生来访，并作了题为“物理学的诱惑”专场报告。12 月，由校港澳台办公室组织了“欢聚昌大，携手共进”2008 两岸大学生冬令营活动，台湾东吴大学、中正大学、大仁科技大学、嘉南药理科技大学、政治大学、台北市体育学院 6 所台湾高校和海南大学、福州大学、南昌大学 3 所大陆高校 160 多名师生代表参加了为期一周的冬令营活动。

2009 年 6 月，澳大利亚埃迪斯科文大学校长 Kerry O. Cox、副校长 John Finlay-Jones 一行 5 人来访。7 月，香港新界青年联会江西访问交流团一行 98 人来学校参观访问。暑假，学校派出 20 多名学院院长、教授赴美国明尼苏达大学进行高等教育管理培训。12 月，世界知名光催化专家、德国汉诺威大学应用化学研究所 Bahnemann 教授应邀访问学校。

2010 年 5 月下旬至 6 月初，学校承办了“南昌大学 2010 年‘龙腾杯’两岸大学生排球友谊赛”，大仁科技大学、中正大学、嘉南药理科技大学 3 所台湾高校和中南大学、大宇职业技术学院、南昌大学 3 所大陆高校共 6 所高校共 60 多名运动员参加了比赛。

2011 年 5 月，由国家商务部主办、南昌大学承办第一届“发展中国家大学校长研修班”举行结业典礼，共有来自 15 个发展中国家的 22 名大学校长参加了该研修班。

2012 年，南昌大学共派出 30 批次 177 人赴港澳台地区进行教育交流。南昌大学与台湾世新大学和台湾义守大学等签订合作协议，缔结姊妹学校。其中派出 5 批 82 名师生赴台湾参加文化交流、体育竞赛、暑期研习班等活动。

2012 年，学校与英国伦敦大学玛丽女王学院共同申报的临床医学专业（生物医学方向）中外合作办学项目获教育部批准。

2003—2012 年期间，学校积极举办或参与举办国际学术会议（含研讨会、研修班等）。其间，学校成功举办多次国际学术会议和各类研修班，包括发展中官员“中国文化与经济研修班”、上海合作组织官员“汉语研修班”、苏丹官员“财政金融研修班”、“非洲英语国家中小学校长研修班”等。2007 年，学校与联合国教科文组织、中国科学院地理科学与资源研究所、江西省山江湖开发治理委员会办公室联合举办第三届联合国教科文组织“农业水污染与环境保护国际学术培训班”。2008 年，举办“东亚经济发展与社会保障国际学术研讨会”“中法公共管理高层论坛暨全法公共管理学院联盟会议”“中国音韵学研究会第十五届学术讨论会暨第十届汉语音韵学国际研讨会”等。2009 年，举办“第三届 IEEE 智能信息技术应用国际学术研讨会”“中德食品科学与食品安全国际学术研讨会”“第六届流域管理与淡水湖泊保护开发国际研讨会”等。2010 年，举办“第六届海内外华人神经科学家研讨会”“鄱阳湖国际高端讲坛暨鄱阳湖生态经济区建设与发展合作研讨会”，并参与承办“第 29 届世界音乐教育大会”等。

在留学生教育方面，2004 年 5 月，南昌大学获得接收政府奖学金来华留学生名额 8 个，招收来自喀麦隆、老挝、坦桑尼亚等国家的学生。2006 年初，学校留学生人数 17 人，其中包括 13 名中国政府奖学金留学生，自费生 4 人。2006 年 2 月，国际交流学院正式成立，主管外国留学生、国际合作项目等工作。2008 年，学校开始设立留学生奖学金，为外国优秀留学生和学者设立“优秀生奖学金”“HSK优胜者奖学金”等专项奖学金。2009年，学校获得招收港澳台学生的资格，当年招收3名港澳台学生。2010年获得中国政府奖学金生的留学生数量达到141名，来华留学生的招生渠道也由单一的政府派遣，发展到政府派遣、个人申请、自主招生、校际交流等多种形式。学生学习的专业也从临床医学、企业管理等发展到学校现有的各个专业。学习层次方面，也从单一的本科生和汉语进修生发展到现在的本科生、硕士生、普通进修生、高级进修生和汉语进修生。

在孔子学院建设方面，2005年2月，南昌大学、法国普瓦提埃大学和中国中兴通信发展公司三方在法国普瓦提埃市签署联合创办普瓦提埃孔子学院的协议，合作三方就各自应承担的工作、普瓦提埃孔子学院董事会及行政机构的组建等事项达成共识。10月，普瓦提埃大学孔子学院在法国挂牌成立，这是中法合作在法国成立的第一所孔子学院。法国普瓦提埃孔子学院自成立以来，举办各种展览会，举办“中法公共管理研讨会”等大型国际会议，举办“春节系列活动”“中国月活动”等中国文化推广活动。2007年、2008年、2009年和2011年被汉办孔子学院总部评为优秀孔子学院。2010年6月，在两国政府的协调下，国家汉办与印度尼西亚哈山努丁大学签署共建孔子学院的协议，确认南昌大学负责与印尼哈山努丁大学承建哈山努丁大学孔子学院。10月，南昌大学与印尼哈山努丁大学共同签署孔子学院具体组建的执行协议。2011年2月，学校在印度尼西亚正式建立了哈山努丁大学孔子学院，组织44名师生赴印尼参加哈山努丁大学孔子学院的揭牌仪式并在当地开展了三巡活动。2012年，由国家汉办主办、南昌大学承办的“孔子学院大春晚”在美国蒙大拿州苏拉市、墨西哥奇瓦瓦市、墨西哥城、梅里达市举办了6场专场演出。演出获得了成功，所到之处掀起了一阵阵“中国热”。

二、文化活动

2002年新校区建设伊始，学校规划筹建文化主题广场和景观工程，其中润溪湖景观工程被江西省建设厅百花奖评审委员会评为2003年度江西优质建设工程（城市园林绿化工程）百花奖。

2003年3月，学校启动“昌大青蓝论坛”，由学生工作处主办，致力于构建专家、学者、知名人士与学生之间交流的平台。5月，学校正式启动大学文化建设项目。5月4日，学校举行并校10周年暨办学63周年、原江西大学与江西工业大学成立45周年校庆庆典。庆典因“非典”改在网络和电视上举行，中央政治局常委、中纪委书记吴官正，教育部等先后致电祝贺。8月，全国艺术教育工作会议在宁夏召开。会上，教育部对南昌大学公共艺术素质教育方面取得的成就进行了表扬。10月，首届昌大金秋文化艺术节举行。12月，纪念毛泽东同志110周年诞辰暨“弘扬井冈精神，兴我美好江西——毛泽东足迹图片展”首展仪式举行；同月，纪念毛泽东同志110周年诞辰“太阳最红”大型合唱比赛在新建的南区室内体育馆隆重举行，此次合唱比赛是并校以来投入最大、影响最大的一次比赛。同年11月开始，学校在本校大学生中选聘校长助理，以拓宽校领导与学生的沟通渠道，构建学校与学生之间通畅的信息反馈体系。该创新做法被《人民日报》《江西日报》等媒体报道。

2004年7月，学校在逸夫馆隆重举行纪念中国共产党建党83周年暨邓小平同志100周年诞辰《春天的故事》晚会。9月，新闻中心成立。11月，罗坚创作的粉画作品《果实》入选“第十届全国美术作品展”；汪辉创作的油画作品《姐妹》入选“第二届全国少数民族美术作品展”，荣获纪念奖。

2005年3月，由学校举办的“中国中部崛起研讨会”在北京钓鱼台国宾馆召开，各地专家、学者、政府官员出席了研讨会。研讨会上还举行了《中国中部发展论丛》的首发式。4月，由省委宣传部、省文化厅主办，学校承办的江西省庆祝五一国际劳动节文艺晚会《赣水欢歌》在省艺术剧院上演。5月4日，学校隆重举行南昌大学办学65周年庆典仪式，全校师生员工和海内外嘉宾、校友2万多人欢聚在前湖校区正气广场，共庆母校华诞。5月，由省委宣传部、省文化厅和南昌大学联合主办的江西省大型交响诗大合唱音乐史画《可爱的中国》文艺晚会在学校南区室内体育馆举行。南昌大学1200多名大学生组成的合唱方阵，在戴玉强、杨洪基、殷秀梅、吴碧霞、万山红等著名歌唱家的领唱下，演唱了整场爱国歌曲。同年11月，南昌大学中德文化艺术交流中心成立。6月，在“中录杯”中国国际民族器乐大赛中，郑亮荣获一等奖，这也是该项赛事唯一的一等奖。同年6月，2002级广告班的4件作品荣获第二届时报广告金犊奖入围奖。12月，熊建新获“中国工艺美术大师”称号。李佳娜演唱的MTV歌曲《神舟飞歌》搭载“神七”飞船飞天，这是唯一一首被选中搭载“神七”飞天的MTV歌曲。10月，舞蹈《我的未来不是梦》荣获第六届中国舞蹈荷花奖校园舞蹈大赛普通院校组作品银奖（该组作品奖项设置为1金2银3铜），取得了江西省舞蹈类作品在全国舞蹈专业类比赛上奖牌零的突破。10月，由胡平工作室承办的“昌大智库”开讲，不定期邀请国内各领域一流学者到学校讲学。

2006年5月2日，“首届校园开放日”活动在前湖新校区拉开帷幕，众多学生、家长前来咨询参观。此后，学校把每年5月2日定为校园开放日，全面开展校园开放日的各项活动，展示南昌大学新形象。10月，学校举办纪念红军长征胜利70周年文艺晚会，弘扬伟大的长征精神。

2007年3月底至4月初，在学校与江西省赣剧院的通力合作下，首届“赣剧艺术周”在学校拉开帷幕。9月，盛中国公益音乐会在学校圆满举行。同月，青年室内乐团组建。10月，学校开办“前湖之风”周末讲坛，以进一步丰富校园文化生活，活跃校园文化学术氛围。

2008年3月，“前湖之韵”周末音乐会作为“前湖之风”周末讲坛的姊妹篇开演，“前湖之韵”周末音乐会秉承“高雅性、鉴赏性、定期性”的原则，追求西洋经典音乐与中国民族音乐相结合，高雅艺术熏陶与音乐知识普及相结合，校内演出与校外引进相结合。之后，一批以“前湖”命名的系列文化活动，如学工委、学工处承办的“前湖大舞台”“前湖赛场”，团委承办的“前湖诗会”研究生院承办的“前湖讲坛”、教务处承办的“前湖论道”等应运而生。7月，在中国第十一届声乐大赛中，郑璐荣获由文化部颁发的“文华”声乐表演优秀奖，该奖项是江西省在“文华”声乐项目中有史以来的最好成绩。9月，南昌大学师生创作的24集校园青春剧《聚沙》获中国高校影视创作奖。12月，学校申报的《学生公寓文化建设专题片》项目荣获“2008年度全国高校公寓文化建设”优秀成果影像资料一等奖。10月，南昌大学创作的大型民俗风情组歌《赣鄱谣》精彩亮相国家大剧院“2008国际民歌博览音乐周”，这是江西省首次创作演出专题大型民俗风情组歌、首次参加国际民歌博览音乐周活动，也是学校师生首次站在国家最高艺术舞台。

2009年，学校编辑出版校园文化书籍《漫游中国大学——南昌大学》。4月，校电视台筹建成立。5月，第四届中国国际小号艺术周暨全国小号展演和封颖南昌大学钢琴独奏音乐会在学校举行。7月，由南昌大学与天津交响乐团、中央歌剧院联合制作推出的《红旗三部曲》在中共中央党校上演。8月，郑璐老师演唱的歌曲《旗帜》获第十一届中宣部“五个一工程”奖。2010年4月，军乐团在世博会“世博号角”中国非职业优秀管乐团展演比赛中获得银奖第一名。6月，刘铭同学的当代油画作品《明日来临》成功入选“生存、和谐、美好”为主题的“上海世博会中国美术作品展”，实现了省高校本科在校生现当代艺术教育高规格、国家级成果零突破。7月，中国高校校报协会组织开展了新中国成立以来的首次高校校报评估工作，对全国23个省、自治区、直辖市的1000余家高校校报进行评估，最终评出54家高校校报为全国优秀校报，南昌大学校报荣列其中。在历年全国、全省高校校报好新闻作品评选中，南昌大学获奖作品档次和数量均列全国高校之首。8月，郑璐获2010年中国红歌会全国总冠军。9月，作品《Emission= Death(排放 = 制造死亡)》荣获2010年“红点传达设计奖”，作品《Shelter Bench(避雨座椅)》荣获2010年“红点设计概念奖”。9 月，严智龙的油画作品《床即是舞台》和《私语》分别入选“油画艺术与当代社会——中国油画展”和“绿色净土、天堂草原”第六届中国西部大地情——中国画油画作品展。11 月，第二届中国校园戏剧节上，南昌大学凭借新编赣剧《临川四梦》，与中央戏剧学院、上海戏剧学院等共同获得最高奖“中国戏剧奖”，中国校园戏剧节设立的“中国戏剧奖·校园戏剧奖”是中宣部批准的国家级文艺常设奖项，每两年由中国戏剧家协会组织评选一次，是目前唯一由国家设立的校园戏剧最高奖。12 月，南昌大学文化产业研究中心升格为“江西省文化产业研究基地”。

2010 年 5 月，南昌爱乐乐团揭牌仪式暨首场音乐会在南昌广电中心演播大厅隆重举行，南昌爱乐乐团是以南昌命名的第一个交响乐团。6 月，校茶艺队在世博会中国元素馆进行了为期两周的茶艺表演，获得海内外来宾的好评。8 月，被誉为“音乐教育领域的奥林匹克”的世界音乐教育大会在北京召开，南昌大学是此次大会唯一协办单位。10 月，南昌大学四方艺术研究院成立。12 月，纪念汤显祖 460 周年诞辰学术研讨会在南昌大学开幕，会议的主题为“江西的汤显祖，世界的汤显祖”。

2010 年规划设立“前湖印记”学子墙，加强《师德铭》《学子铭》的宣传推广。同年，在《中国新闻周刊》对全国 110 所大学的本科毕业生的问卷调查中，南昌大学在“专家学者讲座满意度”榜单中排名第一。2011 年 5 月，何焕奎塑像、胡先骕塑像和谷霁光塑像分别在南昌大学医学院办公楼前、理科生命大楼前和文法楼庭院落成。同月，南昌大学博物馆正式开馆。2011 年 9 月，著名声乐教育家、教授金铁霖受聘为南昌大学名誉教授和艺术教育总监。

三、体育运动

2003 年 11 月，学校获得江西省第二届全民健身运动会团体总分第 1 名。

2005 年 10 月，于莎莎在第十届全运会上，夺得女子赛艇四人双桨 2000 米金牌。2007 年 7 月，校男子足球队获得第八届全国大学生运动会第 11 名，女子篮球队获得第八届全国大学生运动会第 16 名。12 月，学校获得江西省第三届全民健身运动会团体总分一等奖。

2008 年 3 月开始，学校举行了“前湖赛场”系列活动。5 月，南昌大学钱红游泳俱乐部成立，游泳馆正式对外开放，体现了学校体育资源服务于社会的先进理念。5 月 16 日，“祥云”进入南昌大学。这是奥运火炬首次进入校园传递，在全国乃至世界都有着历史性意义。学校出色的组织工作获得了北京奥组委的高度赞扬，被授予“2008 年北京奥运会火炬接力江西境内传递活动优秀组织奖”。6 月，聂卫平、喻平分别受聘为南昌大学围棋总教练、教练。9 月，北京奥运会女子跆拳道 49 公斤以下级冠军吴静钰及其教练王志杰作为特邀嘉宾出席了南昌大学 2008 级新生开学典礼。同月，第十一届全国运动会的“如意”火炬在南昌大学前湖校区激情传递。

2009 年 10 月，校男、女排球队均获得“2008—2009 年度中国大学生排球联赛”第 5 名；同月，李荣在第十一届全运会上，获得女子赛艇四人双桨 2000 米金牌。

2009 年 12 月，学校荣获“江西省国庆 60 周年全民健身活动最佳创意奖”。

2010 年 6 月，学校荣获“江西省阳光体育先进单位”；同年 10 月，学校荣获“江西省 2006—2009 年度群众体育先进单位”。

2010 年 4 月，学校男、女排球队分别获得“2009—2010 年度全国大学生甲级排球联赛”第 6 名和第 5 名。5 月，学校邀请台湾大仁科技大学、中正大学、嘉南药理科技大学等高校举办了“南昌大学‘龙腾杯’两岸大学生排球友谊赛”，对于扩大学校影响、促进体育交流具有重要的意义。6 月，学校荣获“江西省阳光体育先进单位”。7 月，第十五届全国大学生网球锦标赛在桂林电子科技大学举行，学校 2009 级运动训练专业学生李森夺得高水平组男子单打冠军。这是南昌大学自主培养的第一个高水平竞技体育冠军，同时创江西省网球历史最好成绩。8 月，在江西省第十三届运动会游泳比赛中，施辛余打破 2 项省纪录，其中女子 100 米蝶泳纪录在她之前保持了 24 年。11 月，施辛余代表香港队参加第十六届亚洲运会，获得女子 4×100 米混合泳接力第 3 名，女子 4×100 米自由泳接力第 3 名，女子 50 米蝶泳第 5 名，女子 50 米自由泳第 6 名和女子 100 米蝶泳第 8 名。

2011 年，经国务院批准，中华人民共和国第七届城市运动会在江西省南昌市举行。这是江西省历史上举办的规模最大、层次最高、影响最广的一次体育盛会，是充分展示江西省和南昌市改革开放和精神文明建设成果的重要窗口。学校承办了第七届全国城市运动会的女子手球、摔跤、女子篮球（U16）和男子足球（U18）四个项目的比赛，承办项目总数位居承办单位之首，其中女子手球比赛作为江西赛区第一个比赛，打响了“七城会”的第一炮。

2011 年 11 月，男子排球获全国大学生排球甲级联赛冠军，创学校“三大球”历史最好成绩。

2012 年 9 月，学校男子足球、女子篮球、男子排球、女子排球均代表江西高校获得第十二届中华人民共和国大学生运动会天津决赛阶段比赛资格，男子排球获得亚军，创江西省三大球竞技最好成绩。同时，学校“三大球”4 支球队代表省市高校进入决赛圈比赛也是当时的全国高校唯一。11 月，高水平男子排球队勇夺 2012 中国大学生排球超级联赛冠军，获学校集体项目高水平组比赛第一块金牌，再创江西省“三大球”历史。

四、90周年校庆

2011年5月，学校隆重举行办学90周年校庆活动。90周年校庆活动是原三校合并后的第一次庆祝大会，也是学校办学以来规模最大，社会影响最广的一次盛会。此次大会的成功举办，回顾了历史，展示了成就，总结了经验，振奋了精神，凝聚了力量，扩大了影响，实现了“传承历史、以庆聚力、共铸辉煌”的宗旨。除校庆庆典之外，学校还开展校庆90周年系列学术报告、中外大学校长论坛和南昌大学十二五规划座谈；举办校史展览、明清瓷器艺术展、科研成果展等系列展出；举行校庆文艺晚会、交响乐专场音乐会、焰火晚会和学生游园会等众多庆祝活动。校庆期间，刘延东、吴官正、韩启德、迟浩田等党和国家领导人以及教育部等发来贺信。

中央政治局委员、国务委员刘延东贺信原文如下：

欣闻你校迎来90周年校庆，谨向全校师生员工和广大校友致以热烈的祝贺和诚挚的问候！

在90年的发展历程中，南昌大学秉承“格物致新、厚德泽人”的校训，扎根江西，艰苦创业，以服务地方为己任，以育才泽人为根本，为国家培养了大批优秀的专门人才。改革开放以后，特别是近年来，学校紧紧抓住国家实施科教兴国战略和人才强国战略的大好机遇，积极深化各项改革，不断优化教育资源配置，办学水平和综合实力显著增强，为国家和区域经济社会发展作出了重要贡献。

希望你校以建校90周年为新的起点，高举中国特色社会主义伟大旗帜，以邓小平理论和“三个代表”重要思想为指导，深入贯彻落实科学发展观，认真学习胡锦涛总书记在清华大学百年校庆大会上的重要讲话精神，全面落实教育规划纲要，弘扬优良传统，突出办学特色，积极探索创新，不断提高教育教学质量，努力把南昌大学建设成为中国中部地区高素质人才培养、高水平科学研究、高质量社会服务和中华文化传承与创新的重要基地，成为中国特色高水平现代大学，为促进中部地区的崛起，为建设创新型国家和人力资源强国，为全面建设小康社会和中华民族伟大复兴作出新的贡献，以骄人业绩迎接百年校庆！

原中央政治局常委，中央纪律检查委员会书记吴官正同志贺信原文如下：

欣闻南昌大学即将迎来90华诞，谨向你们致以热烈的祝贺！

贵校历史源远流长，数代人薪火相传，砥砺耕耘，为国家培养了大量各类人才。南昌大学组建后，顺利进入国家“211工程”重点建设大学行列。在上级领导下，同志们抓住机遇，艰苦创业，学校已成为一所文理工医渗透、学研产结合的综合性大学，取得了丰硕的教学和科研成果，为国家特别是为江西经济发展和社会进步作出了重大贡献。

第六节 加强党建，推进思政工作

学校以邓小平理论和“三个代表”重要思想为指导，认真贯彻党和国家方针政策，树立和落实科学发展观，按照立党为公、执政为民的要求，坚持党要管党、从严治党的方针，紧密围绕学校中心抓党建，抓好党建促发展，求真务实，开拓进取，不断提高执政兴校能力，努力为学校改革发展提供强有力的思想组织保证。2003年，学校党建工作在江西省教育工委组织的专家评估中取得了优异成绩。2004年，学校被评为全省党建“十面红旗”先进单位。2006年，电工电子实验中心党支部被中共中央组织部授予“全国先进基层党组织”称号。2007年，学校召开中国共产党南昌大学第一次代表大会。

一、领导班子和自身建设

2002年12月17日，省委组织部、省委教育工委在学校逸夫馆宣布省委、省政府对南昌大学领导班子进行调整，决定聘任潘际銮为名誉校长；陈东有任党委委员、党委副书记；李建民、刘三秋任党委委员、副校长。

2003年，邵鸿当选第十届全国政协委员，刘三秋当选第十届全国人大代表。

2004年5月，省委省政府任命谢明勇任党委委员、副校长。7月，学校党委决定，并经省委组织部同意，徐求真、王玉芝任校长助理。

2005年7月，省委省政府任命程样国为党委副书记兼任副校长，高国兰、傅克刚任党委委员、副校长，邹良志任巡视员。2007年2月，省委组织部、省委教育工委宣布省委关于南昌大学领导班子调整的决定：郑克强任党委书记，黄云任纪委书记、党委委员。同年3月，省委决定徐求真任党委委员、党委副书记，省政府聘任朱友林为副校长。6月，学校党委研究，并报省委组织部同意，黄新建任南昌大学总会计师。2008年9月，省委省政府决定，江风益任党委委员、副校长。2008年5月，省委决定，易敬林任医学院党委副书记；12月，省政府引进的3名长江学者任副校长；同年，朱友林、易敬林当选第十一届全国人大代表。

2011 年 12 月 21 日，中共江西省委组织部副部长刘三秋同志到校宣布南昌大学党委主要负责同志的任职决定，胡永新同志任南昌大学党委书记。

二、党建与政治思想工作

2003 年，学校成立了党建暨思想政治教育工作领导小组，制定《南昌大学党建暨思想政治教育工作考评方案》。大力实施“三四五”工程：构建党建工作三级（校党委、院党委和党支部）管理网络工程，研究制定了《南昌大学党建暨思想政治教育工作三级网络管理暂行条例》；狠抓党支部、教研室、团支部和学生班级四个基层组织建设；夯实理想信念教育、“三观”教育、艰苦奋斗教育、国情省情教育和党员先进性教育的“五项教育”工程。对 19 个二级党委、2 个直属党总支、1 个直属党支部、156 个党支部进行换届选举或改选，首次选举成立机关党委。学校重视加强党务政工干部队伍建设，分别举办党委书记、党支部书记和党务秘书培训班。制定《教工党支部工作条例》《学生党支部工作条例》《党支部考核条例》、党员发展操作程序和创建示范支部等加强支部建设意见；实施党员联系班级制度，全校有 385 名党员教师担任义务联系班级的工作，协助做好学生思想教育和发展党员的工作。校领导经常深入课堂、宿舍、食堂等调查研究，校领导定期在网上与学生对话，“红土地”网站被评为全省高校思政工作示范网站。加强党员教育和管理，认真开展民主评议党员活动，评选出 10 个先进党支部、10 名优秀党员、10 名优秀党员标兵，并予以表彰。建立了南昌大学党员管理信息系统，对学校 3000 多名党员进行有序高效管理，适应现代化办公要求。

2003 年 5 月 19 日，学校召开 2003 年处级干部竞聘工作动员大会。制定《南昌大学 2003 年处级领导岗位竞聘上岗实施办法》，按机关、业务及附属单位、直属与教学单位三类情况分别制定上岗条件，全面推行竞聘上岗工作。学校公布 143 个处级岗位和 267 个科级岗位进行竞争上岗。竞聘岗位之多，人员之众，力度之大，在全省高校属于首次。通过竞聘，53 名普通教师走上处级领导岗位，20 名副处级干部走上正处级岗位，5 名科级干部走上正副处级岗位。同年，学校制定并实施《南昌大学学院党委换届选举工作实施细则（试行）》（昌大校发〔2003〕11 号），对全校 14 个学院党委进行首届党委选举，选举了书记、副书记和党委委员，选举后各学院党委委员的平均年龄 45.42 岁，比选举前下降了 4.29 岁。

2003 年，为适应前湖校区管理工作的需要，确保首届新生进得去、稳得住、学得好、不出事，7 月 11 日，学校印发《南昌大学前湖校区管理工作总体实施方案》（昌大校发〔2003〕60 号），决定成立中共南昌大学委员会前湖校区工作委员会和南昌大学前湖校区管理委员会（两块牌子一套人马）。前湖校区工作委员会为校党委派出机构，全面负责前湖校区的党建和思想政治教育工作。前湖校区管理委员会为校行政派出机构，全面负责前湖校区的行政和管理工作，下设综合办公室、学工办公室、财务办公室、教务办公室、保卫办公室和后勤办公室。学生党总支、学工办公室和前湖校区团委（合署办公），全面负责前湖校区的学生党团、学生公寓和学生教育管理工作。以学生公寓为单位成立楼栋学工办公室、楼栋党支部和楼栋团总支（合署办公），设立相应办公室、学生活动室、值班室，开辟宣传橱窗，配备专职学工干部，实行专职辅导员制度，与学生同吃同住，把党建思政工作落实到最基层。上述管理机构于2006年9月校本部机关整体迁入前湖校区而完成历史使命随之撤销。

2004年，学校党委认真贯彻《中共中央、国务院关于进一步加强和改进大学生思想政治教育的意见》（中发〔2004〕16号），把学生思想政治教育工作摆在首位。进一步推进了邓小平理论和“三个代表”重要思想进教材、进课堂、进学生头脑，狠抓“两课”教育改革。进一步推进思想政治工作进网络，在校园网开辟“学生思想政治工作园地”“红土地”等专栏。“昌大家园网”被评为“全省高校思想政治教育示范网站”。进一步推进了思想政治工作进宿舍，在青山湖校区建立“以苑区管理为主，楼栋管理和学院管理相结合”的学生社区管理新模式，在前湖校区建立“以社区管理为主，以学院管理为辅，以楼栋管理为基础，集学生党团工作、学生教育工作、学生管理工作和学生公寓工作于一体，党政合一”的新型管理模式，同时实行“党团学组织进公寓、党团学干部进公寓、宣传文化阵地进公寓”的“三进”做法，将学院党团学办公室全部设在学生公寓，全体学生工作干部在学生公寓办公和住宿，开展星级寝室评比和寝室文化艺术节活动。组织了校训和前湖校区湖、路、桥等名称的征集活动。2004年7月5日，《中国教育报》头版头条刊发《进网络、进寝室、进社团，南昌大学学生思想教育新“三进”——给学生更多贴身的关怀》一文，对此进行了深入报道。

2005年，学校党委成立中共南昌大学委员会学生工作委员会，在校党委和行政的领导下，全面负责协调在校研究生、本专科生、继续教育学生的党建和思想政治教育等工作。11月，江西省大学生思想政治教育研究中心落户学校，并被省教育厅列为全省高校德育研究基地、省高校人文社会科学重点研究基地。加强党校培训力度，设立了20个分党校，全年有2800多名学生被列入党员发展对象。发展党员2640名，校党校被省委教育工委评为“全省高校先进基层党校”。加强了国防生教育，开展以“扶困助学、诚信立志”为目的的各种助学工作。2005年5月16日，《江西日报》刊发了学校思想政治教育工作经验。

2006 年，学校党委进一步加强辅导员队伍建设，在前湖校区本专科学生中全面实行专职辅导员制度，配备专职辅导员 213 名，师生比达到教育部规定 1∶200 的要求，且全部在学生公寓住宿和办公，近距离开展大学生思想政治教育工作，成为学生的贴心人、责任人和引路人。连续出台了一系列制度规定，探索形成了“三关一落实”的特色做法，即严把入口关、培训关、考核关，落实各项政策待遇。同年 10 月 24 日，《人民日报》以“与同学们一起奔跑”为题，报道了南昌大学辅导员队伍建设经验。2006 年 5 月 10 日，《光明日报》对学校思想政治教育工作进行了报道。

2007 年 5 月，学校党委制定《南昌大学 2007 年处级领导干部任期届满考核办法》（昌大发〔2007〕8 号），对全校聘期届满的处级干部进行届满考核，共发放考核表近 2.8 万份，群众个别谈话 400 余人。这次考核强化第一责任人的意识，把干部的德、能、勤、绩、廉分解成若干要素，按照一定标准分不同类别进行量化，实行定性与定量相结合的考核方法。在届满考核的基础上，进行新一轮的处级领导干部换届工作，学校党委印发《南昌大学 2007 年处级领导岗位聘任工作实施办法》，重点对空缺岗位进行竞争性选拔干部上岗，完成了续聘工作，170 名处级领导干部续聘，保证了干部队伍的相对稳定。学校对外公开选聘优秀人才担任学院领导，还外聘国外专家担任业务领导。同时，学校在部分学院试点实行行政副院长制度。同年，学校制定并实施《南昌大学基层党组织任期届满换届选举工作实施细则（试行）》（昌大发〔2007〕13 号），对全校 27 个基层党组织进行换届选举工作。学校把干部选拔任用工作与加强干部经常性教育结合起来，2007 年暑期组织全校 380 名处级领导干部进行了教育培训。

2008 年，学校被评为 2003—2007 年度全省高校党的建设工作先进单位、全省大学生思想政治教育工作先进高校。思想政治教育进学生公寓工作取得新成果，学校连续 5 年被评为全省高校学生宿舍（公寓）管理先进单位，《学生公寓文化建设》专题片项目荣获 2008 年度全国高校公寓文化建设优秀成果影像资料一等奖。

2010 年 5 月，学校党委印发《南昌大学 2010 年处级领导干部任期届满考核办法》（昌大字〔2010〕9 号），对全校 81 个单位的处级领导班子和 271 名任期届满的处级干部进行定量与定性相结合的分类考核，并注重考核结果的运用。6 月，学校党委印发《南昌大学 2010 年处级领导岗位聘任工作实施办法》（昌大字〔2010〕19 号），面向全校、面向海内外公开选拔中层干部。学校公布了 23 个正处级岗位和 25 个副处级岗位进行竞聘上岗。竞聘工作得到学校各级干部教师和海内外人才的高度关注和积极响应，共有 210 人报名参加竞争上岗，其中 5 人是海外名校的优秀拔尖人才。海外竞聘人员首次采取视频答辩的方式进行。同时，在竞聘工作中，学校把扩大群众的知情权、表达权、参与权、监督权作为重点工作来抓。在竞聘工作过程中，参加民主测评、民主推荐和谈话的教职员工达7000余人次，有90位普通教职员工被邀请作为群众评委。学校进一步加大了干部交流的力度，重点做好机关与基层、医学与非医学专业之间的干部交流，共有63名处级干部在全校范围内的交流。8月28日，学校举行2010年处级干部暑期培训班，邀请国内知名专家学者和省纪委领导做专题报告。

2010年，大学生思想政治教育工作取得新进展。教育部网站3月11日对南昌大学学生党建工作经验做法进行了介绍。6月，廖元新入选2009年度全国高校辅导员年度人物。12月，学生思想政治教育网站“家园网”被评为第四届全国高校百佳网站。

2011年11月，省委第四巡视组赴南昌大学巡视见面会举行。2012年，学校认真总结并开展了创先争优活动评选表彰工作，一批先进基层党组织和优秀共产党员受到了表彰。生命科学与食品工程学院被中组部授予“全国创先争优先进基层党组织”称号，胡伯项教授执笔撰写的理论文章《在创先争优活动中推进权力的科学运行》入选全国创先争优理论研讨会。经济与管理学院学生党总支、科学技术学院党委、第二附属医院党委获得全省教育系统创先争优“先进基层党组织”称号。学校获得全省教育系统创先争优活动优秀实践案例、优秀理论文章、优秀工作制度奖各1项。程晓曙获得全省教育系统创先争优活动“为民服务十佳标兵”称号，档案馆获得全省教育系统创先争优活动“群众满意窗口单位”称号，周南润、甘萍、张剑获得全省教育系统创先争优“优秀共产党员”称号。学校党委对创先争优活动中表现突出的人文学院中文系教工党支部等62个先进基层党组织和王丽娟等181名优秀共产党员进行了表彰。

三、基层组织建设

2004年，学校下发《关于进一步做好在大学生中发展党员工作的意见》，开展新生党的基本知识启蒙教育活动和知识竞赛。在前湖校区7000余名新生中，有3000余名向党组织递交了入党申请书。培训入党积极分子1885人，发展党员1800余名。2006年，学校加大在大学生中发展党员的工作力度，共举办党员发展对象学习班33期，培训发展对象2900余人。2006年底，学校共有学生党员5296名，其中研究生党员1465人，学生党员比例为10.7%。

2004年，学校积极开展基层党组织争创“五面红旗”活动。按照全省党建评估标准，印发《关于在基层党的组织中开展争创“五面红旗”活动的通知》，开展“党支部组织生活创新大赛”活动。加强学生党组织建设，在前湖校区新生楼栋、软件学院、国防生大队成立党的基层组织，创建楼栋“党员活动室”、楼栋业余党校，落实党员联系班级、学生党员寝室挂牌等。

2006 年，学校加大前湖校区党员活动室的规划和建设，各个党员活动室除配有会议桌椅、书橱、电视机、DVD 等设备外，基本上做到了“六上墙、三个一百”，即党旗、誓词、入党程序、基本制度、工作职责及党员风采上墙，为党员活动室购买 100 首革命歌曲、100 张革命故事影碟、100 本政治类书籍。学校党委对 76 个党支部、138 名优秀党务工作者和 277 名优秀共产党员进行表彰。学校举办了第一期基层党委委员培训班，对 66 名基层党委委员进行了培训。

2006 年，学校党委围绕中心工作抓党建，推进基层党组织建设，取得了较好成绩。1 个基层党支部被授予“全国先进基层党组织”称号，1 名党员和 1 个基层党支部受到省委组织部表彰，4 名党员和 2 个基层党支部受到省委教育工委表彰，学生党建工作在全省高校党建工作会上做典型发言，经验交流材料入选全国十五次高校党建工作会议（全省唯一单位）。在学院党委成立 18 个学生党总支、61 个学生党支部、80 多个党小组、270 多个党旗先锋队，达到本科学生班级“一年级有党员，二年级有党小组，三、四年级有党支部”的工作目标，形成了校党委、学生工作委员会、学生党支部、班级党支部及低年级党小组一整套纵向的学生党建工作组织体系。

2007 年，积极开展基层组织建设年活动。制定《学院党委工作条例》《直属总支工作条例》等规章制度，规范基层组织建设。积极开展基层党组织任期届满换届工作，及时调整组织机构设置。经常性地对党务秘书、党支部书记等进行工作培训，做好发展对象和党员的日常培训工作，高质量地按期完成了党内统计年报工作。实行学生党员责任寝室制度，加大党员活动室建设力度。2008 年，开展基层组织建设创新年活动。抓好基层组织建设的创新特色，积极开展党建工作示范点和试验点的创新活动，确定了信息工程学院电工电子实验中心党支部等 3 个第一批基层党建工作示范点和机关党委等 10 个党建工作试验点，努力推动基层党建品牌的建设工作。

2009 年，为抓好党校的各项建设，提升党员发展对象培训质量，学校严格按照《中国共产党党校工作条例》，充分利用和发掘党校教学、管理资源，不断地改善党校的办学条件。全年党校共举办党员发展对象培训班 60 期，培训教职工以及学生等各类党员发展对象 6500 余人，为历年之最，满足了各学院党员发展需要。截至 2009 年 12 月，全校共有党员 12784 人，其中在岗职工党员 4331 人，学生党员 7111

人，离退休党员1302人，其他党员40人。全年发展党员4748人，其中在岗职工110人，学生4638人。同时，加强党建工作阵地建设，学校积极组织申报“省高校基层党组织示范性党员活动室”，外国语学院学生党总支和信工学院电工电子中心党总支等2个党员活动室顺利获批。

2009年，学校开展基层组织建设深化年活动，对全校基层党支部的党建工作进行检查调研。创新组织生活方式，科技学院人文学科部等多个基层党组织针对党员或入党积极分子外出实习分散的特点，积极探索利用QQ群及网页等工具，建立网上党支部。第二附属医院的“党员政治生日”、第四附属医院“创岗建区”等活动获得省级表彰。外语学院党委获得全省“高校党建工作创新奖”一等奖，第四附属医院党委获得三等奖。

2010年，学校印发了《南昌大学开展建党90周年纪念活动实施意见》（昌大字〔2011〕18号），开展了系列庆祝活动，如各种形式的学习、交流、专题报告活动；举办了“江西革命英烈”巡展等“学党史、知党情、强党性”的主题教育活动；开展了“推荐身边的先进基层党组织和优秀共产党员”征文、“创先争优”理论研讨、“身边的感动”演讲比赛、“党在我心中”知识竞赛、建党90周年主题团日活动、“唱红青春，紧跟党走”合唱比赛等主题实践活动。举办了《永远跟党走》庆祝建党90周年表彰大会暨文艺会演庆祝、建党90周年书画展等主题宣传活动。

2012年，中央和省委确定为“基层组织建设年”，学校党委根据中央和省委、省委教育工委的部署，专门召开南昌大学基层组织建设年动员会，对基层组织年的各项工作作了动员部署，统筹推进基层党建各项工作。一是开展基层党组织分类定级。对全校539个基层党支部进行了分类定级，其中先进支部271个，较好支部240个，一般支部22个，后进支部6个，并扎实做好基层支部的整改提高、晋位升级工作；二是扎实推进基层党建工作项目化。认真贯彻落实全省基层党建工作项目化发展现场会精神，在学校开展“基层党建项目推进年”活动，做好全省党建工作项目的立项和推广工作，其中外国语学院“构建学生党团员学习教育实践体系”被确立为全省“典型示范型”重点项目，学工委“构建‘一体两翼’的学生党支部工作模式”和理学院“先锋领跑”工程分别被确立为全省“典型示范型”和“创新探索型”一般项目，并积极将这些项目在全校各基层党组织中进行推广。

四、党风廉政建设和重大活动

2004年，在全校党员干部中开展《中国共产党党员纪律处分条例》和《中国共产党党内监督条例（试行）》学习研讨活动，制定《南昌大学预防职务犯罪实施办法（试行）》。2005年，学校党委制定印发了《南昌大学建立健全教育、制度、监督并重的惩治和预防腐败体系任务分工方案》。2007年，制定《关于加强党务政务督查工作的暂行规定》，紧紧围绕学校改革和发展的中心工作开展督查工作。2008年，按照省纪委的部署，在学校深入开展学习实践科学发展观活动的同时，同步开展“做党的忠诚卫士，当群众的贴心人”主题实践活动。

2005年，校党委按照中央、省委及省委教育工委有关文件精神，精心组织、周密部署、科学安排，扎实有效地开展保持共产党员先进性教育活动。学校先进性教育活动集中教育阶段从7月10日开始到12月5日结束，历时149天。学校各级党组织和全体党员按照校党委统一部署，完成了各阶段、各环节的学习和整改任务，达到了预期目标，取得了明显实效。学校共制定了597条整改措施，一些热点、难点问题得到解决。如针对群众反映突出的校园内违章搭建问题，拆除了300余处违章建筑；针对群众反映的公车管理问题，推行了公车集中管理。开展对全省47所农村中小学结对帮扶工作，被省教育厅评为“结对帮扶工作先进单位”。先进性教育活动取得了实实在在的成效，有力地促进了两校融合、学位点申报和迎评促建等各项工作，群众满意率达到98.7%。

2007年12月19日，经请示上级党委批准，学校党委召开了新南昌大学第一次代表大会。校党委书记郑克强做了题为“认真贯彻党的十七大精神，为建设高水平新型综合性大学而奋斗”的工作报告。大会提出积极推进“三个转移”，认真做好“三篇文章”，不断增强学校核心竞争力，促进学校各项事业又好又快地发展，努力创建高水平的新型综合性大学。大会选举产生了新一届党的委员会，有效地贯彻了党的十七大精神，有力地推进了学校党建工作。

2008年10月，学校被确立为全省第一批开展学习实践科学发展观的试点单位。校党委以强烈的政治责任感和使命感，在上级有关部门的亲切指导下，强化领导，周密策划，精心组织，狠抓落实，确保了深入学习实践科学发展观活动试点工作（以下简称试点工作）取得实效。全校45个基层党委（党总支、直属党支部）、508个党支部，13名校（厅）级领导干部、400余名处级干部和4000多名教职工党员、1000多名离退休党员、6000多名学生党员参与了学习实践活动试点工作。学校党委建立了领导干部联系点276个，聘请了135名政治素质好、责任心强、具有广泛代表性的同志担任群众特约监督员，召开各种类型座谈会562次，开展了为期1个多月的“科学发展隆中对”问计活动，共收到各类建言447条。校院两级试点单位共组织了专题辅导报告298场；认真研究制定整改方案（简称“386工程”），即推进“质量、民生、就业”三大工程，实施“创新人才培养、师资队伍建设、科学技术发展、社会服务发展、服务平台建设、国际合作交流、校园文化建设、执政能力建设”八大行动计划，重点加强“教学、科研、师资、资产、学生工作、党建”六大制度建设，构建推动学校科学发展的制度体系。正值试点活动开展期间，2008年10月15日，中共中央政治局常委、中央书记处书记、国家副主席、中央学习实践科学发展观活动领导小组组长习近平亲临学校视察工作，亲切看望师生员工，带来党中央、国务院的亲切关怀。

2009年，制定《南昌大学建立健全惩治和预防腐败体系2008~2012年工作规划实施细则》，构建了今后5年符合学校工作特点和规律的惩治和预防腐败体系基本框架。制定《南昌大学巡视工作暂行条例》。总结学习实践科学发展观和“做党的忠诚卫士、当群众的贴心人”主题实践活动经验，作为高校试点单位在全省纪检监察系统主题实践活动试点工作总结暨第二批动员会上进行了交流。成立江西省党风廉政研究中心暨南昌大学廉政研究中心，成为教育部高校廉政研究机构联席会议成员单位。

2010年，学校党委制定《南昌大学贯彻落实〈中国共产党党员领导干部廉洁从政若干准则〉实施方案》，并召开动员会就贯彻实施《廉政准则》作出部署。制定印发《南昌大学党政领导班子贯彻执行“三重一大”决策制度实施办法》。根据省纪委有关文件精神，制定了《南昌大学岗位廉能管理暂行规定》和《南昌大学岗位廉能管理工作实施方案》。

2010年5月28日，校党委专题研究创先争优活动，并精心组织，迅速动员部署。建立组织机构，成立创先争优活动领导小组，并于6月11日召开了南昌大学创先争优活动动员大会。领导小组下设办公室，负责组织协调创先争优活动的日常工作。办公室设综合协调组、宣传材料组、指导联络组3个工作组，抽调各部门精干力量组成。制定《南昌大学在党的基层组织和党员中深入开展创先争优活动的意见》。各基层党组织也成立相应组织机构，制订出本单位创先争优活动实施方案，及时编发《创先争优活动工作简报》。建立校级党员领导干部深入开展创先争优活动联系点制度，共建立23个校领导联系点。党员校领导都结合工作深入联系点调研和指导。各级党组织根据本单位实际，确定活动载体，按照统一要求做出公开承诺。做出公开承诺的各级基层党组织604个、党员9049人。一批基层党组织工作扎扎实实，创新举措，有声有色，充满生机活力。

2012年，学校党委制定下发了《中共南昌大学委员会关于认真学习宣传贯彻党的十八大精神的通知》，对学习宣传贯彻党的十八大精神进行了总体部署，在全校迅速掀起了学习宣传贯彻党的十八大精神热潮。校党委先后邀请了副省长朱虹，国家发改委司长范恒山，省委宣讲团成员、省社联主席祝黄河等多位专家学者到校宣讲党的十八大精神。召开了 4 次校党委中心组理论学习扩大会议，专题学习党的十八大精神。组建了党的十八大精神宣讲团，深入二级单位举办宣讲报告 25 场次。开展了“喜迎十八大，永远跟党走”千名新党员宣誓活动和中国共产党历届全国代表大会概况展活动，使学习活动“覆盖各级党组织、覆盖广大党员干部、覆盖广大师生员工”。同时，校党委充分发挥网络、报纸、广播等校内媒体的舆论宣传作用，及时宣传推广各单位学习宣传贯彻十八大精神的好经验好做法，充分展示并不断总结学习成果，使学习宣传贯彻党的十八大精神提升到一个新的高度。

五、宣传思想工作

2003 年，按照学校的发展方针，结合学校办学 63 周年、建校 45 周年、并校 10 周年校庆，学校联合中国教育电视台、《人民日报》、《光明日报》、《文汇报》、《江西日报》等媒体推出专题报道，积极主动、大力宣传学校新校区建设、学科建设、教学科研、党建工作、学生管理等方面的工作成绩，产生了积极的社会效应。仅 2003 年，学校在各类新闻媒体发表报道 400 余篇，其中全国性新闻报道 40 余篇，创历史最高水平。共邀请、接待来访记者 300 余人次。“红土地”网站发布各类新闻 300 余条，点击量超过 55 万人次。

2004 年 9 月，学校成立“南昌大学新闻中心”，建立新闻记者联谊会制度，制定《南昌大学新闻宣传工作管理规定》。同年，学校开通“南昌大学新闻网”，制定《南昌大学新闻网管理制度》，实行新闻报道 24 小时更新制。新闻网日均点击率达 4000 余人次，位居全省高校前列。

2006 年，校党委紧紧围绕中心工作，及时、准确宣传学校改革、发展情况和成果，塑造了良好的学校形象。编印校报 20 余期，先后完成校内新闻采访任务 300 余条，拍摄图片 1.5 万余张，撰写新闻稿件 500 余篇，编发网络新闻共 800 余条。系统收集了自 1993 年至 2006 年 13 年间校外媒体有关南昌大学本科教学工作及改革发展的 6000 余条报纸类新闻报道，并按不同性质分类整理汇编成《媒体眼中的昌大》上、中、下三册，全面记录了学校改革与发展历程，客观、真实地反映社会对南昌大学的关注。

2007 年，校党委加强思想政治建设，积极开展“创新创业、共建和谐”主题教育活动，树立和学习先进典型，开展学习方永刚、冯志远等同志的先进事迹活动。积极联系国内、省内各大媒体，及时宣传报道学校改革发展成就。据不完全统计，中央电视台、江西卫视等中央及省内电视媒体当年发布南昌大学有关新闻 110 余篇，

《人民日报》《中国教育报》等中央及省内主流报纸媒体发稿 150 余篇，校外网站新闻报道 4300 余篇。

六、完善统战工作制度 提升科学工作水平

学校党委高度重视统战工作，始终坚持把统战工作摆上重要位置，认真贯彻全国统战工作会议和全省统战工作会议精神，紧紧围绕学校发展大局，着力做好凝聚人心、汇聚力量的工作。统战部协助校党委制定和下发了 7 个统战制度和文件，分别是 2003 年的《关于进一步加强统一战线工作的若干意见》和《南昌大学基层党组织统战工作目标管理内容》，2007 年的《中共南昌大学委员会关于进一步加强统战工作的实施意见》和《关于在全校统一战线中开展“凝聚力工程”活动的实施意见》，2008 年的《党外干部工作联席会议制度》，2010 年的《在全校统一战线开展社会主义核心价值体系学习教育活动的实施意见》和《关于建立健全无党派人士政治引导长效机制的实施意见》。

党外代表人士队伍建设进一步加强。从 2003 年至 2012 年间，党外代表人士中担任省级以上人大代表、政协委员共 79 人次，其中，全国人大代表 2 人，省人大代表 8 人次（含省人大常委 6 人），全国政协委员 4 人（含全国政协常委 1 人），省政协委员 65 人次（含省政协常委 15 人、省政协副秘书长 1 人）。截至 2012 年底，陆续完成了各民主党派和统战团体的换届和调整工作，进一步优化了队伍；在任各民主党派省委会副主委 4 人，设区市政协兼职副主席 2 人，省爱国天主教副主委 1 人，省侨联副主席 1 人，省政府参事 4 人，省特约人员 12 人；在任党外副处级以上干部 72 人（其中副厅级 5 人、正处 25 人、副处 42）。

支持党外代表人士建言资政。支持“两会”代表、委员和省政府参事充分发挥学科、专业优势，撰写了一批有价值、有分量的调研报告，多项提案和建议受到省部级以上领导的批示。在全国两会上，邵鸿委员、郑小燕委员、朱友林代表、周浪委员等积极建言献策，他们的相关建议与提案受到国家有关部门的重视，《人民日报》、《科学时报》、《江西日报》、人民网等都对此作了报道。

进一步做好民族宗教工作。关心少数民族学生的成长成才，照顾少数民族学生的风俗习惯，学校给予清真食堂每年 10 万元的补贴和零租赁的优惠政策，在前湖校区设立了 4 个民族食堂或餐厅。积极做好抵御境外利用宗教进行渗透和防范校园传教工作。

统战理论研究成果丰硕。2007 年中共江西省委统战部依托学校成立了“江西省统一战线历史研究基地”，同年 11 月，第 12 次全国高校统战工作研讨会在学校

召开，全国4个省、市党委统战部、教育工委以及112所高校代表参加了会议，中央统战部陈喜庆副部长作了辅导报告。学校的《同心同德携手共进——南昌大学政治交接主题教育活动突显成效》研究成果在《中国统一战线》期刊登报道。提交的《建立高校统战工作长效机制、促进高校统战工作科学发展》在全国高校统战会议作经验交流。获批国家社科基金课题1项、中央社会主义学院招标课题1项、省高校人文社科研究项目重点课题1项、江西省统一战线理论研究招标课题2项。出版了专著《江西与中国统一战线》1部。

学校统战工作紧紧围绕学校发展大局，不断探索在服务第一要务中求发展，在统战工作发展中深化服务的路子，各项统战工作扎实推进，在发挥优势做贡献上取得新进展。自2002年江西省重新启动统战工作目标管理考核以来，连续十年被评为"全省统战工作目标管理考核先进单位"；连续十年被评为"全国统战宣传工作先进单位"称号；被授予江西省"党外人士之家"称号。2007年校党委统战部原部长方茁同志被评为全国统战系统先进工作者。2008年农工党党员刘月辉教授荣获中共中央、国务院、中央军委颁发的"全国抗震救灾模范"荣誉称号。2012年民盟南大委员会主委黄菊花教授荣获"全国优秀科技工作者"称号。

附：南昌大学历届各民主党派、统战团体组成人员名单（2003—2012）

一、民革南昌大学委员会

第一届（2005—2012）

主　委：贾益纲

副主委：王　勤（2005　2007）　罗时民　李越湘　卢胜平

陈志强　傅　芬（2007—2012）

二、民盟南昌大学委员会

第四届（2003—2007）

主　委：黄菊花

副主委：黄劭刚　朱为英　欧阳珊　陈　涛　肖　萍

第五届（2007—2012）

主　委：黄菊花

副主委：黄河浪　肖　萍　欧阳珊　郭烈恩　郑月慧　朱清仙

三、民建南昌大学委员会

第一届（2003—2012）

主　委：卢晓勇

四、民进南昌大学委员

第一届（2005—2012）

主　委：张　彬

副主委：刘波澜　熊曼玲　赖晓阳

五、农工党南昌大学委员会

第一届（2006—2012）

主　委：刘季春

副主委：文师华　朱光辉　袁兆康　涂书田　刘月辉

六、九三学社南昌大学委员会

第四届（2005—2007）

主　委：王德保

副主委：黄模佳　罗丽萍　骆成洪　王丽娟

2005 年南昌大学与原江西医学院合并：

第一届（2007—2012）

主　委：王德保

副主委：张　伟　黄模佳　刘　菲　骆成洪　罗丽萍　王丽娟　华　萍

七、南昌大学侨联委员会

第三届（2001—2012）

主　席：张玉明

副主席：罗时民　李　夏

八、南昌大学党外知识分子联谊会

第一届（2005—2012）

名誉会长：陈海晏　胡　辛　曾广兴

会　长：陈　恳（2012—2020）

副会长：张　萌（2005—2006）、常务副会长（2006—2012）

副会长：刘　雷　李少华

秘书长：胡雪梅（2005—2008）　占传杰（2008—2012）

七、民主治校、工会和共青团工作

2003 年 4 月，学校召开南昌大学第二次“双代会”，审议通过《南昌大学战略发展规划》《内部管理体制改革总体方案》《后勤制度改革方案》《南昌大学教代会实施细则》等 7 个决议方案，并召开 6 次包括党外人士在内的座谈会，听取他们对学校发展的意见和建议。

2003 年，学校被评为全国“五四红旗团委”。

2004 年，学校召开了第二届二次“双代会”，会议审议了《校长工作报告》等 6 项重要决议。大会闭会后，召开代表团团长会议 8 次，分别审议了《南昌大学学院经费动态包干暂行办法》《南昌大学教育职员制实施方案（试行）》《南昌大学关于专业技术职务评议与聘任的实施方案》等涉及教职工切身利益的各项方案。

2004 年，校党委把党建带团建作为领导班子考核的重要内容，校党委会通过了《关于共青团工作先进单位、优秀专职团干标兵、共青团工作先进个人评选暂行办法》，并纳入对基层党组织的考核评比。青年志愿者协会被评为全国百支先进服务集体，荣获全国大学生创业计划竞赛“全国高校优秀组织奖”，全国增强共青团意识主题教育活动先进单位。

2005 年，学校被评为全国先进工会组织。

2005—2006 年，学校召开第二届“双代会”第三次会议和第四次会议，审议通过《2005—2020 年南昌大学战略发展规划》《2005—2020 年南昌大学学科建设和师资队伍建设规划》《2005—2020 年南昌大学校园基本建设规划》《南昌大学教职员工聘用制度试行办法》等十多项决议。

2006 年，共青团工作实行了“团组织、专职团干部、团学活动阵地、团学主体活动”四进公寓的团建创新模式，《中国青年报》对此做了专题报道，受到团中央学校部领导充分肯定。

2007 年，共青团工作紧紧围绕“学生在想什么”“我们能为学生做什么”“现在做得怎么样”3 个团学工作基本课题，不断创新工作思路和方法，开创“有形、有神、有力”的团学工作新局面。召开了共青团南昌大学第三次代表大会。430 人参加学校“青年马克思主义者培养工程”大学生骨干培训班，936 人参加团校暨十七大精神培训班。同年，学校被评为全国“五四红旗团委”。

2008 年，学校荣获全国教科文卫体工会系统先进女职工组织。7 月 3 日，团中央书记处第一书记陆昊同志到南昌大学调研共青团工作，考察学校“团组织、专职团干部、团的活动、团的活动阵地”四进公寓的相关情况，并召开共青团工作座谈会。为响应团中央和省委支持共青城发展的重大决策部署，南昌大学与共青城开发区管委会签订协议，开展硕士支教、专业服务、万人推介、项目联络、主题论坛 5 个方面的合作，使各级团组织和团员青年在支持共青城的建设中做贡献、受教育。

在 2009 年第十一届“挑战杯”全国大学生课外学术科技作品竞赛决赛中，学校获得一等奖 2 项、二等奖 1 项、三等奖 3 项，总分排名列全国第 12 位，荣获全国高校优秀组织奖，捧得江西参赛史上首个“优胜杯”，取得历史性突破。与此同时，学校还积极推进社会实践全员化，共组队200余支，4万余人参加实践团，足迹遍布全国各地，学校被评为“全国社会实践先进单位”。

2009年，学校被授予全国“五一劳动奖状”。同年，学校西部计划项目办经江西省西部计划项目办推荐，全国项目办评审，荣获“全国大学生志愿服务西部计划优秀项目办”称号。2010年6月，学校举行大学生志愿服务西部计划出征仪式，28名志愿者分赴广西、海南、四川等服务地开展为期1至3年的志愿服务工作。2010年8月，全国学联召开第二十五次代表大会，南昌大学成功连任全国学联副主席单位。2011年9月，姚凯同学获第七届“中国青少年科技创新奖”。

第四章　内涵发展（2013—2021）

1993 年到 2003 年是南昌大学融合发展的十年，其标志性成果是学校于 1997 年进入“211 工程”重点建设高校行列。2003 年到 2012 年是学校建设发展的十年，其间经历了第二次合并，建成了前湖新校区。这两个十年在学校发展史上具有里程碑意义。第一个十年融合发展所奠定的基础、第二个十年建设发展所形成的规模，为第三个十年的发展创造了条件。

2013 年到 2021 年，是学校加快发展、把握未来的机遇期，也是锐意进取、争创一流的内涵发展期。国家一系列战略和改革举措的实施为学校提供了良好的发展环境。2016 年 2 月 3 日，中共中央总书记、国家主席、中央军委主席习近平视察南昌大学国家硅基 LED 工程技术研究中心实验室。习近平总书记指出：高校作为科技创新的生力军，要创新人才培养机制和教育方法，为国家现代化建设培养造就更多的合格人才、创新人才。习近平总书记殷切希望当代大学生珍惜韶华，把学习成长同党和国家的事业紧紧联系起来、同社会和人民的需要密切结合起来，用青春铺路，让理想延伸。学校始终牢记习近平总书记的殷殷重托，在教育部、江西省委省政府的大力支持下，学校在特色、内涵、质量上下功夫，紧紧围绕核心竞争力和综合实力谋发展，以人才培养为根本，以学科建设为核心，以改革创新为动力，以服务社会为己任，创新发展思路，转变发展方式，提高发展质量，构建了“学科交叉、科教协同、产教融合”的办学模式，形成了结构合理、特色鲜明的人才培养体系、科学研究体系和公共服务体系，不断推进学校的和谐发展、集成发展、科学发展，有力增强了学校的创新力、竞争力和影响力，奏响了学校改革与发展的最强音。

第一节　因时而变，厘清思路再出发

一流的大学，应当拥有一流的办学思路，构筑成全校师生共同的思想基础。学校新的班子成立以来，在认真总结学校办学历史的基础上，立足新时代高等教育新形势要求，确立了走以质量提升为核心的内涵发展之路，这是新时代学校发展的战略选择，也是新时代高等教育发展的必然要求。

一、强学科、精管理、惠民生、兴实干

进入 2013 年，学校步入一个重要的历史关口。学校未来发展如何定位？发展方向在哪里？发展路径如何选择？这是摆在学校新一届领导班子和全校师生面前一个亟待回答的问题。

2013 年 7 月 1 日，省委组织部、省委教育工委在南昌大学召开干部大会，宣布南昌大学行政主要负责同志的任职决定：经省委常委会研究决定，周创兵同志任南昌大学党委副书记、校长。会上，周创兵校长表示，大学的一个基本共识就是“学生成才、学者成功、学校成名”。要按照建设现代大学制度的要求，建立健全有利于提高人才培养质量、提升科技创新水平、增强社会服务能力的学校管理体制与运行机制，构建适应时代发展要求的大学治理结构，树立科学的发展观、人才观、质量观、服务观。师生员工的凝聚力和向心力是一个学校最重要的软实力，也是最宝贵的精神财富。学校应当坚持特色发展、内涵发展、科学发展、校地协同发展和国际化发展，妥善处理好改革、发展和稳定的关系。

周创兵校长到任后，就学校办学理念、办学定位、学科发展、制度建设、科学管理等问题开展了多方调研，厘清了学校的办学思路。2013 年 7 月 10 日，学校召开二级教授座谈会。校长周创兵就学校办学理念、办学定位、学科发展、制度建设、科学管理等问题进行了深入探讨和思考，代表班子成员，畅谈了对学校未来发展的思考：在大学制度建设方面，要按照现代大学制度来建设学校，要坚持依法治校，严格各种法规制度，同时，要坚持教授治学，突显教学主体地位；在学校办学定位方面，学校要在广泛调研的基础上对原有的办学规划进行探索完善；在学校学科发展方面，要形成有优势明显、特色突出的学科，形成多学科多学院的学科群；在学校科学管理方面，要按制度管理，建章立制，抓大放小，把权力重心下移，学校做好顶层设计，充分调动学院的积极性，建立科学、合理、公平的资源配置评价体系。总结过去、立足当前、面向未来是我们考虑问题的基本视角。以质量提升为核心的内涵发展之路是大学发展的战略选择，也是大学本质的必然要求。

2013 年 9 月 2 日，在新学期工作布置会上，学校未来发展思路进一步明晰。会议明确进一步树立“人为本、德为先、学为上”的育人理念，明确了“学术立校、人才强校、依法治校”的办学思想，初步形成了“强学科、精管理、惠民生、兴实干”的发展思路，确保工作定好位、开好头、起好步。

2013 年 10 月 30—31 日，在全校副处级以上干部集中学习和研讨交流会上，校长周创兵代表学校指出：在学校育人层面上要树立“人为本、德为先、学为上”的理念，在办学层次上要明确顶天立地、追求卓越、敢为人先的理念，在文化层面上要形成各美其美、和而不同、和合通变的理念，在办学目标上要确立学生成才、学者成功、学校成名的理念，在价值导向上要追求师生幸福、学校成就、社会认同的理念。学校已明确“强学科、精管理、惠民生、兴实干”发展思路，强学科是内涵发展的总纲，精管理是发展转型、提质增效的途径，惠民生是根本宗旨，兴实干是学校发展的保障。未来十年是学校充实内涵提升发展的十年，是学校重要的发展机遇期，全校上下要凝聚共识，凝心聚力，团结一心，真抓实干。

2014 年是学校谋篇布局之年，也是广大干部、师生凝聚共识之年。在年初的工作布置会，明确学校新时代办学理念为：学术立校、人才强校、依法治校；育人理念为：人为本、德为先、学为上。创新精神为：求真务实、敢为人先、追求卓越。理想追求为：学生成才、学者成功、学校成名。价值导向为：师生的幸福感、学校的成就感、社会的认同感。学校党委明确未来十年：高举中国特色社会主义的旗帜是我们坚定不移的办学方向，“强学科、精管理、惠民生、兴实干”是我们的发展思路。会议提出，南昌大学从 1921 年江西公立医学专门学校开办，到 2021 年正好是办学 100 年，与中国共产党成立 100 年的时间是相一致的。南昌大学未来的战略发展和战略步骤，到 2020 年前后，第一个百年的时候，通过我们这一代人的努力，把南昌大学建设成为区域特色鲜明的高水平综合性大学，这是我们这代人的历史责任；到 2050 年，实现把南昌大学建设成为国内外知名的高水平综合性大学目标。

2014 年 3 月 31 日，学校召开四届四次教职工暨工会会员代表大会，校长周创兵代表学校向大会做工作报告。报告明确了“有特色、高水平、综合性”的发展定位、“学术立校、人才强校、依法治校”的办学理念、“强学科、精管理、惠民生、兴实干”的发展思路；提出了学科和院系治理结构改革、校院两级管理体制改革、人事人才与岗位薪酬体系改革、学科建设资源配置改革等十项改革内容。校党委书记胡永新作大会总结讲话。他强调，2014 年是谋篇布局之年，也是深化改革之年。在新的一年里，要将工作重点放在进一步解放思想、凝聚共识、深化改革、激发活力，强化顶层设计与科学谋划，注重内涵发展与质量提升，增强办学实力与办学效益上来。

2016 年，随着南昌大学改革发展的稳步推进，学校各部门、各院系工作有起色、有进展，但进展程度、发展力度不够平衡；发展态势总体向好，但与综合改革的目标、建设高水平大学的要求不相适应，学校改革创新势在必行。8 月 28 日，学校举办2016年暑期干部培训班。校长周创兵作辅导报告。他提出用“五大发展理念”来引领学校教育事业的发展。“创新发展”就是思想的创新、理念的创新、体制的创新、技术的创新、结构的创新和道路的创新，要把创新摆在学校发展的核心位置。“协调发展”指的是学校在规模、结构、质量、效益，教学、科研、服务、改革、发展、稳定等方面都需要协调推进。“绿色发展”指的是大学要走资源节约型、环境友好型的健康之路。“开放发展”是建设世界一流大学、一流学科的必要条件。

2017年，南昌大学改革创新的脚步不停歇。1月22日，学校召开2016年度工作考核汇报会。会议提出，学校2017年的工作定位叫“两聚一上”，要聚焦本科教学，聚力质量提升，改革发展迈上新台阶。工作的总基调是“稳中求进，创新发展”。工作目标是“质量提升要有新作为，创新发展要有新突破，作风建设要有新成效”。

进入2018年，如何进一步贯彻落实全国高校思想政治工作会议、全国教育大会的精神，积极深化改革、推动发展，是学校面临的新形势、新任务。

2018年4月3日，省委决定喻晓社同志担任南昌大学党委书记。喻晓社表示，高校肩负人才培养、科学研究、社会服务、文化传承创新、国际交流合作的重要使命，能够到南昌大学工作，深感使命光荣、责任重大。在今后的工作中，将进一步提高站位、坚定信念，加强学习、与时俱进，发扬民主、科学决策，真抓实干、勇于担当，严于律己、廉洁奉公，团结班子成员，与全校师生一起，更加紧密地团结在以习近平同志为核心的党中央周围，在省委省政府的坚强领导下，在省委组织部、省委教育工委、省教育厅的关心下，砥砺奋进，努力创造出经得住实践和历史检验的新业绩，向省委省政府、向全体教职员工交出一份满意的答卷。

2018年6月1日，在南昌大学作风建设工作动员会上，校党委书记喻晓社指出，各单位各部门要对标部省合建和“双一流”高水平大学建设的要求，紧紧围绕学校的中心工作，从人才培养、科学研究、社会服务、文化传承创新、国际交流合作等五个方面分析现状，找出差距，提出目标，制定措施，狠抓落实，促进学校事业的发展。

2018年8月30日，学校举办高层次人才、处级干部能力提升暑期专题培训班。校党委书记喻晓社提出，坚持向改革要动力、向创新要活力，以更强的工作力度、更高的工作标准、更实的工作作风，加快推进新时代高水平大学建设，力争在部省合建高校中先行一步。周创兵校长提出，坚持“育人为本、创新引领、合建驱动、改革攻坚、实干兴校、拼争一流”的工作方针，保持高质量、特色化、跨越式发展的战略定力，奋力谱写高水平大学建设的新篇章。

二、作示范、勇争先、创一流

2019 年 5 月，习近平总书记时隔三年再次亲临江西视察指导工作，要求江西“努力在加快革命老区高质量发展上作示范、在推动中部地区崛起上勇争先”。江西省委省政府要求全省上下以“作示范”的担当，“勇争先”的气魄，全力以赴加快推进高质量跨越式发展。

学校上下切实把思想和行动统一到习近平总书记重要讲话精神上来，加强建设一流大学的思考和谋划。2019 年 8 月 26 日，南昌大学召开新学期工作布置会。会议深入分析提出学校新时期的新定位，“在部省合建高水平大学中作示范，在国家‘双一流’建设中勇争先”。会议明确新学期工作思路为“一个根本、两个坚持、三个明确”：抓好人才培养，落实立德树人的根本任务。瞄准一流目标，坚持中国特色与世界一流；把握质量优先，坚持内涵一流、内核一流、质的一流。明确建设定位，调整结构，在不同学科方面争创一流；明确服务导向，找准优势，对接行业需求和支撑科技创新；明确重点任务，集中资源，用点的突破带动学校整体提升。

2020 年是有特殊意义的一年，是“十三五”的收官之年，是学校部省合建和双一流建设的深化之年，也是百年校庆和承办第七届大学生创新创业大赛的筹备之年。学校在抓好疫情防控的同时，吹响了推进改革发展的冲锋号。如何紧扣“以习近平新时代中国特色社会主义思想为引领，努力在‘作示范’和‘勇争先’上布好局，起好步”这条工作主线，凸显“能力提升年、学风建设年和党建创优年”三个工作定位，成为 2020 年工作的重中之重。3 月 26 日，学校以“总结过去、查找问题、凝聚共识、谋划未来”为主题，召开了校领导班子工作务虚会，校领导班子成员在思想观念、战略谋划及方法论层面进行广泛交流研讨，力求达到思想观念受冲击、改革发展明方向、拼争一流勇担当、民生保障抓落实的总体目标。6 月 30 日，学校召开五届五次教职工暨工会会员代表大会。会议明确，2020 年，学校以“能力提升年、学风建设年、党建创优年”为工作定位，着力推进“四自教育”和学风建设、“作示范、勇争先”队伍建设、评价考核与奖惩制度改革、薪酬体系改革与民生保障、百年校庆资源汇聚与建设、国际会议与创新创业大赛筹备、“十四五”规划等专项工作落实落地。会议提出“江西底色、中国特色、世界一流”的发展目标，为学校改革发展指明了路径。

第二节　随事而制，深化改革激活力

2014年，党的十八届三中全会做出了全面深化改革的重大决定，对深化教育领域综合改革提出了新要求。全国高等教育综合改革试点工作已经展开，教育部选择上海市、北京大学、清华大学分别作为省级人民政府、高校办学主体的试点单位，这三个单位的改革方案引起高校及社会各界的广泛关注。南昌大学党委、行政敏锐抓住这一千载难逢的机遇，果断决策，勇于担当，积极争做江西省高校综合改革试点排头兵。

一、抢抓机遇，主动担当综合改革试点

破解教育领域深层次矛盾需要进行综合改革，这已成为基本共识。为了抢抓这一重大战略机遇，推进学校在新起点上更快更好发展，2013年7月学校新一届领导班子组建以来，学校党政主要领导就南昌大学全面深化教育改革发展问题进行了多形式、高密度的校内、外调研。在充分调研的基础上，2014年8月5日，就学校发展的战略目标、发展面临的瓶颈等一系列问题，学校向省委书记强卫、省长鹿心社专题报告，恳请省委、省政府将南昌大学作为江西高教综合改革试验区，并给予先行先试、优先优惠的政策支持。8月8日和8月13日，强卫书记、鹿心社省长分别对呈送的报告做出重要批示，明确表示支持学校开展综合改革试点工作，要求学校及相关单位做好前期的准备工作，方案成熟后，他们再听取专题汇报。随后，学校党委、行政立即对综合改革工作进行系统部署，不断完善《南昌大学综合改革试点实施方案》。

10月11日，江西省委常委召开专题会上，学校就综合改革试点实施方案做了专题汇报，重点汇报了南昌大学综合改革的背景、实施方案以及迫切需要省委省政府给予的政策支持和帮助解决的若干问题。这是江西历史上省委常委会第一次为一所大学的改革方案召开专题办公会议，充分体现了江西省委对南昌大学的高度重视与殷切期望。

10月20—22日，省教育厅相关领导与学校党委书记胡永新、校长周创兵等一行8人，专程赴教育部汇报南昌大学综合改革试点工作，获教育部相关领导肯定，并表态全力支持江西省和南昌大学教育综合改革。“地方政府和地方高校向教育部汇报综合改革情况，江西省和南昌大学是全国第1个。”

12月4日，朱虹副省长主持召开省教育体制改革领导小组第三次会议，研究、审议了《南昌大学综合改革试点实施方案》，全力推进南昌大学开展综合改革试点

工作进程。

二、群策群力，精心编制《实施方案》

《南昌大学综合改革试点实施方案》是学校未来十年改革发展的纲领性文件。2014 年 12 月 21 日，《南昌大学综合改革试点实施方案》正式印发，开启了南昌大学综合改革的新篇章。实施方案旨在通过综合改革，努力使南昌大学成为江西高等教育深化改革的先导者、科学发展的示范者、现代大学制度建设的先行者，成为江西创新拔尖人才培养和高层次人才聚集的战略高地，成为江西科技创新体系的核心基地，成为江西区域经济社会发展的重要智库。

该方案坚持问题导向、目标导向、协同推进原则。改革主要内容涵盖：推进治理结构改革，完善现代大学制度；深化教育教学改革，全面提高人才培养质量；深化人事制度改革，打造高水平人才队伍；创新学科建设体制机制，建设“一流学科”；深化科研体制改革，促进科技创新；创新产学研合作模式，提高服务区域经济社会发展能力；创新大学文化，培育大学精神；创新资产和后勤管理模式，提升综合保障能力八个方面。

根据《方案》，南昌大学将拥有更多办学自主权。在收费方面，南昌大学将拥有教育收费适度定价自主权。江西支持南昌大学在国家规定的范围内拥有学费上下浮动的自主调节权。江西省编办在核定的学校编制数内，给予南昌大学一定的编制管理自主权，允许将目前的编制“审批制”改为“备案制”。江西省教育厅等部门将力争教育部在国家政策范围内，支持南昌大学按照权限自主设置专业，增加南昌大学博士生、硕士生招生指标。南昌大学将优化办学层次结构。到 2020 年，学校本部学生规模控制在 4.5 万人以内，其中研究生规模占到总数的 1/3 左右。为提高学校科研成果转化率，南昌大学知识产权许可、转让获得的净收益，60%~95%奖励给研发创业团队。学校知识产权作价出资获得的股权收益，60%~95%奖励给成果完成人及其研发创业团队。南昌大学鼓励支持大学生创新创业，允许学习期限延长 1~3 年，创业时间可视为学习实践教育折算学分。

三、携手“十三五”，推进综合改革走深走实

学校开展综合改革试点，恰好与“十三五”同起步，试点工作的开展，为学校“十三五”规划注入新的活力、新的元素、新的动能。

2015 年 9 月 5 日，学校召开 2015 年下半年新学期工作布置会。会议指出，要站在更高的战略高度，思考南昌大学在新的历史条件下未来五年学校的发展战略问

题、发展目标问题，要对南昌大学“十三五”的教育事业发展规划有一个总体的、科学的顶层设计。要以党委名义来研究这个问题，还要发挥全校教职员工的智慧和力量。“十三五”规划要做到几个结合：要与综合改革相结合，要与中西部综合实力提升计划相结合，要与国家一流学科建设相结合，要与江西发展升级、小康提速的战略相结合，要与长江中游城市群建设相结合。

2016 年 4 月 28 日，学校召开第五次教职工暨工会会员代表大会。会议强调，“十三五”是学校建设高水平大学的关键期，是大有作为的机遇期，是综合改革的攻坚期。“十三五”时期的总体目标是以立德树人为根本，以提高质量为核心，以改革创新为动力，努力提升“学术立校、人才强校、依法治校”的新境界，奋力开创“强学科、精管理、惠民生、兴实干”的新局面，推动学校实现新发展、新突破和新跨越。到 2020 年，争取学校综合实力排名进入全国前 50 名，在中西部地方高校处于领先地位，建设成为区域特色鲜明的高水平综合性大学。

2016 年 7 月 6 日，经学校第五届教职工暨工会会员代表大会审议和学校党委会审议通过,《南昌大学事业发展“十三五”规划》正式发布实施。规划明确的“一个目标、两个追求、三三定位、五大战略、八大任务和五大保障”为学校今后五年的改革发展工作奠定了坚实基础。

与“十三五”规划实施紧密关联，学校综合改革试点工作也在全面推进，走深走实。2015 年初，为全面推动南昌大学综合改革工作，学校出台了 2015 年 1 号文件——《关于全面推进南昌大学综合改革试点工作的若干意见》，对综合改革的背景、目标及任务，推进综合改革的工作方针、工作机制和工作要求等都做出了全面阐述。

2015 年 12 月 26 日，学校综合改革荣获全国教育改革创新典型案例优秀奖。“探索地方高校综合改革　建高水平大学”案例成功入选全国教育改革创新典型案例并获优秀奖，成为江西省获此殊荣的唯一案例。

2016 年 2 月 23—24 日，江西省召开 2016 年全省教育工作会议。校长周创兵以“内涵发展上水平，服务地方见成效”为题做交流发言。他指出，综合改革的核心在“综合”，关键在“深化”。在改革的指导思想上，南昌大学紧紧抓住两个着力点：一是“内涵发展上水平”，二是“服务地方见成效”。在改革的价值取向上，凸显“四个更加”：更加注重内涵发展、更加注重特色发展、更加注重创新发展、更加注重社会服务。在改革的步骤上，以“强学科”为龙头，推进学科“三个一工程”建设、实施“全球招聘计划”和“215”人才工程；以教育思想大讨论为先导，优化人才培养模式，构建协同育人长效机制；以重大需求为导向，创新科研评价机制，启动重大成果培育工程，争取持续产出标志性成果；以“精管理”为抓手，推进校院两级管理体制改革，激活办学活力、规范办学行为、提升办学效益。学校综合改革的目标是要到2020年把学校建设成为有特色高水平的综合性大学，综合实力进入国内高校前50强。

第三节　奋勇争先，高水平建设布新局

2017年6月，江西省政府印发《江西省有特色高水平大学和一流学科专业建设实施方案》，明确“双一流”建设的“江西版本”，分别是有特色高水平大学整体建设、一流学科建设、一流专业建设。其中，为策应国家中西部高校“一省一校”重点建设计划的实施，将南昌大学列为省高水平大学整体建设高校，对南昌大学建设发展予以重点支持。南昌大学又迎来一次重大历史发展机遇。

一、加强谋划，高位推进《方案》编制工作

2016年9月7日，学校召开建设高水平大学实施方案编制工作推进会。会议听取了关于编制《南昌大学建设高水平大学实施方案》的情况汇报。会议要求编制《方案》应对接国家《统筹推进世界一流大学和一流学科建设总体方案》，切合江西经济社会发展的热点问题，结合《南昌大学事业发展“十三五”规划》和《南昌大学综合改革试点实施方案》，在项目设置、遴选和建设上做到有所改革、有所创新、有所发展。会议强调制定《方案》编制的时间表，涉及学科、专业、平台等方面问题分别由分管校领导负责协调，尽快完成《方案》的编制工作。

二、目标导向，《方案》绘就宏伟蓝图

2017年，学校五届二次双代会将建设高水平大学作为重要议题，并审议通过了《南昌大学建设高水平大学实施方案》。《方案》提出：

1. 到2020年，2~3个学科或学科方向进入世界一流行列，5~8个专业进入国内一流行列，2~3个创新平台进入世界一流行列，服务经济社会发展能力明显增强，建设成为区域特色鲜明的高水平综合性大学。到2030年，3~4个学科或学科方向进入世界一流前列，5~8个专业进入国内一流前列，2~3个创新平台进入世界一流前列，服务经济社会发展能力显著增强，建设成为国内外知名的高水平综合性大学。

2. 要坚持“整合资源、突出重点、整体提升、争创一流”，紧密围绕国家与区域经济社会发展需求、对接国际学术前沿，充分发挥综合性大学的整体优势，整合

学科资源，优化学科结构，创新学科建设模式，实现学科方向特色化、学科团队结构化、学科平台功能化、学术传承制度化、学术交流国际化。全力打造世界一流的学科高峰，构建布局合理、特色鲜明、优势突出、文理工医协调发展的学科体系，为建设区域特色鲜明高水平大学提供强力支撑。

3. 拟建一流学科群：新材料技术学科群，食品科学技术与健康学科群，化学学科群，生物学学科群，临床医学学科群，新闻与传播学学科群，应用经济学学科群，江右人文与中国哲学学科群。

4. 要通过建设一流学科群，从以下几个方面带动学校整体建设与发展：一是引领学校学科协同发展。二是提高学校人才培养质量。三是促进学校资源优化配置。四是增强学校社会服务能力。

三、形成倒逼机制，推动《方案》落地落实

为切实保障《方案》顺利实施，学校制订了《关于进一步改进作风促进高水平大学创建的实施方案》。该方案直击领导干部作风、落实中央八项规定精神、服务保障作风、教风、学风、医德医风等六大类20个问题。方案明确工作目标为：负责任，强化担当意识。增强使命意识、争先意识，以勇于担当的责任用心干事，以只争朝夕的拼劲抓紧干事，真正把心思和精力集中到学校质量提升、改革发展上，做到“我的岗位我负责、我的职责我担当、我的工作请放心”。重实干，增强职业意识。坚持解放思想、开拓创新，树立大局意识、责任意识，紧紧围绕学校中心任务，做好管理服务、教书育人、医疗服务的本职工作。抓紧办，实现提质增效。践行马上就办、办就办好的基本准则，不推诿不敷衍不拖延，大幅提升工作质量和效率，推动每一项工作快落地、真落实、早见效，形成心无旁骛抓发展、驰而不息抓落实的新局面。

为确保方案落实到位，学校建立作风建设工作协调落实系列机制，包括工作情况报送制度、牵头部门负责制、全过程公开机制、监督考核机制。倒逼机制有力促进作风建设，为建设高水平大学提供强有力的支撑和保障。

第四节 乘势而上，“双一流”建设谱新篇

2015年10月24日，国务院印发《统筹推进世界一流大学和一流学科建设总体方案》，要求坚持“以一流为目标、以学科为基础、以绩效为杠杆、以改革为动力”的基本原则，加快建成一批世界一流大学和一流学科。2017年1月，教育部、财政

部、国家发展改革委印发了《统筹推进世界一流大学和一流学科建设实施办法（暂行）》，“双一流”建设成为继“211 工程”之后高校新的战略竞争高地。2017 年 9 月，教育部、财政部、国家发展改革委印发《关于公布世界一流大学和一流学科建设高校及建设学科名单的通知》，公布世界一流大学和一流学科（简称“双一流”）建设高校及建设学科名单，南昌大学入选世界一流学科建设高校，南昌大学材料科学与工程学科入选“双一流”建设学科。

一、实力雄厚，材料科学与工程学科群脱颖而出

南昌大学新材料技术学科群（以下简称学科群）具备了相当的基础，该学科群成功开创了一条同行公认的新的 LED 产业路线。2011 年获科技部批准组建国家硅基 LED 工程技术研究中心，2015 年荣获国家技术发明奖一等奖。2016 年以来又在硅基黄光 LED、硅基绿光 LED 等多项技术上实现国际领先水平的突破。学科在半导体发光新材料技术方向拥有居于世界一流水平的实力和不断开拓创新保持一流地位的能力。

学科间交叉融合、相得益彰。其中先导方向“发光新材料技术”具有国际特色，有力地带动了光电信息与光健康等方向快速发展；其他各新材料技术学科方向也都具有较强的技术创新或基础研究实力，新材料装备技术方向是该学科业已形成的特色，是该学科各方向争创世界一流的坚强后盾。

二、明确建设目标，“一流学科”重担在身

对标国家要求的五大建设任务和五大改革任务，学校制定了《南昌大学一流学科建设高校建设方案》。五大建设任务为：实施教育质量工程，培养拔尖创新人才；实施引智聚才工程，建设一流师资队伍；以自主创新为核心，提升科学研究水平；丰富大学文化内涵，传承创新优秀文化；坚持产学研协调融合，着力推进成果转化。五大改革任务为：以党建思政为保障，加强和改进党对高校的领导；加强制度创新与建设，完善内部治理结构；以综合改革为抓手，实现关键环节突破；凝聚力量调动资源，构建社会参与机制；推进国际交流合作，着力提升学校影响力。

《方案》对学校未来“世界一流学科”建设做出规划：以材料科学与工程学科为基础，建设新材料技术学科群。以硅衬底 LED 发光技术为先导，以发光材料、器件与装备为核心建设方向，向电子信息、能源环境、健康生命等领域交叉渗透，带动一批与之密切相关并可相互支撑、具有深厚基础和良好发展前景、符合国家战略和江西经济社会发展需求的学科方向。计划到 2020 年，材料科学与工程学科（发光

新材料技术方向）进入世界一流行列；2030年，建成一个多方向进入世界一流行列的新材料技术学科群，其中发光新材料技术方向居世界领跑的位置；到21世纪中叶，建成世界一流学科群，多个学科方向居世界领跑位置。

《方案》明确，要牢牢把握国家“双一流”建设的战略机遇，确立了“有特色、高水平、综合性”的办学定位，制定了“到2020年，把学校建设成为区域特色鲜明的高水平综合性大学；到2030年，建设成为国内外知名的高水平综合性大学；到2050年，建设成为中国特色的一流大学”的三步走战略。

为加快推进建设一流学科，学校结合实际，进一步提出了要完善学科绩效评价机制，建立考核调整的竞争机制，创新管理模式，实施“学科特区”制度，推动建设一流学科实现超常规、跨越式发展。

三、开启学科特区新路，“红花”“绿叶”相映衬

学校创新学科发展思路，确定以“2+X”的方式逐步推进学科特区建设。其中，“2”指入选国家“双一流”计划的一流建设学科“新材料技术学科群”和以全国第四轮学科评估结果为“A”的“食品科学与工程”为主体的“食品科学技术与健康学科群”；“X”指候选学科，并采取能进能出方式滚动支持，初步已遴选临床医学学科和新文科学科群。

学校根据“打造两个世界一流学科，助力江西两大产业发展”的战略主题，调整了学部设置，建立了以材料学科为龙头的理工一部和以食品学科为龙头的理工二部，并相应组建了国际材料创新研究院和国际食品创新研究院等4个协同创新平台，形成了材料、食品两朵“红花”学科带动相关“绿叶”学科交叉协同发展的新模式。

2018年9月29日，在“双一流”建设现场推进会上，教育部党组书记、部长陈宝生同志对学校拟实施“学科特区”制度提出表扬。10月8日，学校专题研讨推进“学科特区”建设。明确了实施“学科特区”制度的时代背景、总体思路和具体要求，并对《南昌大学学科特区管理办法（讨论稿）》及相关管理细则进行了讨论。11月6日，学校校长办公会审议通过《学科特区管理办法（试行）》。

2019年6月19日，《中国教育报》以“建立学科特区　开创部省合建新篇章——南昌大学‘五个坚持’创新推动学科建设发展”为题，对学校的做法进行了专题报道。6月25日，学校学科特区建设办公室与光伏研究院签署《关于“新材料技术”学科特区“光伏新材料技术”方向企业化运行的约定》。12月17日，学校正式发布《材料和食品学科特区管理细则》。

四、“一流学科”走向世界，提升学校整体水平

2019 年 4 月 19 日，副校长江风益教授在长江经济带教育改革发展座谈会上，做了题为“建立学科特区，服务区域经济和社会发展”的重点发言。他以南昌大学副校长、战略科学家、国家“双一流”学科负责人的多重身份，介绍了学校“双一流”学科建设的创新实践及其特色，并结合自身研发工作，介绍了为何 2018 年美国商务部将南昌大学列入“危险名单”，引起与会者的浓厚兴趣与高度关注。

2019 年 7 月 30—31 日，教育部评估专家组来校考察指导“双一流”建设工作。专家组一致认为，教育部实行双一流建设和部省合建在南昌大学的发展进程中体现出来的作用非常明显，教育部进行前瞻性引导、江西省给予大力支持、学校实行学科改革等举措，多管齐下，效果突出。南昌大学的发展是在需求中求创新，在创新中谋发展，在发展中做服务，在服务中进行特色引领，以点带面，前瞻性、针对性很强。专家组希望学校进一步创新人才和培养的模式，争取更多办学自主权，保持良好发展趋势，推动“双一流”建设更快、更高水平地发展，努力把学校建设成为江西省高等教育深化综合改革的先导者。

2019 年 8 月 17 日，学校召开“双一流”建设周期总结工作动员部署会。会议强调，本次“双一流”建设周期总结工作时间紧、任务重、涉及面广、质量要求高，全校上下要从服务国家发展战略和江西经济社会发展出发，充分认识工作的重要性；要全面、客观反映学校“双一流”建设、部省合建与高水平大学“三位一体”建设的过程和进展、特色和亮点，抓住重点，扎实推进；要精心组织、形成合力、协同推进，保障工作顺利进行。

2019 年 9 月 20 日，省长易炼红来学校调研，并主持召开“双一流”建设工作座谈会。他强调，加快“双一流”建设，是以习近平同志为核心的党中央做出的重大决策部署。我们要以习近平总书记关于“双一流”建设的重要指示精神为遵循，站在贯彻落实习近平总书记对江西提出的“作示范、勇争先”目标定位的高度，完善思路，确立目标，优化方案，坚定不移朝着“双一流”建设目标迈出更加坚实有力的步伐，为推进江西高质量跨越式发展提供强有力支撑。

2020 年 7 月 16 日，学校举行未来技术学院揭牌仪式暨南昌大学建设世界一流大学行动计划汇报会。副省长孙菊生、省政府副秘书长樊雅强、省教育厅厅长郭杰忠、校党委书记喻晓社、校长周创兵、副校长江风益院士共同为未来技术学院揭牌。

9 月 16 日，以魏炳波院士为组长的 10 位国务院学科评议组专家，对南昌大学 2016—2020 年“双一流”建设情况进行评估，认为材料科学与工程学科发展态势强

劲，在硅基氮化镓半导体发光材料学科方向已居世界领先地位。一流学科建设有力地带动了学校整体办学水平的提升。专家组一致认为南昌大学圆满完成了教育部批准的建设任务，一致同意通过南昌大学“双一流”建设周期总结报告。

第五节　顺势而为，部省合建提层次

2018 年 2 月 24 日，教育部在支持和提升中西部高等教育发展座谈会上部署启动部省合建工作，要通过部省合建这一新的机制和模式，在尚无教育部直属高校的省份，按“一省一校”原则，重点支持南昌大学等 14 所高校建设。学校顺势而为，成功进入部省合建。至此，学校形成了世界一流学科建设、高水平大学整体建设和部省合建“三位一体”的建设布局，综合改革为学校发展提供源源不断的动力，学校初步具备了创建世界一流大学的基础与实力。

一、迈进部省合建高校行列

2018 年 2 月 25 日，教育部与江西省签署《教育部 江西省人民政府关于“部省合建”南昌大学的协议》，教育部将参照直属高校模式对合建高校的发展予以指导支持，在学科专业建设、科学研究、师资队伍建设、考核评价、对外交流合作等方面与直属高校同等对待。3—5 月，学校及时传达宣传教育部支持和提升中西部高等教育发展座谈会精神，提出“参照系是部属厅级高校，目标是更多更大的办学自主权”，成立南昌大学部省合建工作领导小组，并下设办公室，在全校抽调专职干部。在全校征集落实“部省合建”南昌大学协议具体内容及需要省委省政府支持南昌大学“部省合建”项目责任清单等内容。组织相关人员分批赴武汉大学、中山大学、南开大学、浙江大学、厦门大学等多所部属高校开展调研，并形成调研报告。5 月 16 日，学校举办南昌大学首届“国际青年学者论坛”。校党委书记喻晓社致辞，他提出，当前南昌大学正处在迈进部省合建高校行列、启动“双一流”建设的起步阶段，也是处在创建高水平大学实现百年辉煌的关键时期。学校已将 2018 年定位为“聚才引智年”，我们将会用先进的教育理念引导人才，用优美的环境吸引人才，用辉煌的事业鼓舞人才，用良好的待遇激励人才，更会用真挚的感情留好人才，不断开创学校人才队伍建设新局面。7 月 7 日，校党委书记喻晓社、校长周创兵、副校长江风益等一行，以及教育厅领导，陪同孙菊生副省长，专程赴北京参加由教育部孙尧副部长主持的南昌大学部省合建工作专题会。会上，初步确定了《江西省人民政府关于支持部省合建南昌大学的实施意见》(草案)。

二、研究部署部省合建工作

2018 年 7 月 5 日、16 日，学校召开两次党委常委（扩大）会，专题研究部署部省合建工作，集中学习刘奇书记、孙尧副部长关于部省合建南昌大学的讲话精神。校党委书记喻晓社对部省合建工作提出了总体要求，校长周创兵对部省合建南昌大学的时代背景、战略主题、总体思路和现实任务等进行了解读，并对《中共南昌大学委员会　南昌大学关于加快推进部省合建工作的若干意见》进行了研究和讨论。7 月 20 日，学校党委常委（扩大）会审议通过了《中共南昌大学委员会　南昌大学关于加快推进部省合建工作的若干意见》，明确学校部省合建“打造两个世界一流学科，助力江西两大产业发展”的战略主题和“突破学科边界，聚焦产业发展，产教深度融合，扎根赣鄱大地”的总体思路。

三、加快推进部省合建工作

2018 年 7 月 29 日，学校出台《中共南昌大学委员会　南昌大学关于加快推进部省合建工作的若干意见》。8 月 15 日，学校向教育部上报《南昌大学优势学科对接地方主导特色产业建设方案汇编》。汇编含《材料科学与工程学科群对接江西材料产业建设方案》《食品科学与工程学科群对接江西食品产业建设方案》和《临床医学学科群提升江西医疗服务水平建设方案》。8 月 24 日，教育部下发《教育部　江西省人民政府部省合建南昌大学工作手册（初稿）》。

8 月 27—30 日，学校举行全校高层次人才、处级干部能力提升 2018 年暑期专题培训会。培训会紧紧围绕习近平总书记对教育工作重要论述、省委十四届六次全会精神，聚焦部省合建及“双一流”战略部署，以《教育部　江西省人民政府部省合建南昌大学工作手册》为基本，准确把握部省合建的目标任务、内涵实质、工作要求，明晰部省合建下一步行动方向，进一步推动思想解放、统一思想认识，掌握政策要求、提升能力水平，找准工作定位、谋划实施方案，对学校下一步改革发展有着极其重要的实践指导意义。9 月 5 日，学校召开部省合建工作推进会，强调各学科、各院系、各部门要以部省合建为契机，落实陈宝生部长“先干起来”的工作要求，面向地方经济社会发展和产业发展需求，找准定位、努力而为，找到位置、尽力而为，改进作风、切实而为，立即着手实施材料和食品两个国际合作创新研究院的建设，确保部省合建工作取得实质性进展。9 月 10 日，校党委常委会研究正式成立部省合建与综合改革工作办公室。

四、紧密联系对口支持高校

2018 年 9 月 12、18 日，经教育部牵线协调，初步确定华南理工大学、武汉理工大学对口支持南昌大学材料学科建设，江南大学对口支持南昌大学食品学科建设，北京大学医学部、复旦大学上海医学院和上海交通大学医学院对口支持南昌大学临床医学学科建设的基础上。学校先后召开专题会议研究材料、食品学科及医学部如何与对口支持合作高校实现有效对接，明确在把握聚焦有限目标和实现互惠共赢的原则上，迅速从人才队伍、共建平台、成果转化及学术交流四个方面与对口支持高校争取共建帮扶和开展交流合作。

11 月 5 日，校长周创兵一行赴武汉理工大学就两校合作共建事宜进行专题调研和座谈，达成了帮扶合作意向。11 月 14 日，教育部下发《教育部办公厅关于调整部省合建高校对口合作安排的通知》，学校材料科学与工程学科由武汉理工大学、上海交通大学、中南大学、华南理工大学对口支持合作；食品科学与工程学科由江南大学对口支持合作；临床医学学科由复旦大学、北京大学对口支持合作。11 月 22 日，学校材料科学与工程学院赴华南理工大学就对口合作共建工作进行学习调研。华南理工大学介绍了材料学科在学科建设、科学研究、师资队伍建设、成果转化等方面的先进经验，并针对部省合建背景下对口合作共建南昌大学材料学科的具体措施展开商讨。

2019 年 1 月 4 日，校党委书记喻晓社一行赴江南大学就两校合作共建事宜进行专题调研。双方就对口合作目标、合建工作机构、交流合作机制及具体合作内容等方面进行了商讨，决定两校将在教育教学、人才培养、师资队伍、共建平台、成果转化及学术交流等方面开展深度合作。3 月 6 日，校党委书记喻晓社、校长周创兵一行赴北京大学调研，就“部省合建”帮扶学校临床医学学科建设等合作共建事宜与北京大学医学部进行具体对接。双方就医学的学生培养、科研平台建设、附属医院发展等医教研情况进行了沟通和交流；就合作共建初步形成了共识，后续将以学科发展需求为主，加快加深双方附属医院及下属学院的对接交流，开展实质性的项目化合作。6 月 10 日，北京大学—南昌大学对口合作协议签约仪式在学校举行。北京大学党委书记邱水平，北京大学常务副校长、中国工程院院士詹启敏，江西省副省长孙菊生，江西省委教育工委书记、省教育厅厅长叶仁荪，江西省教育厅副厅长王江华，校党委书记喻晓社，校长周创兵出席签约仪式。签约仪式由校党委副书记黄恩华主持。詹启敏、周创兵分别代表北京大学、南昌大学在协议上签字。根据协议，双方将充分利用部省合建政策机遇，围绕高水平大学建设目标，注重科教融合与服务江西健康产业，在共建联合研究中心、联合培养高层次人才、共同开展临床与基础研究和关键诊疗技术研发、加强国际国内交流与合作等方面相互支持与协作。

2019 年 8 月 1 日，学校召开部省合建对接北大医学部工作专项推进会。10 月 14 日，北京大学口腔医院作为全国口腔学科专业的领头羊，与南昌大学附属口腔医院签署《帮扶协议》。2020 年 7 月 24 日，复旦大学与学校签署对口支持合作协议。复旦大学常务副校长、上海医学院院长桂永浩，复旦大学上海医学院党委副书记、纪委书记杨伟国，南昌市委副书记、市长黄喜忠，省委教育工委书记叶仁荪，校党委书记喻晓社、校长周创兵出席会议，副校长江风益院士主持会议。根据协议，双方将充分依托部省合建平台，瞄准高水平大学建设目标，围绕医学与健康领域的前沿问题、重大难题及双方重点发展领域，在临床医学学科人才队伍建设、临床诊疗与研究。

五、开启部省合建崭新局面

2018 年 11 月 22 日，省政府出台《江西省人民政府关于支持部省合建南昌大学的实施意见》，成立部省合建南昌大学工作领导小组，孙菊生副省长任组长，省教育厅、省工业和信息化厅、省委组织部、省编办、省发改委、省科技厅、省财政厅、省人社厅、省卫健委、省外办等单位负责人任成员，下设领导小组办公室。文件明确将着力打造学校材料科学与工程、食品科学与工程两大一流学科群，通过构建人才引育用留新机制、国际化学科平台建设新体系，探索人才培养、学科建设、产学研用发展新模式，助推江西新材料和食品两大产业高质量创新发展。12 月 20 日，江西省政府召开部省合建专项资金使用专题会，明确 2019 年下拨 8000 万专项资金用于支持两大国际创新研究院建设。

2019 年 1 月 16 日，学校召开部省合建工作座谈会。会议指出，2018 年学校进入“以部为主、部省合建”高校行列，开启了部省合建新征程。2019 年，全校上下要认清新形势，抢抓新机遇，担当新作为，坚定“高质量、特色化、跨越式发展”的战略定力，主动适应新一轮科技革命与产业变革，进一步贯彻落实好国家“双一流”建设和部省合建战略举措，优化内部治理体系，全面深化综合改革，推动人才培养供给侧改革，创新学科建设发展模式，加快推进“双一流”建设和部省合建工作，为国家和区域重大发展战略、为江西产业和经济社会发展提供人力、智力和服务支撑。3 月 27 日，副省长孙菊生一行来学校专题调研“双一流”建设和部省合建工作进展情况。7 月 19—20 日，教育部部省合建工作专项调研组来校调研。调研组认为南昌大学在“队伍建设、人才培养、学科建设、科学研究、成果转化、社会服务”等方面做出了富有成效和开拓性的工作，充分肯定了南昌大学立足江西、对接长三角、服务全国，围绕国家区域经济发展需要、深入推进办学综合改革等方面取得的成绩，并对下一步部省合建南昌大学工作提出了中肯的意见和建议。

2019 年 11 月 21 日，《江西日报》在要闻版刊发以“抓紧抓实党的建设　奋力推进双一流建设——访南昌大学党委书记喻晓社”为题的报道。12 月 5 日，《江西日报》在头版以“南昌大学重点推进‘双一流’建设”为题，报道南昌大学推动主题教育和中心工作两不误、两促进。12 月 10 日，《中国教育报》以“南昌大学聚焦国家战略和地方经济社会发展调专业、育人才——部省合建高校的‘双一流’建设之路”为题，报道南昌大学主题教育期间，加快推进部省合建和“双一流”建设。12 月 27 日，艾瑞深中国校友会网最新发布的校友会 2020 中国大学排名 1200 强，南昌大学排名 49 名，较 2019 年的第 64 名前移了 15 位。

2020 年 5 月 9 日，部省合建南昌大学工作领导小组全体会议在南昌召开，传达学习教育部部省合建工作座谈交流会精神和省领导批示精神，总结部省合建南昌大学前一阶段工作，研究部署 2020 年重点工作。副省长孙菊生出席并讲话，省政府副秘书长樊雅强主持，省委教育工委书记叶仁荪介绍部省合建南昌大学有关工作情况。8 月 28 日，教育部部省合建工作专项调研组来校调研。调研组认为，江西省和南昌大学积极落实部省合建协议，为推动南昌大学发展做出富有成效和开拓性的工作，南昌大学在队伍建设、人才培养、学科建设、科学研究、成果转化、社会服务等方面均取得了显著成绩。9 月 4 日，学校召开新学期工作布置会。会议号召，全校师生员工要坚持以习近平新时代中国特色社会主义思想为指引，围绕“双一流”和部省合建，以更大的责任担当，更高的工作热情，更足的工作干劲，干出质量、干出效率、干出成绩，奋力开启世界一流大学建设新征程，以优异的成绩迎接学校百年辉煌。

第六节　明势而行，党建引领聚人心

党政军民学，东西南北中，党是领导一切的。这是新时代坚持和发展中国特色社会主义的基本方略。学校坚持以习近平新时代中国特色社会主义思想为指导，开启建设高水平大学的新征程，深入贯彻党的教育方针，坚持党对学校工作的全面领导，确保中国特色社会主义办学方向。学校全面推进“党建＋办学治校”，积极探索党建工作与学校中心工作融合的新模式、新常态，构建以党建为引领、统筹推进各项工作的新机制，把党建工作融入学校事业发展各个领域，拓展了抓党建的工作思路，强化了内涵建设，推动了学校改革发展，为学校实现“百年辉煌”建设高水平大学提供强有力的组织保障。

一、学习贯彻习近平新时代中国特色社会主义思想

（一）学习贯彻党的十八大精神

2013 年 11 月，全省高校学习宣传贯彻十八大精神经验交流会在学校举行。2014 年 3 月初，校党委研究并印发了《南昌大学“学习贯彻三中全会精神，凝聚全校改革发展共识”主题宣传教育活动方案》。5 月 28 日，学校召开处级干部学习贯彻习近平总书记系列讲话精神培训班。校党委书记胡永新、校长周创兵先后作辅导报告。2016 年 7 月 14 日，学校举行学习贯彻习近平总书记“七一”重要讲话精神座谈会。校党委书记胡永新主持会议并讲话，校长周创兵重点发言。11 月 7 日，校党委召开中心组理论学习会议，专题学习党的十八届六中全会精神和传达全省领导干部学习六中全会会议精神，研究部署学校贯彻落实意见。校党委书记胡永新强调，学习贯彻全会精神是当前和今后一个时期全校的一项重要政治任务，必须要以高度的政治责任感和使命感，按照中央、省委的统一部署，牢牢把握学习宣传的重点、要点，认真抓好全会精神的学习、宣传、贯彻、落实。

2017 年 2 月 23 日，学校党委部署 2017 年第一季度党建工作。3 月 22 日，省委书记鹿心社来学校做形势与政策报告。鹿心社勉励全省广大青年学子努力把个人发展融入国家和人民的事业中，把个人抱负融入中华民族伟大复兴的实践中，与时代同步伐、与祖国共命运、与人民齐奋斗，在为江西发展、为国家富强、为民族复兴的伟大事业中书写出彩人生。

（二）学习贯彻党的十九大精神

在党的十九大召开期间，师生员工认真收听收看党的十九大盛况，并进行了座谈、热议。党的十九大胜利召开以来，学校党委高度重视，根据教育部和江西省委的要求，将学习好、宣传好、贯彻好党的十九大精神作为学校的首要政治任务和头等大事来抓，精心组织、周密安排、扎实展开，组织干部师生通过自主学习、网络学习、理论中心组学习、教师集中学习、组织生活会、主题党日、主题团日、座谈会、讲座报告会、培训会、校外参观实践等多种形式学习，实现了学习传达的全覆盖，在全校上下迅速掀起了学习宣传贯彻的热潮。

2017 年 10 月 31 日，校党委中心组专题学习十九大报告精神。11 月 21 日，学校 200 余名党支部书记集中“充电”学习贯彻十九大精神。培训内容涵盖如何深刻

领会和贯彻党的十九大精神、如何提升新形势下的意识形态能力、如何按照巡视整改的要求加强和改进党支部工作等，对参训学员进一步提高党务工作水平提供了辅导和建议。11 月 22 日，校党委理论学习中心组（扩大）会议专题学习十九大精神，党的十九大代表、副校长江风益作辅导报告。会议指出，学习宣传贯彻党的十九大精神是学校当前和今后工作的首要政治任务。全校上下要坚持在“学懂”“弄通”“做实”上下功夫，认真读原著、学原文、悟原理，扎实开展分层次、全覆盖的党员干部和师生骨干培训；将学习十九大精神创造性融入教育教学、科学研究体系，发挥学校学科、人才、科研优势，充分发挥思想政治理论课主渠道作用；坚持学以致用、用以促学，把党的十九大精神落实到行动上、落实到工作中，为建设区域特色鲜明的高水平综合性大学目标，为实现十九大绘就的宏伟蓝图做出新的贡献。11 月 24 日，由教育部主办的“学习宣传贯彻党的十九大精神——千名高校优秀辅导员‘校园巡讲’和‘网络巡礼’活动江西报告会”在学校举行。12 月 21 日，学校党外代表人士学习贯彻中共十九大精神。12 月 29 日，学校举办学习党的十九大精神优秀辅导员宣讲会。

2018 年 4 月 28 日，学校召开南昌大学五届三次教职工暨工会会员代表大会。校党委书记喻晓社做题为“坚持党的领导　同向同心同力为新时代创建高水平大学而努力奋斗”的总结讲话。他指出，要学习领会习近平总书记系列重要讲话精神和关于工人阶级、工会工作的重要论述，特别是十九大报告，教育引导广大教职工牢固树立“四个意识”，把思想统一到党中央、省委省政府和学校的决策部署上来。要坚持把党的思想理论学习摆在首位，以“不忘初心，牢记使命”学习教育活动为抓手，不断加深全体代表对习近平新时代中国特色社会主义思想和党的十九大精神的认识，不断增强工作的坚定性和自觉性，不断增强全校各级工会组织和工会干部的政治觉悟，提升政治站位，维护党的领导权威。5 月 4 日，学校召开基层党委（党总支）书记述职评议暨党建工作例会。会议强调，要贯彻落实习近平总书记 5 月 2 日北京大学座谈会讲话精神，以及 5 月 3 日教育部党组会议精神，提高政治站位，提升思想认识，以全省教育系统党建质量年为牵引，全面推进“党建 + 办学治校”，把党的建设同学校各项事业更加有机地结合起来，积极探索党建工作与学校中心工作融合的新模式、新常态，构建以党建为引领、统筹推进各项工作的新机制，确保党建工作实效进一步增强。

2019 年 3 月 21—22 日，学校在前湖校区、东湖校区分别召开校党委理论学习中心组（扩大）会议，专题传达学习全国两会精神和习近平总书记在两会上的重要讲话精神，学校出席全国两会的张伟、黄菊花两位人大代表，应邀为师生做学习辅导报告。11 月 4 日，学校召开党委常委会，传达学习党的十九届四中全会精神，研究审议学校学习宣传贯彻工作方案。

11 月 18 日，省委书记刘奇来到学校做形势报告，向在昌高校师生宣讲党的十九届四中全会精神。他希望同学们深入学习贯彻党的十九届四中全会精神，坚守初心使命，坚定“四个自信”，把握时代机遇，发挥聪明才智，努力在建设富裕美丽幸福现代化江西中贡献青春力量、在实现中华民族伟大复兴中成就人生梦想。11 月 27 日，校党委书记喻晓社为青年学子宣讲党的十九届四中全会精神。他从个人与国家、“小我”与“大我”的关系出发，围绕新中国站起来富起来到强起来伟大飞跃的历史纬度，并结合学校近年来改革发展情况，从历史逻辑上生动阐释了党的十九届四中全会的精神内涵与重大意义。

2020 年 6 月 1 日、2 日，学校分别在前湖校区、东湖校区召开校党委理论学习中心组（扩大）会议，专题传达学习习近平总书记在两会上的重要讲话精神和全国两会精神。学校张伟、黄菊花两位全国人大代表应邀做学习辅导报告。10 月 19 日，学校举行校党委理论学习中心组（扩大）会议，专题学习习近平总书记关于教育的重要论述。会议要求，全校上下要提高政治站位，坚持在学懂弄通上下功夫，深刻认识习近平总书记关于教育的重要论述的重大意义；加强理论阐释，坚持在学深悟透上下功夫，深刻领会党和国家对新时代教育改革发展的部署；注重融会贯通，在贯彻落实上下功夫，让习近平总书记关于教育的重要论述精神在学校落地生根，以论述精神指导实践，推进学校改革发展。

二、切实加强领导班子和干部队伍建设

学校高度重视领导班子建设，根据领导干部变化及时、合理调整工作分工，不断完善党委统一领导、党政分工合作、协调运行的工作机制。加强干部队伍建设，加强思想政治建设，提高干部干事创业精气神。

（一）充实学校领导班子

江西省委高度重视南昌大学发展建设，从全省高等教育改革发展大局出发，根据学校发展建设的实际需要，调整、充实南昌大学领导班子。

2013 年 7 月 1 日，周创兵同志任南昌大学党委副书记、校长。2017 年 2 月，朱小理同志任南昌大学党委常委、副校长。2017 年 12 月，黄恩华同志任南昌大学党委副书记。2018 年 4 月，喻晓社同志任南昌大学党委书记。2019 年 2 月，史国珍同志任南昌大学党委常委、纪委书记。2020 年 1 月，刘成梅同志、刘耀彬同志任南昌大学党委常委、副校长。2020 年 9 月，李德平同志任南昌大学党委副书记。

（二）做好干部队伍建设工作

一是树立实干用人导向。坚持党管干部，坚持把政治标准放在第一位，突出人岗相适、人事相宜，选优配强学校中层领导干部。优化干部资源配置，注重在基层一线和急难险重工作中发现培养考察干部。

二是抓实党员干部理论武装。落实省委“三分一保障”教育培训要求，有计划地选派干部参加各类培训班。组织全体校领导和处级干部参加了省委教育工委十九届四中全会专题轮训班。定期举办处级干部能力提升专题培训班。

三是加强干部工作制度建设。修订实施《南昌大学科级干部聘任及管理工作实施办法》《南昌大学处级领导干部选拔任用工作暂行规定》《关于处级干部因年龄原因转岗的工作意见》等，推进学校干部队伍知识化、专业化、年轻化。推进修订干部绩效考核管理办法，稳步实施任期制，规范完善到龄转岗处级干部管理，建立干部职工荣誉退休制度，增强退休荣誉感和组织归属感，激发广大干部职工干事创业热情。

三、全面从严治党引向深入

党的作风就是党的形象，关系人心向背，关系党的生死存亡。南昌大学持之以恒、驰而不息推进作风建设。党的十八届六中全会把主题聚焦到全面从严治党这一重大问题，深刻总结十八大以来管党治党的新经验，审议通过了《关于新形势下党内政治生活的若干准则》和《中国共产党党内监督条例》，为新的历史条件下加强和规范党内政治生活、强化党内监督提供了根本遵循，开启了全面从严治党的新时代。

2013 年 9 月 12 日，学校召开四个“专项治理”工作布置会。9 月 30 日，学校召开反腐倡廉建设工作会议。校党委书记胡永新指出，学校当前正处在发展机遇期和改革关键期，抓好党风廉政建设工作比过去任何时候都更为紧要。为了切实推进学校反腐倡廉建设，营造良好发展氛围，学校要统一思想，从反腐倡廉建设工作中进行反思；要抓住当前、立说立行，力求反腐倡廉建设有一个看得见的变化；要着眼长远、稳步推进，开创学校反腐倡廉建设新局面。

2014 年 3 月 19 日，学校召开 2014 年党风廉政建设工作会议。会议要求以建设风清气正的政治生态为目标，以落实党风廉政建设责任制为龙头，以“转职能、转方式、转作风”为切入点，深入开展党风廉政建设和反腐败工作，为学校改革与发展目标的实现提供坚强的政治保证。

2015 年 3 月 25 日，学校召开 2015 年党风廉政建设工作暨落实“两个责任”会议。会议强调，全校领导干部要时刻保持政治清醒，增强工作紧迫感、责任感；要抓住工作要旨，找出工作存在的问题；要明晰责任分工，坚定执行责任追究制度。同时，要把党风廉政建设和反腐败工作作为一项重大政治任务来对待，将其与教学、科研、行政等各项工作一起部署、落实和检查。

2016 年 12 月 23 日，学校召开学习贯彻“两个责任”视频会议精神研讨会。会议要求以更加奋发有为的担当精神、更加脚踏实地的工作作风和更加敢为人先的创新魄力，统一思想，凝聚力量，准确把握党风廉政建设工作的新形势和新任务，进一步提升学校纪检监察干部履行工作职责的能力，为学校各项事业发展保驾护航。

2017 年 5 月 26 日，学校召开南昌大学第二届党代会。省委教育工委书记黄小华出席大会并讲话，校党委书记胡永新代表中共南昌大学第一届委员会向大会做党委工作报告。党委副书记、校长周创兵主持大会。胡永新书记以“全面从严治党 推进立德树人 为创建高水平大学实现百年辉煌而奋斗”为题，代表中共南昌大学第一届委员会做工作报告。报告分为五大部分：第一次党代会以来工作的简要回顾；奋力迈出创建高水平大学新步伐；推进立德树人，全面实施“一流发展”战略；坚持党管人才，大力推进“人才强校”战略；全面从严治党，为创建高水平大学提供坚强的政治保证。

2018 年 4 月 23 日，学校召开 2018 年全面从严治党工作会议。校党委书记喻晓社做了以“坚定不移把南昌大学全面从严治党引向深入”为主题的工作报告，报告围绕统一思想、提高认识，深刻领会全面从严治党的新部署、新要求；肯定成绩，正视问题，进一步增强全面从严治党的责任感和紧迫感；精准定位、全面落实，扎实做好全面从严治党各项工作等三个方面对学校从严治党工作进行了分析与阐释。周创兵在总结会议时指出，高校全面从严治党必须始终坚持和不断完善党委对学校工作的全面领导，始终把政治建设、组织建设、思想建设、纪律建设、制度建设和作风建设不断推向深入，按照国家对高等教育“四个服务”的要求，立足扎根中国大地、江西红土地办学的需要，把全面从严治党贯穿于办学治校的全过程，融入学校的一流建设与引智聚才工作中。

6 月 1 日，学校召开作风建设工作动员会，专门下发了《南昌大学 2018 年“大学习、大调研、大落实”暨作风建设专项治理实施方案》，要求做到领导带头、做好表率，查摆问题、立行立改，强化考核、追责问责，常抓不懈、形成长效，以人为本、服务师生。会后南昌大学立即召开作风建设领导小组办公室会议，对具体工作进行了布置，明确时间节点和工作分工，并要求把作风建设作为一项政治任务，坚持问题导向，杜绝工作中的形式主义，提升师生满意度。8 月 31 日，学校召开廉洁及师德师风警示教育大会。校党委书记喻晓社传达了全省党员领导干部警示教育会议精神，要求各级领导干部全力扛起从严治党主体责任，强化“不敢腐”的震慑，扎紧“不能腐”的笼子，增强“不想腐”的自觉。校长周创兵在总结会议时要求，全校各级党组织要认清当前反腐倡廉和师德师风建设的形势，以案为戒，层层压实从严治党责任，将会议精神传达到位，动员全体教职员工贯彻落实本次会议的精神，牢记立德树人根本使命，积极投身高水平大学建设。

2019 年 4 月 3 日，学校召开 2019 年全面从严治党工作会议，5 月 6 日，学校召开 2019 年巡察工作动员会议。要求确保整改有效果、工作有促进、面貌有变化。被巡察单位要做好协助配合，共同开展好此次巡察工作。

2020 年 4 月 28 日，学校召开 2020 年全面从严治党会议，深入学习贯彻习近平总书记关于全面从严治党的重要论述，传达学习十九届中央纪委四次全会、全国教育系统全面从严治党工作会议、省纪委十四届五次全会精神，总结过去一年学校全面从严治党工作，分析研判当前形势，部署当年重点工作。校长周创兵主持会议。校党委书记喻晓社讲话，校纪委书记史国珍布置 2020 年学校党风廉政建设和反腐败工作。喻晓社、周创兵与校党政领导班子副职、二级单位代表签订全面从严治党责任书。6 月 9 日，学校全面启动 2020 年校内巡察工作。巡视巡察是党和国家监督体系的重要制度安排，深入推进新时代校内巡察工作，是落实中央、省委重大决策部署的必然举措，是全面从严治党向基层延伸的重要手段，是学校“作示范、勇争先、创一流”的迫切需要。

四、思想政治建设落实落细

（一）开展群众路线教育实践活动

2013 年 7 月 18 日，南昌大学召开党的群众路线教育实践活动动员大会。校党委书记胡永新作动员讲话。9 月 11 日，省委督导组督导学校党的群众路线教育实践活动。9 月 16 日，学校党委召开集中学习（扩大）会议。校长周创兵传达了省委第十三届七次全体（扩大）会议和全省组织工作会议精神。

9 月 25 日，学校党委深刻剖析“四风”方面存在的突出问题。校党委书记胡永新指出，要通过扎扎实实开展党的群众路线教育实践活动，达到党员干部作风和党群干群关系明显改善、科学发展水平显著提升的目的，确保活动取得实效，为学校的建设发展提供坚强保障。10 月 30—31 日，按照学校党的群众路线教育实践活动的统一安排，学校组织全体副处级以上干部开展集中学习和研讨交流活动。在家校领导全程参加学习活动。11 月 7 日，学校召开党的群众路线教育实践活动整改落实工作会议。会议按照中央党的群众路线教育实践活动工作座谈会，以及江西省委教育实践活动领导小组第四次会议的指示精神，就推进学校群众路线教育实践活动整改落实、建章立制环节的各项工作作了安排和部署。

2014 年 2 月 14 日，学校召开党的群众路线教育实践活动总结会议。会议强调，全校要以此次教育实践活动为新的起点，进一步巩固和扩大所取得的成果和经验，始终践行党的群众路线，深入学习贯彻党的十八届三中全会和全面深化改革的决定精神，树立“学术立校、人才强校、依法治校”的办学理念，推动“强学科、精管理、惠民生、兴实干”的发展思路落实到处，进一步激发全校师生支持教育改革推进学校科学和谐发展的积极性，为建设有特色高水平综合性大学，服务区域经济社会发展而努力奋斗。

（二）开展“三严三实”专题教育

2015 年 5 月 25 日，学校召开“三严三实”专题教育动员部署会。会议指出，“三严三实”是在清醒把握党员干部作风现状基础上对改进作风提出的新要求，具有很强的现实意义和指导意义。6 月 2 日，学校党委中心组专题学习贯彻习近平总书记系列重要讲话精神，引导广大党员、干部把“三严三实”要求贯穿于思想和行动中，进一步推动作风建设。7 月 9 日，学校召开“三严三实”专题教育推进会。会议指出，自 5 月 25 日学校正式启动“三严三实”专题教育以来，学校各基层党组织认真贯彻落实中央、省委和校党委要求，扎实做好各项规定工作，创新推出许多自选动作，专题教育开局良好、推进有力，取得了阶段性的成果。下一阶段学校要进一步突出学习研讨的主题，把深入学习习近平总书记系列重要讲话作为学习教育的重中之重，进一步增强党委中心组学习的实效，切实按照将专题教育融入领导干部经常性教育的要求，把专题学习研讨与平时的党委中心组学习紧密结合起来。

（三）开展“两学一做”学习教育

2016 年 5 月 5 日，学校召开“两学一做”学习教育动员部署会暨基层党支部书记培训班。校党委书记胡永新作动员讲话并为基层党支部书记上辅导培训课。5 月 31 日，校长周创兵讲“两学一做”专题党课。6 月 17 日，学校举行“两学一做”专题报告暨干部培训会。11 月 6 日，校党委中心组集中开展“两学一做”第三专题学习研讨。11 月 21 日，校党委中心组举行“两学一做”学习教育第四专题学习研讨。“两学一做”学习教育活动，推动了全校党员干部、广大党员模范带头、身体力行，争做“讲道德、有品行”的表率；坚定理想信念，明确政治方向；以“四有”为标尺，努力做到心中有党、心中有民、心中有责、心中有戒；经常反躬自省，慎思、慎微、慎友；让权力在阳光下运行，接受群众监督，用良好的作风感染师生，推动学校各项事业改革发展。

（四）开展“不忘初心、牢记使命”主题教育

2019 年 9 月 12 日，学校召开“不忘初心、牢记使命”主题教育动员布置会。校党委书记喻晓社代表学学校党委对开展好主题教育提出要求，他强调，全体党员干部要谨记习近平总书记重要讲话精神，坚决贯彻党中央决策部署和省委各项要求，在省委巡回指导组的指导帮助下，高质量、高标准、高要求、高效率开展好主题教育，凝聚起全校师生“不忘初心、牢记使命”的强大精神力量，加快推进南昌大学在部省合建高水平大学中作示范，在国家“双一流”建设中勇争先。校长周创兵在总结讲话中指出，全校各部门、各级党组织要进一步提高政治站位，深刻领会主题教育的重要性，进一步强化责任担当，狠抓工作落实，确保学校主题教育高质量有特色走前列，为学校部省合建“双一流”建设提供坚强保障，为加快建设富裕美丽幸福现代化江西添砖加瓦。9 月 17 日，南昌大学领导班子“不忘初心、牢记使命”主题教育暨处级领导干部专题学习班开班。

10 月 14 日，学校召开主题教育整改落实推进会。会议要求，校内各单位要按照省委“不忘初心、牢记使命”主题教育领导小组要求，在省委第十一巡回指导组指导下，把开展主题教育整改落实与实际工作相结合，以守初心、担使命的实际行动，着力瞄准制约学校改革发展及师生反映强烈的问题，把“改”字贯穿始终，精准制定整改措施，对标对表、按时保质、立行立改，努力让师生员工真切感受主题教育带来的新变化新气象。10 月 22 日至 23 日，学校召开领导班子“不忘初心、牢记使命”主题教育调研成果交流会，校党政班子成员围绕党的建设、“双一流”建设、思想政治工作、学科建设、党的纪律建设、师资队伍建设、学生心理健康工作、干部队伍建设、文化建设、党外知识分子工作等调研主题逐一作交流发言。12 月 9 日，学校召开党委常委班子“不忘初心、牢记使命”主题教育专题民主生活会。校党委书记喻晓社通报了 2018 年度党委常委班子民主生活会整改落实情况，并代表班子做对照检查；学校常委班子成员逐一发言，开展批评与自我批评。整场民主生活会主题鲜明、坦诚开放，班子成员进一步统一了思想认识，增进了团结共识，明确了改进方向。12 月 18 日，学校召开“不忘初心、牢记使命”主题教育评估工作座谈会。校党委副书记黄恩华从学习教育、整改落实、长效机制建立等方面，着重介绍了自中央主题教育第六巡回督导组来校督导后，学校主题教育开展情况。与会人员围绕党员领导干部学习贯彻习近平新时代中国特色社会主义思想，专题党课讲授，担当作为、转变作风、力戒形式主义官僚主义，解决群众反映强烈问题和开展专项整治等情况进行了评价。对存在的不足和对巩固扩大主题教育成果提出了意见

建议。

2020年1月7日，教育部网站“战线联播”栏目以“南昌大学‘四强化四聚力’扎实推进‘不忘初心、牢记使命’主题教育”为题，报道学校主题教育经验做法。1月13日，学校召开“不忘初心、牢记使命”主题教育总结大会。校党委书记喻晓社总结了学校开展主题教育取得的亮点成效和经验启示。要求全校党员干部要以钉钉子的精神持之以恒抓好整改落实；要积极探索建立“不忘初心、牢记使命”长效机制；要以“作示范、勇争先、创一流”引领学校高质量发展。以习近平新时代中国特色社会主义思想为指导，在省委和学校党委的坚强领导下，进一步巩固主题教育成果，不断深化党的自我革命，励精图治、拼争一流，为加快在部省合建高水平大学中作示范，在国家“双一流”建设中勇争先，开启世界一流大学建设新征程而不懈奋斗。校长周创兵在总结时强调，全校师生党员干部要理论武装再强化，进一步滋养初心使命；要聚焦主旨再加强，进一步提升能力本领；要把握方法再深入，进一步推动担当实干；要作风建设再发力，进一步涵养优良学风。要实现主题教育成果的“三个转化”：转化为更高的政治站位、更强的政治定力，将其进一步落实到“作示范，勇争先，创一流”的新征程上；转化为担当实干的强大动力，保证立德树人、人才培养和一流学科建设取得更大成效；转化为干事创业、攻坚克难的能力，赢得师生满意度、事业成就感、社会好评率。

五、有力夯实党建基础

（一）接受省委专项巡视

2017年3月9日，省委第一巡视组对南昌大学党委开展专项巡视工作动员会召开。会前，省委巡视工作领导小组成员、办公室主任彭光华同志向校党委书记胡永新同志传达了习近平总书记关于巡视工作的重要讲话精神和省委主要领导指示要求。会上，省委第一巡视组组长王晓庆同志就即将开展的巡视工作做了动员讲话，彭光华同志就做好巡视工作提出了要求，胡永新同志代表校党委作表态发言，党委副书记、校长周创兵同志主持会议。

6月2日，省委第一巡视组向南昌大学党委反馈专项巡视情况。根据省委统一部署，2017年3月9日至4月28日，省委第一巡视组对南昌大学党委进行了专项巡视。通过广泛开展个别谈话，认真受理群众来信来电来访，调阅有关文件资料，深入了解情况，发现问题、形成震慑，顺利完成了巡视任务。省委巡视工作领导小组和省委“五人小组”听取了巡视组的巡视情况汇报，同意巡视组的报告，同意巡视组指出的问题和提出的意见建议。

学校高度重视巡视反馈的问题和意见建议，认为问题和意见、建议实事求是、客观全面，学校党委诚恳接受，照单全收。学校将深入领会精神，认真研究问题，以严的标准，提高政治站位，做到认识到位；以实的作风，扛起政治责任，做到措施到位；以铁的纪律，强化政治意识，做到整改到位。强化巡视成果运用，自觉把巡视整改同学校各项工作紧密联系起来，推动改革、促进发展，进一步强化南昌大学党委落实党要管党、从严治党的政治责任，不断营造风清气正的政治生态，为建设高水平大学和富裕美丽幸福江西做出新的更大贡献。

8 月，学校向省委上报《中共南昌大学委员会关于巡视整改情况的通报》。9 月，根据《中国共产党党内监督条例》和《中国共产党巡视工作条例》及省委实施办法等有关规定，省纪委省监委网站公布《中共南昌大学委员会关于巡视整改情况的通报》。学校党委按照省委第一巡视组反馈的五大类问题，梳理出了 47 个具体整改项目。截至 8 月 2 日，基本完成了 30 项，计划于 2017 年 12 月 31 日前完成 9 项，需要较长时间完成的 8 项。省委第一巡视组向南昌大学移交 39 件信访件。学校按纪律规程对有关人员进行查处。其中第一种形态处理 12 人次（提醒谈话 4 人次、警示谈话 1 人次、批评教育 2 人次、责令做出书面检查或说明 2 人次、通报批评 1 人次、诫勉谈话 2 人次）；第二种形态处理 1 人次（党内警告处分 1 人次）；其他方式处理 3 人次（高职低聘 1 人次、延期晋升职称 1 人次、减发年度考核津贴 1 人次）。其中处级干部 6 人、科级干部 4 人，其他人员 5 人。

（二）推进“强基”工程

学校结合“三严三实”专题教育活动建章立制，从党建相关业务领域对基层党组织建设提出了具体要求。开展了“学典型　读红书　践初心”主题党日活动。大力推进基层党建“三化”建设，优化调整 17 个基层党委（党总支），建立基层党组织软弱涣散预警机制，完成支部换届选举工作，完成二级纪委（纪工委）选举工作；教学单位教师党支部书记“双带头人”比例达 100%，支部书记政治待遇和话语权得到提升；修订《南昌大学党建经费管理办法》，全面启动党员活动阵地标准化建设。实施“对标争先”计划，开展示范创建和质量创优，首批确定了 10 个“党建工作标杆院系”、30 个“党建工作样板支部”、20 个“双带头人”教师党支部书记工作室等培育创建单位。截至目前，学校获全国标杆院系 1 个、样板支部 2 个、“双带头人”教师支部书记工作室 1 个（公示中）、全国高校“百个研究生样板党支部”1 个、全国高校“百名研究生党员标兵”1 个。

（三）推进“模范”工程

学校坚持高位推动、过程督导、项目驱动，大力实施“党建双领双同”计划，并将其与疫情防控、基层党建“三化”建设、“党建创优年”建设、品牌打造等紧密结合，在党员教师中实施“先锋领跑工程”，在党员学生中实施“卓越领航计划”，在党外教师中实施党外知识分子“同心共振”工程，充分发挥党员的“双领”作用和支部的战斗堡垒作用，推进党员师生在政治建设、立德树人、内涵建设、社会服务、文化传承、师风学风建设等方面领跑领航，带领党外师生同心同德、同向同行，促进中心工作快速发展。逐渐形成“组织创先进、党员争先锋、群众学榜样”的良好局面，为世界一流大学建设提供坚强的政治组织保障。2018 年，学校食品学院博士生第二党支部入选“全国高校百个研究生样板党支部”、人文学院曾嘉入选“全国高校百名研究生党员标兵”；2019 年，经济管理学院党委入选教育部新时代高校党建工作标杆院系，化学学院教职工第二党支部和际銮书院学生党支部入选教育部新时代高校党建工作样板支部，2020 年，化学学院教职工第二党支部书记李东平入选教育部第二批“双带头人”教师党支部书记工作室。

第七节　久久为功，内涵建设显成效

2013 年至 2021 年，学校全面贯彻习近平总书记视察江西重要讲话精神和党的十九大、十九届历次全会精神，坚持立德树人根本任务，加强党对学校工作的全面领导，聚焦部省合建和“双一流”建设，内涵建设初见成效，综合实力持续提升，社会影响显著增强。

一、人才培养取得新成就

学校始终将立德树人作为根本任务，将人才培养工作放在学校中心地位。校领导深入教学第一线，坚持校领导听课制度，校党委会、办公会定期研究、部署本科教育教学工作。学校先后组织开展 2 次本科教育教学思想大讨论，先后召开 2 次本科教育大会、1 次研究生教育大会，超前提出一流本科教育新理念，凝聚共识，出台《南昌大学建设一流本科教育行动计划》。学校创新体制机制，在人员、经费、政策、资源保障等各方面落实和巩固人才培养中心地位、本科教育的基础地位，全校教师投入教学、科研提升教学、管理服务教学、后勤保障教学的良好氛围日益浓厚，形成“教书育人、管理育人、服务育人”协同育人工作体系，人才培养工作取得新成就。

（一）立德铸魂，切实加强思想政治教育工作

学校积极探索“体系化设计、项目化推进、精细化实施”的思政工作新模式，打造“四堂联动”的综合育人体系。推行学生“四自教育”，着力打造“五四风华

奖”和“青春的担当”等思政工作特色品牌，举行“青春告白祖国”万名大学生宣讲、新生军训会演和庆祝新中国成立70周年合唱晚会等文体活动，将学生的爱国之情、奋斗之志转化为践行“四自教育”的思想自觉和行动自觉，切实提升自身素质、健全人格修为。落实认识、学习、责任、落实、考核“五个到位”，强化理论武装，聚力学习教育强基铸魂，思政工作体系日趋完善。

1. 高位推进思想政治教育工作

2016年12月22日，省委副书记姚增科来校专题调研思想政治工作，对学校在思想政治教育教学、辅导员队伍建设等方面取得的成绩表示肯定。2018年4月18日，学校召开党委理论学习中心组会议。校党委书记喻晓社主持了到任后的第一次党委理论学习中心组会议，会议的主题就是“加强和改进思想政治教育工作”。喻晓社指出，进一步加强和改进学校思想政治工作，要做到“认识、学习、责任、落实、考核”五个到位，要让学校的每一个岗位、每一个人，都是立德树人的一分子。校长周创兵强调，要把思政工作贯穿聚才引智全过程，在“快”字上下功夫，在“敢”字上做文章，在“实”字上出真招。6月15日，南昌大学井冈山红色教育基地揭牌。6月19日，“老阿姨”龚全珍成为南昌大学校友。8月6日，省委常委、省委宣传部部长施小琳来校调研高校思想政治工作，强调把握正确政治方向，强化“四个服务”意识。10月12日，学校开展庆祝改革开放40周年主题宣讲活动。校党委书记喻晓社以“凝聚力量，满怀梦想，向着改革再出发”为题，围绕学校历史以及改革开放四十年的发展、新时代全国高等学校本科教育工作会议、全国教育大会精神等内容进行了生动阐释。勉励青年学子要立德修身、志存高远、拼搏奋斗、逐梦前行，以青春之我、奋斗之我，为民族复兴铺路架桥，为祖国建设添砖加瓦，学校也将尽最大的努力为同学们的成长成才搭建舞台，添彩助力！

2. 注重加强思想政治理论研究

2015年12月26日，全国首个大学生思想政治教育（德育）协同创新中心在学校揭牌。学校成立“习近平新时代中国特色社会主义思想研究中心”，建设校院两级“新时代文明实践中心”，组织师生编写《习近平总书记典语3000句》。学校将思政教育与现代化传播方式相结合，建设红色文化馆，新华每日电讯和教育部网站先后以“VR赋能高校思政课”“南昌大学打造数字化平台着力构建立体思政课堂体系”为题，专题报道学校该思政教育创新做法。2019年11月，教育部公布了首届全国高校思想政治理论课教学展示活动评选结果，学校教师蒋田鹏获得“毛泽东思想和中国特色社会主义理论体系概论”本科课程组一等奖、刘涛获得“中国特色社会主义理论与实践研究”本科课程组二等奖。

3. 切实提升思想政治教育实效

学校构建“卓越引航”文化协同育人工程，促进“三全育人”与“四自教育”衔接融合；探索构建“立德树人大思政育人模式”，学校运用“四堂联动”新模式，推动习近平新时代中国特色社会主义思想“进教材、进课堂、进头脑”，经验材料在《中央教育工作领导小组简报》2019 年第 38 期刊发，教育部网站“战线联播”栏目多次刊载学校思政工作经验材料。学生中涌现出“中国大学生自强之星”常玉凤、全国励志成长成才百名优秀学生典型黄芽保、全国首个“中华见义勇为楷模”柳艳兵等一批先进典型；1 人获第十届“全国辅导员年度人物”入围奖，学校获“中国青年五四奖章集体”“全国扶贫先进集体”“全国卫生健康系统新冠肺炎疫情防控工作先进集体”，获批教育部思想政治工作队伍培训研修中心。学校将每年 5 月定为爱校荣校月，10 月定为爱国主义教育传统纪念月，将爱校荣校教育与爱国主义教育相结合，培育爱国、爱校情怀。2019 年举行了庆祝新中国成立 70 周年文艺活动、“青春告白祖国”万名大学生宣讲等活动，网络阅读总量达 1300 万 +。2020 年，以爱国主义教育月为契机，组织全校 6 万余师生开展爱国主义教育基地巡礼活动，“红色走读”竞赛活动成效突出，39 个团队成为红色走读竞赛活动省赛阶段优秀团队，22 件作品在全省竞赛中获奖，其中学校获奖总数、一等奖数量、二等奖数量均为全省第一，引导青年大学生坚定理想信念、树立远大志向，取得了良好育人成效。

2019 年 12 月 7 日，学校承办“传红色家风，育时代新人”共和国元勋家风故事分享会。2020 年 3 月，新华社、人民网等多家媒体报道学校开设中国战“疫”大思政线上思政课；新华社、中国教育电视台等媒体播放学校《职业规划线上教学为“中国梦”凝聚青春力量》视频，引起社会强烈反响。此次讲课中，有近十名南昌大学抗击疫情一线的医生、护士，在抗疫一线专门录制视频，从职业规划的不同角度对大一学生进行指导，讲出有时事温度、理论深度和价值广度的职业规划课。

（二）生源质量与就业质量稳步提高

1. 生源质量逐年提升

学校普通一本在全国各省区市投档线的排位不断提升，在部省合建高校全国各省区市投档分数线排名中，南昌大学稳居第一方阵；在省内普通一本投档线排位也大幅提升，2019 年学校在省内投档线首次双双跃居全省高校榜首，2020 年学校榜首位置明显巩固。

2. 就业质量稳中有升

2018—2020 年共上报省委信息就业专报 14 篇。教育部网站多次报道学校就业工作特色做法，2020年《南昌大学强化“三个全覆盖”、着力做好毕业生就业工作》在教育部简报刊登，是“十三五”期间学校工作的首次刊登。仅2020年，中央电视台、中国教育电视台、新华社、《人民日报》、《中国教育报》、教育部网站等100余家社会主流媒体报道了学校就业特色工作。2019—2020年学校五位优秀学子的就业创业事迹入选全国大学生就业创业典型事迹，位列全省第一。学校被评为2016—2018年度江西省普通高校毕业生就业工作先进单位，同时在2016—2018年度全省普通高校毕业生就业工作考核评估中获得优秀等级。

（三）创新创业教育开创新局面

2015—2020年，南昌大学建设创新创业线上线下课程共计268门，已遴选校外创新创业导师及优秀校友为创新创业导师共计167名，成立256个校院创新创业类社团，获国家级创新创业训练计划项目432项，投入经费812万元，参与学生人数达到1733人次；学生在各级各类学科竞赛中表现优秀，获国家级奖励3914人次，获省级以上奖励3468人次。

在2016—2020年五届中国“互联网+”大学生创新创业大赛中学校屡获佳绩，共获3金10银14铜，获得“最佳人气奖”单项奖；并且在第二、四、五届获得“先进集体奖”。其中，在第六届中国国际“互联网+”大学生创新创业大赛中，荣获金奖2项、铜奖4项，再次突破学校金奖获奖数。

（四）课程、专业建设取得新突破

学校出台《一流本科课程建设实施方案》，大力加强优质课程、教材等资源建设。已公布的国家级金课总数达30门，列部省合建高校首位；建成省级精品在线课程81门（占全省1/4），校级精品在线课程166门；先后立项建设在线开放课程220门，课程思政示范性课程73门；全面开展网络辅助教学，校内选用优质网络课程两千余门；在中国大学MOOC、智慧树、优课联盟等平台上线自建课程227门次，年度选课突破80万人次；大力推进数字课程出版工作，已有34门立项；建设智慧教室30间，加速推进信息化技术与课堂教学改革的深度融合。

学校将一流专业建设作为一流本科教育突破口。出台《南昌大学“一流本科专业”建设方案》，积极组织首轮“一流本科专业”申报工作，其中经济学等20个专业获批国家级一流本科专业建设点，哲学等20个专业获批省级一流本科专业建设点，30个专业获批江西省优势特色建设专业；学校大力推进国际标准实质等效专业认证工作，食品科学与工程、材料科学与工程、化学工程与工艺、建筑学、临床医学等10个专业先后通过认证或评估，标志着这些专业进入全球专业教育第一方阵；学校出台《南昌大学专业优化调整指导意见》，坚决淘汰办学水平低、与社会需求不适应的专业，主动对接国家和区域经济社会发展与产业发展需求，新增儿科、人工智能等专业。2019 年，学校专业总数从 129 个压缩至 96 个，专业结构得到有效调整和优化。

（五）顺利通过审核评估

2017 年 3 月 23 日，学校召开本科教学工作审核评估动员大会，标志着学校接受教育部审核评估的工作正式启动。全校上下以审核评估为契机，立即行动起来，举全校之力，集全校之智，以最佳的状态迎接评估，以最饱满的热情投入评估，检验本科教学工作，夯实本科教育教学基础，提升人才培养质量，以最优异的成绩通过评估，为学校建设“一流本科”教育、为创建高水平大学做出新的更大贡献。

2017 年 11 月 13—16 日，教育部审核评估专家组进校考察。在专家组组长、湖南大学党委书记蒋昌忠教授的带领下，专家组成员一行 15 人，在现场考察、深度访谈、走访座谈、听课看课、查阅材料等环节深入把脉审核的基础上，对学校本科教学工作进行判断、评价。11 月 16 日，专家意见反馈会举行，专家组组长蒋昌忠主持会议并反馈总体考察意见，省委教育工委副书记、省教育厅厅长叶仁荪讲话，校长周创兵作表态发言。

专家组深切感受到学校全体师生员工对于这次审核评估思想上高度重视，举措上踏实推进，与日常工作结合比较紧密，达到了教育部要求的“以评促建、以评促改、以评促管、评建结合、重在建设”目的，对于学校进一步强化本科教学的基础优先地位，创建一流本科教育，推进高水平大学建设起到了积极的促进作用。蒋昌忠详细阐述了学校本科教学工作值得肯定之处：办学定位清晰，人才培养目标明确；坚持以立德树人为根本使命，确立了人才培养的中间地位；坚持人才强校战略，师资队伍建设势头优秀；人才培养机制和学生工作持续改进，学生的意度较高；教学综合改革持续推进，人才培养模式创新特色明显；质量保障系统持续完善，“点、线、面、体”的质量监控初见成效。对于学校本科教学工作存在的问题，专家组也给出了恰当的意见和建议。

学校顺利通过教育部审核评估，标志着学校本科教育教学水平迈上新的台阶。

（六）研究生培养取得新成就

2013 年以来，学校全面落实立德树人根本任务，启动以生源质量工程、培养体系构建工程、过程督导与管理工程、创新创业能力提升工程、导师队伍建设工程、学位点内涵建设工程“六大工程”为抓手的研究生教育“综合改革工程”，研究生教育事业取得长足进步：在校生已接近 1.5 万人，现拥有 15 个一级学科博士学位授权点，47 个一级学科硕士学位授权点，1 种博士专业学位授权点和 28 种硕士专业学位授权点，形成了学科门类齐全、学位点结构合理的研究生人才培养体系。2019 年获全国研究生数学建模竞赛二等奖 4 个、三等奖 8 个。党建思政工作成效突出，食品学院博士生第二党支部入选全国高校“百个研究生样板党支部”，人文学院 2016 级硕士研究生曾嘉同学入选全国高校“百名研究生党员标兵”。

2021 年 1 月，学校深入贯彻落实全国和全省研究生教育会议精神，隆重召开首届研究生教育大会，省教育厅副厅长刘小强到会讲话，会议为“十四五”期间研究生教育指明了方向。会议强调，研究生教育是建设创新型国家的重要基石，是国家创新驱动发展的战略资源，是国家发展的重要引擎，是建设世界一流大学的强校之本，学校研究生教育正处于“数量扩张、结构调整、质量提升”的统筹发展阶段，要以研究生教育高质量发展为目标，进一步提高认识、增强能力、强化管理，加快实施《南昌大学研究生教育攀登行动计划》。

（七）学生培养质量持续向好

2017 年 1 月，学校常玉凤获“中国大学生自强之星”荣誉称号。2018 年 7 月 20—22 日，学校在第十一届“高教杯”全国大学生先进成图技术与产品信息建模创新大赛中，荣获机械类团体二等奖、3D 打印团体一等奖，以及个人一等奖 2 项、二等奖 8 项。7 月 22—25 日学校在第八届全国大学生机械创新设计大赛全国决赛中，荣获全国一等奖 1 项、二等奖 3 项，获奖数量创历届之最（2014 年获奖 3 项），并列全国第 14 位。

2019 年 4 月 26 日，学校龚全珍研究生支教团获“江西青年五四奖章集体”称号。4 月 29 日，学校第一附属医院麻醉科团支部获得“全国五四红旗团支部”荣誉称号，新闻与传播学院 2015 级播音与主持艺术专业学生赵浚琪获得“全国优秀共青团员”荣誉称号。11 月，学校 2017 届毕业生张恒彪同学入选 2018—2019 大学生就业创业年度新闻人物。11 月 24 日，2019 年度宝钢教育奖颁奖仪式在上海举行，学校生命科学学院吴流政同学获评宝钢优秀学生特等奖。这也是时隔 6 年后，学校学子再次斩获宝钢优秀学生特等奖。12 月 13 日，在 2019“外研社·国才杯”全国英语阅读大赛中，学校医学部 17 级游露云同学获得全国亚军、外国语学院 16 级王蒙菲同学获得三等奖。这是江西省高校在全国性外语类学科竞赛中取得的最好成绩。

2020 年 3 月，学校“稻渔工程”团队被授予“中国青年五四奖章集体”称号，这是江西省历史上首个入选的集体。团队还获得了第四届中国大学生互联网 + 创新创业大赛银奖和公益影响力单项奖，创业事迹入选教育部典型扶贫案例。4 月，2020 年美国大学生数学建模竞赛（MCM/ICM）结果揭晓，南昌大学学子在该项赛事中取得新突破，共获特等奖提名奖 2 项、一等奖 8 项、二等奖 25 项。国际特等奖提名奖的比例一般为 0.17%，南昌大学成为江西首个获得特等奖提名奖的高校。9 月，第十九届全国大学生机器人大赛线上全国竞赛落下帷幕。学校机器人队代表南昌大学参加了所有分项赛，在全国 176 所高校同台竞技中，以第五名的优异成绩，荣获总决赛一等奖，在其他分项赛中获得 8 项一等奖、2 项二等奖、1 项三等奖的不俗成绩。此外，暑假期间，机器人队还在首次参加的“CIMC 中国智能制造挑战赛”中，荣获国家级一等奖 1 项、二等奖 1 项。

2015 年，学校成立了以中国科学院院士、南昌大学名誉校长潘际銮院士命名的“际銮书院”，积极探索拔尖创新人才培养，形成了“学科交叉、科教融合、个性培养、协同育人”“融贯经史子，会通文史哲，涵化中西东，参究天地人”和“三化、三制、三融合”的拔尖创新人才培养模式；构建了“一体化管理、多样化培养、开放式运行”的书院管理模式，积极开展“三全四自”协同育人。书院已毕业的近 600 名学生，95% 进入国内外高水平大学或研究机构继续深造，34% 的同学获得省级以上学科竞赛奖励，《光明日报》、《中国教育报》、新华网等主流媒体专题报道，《中国高等教育》刊发理论文章，成果荣获国家级教学成果二等奖。

二、学科建设上新台阶

2018 年 11 月，根据科睿唯安最新数据，学校“药理学与毒理学”进入世界排名前 1%。目前学校入选学科数量在 14 所部省合建高校中与郑州大学并列第一，占江西省三分之二。目前，学校共有化学、农业科学（以食品科学与工程为主）、临床医学、工程学、材料科学、药理学与毒理学 6 个 ESI 前 1% 学科，其中农业科学（以食品科学与工程为主）、临床医学进入 ESI 世界排名前 5‰，化学排名 5.2‰。

2019 年 1 月，根据科睿唯安最新数据，学校在新增了药理学与毒理学 ESI 前 1% 学科后，又一 ESI 学科——生物学与生物化学进入世界排名前 1%。ESI 前 1% 入选学科数量以 7 个位居 14 所部省合建高校首位，占江西省 70%。2 月 22 日，中国高等教育学会发布《2014—2018 年高校创新人才培养暨学科竞赛评估结果》，学校以 165 个奖项数量，总成绩 77.48 分，在“全国普通高校学科竞赛评估结果（本科）TOP300”榜单中位列第 44 位，较去年排名前进 10 个名次，综合类高校排名中位列第 13 位，Z14 联盟高校中位列第 1 位。3 月，学校世界一流建设学科再结硕果——硅基 LED 技术五项新成果通过专家鉴定。其中，高光效 AlGaInP 基红光 LED 芯片制造技术成果为国际先进水平，其他四项成果为国际领先水平。4 月，学校“生物工程药物及其技术国家地方联合工程研究中心”获批入选 2018 年度国家地方联合工程研究中心。8 月，2019 软科世界大学学术排名正式发布，学校首次跻身世界 500 强。

2019年12月26日，学校召开第一届学科建设大会。副省长殷美根、清华大学聂建国院士、苏州大学副校长熊思东、省政府副秘书长刘晓艺、省委教育工委书记黄小华，省政府、省教育厅相关部门负责同志和校领导班子成员出席会议。学校对化学、农业科学（含食品与工程）、临床医学和工程学4个ESI学科进入全球前1%的学科进行表彰。向学校“三个一”工程建设项目（一流学科12个，一流平台12个，一流团队10个）负责人颁发了任务书。

2020年11月，《南昌大学建设世界一流大学行动计划》发布，学校现有一级学科博士授权点15个，7个学科进入ESI世界排名前1%，其中农业科学（以食品科学与工程为主）ESI学科排名全球前1.3‰。新材料技术学科群入选国家“世界一流学科”建设计划。在教育部第四轮学科评估中，食品科学与工程学科获评A，全国排名第三，是江西唯一的A级学科。2019年南昌大学江西医学院位列全国医学院第36位。

截至2020年，南昌大学现有博士学位授权一级学科点15个、博士学位授权二级学科点2个、硕士学位授权一级学科点46个、硕士学位授权二级学科点7个；有博士专业学位授权点1种、硕士专业学位授权点23种（其中工程硕士20个领域）；有自主设置二级学科博士学位授权点13个、硕士学位授权点8个。

三、科学研究取得新突破

学校以一流学科建设为契机、以十大新兴产业为导向、以协同创新平台为抓手、以突破核心指标为重点、以体制机制创新为基础、以服务经济建设为己任，加快实施创新驱动发展战略，坚持集约发展、特色发展、合作发展，推进科研模式创新，努力构建研究方向、创新队伍、创新平台、产教融合、科技管理、支撑保障等特色鲜明的创新体系，实现科研工作稳中求进、稳中求优、稳中有为，不断提升创新能力和服务贡献度，加快标志性重大成果的产出。

（一）荣获国家技术发明奖一等奖

2016年1月8日，2015年度国家科学技术奖励大会在人民大会堂隆重举行，以南昌大学为第一完成单位的“硅衬底高光效GaN基蓝色发光二极管”项目荣获国家技术发明一等奖。江风益教授作为项目第一完成人上台接受习近平主席的颁奖。这是当年国家技术发明奖中唯一的一等奖。获奖成员包括江风益（南昌大学）、刘军林（南昌大学）、王立（南昌大学）、孙钱（晶能光电）、熊传兵（南昌大学）、王敏（中节能晶和照明）6人。

自1996年开始，江教授带领团队从事蓝光LED研究。历经19年的科研攻关，在 LED 照明技术上取得突破性成果，在国际上率先研制成功硅衬底高光效 GaN 基蓝色发光二极管材料与芯片，并实现了产业化，取得了显著经济和社会效益，走出了一条“硅基发光，中国创造”的新路线。

2019 年 11 月，经诺贝尔物理学奖获得者中村修二教授推荐，江风益院士荣获“全球半导体照明突出贡献奖”。中村修二先生评价：由江风益教授团队研发的硅基黄光 LED，具有世界领先水平，堪称中国首次发明的照明技术。

2021 年 1 月 28 日，中国科协发布了 2020 年“科创中国”先导技术榜单。其中南昌大学国家硅基 LED 工程技术研究中心研发的“高光效黄光 LED 材料与芯片制造技术”榜上有名。

（二）整体科技创新能力显著提升

学校不断推进科研体制机制改革，以科技体制机制改革十条、哲学社会科学繁荣计划为抓手，在科研平台、科研项目、科研经费、科研成果方面不断取得突破，产生了重大标志性成果。

2014 年，学校在国家自然科学杰出青年基金、优秀青年基金和国家社科基金等重大项目上均实现零的突破。2015 年，马克思主义理论研究和建设工程重大项目、国家艺术基金资助项目实现了历史性突破。2016 年，谢明勇教授团队“果蔬益生菌发酵关键技术与产业化应用”项目荣获国家科技进步二等奖；药学院临床药理团队以第二完成单位荣获国家科技进步二等奖；熊仁根团队在《科学》（*Science*）期刊发表研究论文，实现了学校第一单位在顶级期刊上发表论文的历史性突破。

此外，2013—2021 年，学校还先后获批教育部科学技术奖励科技进步二等奖 1 项，教育部自然科学奖二等奖 1 项。全球半导体照明突出贡献奖 1 项，中国产学研合作创新成果二等奖 1 项。省级奖励方面，一等奖 13 项，二等奖 46 项，三等奖 52 项，获奖数量连续上升。专利授权和转化成绩喜人，授权专利 1323 项，转让金额 1468 万元。CNS 世界三大顶级期刊论文取得重大突破，新增三大检索论文 8075 篇。

（三）承担重大项目能力明显增强

2015—2019 年，学校国家自然科学基金立项数达 1280 项，年均增长 10%，保持位列全国 25 位左右，科研到账经费 9.73 亿元，连年保持稳中有增。国家自然科学基金项目申报授予率多年连续远高于全国平均水平，获批经费年均突破亿元。大项目取得突破性进展，国家基金重大项目 1 项，重点项目 4 项，国家基金重大科研仪器研制自由申请类专项项目 1 项，杰青 1 项。国家重点研发计划申请数量持续增长，到账经费 6015 万元。2015—2020 年，国家社科基金立项数达 133 项，在软科数据关键性指标中，国家社科基金一般项目和青年项目立项数排在全国第 59 名。其中获国家社科基金重大项目 6 项，重点项目 10 项，获冷门“绝学”和国别史等研究专项 3 项，在中华学术外译项目及高校思想政治理论课研究专项均取得零的突破。

（四）立体交叉科技创新平台逐步形成

2015—2020 年，学校新增 2 个国家地方联合工程研究中心，1 个省部共建协同创新中心，1 个教育部工程研究中心建设项目培育中心，1 个全国红色旅游创新发展研究基地，31 个省级科研平台（其中，江西省重点科技创新培育平台 3 个，省发改委科研平台 5 个，省科技厅科研平台 17 个，江西省哲学社会科学重点研究基地 4 个，江西省委教育工委基地 1 个，江西省高校人文社会科学重点研究基地 1 个）。

四、队伍建设实现新作为

学校大力实施“人才强校”战略，坚持“党管人才”“引进、培养、稳定、提升”的工作原则，制定出台了《南昌大学进一步加快聚才引智工作的若干意见》、《南昌大学人才类奖励实施细则》等系列文件，激发学院主体作用，聚焦海内外青年拔尖人才，实施“高层次人才全球招聘计划”，探索“聚才引智”新途径。建立健全人才培养机制，实施青年教师导师制、“215 人才”工程、重大人才工程支持和培育计划、国境外访学资助计划等，实行教授治学、教师分类评价、岗位动态管理、校院两级管理体制和绩效分配机制，构建了与学校发展相契合的人力资源管理体系。2015—2020 年，学校师资队伍总量合理、结构优化，尤其高层次人才总量超过了建校以来的总和，各项人才实现了数量的翻番。

（一）队伍建设成效显著

2015—2020 年，学校共引进博士 455 名，全职引进高层次人才 93 人。现拥有院士 1 人，国家海外高层次人才 5 人，国家海外青年人才 4 人，国家科技重点研发计划项目负责人 4 人（含原“973 计划”首席科学家 2 人），长江学者特聘（讲座）教授 6 人，青年长江学者 1 人，“国家杰出青年科学基金”人选 5 人，“国家优秀青年科学基金”人选 3 人，国家“万人计划”领军人才 7 人，青年拔尖人才 1 人，国家教学名师 1 人，中科院“百人计划”人选 1 人，国家“百千万人才工程”人选 13 人，江西省“双千计划”人选 137 人。其中院士、国家海外青年人才、青年长江学者、国家“万人计划”青年拔尖人才、中科院“百人计划”人选均取得了零的突破。

截至 2020 年底，学校在编教职工 4281 人，其中专任教师数量（不含专职辅导员）2647 人，占 60.42%；具有正高级专业技术职务的教师 622 人，占专任教师总数的 23.50%，副高级专业技术职务的教师 882 人，占专任教师总数的 33.32%；45 岁以下的教师 1548 人，占专任教师总数的 58.48%。师资队伍的学缘结构得到较大改善，取得外校学位的教师 1805 人，占专任教师总数的 68.19%。

（二）队伍产出硕果累累

2016 年 1 月，江风益团队自主研发的硅衬底高光效 GaN 基蓝色发光二极管项目荣获国家技术发明一等奖。2017 年 4 月，学校国家硅基 LED 工程技术研究中心刘军林荣获全国五一劳动奖章。2018 年 9 月 27 日，学校外国语学院教授、江西省翻译协会副会长赖祎华在全国社科联第十九次学会工作会议上被评为全国社科联优秀社会组织者。10 月 21 日，学校第二附属医院胃肠外科邓小荣教授被颁授为“美国外科学院院士”，以肯定他在普通外科领域，尤其是胃肠微创外科领域中做出的卓越贡献。10 月 23 日，学校附属小学校长余卫入选教育部中小学名校长领航工程，成为江西省入选该工程的第一位小学校长。10 月 27 日，学校教师涂惠获首届全国护理院校临床青年教师讲课竞赛一等奖。

11 月 27 日，科睿唯安发布 2018 年“高被引科学家”榜单，学校谢明勇教授、聂少平教授入选农业科学领域高被引科学家，这是学校和江西省首次有科学家入榜。11 月，2018—2022 年教育部高等学校教学指导委员会（以下简称“教指委”）在北京正式成立。新一届教指委最终遴选出委员 5550 人，包括主任委员 111 人、副主任委员 710 人。其中，学校 33 人次入选，含 25 个教指委和 7 个分教指委，比上一届增长 50%，在全国高校排名第 30 位，“Z14”高校第 2 位，江西省第 1 位，创历史新高。

2019 年 2 月，中共中央组织部办公厅下发《关于印发第四批国家“万人计划”入选人员名单的通知》，其中自然科学类的青年拔尖人才 210 人，学校食品科学与技术国家重点实验室谢建华教授入选。4 月 26 日，食品科学与技术国家重点实验室教授谢建华、第一附属医院眼科副主任医师吴晓蓉获江西青年五四奖章。11 月 19 日，科睿唯安发布了 2019 年高被引科学家榜单，谢明勇教授、聂少平教授再次入选农业科学领域高被引科学家。11 月 22 日，学校江风益教授当选中国科学院信息技术科学部院士，这是学校本土产生的首位中国科学院院士，标志着南昌大学领军人才队伍建设取得了重大突破。11 月 25 日，江风益教授荣获 2019 年“全球半导体照明突出贡献奖”。该奖项是全球半导体照明领域的最高奖项，是对全球半导体照明领域内的卓越贡献者的认可和致敬。12 月 18 日，国务院扶贫办、中国科学院对在 2018 年评估调查工作中做出突出贡献的优秀集体以及先进个人进行表彰。南昌大学获“先进集体奖”，尹利民教授获“先进个人奖”。

2020 年 6 月，民政部办公厅公布了第三届全国基层政权建设和社区治理专家委员会成员名单，江西高校 2 人入选，为公共管理学院院长尹利民教授、袁小平副教授。9 月 10 日，中宣部、教育部、中央广播电视总台举办“闪亮的名字 2020——最美教师发布仪式”，附属小学杨晓雯、胡鹏飞、商亿媛、侯佳、胡徐欢、叶小连、黄贻胜、任玉青等 8 位优秀教师参与的凉山支教的帮扶团队荣获“最美教师团队”称号。9 月 30 日，第七届全国水利类专业青年教师讲课竞赛结果揭晓，建筑工程学院水利工程系青年教师黄伟获水利水电工程专业组讲课竞赛一等奖，洪安宇获农业水利工程组讲课竞赛二等奖。

五、对外合作取得新进展

（一）推进中外合作办学建设

2013 年开始实施的与英国伦敦玛丽女王大学的合作办学项目已成功招收了 8 届学生，年招生人数约 250 人，现有在校生人数 1223 人，已毕业的三届学生继续深造比例高达 70% 以上，其中“985”或“211”高校录取率达 70% 以上。中法企业管理专业硕士层次合作办学项目已连续招生 23 期，共培养了 1000 多名毕业生，项目于 2019 年开始举办英文授课班，招生运行情况良好。实施了乌兹别克斯坦乌尔根奇州立大学旅游管理专业来华留学本科“2+2”合作办学项目，与印度尼西亚哈山努丁大学汉语言文化专业来华留学本科“2+2”合作办学项目。

（二）开拓校际交流合作项目

2015—2020 年，学校开展了与韩国建国大学、汉阳大学、又松大学、全北大学、启明大学、俄罗斯巴斯基尔国立大学、法国普瓦提埃大学、西班牙卡斯蒂利亚拉曼查大学、印尼乌达雅纳大学、日本武藏野大学、日本熊本大学，以及中国香港浸会大学等校际长期交流项目，参加人数达 817 人。

（三）稳步发展孔子学院

2017 年 4 月 26 日，学校承办的第三所孔子学院在西班牙卡斯蒂利亚拉曼查大学揭牌。这是学校继法国普瓦提埃大学孔子学院、印度尼西亚哈山努丁大学孔子学院之后承办的第三所海外孔子学院。2015—2020 年，学校海外孔院累计培养各类学员 26000 余人，组织举办各类中国文化活动 500 余场，受到了孔子学院所在国民众的欢迎和媒体的关注。组织海外孔院来华汉语文化夏令营团组 14 期，学员人数 232 人。2016、2018 年，学校组织艺术团组赴印尼、韩国开展艺术巡演，传播中国文化、讲好中国故事。

（四）主动对接国家战略

为响应国家“一带一路”号召，学校与俄罗斯、乌克兰、白俄罗斯、印度尼西亚等 13 个“一带一路”国家的 52 所高校及科研机构开展了合作交流。学校成功赴俄罗斯举办海外教育展；同时，俄罗斯近30所院校高层团组来学校开展教育交流合作；与俄罗斯彼尔姆大学共建了俄语中心和汉语中心；落实中俄关于发展新时代全面战略协作伙伴关系联合声明，连续6年组织50余名师生参加中俄“两河流域”青年论坛活动；组织参加“长江—伏尔加河高校联盟”国际大学生文化推广视频大赛，成绩优异，并参加了“长江—伏尔加河高校联盟”青年交流营活动。730余名中、俄、乌、白等各国知名高校、科研院所、企业及专家齐聚国际产学研用合作会议，共商科研合作大计。

六、服务社会勇担当

2016年，江西省委省政府提出了“决胜全面建成小康社会、建设富裕美丽幸福江西”的奋斗目标和发展战略。南昌大学作为地方综合性大学，服务江西省经济社会发展是全校师生共同的重要职责和使命。学校发挥学校学科和人才优势，整合资源，主动而为，在服务地方经济社会发展和脱贫攻坚战中做出应有的贡献。

（一）坚持需求导向　进行产教融合

学校新材料技术科研成果实现产业化，节能环保的高端产品每年产值近20亿元；食品科学技术与健康研究一大批科研成果实现产业化，与江西齐云山食品有限公司合作，为公司近5年实现销售收入13.16亿元，有效推动了我国果蔬加工行业的技术进步。用科技助力脱贫攻坚和乡村振兴。先后在湖口、都昌、余干和东乡等地开展相关养殖技术培训班10余期，建立核心示范区15个，技术落地服务面积6万余亩，辐射示范带动10万余亩，合作企业年产总值近10亿元，取得的成绩得到省委书记刘奇肯定。集中建设服务于国家和江西省重大发展战略的创新平台。成立江西生态文明研究院，为江西省生态文明建设提供理论支持与科技服务；成立人工智能工业研究院，促进人工智能和实体经济的紧密结合。

2018年5月，学校材料科学与工程学院与上高县荣炭科技有限公司签署了“高能量密度锂离子电池复合负极材料”合作协议，双方项目合作总经费1000万元。项目建成投产后将形成年产1000吨的硅碳负极材料产能，项目年产值将达到2亿元，预计为企业带来的年利润超过6000万元，年税收超过2000万元。6月12日，学校承办2018国际产学研用合作会议。学校与俄罗斯科学研究技术中心有限责任公司签署科研合作协议，与俄罗斯基伦斯基物理研究所、江西科泰新材料有限公司签署三方合作协议。在2019年国家级科技企业孵化器年度考核中被科技部评为优秀（A类），江西仅2家；在南昌市科技企业孵化器“洪城众创”年度绩效考核中运行管理的两个众创空间获得优秀。在科技部火炬中心开展的2018年度国家技术转移机构考核评价工作中，学校为全国45家机构考核结果优秀（A）之一，江西省仅南昌大学一家获此荣誉。

2020年11月11—12日，学校参加第三届江西高校科技成果对接会，以4.1亿元签约金额占了对接会总签约金额的三分之二。省委、省政府、省人大、省政协等各级领导莅临学校展位视察、指导并给予高度评价。

（二）坚持服务导向　开展联合攻关

2016年5月3日，学校与省旅游发展委员会洽谈战略合作。与洪都集团洽谈校企合作。5月18日，校党委书记胡永新、校长周创兵带队赴南昌市委市政府商谈校市战略合作事宜，省委常委、南昌市委书记龚建华，南昌市市长郭安出席座谈。双方就打造南昌光谷、共建科技创新平台、同创人才智库等校市合作事宜进行了商谈，并针对改善南昌大学办学条件，支持学校商住楼建设、校园规划和基本建设用地审批、南昌地铁线设立南昌大学前湖校区站等事项进行了协商。

2019年，学校制定了《南昌大学优势学科对接地方主导特色产业2019年工作计划》《南昌大学超高温材料和发酵工程领域大型系列研究设施方案》《南昌大学名城名校创新融合发展计划（讨论稿）》等，充分整合利用材料、食品、临床医学等优势特色学科资源，着力为江西材料、食品、医药健康等产业发展提供智力和科技支持。1月25日，与江西省旅游集团签署《共建南昌大学旅游学院合作协议书》和《共建江西省旅游产教融合示范基地项目——旅游实训酒店协议书》。3月8日，学校与江西钨业控股集团有限公司举行合作框架协议签约仪式。3月15日，学校与江西省文学艺术界联合会举行战略合作框架协议签约仪式。8月1日，学校附属人民医院、人民临床医学院同日签约揭牌。8月24日，学校与吉安市人民政府签署合作框架协议。8月30日，学校附属儿童医院及儿科医学院揭牌。9月6日，学校与江西省民建企业家协会合作签约。9月25日，学校与中国科学院计算机网络信息中心合作签约。9月27日，学校与省国资委签署战略合作协议。12月24日，南昌大学与江西省肿瘤医院、江西省妇幼保健院、江西省胸科医院共建附属医院签约揭牌。

2020年1月14日，学校与鹰潭市人民政府签署战略协议。9月8日，学校与鹰潭市开展一系列实质性活动，推进市校合作往“政、产、学、研、用”深度融合方向深化。

2020年4月16日，学校与江西省建工集团有限责任公司签订战略合作协议。5月26日，学校与中国银行股份有限公司江西省分行签订战略合作协议。6月17日，学校与江西大城市场开发有限公司签署战略合作协议。6月18日，学校与江西联通签订战略合作协议签约。

（三）坚持目标导向　打赢脱贫攻坚战

对口帮扶支援脱贫是习近平总书记亲自指挥的一场大会战。南昌大学坚决扛起对口帮扶支援的重大政治责任，用过硬成果支撑攻坚大局。

1. 推进“连心”工程

2016年，建立农村连心点1个，参与单位26个，参与党员干部35人，结对帮扶群众10户，提供帮扶资金12万元。2017年全面启动对口支援赣南等原中央苏区工作，印发了《南昌大学对口支援瑞金市及瑞金经济技术开发区工作方案（2016—2020）》，瑞金在赣南率先摘帽。聚焦脱贫攻坚，对口帮扶江西省“十三五”贫困村——上饶玉山程村村，五年时间，投入扶贫资金300多万元，先后派出9名处科级干部接力定点帮扶工作。2020年12月，程村村整村退出贫困村序列，程村村的贫困发生率由原来的10.29%下降至目前的0.17%。村民人均年收入由2015年的4760元增至2019年的8100元，村集体收入由欠债30余万元，增至2019年的38万元。“稻鱼工程”团队致力于科技扶贫，帮助5000名贫困人口脱贫致富，其先进事迹获教育部精准扶贫典型案例，团队获全国五四青年奖章。学校江西扶贫发展研究院开展精准扶贫的第三方评估，连续两年获国务院扶贫办表彰，其先进事迹微视频在教育部网站展播。

2. 加大帮扶力度

2016年7月19日，校党委书记胡永新一行赴学校挂点扶贫村走访调研。10月23日，校长周创兵一行深入瑞金调研对口支援工作。

2017年6月6日，学校召开对口支援瑞金工作第一次联席会。11月2日，周创兵校长考察调研定点帮扶村。2018年5月11日，南昌大学与玉山县举办“圆梦南大”项目合作签约仪式。2020年4月10日，学校作为江西省高校唯一代表，在全省教育脱贫攻坚工作暨中央专项巡视“回头看”反馈意见整改工作动员部署视频会议作典型经验发言；7月22—23日，校党委书记喻晓社带队赴上犹县、瑞金市调研对口帮扶工作。

七、推进现代大学制度建设

（一）全面推进依法治校

2013年，学校正式启动了《南昌大学章程》（以下简称《章程》）制定工作，出台《南昌大学章程制定实施方案》。2014年4月23日，学校召开《章程》专家论证会，与会专家对《章程》草案中具体内容提出了中肯的修改意见和建议。2014年6月，《章程》制定工作进入广泛征询意见阶段。除在学校校园网上广泛征询意见外，学校分别召开了学生代表、教师代表、离退休人员代表、民主党派代表等《章程》制定征求意见系列座谈会。

2015 年 6 月，根据教育部《高等学校章程制定暂行办法》（教育部令第 31 号）和《江西省高等学校章程核准办法（试行）》（赣教法字〔2012〕10 号）精神，经江西省高等学校章程核准委员会第 2 次会议评议，并报省人民政府同意，教育厅核准发布《南昌大学章程》。

《南昌大学章程》分为序言和正文两部分，其中正文部分包括总则、举办者与学校、教育形式与学科门类、学生、教职工、管理体制与组织结构、资产与财务管理、校友会理事会基金会、校训校徽校庆、附则共 10 章 83 条。《章程》的制定和发布，标志着南昌大学"宪法"的出台，为学校相关政策法规的"废改立"提供了根本遵循。

学校以《南昌大学章程》为遵循，制定《南昌大学学术委员会章程》《南昌大学学院教授委员会章程》，构建学术组织与行政组织相协调的治理体系；制定《南昌大学教职工代表大会实施细则》，建立教代会议题征询制、代表询问制度、校情通报会制度，完善民主监督机制；修订完善《中共南昌大学委员会常务委员会议事规则》《南昌大学坚持和完善党委领导下的校长负责制实施细则》《南昌大学校长办公会议议事规则》《南昌大学校领导工作制度》等，进一步完善党委领导下的校长负责制，突出党委在办学治校中的政治核心作用。修订《学院党政工作条例（试行）》，制定《关于加强附属医院党的建设工作的实施办法》，完善基层党组织的领导体制和管理体制。学校深化校院两级管理体制改革，出台和完善《南昌大学校院两级财务管理体制改革方案（试行）》《南昌大学学院年度工作目标考核办法（试行）》等系列校院两级管理体制改革相关办法，建立学校和学院（部）合理分权、各负其责的管理体制和运行机制等。

（二）全面落实"精管理"要求

2014 年 2 月 13 日，学校召开 2014 年工作布置会。会议要求按照现代大学制度的要求，全面深化改革。3 月 31 日，学校召开四届四次教职工暨工会会员代表大会，会议指出，要按照现代大学制度建设的要求，理顺管理体制机制，建立健全内部治理结构，强化民主管理和依法治校，做好"精管理"。从 2014 年开始，学校启动学科和院系治理结构改革、校院两级管理体制改革、人事人才与岗位薪酬体系改革、学科建设资源配置改革、奖励制度改革、职称评聘改革、教育教学改革、科研体制机制改革、国有资产管理体制机制改革、依法治校十项改革。4 月 16 日，学校召开 2014 学生工作大会。会议强调要建立健全新形势下的学生工作新体制机制。8 月底，学校召开 2014 年下半年新学期工作布置会。会议要求以精管理为抓手，不断提升管理水平和办学效益。学校精管理要常抓不懈，管理无止境，要向管理要效益。学校进行的资产清理、人员清理，制定和完善各部门的管理文件，都是精管理的具体行动。11 月 4 日，学校召开 2014 年就业创业工作会议。会议强调要建立健全学生就业工作的体制机制。

（三）加快大学制度建设

2013 年 9 月 2 日，学校召开 2013 年新学期工作布置会，会议指出，学校的快速发展存在规模大、学科多、管理松散等问题，要提高办学效益，必须加快大学制度建设，通过科学的精细化管理来提升大学办学效益。一是要推进现代大学制度建设。二是要推行精细化管理。10 月 30—31 日，学校组织全体副处级以上干部开展集中学习和研讨交流活动。会议指出，现代的管理理念、意识、方法、途径、制度是一所大学发展提质、管理增效的根本保障。针对南昌大学管理存在的问题，周创兵提出：一要理顺体制机制，转变观念作风，扎实推进管理制度建设；需要围绕学校的中心，服务学校的大局。二要做好学校人才培养管理。三要瞄准国际前沿、围绕国家战略开展学校科学研究管理。四要实施校院两级管理模式，在学校层面，要实行“条块结合、以条为主”的管理体制。学校机关是按照“条”进行设置，各个学院是“块”，倡导学院自我发展、自主管理。

（四）推进校院两级管理制度改革

2015 年 4 月 9 日，学校召开四届五次教职工暨工会会员代表大会。会议认为，按照现代大学制度建设要求，学校制订了《南昌大学机构设置方案》，构建了校、部、院、系四级架构。9 月 5 日，学校召开 2015 年下半年新学期工作布置会。会议认为，大学的基本构架是学校、学部、学院、系四级构架。2015 年要推行校院两级管理。一级管理时的领导体制是党委领导下的校长负责制，两级管理后转变为党委领导下的校长负责制加学院党政共同负责制。一级管理时的运行机制是大学法人治理，两级管理后转变为大学法人治理加校院两级管理。以后学校的运行是四级构架、两级管理，这是学校基本的内部治理结构。

2016 年 4 月 14 日，学校召开校院两级管理改革推进会。会议交流了校院两级管理改革试行以来的做法和经验，总结了阶段性成果，梳理了改革中存在的问题，明确了进一步推进改革的总体方向。会议指出，校院两级管理改革是学校综合改革的重头戏，本质是要解决学校未来发展的体制机制问题，核心是解决发展的动力问题、办学的效益问题和凝聚优势特色问题，要建立健全学校和学院的领导体制和运行机制，采取一级管理中党委领导下的校长负责制和两级管理学院层面的党政共同负责制相融合的领导体制，完善学校层面的法人治理结构和校院两级管理并行的运行机制，逐步形成“学校办校、学院办学、教授治学、民主管理”的发展状态。8月28日，学校举办2016年暑期干部培训班。校长周创兵做辅导报告。他提出，现在大学制度建设是以大学章程为基础，核心内容有两条，一是要处理好大学和外部的关系，二是内部要制定精细的改革。10月9日，学校召开2016年本科教学工作会。会议提出要坚持改革创新，着力完善管理体制和运行机制。一要建立协同的教育教学体制机制。二要建立“一个使命，三个地位”的制度体系，强化教学是生存之基的约束机制。三要建立更加科学合理的教师评价制度。四要着力在人才培养的模式上有所创新、有所突破。五要着力在创新创业教育上下功夫，要见成效。

2017年2月14日，学校召开2017年新学期工作布置会。会议明确要完善现代大学制度。2018年1月30、31日，学校召开2017年度工作考核汇报会。会议提出要压规模、调结构、转机制、提质量、强服务。3月3—4日，学校召开2018年新学期工作研讨会暨领导干部培训会。会议指出，要加强放管服为抓手的现代大学管理体制机制改革。首先是“放”，完善校院两级管理体制机制。校级做好“人财物”等资源配置的顶层设计，其他的由学院说了算，切实简化财务审批程序、简化采购流程等。其次是“管”，校级要切实增强监管能力，强化信息公开，推进依法治校、完善民主治理、提高学术治理水平。再者是“服”，加强机关对学院的业务服务、后勤服务、信息服务，切实提升服务水平。

（五）推进治理体系和治理能力现代化

2020年6月30日，学校召开五届五次教职工暨工会会员代表大会。校长周创兵指出要推进评价考核与奖惩制度改革。着力抓好由谁来评价、评价什么、怎么评价、评价结果如何应用四个关键环节，重点改进学生的思政教育与学业评价方式，强化教师的师德师风与教学业绩考核，调整科研的价值导向与绩效评价模式，实行人员的分类管理与分层次考核评价，建立干部的考核任用与激励约束机制，逐步建构科学、合理、可行的评价考核与激励奖惩体系，不断提升学校干部师生考核评价管理的科学化水平，推进学校治理体系和治理能力现代化。校党委书记喻晓社强调，开好双代会是完善学校内部治理结构，优化民主管理的迫切需要。学校坚持党委领导下的校长负责制，不断完善“党委领导、校长负责、教授治学、民主管理”的内部治理结构，提升治理效能，激发教职工担当作为的内生动力。7月20日，学校专题部署实施学部制、大部制改革，推进学校治理体系现代化，提升学术管理和行政管理效能。9月4日，学校举办高层次人才、处级干部能力提升暑期专题培训班。校长周创兵以“健全大学治理体系提升大学治理效能——奋力开启南昌大学建设世界一流大学新征程”为题，作首场专题讲座。指出坚持和完善中国特色现代大学制度，推进大学治理体系和治理能力现代化是建设高水平大学的重要保证。

（六）深入推进学部制、大部制改革

为彰显学术权力，落实教授治学，学校积极开展学部制改革。2014 年，学校推进综合改革，形成“校、部、院、系”四级管理构架和校院两级管理体系。根据事业发展需要，优化学部设置，将之前的人文社科、理工、医学三大学部调整为人文、社科、理工一、理工二、医学五大学部。五大学部分别由所辖学院、独立科研机构、学科交叉创新平台等实体组织组成，承担规划配置学科资源、推动跨学院科研合作、落实学科协同育人、服务学科特区建设等实质性学术管理职能。学部定位为学术管理的中心枢纽，是集决策咨询、管理服务于一体的综合平台。学部的设置有利于发挥学科综合优势，优化资源配置，推动学科交叉，开展需求牵引的有组织科研活动，更好地服务于国家和区域重大发展战略；有利于彰显学术权力，落实教授治学，规范完善学术组织及其功能，激发基层学术组织的创新活力和自我发展能力；有利于加强人才培养模式改革创新，加强复合型、创新型、应用型拔尖人才培养。学校还将通过战略规划、政策制定、宏观调控、监督评价等指导学部和学院发展，持续提高学术管理效能。

为提高学校管理效能，实现内部管理的精简、统一、高效，不断提升治理体系和治理能力现代化水平，2020 年，学校出台《南昌大学大部制改革实施意见》，综合考虑各部门承担的基本职能、内部领导体制特点、组织运行实际需要等因素，按照“大部门、大职能、大服务”范式，根据“整合相近职能、避免职责交叉”原则，对各职能部门进行机构重组，成立综合管理部、发展与改革委员会、本科生院等 11 个大部门，构建“大职能”管理体系。同时，学校还通过建立基本运行、沟通协调、弹性运行、综合服务、监督评估等五大机制，保障大部制高效良性运转，不断提升治理体系和治理能力现代化水平。大部门职责定位为综合协调，坚持“按需设岗、精简高效、服务至上、统筹协调”基本原则，实行扁平化管理，通过理顺工作关系，整合各处室的职能，提高职能部门的运行效率，更好地服务于学科、学生、学者及学术发展。各大部门设主任 1 人，由学校分管领导担任，发挥其部内协调、横向协同以及纵向推动的工作职责。

八、建设文明、和谐、平安、美丽校园

学校坚持以习近平新时代中国特色社会主义思想为指导，以社会主义核心价值观为引领，以立德树人为根本任务，坚持传承和创新相结合，大力推进校园文化建

设，不断提高师生思想道德素养，提升学校文化软实力，为学校改革发展提供了强大正能量。

（一）深化校园文化建设

学校坚持传承和创新相结合，践行社会主义核心价值观，出台《南昌大学校园文化建设总体方案》，努力建设大美、大爱、大气南大，精心打造红色、绿色、古色文化品牌，坚定师生文化自信，提升学校文化软实力。

1. 注重特色文化

学校将习近平总书记视察南昌大学时的寄语“当代大学生要珍惜韶华，把学习成长同党和国家的事业紧紧联系起来、同社会和人民的需要密切结合起来，用青春铺路，让理想延伸”作为学生思政教育的重要遵循，持续开展了“星火引航”“学长小教员”等旨在传承红色基因的教育活动，打造了“前湖之风”“前湖之韵”“前湖讲坛”等“前湖”品牌活动以及“青春的担当”系列文化活动，承办“红色家书诵读全省巡演”“高雅艺术进校园”等文化活动，获全省庆祝新中国成立 70 周年群众性歌咏比赛一等奖，全省高雅艺术进校园活动第一名。开展“五四风华奖”“立德树人”标兵、教学标兵、魅力人物等先进典型评选工作，树立师生典型，强化文化品牌育人效果。

2. 弘扬红色文化

学校扎根江西红土地，充分利用红色教育资源优势，重点建设了马克思主义学院，组建了井冈山研究中心、红色文化馆等，为红土地上育新人提供平台支撑；长期开展“跨越时空的井冈山精神”文化活动，持续举行“唱响红色经典”“诵读红色家书”活动，经常性组织师生到红色教育基地接受教育培训，各类红色文化文明实践活动走在前列，表彰了包括“稻渔工程”团队等在内的一大批红色实践先进典型，在校园中掀起“学赶超”的红色热潮。抓好“网上重走长征路”暨推动“四史”学习教育活动，实现学习、宣传全覆盖，切实引导广大青年学子坚定理想信念，厚植爱国主义情怀。2020 年“红色走读”竞赛活动成效突出，39 个团队成为红色走读竞赛活动省赛阶段优秀团队，22 件作品在全省竞赛中获奖，其中学校获奖总数、一等奖数量、二等奖数量均为全省第一，引导青年大学生坚定理想信念、树立远大志向，取得了良好育人成效。

3. 培育绿色文化

以“双一流大学”建设为目标，以精神文明建设为主线，积极动员全校师生全力做好文明校园创建和绿色学校建设活动，致力构建“风清气正的政治生态、求真求新的学术生态、向上向善的人文生态、山清水秀的自然生态”的校园环境综合体系。印发《南昌大学文明校园创建实施方案》《南昌大学校园文化建设总体方案》《南昌大学学习宣传贯彻落实〈新时代爱国主义教育实施纲要〉工作方案》，按照国民教育和精神文明建设的总体要求，引导干部群众树立国家意识、增强爱党爱国情怀。2017 年获评江西省“文明美丽校园”试点高校和“第一届江西省文明校园”，并在 2019 年复查合格。

4. 创新古色文化

学校立足江西，创建了赣学研究院、国学研究院、赣剧研究院、谷霁光人文高等研究院等一批古色文化基地，持续推进江西传统特色文化传承创新；继承江西书院文化，建设际銮书院、焕奎书院等拔尖创新人才“试验田”。学校博物馆入选“全国人文社会科学普及基地”。赣剧文化艺术中心陈俐教授赣剧作品《红珠记》两次获得国家艺术基金资助，人文学院胡平教授《瓷上中国》获全国“五个一工程”奖，人文学院胡辛教授《瓷上世界·瓷行天下》获中国好书奖，人文学院袁萍教授文学作品《师母》获第十七届百花文学奖，原创文化精品不断提升文化品质。

5. 打造标识文化

学校设立 6 块户外大型电子屏幕，30 多处大型宣传栏、60 多块灯箱路牌，并布置“社会主义核心价值观”“中国梦”“I ♡ NCU”等主题展览和文化装置。在各楼栋积极推进“文化上墙”，教学主楼布置名人像、教学名师、杰出校友、十大教学标兵等文化作品，凸显环境育人功能。积极推进实施《南昌大学校园文化建设总体方案》，建设“十大文化”项目，建设“留园”、新博物馆等文化阵地，做好百年校庆 LOGO 设计以及文创产品征集，建设学校校史馆、文创馆、导视系统等文化地标，打造校园“标识文化”。

（二）加强新闻宣传工作

1. 挖掘学校亮点，书写学校担当

面对突如其来的新冠疫情，学校坚守舆论主阵地，围绕抗击疫情、返校复学等内容开展专题内外宣传工作。2020 年新闻网“战疫情”专栏刊发新闻报道 1954 篇，校内新媒体（微信、微博、抖音等）推送 534 条，录制抗疫主题视频《抗疫故事会·南大队长》和《抗疫故事会·亲历者说》等 26 个，抗疫主题宣讲网络直播 3 场，观看达到 102 万人次，向教育部报送学校防疫工作特色信息简报 65 期。中央电视台、人民网、《光明日报》、《江西日报》、江西卫视、学习强国江西平台等主流媒体报道学校防疫新闻 1547 篇（较 2019 年同期增长 75.7%）。其中 2 月 22 日的推送选题“南昌大学一附院医生创作漫画为‘疫’线医生加油”，被中央网信办选中进行全网推送，在全校师生和社会各界中引起强烈反响。

2. 宣传提质增量，凝聚民心力量

以提升新闻质量为根本，围绕百年校庆、教学科研、社会服务、能力提升、学风建设、党建创优等中心工作，积极开展新闻策划，严把新闻宣传稿件质量，不断提升新闻宣传水平和质量，实现“质”与“量”双丰收。2020年新闻网编发新闻3981篇，图片2563余张，校报12期，发稿量较2019年增长102%。新媒体平台刊发微信728条，其中《南昌大学办学100周年校庆公告（第一号）》阅读量25万+；发布微博4124条，阅读量1.46亿+（同比增长36.9%），短视频平台11个视频播放量超100万。10余条视频投稿被央视、新华社、教育部微言教育平台、中国教育台录用；官方微信2019—2020中国大学官微年度百强中排名第48位，比上年前移11位；新浪微博校园公布的2020微博校园高校官微月榜中曾位列全国第16位。

3. 外宣屡立新功，为校赢得美誉

《人民日报》、新华社、中央电视台、《光明日报》、《当代江西》等主流媒体2020年刊发学校报道2109篇，较2019年同期增长近25.3%。其中，中央电视台11条、《光明日报》3篇、《中国教育报》9篇、新华社115条、新华网72条、人民日报客户端93条、人民网53条、央广网48篇、中国江西网48篇《江西日报》81篇。中央电视台《新闻直播间》《新闻联播》栏目先后采用学校宣传部（中心）主动报送的选题素材，报道学校学科特区教师职称评审改革工作；《光明日报》整版刊发通讯报道“稻渔工程”团队事迹，深度解读学校创新型人才培养机制；《中国青年报》两次头版报道学校“稻渔工程”团队先进事迹和学生会改革工作；《中国教育报》深度报道学校对口帮扶江西玉山程村的精准扶贫工作；《中国教育报》报道学校附属中小学校长余卫“立足特色涵育育人新生态”；《当代江西》刊发《不负嘱托　砥砺向前——南昌大学贯彻落实习近平总书记视察讲话精神综述》；正面热搜实现了近来零的突破，“南昌大学学霸寝室集体保研名校”登上全国热搜榜第11位，全网阅读量9671.3万，“南昌大学毕业典礼”登上全国热搜榜第14位，阅读量达4629.4万。

（三）安全保卫　护航和谐校园

持续推进“平安校园”建设，校园安全网格化管理进一步加强，获评江西省高校安全保卫工作先进集体。组成反诈工作专案小组开展反诈工作，并多次协调属地公安机关和学校学工、研工、团委等部门召开反诈专题工作会议，研究部署学校反诈宣传教育工作，并制订了相应工作方案，出实招、出新招，为提升广大师生防骗意识和识诈能力开展了大量工作。着力推进校园技防建设由“数字化”向“智能化”发展，并逐步走向“智慧化”，进一步保障校园安全稳定，为学校百年校庆和各项事业发展保驾护航。发布《处置和预防突发事件预案》，进一步规范突发事件处置流程，有效预防、及时控制、妥善处置了各类突发事件，保障了校园和谐稳定和师生的切身利益。2020 年众志成城抗击疫情，围绕党建“三化”建设和“双领双同”计划，着力打造出一支“肯负重”“敢碰硬”“能打赢”的保卫骨干队伍，为学校各项事业建设发展保驾护航。

（四）建立大统战格局　拓展统战新境界

2013 年以来，学校统战工作在校党委坚强领导下，坚持以习近平新时代中国特色社会主义思想为指导，深入贯彻习近平总书记关于加强和改进统一战线工作的重要思想，大统战格局进一步完善。先后协助党委制订和下发了 6 项统战工作文件。2014 年的《关于加强新形势下党外代表人士队伍建设的实施意见》，2018 年的《南昌大学关于建立和完善统一战线工作联动机制的实施办法》和《关于进一步落实我校统战工作制度的意见》，2020 年的《中共南昌大学委员会关于在全校党外知识分子中深入开展“弘扬爱国奋斗精神、建功立业新时代”活动的方案》《南昌大学宗教工作专项整改工作方案》《南昌大学民族宗教工作三级管理网络责任清单》。进一步加强了党对统一战线工作的集中统一领导。

党外代表人士队伍建设成效显著。从 2013 年至 2021 年 2 月，党外代表人士担任省级以上人大代表、政协委员 51 人次，其中，全国人大代表 2 人，省人大代表 7 人次（含省人大常委 5 人），省政协委员 42 人次（含省政协常委 11 人）。截至 2021 年 2 月底，在任民主党派省委会主委 1 人，副主委 4 人，省侨联副主席 1 人、省欧美同学会副会长 2 人和省政府参事 1 人；在任副处以上党外干部 58 人（其中正厅 1 人，副厅实职 1 人，副厅待遇 4 人）；全校 30 个学院中，有 8 位党外干部担任院长。

统一战线的优势作用充分发挥。连续 8 年组织统一战线成员单位围绕学校中心工作开展“大调研”活动，召开“统一战线建言献策恳谈会”，调研成果成为学校领导决策和有关职能部门工作的参考依据。2013 年以来，学校党外人大代表、政协委员、省政府参事完成全国、省两会提案、建议、调研报告 200 余项，其中受到省级以上领导批示达 40 余次。2016 年傅春教授主要执笔的调研报告获得时任中央政治局委员、中央统战部部长孙春兰同志批示。

统战成员单位组织建设取得新进展。截至 2020 年底，六个民主党派完成了换届工作，并且领导班子成员中都配备了 80 后的处级干部。2015 年学校成立了“南昌大学欧美同学会（留学人员联谊会）”、2016 年由成立了“校留联会青年分会”，统一战线新领域不断拓展。留联会“海智系列”品牌建设的先进工作经验 2019 年在《中国统一战线》刊登，该统战工作案例被省委统战部授予“江西省统战实践创新研究成果奖”。

民族团结进步教育工作稳步推进。2020年，“江西省高校铸牢中华民族共同体意识研究中心”在学校挂牌成立，中心正逐步成为全省教育系统铸牢中华民族共同体意识的理论与实践研究、建言资政的重要基地。连续8年会同校团委举办民族风情晚会、民族团结演讲比赛、民族宗教知识竞赛、“中华民族一家亲，同心共筑中国梦”研学等活动，广泛营造“共居共学共食共娱”融合氛围，“五个认同”“三个离不开”和铸牢中华民族共同体意识已成为各民族师生的广泛共识。进一步织密织牢了学校抵御境外利用宗教进行渗透和防范校园传教的工作网络，校党委书记喻晓社就此还在2020年全省高校统战工作会议上作典型发言。

统战理论研究工作成果丰硕。2014年以来，学校向省委统战部选送统战理论政策研究创新成果与统战工作实践创新成果10余项，获得省委统战部表彰的创新成果12项。学校推荐的省社科统战理论课题获批省社科重点项目1项，一般项目2项。

在学校党委的领导下，党外知识分子思想引领工作取得新成绩，每年都组织党外专家到扶贫点进行科技扶贫、专题调研，每年支持统一战线开展送医送药送科技的下乡服务社会活动等。广大党外知识分子思想境界有了新提高，履职尽责有了新作为，涌现了一批先进典型，如，全国抗疫先进个人张伟，受科技部通报表扬的扶贫模范洪一江，受民主党派中央表彰的抗疫先进个人张友来、林时荣、徐亮、乐爱平 、葛善飞、周从阳，“中国侨界贡献奖”获得者辛洪波、洪一江、邵江华、张旭、王建斌、陈义旺、熊涛、洪葵、李永绣、周文广等。另外，校党委统战部连续八年荣获“全国统战宣传工作先进单位”称号，连续八年获得“全省统战工作重点目标管理考核综合先进单位”称号，连续六年获得“全省统战理论创新成果奖”和“全省统战宣传信息工作先进单位”，连续五年获得“全省统战实践创新成果奖”。2019年被江西省人民政府授予“全省民族团结进步模范集体”称号。2021年，荣获“第八批全国民族团结进步示范单位”称号。

附：南昌大学历届各民主党派、统战团体组成人员名单（2013—2021）

一、民革南昌大学委员会

第二届（2012—2019）

主　委：贾益纲

副主委：傅　芬　李越湘　卢胜平　陈志强（2012—2013）
杨玲明　王予江　傅　春（2014—2019）　吴　闽（2016—2019）

第三届（2019—）

主　委：傅　春

副主委：傅　芬　李越湘　杨玲明　王予江　吴　闽　刘芳明　杨维冉

二、民盟南昌大学委员会

第六届（2012—2019）

主　委：黄菊花（2012—2014）　郑月慧（2014—2018）

副主委：郑月慧（2012—2014）　肖　萍　欧阳珊　郭烈恩
　　　　朱清仙　段菊如　罗丽萍（2014—）　李萍（2016—）

第七届（2019—）

主　委：肖　萍

副主委：熊　涛　李　萍　罗丽萍　欧阳珊　陈　涛　辛国华

三、民建南昌大学委员会

第三届（2018—）

主　委：杨　峰

副主委：罗　铭

四、民进南昌大学委员会

第二届（2012—2019）

主　委：罗　坚

副主委：刘波澜　赖晓阳　陈　斐（2012—2016）

第三届（2019—）

主　委：何朝珠

副主委：赖卫华　陈　超　黄红卫　文　冰　胡文凯

五、农工党南昌大学委员会

第三届（2017—）

主　委：涂书田

副主委：刘月辉　吴晓霞　周云倩　黄惠明　陈　晓　乐爱平
　　　　叶　芳　冯珍（2019—）

六、九三学社南昌大学委员会

2005 年南昌大学与原江西医学院合并：

第二届（2012—2017）

主　委：张　伟

副主委：黄模佳　刘　菲　骆成洪　罗丽萍　王丽娟　华　萍

第三届（2017—）

主　委：吴代赦

副主委：王丽娟　华　萍　邹文楠　陈钦开　黄　卫

伍　歆（2017—2020）　辛　勇　吴　锐
黄　伟（2020—）　胡锦芳（2020—）　王小磊（2020—）

七、南昌大学侨联委员会

第四届（2012—）

名誉主席：罗时民（2012—2013）

主　席：洪一江

副主席：洪　葵　董卫红　邓绍英（2012—2018）

八、南昌大学党外知识分子联谊会

第二届（2012—）

名誉会长：陈　恳（2012—2020）

会长：张　萌

副会长：邵江华　刘　雷　傅　春（2012—2014）

副会长兼秘书长：占传杰

副秘书长：吴　闽（2012—2014）　曾旭辉（2013—2018）　汤志平

九、南昌大学欧美同学会（留学人员联谊会）

第一届（2015—）常务理事会组成人员：

会　长：周创兵

常务副会长：谢明勇

副会长：程晓曙　耿　焱

秘书长：张　宁（2015—2019）

常务副秘书长：魏　华

副秘书长：刘耀彬　王予江　徐建军　陈义旺（2015—2019）
刘　婷　胡兆吉　王共先　傅　春

第一届（2015—）青年分会常务理事会组成人员：

会　长：陈义旺（2015—2019）

副会长：刘耀彬 聂少平

秘书长：肖　霖

常务副秘书长：陈　超

副秘书长：刘晓华　杨人强　罗　洁　金　鑫　曾　梁　程　皓
张　雪　江马益　王柯文　周媛媛

（五）工会工作丰富多彩

1. 思想引领不断增强

深入开展“三严三实”专题教育、“两学一做”学习教育、“不忘初心、牢记使命”主题教育等学习活动，坚持用党的创新理论武装教职工头脑，教职工听党话、跟党走、感党恩的思想自觉和行动自觉显著提升。

2. 民主渠道不断拓宽

一是每年召开教职工暨工会会员代表大会，先后审议了学校年度工作报告、财务工作报告、工会工作报告和工会经审工作报告，通过了《南昌大学校院两级财务管理体制改革方案（试行）》《南昌大学学院工作目标管理考核办法（试行）》《南昌大学学院责任制落实监督管理办法（试行）》《南昌大学事业发展“十三五”规划》《南昌大学进一步加快聚才引智工作的若干意见》等涉及学校改革发展等方面的制度和管理办法。二是认真做好提案工作，不断提升提案质量和办理水平。教代会代表认真履职，围绕学校中心工作，从教学科研管理、人才队伍建设、校园文化建设、后勤保障、校园管理、生活福利等方面积极撰写提案，各提案承办部门认真对待，提案回复率为100%。三是制定并推行教代会代表询问制度，为闭会期间代表发挥参与学校管理的作用搭建了良好平台。每年通过召开教代会代表询问会或组织代表开展书面询问等途径，组织相关职能部门回应教职工关切，解决教职工关注的问题。四是制定并推行《南昌大学二级教代会实施办法》。各二级单位认真执行二级教代会制度，依法依规召开教代会，二级教代会召开率逐年上升。代表们认真履行代表职责，听取并审议了所在单位年度工作报告、财务工作报告，通过了一些涉及教职工切身利益的重要事项。

3. 维权机制不断完善

一是坚持每年为教职工投保江西省保险互助会的特种重病保险、女职工特种疾病保险，并为教职工保险理赔做好服务工作。二是不断加大“爱心基金”帮扶力度，规范“爱心基金”管理工作。校工会在2016年和2019年先后两次推动基金管理委员会修订了《南昌大学医疗互助“爱心基金”管理办法》，调整了“爱心基金”互助金的申请门槛，提高了补助标准，共发放“爱心基金”医疗补助约100余万元。三是做好教职工体检、健康服务工作。2018年推出以“关爱生命，从运动保健做起”为主题的系列活动：开展保健巡诊工作，为全体教职工测量血压、心肺听诊以及保健咨询等；开展了“送健康讲座到基层”活动，邀请教授、专家为教职工作了“探索生命奥秘”“心血管疾病的预防与保健”“血管衰老与健康长寿”等健康知识讲座，这些活动的开展，进一步促进了教职工的健康保健意识。四是精心组织开展教职工暑期疗休养活动，先后组织包括劳模、优秀教师、一线教工在内的教职工参加疗休养，进一步提升了教职工幸福感，使教职工能够以更加饱满的状态积极投入工作生活中去。五是开展送温暖帮扶慰问工作。坚持做好帮扶困难教职工、探望生病住院教职工、节假日慰问教职工、为教职工谋福利等工作。建立了从省教育工会到校工会再到基层工会的三级立体帮扶机制，开展了教职工因病入院、突发事件致困以及教师节、节日慰问等送温暖工作。

4. 工匠精神不断弘扬

围绕学校中心工作，组织开展了“中国梦·劳动美”“当好主人翁·建功新时代”等主题活动，组织教职工参观“劳模精神进校园”暨“全省职工创新成果”巡展，开展了“工人先锋号”“劳模工作室”“名师工作室”创建活动，以及组织教职工参加全国全省教学竞赛活动，进一步弘扬劳模精神、劳动精神、工匠精神。2015年，生命学院杨柏云获“全国先进工作者”称号；2019年，建筑工程学院工程力学实验中心获“全国工人先锋号”称号，机电学院刘国平和经济管理学院刘耀彬获省教育工会授予的“名师工作室”称号；2020年，生命学院洪一江获省教育工会授予的“名师工作室”称号，同时获“江西省先进工作者”称号和“江西省第十六届职工职业道德建设标兵个人”称号，外国语学院日语教研室获“江西省五一巾帼标兵岗”称号。

5. 师德建设不断深化

为弘扬高尚师德师风，激励教职工爱岗敬业精神，2018年组织开展了南昌大学首届“立德树人”标兵评选表彰工作，评选出王雨教授等10名立德树人标兵，营造了学习先进的良好氛围。先后组织开展了以“品读红色家书　坚定理想信念”“学习贯彻全国教育大会精神，奋力开创高水平大学建设新征程”“教育教学改革大讨论”等为主题的征文活动；开展了“庆祝教师节暨改革开放40周年”“庆祝新中国成立70周年”教职工书画作品征集评选活动；举办了“美丽校园、文明校园、和谐校园”网络征文暨摄影作品比赛；组织教职工参加了第四届、第五届全国高校网络优秀文化作品征集等活动。

（六）教育教学环境进一步优化

2013年以来，学校积极推进“放管服”改革，实行“统一领导、分级管理、集中核算”的财务运行机制，科学合理编制预算，全面推进绩效管理，完善内控体系，提高资金使用效益；优化采购流程，完善了招标采购制度体系；推进资产管理改革，实行公有用房有偿使用；打造大后勤，将基本建设处、后勤管理处、学生宿舍与教室管理服务中心合并组建后勤保障部，建设餐饮、水电、物业、运输四大保障系统，提升后勤综合保障服务的水平和师生满意度，获评全国高校后勤信息化建设先进单位。

第八节　谋划“十四五”，奋力开启新征程

2020 年 11 月 13 日，中国共产党南昌大学第二届委员会第四次全体（扩大）会议召开，会议坚持以习近平新时代中国特色社会主义思想为指导，深入学习贯彻党的十九届四中、五中全会精神，按照习近平总书记视察江西时提出的“作示范、勇争先”目标定位和“五个推进”更高要求，进一步统一思想，凝聚共识，形成合力，拼争一流。校党委副书记、校长周创兵主持会议。

校党委书记喻晓社做题为“以党的十九届五中全会精神为引领　奋力开启南昌大学世界一流大学建设新征程”的党委常委会工作报告。喻晓社在报告回顾了一年来的工作，总结学校办学治校宝贵经验，客观分析学校面临的机遇与挑战，全面谋划学校“十四五”事业发展。

报告认为，中共南昌大学第二届委员会第三次全体（扩大）会议以来，学校党委统筹推进疫情防控与学校各项事业改革发展，落实立德树人根本任务，加快推进“双一流”建设和部省合建工作，主动服务国家和区域经济社会发展，不断提升学校治理体系和治理能力现代化水平，在党的建设、疫情防控、重点工作、内涵发展等各方面都取得了一定成绩。

报告指出，要深刻认识两个大局对高等教育尤其是学校发展带来的影响，深刻认识新发展阶段、新发展理念、新发展格局对学校带来的影响，正确把握学校发展面临的形势，努力于危机中育先机，于变局中开新局。当前学校正处在向世界一流大学建设高校迈进、创建的发展阶段，发展机遇与势头前所未有，要把新发展理念贯穿发展全过程和各领域，切实转变发展方式。要推动实现学校内涵发展更深厚、改革创新更深入、开放合作更广泛、成果共享更丰富的新发展格局，构建高质量的教育体系，办好人民满意教育。

着眼学校“十四五”事业发展，报告强调，要明确目标任务：把南昌大学建设为具有江西底色、中国特色、世界一流大学的总目标和 2025 年迈入世界一流大学建设高校行列，2035 年初步建成世界一流大学，2050 年建成世界一流大学的阶段性目标。要坚持实施人才强校、特色创新、产教融合三大发展战略，推动更深层次改革、更大力度创新、更高水平开放、更高质量发展。要落实具体工作举措，实施教育教学、人才队伍、学科建设、科技创新、城校融合、国际教育等发展计划，同时

要强化政治思想、治理体系、民生工程、安全发展等支撑保障。

报告号召，全校上下要高举习近平新时代中国特色社会主义思想伟大旗帜，贯彻落实好习近平总书记视察江西、视察南昌大学重要讲话精神和党的十九届四中、五中全会精神，加强党的领导、统一思想共识、贯彻落实新发展理念，永葆“闯”的精神、“创”的劲头、“干”的作风，只争朝夕，不负时代，奋力开启南昌大学世界一流大学建设新征程。

经过全体委员审议，会议表决通过了《南昌大学党委常委会工作报告》《南昌大学纪委工作报告》《中共南昌大学委员会关于制定南昌大学“十四五”事业发展与改革规划的建议》《南昌大学建设世界一流大学行动计划》等文件。

蓝图绘就千般景，扬帆破浪正当时。站在新的历史起点，南昌大学人将继续发扬“筚路蓝缕启山林，栉风沐雨砥砺行”的奋斗精神，以饱满的热情扬帆奋进再出发，为办好人民满意的教育，为建设高等教育强国，为实现中华民族伟大复兴的中国梦做出新的更大的贡献！

中编

百年建制

南昌大学在百年的办学历程中，不断改革进取，积极融合创新，形成了文理工医综合发展的办学格局。今天的南昌大学学科门类齐全，拥有12个学科门类的129个本科专业。如今的南昌大学科研实力突出，有诸多国家级科研平台，1个国家重点实验室，1个国家工程技术研究中心，2个国家地方联合工程研究中心，1个国家示范型国际科技合作基地，1个中国—加拿大食品科学与技术联合实验室（南昌），2个教育部省部共建协同创新中心，1个教育部人文社会科学重点研究基地；取得了一批原创性、标志性、有特色的科研成果，江风益教授团队“硅衬底高光效GaN基蓝色发光二极管”项目摘得2015年度唯一国家技术发明一等奖，这是自国家科学技术奖设立以来，首次由地方高校获得的一等奖，正助推江西打造“南昌光谷”。进入新时代，南昌大学各校区，各院系，各部门始终坚持以立德树人为根本，积极落实“人才强校、特色创新、产教融合”三大战略，遵循“育人为本、创新引领、合建驱动、改革攻坚、实干兴校、拼争一流”的发展思路，求真务实，开拓创新，朝着早日迈入世界一流大学建设高校行列的宏伟目标奋勇前行。

第五章　学部院系

南昌大学现设有人文学部、社科学部、理工一部、理工二部和医学部五个学部，拥有12个学科门类的129个本科专业。学部下属各院系在长期的办学过程中，紧紧围绕人才培养、学科建设、科学研究、社会服务、文化引领以及国际合作等内容开展工作，为南昌大学的发展奠定了坚实基础。

第一节　人文学部

一、人文学院

1. 历史沿革

人文学院成立于1995年，当时包括中文、新闻、历史（旅游）、外语、东方文化艺术5个系。之后学院多次调整，1999年中文系与历史系（旅游系）合并为人文学院，新闻、艺术系合并为新闻传播与文化艺术学院，外语系独立为外语学院；2001年中文系、新闻系、历史系（旅游系）、艺术系分别独立成为文学院、新闻与传播学院、旅游学院、艺术学院；2003年中文、新闻、历史、哲学4个系合并为人文学院；2014年新闻系独立成为新闻与传播学院，中文、哲学、历史3个系组成人文学院至今。

中国语言文学系始建于1958年，有中文和新闻两个专业。1965年1月根据中央关于文科教改精神迁往瑞金办江大分校，实行“半工半读”。1979年招收普通语言学、汉语史和外国文学3个专业硕士研究生，后因故停招。1983年下半年又重新启动了普通语言学等三个专业的硕士招生工作。2017年获批中国语言文学一级学科博士学位授权点。2019年汉语言文学专业获评国家级一流专业建设点。中文系现有中国语言文学一级博士点，中国语言文学一级学科硕士学位授权点，文艺学、汉语言文字学等8个二级学科硕士学位授权点。教职工59人，其中教授20人，副教授12人，具有博士学位教师52人。

历史学系源于1958年成立的江西大学历史研究室。1980年成立历史学系，并开始招收历史学专业本科生。1982年获得中国古代史专业硕士学位授权点。1984年创办图书情报学专业。1985年创办档案管理学专业。1993年创办旅游管理学专业。2001年成立旅游学院，下设历史学系和旅游管理学系。2002年获得专门史专业硕士学位授权点，2005年获得档案管理学专业硕士学位授权点。2013年自主设立文化资源与产业管理、历史遗产管理2个二级学科博士授权方向。历史学系现有文化资源与产业管理、历史遗产管理2个二级学科博士授权方向，中国史一级学科硕士学位授权点，中国古代史、专门史、档案管理学3个二级学科硕士学位授权点和历史学、档案管理学2个本科专业。历史学本科专业是江西省高校品牌专业，2019年获评江西省一流专业建设点，2021年获评国家级一流专业建设点。档案管理学专业是江西省目前唯一设立的高等教育档案管理学本科专业和硕士研究生学位授权专业。现有教职工30人，其中教授9人，副教授3人，博士学位教师23人。

哲学系前身为1958年成立的社会科学系。1962年9月更名为政教系。1965年5月，政教系迁入瑞金分校。1972年10月，哲学系改名政治系，设哲学和马列主义基础理论专业。1980年，在政治系基础上建立哲学系。1984年，开始招收中国哲学专业硕士生，1986年，获得中国哲学专业硕士学位授权点。1988年，增设行政管理本科专业。1995年，哲学系与法律系组成政法学院。1996年在哲学系基础上设立行政学系、行政管理科学研究所。2000年，哲学系从法学院分出，成立哲学与公共管理学院。2003年，哲学系与中文系、新闻系、历史系组成人文学院。2006年，获得哲学一级学科硕士学位授权点。2017年，获得哲学一级学科博士学位授权点。哲学系现有本科专业、一级学科博士点、一级学科硕士点，以及中国哲学等6个二级学科硕士点。教职工31人，其中教授6人，副教授11人，具有博士学位教师29人，在读博士1人。

2. 学院概况

学院有文史哲三大学科门类，是集教学、科研、实验与实践为一体的人才培养基地。学院现有中国语言文学、哲学、历史学3个系，谷霁光人文高等研究院、国学研究院、赣学研究院、东亚研究院、客赣方言与语言应用研究中心、语言类型学研究所、现当代文学研究所、古籍研究所、茶文化研究所、岳飞文化研究中心、胡平工作室、袁萍工作室、江右哲学研究中心、哲学研究所、道德与宗教研究所、区域历史与档案文献研究中心、江西历史文化研究中心、数字档案实验中心、国家语言文字推广基地、普通话测试中心、江西省高校铸牢中华民族共同体意识研究中心共20余个研究中心（院、所）。学院下设现代汉语、古代汉语、文艺理论、古代文学与文献、现当代文学、外国文学、写作学、中国哲学、马克思主义哲学、科学技术哲学、西方哲学、宗教学、伦理学、中国史、中国近现代史、世界史、档案学等18个教研室。

3. 主要成就

（1）教育教学方面：为了实现跨学科专业之间的交融和渗透，强化学生的专业基础，学院重点建设现代汉语、现当代文学、文学理论、中国哲学、西方哲学、中国古代史、档案学等基础课程，已有1个国家“211工程”重点建设学科——赣学；6个国家级本科教学平台：国家级一流专业建设点汉语言文学、国家级特色专业汉语言文学、国家精品课“现代汉语”、国家精品视频公开课“现代汉语与社会生活”、国家精品资源共享课“现代汉语”、国家语言文字推广基地；2个省一级学科科研平台：中国语言文学重点学科、中国语言文学示范性硕士点；2个省级一流专业：哲学、历史学；3个省级品牌专业：汉语言文学、哲学、历史学；7门省级优质课程：古代汉语、中国文学史、现代汉语、文学概论、世界华文文学、中国哲学史、伦理学；1个省级教学团队：现代汉语教学团队；以及文艺学等4个省级重点学科。

（2）科研工作方面：学院国家社科基金立项率屡创新高，目前承担着国家社科基金重大项目6项，包括冷门“绝学”研究在内的国家重点社科基金项目6项，国家社科基金一般项目、青年项目以及后期资助项目等国家级项目30余项。2008—2019年，学院科研项目共申报1200余项，立项600余项，获省部级以上成果奖励120余项，主办、承办全国或国际性学术会议50余次；出版专著和教材300余部，在《中国社会科学》《文学评论》《中国语文》《哲学研究》《历史研究》等权威刊物发表论文110余篇，CSSCI刊物论文620余篇，中文核心期刊论文1800余篇。学术水准跻身于学界先进行列。

（3）党建思政方面：学院坚持以党建为引领，落实立德树人根本任务，深入实施“党建双领双同”计划，不断推进党建示范创建、质量创优。学院构建了“基地支撑、讲坛提升、社团引领”的“党建＋文化育人”品牌，“砥砺‘黔’行”大学生实践育人工程列为学校思政工作精品项目。学院被列为学生四自管理试点单位，黔行支教调研团入选2019年“榜样100”全国优秀大学生社团；2016级宗教学研究生曾嘉同学评为全国“百名研究生党员标兵”；胡邦宁老师获评全省辅导员名师工作室荣誉称号，并评为学校首届十大“立德树人”标兵。

二、新闻与传播学院

1. 历史沿革

1958 年 6 月，江西大学成立新闻系，第一任系主任由时任江西大学党委常委、副校长于生兼任。1965—1972 年，江西的新闻教育中断了 8 年。1973 年，江西大学复办后在中文系内设立新闻学教研组，后改为新闻教研室。1982 年，经省教育厅批准，成立新闻专业，成为中文系内置专业。1983 年 12 月 8 日，江西大学向教育部呈送了《申请补批新闻专业设置的报告》，1984 年教育部批复同意。同年 4 月，经省教育厅批准，江西大学新闻系正式恢复。1987 年创办了摄影专科专业。1992 年创办了广播电视新闻学本科专业。1995 年，成立人文学院，下设新闻、中文、历史、外语、艺术等系。1997 年 5 月，南昌大学成立新闻传播与艺术学院，下设新闻等系。2001 年 1 月，南昌大学成立新闻与传播学院招收第一批硕士研究生（新闻学）。2003 年 6 月，学校实行院系调整，改为人文学院下的新闻与传播学系。2014 年 1 月 10 日，南昌大学重建新闻与传播学院，成为全校院系治理结构改革后首个新成立的学院。2014 年 1 月，中共江西省委宣传部与南昌大学签约共建新闻与传播学院。2017 年，获批新闻传播学一级学科博士学位授予权。

2. 主要成就

（1）人才培养方面：新闻专业创立之后，迅速成为全国新闻人才培养的重镇。1973 年，开办新闻干部培训班、新闻摄影专修班，面向全国媒体招收培养行业骨干。1974 年，又开办电视培训班、新闻写作班。1982 年，新闻学专业恢复招生。21 世纪以来，学院人才培养工作再上新台阶，不断开展教育教学改革，创新“1+N”教学模式，首创“卓越传媒人”实验班、双导师制和小班教学，开办“课程超市”，广泛采用新信息技术，拓展网络与新媒体课程教学、虚拟仿真实验教学，推进“部校共建”，强化实践能力教育，开展办报、竞赛、调研、采风、写生、演出等各类课外活动和实战训练，在人才培养方面深化孕育了鲜明的自我特色和地方品牌。

（2）科研与学科建设方面：新闻传播学科历史悠久、内涵深厚，传统优良，发展综合优势突出，学科排名进入“中国最好学科排名（2017）——0503 新闻传播学”全国第 19 名，在教育部第四轮学科评估中排名进入 B-，位列全国第 25 名。拥有江西省一流学科、江西省哲学社会科学重点研究基地“舆情监测与治理研究中心”，与江西省委宣传部共建“江西省媒体融合研究中心”；设立“传媒管理学”二级博士点，实现对一级学科硕士点的全覆盖，获批江西省第一个出版专业硕士学位授权点等，入选国家一流专业、教育部首批专业综合试点专业（全国仅有两个同类点获批），省卓越传媒人才工程等。立项国家社科基金重大招标项目、重点项目各 1 项，以及中宣部特别委托项目等，获评国家社科基金结项等级为“优秀”的成果 3 项。该学科教师在国内权威期刊《求是》《马克思主义研究》以及该学科顶级期刊《新闻与传播研究》《新闻大学》《国际新闻界》《现代传播》等刊发了大量代表性成果。获得江西省社科成果一等奖两项和二等奖多项；牵头与国内 17 所新闻学院联合发起成立中国新闻史学会党报党刊研究会，成为国内相关研究领域的引领者与组织者。

（3）社会服务方面：学院密切关注当代媒介实践和人才需求最新动向，立足国情省情，服务江西，辐射中西部，服务国家与社会发展，助力老区振兴，强化学科对地方和行业的服务力度，在马克思主义新闻观教育、媒介融合、舆情监测与治理、老区文化宣传、慈善传播等方面做好智库服务，获得社会效益和经济效益的双赢。为全省 1000 多位融媒体人员进行了题为“马克思主义新闻观概说”的大型培训；建设江西省重点新型智库“江西媒体融合发展研究中心”，并开展了一系列研究工作，与江西省融媒体中心合作做好“江西融媒大讲堂”系列培训活动以及各区县融媒体人才的线上与线下培训工作。江西省哲学社会科学重点研究基地“舆情监测与治理研究中心”开展了一系列舆情和社会治理研究，在省内舆情爆发期间，及时编写了舆情要报，助力全省舆情监控和引导；组建“讲好老兵故事”暑期社会实践队，多次赴瑞金等中央苏区开展实践调研活动，弘扬红色文化，讲述优秀党员、老兵在新时期、新时代的奉献故事，带动更多的人去关注了解老兵，从而带动红色瑞金的发展，挖掘瑞金红色文化的丰富内涵，发扬红色传统、传承红色基因，将江西这片红土地上的老兵、老党员英雄事迹及其后代对红色文化的认知和继承向更广阔的地区传播，助力苏区振兴。

三、外国语学院

1. 历史沿革

学院历史可追溯至 20 世纪 50 年代。1954 年江西医学院基础部设立俄文教研室。1958 年江西大学、江西工学院分别设有外语组、基础课部外语教研室。

1973 年江西大学恢复外语教研组，外语教学由俄语教学转变为英语教学，并积极筹办外国语言文学系。1974—1976 年为省内不同行业开办几期英语培训班。1975 年开始招收英语专业大专班学生。1976 年江西大学将外语教研组更名为外语教研室。1978 年开始招收第一批四年制英语专业本科生。同年江西省教委批准江西大学成立外国语言文学系。1981 年招收第一批英语语言文学专业研究生。1985 年公共外语教研室从外国语言文学系分出，独立成立公共外语教学部。为了满足国家对日语人才的要求，1986 年外国语言文学系开始招收日语专业大专班学生。

1993 年原江西大学外语系电教室与原江西工业大学公外电教室合并建立南昌大学语言实验中心。1993 年 5 月，外国语言文学系隶属人文学院。1995 年开设本科日语专业，1996 年开设德语专业大专班。1996 年外语系与中文系联合成功申报世界文学专业硕士点。

1999 年，外语语言文学系、公共外语教学部、基础课部外语教研室合并，正式组建南昌大学外国语学院。1999 年开设本科德语专业，2001 年设立英语语言文学硕士点。2003 年设立英语语言文学系、亚欧语言文学系，开设法语本科专业。同年增设外国语言学及应用语言学硕士点。2004 年 11 月成立南昌大学英美文学研究中心。2005 年原江西医学院基础部外语教研室与学院大学外语教学部合并，组建新大学外语教学部。2006 年 3 月语言实验中心与原江西医学院外语电教室合并。2009 年设立西班牙语方向，同年开始招收学生。2009 年 10 月成立南昌大学外国语言研究所，同年 12 月成立南昌大学翻译研究中心。2010 年开设西班牙语专业。同年成功申报外国语言文学一级学科硕士点和翻译专业学位硕士点。2011 年开设俄语专业。2013 年开设翻译专业。2016 年成功申报日语语言文学硕士点。2017 年成立南昌大学雅思考试中心、戏剧与文化研究中心、日本语言与文化研究中心、海外考试中心。

2. 学院概况

学院是江西创办最早、外语语种最全的教学和科研基地，是集外语专业教育与大学外语教育于一体的综合性外语学院，学院下设英语语言文学系、亚欧语言文学系、大学外语教学部，有英语（语言文学）、翻译、日语、德语、法语、西班牙语、俄语七个本科专业，有外国语言文学一级学科硕士点，英语语言文学、日语语言文学、外国语言学及应用语言学、俄语语言文学二级学科硕士点和翻译硕士专业学位授权点。

学院现有英美文学研究中心、外国语言研究所、翻译研究中心、日语语言文化研究中心、西方戏剧文化研究中心五个研究机构，一个海外考试中心。南昌大学翻译研究中心、江西省翻译产业基地依托学院。现有教职工 185 人，专任教师 157 人，在校硕士研究生 99 人，本科生 1527 人。学院专业图书资料室藏书 3.3 万余册，中外学术期刊 70 余种。实验室面积达到 5105 平方米，拥有 42 间数字化语音室 、6 间外语自主学习室、4 个外语广播电台。教育部考试中心托福、GRE 网考、日本语能力测试、韩国语能力测试、英语剑桥五级，英国文化协会雅思考试等考点设在学院。

3. 主要成绩

（1）教学工作方面：学院着力传统专业的调整与创新，为了满足经济建设对复合型人才的要求，2008年学院在原有专业的基础上，英语专业增设英日方向，日语专业增设商务日语方向。1990年、1992年赵国杰获国家教学优秀成果奖和享受国务院政府补贴。2002—2010年获省部级教改立项课题69项，获省级教学成果奖9项。2003年、2005年赵国杰、王丽娟获教育部大学外语教改项目立项，“大学外语体验教学团队”被评为2008年江西省高校教学团队。2002—2010期间学院教职工获省部级、校级各类奖项近70项。

学院大力加强课程建设，英语语言文学专业为省级品牌专业，“基础英语”和“大学英语读写课程”为省级精品课程。院系教师积极编著各类教材，出版教材有《西方文学批评史》《大学生英语词汇手册》《大学英语教学词典》《大学生英语听力训练》《大学生英语语篇听力训练》《校园广播英语》《专科英语教程》《现代英语教程》《大学基础英语》《大学英语听力教程》《时文妙读》《医学英语听与说》《高级英语语法教程》《新编日语泛读教程》等。

学院注重教学与实践相结合，在江西、广东等省市建立了8个实习就业基地。学院学生在历年“CCTV杯”、“21世纪杯”全国大学生英语演讲比赛、“外研社杯”全国大学生英语辩论赛、英语写作大赛和日语演讲大赛、全国剑桥商务英语（BEC）大赛、江西省英语风采大赛、“赣江杯”大学生英语竞赛等高水平学科竞赛中取得了优异成绩。

（2）科研工作方面：学院现有英美文学研究中心、外国语言研究所，南昌大学翻译研究中心、江西省翻译产业基地依托学院，此外省级翻译协会、省级大学英语实验教学中心等学术平台为各方向的研究与学术交流提供了有利条件。2011—2019年先后获国家社科基金项目立项7项，获中华外译项目立项1项；教育部人文社科青年基金项目立项5项。2011—2019年获江西省社会科学优秀成果奖二等奖1项，三等奖6项。

（3）国际交流方面：学院于1981年开始聘请外籍教师担任英语教学工作，发展至今已有英语、日语、德语、法语、西班牙语、俄语6个语种外籍教师12人，聘请国外客座教授3人。

1998年起与日方联合举办每年一届的“樱花杯”全国日语作文竞赛，共举办了10届竞赛。2003年接受了日本大使馆60万元人民币的无偿捐助，建立日语自主学习中心。2004年与日本山梨学院大学签署交流合作协议，并于次年派遣首批学生赴日本山梨学院大学学习。

2008年派遣首批德语专业学生，2009年派遣首批法语专业学生赴该国大学进行访学。2010年学院在学校与西班牙卡斯蒂利亚拉曼查大学签订的框架协议下，展开教师与学生交流活动。2014 年派遣首批俄语专业学生赴俄罗斯交流学习。目前国际化办学项目覆盖到学院所有本科专业。2018 年共选派 68 名学生赴日本、西班牙、墨西哥、俄罗斯、法国、德国、澳大利亚等国外大学进行交流学习，2019 年新增德国卡塞尔大学中外联合培养项目。

四、艺术与设计学院

1. 历史沿革

学院于 2003 年由艺术学院、工业设计系及公共艺术素质教学部合并组建而成。学院各学科的发展得益于原江西大学中文、新闻、艺术和原江西工学院（江西工业大学）机械、建筑、工业设计等院系相关学科。

1984 年 4 月，江西大学开始招收摄影艺术专业大专班，1988 年招收文艺创作大专班（作家班），1992 年成立东方文化艺术研究所，开展艺术创作研究并筹建东方文化艺术系。1993 年成立东方文化艺术系。

1993 年 9 月，东方文化艺术系招收工艺美术专业专科班。1994 年工艺美术专业更名为艺术设计专业（本科），设环境设计方向和装潢设计方向，1995 年 5 月学校学科调整后，隶属于人文学院。1999 年新闻系与东方文化艺术系合并组建新闻传播与文化艺术学院。1999 年人文学院下属的外语语言文学系独立成为学院，2000 年人文学院下属的东方文化艺术系、中文系、新闻系、历史系（旅游系）分别独立成为艺术学院、人文学院、新闻与传播学院、旅游学院。成立艺术学院后，设立艺术设计系、音乐与表演系，分别按美术类和表演类招生。

1985 年，江西工业学院机械系部分教师分流设立食品机电系并开办包装工程专业，1986 年招收包装工程专业专科班，按理工科类招生。1987 年成立食品工业学院，增设食品包装与设计专业大专班。

1993 年南昌大学食品机电系更名为工业设计系，设工业设计专业，按理工科类招生。1994 年增设装潢设计专业方向，按艺术类招生。1995 年南昌大学组建建筑与环境工程学院，包括建筑系、环境科学与工程系、工业设计系 3 个系。1999 年建筑系与工业设计系合并组建建筑学院，土木工程系、水利电力工程系和工程力学研究所等组建土木工程学院。

2003 年艺术学院、工业设计系及公共艺术素质教学部正式合并组建南昌大学艺术与设计学院。设艺术设计系、工业设计系、音乐与表演系、美术系（绘画专业）、公共艺术教学部。2004 年，艺术设计系艺术设计专业增设服装表演与设计方向，招收服装表演学生。2006 年，音乐与表演系拆分为音乐系、舞蹈与表演系 2 个系，公共艺术教学部并入音乐系。音乐系设音乐学专业。舞蹈与表演系设舞蹈学专业、表演专业（播音与主持方向、舞蹈方向）（2003 年影视表演方向停招）。2007 年，美术系增设动画专业。

2011 年，艺术与设计学院的播音与主持专业方向和人文学院的戏剧影视文学专业合并，组建艺术与设计学院戏剧与影视系，下设戏剧影视文学专业、表演专业（播音与主持方向）、表演专业（影视方向）（恢复招生）。舞蹈与表演系更名为舞蹈系，下设舞蹈学和表演（舞蹈方向）。

2013 年，工业设计专业艺术类招生方向更名为产品设计专业。艺术设计专业服装表演与设计方向撤销，设立服装与服饰设计专业，招收服装设计学生。艺术设计专业更名为环境设计专业。

2014 年，戏剧与影视系的戏剧影视文学、表演（播音与主持方向）并入新闻与传播学院，组建影视传播系，保留表演（影视方向）。

2016 年，工业设计系和艺术设计系部分教师分流合并组建视觉传达系，设视觉传达设计专业。2017 年，表演专业（舞蹈方向）撤销。2015—2017 年，艺术设计学专业停招，2018 年撤销。2019 年，戏剧与影视系表演专业招收表演（茶艺方向），2020 年茶艺方向停招。2019 年动画专业撤销，2020 年改为绘画专业（动画艺术方向）招生。2019 年服装与服饰设计专业撤销，2020 年改为环境设计室内纺织品设计方向招生。

2. 学院概况

学院现设 7 个系：工业设计系、艺术设计系、音乐系、舞蹈系、美术系、戏剧与影视系、视觉传达系。现有 8 个本科专业招生：工业设计、产品设计、环境设计、音乐学、舞蹈学、绘画、表演（影视）、视觉传达设计。2002 年工业设计专业获批江西省品牌专业，2018 年江西省首次普通高校本科专业综合评价中排名第一。2019 年工业设计、环境艺术设计专业获批江西省一流本科专业，产品设计专业获批省级一流学科建设点。学院现有在校全日制本科生 2500 余人。

2000 年获批设计艺术学二级学科硕士点，2009 年升为一级学科硕士点；2009 年获批艺术硕士专业学位（MFA）授权培养单位，授权产品设计方向招生；2006 年获批美术学二级学科硕士点，2018 年升为一级学科硕士点；2011 年获批音乐与舞蹈学学科硕士点；2017 年获批“艺术管理学”二级学科博士点。

3. 主要成就

（1）科学研究方面：学院教师近年来主持国家社科基金、教育部人文社科基金课题 9 项，国家艺术基金项目 8 项，国家出版基金资助项目 1 项；出版论著 30 部、教材 28 部。纵向课题经费 650 余万元，横向课题经费 1000 余万元。获批省级课题 180 余项，发表 CSSCI 期刊论文 85 篇。2015 年获批江西省文化艺术科学重点研究基地、江西省非物质文化遗产研究基地。

（2）教育教学方面：教师出版教材 20 余部，获批省级教改课题 60 余项，获省级教学成果奖 5 项。2 门课程上线学堂在线国际版、爱课程国际版、联合国可持续发展平台。入选国家一流本科课程 1 门、省级精品课程 8 门，校级精品课程 10 门、校级课程思政立项 4 门。获全国多媒体课件大赛二等奖、三等奖 3 项。20 余位教师获南昌大学授课质量优秀奖和提名奖。2020 年，“中国民间传统手工印染三缬”获批省级虚拟仿真实验室建设项目。

（3）人才培养方面：学院与校外设计公司、文化艺术公司、剧院、歌舞团、电视台、建筑设计公司、服装设计公司、印刷集团等单位建立本科生实践基地 40 余个，申报了“南昌大学设计艺术人才创新创业基地”“南昌大学创意设计创新创业、竞赛基地”和“校级优秀大学生校外实践基地—艺术学教育实践基地”，“南昌大学汇智创客空间文化艺术分区”，深化与企业的合作程度，搭建创新创业平台。艺术设计系与深圳新美集团公司、合肥英帝莱克服饰科技公司签订了订单式联合培养协议。美术系与各专业画廊签订协议，定期合作举办师生画展。工业设计系与中国设计知识产权交易平台签订协议，将学生设计成果转化为实际产品。校内校外协同，激发了学生创新潜能，树立了创新创业信心。学生获 2018 第四届中国“互联网 +”大学生创新创业大赛金奖（学校唯一金奖），2019 第五届中国“互联网 +”大学生创新创业大赛铜奖。赵贺琦、武雷波同学创办的“南昌交点品牌文化创意有限公司”，年营业额近 300 万元，赵贺琦入选文旅部文化产业创意人才库，并获江西省首届十佳创业奖。

第二节　社科学部

一、法学院

1. 历史沿革

法律学系始建于 1980 年，并于 1982 年招收首届法律专业本科生。1986 年招收经济法专业专科生，1993 年招收律师专业专科生，1994 年招收经济法专业本科生，1999 年始招收硕士研究生，2012 年始招收“社会治理与法治系统工程”专业博士生。1995 年 1 月，学校设立政法学院，包括法学、政治学、哲学 3 个一级学科。2000 年法律学系独立为法学院。2003 年法律、行政管理、思想政治教育合为法学院。2008 年法律学系独立为法学院。

2. 学院概况

学院现设有法学和知识产权两个本科专业，其中，法学专业为江西省首批品牌专业，刑法学、行政法与行政诉讼法、刑事诉讼法为江西省精品课程。下设法律学系、法律硕士（JM）教育中心、法学研究所。学院现有 1 个江西省高校人文社会科学重点研究基地——南昌大学（江西地方）立法研究中心、1 个江西省品牌专业（法学）、江西省第一个法学类哲学社会科学重点研究基地——南昌大学法治江西建设研究中心。学院现有社会治理与法治系统工程二级学科博士学位授权点、法学一级学科硕士学位授权点、法律硕士（非法学、法学）专业学位授权点。法学院拥有法学、知识产权两个本科专业，其中法学专业入选 2019 年度国家级一流本科专业建设点。现有在校本科及硕士研究生共计 1202 余人，其中本科生 601 人；博士硕士生 601 人。

学院现有教职工 65 人，专职教师 52 人，其中教授 22 人，副教授 12 人，讲师 18 人，博士生导师 5 人，硕士生导师 35 人，教师队伍中具有博士学位的 35 人，占专任教师总数的 67%。有江西省“双千计划”哲学社会科学领军人才 1 人，“井冈学者”特聘教授 1 人，江西省高校中青年学科带头人 6 人，江西省教学名师 2 人，江西省百千万人才工程人选 3 人。

此外，还聘请了著名法学家、法学教育家江平教授为学院名誉院长，聘请了应松年教授、马怀德教授、徐静村教授、李昌麒教授、陈忠林教授、齐文远教授等 30 余名著名法学家以及最高人民法院原常务副院长沈德咏、江西省人大常委会原副主任魏小琴等 20 余名专家型领导为学院兼职教授。

3. 主要成就

（1）人才培养方面：法学院确立本科教育的基础地位和优先发展的战略地位，发展建设一流本科教育，不断提高本科教育质量，大力发展研究生教育与法律职业培训，满足法治建设对实践创新型人才的需求。学院紧紧围绕法治中国和法治江西建设的大目标，立足江西、辐射全国，通过本科、研究生教育及高端法律职业培训为法治现代化建设输送高质量的卓越法律人才。

多年来，我校法律职业资格考试通过率一直稳居全国前列，学院的优质就业率高。2019 届毕业生初次就业统计中，考研率 36.9%（列全校文科类专业第一）、政府机关和事业单位录用率超过 20%。2020 年本科招生时法学在南昌大学文科中投档线最高（理工类为 595 分，文史类为 586 分，全校排名第 7）。每年转专业中，法学专业只有转进来，没有转出去的。2020 年研究生招生中，有 2272 多人报考南昌大学法学院，2132 人实际参加考试，719 人上国家线，实际录取 238 人，其中法律硕士（非法学）的复试线 360 分，与复旦大学一样，全国排名第 13。

（2）科研工作方面：从 2015 年至今，学院教师承担和完成了国家级、省部级科研项目 74 项，获得省部级以上科研成果奖 11 项，其中国家级科研项目 8 项、省部级科研项目 66 项。出版专著和教材 38 余部，在国内外期刊发表学术论文 238 篇。学院历年承担的国家级、省部级科研课题和参与的以社会前沿学科解决实际问题等的研究项目，不仅取得了一系列具有广泛影响的科研成果，在社会反馈中获得了一致好评。2018 年，南昌大学法学学科 CLSCI 论文发表数全国排第 44 位，居江西省高校第一。《江西高校学科咨询参考》2019 年公布的《江西高校学科水平发展报告——基于高水平论文的定量分析》中，南昌大学法学学科排名江西省高校法学学科第一。

（3）社会服务方面：法学院始终坚持“服务地方，为江西民主法制做贡献”的宗旨，引导学生积极投身民主与法制实践，并取得了显著的成绩。南昌大学法学社被评为“江西省大学生示范性社团”（全校两个），“江西省大学生普法志愿团”也挂靠在学院。推进“四位一体”内涵建设，实现了以“普法基地”“法学社”“法律诊所”“志愿团队”为主体的特色普法体系。学院特别重视实践教学与创新教育，与省内外的 30 余家法院、检察院、律师事务所、立法机关和企业签订了实践教学基地。通过接受委托起草地方性法规、成立地方立法研究中心等多种形式参与地方立法工作，积极服务法治江西建设。与立法机关建立合作机制。法学院是江西省第十三届人大常委会坚持立法联系点；法学院与鹰潭市人大常委会合作成立“鹰潭市立法研究基地”。

二、公共管理学院

1. 历史沿革

南昌大学公共管理学院组建于 2008 年 9 月。学院历史可追溯到 1986 年招收行政管理专科生，1988 年招收全日制行政管理专科生，1993 年招收全日制行政管理本科生。1993 年成立行政管理学系，2000 年成立哲学与公共管理学院，2002 年成立 MPA 教育中心，2003 年成立社会学系。2018 年成立 MSW 教育中心和心理学系。

2. 学院概况

目前学院下设 3 个系，即公共管理学系、社会学系和心理学系；2 个中心，即 MPA 教育中心和 MSW 教育中心；6 个校级研究机构，即江西省党风廉政建设研究中心暨南昌大学廉政研究中心（江西省高校人文社会科学重点研究基地）、江西扶贫发展研究院、南昌大学第三方评估中心、南昌大学机关事务管理研究中心、行政管理研究所和发展与教育心理学研究所。学院现有1个二级学科博士学位授权点（公共政策与公共管理）；2个硕士学位一级学科授权点（公共管理，政治学），1个硕士学位二级学科授权点（应用心理学），2个专业硕士学位授权点（MPA和MSW）；有行政管理、人力资源管理、社会工作、公共关系学、劳动与社会保障和应用心理学6个本科专业，其中行政管理为国家一流专业、江西省特色专业，拥有4门省级优秀课程。在2018年的江西省本科专业评估中，参评的行政管理专业、公共关系专业和应用心理学专业荣获全省第一名，社会工作专业荣获全省第二名，2019年行政管理专业获国家一流本科专业建设点。学院现有在校学生2432人，其中本科生1183人，全日制研究生292人，MPA专业学位研究生946人，博士研究生11人。学院教学辅助设施齐全，办公、教学、科研实验用房面积达450平方米。有近30个教学实践实习基地。资料室藏书3.5万余册，中外期刊73种。

3. 主要成就

（1）人才培养方面：学院以“四百工程”即“百村调查”“百佳讲谈”“百部经典”和“百生双创”为人才培养路径，把课堂延伸到社会，努力实践全员育人、全方位育人目标，实现教书与育人、教学与科研以及学科与专业的融合。人才培养的效果明显，近五年来有8篇硕士论文获江西省优秀硕士论文，一批德才兼备的学生备受社会认可，“四百工程”的人才培养模式多次被主流媒体宣传报道，在兄弟院校大力推广。

（2）科学研究方面：自2015—2020年间，学院先后完成国际社科项目与自然科学基金23项、省部级项目108项，各级党委政府委托咨询项目60余项，合计横向纵向科研经费超4000万元，并依次在贫困治理、政府治理、社会政策和苏区发展等领域形成研究成果，多项成果被省部级领导批示或相关部门采纳，取得了较好的社会效益。学院与台湾世新大学、香港城市大学、香港中文大学等境内外高校有着密切的学术往来，与中国人民大学公共管理学院、南京大学政府管理学院、厦门大学公共事务学院等学院有密切的学术合作。曾举办高水平国际、全国会议多次，是“海峡两岸”公共管理学术论坛理事单位，是“赣台”公共管理论坛的发起单位之一。

（3）社会服务方面：自2016年以来，南昌大学江西扶贫发展研究院积极服务国家精准扶贫战略，累计对12个省200个县的精准扶贫展开了第三方评估工作，有效地发挥了国家“质检仪”和“指挥棒”的作用；同时，指导帮助了江西省25个贫困县的脱贫攻坚工作，使其顺利摘帽，2019 年、2020 年，连续两年获得了由国务院扶贫开发领导小组办公室颁发的扶贫开发工作成效考核第三方评估先进集体。

三、马克思主义学院

1. 历史沿革

1952 年，江西省医学院成立马列主义教研室，1958 年，江西大学、江西工学院成立马列主义教研室。1988 年，江西医学院马列主义教研室改名社会科学部。1993 年，江西大学、江西工业大学马列主义教研部合为南昌大学马列主义教研部。2006 年，江西医学院社会科学部并入南昌大学思想政治教育教学研究部。2008 年，改名马克思主义学院。2015 年成功申报江西省大学生思想政治教育协同创新中心，2015 年入选江西省首批“重点马院”，2018 年获批教育部高校思想政治工作队伍培训研修中心。

2. 学院概况

学院现有马克思主义理论博士后流动站 1 个，马克思主义理论一级学科博士学位点 1 个，马克思主义理论一级学科硕士点 1 个，马克思主义理论学科是江西省“十五”“十一五”“十二五”规划重点建设学科，入选“十三五”省级“一流学科”群。

学院下设马克思主义基本原理、中国近现代史纲要、马克思主义中国化、思想道德修养与法律基础以及形势与政策 5 个教研部、1 个资料室和 1 个网络教学活动室。学院现有习近平新时代中国特色社会主义思想研究中心、江西省大学生思想政治教育研究中心、中国特色社会主义理论体系研究中心等 8 个研究机构。

3. 主要成就

（1）人才培养方面：马克思主义学院承担了全校思想政治理论课的教学任务，是学校开展思想政治教育的主阵地、主渠道和马克思主义理论研究的重要基地。学院思政课建设与改革卓有成效，教学方法改革项目入选教育部“择优推广计划”，已形成红色文化育人的有效模式。学院拥有马克思主义理论一级学科博士学位点和硕士点，致力于培养高等学校和思想理论战线从事马克思主义理论教学、研究、宣传和从事思想政治工作研究及具体工作的高级专门人才。

（2）科学研究方面：学院重视马克思主义理论研究工作，大力推进马克思主义中国化、时代化、大众化和红色资源利用与转化等研究方向建设，理论研究呈现出加速增长的发展态势，学术研究优秀成果不断涌现，取得了可喜的成绩。2013 年以来，主持国家社科基金项目 27 项、省部级科研项目 336 项，形成了一批有影响的科研成果，在《马克思主义研究》《科学社会主义》等学术期刊发表论文 200 余篇，出版专著和教材30余部，获省部级优秀社科成果和教学成果奖20余项。

（3）社会服务方面：一是教师赴基层挂职或开展各类培训。推荐教师赴瑞金市委党校挂职副校长，支持赣南等原中央苏区振兴发展；派出多名教师为各企事业单位进行“不忘初心、牢记使命”等主题教育培训。二是习近平新时代中国特色社会主义思想进农村、进社区。组织师生以理论宣讲、实地调研、走访老党员、交流座谈等形式，使习近平新时代中国特色社会主义思想走近群众、入脑入心，为实现精准扶贫和乡村振兴提供行动指南。三是新建红色文化馆。2019年10月建设完工并启用红色文化馆，场馆以江西红色资源为特色，以参观者情境体验为途径，充分运用现代传媒手段，分阶段模块化地呈现中华民族近现代沧桑巨变中崛起的恢宏历程，旨在引导参观者形成正确的价值观和世界观。四是参与“精准扶贫”三方评估社会调查。通过进村入户实地访谈调查，撰写评估报告，拓宽了学生的视野，提高了社会实践能力，让评估队员们切身感受党中央开展精准扶贫的重大意义，也增加了大家的社会责任感和使命感。

四、经济管理学院

1. 历史沿革

学院是集经济、贸易、管理于一体的文理渗透的综合性学院。1993年由原江西大学经贸学院与原江西工业大学工业外贸系、管理工程系合并组建经济管理学科群后，1995年正式成立经济学院，1999年更名为经济与管理学院，2014年更名为经济管理学院。

2. 学院概况

目前学院有经济学系、金融学系、国际经济与贸易系、工商管理系、会计学系5个系，有中法工商管理教育培训中心、MBA教育中心、MPAcc教育中心、创新创业教育中心4个教育中心，有教育部重点人文社会科学研究基地——南昌大学中国中部经济社会发展研究中心、省级协同创新基地——南昌大学江西发展升级推进长江经济带建设协同创新中心、省社会科学咨询决策研究基地——江西产业经济研究所3个研究平台。

学院拥有1个二级学科博士点，有理论经济学、应用经济学、工商管理四个一级学科硕士点和统计学二级学科硕士点，还有MBA、MPAcc、工业工程、金融硕士（MF）、国际商务硕士（MIB）等专业硕士授权类别。其中，应用经济学硕士点为江西省高校“十二五”重点学科和江西省高校“十二五”示范性硕士点。

学院教师博士率超过60%，并培养了江西本土第一位长江学者刘耀彬教授，有国家万人计划哲学社会科学领军人才1人，国家百千万人才工程人选1人，全国“四个一批”人才1人，教育部新世纪优秀人才支持计划1人，全国优秀教师2人，享受国务院特殊津贴专家3人，享受省政府特殊津贴专家2人，江西省教学名师3人，江西省井冈学者特聘教授1人，江西省“双千计划”领军人才3人，江西省新世纪百千万人才3人，江西省社会科学中青年专家1人，江西省青年科学家（井冈之星）1人，赣鄱英才555工程领军人才1人，南昌大学赣江杰出教授1人，南昌大学赣江特聘教授3人，江西省青年井冈学者2人。2014年，应用经济学团队获江西省教育系统先进集体；2019年，刘耀彬教授团队获江西省名师工作室。

3. 主要成就

（1）学科建设方面：2010年，工商管理专业获批国家特色专业；2017年，“管理百年”获国家级精品在线课程；2017年，经济学专业在全省专业综合评价中获第一，工商管理获第二，2018年，工业工程本科专业全省专业综合评价中获第二；2019年，获全国百优案例1篇；2020年，3门英文课程成功入选教育部首批高校在线教学国际平台；2020年，经济学和工商管理获国家一流建设专业。2011年，应用经济学硕士点获批江西省高校“十二五”重点学科和江西省高校“十二五”示范性硕士点；2016年，MBA全国第四轮学科排名B-，位列前25%。2017年，应用经济学获批江西省一流学科。

（2）科学研究方面：2016年，获国家社科基金、国家自然科学基金、教育部项目8项；2017年，获国家社科基金、国家自然科学基金、教育部项目17项；2018年，获国家社科基金、国家自然科学基金、教育部项目12项，其中重大项目1项，重点项目1项；2019年获国家社科基金、国家自然科学基金、教育部项目17项，其中面上项目1项。2018年，A+刊论文1篇（在*Management Science*期刊上发表），A刊论文4篇，B刊论文3篇。2019年，A刊论文19篇，B刊论文10篇。

（3）党建思政方面：2016年，学院获江西省高校先进基层党委称号；2017年，获江西省教育系统党建工作案例一等奖；2019年，获教育部“三全育人”试点综合改革单位；2020年，获教育部全国“标杆院系”建设单位。

（4）对外交流方面：1997年开始，中法联合培养工商管理硕士项目启动；2009年开始，中法工商管理本科实验班项目启动；2019年，开拓了中法英文工商管理硕士项目；2020年，启动了与中国香港金领学院的博士联合培养项目，启动了BGA国际认证工作。

五、旅游学院

1. 历史沿革

学院前身是 1993 年设立的旅游管理系，2000 年成立旅游学院，2003 年并入经济与管理学院，保留旅游管理系建制，是江西省最早开办旅游本科教育的院校之一，成为江西省重要的旅游人才培养基地、旅游学术研究重镇和旅游智库平台。2017 年 5 月 18 日，在江西省政府、省旅发委的大力支持下，南昌大学与江西省旅游集团签订战略合作协议，开展全面校企合作，大力整合社会力量办学，合作共建体制新、机制活、质量高、产出多、影响大、国际化、开放式的新型特色旅游学院。

2. 学院概况

学院现有旅游管理、酒店与质量管理、会展经济与管理 3 个系，并设有全国红色旅游创新发展研究基地（国家部委研究基地）——江西红色旅游研究中心、江西省人文社科重点研究基地——南昌大学旅游研究院、江西省哲学社会科学重点研究基地——江西旅游强省建设协同创新中心 3 个研究基地，其中旅游研究院是中国智库索引（CTTI）来源智库。

学院设有旅游管理、旅游管理专业硕士（MTA）、中国史（文化遗产与旅游规划）3 个硕士点，其中中国史为 2019 年新设；在区域经济与管理二级博士点招收物流与旅游管理方向博士研究生。设置了旅游管理专业、会展经济与管理 2 个本科专业。其中旅游管理专业是江西省首批优秀品牌专业和省级“专业综合改革试点”专业，2019 年被列入江西省一流本科专业创建名单；会展经济与管理专业为 2019 年新设专业。

学院现有旅游规划实训实验室、酒店餐饮操作实验室、互联网 + 旅游创新基地、旅游研究院 4 个实验室。1 个资料室，藏书 6000 余册，中外期刊 90 余种。

3. 主要成就

（1）人才培养方面：学院注重人才培养质量的提升，旅游管理专业是江西省首批优秀品牌专业和省级“专业综合改革试点”专业，也是首批江西省一流本科建设专业，先后有 4 门课程获批省级在线精品课程。学院成立以来，与江西省文化和旅游厅、江西省旅游集团等众多政府部门、景区和企业建立了全面战略合作关系，为提升人才培养质量提供广泛的平台。学生近三年共开展实践类教学活动 56 场，在各种学科竞赛中共获得国家级奖项 32 项，获省级奖项共 80 多人次。毕业生就业率逐年上升，2020 年，旅游学院本科毕业生就业率为 87.93%，在全校四个学部 30 个学院中排名第一；研究生毕业生就业率为 86.96%，在人文学部和社科学部中排名第一。

（2）科学研究方面：2017—2020 年，学院科研合同经费达 1238.75 万元，到账经费 466.18 万元。科研项目立项 78 项，其中国家级项目 3 项，省部级项目 14 项，其他省级重点项目 1 项，横向项目 41 项。出版著作 17 种。公开发表论文 39 篇，其中 CSSCI 收录 9 篇，SCIE 收录 1 篇，SSCI 收录 4 篇，EI 收录 1 篇，中文核心期刊 2 篇。获得省级科研成果奖 1 项。2019 年黄细嘉教授主持的《红色旅游产业发展若干重要问题研究》获得江西省第十八次社会科学优秀成果一等奖。

（3）社会服务方面：学院社会服务水平不断提升，2018 年 1 月 10 日，学院牵头与新余市仙女湖风景名胜区管理委员会签订《战略合作框架协议书》《捐赠协议书》，捐赠资金为 100 万。2018 年 6 月 12 日，学院牵头与江西旅游科技有限责任公司、江西旅游集团国际旅游社有限公司签订《关于合作共建“旅游互联网创新基地”项目协议书》。2018 年 7 月 6 日，学院与瑞金市人民政府签订《战略合作框架协议书》。2018 年 9 月 16 日，学院与南昌市溪霞风景旅游管理实业有限公司签订《战略合作框架协议书》。2018 年 10 月 17 日，学院与武功山风景名胜区管理委员会签订《战略合作框架协议书》。2018 年 11 月 13 日，学院牵头与杭州第一世界大酒店有限公司签订《实习合作协议》。2019 年 10 月 23 日，学院与家天下国际旅行社有限公司签订了《校企合作框架协议》。

六、体育学院

1. 历史沿革

学院前身是 1993 年由原江西大学体育教学部和江西工业大学体育教学部合并而成的南昌大学体育部。2000 年 9 月，南昌大学获得教育部颁发的贯彻《学校体育工作条例》优秀高等学校称号。2002 年体育系申报体育教育本科专业成功。2003 年 6 月，体育部撤销，成立了体育系，隶属教育学院。2004 年，教育部批准学校建设 7 支高水平运动队。2005 年，原江西医学院军体部并入体育系。2015 年，教育学院更名为体育与教育学院。2019 年，体育与教育学院更名为体育学院。

2. 学院概况

学院现有专任教师 79 人。其中教授 13 人，副教授 44 人；博士 14 人，其中归国博士 2 人，博士后 1 人，海外在读博士 3 人。现有男子足球、男子篮球、女子篮球、男子排球、女子排球、网球、田径 7 支教育部获批的高水平运动队，以及跆拳道、游泳、羽毛球、乒乓球、赛艇、啦啦操、摔跤、围棋等校高水平建设运动队。

3. 主要成就

学院体育学本科专业自2002年开始招生，现有体育教育、运动训练2个本科专业，其中运动训练为省一流专业；拥有体育学硕士一级学科授权点，下设体育人文社会学、运动人体科学、体育教育训练学等二级学科硕士点；学校2002年获批为国家教委（现教育部）高水平运动队试办高校。近年来，学生先后在里约奥运会、世界军人运动会、雅加达亚运会、天津全运会、杭州学生运动会等国内外大赛中屡创佳绩，并获得全国“校长杯”，在国内外颇具影响力。

七、管理学院

1. 历史沿革

学院成立于2014年5月，设有管理科学与工程系、信息管理系2个系，开设管理科学、信息管理与信息系统、电子商务、物流管理4个本科专业。管理科学与工程系成立于2003年7月，前身是1985年成立的原江西大学数学系信息教研室。1997年，在原江西大学数学系信息教研室班底基础上组建了决策科学系，和数学系是“两块牌子，一套人马”。2003年，决策科学系更名为管理科学与工程系，从数学系独立出来，并开始“管理科学”本科专业招生。信息管理系，前身为1984年成立的江西大学图书情报学系，与江西大学历史系合署办公。1993年，改名为信息管理系，设置了信息管理专业。1999年，国家高校专业目录调整时，专业名称改为“信息管理与信息系统”。2002年，增设“电子商务”方向。2006年，增设“物流管理”专业。

2. 学院概况

学院设有系统综合仿真、信息管理、电子商务与物流3个专业实验室，配有ERP管理、电子商务与物流等模拟教学软件。学院现有江西省研究生创新基地1个，校外科研教学基地3个。现有教职工48人，其中专任教师36人，教授10人，副教授14人；博士生导师6名，硕士生导师20名；具有博士学位教师占专任教师比例为61.1%；教育部教学指导委员会委员1人，中国科学技术情报学会学术委员会1人，中国图书馆学会委员1人，中国索引学会委员1人，教育部社会科学委员会委员1人，江西省“百千万人才工程”入选者1人，江西省学科评议专家组成员1人，江西省高校中青年学科带头人3人。

3. 主要成就

（1）人才培养方面：学院依托联合培养基地，开展课程实验、专业实训和创新实践，使学生具有通识能力、专业能力、就业与社会发展能力及创新创业能力，最终达到培养出适应社会经济发展的复合创新型人才的目标。管理学院积极组织学生参加国际管理挑战赛、高等院校企业竞争模拟大赛、电子商务等管理学领域的重要赛事，获得国家级奖项，获得全国一等奖 10 余项，全国二、三等奖近 50 项。

（2）科学研究方面：管理科学与工程博士点包含科技创新与知识管理、物流与供应链管理、农业系统工程与系统动力学、资源与环境管理、金融工程与管理等研究方向。2015 年以来，获批 20 项国家级基金项目，在 SCI、SSCI、CSSCI 来源期刊发表学术论文 180 余篇。

第三节 理工一部

一、材料科学与工程学院

1. 历史沿革

1993 年，在南昌大学首任校长潘际銮院士的指导下，成立材料系。1994 年，发光材料研究所成立。1995 年，材料学专业获批硕士点。1997 年，材料物理与化学专业获批博士点。1998 年，材料系与化学系、材料所、稀土所和分析中心共同组建化材学院。1999 年，材料物理与化学专业获批国家重点学科。2003 年，材料系与发光材料研究所共同组建材料科学与工程学院。2005 年，“材料科学与工程”专业获批国家一级学科博士点和博士后流动站。2008 年，太阳能光伏学院成立。2011 年，获批国家硅基 LED 工程技术研究中心。2014 年，太阳能光伏研究院成立。2016 年，材料科学与工程专业首次通过中国工程教育认证。2017 年，材料科学与工程学科入选国家“世界一流学科”建设行列，并进入 ESI 世界排名前 1%。2018 年，南昌大学列为部省合建高校，其中材料学科被列为重点建设学科；国际材料创新研究院成立。2019 年，材料科学与工程专业入选江西省和国家一流专业，并通过中国工程教育认证复评。

2. 学院概况

学院拥有材料物理与化学国家重点学科、材料科学与工程一级学科博士点和博士后流动站、材料学和材料物理与化学学科硕士点、材料与化工学科工程硕士点，已经成为国家一流学科和国家一流专业建设学院。

学院形成了以中国科学院院士为学术带头人，由包括 40 余名教授在内的 100 余名专任教师组成的师资队伍；有超过 2 万平方米的教学和科研场地，拥有国家硅基 LED 工程技术研究中心、国际材料创新研究院等国家和省部级重点科研平台。学院以材料学科发展前沿、国家战略和地方经济发展的重大需求为牵引，开展原创性、前瞻性的基础和应用研究，形成了发光新材料与装备、超高温新材料与装备、光电信息新材料与器件、能源新材料与器件四个特色鲜明的学科方向，在技术上从跟跑到并跑最后到领跑，努力实现技术新发明从无到有的跨越，在新材料技术领域突破一批卡脖子的关键核心技术，产生了一大批高质量的科研成果，其中“硅衬底高光效 GaN 基蓝色发光二极管”获 2015 年度国家技术发明一等奖。因为我们突破了一批卡脖子的关键核心技术，美国商务部在 2018 年将南昌大学列入首批实体清单。

3. 主要成就

（1）科学研究方面：截至 2020 年，学院获得国家自然科学基金青年基金 13 项、地区基金 42 项、面上项目 12 项、主任基金应急管理项目 1 项以及国际（地区）合作与交流项目 1 项，总计金额 2660.7 万元。学院以第一单位和通讯作者单位在 SCI 检索的杂志上发表学术论文 664 篇，其中 JCR 一区论文 263 篇，二区论文 180 篇，占发表论文数的 67%。

（2）党建思政方面：学院高度重视党建和思想政治工作。各团队（学科）支部将党旗插在人才培养、科学攻关和社会服务三大战地，发挥党员先锋模范作用，发挥党组织团结群众和凝聚力量的作用，取得一系列成果，推进人才培养和一流学科建设。2009—2010 年度国家硅基半导体照明工程技术研究中心被评为江西省“六个一”工程优秀科技创新研发平台；2015 年，“硅衬底高光效 GaN 基蓝色发光二极管”获国家技术发明一等奖，主要获奖人员均为共产党员；2016 年，江风益同志荣获“全国优秀共产党员”“全省优秀共产党员”称号，刘军林同志荣获“全国先进劳动模范”称号，学院材料所支部被评为全省先进党支部；2019 年，南昌大学国家硅基 LED 工程技术研究中心被评为“全国教育系统先进集体”。超高温材料及装备团队支部开展产教深度融合，服务江西材料产业发展，在社会服务上取得重要成效，国际创新研究院落户南昌高新区，南昌大学与高新区签署“共建南昌大学国际材料创新研究院合作协议”；能源材料与器件团队支部探索完善本科生班级导师制，打造人才培养优秀典型，支部副书记李样生同志 2017 年被评为教育部智慧教学之星、2019 年获全国宝钢优秀教师奖；信息材料与器件团队支部承担国家课题，产出高水平学术成果，支部副书记舒龙龙同志 2020 年以第一作者和通讯作者在国际顶级期刊 *Nature Materials* 发表高水平论文。

二、理学院

1. 历史沿革

理学院办学始于原江西大学 1958 年创建的数学系和物理系，以及原江西工学院 1977 年的数学师资班和 1978 年的物理师资班。1995 年组建成立数理与材料工程学院，由数学与系统科学系、物理学系、材料科学工程系，数学研究所、近代物理研究所和材料科学研究所等组成。2000 年学院更名为数理与管理科学学院，由数学系、物理系、管理科学与工程系（管理科学与工程系从数学系分出）、数学研究所、近代物理研究所等组成。2003 年学院更名为理学院，由数学系、物理系、化学系、管理科学与工程系、基础化学实验教学中心、基础物理实验教学中心组成。2006 年原医学院基础部的物理教研室（含数学）、化学教研室并入理学院。2014 年 7 月，管理科学与工程系、化学系、基础化学实验教学中心从学院分离出去。

2. 学院概况

学院现有数学系、物理系和基础物理实验教学中心；有数学研究所、近代物理研究所、相对论天体物理与高能物理中心、芯片设计研究中心、天文研究所 5 个科研单位；拥有数学与应用数学、信息与计算科学、金融数学、物理学、应用物理学 5 个本科专业；有数学、统计学、物理学和光学工程 4 个一级学科硕士学位授权点及天体物理二级学科硕士学位授权点；有管理数学与决策工程、极端条件材料与物理二级学科博士学位授权点。

3. 主要成就

（1）科学研究方面：学院承担国家重大、重点项目 6 项，国家自然科学基金 142 项，江西省自然科学基金 143 项；获江西省自然科学一等奖 1 项、二等奖 3 项和三等奖 6 项；发表 SCI 论文 1800 余篇，其中 SCI 一区 120 余篇。

（2）党建思政方面：2007 年，获批为南昌大学党建工作实验点。2008 年，荣获“全省高校思想政治教育工作先进集体”称号。2010 年，获批为全省党建工作示范点。

（3）国际交流方面：理学院通过举办会议和“格物论坛”学术报告等形式邀请各类科研前端研究工作者来校交流。学院举办了近 200 场学术报告，举办了 5 场全国性的学术研讨会，获得了教师和学生的广泛好评。学院积极选派教师赴国内外高校或科研院所参加学术交流和合作研究，约有 150 余人次参加各类学术活动，100 余人次参加国际学术交流，36 人到国外知名高校访学，此举既扩大了学校和学院国际国内知名度也提升了学院学科建设水平。

三、化学学院

1. 历史沿革

1958 年，江西大学设化学系。1961 年，化学系改为五年制。1968 年 9 月至 1972 年，江西大学被迫停办。其间化学系等部分理科留守人员及设备与江西工学院合并，改名江西理工科大学。1973 年 3 月，复校后江西大学设置了化学等 6 个系，化学有无机化学、分析化学 2 个专业。1973 年，化学、数学、物理、中文、政治、生物 6 个系的部分师生分别在九江沙河基础部开展教学活动。1974 年，化学、数学、物理、中文、政治、生物 6 个系的师生从九江沙河镇迁回南昌校区。1986 年 7 月，经省教委批准，学校成立了稀土化学研究所。1986 年，学校分析化学、物理化学等 9 个专业获得了硕士学位授予权。

1995 年至 1998 年 9 月，学校成立化学化工学院。1999 年，化学系与材料科学与工程系组成化学与材料科学学院。2001 年取得工业催化博士点。2010 年获化学一级学科博士点。2014 年 6 月，化学系、基础化学实验中心、江西省新能源化学重点实验室、应用化学研究所、稀土与微纳米功能材料研究中心等从理学院独立出来，成立南昌大学化学学院。

2018 年，南昌大学国际有序物质科学研究院、南昌大学高分子及能源化学研究院相继成立，为独立科研机构，依托单位为化学学院。2020 年 2 月，南昌大学稀土研究院成立，研究院为校级独立科研机构，挂靠化学学院。

2. 学院概况

学院现有化学系、应用化学系和基础化学实验中心 3 个二级教学单位，并拥有江西省新能源化学重点实验室、江西省高分子能源材料工程实验室、江西省稀土前驱体工程研究中心、江西省环境与能源催化重点实验室 4 个省部级重点实验室，拥有高分子研究所、应用化学研究所、稀土与微纳米功能材料研究中心 3 个校级非独立研究机构，和国际有序物质科学研究院、高分子及能源化学研究院、稀土研究院 3 个校级独立研究机构。

学院现有化学和应用化学 2 个省级一流本科专业，其中应用化学专业入选首批国家级一流本科专业名单；拥有化学一级学科博士学位授权点及工业催化二级学科博士学位授权点，化学和化学工程与技术 2 个博士后科研流动站，化学一级学科硕士学位授权点及应用化学、工业催化、制药工程 3 个二级学科硕士学位授权点，共覆盖 8 个二级学科硕士点。现有在校生 1065 人，其中研究生 482 人，本科生 583 人。

学院是中国化学会理事单位和江西省化学化工学会理事长单位。学院化学学科为江西省高校学科联盟首批牵头学科；并入选江西省高水平大学建设方案；储能材料技术和光健康技术入选国家双一流学科方向。

3. 主要成就

（1）人才培养方面：学院始终坚持“立德树人”办学方向，传承“崇化善学、秉德笃行”学院精神，坚持“一流定位、国际视野、名师引领、服务社会”的办学理念，努力把学院办成具有一流基础教育教学水平、一流科研创新研究实力，培育“顶天立地”、德才兼备高素质创新人才的教学科研培养基地。学院获批国家级、省级精品优质课程 10 余项、省级教学成果一等奖 1 项和二等奖 2 项；承担省级教改课题 30 余项；获得全国多媒体课件大赛优秀奖 1 项，省级金牌教师 1 人。从 2014 年至今，学院连续多次荣获南昌大学本科教学工作状态评估一等奖和南昌大学本科专业综合评估一等奖。

学院大力推行党建 +“1+8+N”寝室导师制，推行“名师引领的流动党组织生活”新模式和“党建 + 智汇化学”本科生科研训练引领计划。2018—2020 年，学院本科生初次就业率保持在 92%~95% 左右，考研升学率 34% 左右；本科生发表 SCI、EI 论文 120 余篇。获得 2 个国际级奖项、36 个国家级奖项、72 个省级奖项。

（2）科学研究方面：2014 年，学院突破了国家自然科学基金杰出青年项目，2018 年，学院又突破了国家自然基金重点项目。学院主持获批国家自然科学基金重大项目 1 项（江西省首次，资助金额 1947 万元），国家重点研究计划项目 2 项，国家自然科学基金重点项目 2 项，国家自然科学基金重大研究计划培育项目 2 项，国家杰出青年科学基金和国际（地区）合作与交流项目各 1 项，国家自然科学基金面地青项目 52 项；熊仁根教授研究成果获评“中国高等学校十大科技进展”项目。学院各科研团队累计获批国家级、省部级以上科研项目百余项。荣获省部级以上奖项 18 项。学院在承担国家自然科学基金项目和发表高水平学术论文数量方面一直位列全校前列，学院教师先后以第一通讯单位在 *Science*、*PNAS*、*JACS*、*Angew. Chem.* 和 *AM* 等国际高水平期刊上发表论文 700 余篇。根据美国 ESI（基本科学指标库）公布的数据显示，南昌大学化学学科进入世界高水平行列，ESI 全球学科排名由 2016 年的 6.2‰进入 2020 年的前 3.76‰；2020 年青塔学科动态分析平台分析表明，南昌大学化学学科竞争力排名为 44，发展指数排名为 40；在 2020 年上海软科统计表明南昌大学化学学科排名 58，位于前 26%。储能、光健康、信息存储材料研究方向入选国家一流学科建设范围，铁电方向进入世界先进行列。

四、机电工程学院

1. 历史沿革

学院前身机械系于 1958 年成立，1999 年更名为机电工程学院。学院是最早在全省建立起完整的本、硕、博、博士后多层次人才培养体系的学院。学院于 1993 年获得江西省第一个博士点“材料加工工程”，2000 年获得江西省第一个博士后流动站“材料科学与工程”，材料成型与控制工程专业是学校获得的首个国家级特色专业，其他 3 个本科专业均为省级特色专业。

2. 学院概况

学院现有机械工程系、能源与动力工程系、材料成型及控制系、汽车工程系和工程训练中心 4 个系 1 个中心，下设机械制造工程研究所、机电科学与工程研究所、先进成型制造及模具研究所、热能与动力工程研究所、现代设计研究所、车辆工程技术中心 6 个研究所（教研室），并依托学院设有 6 个省级重点实验室（工程中心），2 个博士后流动站（机械工程、材料科学与工程），2 个一级学科博士学位授予点〔机械工程、材料科学与工程（与材料学院合办）〕，3 个一级学科硕士学位授予点（机械工程、动力工程及工程热物理、仪器科学与技术），现有机械设计制造及自动化、材料成型及控制工程、能源与动力工程、车辆工程 4 个本科专业。其中 4 个专业均为教育部首批“卓越工程师教育培养计划”试点专业，“材料成型及控制工程”为国家特色专业，“机械设计制造及其自动化”入选国家级一流本科专业建设点，“机械设计制造及其自动化”“材料成型及控制工程”入选省一流本科专业。

3. 主要成就

学院获国家技术发明二等奖 1 项、国家科技进步二等奖 1 项、国家科技进步三等奖 1 项，教育部科技进步二等奖 1 项，省级科技奖一等奖 2 项、二等奖 7 项等成果奖励。学院积极推动教学改革与研究，2015 年以来获国家级教学成果二等奖 1 项，省级教学成果奖一等奖 14 项、二等奖 11 项，建设有 1 个国家级工程实践教育中心。

五、信息工程学院

1. 历史沿革

学院前身为 1958 年创办的江西大学物理系无线电物理专业和江西工业大学电机系。2003 年 7 月由电气与自动化工程学院、电子信息工程学院、计算机与信息学院、计算中心合并正式成立南昌大学信息工程学院。

（1）计算机科学与技术系。1985 年，江西大学成立计算机科学系。1988 年，江西工业大学成立计算机科学技术系。1993 年，南昌大学成立计算机科学工程系。

1995 年，南昌大学成立信息科学工程学院（含电子科学工程系、计算机科学工程系、信息管理科学系、计算机技术工程研究所）。1999 年，南昌大学成立计算机与信息学院（含计算机科学工程系、信息管理科学系和信息工程技术研究中心）。

（2）电子信息工程系。电子信息工程系历史最早可追溯到原江西大学物理系的无线电物理专业和原江西工学院电机系的无线电技术专业。1985 年，原江西大学无线电物理专业从物理系分离出来，组建了电子科学系。1993 年 6 月原江西工业大学的无线电技术专业、机要通信专业从江西工业大学电机系分离出来，与原江西大学的电子科学系合并组建南昌大学信息科学工程系。1995 年由信息科学工程系，计算机科学与技术系，信息管理系合并组建了信息科学工程学院，专业设有电子信息工程、通信工程。1999 年电子工程系独立为电子信息工程学院。2003 年与电气与自动化工程学院、计算机与信息学院、计算中心合并组建信息工程学院。2005 年原江西医学院生物医学工程专业并入电子信息工程系。

（3）自动化系。自动化系最早可追溯至 1958 年江西工学院电机系工业企业自动化专业成立。2003 年成立南昌大学信息工程学院电气与自动化工程系自动化专业。测控技术与仪器专业于 2003 年创立，并于 2014 年调整进入信息工程学院电气与自动化工程系。2019 年因学科发展需要，成立自动化系。

（2）能源与电气工程系。能源与电气工程系最早可追溯至 1958 年江西工学院电机系的发配电、电机专业。1999 年，成立电气与自动化工程学院。2003 年 7 月，更名为电气与自动化工程系。2019 年 6 月，成立能源与电气工程系。

（3）南昌大学计算中心。原江西工业大学计算中心成立于 1992 年，是原江西工业大学直接管理的正处级建制的教学单位；原江西大学计算中心隶属于原江西大学实验中心管理；原江西医学院计算中心隶属于原江西医学院现代技术教育中心管理。1993 年，由原江西工业大学计算中心同原江西大学计算中心合并。2003 年计算中心挂靠信息工程学院，采用校、院共管模式。2006 年 3 月原江西医学院计算中心并入南昌大学计算中心。

（6）南昌大学电工电子实验中心。中心前身是 1958 年成立的江西工学院电工电子实验室和江西大学物理实验室。1993 年，两校合并为南昌大学，在各自基础上组建了 2 个电工电子实验室。1996 年 2 个实验室合并。1998 年通过江西省教育厅组织的“高等学校基础课实验室评估”。2003 年实验室挂靠信息工程学院，更名为南昌大学电工电子实验中心。同年，建筑面积为 22100 平方米的新电工电子实验中心大楼落成。

2. 学院概况

学院现有教职工 273 人，专任教师 207 人，其中教授 52 人，副教授 81 人，有博士学位 97 人。拥有国家特聘专家、国务院特殊津贴专家、IET Fellow、江西省百千万人才、井冈学者、省主要学科学术和技术带头人、省杰出青年人才、省教学名师等一大批高层次教学科研领军人才。学院现有在读本科生 2900 余人，硕士、博士研究生 1300 余人。有二级学科博士点 2 个：信息管理与信息系统、工业控制工程；一级学科硕士点 4 个：电气工程、信息与通信工程、控制科学与工程、计算机科学与技术；专业型硕士点 6 个：电气工程、电子与通信工程、控制工程、计算机技术、软件工程、生物医学工程。

3. 主要成就

（1）科研工作方面：2003—2010 年，学院完成科研经费近 2000 万元，完成科研项目 500 多项，其中国家级项目 22 项，省级项目 222 项，其他项目近 300 项；学院教师在各种国际、国内学术刊物和学术会议上发表论文 1100 余篇，其中收入 SCI、EI、ISTP 检索刊物的论文近 200 篇。2011 年至 2019 年：学院纵向科研到账经费 5059.56 万元，其中国家自然科学基金项目有 246 项、省部级项目 171 项。其间发表 SCI 论文 357 篇、EI 论文 280 篇；获得省级科技进步 2 等奖二项；获得专利 136 项；横向课题到账经费 7058.49 万元。研究方向保持了原有的特色，并发展了量子科学、无线通信、机器人、人工智能、光伏、激光、大数据、云计算等前沿科学的研究。

（2）教学成果方面：2010 年，“C 程序设计”双语教学研究与实践、电工电子教学改革实践与研究获得省级教学成果二等奖。学生荣获全国“五四”红旗团支部、全国网络电脑知识大赛团体亚军、全国优秀网络小姐、“CCTV 杯”全国英语演讲大赛一、二等奖、“挑战杯”全国大学生课外学术科技作品竞赛二、三等奖、美国大学生数学建模一等奖和三等奖、全国大学生数学建模竞赛一、二等奖、全国大学生电子设计竞赛二等奖，曾连续 10 年荣获江西省电子大赛团体总分第一名，在全省和全国的各种大赛上共获得 160 余项大奖。

2011—2019 年，教师获得国家级教学赛一等奖和二等奖各 1 项，获得省级教学成果奖一等奖 1 次，获得校级授课质量优秀奖 115 项，完成国家级教改课题 33 项，完成省级教改课题 62 项，发表国家核心期刊以上级别教改论文 27 篇，出版教材 3 部；学生在老师的指导下，获得各类竞赛国家级一等奖 116 项、国家级二等奖 58 项，国家级三等奖 49 项，获得省级赛一等奖 164 项，获得华东赛区一等奖 22 项。

六、软件学院

1. 历史沿革

2002 年 6 月，江西省教育厅批准南昌大学与江西清华泰豪科技集团合作办学，正式成立南昌大学泰豪软件学院。2004 年 2 月，“南昌大学泰豪软件学院”更名“南昌大学软件学院”，由南昌大学直接领导和管理。2002 年，获批软件工程本科专业。2003 年，获批硕士专业学位授权点工程硕士“软件工程”领域。2016 年，软件工程教研部更名为软件工程系。

2. 学院概况

学院是国家示范性软件学院联盟成员、江西省首批示范性软件学院。学院现有 1 个二级博士点信息管理与信息系统、1 个电子信息统招硕士点、1 个网络空间安全统招硕士点；软件工程、网络空间安全 2 个本科专业。学院拥有 1 个国家级特色专业、2 个国家级“卓越工程师”计划项目、1 个国家级工程实践教育中心、2 个省级研究生教育创新基地。在 2016 年江西省本科专业综合评价中，信息安全专业排名列全省高校第一，软件工程专业排名列全省高校第三。学院现有 1 个智慧城市信息技术研究所、1 个智慧能源互联网国家级人才工作站、1 个“江西省网络空间与信息安全”重点实验室、1 个部级信息安全取证中心、1 个江西省智慧城市重点实验室。

3. 主要成就

（1）人才培养方面：学院的专业发展建设有几个重要的时间节点。2002 年设立软件工程本科专业。2008 年入选省级特色专业。2010 年入选国家级特色专业。2011 年入选教育部卓越工程师计划，获批软件工程一级学科硕士点。2012 年获批国家级工程实践教育中心。2019 年入选省级一流专业，获批江西省智慧城市重点实验室。学院在人才培养方面形成了如下几大特色：第一，深厚的专业基础。学院拥有 2 个国家级“卓越工程师”计划项目、1 个国家级工程实践教育中心，入选省级一流专业。第二，高水平学科平台。学院拥有 2 个硕士点，1 个博士点，国家级人才及省级创新团队，3 个省部级重点实验室。第三，多元化师资队伍。学院的教师队伍囊括了国家级人才、国家青年长江、省级教学团队、省级教学名师、外教及企业导师。第四，新工科培养方案。坚持需求导向，学生为中心，强化通识教育，对标质量标准，突出实践育人。第五，政产学深度融合。学院共建实训基地 52 个，实施政企校合作实训计划。第六，开放国际化办学。学院获评校示范性国际化学院，开展常态化的对外交流合作项目。

（2）科学研究方面：学院依托国家级人才研发平台，进一步打造科研团队，积极整合各类资源，有重点、有针对地开展国家以及省部级重大纵向项目和横向项目的申报，更好地服务江西地方经济发展。2015 至 2020 年间，学院完成 150 余项科研项目，其中国家级项目 20 余项，项目总金额达 4600 余万元；发表 SCI 和 EI 期刊高水平论文 150 余篇。

第四节　理工二部

一、食品学院

1. 历史沿革

学院源于 1984 年创办的原江西工业大学食品工程系和江西大学食品科学系。1987 年江西工业大学成立食品工业学院，时任中共中央政治局常委陈云为学院题名。1993 年，原江西工业大学食品工业学院与原江西大学食品科学系合并，组建南昌大学食品工业学院，1995 年与生物科学工程系重组为南昌大学生命科学与食品工程学院。2014 年因学科发展需要，成立食品学院。

2. 学院概况

学院现有食品科学国家重点学科（全省共 2 个）、“211”工程重点建设学科和江西省重点学科。学科拥有我国高校食品科学领域唯一的国家重点实验室——食品科学与技术国家重点实验室、农产品生物高效转化技术国家地方联合工程研究中心、中国—加拿大食品科学与技术联合实验室（南昌）以及食品安全国家示范型国际科技合作基地 4 个国家级科研平台；有食品科学教育部重点实验室和生物质转化教育部工程研究中心等省部级科研平台 15 个，形成了集科学基础研究、关键核心技术和项目成果转化为一体，产学研用联动的高效创新平台（目前全国同时拥有国家重点实验室和国家工程研究中心双平台布局的高校仅两所）。

在 2017 年 12 月公布的全国第四轮学科评估结果中，南昌大学食品科学与工程学科（0832）位居全国第三，成为江西省高校学科排名首个进入全国前三的学科，是江西省唯一获评 A 级的学科；2017 年，学院食品科学技术与健康学科群入选“南昌大学世界一流学科引领计划”；2020 年 6 月软科世界一流学科排名，南昌大学食品科学与工程排名第 11 位；2020 年 10 月，《美国新闻与世界报道》（*U.S.News & World Report*）发布的“US News 全球大学排名”（US News Best Global Universities）中，南昌大学农业科学学科（以食品为主）位居全球第 19 位；根据美国 ESI（Essential Science Indicators，基本科学指标库）公布的数据显示，2020 年 11 月南昌大学农业科学学科（以食品为主）进入 ESI 全球排名前 1.29‰；谢明勇、聂少平、谢建华、张国文四位教授入选 2020 年度科睿唯安全球“高被引科学家”，其中谢明勇、聂少平连续三年入选。

学院现有食品科学与工程博士后科研流动站 1 个；食品科学与工程一级学科博士学位授权点 1 个、二级学科博士学位授权点 1 个；一级学科学术型硕士学位授权点 1 个、二级学科学术型硕士学位授权点 2 个、专业学位硕士学位授权点 2 个；以及在职人员以同等学力申请硕士学位授予权。在全省乃至全国都有着较强的竞争力、良好的知名度和社会影响力。

学院下设食品科学与工程系、食品营养与安全系、食品发酵与生物工程系，设有食品科学与工程、食品质量与安全、生物工程 3 个本科专业，食品科学与工程专业入选国家级一流本科专业建设点，获批国家级特色专业和省级品牌专业并列入教育部首批“卓越计划”，已四次通过国家工程教育论证；食品质量与安全专业入选省级一流本科专业建设点。

3. 主要成就

（1）人才培养方面：学院近年来获国家教学成果二等奖 3 项、省教学成果奖 6 项；“食品化学”“食品工程原理”两门课程入选首批国家级一流本科课程；江西省优秀博士学位论文 27 篇（占全校的 23.48%，全省的 14.44%），江西省优秀硕士学位论文 42 篇；2012 年获全国百篇优秀博士学位论文并实现江西全国优博零的突破，为国家培养输送一大批专业人才，成为国内本领域高层次人才培养的重要基地。学生在“互联网 +”“挑战杯”等比赛国家级奖项时有斩获，获第六届“互联网 +”大赛全国金奖（两项）、第三届“互联网 +”大赛全国银奖、第五届“互联网 +”大赛全国铜奖、第十二届“挑战杯”中国大学生创业计划竞赛全国金奖、第十六届“挑战杯”全国大学生课外学术科学作品竞赛全国银奖、行业赛事“恒顺香醋杯”学生创新大赛全国一等奖（全国唯一）等；学院设有“澳优乳业奖学金”“吴华奖学金”“金桥居高奖学金”“桂柳牧业奖学金”等校友或企业奖学金。近 5 年来，学院毕业生一次就业率总体 90% 以上。

（2）科学研究方面：2015—2020 年，学院承担国家重点研发计划项目课题及子课题、国家“973”计划、国家“863”计划、国家科技支撑计划、国家自然科学基金和国际科技合作专项等国家级科研项目 193 项，其中国家自然基金项目 158 项，国家自然基金重点、杰出青年科学基金和优秀青年科学基金项目各 1 项，科研项目总经费达 3.1 亿元。获国家科技进步二等奖 2 项、江西省自然科学一等奖等省部级一等奖 8 项、其他省部级科研成果奖 15 项；授权发明专利 269 项；发表学术论文

1619 篇，其中 SCI 论文 1055 篇，ESI 高被引论文 41 篇，单篇最高影响因子 40.443，占南昌大学高被引论文总篇数的 44.26%。

（3）社会服务方面：学院牵头组建了“江西省绿色食品产业产教联合战略联盟”和“江西省绿色食品精深加工产教融合重点创新中心”，与雀巢中国有限公司、中粮集团有限公司、伊利集团、江中制药集团有限责任公司、江西煌上煌集团食品股份有限公司 、澳优乳业（中国）有限公司、江西阳光乳业股份有限公司、美庐生物科技股份有限公司、江西丹霞生物科技股份有限公司、人之初营养研究院等企业、研究机构开展了战略合作。一大批科研成果实现产业化，形成了理工农医渗透、产学研用结合的科研格局，成为国家和江西省专业技术、人才培养、科学研究和成果转化的重要基地，为助力江西经济社会发展和实现在中部地区崛起提供知识服务、智力支持和创新动力，在服务国家和江西经济建设中做出重要贡献。

（4）国际交流方面：学院国际化建设成效显著，与德国、美国、加拿大、荷兰、希腊、澳大利亚、新西兰、韩国、新加坡等国的科研院所有良好合作，其中，中德合作被誉为中德技术合作杰出典范；多次举办国内外高水平学术会议；积极拓展国际合作培养人才渠道，“食品营养与功能创新人才国际合作培养项目”入选 2019 年国家留学基金委“国家创新型人才国际合作培养项目”，“中加国际科技合作食品领域人才培养项目”入选 2016 年“创新型人才国际合作培养项目”(全省唯一)，2015 年国家“国际科技合作基地”评估为优秀。学院与加拿大圭尔夫大学以及新西兰奥克兰理工大学签署协议联合培养博士研究生；此外，与韩国又松大学、日本冈山县立大学多年联合举办暑期大学生交流活动。

（5）党建思政方面：学院先后获“江西省师德建设先进集体”“江西省高校思想政治教育工作先进集体”“江西省教育系统先进基层党组织”“江西省先进基层党组织”“全国创先争优先进基层党组织”等荣誉，2019 年南昌大学食品学院博士第二党支部入选全国“百个研究生样板党支部”创建名单，《江西日报》、中国共产党新闻网、人民网、中央电视台先后对学院党建工作进行过相关报道。

二、生命科学学院

1. 历史沿革

（1）生物科学系。该系起源于 1940 年国立中正大学生物系。2003 年，南昌大学原生命科学与食品工程学院开始设立生物科学系。生物科学系下设一个本科专业——生物科学专业。2007 年获批江西省特色专业，2009 年遴选为国家级特色专业，2013 年获江西省普通本科高等学校专业综合改革试点项目，2019 年获批为国家首批一流本科专业建设点。

（2）生物技术系。该系源于 1940 年国立中正大学的生物系，2014 年南昌大学生命科学学院正式设立生物技术系，下设一个生物技术本科专业。江西省 2015—2018 年度普通高校本科专业综合评价，南昌大学生物技术专业水平在全省 10 个生物技术专业点中名列第一；2019 年入选江西省首批一流本科专业建设点。

（3）生态学系。该学科由著名生态学家林英教授、邓宗觉教授等创建于 20 世纪 50 年代，围绕江西动植物资源开展了大量的调查研究，编著了《江西省动植物志》《江西森林》《江西植物志》等学术专著，为江西经济发展和生态环境建设做出了杰出的贡献。1956 年成立生态学研究室。1983 年获批植物学、动物学硕士学位授权，开始培养植物生态学、动物生态学方向研究生。2006 年获得生态学二级学科硕士学位授权。2012 年成为一级学科硕士学位授权。2014 年获批“生态科学与技术”目录外二级博士学位点。2013 年开始招收生态学专业本科生，是江西省内高校最早建立生态学本科专业的单位。

（4）水产科学系。该专业创立于 1973 年。水产养殖学专业属于农学，本科学制为四年，是江西省高校最早创立的水产类唯一本科特色专业，也是南昌大学重点建设专业之一。2010 年获批江西省特色专业，2013 年入选江西省卓越农林人才培养计划，2014 年获批国家首批卓越农林人才培养计划，开设有卓越人才实验班。2016 年江西省本科专业评估中排名全省第一，2019 年入选江西省一流专业建设名单。2003 年获得动物学专业水产生物学方向硕士专业授予权，2005 年和 2010 年分别获得水生生物学二级硕士点和水产养殖一级学科硕士学位授予点，2008 年获得动物学专业水生生物学方向博士学位授予权，2012 年获得水生生物学专业博士学位授予权。具有江西省目前唯一的水产科学类省级重点实验室“江西省水生动物资源与利用重点实验室”。

2. 学院概况

学院由生物科学系、生物技术系、生态学系、水产科学系组成；开设有生物科学、生物技术、生态学和水产养殖 4 个本科专业，其中“生物科学”为国家级特色专业和一流本科专业、水产养殖专业为首批国家卓越农林人才培养计划专业；拥有生物学和生态学一级学科硕士点，生物学一级学科博士点、博士后流动站，水产养殖和园林二级学科硕士点。

学院拥有的教学平台包括生物学实验教学国家级示范中心、生物标本馆、先骕生物园和生物博物馆等；科研平台包括五个院所（植物研究所、水生水产研究所、生态研究所、人类衰老研究所和生命科学研究院）和 5 个省级重点实验室（江西省基因工程与分子生物学重点实验室、江西省植物资源重点实验室、江西省神经生物学重点实验室、江西省水产动物资源与利用重点实验室、江西省人类衰老重点实验室），为学生的学习和实践提供了良好的条件。

3. 主要成就

（1）人才培养。生物科学系：确立了10门专业核心基础理论课；以及由与核心理论课匹配的基础实验、综合大实验、科研训练、综合野外实习、毕业论文组成的实践课程，多层次培养学生的创新技能。实施全员导师制，突出“导学”作用。全体专业教师都担任导师，覆盖到全体本科生，每个导师负责指导一个小组（不同年级不同专业的8~10名学生组成），导师对学生的指导贯穿于大学四年学习全过程。2016年以来，本专业学生完成的各级别创新创业项目达到74个，其中国家级创新创业项目4个，省级创新创业项目6个，发表论文6篇。

生物技术系：拥有教育部示范性双语课程“基因工程”、国家级虚拟仿真项目1项，省级线上线下混合教学、慕课和翻转课堂教学课程6门，省级示范性精品资源课程等3门，出版教材4部，思政课程建设7门。2015年以来，承担省级以上教改项目11项，发表教改论文5篇，获省级以上教学奖励7项，其中国家级教学奖励1项。从入校至毕业，每位学生必须在毕业前选修创新学分课程，并参与完成创新学分训练项目1~2项，共需要修满6个学分才能毕业。2015年以来，学生参与完成的校级创新学分训练项目、校级以上创新创业项目、全国大学生生物联赛大赛、全国大学生创新创业大赛项目等近360项，其中国家级创新创业项目4项，省级创新创业项目6项，学生获得国家级竞赛1等奖4项，二等奖、三等奖和优秀奖等共计19项，发表论文6篇。

生态学系：充分利用江西省的资源与环境，结合生态学课程实习的特点和需要，建立起了庐山植物园、庐山自然保护区、井冈山自然保护区、江西金盆山自然保护区、江西马头山国家级自然保护区、江西桃红岭梅花鹿国家级自然保护区、江西添鹏生态农业有限公司、江西省灌溉试验中心站等12个成熟的实习教学基地。加强课程建设与改革。在保证生态学基础课程和专业课程的同时，尽可能让学生有机会学习其他学科的知识，为培养具有良好生态学素养，能够从事交叉学科（比如环境科学）研究的人才打下了良好基础。

水产科学系：坚持“五结合”——学科建设与专业建设相结合、科研与教学相结合、研究生与本科生培养相结合、产学研相结合、校内教师和企业导师相结合的“双导师制”和“两应用”——将南昌大学“双一流”学科建设和科研的相关资源充分应用于本学科人才培养，将科研项目和成果应用于教学实践，将理论付诸实践的人才培养模式；实行小班化和双导师制教学，强化实习实践教学内容，鼓励学生自主选题调研，开展国内外交流，联合名企搭桥梁等精英式教育措施打造水产卓越人才；形成了一套“产学研”深度融合实践育人体制机制，建立了学科基础课程和专业课程“模块化”教学方式，以培养适应地方经济社会发展需要的创新型水产人才，提升高校服务地方经济建设能力。

（2）科学研究。生物科学系：2015 年以来，教师承担各类科研 62 项，其中国家重点研发计划项目 2 项，国家重大科技专项子课题 1 项，国家自然基金 20 项（重点项目 1 项，面上项目 5 项），国家“十二五”农业科技支撑项目 1 项，国家农业科技成果转化项目 1 项，江西省重点研发计划项目 2 项，其他省部级科技项目 43 项，纵向总经费 3200 万元；发表论文 230 余篇，其中 SCI 收录论文 70 余篇；获江西省科技进步一等奖 2 项，江西省科技进步三等奖 3 项，农业部渔业丰收奖 1 项。

生物技术系：2015 年以来，教师主持国家重点研发计划项目 1 项、国家自然科学基金近 22 项，中国博士后基金、江西省自然科学基金、江西省和南昌市科技支撑计划、江西省教育厅科技项目及其他横向项目 40 余项；2019 年罗玉萍老师获得江西省自然科学进步一等奖；在国内外学术期刊发表论文 120 余篇，其中 SCI 收录论文 80 余篇，授权发明专利 5 项。

生态学系：2012—2018 年共承担国家级科研项目 20 余项（国家自然科学基金项目 15 项），省部级项目 50 余项，总经费超过 3000 万元。

水产科学系：2015 年以来，教师主持国家重点研发计划项目 1 项、国家自然科学基金近 20 项，江西省科技厅重大项目、中国博士后基金、江西省自然科学基金、江西省和南昌市科技支撑计划、江西省教育厅科技项目及其他横向项目 50 余项；获得科技部通报表扬一次、省级科技奖 5 项，在国内外学术期刊发表论文 150 余篇，其中 SCI 收录论文 100 余篇，授权发明专利 10 余项，实用新型专利 20 余项，主编教材 2 本部，参编教材 2 部。

（3）社会服务。生物科学系：参与了“国家水体污染控制与治理重大科技专项”子课题——典型流域区域水质基准标准校验应用技术，为鄱阳湖流域水质管理和鄱阳湖国家生态文明试验区建设提供技术支撑。

生物技术系：郑雄敏与江西城志生物工程有限公司进行了长期的合作，协助建立了南昌大学生物技术专业本科生实习基地，支持企业通过了江西省技术研究中心和江西省生物发酵医药中间体工程技术研究中心申报，支持企业进行产品研发，完成了多项技术攻关和专利申请，使企业获得了江西省重点新产品“生物发酵法制取卡培他滨中间体 D- 核糖”及“发酵法制取搞 HIV 药物关键中间体 β – 胸苷生产工艺的研究及应用”等科研成果，成功获批了 2 项发明专利和 31 项实用新型专利，为江西省人才培养和地方经济发展做出了重要贡献。

生态学系：第一，针对鄱阳湖流域内生物多样性丧失和生态系统退化的现状，为湿地生态系统和矿山恢复地提供实验示范，通过实验、示范、推广，为退化生态系统的修复提供技术支持和保障。第二，针对南方最大的水果产业柑橘的主要有害生物的问题，建立了以生物防治为主的绿色防控措施，开展优化橘园生态系统的研究及应用，累计推广应用 241.44 万亩，取得良好经济、生态及社会效益。该成果获 2016 年江西省科技进步二等奖。第三，开展生态文化的宣传教育，建立了南昌大学生物博物馆，成为江西省科普教育基地；编写出版了科普著作《生态文明：人类历史发展的必然选择》。第四，针对鄱阳湖流域内重大工程建设的生态影响评价，发挥学科优势，为江西省实施绿色崛起战略提供了咨询服务。

水产科学系：派出 10 余名优秀教师进入省科技特派员队伍，在江西 10 个县市域开展科技对接服务，对接企业 36 个，已对接项目 18 个，专题开展技术服务 20 个，2015 年以来，开展技术培训 30 场次，培训技术人员、养殖户和产业管理部门人员超过 2000 人次；为井冈山市编制了国家级特色水产品种如“井冈山大鲵自然保护区”，参与健康养殖技术研究，使该品种在井冈山地区得以很好保护，同时使该品种成为革命老区井冈山人民脱贫的又一方案，取得了非常好的社会和经济效益。

三、资源环境与化工学院

1. 历史沿革

学院主要源于 1958 年江西工学院化学工程系，当时设有有机化工专业、无机化工专业以及硅酸盐专业，1975 年增设化工机械与设备专业。1995 年成立化学与化工学院，下设化学工程系、化学系、应化所以及稀土中心。1999 年，学校将环境工程系与化学工程系合并，成立环境与化学工程学院。2003 年，学院更名为环境科学与工程学院，下设化学工程与工艺专业、制药工程专业、过程装备与控制工程专业、测控技术与仪器专业以及环境工程专业。2008 年，学院更名环境与化学工程学院，在原有专业的基础上，增加了安全工程专业、环境科学专业。2014 年，学院增设资源循环科学与工程专业，更名为资源环境与化工学院。2020 年 9 月，给排水科学与工程专业从建筑工程学院调整到资源环境与化工学院。

2. 学院概况

学院现有在校生 1600 余人，其中全日制博士、硕士研究生约 353 人，本科生 1331 人。专任教师有中国工程院院士 1 人（外聘）、国家级人才称号获得者 2 人、江西省主要学科学术带头人 4 人、江西省高校学科带头人 8 人、骨干教师 4 人，百千万人才和江西省高等学校教学名师等 5 人。教授 26 人，副教授 37 人，讲师 42 人；教育部教学指导委员会委员 2 人，博士研究生导师 21 人，硕士研究生导师 62 人。

学院现形成以环境与化工两大工程学科为主干，以过程装备与控制工程为支撑、资源循环利用为特色发展方向的学科交叉、理工渗透型工科学院。有环境工程、化学工程与工艺、制药工程、过程装备与控制工程、资源循环科学与工程、给排水工程 6 个本科专业；拥有环境科学与工程、化学工程与技术、动力工程与工程热物理（与机电工程学院合作）3 个一级学科硕士学位授权点、市政工程二级学科硕士学位授权点，以及环境科学与工程一级学科博士授权点、工业催化二级学科博士学位授权点（与化学学院合作）。学院有环境科学与工程、化学工程与技术 2 个博士后科研流动站。

3. 主要成就

（1）坚持立德树人。打通研究生、本科生、教职工的思想政治教育工作队伍，以“阳光洒满青春路”为阵地，打造了“螺旋之阶”“一班一品”“一层一优”“一人一格”思想政治教育品牌，一体化构建内容完善、标准健全、运行科学、保障有力、成效显著的育人体系，使“三全育人”工作体系贯通学科体系、教学体系、教材体系、管理体系，形成全员全过程全方位的多维育人格局，着力培养德智体美劳全面发展的社会主义建设者和接班人。立德树人成效突出，涌现出南昌大学首届立德树人标兵周文广教授、江西省首届金牌教授胡兆吉。

（2）教育教学回归本科。学院高度重视本科教学与质量工程建设工作，拥有环境工程、化学工程与工艺 2 个省级特色专业和品牌专业，化工原理、环境科学与工程 2 个省级实验教学示范中心。过程装备与控制、环境工程 2 个国家和江西省卓越工程师计划试点专业；环境工程被列为江西省专业综合改革试点专业。学院高度重视学生实践能力及创新素质的培养，建设有较为先进、能满足教学需要的校内实践教学与创新平台，拥有实验室面积 8095 平方米，2020 年增加按 GMP 标准建造的固体制剂实训车间，教学科研设备 8400 余万元（不含基础设施建设及家具）。近 5 年出版教材 10 部，其中普通高等教育“十三五”规划教材 5 部。“过程设备设计”入选教育部首批国家级一流本科课程。面向新工科的地方高校创新人才协同育人培养模式的探索与实践教育部第二批新工科研究与实践项目。坚持构建和实践“以评促建，以赛促教，全面提升学生培养质量的模式”，并荣获中国石油和化工教育教学优秀成果（本科）一等奖。环境工程、化学工程与工艺、过程装备与控制工程、制药工程 4 个专业通过了工程教育国际认证（占全校通过工程认证专业数的一半），标志着这些专业的质量实现了国际实质等效，进入全球工程教育的第一方阵。环境工程、化学工程与工艺、制药工程3个专业入选国家一流本科专业建设点。培养出中国工程院邱定蕃院士、德国科学院曾安平院士、国际食品科学院谢明勇院士，国家杰青陈标华、罗正鸿，长江学者徐斌等为代表的高水平科研人才；在企业界培养了以赣锋锂业总经理刘明、金力永磁董事长蔡报贵、正合生态董事长万里平为代表的优秀企业家；江西省政协副主席黄定元、李华栋等为代表的优秀管理人才。

（3）科学研究将论文写在赣鄱大地上。学院建设有鄱阳湖环境与资源利用教育部重点实验室、鄱阳湖综合治理与资源开发江西省重点实验室、药食同源植物资源筛选与利用江西省重点实验室、江西省鄱阳湖绿色崛起水安全保障协同创新中心、江西生态文明研究院等省部级重点实验室。同时，还设有环境工程研究所、化工设计研究所、过程装备与控制工程研究所、可持续发展研究中心、精细化工工程研究中心及清洁生产审核中心等多个研究基地，构建了良好的科研和科技服务平台。立足江西省特有资源及产业结构、生态环境特点，服务经济和生态文明建设，并辐射国内外。近五年主持国家重大科技专项、国家重点研发计划、国家科技支撑计划项目、国际科技合作计划项目、国家自然科学基金，以及农业部、江西省等重点科技项目100余项，科研总经费近亿元；科研水平不断提升，在*EST*，*J. Hazard. Mater.*，*Appl. Catal. B-Environ.*，*J. Am. Chem. Soc*，*Angew Chem*，*AIChE*等顶尖杂志上发表高水平SCI论文500余篇，授权发明专利60余项，在生物质资源高值利用、工业废水及生活污水处理、矿山污染治理和生态修复、垃圾分类处理等方面形成了系列自主知识产权，开发出系列材料和装备，部分产品已经大规模推广使用。获省部级奖励13项、地厅级科技奖励5项。

四、建筑工程学院

1.历史沿革

学院办学始于1940年创建的国立中正大学土木工程系。1958年，江西工学院创立，土木建筑工程系招收了第一届工业与民用建筑专业学生。1959年建筑学专业开始招生，以后经历过专业下马、师生下放等变动，全系师生曾辗转萍乡、武宁、景德镇等地，办学实力严重受损。1964年成立土木建筑工程系设计室。1970学校恢复招生后，土木建筑工程系招收了水工专业学生。1972年恢复工业与民用建筑专业。1977年，水工升为本科专业。1981年恢复建筑学专业。1983年，经省政府批准，固体力学、结构工程专业开始招硕士生。1986年，增设给水排水本科专业。1993年，在原土木建筑工程系的基础上，分别组建了土木工程系、建筑学系、水利电力工程系和工程力学研究所，成立了建筑与环境工程学院。1995 年设立工程管理专业。1999 年由建筑学系与工业设计系组建建筑学院，由土木工程系、水利电力工程系和工程力学研究所等组建土木工程学院。2003 年学科调整，由土木工程学院与建筑学系组建成目前的建筑工程学院。2011 年设立建筑节能专业（后更名为建筑环境与能源应用工程专业）。2015 年设立工程力学专业。2018 年设立工程力学系。2020 年，按学校专业结构调整方案要求，给排水科学与工程专业调整至资源环境与化工学院，工程管理专业并入土木工程专业。

2. 学院概况

学院现有建筑、土木工程、水利工程、工程力学 4 个系，开设建筑学、城乡规划、土木工程（含建筑工程、道路桥梁、城市地下工程、工程管理四个方向）、建筑环境与能源应用工程、水利水电工程、工程力学 6 个本科专业，其中土木工程和水利水电工程入选国家级一流本科专业建设点，建筑学和土木工程为江西省品牌专业，土木工程为江西省特色专业，土木工程（道路桥梁方向）列为国家级卓越工程师计划，土木工程专业已通过工程认证，建筑学专业已通过专业评估。学院拥有力学博士后流动站，力学一级学科博士点，力学、土木工程、水利工程和建筑学 4 个一级学科硕士点，以及土木水利工程专业硕士点。

学院设有工程力学、土木工程、水利工程、建筑学、建筑环境与节能和工程设计 6 个实验中心，其中工程力学实验中心是国家基础实验示范教学中心，力学与工程虚拟实验中心是国家级虚拟仿真实验教学中心，水利工程实验中心为省级实验教学示范中心。学院有科研平台 14 个，包括江西省尾矿库工程安全重点实验室、江西省超低能耗建筑重点实验室、江西省近零能耗建筑工程实验室、鄱阳湖环境与资源利用教育部重点实验室等多个省部级科研平台。

3. 主要成就

（1）人才培养方面：学院坚持把人才培养的质量和效果作为检验一切工作的根本标准，坚持办学传统、传承育人精神。学院毕业生中已有 2 位中国科学院院士，1 位中国工程院院士。近年来学院建有全国首批爱课程国际版平台上线课程 1 门、省级精品课程 6 门、省一流课程 4 门，校级优质课程 8 门，校级一流建设课程 19 门，精品资源共享课程 3 门。学院紧密结合国家的发展战略与毕业生的就业去向，及时调整培养方案，探索大类招生，培养复合型人才。各专业培养方案由以设计、施工为主转变为设计、施工、运行维护、治理与改造并重，培养方案中设置了专业领域选修课模块，增设适应新时期各专业所急需的知识和学生就业领域的实用课程。学院重视学生科技创新与综合能力的培养，积极组织学生参加各类学科竞赛、创新创业大赛。2015—2020 年，学生获得国家级奖励 150 项，省级奖励 83 项，获得专利 94 项；研究生发表论文 396 篇，本科生发表论文 56 篇；获批“大学生创新创业训练计划”项目 75 项，其中国家级 14 项，省级 3 项；获批国际化示范学院特色项目 2 项。学院设有“土木 88 级奖学奖教金”“江西国际公司奖学金”和“航达奖学金”等校友或企业奖学奖教金。

（2）科研工作方面：2003 年学院成立之初，即获得国家自然科学基金项目，2012 年国家自然科学基金立项数达到 8 项。至 2017 年达到 11 项，周创兵教授获得国家自然科学基金联合基金重点项目，是学院首次获得国家级重点科技项目。2015—2020 年，国家自然科学基金项目每年立项数稳定在 10 项左右，科研经费进账保持在 1000 万以上且逐年增长；教师发表论文的数量、质量逐年增长和提升，2019 年突破 150 篇且高质量论文总数首次突破 50 篇；荣获了江西省科学技术进步奖、江西省专利发明奖和全国优秀城乡规划奖；承办了国际岩土工程渗流与稳定分析研讨会、力学学科国家级实验教学示范中心主任会议、全国无网格及粒子类方法研讨会等学术会议、中国传统民居学术研讨会、江西省 BIM 技术交流会等学术会议、江西省钢结构与空间结构专业委员会学术年会等学术会议。

（3）社会服务方面：学院结合学科专业特点，发挥学科专业优势，面向江西地方经济建设和社会发展，积极开展社会服务工作，承接了一批具有显著影响的工程项目，解决了大量工程技术难题，为江西省建筑业的科技创新与技术进步、全省独特鲜明的城乡建成环境延续和保护、我省扶贫工作和美丽乡村建设等做出了重要贡献，在国家航空材料力学性能测试技术领域发挥了重要作用。学院教师作为主编牵头编制《江西省建筑信息模型（BIM）建模标准》《江西省建筑信息模型（BIM）应用标准》《江西省建筑信息模型（BIM）交付标准》3 部技术标准；立足于南昌地铁建设需求，开展了南昌地区土压平衡盾构设备选型及技术改造、地铁工程施工控制参数及变形规律、地铁工程施工风险管理及预警技术、地铁盾构绿色施工及碳排放等一系列研究工作，研究成果应用南昌地铁施工中。面向江西实际需求，开展了“城门山铜矿马家沟尾矿库溃坝模型试验”和“永平铜矿燕仓尾矿库扩容溃坝模拟分析及细黏粒尾矿筑坝研究”等课题的研究，研究成果应用于省内尾矿库安全治理；编制了《江西省农房加固改造技术指南》，在赣州市龙南县、萍乡市上栗县进行了农房加固改造技术的试点和示范，并为多个地方政府部门开展农村危房鉴定提供了重要技术服务支持；开展了航空材料性能测试工作，完成直 15、AG300 轻型公务机的系列试验，项目试验研究成果通过了中国民航适航管理局（CAAC）的审查以及欧洲航空安全管理局（EASA）的审查，使我校成为国内首批参与 EASA 取证机型认证试验的少数高校之一。

（4）党建思政方面：学院工程力学实验中心先后获得全省工人先锋号、全国工人先锋号荣誉；学院团委获全国“五四红旗团委”创建单位；土木工程 143 班柳艳斌同学获“2014 中国法治人物”；学生党员活动室被入选江西省“示范性党员活动室”，第一批“校示范性党员活动室”。

第五节 医学部

一、基础医学院

1. 历史沿革

1921 年江西公立医学专门学校成立，即开始了基础医学教育，首届招收了 32 名医科专业学生。1934 年，学校分教务、事务、训育、业务四处，教务方面分基本、临床二系。基本系下设 13 个学科，各设主任 1 人。1952 年元旦，江西省立医学专科学校升格江西省医学院后，调整教学行政机构，学习苏联教学建制，将学系改为教研组，基础课各教研组直属基础医学部。1958 年江西医学院与第八军医学校合并后，1959 年 10 月正式成立基础医学部党总支，1960 年医学院党委又决定教务处与基础医学部、医疗系合署办公。1961 年 12 月 27 日医学院常委第 25 次（扩大）会议讨论决定并经上级同意，基础医学部与教务处分开办公，成立基础部部务委员会。1966 年，江西医学院与江西中医学院合并成立江西医科大学，并下迁到吉安市郊区青原山区实行开门办学，教学组织机构遭到极大破坏。到 1972 年 4 月学校迁回南昌原址后，在整理和修建校舍的同时，学校首先恢复了基础医学部和临床医学部。两部恢复后，将各基础课和临床课教研组恢复或重建起来，以便开展教学科研工作。基础医学部先后成立药理学、生理学、生物化学、病理解剖学、病理生理学、微生物学、寄生虫学、生物学、组织胚胎学、人体解剖学、数理学、化学、外文、体育 14 个教研组。

1984 年 2 月 17 日和 1986 年 4 月 16 日江西省机构编制委员会两次行文批复江西医学院处级教学机构中均有基础医学部设置。1989 年 5 月 12 日省卫生厅以〔89〕卫函人字第 57 号文《关于江西医学院教学、业务机构设置的批复》中也有基础医学部设置，此后历次机构调整改革均有基础医学部设置。

2005 年，原属基础医学部的外文、数学、物理、化学和药理学教研室归并到新南昌大学的相关院系，基础医学部改名为基础医学院。

2. 学院概况

学院现有5个系（结构与发育生物学系、病理与法医学系、病原生物学与免疫学系、生理与神经生物学系、细胞与分子生物学系）、11个教研室、1个基础医学实验教学中心。

学院现有教职工169名，其中专职教师117名：教授31名（二级教授6名），副教授58名；博士学位63名、硕士学位36名；博士生导师31人、硕士生导师49人；国家杰出青年科学基金获得者1名、国家“百千万人才工程”入选者2名、新世纪百千万人才工程省级人选9名、江西省“赣鄱英才555工程”特聘教授11名、江西省主要学科带头人9名、江西省青年科学家培养对象11名、南昌大学“215人才项目”特聘教授6名、南昌大学“215人才项目”赣江青年学者23名。

学院现有一级学科博士点1个（基础医学）、一级学科硕士点2个（基础医学、生物学）、本科专业（五年制基础医学本科专业）1个。学院生理学、人体解剖与组织胚胎学为江西省“十一五”重点学科，基础医学为江西省高校“十二五”重点学科，现拥有“基础医学省高校重点实验室”“江西省自主神经功能与疾病重点实验室”“江西省生殖生理与病理重点实验室”“江西省肿瘤病原学和分子病理学重点实验室”4个省级重点实验室，还拥有南昌大学生物医学研究院、南昌大学基础医学研究所、南昌大学司法医学鉴定研究所等省级科研与社会服务平台。

3. 主要成就

学院生理学、人体解剖与组织胚胎学为江西省“十一五”重点学科，基础医学为江西省高校“十二五”重点学科，现拥有“基础医学省高校重点实验室”“江西省自主神经功能与疾病重点实验室”“江西省生殖生理与病理重点实验室”“江西省肿瘤病原学和分子病理学重点实验室”4个省级重点实验室，还拥有南昌大学生物医学研究院、南昌大学基础医学研究所、南昌大学司法医学鉴定研究所等省级科研与社会服务平台。随着学校建设“双一流”高水平大学的目标推进，学院科研水平也在稳步提升，2016年以来，学院共获批国家自然科学基金项目79项，其中重点项目1项，面上项目12项，经费总计达近4000万元；2015年以来，学院共发表SCI收录论文500余篇，其中SCI一区论文32篇，SCI二区论文150余篇；学院教师共获江西省“三大奖”9项，科研成果稳居医学部下设各学院之首。

学院一贯重视回馈社会，积极鼓励学院教师参与社会服务工作。2020年新冠疫情暴发，学院骨干教师参与研发新冠病毒试剂盒，并为巴基斯坦、厄瓜多尔、瑞典等国家与地区提供技术支持；学院教师每年的“世界艾滋病日”前后都会在江西省高校中开展艾滋病防治宣传活动，2000年以来，共先后向江西省内17所高校

134 个专业 3 万多名大学生和研究生进行了艾滋病防控健康教育，受益人群达 10 万余人，并探索出一套适合高校学生艾滋病防控教育的有效方式，社会效果显著；学院法医教研室将医学专门知识应用于司法实践，很好地搭建了医学与法律之间的桥梁，实现法医学知识的司法实践转化，每年接受 400 余起司法机关以及卫生行政部门的法医学案件，为江西省司法机构提供客观、准确的鉴定意见，取得良好社会效果；学院教师自 2017 年以来，先后参与国家寄生虫种质资源共享服务平台（子平台）和国家寄生虫资源库项目的建设，截至 2019 年底已经完成 1200 种（125000 件）寄生虫资源及数据，并与全球共享；学院生命科学标本陈列馆以基础医学学科为依托，本着“面向昌医学子，服务医学教育；丰富校园文化，开展科普宣传”的宗旨，对外开放至今，先后接待了 500 余单位近 10 万人次专家学者、社会团体及个人的参观与交流，2015 年 7 月被江西省科协授予“江西省科普教育基地”。

二、公共卫生学院

1. 历史沿革

1959 年，江西医学院创办了卫生系和放射医学系。1962 年，教育部在广州召开会议，根据会议精神，高校进行调整，学院上述两个专业宣布下马，近半数教师转到临床或调往别处工作。卫生系改为两个教研组，即流行病学教研组（主任阎席丰）和卫生学教研组（主任范迪兴）。

20 世纪 80 年代初，卫生部要求各省市自治区自行培养解决本省所需高等预防医学、口腔医学人才，因此，省卫生厅与医学院均希望恢复卫生系。1985 年初，学院新的领导班子提出学院要多层次办学，决定建立卫生系。1985 年 6 月，医学院党委决定组建卫生系，后改名为预防医学系，为更好地适应公共卫生教育事业发展，2002 年江西医学院预防医学系更名为江西医学院公共卫生学院；2005 年，更名为南昌大学公共卫生学院。

2. 学院概况

学院设有流行病与卫生统计系、职业与环境健康系、营养与食品药品安全系、卫生政策与管理系、医学检验与检疫系共 5 个系 11 个教研室和实验教学中心、预防医学研究所、循证医学中心、公共卫生技能培训中心和中西部计划学科和服务平台，现有公共卫生与预防医学科学学位、公共卫生专业学位 2 个一级学科硕士学位授权点，社会医学与卫生事业管理、临床检验诊断学 2 个二级学科学位硕士授权点；本科招生有预防医学（医学学士）、医学检验技术（理学学士）两个专业。其中药理学与毒理学学科进入 ESI 全球排名前 1%，省级特色专业 1 个，省级品牌专业1个，省级重点实验室1个，省级一流建设专业1个，国家虚拟仿真实验教学项目1项，省级优质课程1门，校级重点学科1个，中西部计划的学科平台和服务平台各1个，江西省营养一级学会和预防医学会卫生统计专业委员会挂靠学院。预防医学、医学检验技术专业获得2018年省级专业评估第一，卫生检验与检疫专业为江西省唯一培养高校。

3. 主要成就

（1）人才培养方面：学院设有预防医学、医学检验、医学检验技术、卫生检验检疫、临床医学（精神医学与心理卫生方向、全科医学方向）等本科专业。其中，预防医学专业于1985年招收第一届预防医学本科生。预防医学专业是江西省级特色专业、省级品牌专业。医学检验专业于2001年设立，师资力量主要由一、二附院检验科，公卫学院卫生检验教研室整合，并于当年招收第一届医学检验专业本科生。2012年由于教育部专业目录调整，医学检验专业分为医学检验技术和卫生检验检疫两个专业，2013年停止招生。卫生检验检疫专业于2013年招收第一届本科生，由于学校专业调整于2018年停招。临床医学（精神医学与心理卫生方向）依托江西省精神病医院与第一附属医院精神医学与心理卫生科组建，于2000年招收第一批本科生，2003年招收第二届本科生后停招。

（2）学科发展方面：学院2003年获得“流行病与卫生统计学”和“社会医学与卫生事业管理”2个二级学科硕士点授予权；2006年获得临床检验诊断学二级硕士点授予权。2010年获批公共卫生（MPH）专业硕士学位授予权。开设有卫生事业管理、疾病预防与控制、卫生技术评价与生物统计、卫生学及卫生执法监督、卫生检验学、基层卫生与保健6个研究方向，学制三年。2011年获批公共卫生与预防医学一级学科学位硕士授予权。开设有流行病与卫生统计学、职业卫生与环境卫生学、营养与食品卫生学、卫生毒理学、卫生检验学5个研究方向，学制三年。2013年学院被江西省教育厅评为江西省示范性硕士点。

三、药学院

1. 历史沿革

1921年，江西公立医学专门学校只设医科，而药科未能开设，但开设了药理学课程。1944年秋，奉省教育厅令设立高级药剂职业科。1949年8月28日，江西省人民政府以教字第二号发布命令，“以原省立医专，加以改造为基础，与原省立助产学校、省立护士学校合并为省立医专学校”。合校后，原医专分设为医科、药科，改名为一部。1950年2月，医科、药剂科各成立一校，分别称“江西省立医学专科学校”和“江西省立药科学校”。1972 年，江西药科学校并入江西中医学院。1979 年 9 月，江西医学院恢复研究生招生工作，招收了药理学专业硕士研究生，因学校暂无硕士学位授予权，毕业研究生授予第三军医大学硕士学位证书。1984 年 1 月，江西医学院药理学等专业等获得硕士学位授予权。1986 年 7 月，经卫生部批准，学院被确定为国家临床药理基地之一，其任务是承担消化系统药物临床药理研究工作。1987 年 3 月，正式组建了临床药理研究室，附属在药理学教研室内。2002 年 12 月，成立江西医学院药学系。2005 年 8 月，药理及临床药理教研室由基础医学部划入药学系，药学系随学校合并更名为南昌大学药学系。2011 年 10 月，药学一级学科获批为江西省高校“十二五”重点学科。2012 年 12 月，更名为南昌大学药学院。2018 年，获批药学一级学科博士学位授权点。2019 年 12 月，获批药学国家一流专业建设点。

2. 学院概况

学院现有药理学、生物制药、药物分析学、药物化学、生药学与药事管理学、药剂学、临床药理学共 7 个教研室；1 个新药研发中心、1 个药学中心实验室；1 个江西省研究生教育创新基地；3 个省级重点实验室。

3. 主要成就

（1）人才培养方面：学院已成为高层次药学专门人才培养基地，已培养本科毕业生 2199 人，研究生 403 人；现有全日制本科生 676 人，研究生 208 人（其中博士生 17 人）。学生在第六届全国药学类专业大学生实验技能大赛中获得特等奖；第十一届全国大学生药苑论坛获得一等奖和优秀论文奖；“创青春”全国大学生创业大赛铜奖等；本科生考研升学率保持在 40% 以上，毕业生就业率保持在 95% 以上，深受用人单位欢迎，广受社会好评。学院多次被评为学校就业工作先进单位。

（2）学科建设方面：在“十二五”“十三五”期间学科得到较快发展，药理学为江西省高校“十一五”重点学科，药学一级学科为江西省高校“十二五”重点学科。2011 年批准为药学一级学科硕士学位授权点，2018 年获批药学一级学科博士学位授权点以及药学专业学位授权点，2018 年药理学与毒理学进入 ESI 世界排名前 1%。药学专业 2019 年获批国家级一流专业建设点。

（3）科学研究方面：2015—2020 年，获得科研经费 3000 万元，其中纵向科研经费 2000 万元、专任教师年均纵向科研经费 47 万元；主持省部级及以上科研项目 102 项（其中国家级项目 50）；获得省部级及以上科研奖励 6 项，其中国家科技进步二等奖一项。发表 SCI 论文 200 余篇，获授权发明专利 30 多项。

四、护理学院

1. 历史沿革

学院于1999年开始招收首届护理本科生，2001年4月护理学系正式成立，是江西省最早开办全日制护理本科教育和研究生教育的高等院系。2003年护理学专业获批江西省品牌专业，2010年获批学校特色和重点建设专业。2011年，获批全国首批一级学科硕士学位授权点，是江西省目前唯一的护理硕士学位授权一级学科。2012年9月，由护理系更名为护理学院。2014年，获批一级学科护理学专业学位授权点。2015年，学院成为博士研究生培养基地。2018年江西省护理本科专业综合评估排名第一。2019年分别与澳大利亚默多克大学、泰国清迈大学建立了联合培养博士项目。同年通过教育部专业认证并获江西省一流本科专业建设点。

2. 学院概况

护理学专业现设有6个教研室、1个护理学实验中心、1个大学生创新创业基地、11个省内外三级甲等综合性医院、1个精神病医院和2个社区服务中心的实践教学基地。护理学实验中心为江西高校实验教学示范中心、中央与地方共建高校特色优势学科实验室、校级虚拟仿真实验中心、国家级医学虚拟仿真实验中心主要参与单位之一。

学院现有教师43名（不含医学基础课和公共课教师），其中学院专任教师14名，直属附属医院专任教师23名，外聘教师6名；具有高级职称24名，博士学位10名，在读博士2名，硕士学位18名，博硕士生导师49名（含兼职导师）。教师中涌现出“白求恩奖章”获得者1名、“南丁格尔奖章”获得者2名，江西省百千万人才工程入选者1名，教育部护理学类教学指导委员会委员1名，全国护理女科技工作者1名，江西省中青年骨干教师2名，江西省“五一劳动奖章”获得者1名。

3. 主要成就

（1）人才培养方面：护理学专业以培养人格健全、基础扎实、知识面宽、实践能力强、富有人文素养、创新精神的应用型高级护理人才为目标，采用“四早”“五结合”的实践教学模式，以培养学生的职业情感、社会责任感和奉献精神。每年邀请“南丁格尔奖章”获得者来校做专题报告，组织学生早期接触临床、早期接触社区、早期接触社会、早期开展创新创业等活动，在各项活动中成效显著。在全国护理本科临床技能大赛中，学生代表队连续两届荣获三等奖，自2015年以来，学院共获批各级创新创业项目85项，先后有25人次学生获国家级、省级奖项。学院自开办护理本科专业以来，为社会输送高级护理人才3000余人，在各级医疗卫生机构和高校从事临床护理、教学、管理等工作，大多数已成为用人单位的骨干力量，有的已担任医院护理部主任、护士长，有的毕业生在国外深造及就业，他们以优秀的业绩为母校赢得了社会美誉。

（2）科学研究方面：2015 至 2020 年间，学院科研成果较显著，承担国家级、省厅级课题共 113 项，其中国家自然科学基金 5 项，省级课题 57 项，立项经费近 500 万元；以第一作者或通讯作者发表论文 228 篇，其中 SCI 论文 30 篇，CSCD 论文 64 篇，教改论文 16 篇。编写教材、专著 17 部，获省级教学成果奖 4 项，省级科技奖 4 项；2015 至 2020 年间累计 14 人获得国家级授课比赛及技能比赛奖，获国家级、省级精品资源共享课和视频公开课累计共 6 门。2020 年，由何朝珠教授领衔的“基础护理学”获得国家一流线下课程；二附院护理部主任熊晓云带领的护理团队喜获国家自然科学基金地区项目 1 项，直接经费 28 万，实现了江西临床护理国家自然科学基金项目零的突破。

五、儿科医学院

1. 历史沿革

江西医学院于 1955 年设立了江西医学院儿科系，顾毓麟院长担任首任儿科系主任。后因历史原因医学院曾停办儿科系，1982 年恢复儿科系，并在儿童医院办学，儿科系主任由江西省儿童医院院长担任，由医学院和儿童医院的教学管理人员共同承担学生管理及教学任务。学生的住宿由儿童医院承担；儿科专业理论教学和临床实践教学全部在儿童医院完成，授课由医学院儿科系老师和儿童医院教师共同完成教学任务，每年培养儿科系本科学生 40 人。儿童医院曾有 134 人被江西医学院聘为兼职教师，其中兼职教授 43 人、兼职副教授 61 人、兼职讲师 30 人。1988 年，江西省儿童医院成为江西医学院儿科学硕士学位培养点，并开展了硕士研究生的培养工作。1996 年，江西省教育委员会授予“儿科学”为江西高校重点建设学科。1999 年教育部停止了儿科专业招生，2003 年撤销了儿科学专业，之后医学院曾实行了数年的医疗系儿科分流。当年的医学院儿科系老师全部调入江西省儿童医院工作，医院科教科及教师们参与了儿科分流学生的教学和管理。2017 年 6 月，江西省儿童医院被批准为南昌大学儿科学博士研究生培养点。2018 年 3 月，为响应国家号召，培养更多的儿科医学人才，江西省儿童医院启动报请南昌大学增设儿科学专业程序。2019 年 7 月，南昌大学同意江西省儿童医院冠名“南昌大学附属儿童医院”，并成立“南昌大学儿科医学院”。2019 年经教育部批准新增设立儿科学专业。南昌大学儿科医学院于 2019 年开始招收儿科学专业本科生。

2. 学院概况

学院设有 1 个本科专业；学院是博士学位的学位点，具备专业博士学位授予权；是儿科学、儿外科学的科学及专业学位硕士学位点，具备硕士学位授予权。目前有博士生导师 5 名，硕士生导师 27 名。目前有全日制本科生 74 人，硕士研究生 37 人。

3. 主要成就

（1）人才培养方面：学院设有 1 个本科专业；学院是博士学位的学位点，具备专业博士学位授予权；是儿科学、儿外科学的学术及专业学位硕士学位点，具备硕士学位授予权。目前有博士生导师 5 名，硕士生导师 27 名。南昌大学儿科医学院秉承“仁爱、务实、求精、创新”的办学精神，为国家培养优秀儿科医学人才。

（2）学科建设方面：目前儿科医学院配备有多媒体教学设施；图书馆藏书丰富，有医学文献检索系统与网络平台。拥有先进成熟的儿科医师临床技能培训基地，能满足学生技能操作学习的全部需要。儿科医学院的儿研所已建成“分子生物学实验平台”、“医学遗传学临床诊断与科研平台”、省级“江西省儿童发育与遗传重点实验室”和生物样本库等，开展了分子生物学、细胞生物学、表观遗传学等前沿科学研究。还有与复旦大学附属儿科医院（国家儿童医学中心）合作建立的“儿童精准医学联合实验室”。

六、玛丽女王学院

1. 历史沿革

2012 年，经教育部批准，南昌大学与伦敦玛丽女王大学合作举办全国首个中英合作临床医学（生物医学）专业本科教育项目。2013 年，项目正式招生，学生毕业后将获得临床医学学士学位与生物医学科学学士学位。2015 年，成立玛丽女王学院，负责中英合作项目的运营与管理。

2. 学院概况

中英合作临床医学（生物医学）专业本科教育项目严格遵照中华人民共和国中外合作办学条例，集中整合南昌大学和伦敦玛丽女王大学的优质教育资源，以学校临床医学专业为基础，结合伦敦玛丽女王大学的优势学科生物医学专业，共同制定培养方案，英方教师亲临南昌大学执教。这是中国首个也是当时唯一一个获得教育部批准的临床医学专业类的中外合作教育项目。开创了江西省医学类高层次中外合作办学之先河，也为世界深入了解南昌大学打开了一扇门。

该项目旨在使学生掌握临床医学和生物医学的基础理论知识，培养科研素质和实践技能，掌握和应用临床医学基本知识和操作技能，使其能适应国际化竞争环境，成为既能胜任临床工作又能从事医学科学研究的高素质复合型人才。该联合培养项目是目前国内临床医学、生物医学领域最高层次的中外合作办学项目。

3. 主要成就

（1）人才培养方面：学院已招收 8 届学生，现有 3 届毕业生，联合办学项目成果显著，毕业生表现优异，培养了一批适应国际化竞争环境，新型医疗和医学科学高素质人才。学院高度重视学生的综合素质培养，积极组织学生参加各类学术、科研、创新创业活动。仅 2019 年，学院学生获得国家级学科竞赛奖项 13 个，省级学科竞赛奖项 27 个，发表核心期刊学术论文 30 余篇，申请专利 6 项。在第五届全国“互联网 +”大学生创新创业大赛，学院有 2 个项目荣获全国银奖，2 个项目荣获全国铜奖。目前，在校生共获得国家及省级奖项高达 100 多项，发表 SCI 论文、CSCD 论文、ISSN 论文以及国家核心期刊论文数量高达 130 多篇。

（2）国际交流方面：学院积极开拓新的国际合作教育，努力实现一流本科教育建设的目标。2017 年 8 月，学院选派 2014 级 10 名优秀学生参加为期一周的“香港大学及港安医院暑期实习参观项目”；2018 年 8 月，学院选派 2015 级 7 名优秀学生赴韩国汉阳大学进行暑期访学活动；2019 年寒假，学院选派优秀生赴美国杜兰大学进行为期一个月的交流实习。2019 年 10 月，学院邀请美国杜兰大学医学院执行院长 Patrice Delafontaine 教授和我校知名校友、杜兰大学医学院生物化学与分子生物学系主任卢华教授来我校访问。来访期间，向学院百余名师生进行了关于杜兰大学 21 世纪医学教育与培养模式的讲座，使学院学生大开眼界；同时，参观了南昌大学第一、第二附属医院并进行了学术交流；并且，杜兰大学与医学部签订了两医学院间的科研合作与师资进修合作备忘录。2019 年，玛丽女王学院作为桥梁，南昌大学与伦敦玛丽女王大学在本科教育合作项目的基础上成立生物医学联合研究院，开展临床医学与生物科学等领域前沿研究，推进以科学研究为导向的医学教育。

（3）党建思政方面：2018 年 7 月成立中共南昌大学玛丽女王学院总支部委员会，党总支下设 3 党支部：教工党支部（2019 年 3 月成立）、学生第一党支部、学生第二党支部（2019 年 5 月成立），形成“一体化”“两校区”“三支部”的党建工作格局，同时打造了 2 个特色党建阵地（2 个党员活动室）。2020 年成立中共南昌大学玛丽女王学院党委。根据学院中外合作办学的特色，学院各级党组织通过“三会一课”、党支部学习教育、党日活动等积极掌握意识形态工作主动权，构建起以增强党性、提升质量为目标的多层次、多渠道党员经常性学习教育体系。2019 年，学院学生党支部扎实完成党员发展、培养、管理、教育等各项工作，并荣获南昌大学优秀党支部。

七、实验动物科学中心

1. 历史沿革

实验动物科学中心前身江西医学院动物室（1958 年）隶属于教务处教材科，1995 年在原江西医学院动物室的基础上联合原江西医学院修配厂合并成立正处级业务单位，即命名为江西医学院实验动物科学部。1998 年取得江西省普通级实验动物（大鼠、小鼠、实验兔等）生产和使用许可证。2005 年，更名为南昌大学实验动物科学中心。

2. 中心概况

中心下设行政办公室、医学实验动物学教研室、动物实验研究室、动物饲养室及后勤保障室。中心现有职工 19 人（正式职工 14 人、合同制 5 人），高级职称 5 人，中级职称 5 人，硕士生导师 1 人，高级兽医师 1 人。

现位于前湖校区的新实验动物大楼为国家中西部高校基础能力建设工程项目，占地 19.2 亩，建筑面积约 8900 平方米。

3. 主要成就

中心的主要功能：是集实验动物生产、供应、教学、科研为一体的综合性单位，主要供应小鼠（KM、BALB/C）、大鼠（SD、WISTAR）、豚鼠、犬、兔等实验动物及实验动物全价营养颗粒饲料、垫料等。开设个性化选修课及专业选修课“实验动物学”和Ⅱ类通识课“宠物驯养与鉴赏”教学，2018 年新开设留学生选修课 Laboratory Animal Science；面向校内外开放相应等级的动物实验室，并承接动物实验，提供实验动物科研课题研究场所。2019 年筹建江西省实验动物重点实验室。2019 年开始受省科技厅委托协助科技厅完成全省实验动物许可的具体工作。

第六节　独立学院

独立学院是中国高等教育办学模式和办学体制改革的一项重大创举和突破，是高等教育大众化进程中出现的按新模式和新机制体制运行的普通高等学校。为解决广大人民群众对高等教育的需求，1999 年召开的第三次全国教育工作会议指出，鼓励社会力量以多种形式来办学。南昌大学紧抓机遇，利用学校的品牌优势和资源优势，创办了两个独立学院：南昌大学科技学院和南昌大学共青学院。

一、科技学院

（一）历史沿革

2001年8月1日，南昌大学科学技术学院成立，是由南昌大学创办，经江西省政府批准、教育部确认的本科综合性独立学院。同时，组建了南昌大学科学技术学院管理委员会。聘任况开鑫等人担任管理委员会委员，况开鑫任管委会主任，设有12个本科专业，首批学生843人。

1. 学院领导班长调整

为了更好地做好学院管理和服务工作，2002年，根据中共南昌大学党委文件精神，成立中共南昌大学科学技术学院委员会，任命朱小理同志为党委副书记，主持学院党委工作。2003年9月，学校党委首次调整了学院领导班子，何解山任院长，詹贤劳任党委书记。2010年9月，学校党委调整充实学院领导班子，李军红任院长，朱小理任党委书记。2013年12月，学校党委调整学院领导班子，胡文立任党委书记。

2. 学院稳步发展

2004年，学院将已开设的27个本科专业进行了统一上报，并通过教育部审核备案。6月，学院召开首届教职工代表大会，进一步统一了思想，凝聚了共识。2005年1月，学院顺利通过了教育部对学院办学条件和教学工作的专项检查，为学院稳步发展奠定了坚实基础。2005年起，在加快已设专业建设发展的基础上，学院陆续申报获准新增本科专业14个，学院开始进入发展的快车道。2006年7月，根据南昌大学的有关文件精神，南昌大学将青山湖校区（南区）移交给学院办学，搬迁和规划建设工作正式启动，学院的办学条件得到极大改善，为进一步快速发展提供了硬件保障。2007年2月，学院制定出《南昌大学科学技术学院机构设置方案》，对党群、行政、教学等部门和业务单位进行了设置和规范；5月，学院顺利完成青山湖校区南区大部分房屋及资产设备的移交、接收工作，学院的办学园区扩展为青苑、南区“一校两区”，实现了学院工作重心、教育主校区的全面转移。学院办学条件得到进一步改善，学院发展步入了快速期。同年，教育部副部长袁贵仁一行视察了学院教育教学工作。

3. 学院搬迁至共青校区

根据江西省委省政府统筹安排，2014年6月，南昌大学、江西中航共青实业有限公司和共青城市人民政府签订《合作办学协议》，建设科技学院新院区。学院步入新的发展阶段。2016年7月，因《合作办学协议》主要条款发生了变化，南昌大学、江西中航共青实业有限公司和共青城市人民政府签订《合作办学协议之补充协议》。2017 年 10 月，首批 2017 级学生入驻共青校区就读。2019 年 9 月，学院完成办学主体由南昌校区向共青新校区的整体搬迁过渡，学院发展进入了新阶段。

（二）学院概况

科学技术学院现坐落在赣江新区共青城市，校区占地 1215 亩。是由南昌大学创办，经江西省发展计划委员会、江西省教育厅批准成立的一所综合性本科独立学院。

学院现有基础、人文、财经、理工、信息 5 个学科部，下设中国语言文学系、外国语言文学系、经济贸易系等 15 个系，设置本科专业 42 个。面向全国 25 个省（市）招生，现有全日制本科层次学生 11939 人。

学院机构设置实行三级设置两级管理，即设学院、学科部、系三级，学院、学科部两级管理，系无行政职能。学院内设行政职能部门 11 个，即院长办公室、人事处、计划财务处、资产管理处、教务处（内设科学技术科）、学生工作处、后勤保障处、公共安全管理处、招生就业办公室、计算机网络中心、图书馆；院党委下设党委办公室、党务工作部、纪委办公室、党委教师工作部、党委学生工作部、工会和团委。

学院采用人事代理聘用制方式吸纳各类人才，学院现有教职工 449 人，专任教师 331 人，其中教授 14 人，副教授 76 人，江西省高校学科带头人 1 人（省骨干教师）。

学院校舍建筑面积 30.9 万平方米，生均 27.2 平方米，其中，教学行政用房 18.3 万平方米，生均 16.1 平方米；学生宿舍面积 12.6 万平方米，生均 11.1 平方米。学院单价 800 元以上教学仪器设备总值 6108 万元，生均 5373 元。图书馆总面积 1.22 万平方米，纸质馆藏图书 82.14 万册，电子图书 45.47 万册，生均 72 册。

学院以人才培养为己任，坚持以教学为中心，以学生为主体，改革人才培养模式。积极推进本科教学质量与教学改革工程建设，已对本科培养方案进行了六次修订，完成了《2019 版本科人才培养方案》的修订工作。同时，不断深化对慕课、大学生英语、思想政治理论等课程的实践教学改革，创新人才培养模式，实施“3+1”人才培养，不断加大实验室开放力度，组织学生进行竞赛培训，实施以赛促教、以赛促学，加强校外实习基地建设，先后与湖北十堰市东风汽车厂、宏村写生采风基地、南昌市青山湖区人民法院基地等 190 余家企事业单位建立了合作关系。

学院充分发挥校园文化的凝聚力、感召力和激励作用，着力加强校园文化建设，以校园文化为载体，积极拓展大学生综合素质，培养大学精神。自 2015 年起，为强化学生的组织纪律性、团队合作精神和良好的养成教育，在大一新生中实行了半军事化管理；先后组织开展了综艺大赛、歌手大赛、辩论赛、篮球赛、“五四”诗会、女生节、寝室文化节、社团文化艺术节、大学生讲坛等各种主题丰富、形式多样的校园文化活动，有效丰富了学生的课余文化生活，营造出“和谐、健康、精彩、多元”的校园文化氛围。

（三）院系设置

1. 人文学科部

成立于 2004 年 7 月，现有“五系一中心”和 50 余名专职教师。中国语言文学系，下设汉语言文学和对外汉语专业；新闻系，下设新闻学专业；政治法律系，下设法学专业；外国语言文学系，下设英语、德语和日语专业；艺术系，下设视觉传达设计、环境设计、数字媒体艺术；设立艺术传媒实验中心。

2. 财经学科部

成立于 2004 年 7 月，学科部现有四个系和 30 余名专职教师。具体为：经济贸易系，下设国际经济与贸易专业；金融系，下设金融学专业；管理系，下设旅游管理专业、市场营销专业、工商管理专业；财务会计系，下设财务管理专业、会计学专业。

3. 信息学科部

成立于 2004 年 7 月，学科部现有“三系一中心”和 24 名专职教师。计算机系，下设电子商务、计算机科学与技术、软件工程专业；电子系，下设电子信息工程和通信工程专业；自动化系，下设自动化和电气及其自动化专业；成立电工电子实验中心。

4. 理工学科部

成立于 2004 年 7 月，现有“三系一中心”和 40 余名专职教师。生化系，下设生物工程专业和制药工程专业；机电系，下设机械设计制造及其自动化专业，车辆工程专业，材料成型及控制工程专业；土建系，下设土木工程专业，工程管理专业，建筑学专业、环境工程专业，给水排水科学与工程专业；成立工程训练中心。

5. 基础学科部

成立于 2004 年 7 月，现有“两部两室一中心”和 59 名专职教师。下设英语教学部、体育教学部、数学教研室、公共艺术教研室和物理实验中心。

（四）主要成就

1. 教育教学方面

2015—2020 年，学生参加大学生数学建模竞赛、广告艺术设计大赛、省科技创新与职业技能竞赛等学科竞赛，获得国家级、省级奖项共计 516 项，其中国家级奖项 126 项，省级奖项 390 项。仅 2020 年就获得国家级奖项 19 项、省级奖项 70 项。学院一次性就业率超过 84%，学院就业率始终位居全省独立学院前列，在全省就业工作评估中一直都是“优秀”。学院每年对毕业生进行质量跟踪调查，对用人单位进行回访，学院毕业生以其良好的综合素质，受到社会各界欢迎和好评。

学院先后被中国独立学院协作会、中国高等教育中心和知名教育媒体评为“全国先进独立学院”“全国十佳独立学院”“全国十佳诚信独立学院”。并先后荣获“改革开放30年中国十大品牌独立学院”“全国十佳独立学院”和“江西省规范管理年先进单位”“江西省创新发展年先进集体”“全省大学生思想政治教育工作先进集体”“江西省2007—2009年就业工作先进单位”“全省教育系统人事人才工作先进集体”等多项荣誉。学院的办学事迹多次被《瞭望》《中国教育报》、江西教育电视台等多家媒体宣传报道。2016年，在中国管理科学研究院武书连《中国独立学院评价》中，学院在全国265所独立学院中排名第15名，办学质量日益提高，办学声誉逐步形成。

2. 科研工作方面

学院虽然定位于教学型学院，但始终重视科研工作，努力为学院教师提供良好的科研平台，致力于提高学院的核心竞争力。建院初组建了学术委员会，制定和出台了科研管理制度和鼓励措施。2010年以来，科研工作发展迅速，科研立项项目300余项，在国内外发表各种科研论文约311篇（核心期刊及以上），科研进账经费达250万元，

二、共青学院

（一）历史沿革

1. 萌芽期

1985年2月25日，“江西大学共青职业学院”成立。由原江西大学（现南昌大学）和共青城开放开发区（现共青城市人民政府）共同组建。8月22日，时任中共中央总书记胡耀邦同志亲自为学院题写院名。1986年招收首届学生，开设会计与统计、政治宣传两个专业。1991年8月16日，学院更名为“江西大学共青学院”。1993年，学院更名为“南昌大学共青学院”。1999年，学院开始招收高职生。1999—2001年招收的高职生第一年在共青学院学习，第二、三年回南昌大学本部相关院系学习。

2. 调整期

为顺应高等教育发展的要求，2002年，经江西省教育厅、江西省发展计划委员会、江西省经济体制改革办公室批准，引进社会资本改制为南昌大学二级学院。学院开始本、专科两个层次的教育，专业覆盖文、工、经、法、艺等多个学科。1月

31 日，欧洲派斯集团、重庆昂利实业有限公司与共青开放开发区管理委员会、南昌大学签订办学协定，正式接管共青学院。2002 年 8 月由昌振实业有限公司接替欧洲派斯集团、重庆昂利实业有限公司，按照协定延续投资办学。2003 年，学院经教育部评估予以确认为独立学院。2004 年经教育部独立学院专家评估组评估为较好（本次评估标准为较好、一般、较差）。

3. 发展期

2006 年学院面向全国 19 个省、市、自治区招生。计划招收计算机科学与技术、电子信息工程、电气工程与自动化、英语、经济学、国际经济与贸易、会计学、工商管理、工业设计、汉语言文学等 10 多个本科专业。2007 年（包括 2007 年）学生完成规定的学业，颁发教育部规定的南昌大学共青学院本科毕业证书，取得学士学位资格的颁发南昌大学学士学位证书。2008 年以后（包括 2008 年）学生完成规定的学业，颁发教育部规定的南昌大学共青学院本科毕业证书，取得学士学位资格的颁发南昌大学共青学院学士学位证书。2010 年新增加四个本科专业：艺术设计、材料成型及控制工程、数字媒体技术、服装设计与工程。2012 年新增土木工程、风景园林专业。2017 年新增服装与服饰设计专业。2018 年新增商务英语、软件工程、建筑电气与智能化、金融工程、学前教育，体育教育专业，新设立中文与教育系。

（二）学院概况

共青学院坐落在庐山脚下、鄱湖之滨的共青城，占地面积 1014 亩。现设有经济贸易系、中文与教育系、外国语言文学系、工程技术系、信息工程系、工商管理系、艺术与设计系和公共课教学部共 8 个教学单位，下设商务管理、中文、英语、电气、计算机科学与技术、会计、思想政治理论课等 22 个教研室。学院依托学校的综合办学优势，根据社会发展需求设置专业，设有国际经济与贸易、汉语言文学、英语、电气工程及其自动化、计算机科学与技术、会计学、服装设计与工程等 21 个本科专业及国际经济与贸易、商务英语、服装与服饰设计、建筑工程技术、软件技术、会计等 16 个专科专业，设有艺术与设计研究所。

学院现有教职员工 423 人，专任教师数 281 人，其中具有高级专业技术职务教师 89 人；具有研究生学历教师数 87 人；学院还有一批具有专业技术资质的人才在学院兼职兼课，外聘教师 23 人，副高及以上职称 23 人。学院本专科生总数为 8538 人，其中本科 4734 人，专科 3804 人。建院 35 年来，累计为社会培养各级各类人才 4.5 万余人，其中本科层次约 1.3 万人，专科层次约 3.2 万人。

学院校舍建筑总面积 176869.28 平方米。教学仪器设备值 4191 万元，纸质图书 52.32 万余册，电子图书 100 余万册，电子期刊 7000 余种。

学院以“1+X”证书培养模式改革为切入点，制定“毕业证 + 学位证 + 技能证”三位一体的专业培养方案，加强校企深度融合，开展师徒制教学模式改革试点，实现知识传授与技能训练有效衔接。学院突破传统教育观念和模式，敢于探索和创新，在不断改革创新实践的基础上，结合学院和中国国情，建立以创新和能力为导向，面向未来和全面发展的教育体系，形成学院自己独特的办学思想和教育理念，以指导学院的发展与改革，提高教育教学质量，创建中国民办高校的品牌。学院学风优良，校园和谐稳定。荣获九江市文明单位和共青城市法治建设工作先进单位等称号。

（三）院系设置

艺术与设计系：始于 1988 年，隶属于综合组。2001 年成立综合系，2002 年改称为人文艺术系。2010 年 3 月，成立艺术与设计系。2010 年新增服装设计与工程（本科）专业、艺术设计（本科）专业，2012 年新增风景园林（本科）专业，2013 年原工业设计本科更名为产品设计（本科）专业、原艺术设计本科更名为环境设计（本科）专业，2018 年新增服装与服饰设计（本科）专业。2019 年进行教研室整合，将原有教研室整合为工业设计与广告视传、环境设计与园林建装、服装设计、艺术基础 4 个教研室，下设服装工艺、广告设计与制作、装饰材料、产品造型等多个实验室。现有专职教师 41 人。

信息工程系：1993 年，成立计算机教研室，开设专科专业计算机及其应用，2002 年计算机及其应用专业停招，2002 开设本科专业计算机科学与技术和专科专业计算机网络技术。2003 年 9 月成立计算机系，2003 开设专科专业软件工程、计算机网络工程与管理，2005 年软件工程专业更名为软件技术、计算机网络工程与管理更名为网络系统管理，2007 年网络系统管理专业停招。2006 年 12 月在计算机学科群基础上与数学教研室合并，组建新的计算机系。2010 年 1 月工程技术系的电子信息工程、应用电子技术和电子信息工程技术专业并入计算机系，计算机系更名为信息工程系。2010 年新增本科专业数字媒体技术，2015 年数字媒体技术专业停招。2019 年新增本科专业软件工程，同年应用电子技术专业停招。信息工程系现有计算机科学与技术、软件工程和电子信息工程 3 个本科专业，计算机网络技术、软件技术和电子信息工程技术 3 个专科专业。下设 4 个教研室为电子教研室、软件教研室、计算机科学与技术教研室和数学教研室。现有专职教师 35 人。

工商管理系：前身为经济管理系，2006 年 3 月从经济管理系分离出来，成立工商管理系，现有本科与专科两个教学层次。本科现有工商管理、会计学、电子商务 3 个专业；专科现有会计、电子商务、行政管理 3 个专业。设有会计、工商行政管理、电子商务 3 个教研室。现有教师 35 人。

经济贸易系：成立于 2002 年 9 月，前身为经济外语教研室。2003 年 9 月，经济外语教研室分立为经济管理系和外语系，2006 年 3 月，经济管理系分立为经济贸易系和工商管理系。经济贸易系现有本科和专科两个层次。设有金融工程、国际经济与贸易、经济学、市场营销等专业。设有经济金融、商务管理 2 个教研室。现有教职工 20 人。

工程技术系：2002 年筹建，原名电子信息工程系，2007 年改称工程技术系，2009 年学院学科和师资重组后，沿称工程技术系。建系初期设有电气工程与自动化、电子信息工程 2 个本科专业及电子信息技术、应用电子、模具设计与制造 3 个专科专业。2005 年招收生物制药（专科）、建筑工程技术（专科）、城镇规划（专科）、机电一体化（专科）专业，2006 年招收汽车检测与维修技术专科专业，2010 年招收材料成型与控制本科专业，2012 年招收土木工程本科专业。下设电气、机械、建工 3 个教研室，现有专职教师 15 人。

外国语言文学系：创建于 2003 年，原系名为外语系。2003 年起开设英语专业（本科）、外贸英语（专科）、英语专业（专科）。2005 年专业调整后，开设了英语专业（本科），商务英语专业（专科）、应用英语专业（专科）。2010 年在原外语系的基础上，学院学科和师资重组成一个系，更名为“英汉语言文学系”，增设了汉语言文学本科专业。2018 年，英汉语言文学系更名为“外国语言文学系”，设有英语（本科）、商务英语（本科）、商务英语（专科）、应用英语（专科）4 个专业。下设英语专业、大学英语 2 个教研室。现有教师 43 人（含外籍教师 4 人）。

中文与教育系：2018 年因学院机构改革与学科建设需要，中文教研室从英汉语言文学系脱离，与公共课教学部体育教研室共同组建中文与教育系，设有汉语言文学专业（本科）、学前教育专业（本科）、体育教育专业（本科）。2019 年起招收学前教育专业。下设中文教研室、体育教研室，现有教职工 28 人。

公共课教学部：前身系共青学院人文艺术系“两课”教研室，2009 年改称思想政治理论课教学部。2010 年初，学院进行学科建设和教学管理改革，思想政治理论课教学部和人文艺术系体育教研室组建公共课教学部。2012 年，招生就业处就业指导课教研室并入公共课教学部。2018 年，体育教研室从公共课教学部脱离。公共课教学部承担学院思想政治理论课、职业生涯和就业指导等课程的建设、教学和科研任务，设有思想政治理论课、创新创业课 2 个教研室。现有教师 7 人。

实验实训中心：创建于 2003 年，前身是“现代教育技术中心”，由电子系实验室、多媒体教室、语音室、微机房合并组成。2007 年 3 月，所属电子实验室转入工程技术系实验中心。2010 年 1 月，现代教育技术中心更名为“实验中心”，工程技术系实验中心所属电子、电气、汽修、金工实训、建工、机械模具、生物化学等实验室并入。2018 年实验中心更名为实验实训中心，现有 12 间电子类基础实验室、13 间机房、81 间多媒体教室，专业实验室转入相关对口各系部。实验实训中心共有教师 10 人。

（四）主要成就

1. 教育教学方面

2015—2018 年江西省普通高校本科专业综合评价中，学院经济学、服装设计与工程 2 个专业全省排名第一，五个专业全省排名前 50%；学院注重本科教育，本科生考研录取人数逐年递增，2015—2020 年，学生考研录取 202 人，多名毕业生考取中山大学、中国传媒大学等 985、211 高校研究生。学生在全国和全省各类赛事中屡创佳绩。2016 年以来学生参加各类大赛共获奖 463 项，其中国家级奖 63 项，省级奖 370 项，团体奖 173 项，50 余人获得全国大学生英语竞赛特等奖。2006—2020 年，连续 15 年获全国大学生英语竞赛 D 类（专科大学英语类）团体总分第一名，名列全省高校专科大学英语首位。2019 年入选“人文交流经世项目”首批“经世国际学院”，加入世界大学校长联合会并成为其正式会员。2015 至 2020 年间，学院荣获素有设计界的“奥斯卡”之称的“红点概念设计奖”、全国大学生数学建模竞赛一等奖、全国第七届华帝工业设计大赛金奖、“欧迪芬”杯中国内衣设计大赛总决赛金奖。

2. 科研工作方面

2016 年以前学院科研立项 68 项，其中国家级项目 1 项，省级项目 50 项。教师发表论文 566 篇，其中核心期刊论文 49 篇，出版著作 28 本。2016 年以来，学院教师共发表科研论文 258 余篇，其中核心期刊论文 21 篇，出版教材（著作）9 部，省级及以上课题立项 78 项。学院与共青城鸭鸭集团、昌乐制衣、道木熙服饰有限公司等企业保持良好的合作关系；2020 年 6 月开始实施助力企业复工复产，为九江清越光电科技有限公司、江西亚华电子材料有限公司和星月晓影鞋业制造厂提供了技术支持，为九江聚思味电子商务有限公司和江西学森教育科技有限公司输送了专业人才。

第六章　科研平台

科研平台是学校科技创新、人才培养及成果产出的重要阵地和载体。学校充分发挥综合性大学优势，着力加强科研平台建设，科研平台在提高学校科研水平、促进学科交叉融合、加强高层次创新人才培养等方面发挥了重要作用，成效显著。

第一节　理工科科研平台

一、国家硅基 LED 工程技术研究中心

1. 发展历史

2011 年 1 月，经国家科技部批准，依托南昌大学组建国家硅基 LED 工程技术研究中心（以下简称“国家工程中心”），从事 LED 高端装备设计制造、材料生长、芯片制造、器件封装、应用开发和性能表征等研究工作。

2. 现状概况

国家工程中心与教育部发光材料与器件工程研究中心、南昌大学材料科学研究所、江西省发光材料重点实验室、教育部和江西省共建“MOCVD 装备与工艺协同创新中心”等实行多块牌子一套人马的管理模式，拥有材料物理与化学国家重点学科和“半导体照明技术创新团队”（分别由科技部和教育部批准）。

国家工程中心以企业化运作，有技术中心、芯片中心、生产中心、营销中心、装备中心、工程保障中心、综合保障中心等七大块。中心主任是江风益院士，徐龙权教授担任常务副主任兼任公司董事长。

3. 主要贡献

江风益带领团队 19 年磨一剑，开辟的硅基氮化镓 LED 芯片技术被称为“半导体照明芯片第三条技术路线”，实现了产业化。2015 年度，该成果获得国家技术发明奖中唯一的一等奖；2017 年，所在的材料科学与工程学科入选国家“双一流”建设学科（江西省唯一入选的学科）；2019 年 11 月，工程中心主任江风益教授当选中

国科学院院士；2019 年 9 月，工程中心获得“全国教育系统先进集体”称号。

获得国家发明奖后，工程中心在“高光效黄光 LED”“高光效绿光 LED”“硅衬底氮化物半导体专用 MOCVD 装备”“无荧光粉金黄光 LED 光源及灯具”等研发方面取得新突破，经国家一级学会中国照明学会组织鉴定，均达到国际领先水平。蓝光 LED 发明人、诺贝尔奖得主中村修二教授评价：“硅基黄光 LED 的技术水平国际领先，这是中国人在 LED 领域非常大的发明，它有非常大的价值，堪称中国首次发明的照明技术。”成果获得 2016—2017 年度国际半导体照明联盟颁发的“全球半导体照明年度新闻奖”和“全球半导体照明示范工程”。采用该光源研制出了路灯、隧道灯、球泡灯及氛围灯等照明灯具，已在全国十多个地区应用；无蓝光、不伤眼的母婴灯、床头灯和台灯等家居照明产品也已进入百姓生活，销往全国 30 多个省市并出口到全球 6 个国家；为照明产业高质量发展提供了健康安全的照明新光源。

2016 年 2 月 3 日，习近平总书记视察南昌大学国家硅基 LED 工程技术研究中心，并发表重要讲话：“核心技术是买不来的”，“我国发展必须依靠创新，掌握核心技术的过程很艰难，但这条道路必须走”，“这个新兴产业大有可为，我对你们寄予厚望”。总书记鼓励科研人员继续发扬“十年磨一剑”“梅花香自苦寒来”的艰苦奋斗精神，为国家做出更多贡献。

二、食品科学与技术国家重点实验室

1. 发展历史

食品科学与技术国家重点实验室（与江南大学联合建设，以下简称“实验室”），是目前国家食品领域唯一的学科类国家重点实验室，也是江西省第一个国家重点实验室，为实现健康中国战略和支撑江西省地方经济建设与社会发展构建了一流的科研平台。“实验室”于 2007 年获科技部批准立项建设，2010 年 1 月以优异成绩通过科技部验收，2011 年、2016 年均以良好成绩顺利通过科技部评估，其间荣获 2014 年度“全国教育系统先进集体”荣誉称号。

2. 现状概况

实验室现有教育部“长江学者”创新团队（食品质量与安全）、科技部重点领域创新团队（食物过敏）以及江西省首批优势科技创新团队（食品科学与技术）等国家和省部级创新团队，已形成以国际食品科学院院士、长江学者、国家杰青、国务院学位委员会学科评议组成员、国家万人计划人选等为学术带头人，以及一批海外留学归国博士等中青年学术骨干为中坚力量的研究队伍。“实验室”拥有国家重点学科、一级学科博士学位授权点和博士后流动站、国家国际科技合作基地、中国—

加拿大食品科学与技术联合实验室（南昌）以及省部共建协同创新中心，与德国、加拿大、美国、荷兰、新西兰、韩国等国家的高等院校和科研院所建立了良好的科技合作关系，其中中德合作被德国专家誉为中德技术合作的杰出典范。“实验室”成功举办（承办）了“中德食品安全研讨会”“中加科技合作高层论坛”“第十四届国际亲水胶体大会”等国际学术会议，形成了鲜明的国际合作与交流特色。实验室独立大楼总面积近 1 万平方米，建设有国际先进水平的公共研究平台，实行大型仪器集中管理、共享开放的制度。

实验室瞄准国家发展战略，立足食品科技国际前沿，发挥多学科交叉、国际合作的特色和优势，围绕“食品科学与人类健康、食物资源高值化利用”研究主题，在食品加工与组分变化、食品安全性检测与控制、食品配料与添加剂的生物制造、食品加工新技术原理及应用 4 个研究方向开展科学研究。

3. 主要贡献

实验室自成立以来，取得了一批高水平科研成果，获国家科技进步二等奖、国际食品亲水胶体基金会大奖、国家级教学成果奖二等奖、江西省自然科学、技术发明、科技进步一等奖等省部级以上奖励 28 项。其中谢明勇教授团队研发的“果蔬益生菌发酵关键技术与产业化应用”，荣获 2016 年度国家科技进步奖二等奖。针对我国果蔬发酵专用菌种缺乏、复合菌剂规模化制备技术落后、发酵果蔬产品种类单一、难以满足不同人群的多样化需求等突出问题，谢明勇教授和他的团队通过历时 16 年的技术攻关，创制出了一个果蔬益生菌发酵上、中、下游全产业链的关键技术创新体系，突破了果蔬发酵益生菌种高通量筛选和高活性工程菌剂规模化制备等系列技术瓶颈，率先掌握了适合工业化生产的果蔬发酵菌种及其菌剂制备等核心技术，实现了果蔬益生菌发酵关键技术产业化的重大突破。该项目的完成，在我国催生了一个全新的发酵果蔬产业，引领了果蔬发酵产业潮流，有力提升了我国果蔬食品在上的竞争力，推动了我国果蔬精深加工产业的科技进步。

得益于学校学科特区政策，实验室先后主持国家级和省部级项目 120 余项，科研总经费达 1.31 亿元；发表 SCI 论文 900 多篇，单篇影响因子最高达 40.182；出版专著（含参编）10 部，其中英文专著 1 部；授权国家发明专利 160 余件。在全国第四轮学科评估中，学校食品科学与工程学科评估等级为 A，位列全国第 3 名。

实验室与江中集团、伊利集团、江西齐云山食品有限公司、江西煌上煌集团、南昌旷达生物科技有限公司等企业开展了广泛的产学研合作，实现了一批科研成果的转化与产业化，直接产值超过百亿元。这些科技成果的成功应用，有力推动了食品产业科技进步，为服务国家及地方经济建设、支撑和引领我国食品领域的科技创新和产业发展做出了重要贡献。

三、江西省近地空间环境与信息协同创新中心

1. 发展历史

江西省近地空间环境与信息协同创新中心（以下简称“中心”）是江西省与教育部省部共建的协同创新中心。“中心”前身为2009年南昌大学成立的空间科学与技术研究院，2010年先后获批江西省地球空间信息重点实验室和江西省空间科学与技术高水平实验室建设；2014年，依托研究院获批江西省“近地空间环境与信息”协同创新中心，同年获批江西省“遥感与空间技术”院士工作站；2018年获批江西省科技厅“近地空间环境与信息”重点实验室科技创新培育平台，2019年10月获批教育部“空间信息智能感知技术”工程研究中心（培育）建设单位。

2. 现状概况

“中心”主任为“长江学者奖励计划”特聘教授、国家杰出青年基金获得者邓晓华教授，“中心”设立学术委员会，负责审议创新中心的发展战略、研究开发计划，评价工程研发与试验方案，审议创新中心年度工作等。“中心”下设综合办公室、空间环境感知与计算研究中心、新信息材料传感器件研究中心、移动物联网技术与系统研究中心、信息智能控制与虚拟交互研究中心和成果转移转化中心。

“中心”拥有约50余人的科研核心队伍，其中教授24人，包括中国科学院院士2人、国家杰青3人、教育部长江学者2人、国家千人计划2人、国家百千万人才2人、国家优青1人、中组部青年拔尖人才1人，赣鄱英才555工程人才4人；团队中具有博士学位者占比95%以上，80%以上具有留学回国经历。“中心”建设了省内一流的超净间实验室，建设了省内一流的太赫兹器件制备、检测和微纳加工平台，拥有800平方米的产业化场地。

3. 主要贡献

“中心”瞄准国家重大研发计划、国防实验室和产学研孵化项目，围绕临近空间“黑障”区通信机制研究、星载仪器研制、微波探测及遥感遥测应用等方面，在科学研究取得重大成果和突破。“中心”先后在*Science*，*Physical Review Letters*等国际顶尖期刊上发表SCI论文，并获批国家基金委重大仪器专项、重点项目、优秀青年基金、科技部“863”项目等重大项目。2015年国家“863”项目“电离层非相干散射软件雷达的关键技术”作为地球观测与导航技术领域内的重要课题，进行了新型非相干散射软件雷达的先期研究，完成软件雷达方案设计和一套全面软件雷达计算机仿真系统。2015年作为主要合作单位参与了基金委重大科研仪器研制项目“三亚

非相干散射雷达”的研制，在位于电离层低纬的三亚地区建设一台当前国际上最为先进的大功率相控阵非相干散射雷达，使我国在该领域的科研水平处于国际先进行列。2015 年获批了国家基金优秀青年基金“磁场重联”项目，基于 MMS 卫星探测获得了多项优秀科研论文成果；2017 年，获批国家自然科学基金重大科研仪器研制专项（自由申请）项目“星载无线电等离子体探测仪”（700 万），正在设计研制一部重量轻、功率小、探测距离远、多普勒分辨能力强的多功能星载无线电等离子体探测系统原理样机。

“中心”联合武汉大学龚健雅院士成立了江西省“遥感与空间技术”院士工作站，立足于多模遥感成像与识别，开始在天空地鄱阳湖流域生态环境立体感知体系建设上布局。2017 年，空间研究院遥感团队联合江西理工大学，获批了国家国防科工局关于高分辨率对地观测系统重大专项省域产业化应用项目“高分专项江西省赣江流域生态环境监测平台产业化应用项目”，该项目总经费达 3000 万元，将融合“互联网 + 天基 +”等新一代信息技术，通过高分成果转化，形成面向市场需求的高分遥感数据平台，打造高分卫星在江西省赣江源水环境监测、鄱阳湖生态经济区资源监测、南昌智慧城市建设的应用服务体系，为江西省各级环保、水利、国土、城市建设等部门提供长效综合服务。

邓晓华教授首次在日地空间发现无碰撞磁场重联的观测证据，论文在 *Nature* 发表后，受到了国际学术的广泛重视和引起强烈反响。世界空间物理泰斗、太阳风的发现者 E. N. Parker 教授亲笔来信表示祝贺和赞赏。*Nature* 专文评论文章和 *Nature* 评审人认为该研究涉及困扰天体物理、空间物理和等离子体物理近半个世纪的有关磁能释放机制的重大难题，开辟了磁场重联研究新领域，对推动磁场重联研究和解释宇宙空间中的快速爆发现象具有极其重要意义。

邓晓华团队与渥太华大学、浙江大学合作，利用含有磁光材料的混合谐振腔 / 波导系统突破了这个时间—带宽极限。在他们研究的非（时间）对称系统中，带宽不再受制于能量的存储时间。传统的时间—带宽限制甚至被打了 1000 倍，从理论上说，在这些（时间）不对称系统中根本没有上限。2017 年，该成果已在 *Science* 上在线发表，沈林放研究员（共同第一作者）和邓晓华教授为该文章的共同作者。谐振系统时间—带宽极限的突破，在物理和工程的众多领域产生深远影响，潜在应用前景十分广泛，包括通信、光探测、能量采集和信息存储等。可以预料，在不远的将来，据此原理的大量新型器件和系统将应运而生。

四、江西省新能源纳米材料及其器件协同创新中心

1. 发展历史

江西省新能源纳米材料及其器件协同创新中心（以下简称“中心”）以南昌大学化学学院和南昌大学高分子及能源化学研究院为依托，围绕高分子新材料在有机和钙钛矿太阳能电池、全固态电化学储能、高分子节能材料等的应用开展研究，致力于解决该领域应用发展中的关键问题及技术瓶颈。在国家杰出青年基金获得者陈义旺教授带领下，“中心”现有先进仪器设备90余台，平台30余人，其中教授15人。2015年，江西省科技厅对江西省新能源化学重点实验室进行验收，结果为优秀。2020年，获批江西省重大创新平台培育项目，组建江西省高分子及能源化学科技创新平台。

2. 现状概况

“中心”实行管理委员会指导下的主任负责制。管理委员会负责审定和批准实验室的发展方向、规划、审批年度计划和经营投资方案，监督实验室运行状况；学术咨询委员会负责讨论和决定实验室研究方向、目标及重点研究内容；研发中心负责完成上级主管部门下达的科研目标，承担各类科研项目；综合办公室负责实验室行政事务、财务核算、日常收支及实验室测试、仪器设备维护等工作；成果转化中心负责实验室科研成果产业化进程中的外联服务。

3. 主要贡献

“中心”先后培养了一大批优秀青年学术骨干与研究生，多人获得江西省主要学科学术带头人、江西省杰出青年基金和国家首批优秀博士后创新计划等荣誉。研究成果获江西省自然科学二等奖3项，技术发明奖1项，教学成果二等奖2项等。“中心”多次获得国家自然科学基金（重点基金、国家杰出青年基金和中德联合基金）以及科技部“973”前期专项资助。所培养青年研究学者多次获得国家自然科学基金面上项目、地区项目和青年项目资助。

“中心”围绕新型有机太阳能电池、新型钙钛矿太阳能电池和超级电容器开展系列研究，取得重大成果。在有机太阳能电池研究中，首次通过印刷剪切应力可控，实现了从旋涂到大面积“卷对卷”印刷的转化；在钙钛矿太阳能电池研究中，采用弹性体或者含氟半导体材料修饰解决柔性钙钛矿太阳能电池耐弯折与稳定性问题；通过界面工程与印刷技术结合，取得了大面积钙钛矿模组印刷制备突破；在超级电容器领域，实现了水系宽电压高能量密度赝电容超级电容器突破，相关工作正在逐步实现产业化应用。

五、鄱阳湖资源与环境利用重点实验室

1. 发展历史

鄱阳湖资源与环境利用重点实验室（以下简称“实验室”）是教育部重点实验室。2003 年，成立鄱阳湖研究中心，获批江西省鄱阳湖综合治理与资源利用省级重点实验室；2004 年，建立省部共建教育部重点实验室；2007 年，通过验收正式成为教育部重点实验室；2013 年，建立江西省水安全协同创新中心；2015 年实验室通过第一次评估；2015—2019 年，协同创新中心通过省级验收，共建成立“江西生态文明研究院”，并获批国家林业局鄱阳湖生态定位观测站和长期研究基地。

2. 现状概况

“实验室”实行依托单位领导下的主任负责制，主任为“长江学者奖励计划”特聘教授、国家杰出青年基金获得者邓晓华教授。“实验室”主要从事空间环境、空间信息和智能感知技术研究，设立学术委员会，建立科学规范的建设管理运行机制和规章制度。“实验室”形成了一支学科齐全、规模适中、优势互补、年龄结构合理、具有较高学术水平和团队凝聚力的研究队伍。实验室有固定研究人员 49 人，技术人员 1 人，行政人员 2 人。固定人员中正高级 39 人，副高级 8 人，95% 以上获得了博士学位，其中包括国家级高层次人才 3 人，杰青 2 人，优青 1 人，国家级百千万人才工程入选者 2 人，长江学者特聘教授 1 人。研发场地 3500 平方米，拥有污染水资源处理实验室、藻类资源高值化利用实验室、植物多样性实验室，并拥有一野外观测台站。

3. 主要贡献

“实验室”面向湖泊流域生态系统及其演变科学前沿，面向湖泊流域环境保护与资源可持续利用国家和绿色崛起区域发展战略需求，聚焦鄱阳湖及其流域资源环境领域的重大科学和关键技术问题，以湖泊水生态环境保护和资源可持续利用为主攻方向，形成了湖泊流域与湿地生态系统保护与演化、湖泊流域水文与水资源、湖泊流域生物与生态、湖泊流域环境与工程四个研究方向。

“实验室”先后主持国家“863”项目、国家基金委重点项目、国家基金委重大仪器专项和教育部科学技术研究重大项目，获得江西省自然科学和科技进步的一等奖 4 项，向国家部委和江西省政府提交各类重要咨询报告 20 余份，出版学术著作 9 部，发表高水平论文 208 篇，其中包括在国际著名期刊 *Nature*，*Science* 等发表 SCI 论文 100 余篇。主办、承办国际和全国性学术会议 10 余次，与国际 NGO 组织 GEF 合作，设立联合工作办公室，在国际大湖流域生态环境研究领域的学术地位不断

提升。

“实验室”为鄱阳湖流域及区域发展做出重要贡献：开展的鄱阳湖综合科学考察为鄱阳湖管理提供了可靠的依据，构建的鄱阳湖水生态综合模型成为鄱阳湖科学管理的重要平台，研发的鄱阳湖流域水质基准 / 标准成为水环境管理的重要依据，提出的“稻渔工程”模式成为助农脱贫的有效途径，承担的国家精准扶贫工作成效第三方评估等一系列实践任务，服务国家战略需求，解决扶贫工作重大难题。实验室已成为鄱阳湖流域绿色发展的智库和资源环境技术创新的重要依托。

六、农产品生物高效转化技术国家地方联合工程研究中心（江西）

1. 发展历史

农产品生物高效转化技术国家地方联合工程研究中心（以下简称“中心”）源于 1994 立项建设的中德食品工程中心。中德食品工程中心是中德两国政府间的合作项目，旨在创建一个具有世界先进水平的科研开发、咨询及培训的食品中试基地和教学实践基地。2014 年 1 月获批成立江西省食品加工技术工程研究中心（省发改委），2017 年 12 月，获批成立农产品生物高效转化技术国家地方联合工程研究中心（江西），属国家级科研平台。

2. 现状概况

“中心”现任主任为刘成梅教授。“中心”设立技术委员会和管理委员会，建立科学规范的建设管理运行机制和规章制度。组建若干个研发中心、研发平台和产业化基地，建设由固定人员、工程技术人员、柔性引进人才组成的技术研发队伍，建立人员准入和滚动淘汰机制。“中心”现有科研和管理人员 51 人，其中学术与技术带头人 6 人，学术骨干及研究人员 35 人。研发场地 6800 平方米，拥有多功能的食品加工中试车间、食品添加剂中试车间，具有国际先进的食品研发、中试装备。

3. 主要贡献

“中心”研究领域为食品科学与工程，主要研究方向为粮食加工、食品加工新技术、功能食品，先后主持包括国家“863”计划、国家科技支撑计划、国家自然科学基金等国家及省部级项目 30 余项，在 *Trends in Food Science & Technology*，*Journal of Agricultural and Food Chemistry* 等国内外核心刊物发表学术论文 300 余篇，其中 SCI 收录 160 余篇，出版教材 3 部，授权国家发明专利 40 余项。获国家教学成果奖二等奖（2 项）、江西省自然科学一等奖、江西省科技进步一等奖、中华农业科技奖一等奖等国家和省部级奖励 15 项。

“中心”以突破制约我国绿色食品产业发展的关键问题和重大技术瓶颈、提高行业自主创新能力为目标，围绕江西战略性新兴产业之绿色食品产业的发展需要，本着立足江西、面向全国的发展原则，致力于“食物资源生物高效转化与生物质转化技术”“食品生物活性因子分离与萃取技术”“食品安全检测与控制技术”三个方向展开技术研究和产业化推广。通过承担重大重点项目完成原创性成果储备，提供委托开发、中试孵化、技术咨询、人才培训、标准制定等多种形式的技术服务，构建需求牵引、问题导向的创新模式和多元化成果转化与辐射模式，形成“科技支撑产业、产业反哺科研”的良性循环，实现农产品生物高效转化技术国家地方联合工程研究中心的可持续运营，逐步形成与国际水平接轨、在国内外绿色食品生物高效转化领域有较大影响的技术创新、成果转化和人才培养的开放型平台。先后主持承担国家重点研发计划、国家自然科学基金等国家和省部级重大、重点项目 100 余项，科研经费超 1.3 亿元，在 SCI 收录期刊发表论文 500 余篇，获授权国家发明专利 150 余项。获国家科技进步二等奖、江西省科技进步一等奖等国家和省部级奖励 10 余项。中心成立以来，与 100 余家企业就技术服务和合作事宜进行了洽谈。与江西美庐、江西煌上煌、江中、齐云山等一大批国内外大中型食品企业开展合作。据不完全统计，技术成果转化已完成的产业化产值规模超 30 多亿元，在推动产学研合作、提高企业科技创新进步、服务经济建设等方面做出了突出贡献。

七、生物质转化教育部工程研究中心

1. 发展历史

生物质转化教育部工程研究中心（以下简称“中心”）于 2006 年由教育部批准成立，前身为 2003 年江西省科技厅批准成立的江西省生物质转化工程技术研究中心，并于 2010 年以优异成绩通过教育部的建设期验收；2018 年再次以优良成绩通过教育部的第二次 5 年运行验收。2019 年由江西省发改委批准成立的江西省生物质能源工程研究中心，是本中心科技创新能力的延伸。

2. 现状概况

“中心”现任主任为阮榕生教授，刘玉环研究员任中心执行主任，刘成梅教授、谢明勇教授为副主任，聘请蒋剑春院士任技术委员会主任。“中心”成立以来，紧密围绕江西和国家生物质资源循环利用重大科技需要，在生物质转化洁净替代能源与绿色新材料研发、集约化畜禽养殖废弃物无害化资源化利用、生物质资源高效综合利用、生物质原料食品加工利用四个方向上展开研究。中心积极对接国家战略和地方经济社会发展需求，为推动江西实施国家生态文明先行示范区建设战略、助力江西省食品行业和国家大健康产业发展、加快生物质产业技术创新做出贡献。

3. 主要贡献

“中心”先后承担国家级研发任务 80 项，累计到账 5500 万元。其中国家高技术研究发展计划（“863”计划）4 项、国家重点基础研究发展计划（“973”计划）1 项、国家重点研发计划 3 项、国家国际科技合作专项 3 项、国家自然科学基金 49 项，有效解决了生物质（含食物）资源综合高效利用行业共性难题。

“中心”承担企业研发任务 58 项，累计到账 2557.865 万元。其中参与企业发展战略规划与计划工作、配套工艺与技术产品 100 余套；起草制定行业技术、工艺标准以及规范 5 项；为企业培训 24 次，累计 1306 人；授权发明专利 261 项；同时获得国家科技进步二等奖 1 项。

“中心”承担工程化项目 25 项，推动了生物质高效转化利用产业化进程。已经建成秸秆快速微波裂解关键技术与装备示范工程、沼液深度治理与经济微藻规模化养殖利用藕联增效示范工程、生物质能源与绿色食品联产关键技术研究与装备开发示范工程等，受益企业新增产值 5.88 亿元。

“中心”的生物质转化洁净替代能源与绿色新材料研发，创新了生物质车载自热微波催化快速热解炼制系统，制备生物燃气、平台化学品和环保新材料等产品，在泸州老窖实现处理量为 300 吨 / 年的工程化应用；研发了 ZrO2 多晶泡沫陶瓷催化剂与管式反应器结合的生物柴油生产工艺；建立了“协同催化”一步转化纤维素、半纤维素制备第五代优质液体燃料体系；发明了生物质多元醇聚氨酯沙漠土壤改良剂；研发了无甲醛蛋白质基木材胶黏剂技术。新增产值 5118 万元。

“中心”的集约化畜禽养殖废弃物无害化资源化利用，发展了液态粪污变温厌氧间歇负压发酵技术，实现氨氮高效回收和甲烷产率大幅提升；开发了秸秆热解油调节粪污 C/N 技术；研发了生物焦零价铁用作厌氧发酵介体以强化沼液重金属钝化、抗生素降解技术；提出了菌藻结合的沼液净化技术，被国际同行誉为改变行业游戏规则的创新。2008 年至今，中心科技人员坚持在种养结合秸秆粪污联合发酵高效制备沼气和优质有机肥料的技术体系研究与装备开发工作，以产学研推结合的方式在全国开展技术推广应用，取得显著的三大效益。

“中心”的生物质资源高效综合利用，建立了黑灵芝功能性多糖指纹鉴定图谱，推进了养胃猴头菇综合加工技术；开发了基于青钱柳、车前草、泰和乌骨鸡功能性成分的新药产品；深入探索了禽蛋加工中蛋白质稳定性调控技术；发明了益生菌发酵果蔬技术，催生了一个全新的发酵果蔬绿色制造产业，获得国家科技进步二等奖。主持制定食品行业标准 2 项，参与制定国家标准 1 项。

“中心”的生物质原料食品加工利用，开发了稻谷资源全价综合利用技术、传统酱卤禽肉制品的现代化绿色加工和综合利用的关键技术、南酸枣现代化加工关键装备与技术及四大家鱼的鳞皮明胶制造技术。该方向累计新增企业产值 34.57 亿元，主持制定食品行业标准 1 项、企业标准 1 项。

八、中国—加拿大食品科学与技术联合实验室（南昌）

1. 发展历史

2011 年，加拿大农业与农业—食品部与南昌大学签署“学术安排交流”协议，2013 年，双方正式签署“食品科学与技术科研活动”合作协议，建设“中加食品科学与技术联合实验室”，2017 年 11 月，科技部农村中心立项建设。学校先后筹资投入专项建设经费近 3000 万元，目前实验室占地面积 1200 平方米，核心成员 20 人。

2. 现状概况

实验室中方负责人为国家“杰青”“优青”获得者聂少平教授，加方负责人为 Steve W. Cui 教授。实验室围绕食品科学，特别是食物组分与健康干预领域国际研究前沿，开展联合研究与攻关，同时旨在构建中加两国科技合作创新模式与典范。主要研究方向为：食物主要组分结构与构象及互作管理理论学说，食物组分与加工适配性及其产品精准设计，基于分子结构的食物功能因子调节机体免疫机制及产品实现，食物组分的胃肠道消化吸收与代谢机制及其关键制造技术，以代谢综合征调控为导向的现代健康食品设计与开发。

3. 主要贡献

联合实验室成立以来，在科学研究和产业化等方面取得了突出成绩。新获批国家自然科学基金杰青、优青项目、国家重点研发计划项目（国际合作）、国家自然科学基金面上项目等国家和省部级项目 30 余项、获企业横向项目 20 余项，累计合同经费总额 3000 多万元。获国家科技进步二等奖、国际食品亲水胶体基金会大奖、国家教学成果二等奖、江西省自然科学一等奖、技术发明一等奖、科技进步一等奖等省部级以上奖励 10 余项；申请国家发明专利 30 余件，获得国家授权发明专利 15 件；发表SCI论文近150余篇（其中联合发表超过50篇），编写或参与编写专著3部。实验室与江中食疗、无限极、巴斯克等开展产学研合作，生物活性多糖、膳食纤维加工、益生菌发酵果蔬等一批科研成果实现产业化，经济效益超过 50 亿元。

同时，实验室在人才培养方面工作成效显著，双边联合培养博士生 18 人、青年骨干教师 4 人。聂少平博士先后入选 2018 年度国家杰出青年基金、国家“万人计划”科技创新领军人才，谢建华博士入选国家“万人计划”青年拔尖人才，胡婕伦博士入选中国科协青年托举人才工程等。

实验室积极开展对外合作与交流，双边交流和互访密切，其中加拿大农业与农业—食品部科技司司长 J. A. Gracia–Garza 专程访问南昌大学并予以高度评价。因合作成绩突出，加方合作人员 Steve W. Cui 博士荣获 2017 年度江西省国际科学技术合作奖。

九、高等研究院

1. 发展历史

高等研究院（以下简称“高研院”）于 2007 年成立，由杰出校友郑泉水教授（2019 年当选中国科学院院士）担任首任院长，是学校在学科交叉背景下集人才培养、科学研究、学术交流、实验服务等职能于一体的综合创新平台。创院初期，学校聘任中国科学院范守善、黄克智、游效曾（已故）、朱邦芬、朱静五位院士为学术顾问。

2. 现状概况

高研院会聚了校内物理、化学、材料、生物、力学等学科优秀学术骨干，组成了以全职研究员（13 人）为核心、兼职研究员（10 人）和柔性聘任研究员（5 人）相结合的多学科交叉研究团队，主要从事新材料的构造及应用（纳米器件、纳米生物与医药、微结构与性能）、复杂系统的物理及化学过程（能源与物质转化、多尺度多场、细胞跨膜输运）等方向的学科交叉研究。2018 年高研院创办了学校在高等教育大众化背景下第一个培养拔尖创新人才的本硕实验班，2020 年新开办培养产业拔尖创新人才的稀土实验班，构建了本、硕、博齐全的创新人才培养体系。2008 年以来先后建设了仪器设备先进与研究创新水平高的江西省微尺度科学重点实验室和江西省高校微纳米科学与技术重点实验室，实验室设备资产 3500 余万元。高研院先后创设了高研院讲坛、名师讲堂、学术沙龙等交流平台，在全校范围开展持续不断、有深度有内涵的学术交流活动，促成全校多学科交叉学术交流的浓郁学术氛围形成。

3. 主要贡献

探索拔尖创新人才培养。2008 年学校依托高研院开办了理工基础学科拔尖创新人才培养的本硕实验班、2020 年开办了产业特色拔尖创新人才培养的稀土实验班。本硕实验班是学校培养拔尖创新人才开办最早的实验班，也是江西省第一批次人才培养模式创新实验区。本硕实验班在十余年的探索重形成了“学科交叉、科教融合、个性发展、协同育人”的培养模式，培养了一批宽厚的多学科专业基础、扎实的基础理论知识、科学探索创新能力的理工科拔尖创新人才。前 10 届 314 名本科毕业 100% 推免录取研究生深造，超 91% 毕业生录取至“985 高校”和中国科学院读研深造，22% 毕业生录取博士研究生深造。毕业生中现已有 140 人博士毕业或已进入攻读博士学位深造，25 人进入全球前 100 名大学攻读博士学位或从事博士后研究，已涌现出一批极具发展潜力的拔尖创新人才，2 人获批“国家博士后创新人才支持计划”项目，1 人获中国青少年科技创新奖。本硕实验班教改项目“地方高水平大学拔尖创新人才培养改革与实践”2014 年获国家级教学成果二等奖，成为高水平大学培养拔尖创新人才的典范和特色。

推动学科交叉创新研究。高研院全职研究团队在新材料的构造及应用、复杂系统的物理及化学过程等交叉研究领域中承担了包括国家科技部重大科研项目在内一批国家、省部级研究项目，取得了一批原始创新成果和技术，培养出包括国家自然基金杰出青年基金获得者、教育部新世纪优秀人才支持计划入选者在内的一批优秀人才。2016—2020 年全职研究团队获批国家自然科学基金项目 23 项，省自然科学基金重大项目 10 项，发表 SCI 论文 198 篇，标志性论文 38 篇，获批国家专利 30 项，获江西省自然科学奖 2 项。

高研院以“南昌大学交叉创新基金”为纽带，吸引聚拢全校理工医学科交叉研究意愿强烈的科研人员，凝练面向重大工程需求、重要科学问题的学科交叉研究方向；以全校性的高研院午间学术沙龙、南昌大学留学归国人员联谊会与高研院合作举办的联合学术沙龙等学术交流平台，开展常态化持续性多学科学术交流活动；以高研院江西省微尺度交叉科学重点实验室大仪设备全面开放为支撑，开展科研实验学术服务，组织实施、带动促进全校理工医学科交叉研究工作。

促进多学科学术交流。高研院创办了高研院讲坛、名师讲堂，邀请国内外著名专家学者讲学报告，创办午间学术沙龙等常态开展校内理工医学科学术交流。截至 2020 年 12 月，共举办各类学术交流活动 391 场，其中国际（全国）性学术会议 10 余次、校内多学科学术论坛 4 次，专家学者学术报告会 378 场（高研院讲坛 178 讲、名师讲堂 44 讲、午间学术沙龙 131 讲、联合学术沙龙 25 讲）。

强化开放实验服务。高研院于 2008 年建设了微纳米科学与技术实验室，2008 年获批江西省微尺度交叉科学重点实验室，2012 年获批江西省高校微纳米科学与技术重点实验室。现有固定资产 3500 余万元，有场发射环境扫描电子显微镜、超空真空扫描隧道显微镜、透射电子显微镜、激光扫描共聚焦显微镜、原子力显微镜等大型精密仪器，拥有一批高水平专业实验人员，可开展力学、材料、化学、物理和生物等领域内的实验服务，为创新人才培养提供了良好的条件，为学校理工医各学科科研教师提供开放实验服务。实验室 2008 年建立实验测试网上预约系统，2018 年接入教育部大仪共享平台，全面实施实验室开放共享，为学校理工医各学科科研教师提供全面实验服务，校内教师利用高研院实验室设备实验的测试结果，形成了以一批高质量的学术成果。2016 年江西省微尺度交叉科学重点实验室第一期建设综合验收评估为优秀。

第二节　医学部科研平台

一、心血管介入治疗技术与器械工程研究中心

1. 发展历史

心血管介入治疗技术与器械教育部工程研究中心（以下简称“中心”）于 2013 年 10 月获教育部批准立项，2018 年通过教育部验收。“中心”依托复旦大学、南昌大学第二附属医院成立，与国内多家著名医疗器械企业联手，具有多学科交叉的显著特点。“中心”致力于建设转化医学为导向的心血管介入治疗创新研究体系，形成从临床前研究、产业转化、临床评价到示范应用推广，覆盖转化医学研究创新链和产业链全链条的一系列支撑平台，联合全国多家介入器械相关设备研发生产单位，加强国产心血管介入医疗器械的临床评价研究和产品孵化，推动科技成果向下游产业转化，推进国内心血管介入医疗产业高端化、集约化、国际化发展，协同企业研发一批具有国际竞争力的心血管介入医疗器械。

2. 现状概况

“中心”有约 7190 平方米的工作场地，包括复旦大学附属中山院 19 号楼、复旦大学高分子系楼 2—4 楼、中试楼、复旦江湾校区先进材料楼地下 1 层、南昌大学第二附属医院重点实验室、江西省心血管病防治中心等。“中心”加强人才引进组建研发队伍，成立了由国内心血管治疗及器械研发领域的院士、著名专家、大学教授及工程师组成的技术委员会；设立了 4 个研究室，包括心血管支架系统、结构性心脏病介入技术和器械、肾交感神经消融技术与器械、新型生物材料和组织工程修复。研发队伍目前包括固定研发人员 50 人，其中教授 / 主任医师 16 名（其中科学院院士 1 名，杰青 1 名），副教授 / 副主任医师 9 名，讲师 / 主治医师 10 名，住院医师 7 名，工程师 8 名。

3. 主要贡献

“中心”成立以来，承担国家“973”、“863”、国家自然科学基金、上海市、江西省等重大科技创新项目多项，承担大量企业委托科研项目，科研总经费达 10382.3

万元；申请专利 81 项，其中发明专利 41 项，实用新型专利 40 项；获得专利授权 44 项，其中发明专利 16 项，实用新型专利 28 项。在国内外的学术期刊和会议上发表了论文 800 余篇，其中 SCI 论文 488 篇。“中心”搭建多个心血管器械研发及转化平台，技术服务平台包括心血管新器械实验动物平台、心血管实验样本分析平台、临床数据统计分析平等台，成果转化平台包括创新型医疗器械及技术设计平台、创新型医疗器械研发合作平台、创新型医疗器械及技术的早期产业化平台。

目前，“中心”面向心血管介入领域的国家重大需求和国际学术前沿，以心血管支架系统、结构性心脏病介入器械、肾交感神经消融、心血管影像及人工智能以及新型生物材料和组织工程修复五个领域为重点攻关方向，目前已在“完全可降解冠脉支架”“新型二尖瓣修复器械”以及“肾交感神经冷冻消融系统”等十余个项目取得阶段性进展，并有数个研发项目进入产业化阶段。

二、生物工程药物及其技术国家地方联合工程研究中心

1. 发展历史

生物工程药物及其技术国家地方联合工程研究中心（以下简称“中心”）主要依托于 2009 年 12 月组建成立的南昌大学转化医学研究院，“中心”于 2018 年申请，2019 年由国家发改委批复成立，主要研究和发展围绕抗体药物、干细胞治疗的新技术开发及其临床应用、微纳米药物三大方向进行。

2. 现状概况

南昌大学转化医学研究院是国内首批建立的转化医学研究机构，是集基础医学研究、临床研究和产品研发为一体，面向全省的高水平研发基地。研究院建设有约 10000 平方米的实验室空间和约 5700 万人民币的先进仪器设备，设有心血管疾病研究中心、肿瘤与代谢性疾病研究中心、医用生物材料研发中心、基因组学研究与生物信息中心、转基因小鼠中心和生物药物研发中心 6 大研究平台，拥有“江西省转化医学重点实验室”“转化医学江西省高校高水平工程研究中心”“江西省单克隆药物工程实验室”“工信部 3D 打印技术研究实验室”“江西省生物药物与生物技术协同创新中心”“江西省国家基因检测技术应用示范中心”“生物工程药物及其技术国家地方工程技术中心”7 个国家及省级重点实验室或研究工程技术中心。

“中心”在南昌大学转化医学研究院的基础，组建了以长江学者辛洪波教授领衔，由南昌大学转化医学研究院以及校内相关学科的研究骨干和南昌大学附属医院的临床医学专家组成的转化医学创新团队，并于 2013 年获批“江西省优势科技创新团队—转化医学创新团队”。研究团队成员中有教育部“长江学者”特聘教授 1 人，

中组部“千人计划”1人，百千万人才工程国家级及省级2人，国务院特殊津贴获得者2人，赣江学者特聘（讲座）教授2人，江西省赣鄱英才555工程入选者6人、江西省杰出青年2人，江西省拔尖人才1人，江西省千人计划引进人才2人。“中心”现有各类管理和专业技术人员31人，其中全职教授3人，副教授3人，助理研究员12人，兼职教授5人，其他各类研究人员及行政管理人员8人。其核心团队分别于2011年与2012年入选教育部“长江学者与创新团队发展计划”创新团队和“江西省科技创新优势团队（转化医学团队），并获2014年中国侨界贡献奖（创新团队）。

3. 主要贡献

“中心”主要三大研究方向：抗体药物研制、干细胞治疗以及微纳米药物研发。发展的目标也是围绕这三大研究方向，实现原创性突破，大力提升全省在国内外生物医药领域的持续创新能力，促进全省生物工程药物及其相关技术产业的快速发展。

“中心”自成立以来，在抗体药物研发方向、细胞药物方向、微纳米药物研发等方面取得重大成果，已发表SCI论文300余篇，申请国内国际专利100余项，其中授权26项，参与编写论著3部，获国家及省部级项目包括科技部“重大新药创制”、“重大研究计划”、科技部“973专项”、国家自然科学基金面上项目等共近100项，共获各类科研经费近亿元，省部级以上科技奖励7项，其中辛洪波教授团队在国际知名学术期刊如*Nature*，*JBC*，*NAR*，*PANS*，*Cir Res*及*ATVB*等发表论文130余篇，在心血管疾病研究及生物药物研发方面做出了重大贡献。

三、江西省消化、心血管及神经疾病诊疗协同创新中心

1. 发展历史

2014年8月，江西省教育厅批准组建“江西省消化、心血管及神经疾病诊疗协同创新中心”（以下简称“中心”）。

2. 现状概况

“中心”以南昌大学医学部及附属医院相关优势学科为主要载体，总部设在南昌大学医学部。“中心”拥有国家临床重点专科、国家“211工程”重点建设学科、省重点实验室、省工程技术研究中心等高水平学科和平台，拥有“千人计划”专家、长江学者、国家杰出青年基金获得者、国家百千万人才人选、国家重点学科带头人等高水平学术带头人，建有教育部长江学者创新团队和江西省优势科技创新团队等。

3. 主要贡献

“中心”围绕江西省及国家科技发展规划和现实需求，以严重危害人类健康的

消化系统疾病、心血管系统疾病、神经精神疾病为研究重点，聚集我国在基础医学、临床医学、预防医学、药物学、生命科学等领域一流的拔尖领军人才和研究团队，联合省内外疾病防治的相关单位，通过体制机制创新，建立以区域发展需求为导向的管理体制和运行机制，把中心建设成为江西省重大疾病研究技术平台、江西省临床医学界对外学术交流与科研合作平台。

通过建设，“中心”在科研创新、学科发展、队伍建设、人才培养、国内外合作交流、社会服务与贡献、条件保障等方面取得长足进步，成效显著。“中心”逐步建立起以3个方向为主要依托的能代表江西省最高水准的临床医学学科体系，南昌大学临床医学学科ESI排名进入世界前2.73‰，临床诊疗技术水平居省内领先，有些方向为国内先进或领先，而且在国际上有一定影响力。

第三节　人文社科部科研平台

一、中国中部经济社会发展研究中心

1. 发展历史

中国中部经济社会发展研究中心（以下简称“中心”）成立于2000年6月，是江西省唯一的教育部人文社会科学重点研究基地，江西省高校人文社会科学重点研究基地（一类）。

20世纪90年代中后期，东部沿海优先发展、西部大开发国家战略推出后，江西等省一批有先见卓识的学者意识到全国区域发展格局变化和“中部塌陷”现象，南昌大学率先组织校内外专家集中研究中部发展问题，于2000年6月成立了“中国中部经济发展研究中心”，开创了全国“中部发展问题”研究的先河。2003年“中心”成为江西省普通高等学校人文社会科学重点研究基地。2006年，“中心”被教育部批准为“全国普通高校人文社会科学重点研究基地”。2012年与江西省发改委联合成立“江西省区域经济研究院”。2013年成为“江西省首批哲学社会科学重点研究基地”，同年成为“江西省科技创新与中部地区经济社会发展软科学基地”。2014年，组建“江西长江经济带协同创新中心”省级协同创新体。2018年建立江西生态文明研究院，推动实现了“研究基地”向“开放平台”和“协同创新体”的转变，形成了在国内外具有重要影响的“中国中部经济社会发展”科学研究、人才培养、学术交流、信息服务和决策咨询“一中心三平台五高地”协同创新体。

2. 现状概况

“中心”先后受南昌大学国家“211 工程”“部省合建”“中西部高校综合实力提升工程”“江西省 2011 协同创新中心”等重点支持建设，目前拥有管理科学与工程一级学科博士点，理论经济、应用经济等 4 个一级学科硕士点，经济学、工商管理 2 个国家一流专业建设点，应用经济 1 个省一流学科，产业经济、数量经济 2 个省级重点学科。设有中部地区区域、产业、生态、劳动、金融、社会发展 6 个研究所。“中心”现有各层次专兼职研究人员 50 余人，中心创建以来，校党委书记周绍森、郑克强先后任中心主任，傅春任常务副主任，现中心名誉主任为周绍森。主任为长江学者刘耀彬教授。在学术队伍上，南昌大学原党委书记郑克强研究员为学术委员会名誉主任，国家教育行政学院原院长顾海良教授为主任，国务院发展研究中心梁仰椿研究员、南昌大学原总会计师黄新建教授、南昌大学经管学院原院长尹继东教授为副主任，聘请江西省发展研究中心王志国研究员、华东师范大学曾刚教授、中国人民大学聂辉华教授、武汉大学吴传清教授、南昌大学副校长刘耀彬教授为委员的第四届学术委员会。

3. 主要贡献

“中心”聚焦“区域协调与长江经济带发展”“生态文明与中部地区绿色发展”“创新驱动与中部高质量发展”等问题展开研究。“中心”主办内刊《咨询要报》，每年定期出版发行《中国中部经济发展报告》蓝皮书和《长江经济带创新发展报告》《中国中部金融发展报告》《中国中部人口发展报告》《中国革命老区发展报告》等一系列研究中部问题的学术著作；“中心”建立了高校系统第一个最全面的大型网络数据库“中国中部经济社会发展数据库”，包括经济社会发展系列数据库（经济社会发展系列数据库包括省区市、中部六省地级地区、中部六省区县经济社会发展数据库三个库）、中部六省经济发展报告库、中部六省经济发展资讯库、省区市发展指数库、环境保护统计库、省宏观经济统计系列数据库（分省宏观经济统计系列数据库包括宏观经济统计月度库和宏观经济统计年度库）在内的六类共九个数据库；承担了包括世界银行、亚洲开发银行、国家有关部委、中部各省政府及社会各界的委托项目和咨询服务。自 2013 年创办的内刊《咨询要报》已出版 170 多期，围绕江西省经济社会发展的突出问题和热点问题进行调研和对策研究，获得副省级以上领导批示 70 余次。“中心”成功入选 CTTI 来源智库，加入全国减贫发展研究网路平台，人文社科重点研究基地正快速智库化发展。推行与耶鲁大学、美国明尼苏达大学、英国阿伯泰邓迪大学等世界知名大学建立了长期科研项目、人才培养的合作机制。

“中心”聚焦革命老区脱贫攻坚、中部与长江经济带绿色发展以及江西金色资源开发利用三大研究领域，组建了江西扶贫发展研究院、江西长江经济带协同创新中心、江西生态文明研究院 3 个省级科研平台，建设有中国革命老区、中部经济社会发展、长江经济带以及全国绿色发展监测 4 个交互式智慧数据中心，建立了瑞金、井冈山、丰城、泰和、萍乡 5 个产学研示范试验基地，形成了“红色筑基、绿色引领、金色赋能”的学科建设和科学研究发展思路和创新优势，正努力成为中国中部经济社会发展科学研究、人才培养、学术交流、信息服务和决策咨询“五大高地”。

二、江西红色旅游研究中心

1. 发展历史

江西红色旅游研究中心（以下简称“中心”）成立于 2017 年 9 月，是由国家旅游局依托国内优秀高校授牌的 5 个“中国红色旅游创新发展研究基地”之一，这是继南昌大学中国中部经济社会发展研究中心之后，南昌大学获批的由国家部委（局）正式确定的第二个人文社科类研究基地。

2. 现状概况

“中心”主任为博士生导师、省政府特殊津贴专家黄细嘉教授。目前，“中心”拥有研究人员 13 名，其中，博士生导师 3 人，硕士生导师 8 人，教授 4 人，40 岁以下 9 人，13 人均具有博士学位。

3. 主要贡献

“中心”聚焦于红色旅游智库建设、红色旅游人才培养、红色旅游创新发展研究与交流、旅游脱贫攻坚工程及红色讲解员队伍建设工程等，致力于红色旅游体制创新、谋划创新、概念创新、内容创新、形式创新，助力打造江西红色旅游样板。

“中心”先后参与和承担了全国红色旅游华东片区联合调查、全国红色旅游培训与研学调查、江西省红色资源开发与保护三年行动计划的制定、十四五时期江西红色旅游发展战略与促进举措智库项目；编辑出版了全国首套讲解员培训教材《红色旅游理论与实践探索》《中国精神讲解员读本》《红色旅游带团与讲解技巧》《红色旅游接待服务礼仪》《江西红色文化资源概论》及《上饶集中营标准讲解词》《瑞金市全国红色旅游经典景区标准讲解词》《南昌红色旅游经典景区标准讲解词》和《井冈山红色旅游标准讲解词》；参与了《江西省红色旅游五好讲解员管理办法》红色旅游金牌讲解员选拔方案等的制定，发挥了红色旅游规范化建设作用；助力江西全国红色旅游讲解员建设工程试点工作，培养“政治思想好、知识储备好、讲解服务好、示范带头好、社会影响好”的红色旅游讲解员队伍 280 人，发挥了红色旅游人才培养基地的作用；参与瑞金、上犹扶贫工作，取得了显著成效。

三、江西发展研究院

1. 发展历史

江西发展研究院成立于 2015 年 5 月，是学校独立建制的科研机构和面向江西经济社会发展开展政策咨询和对策研究的新型智库平台，被赋予一定的协调组织全校应用对策研究和智库建设的职能。研究院实行开放式的研究机制，通过与政府、企业和其他咨询研究机构建立多种形式的合作，聚合社会资源，围绕国家和江西发展的重大现实问题开展前瞻性、战略性研究，为创新发展提供理论支撑，为国家和各级政府部门决策提供智库支持，促进政、产、学、研、用一体化。研究院已在高校智库建设领域具备一定社会影响力，2016 年，研究院顺利入选首批中国智库索引（CTTI）来源库；2017 年，研究院成功入围高校智库综合评分 TOP100；2018 年，研究院被评为江西省重点智库机构。

2. 现状概况

研究院作为南昌大学智库平台，聚合 10 个重点人文社科研究基地，其中南昌大学旅游研究院、南昌大学中国中部经济社会发展研究中心作为高校新型特色智库机构，2017 年已入选中国智库索引（CTTI）来源库。

3. 主要贡献

研究院自成立以来，始终紧密结合江西省情实际，广泛开展应用对策研究，努力为江西经济社会的发展建好言、献好策，取得一系列研究成果：首先，一批有分量的咨询报告得到了党和国家领导人、省委省政府领导的肯定性批示，被国家部委、省委省政府采纳，并进入党委政府的决策和文件。其次，一批智库品牌正在形成，相继推出了《江西发展参考》“江西发展论坛”“江西发展智库沙龙”“江西发展指数”等。再次，积极承接事关江西经济社会发展重大议题的会议、会展、推介会等工作，如“习近平教育思想研讨会暨学习贯彻十九大精神智库报告写作研修班”“首届国家生态文明试验区建设（江西）论坛暨生态文明建设技术推介”“江西乡村振兴与绿色崛起”研讨会等，不断致力于提升研究院的智库决策能力与影响力。

与此同时，江西发展研究院以学校学科资源优势与雄厚的师资力量为依托，整合校内优质智力资源，建设智库专家库，建成了一支涉及领域全面、科研实力雄厚的智库专家团队。2020 年，研究院依托公共管理学院，自主设置公共政策与智库服务二级学科硕士点，以公共政策研究、新型智库建设理论与实践研究为方向，志在为中国特色新型智库建设培养急需的高层次政策分析人才，着力建构具有中国特色的政策科学理论和学科体系。

四、国学研究院

1. 发展历史

为传承弘扬中华优秀传统文化，推进当代中国的维新之命及其文化转折，建设中华民族共同精神家园；光大江右地区的优良人文传统，促进鄱阳湖经济区文化建设，重塑江西自强不息、开拓进取的人文精神，凝聚校内外优秀人文学者，加大中部地区人文科学研究，努力把南昌大学建设成当代中国的人文学术重镇和国学创新人才培养基地，2009 年 10 月，南昌大学成立国学研究院。

2. 现状概况

国学研究院以“融旧开新，再续华夏人文慧命；敬德尊圣，重铸炎黄民族心魂”为学术宗旨，以“融贯经史子，会通文史哲，涵化中西东，参究天地人”为教育理念，聘请了傅璇琮（已故）、杜维明、冯天瑜、詹福瑞、郭齐勇等国学名家担任学术顾问，选聘校内外优秀师资和学术团队，大力开展国学教育与国学研究。研究院在整合人文方面的优质教学、科研和学科资源的基础上，开办了本硕连读国学实验班。国学实验班以培养人文科学拔尖创新人才为目标，运用现代教育理念，实施精英教育，培养具有创造性思维能力与综合性社会实践能力的高层次复合型拔尖人才。

3. 主要贡献

国学实验班经过十余年的实践探索，创建了具有鲜明特色的文史哲交叉融合培养国学拔尖创新人才的课程体系。国学实验班力图改变传统文科“概论 + 通史”的教育教学模式，在课程体系上以元典精读为主，开设了《尚书》《礼记》《周易正义》《左传》《毛诗正义》《史记》《汉书》《论语》《孟子》《老子》《庄子》《楚辞补注》《文选》等原典阅读作为专业主干课程，“融贯经史子”，基本涵盖了古代最重要的经史子集元典，有利于学生打好语言与文献基础，直接接触和深入了解古代重要的学术经典。除此之外，实验班还开设了《荀子》《资治通鉴》《史通》《杜诗详注》《文心雕龙》《黄帝内经》等有关的古代原典阅读课程，以辅助和拓展学生对古代传统学术的了解。除了古代中国的学术元典之外，实验班还开设了西方与印度的一些重要经典,“涵化中西东”。所涉及的课程主要有《大乘起信论》《中论》《金刚经》《心经》《理想国》《形而上学》《纯粹理性批判》等原典阅读，有利于拓展学生的学术视野。

在办学中，实验班实行全新教学模式和教学方法。在教学实践中不断改革探索，倡导国学乃君子之学，多措并举，培养拔尖创新人才：建立国学研习堂，实行必读书目制度；建立国内外游学制度，探索书院式教育与游学相结合的教学模式；建立学术报告制度，培育学生原创性思维；搭建学术交流平台，促进学术能力培养。国学研究院学生大部分被推荐录取到“985”高校攻读硕士、博士学位，国学拔尖创新人才培养的办学成效显著，已得到国内一流高校同行专业的高度认可。

五、江西省大学生思想政治教育研究中心

1. 发展历史

江西省大学生思想政治教育研究中心（以下简称“中心”）是2005年经江西省教育厅批准成立，按江西省高校人文社会科学重点研究基地建设与管理的江西省高校德育重点研究基地。

2. 现状概况

中心现有专职人员32人，其中教授10人、副教授7人，讲师15人，具有博士学位15人，硕士学位7人。校外兼职教师5人，其中教授5人，具有博士学位1人。研究人员中，学术带头人在省内外享有较高声誉，各研究方向的学术带头人和骨干均是全省知名的专家或在学术界有较大影响的学者。

“中心”大胆探索科研管理模式创新，根据“江西省高校人文社会科学重点研究基地管理办法”，实行以“开放、流动、竞争、合作”为原则的全员聘任制，按“带（给）课题和经费进基地、完成课题后出基地”的要求聘任，全省高校思想政治教育理论研究与实践工作同人可带（给）课题和经费进基地，“中心”在课题申报立项、研究成果发表与出版、成果报奖等方面给予积极支持，2016—2020年，中心投入大量经费用于课题立项、成果出版与发表、学术交流等方面，共投入经费72.75万元。其中，2016—2019年每年均投入经费15万元。

3. 主要贡献

“中心”先后承担国家和教育部课题40余项，教师发表论文140余篇，著作30余部，其中获省级优秀成果奖十余项，被厅级以上政府机构和企事业单位采纳的研究报告二十余项，“中心”标志性成果学术专著《荣辱观与和谐文化研究》和《至善之道——大学精神与高校校园文化研究》分别获得2009年、2010年教育部高等学校德育创新发展研究成果奖。中心老师的成果多次获得省社会科学优秀成果二、三等奖。“中心”重视开展学术交流，每年邀请专家学者、政府官员举办学术讲座，承办全省高校每年一至两次的“形势与政策”课骨干教师培训与教学研讨以及全省高校“形势与政策”课的教学参考资料编撰与发放工作。

六、立法研究中心

1. 发展历史

立法研究中心（江西地方立法研究中心）（以下简称“中心”）是 2005 年江西省人大常委会法制工作委员会与南昌大学联合成立的专门研究机构。“中心”在省人大法工委和南昌大学的领导下开展工作。“中心”为南昌大学独立设置的研究机构，与南昌大学立法研究中心合署办公，下设行政立法、经济立法、刑事立法、程序立法 4 个研究所，分别以行政立法、经济立法、刑事立法程序立法为主攻方向。“中心”宗旨是以专兼职研究人员的理论知识为地方立法尤其是江西的地方立法工作提供立法理论支持和立法技术帮助，提高立法质量，加强立法研究。2006 年 7 月 26 日，经省教育厅审定，“中心”正式确立为第二批全省普通高等学校人文社会科学重点研究基地。

2. 现状概况

“中心”研究人员主要由南昌大学法学院教师组成，同时吸收其他立法部门和高校有志于立法理论研究的专家、学者参与。

“中心”领导和管理人员实行人大系统和南昌大学双配制度。人大系统历任名誉主任包括原省人大常委会副主任全文甫和原省人大常委会副主任魏小琴；历任主任包括原省人大常委会法工委主任朱开杨、原省人大常委会法工委主任李锐、现任省人大常委会秘书长韩军等；历任副主任包括原省人大常委会法工委副主任夏宏根、现任省人大常委会法工委副主任杨润华等。南昌大学内部，现任主任为程样国教授，历任副主任包括利子平、肖萍、刘冬京等教授。

2007 年，“中心”按基地管理办法的要求，制定了南昌大学立法研究中心章程，依据章程成立了学术委员会。现任学术委员会主任为江西省委宣传部副部长吴永明，副主任委员为江西省人大常委会法工委主任周雍，成员包括罗志坚、邓辉 、沈桥林、肖萍、刘冬京等。

3. 主要贡献

“中心”本着“服务地方、服务立法”的宗旨，致力于我国立法特别是地方立法理论与实践的研究和探索，注重理论与实践相结合，先后接受江西省人大常委会、江西省知识产权局等单位的委托，起草了《江西省专利促进条例草案》《江西省学校学生人身伤害事故预防与处理条例（草案）》《鄱阳湖生态经济区环境保护条例（草案）》《江西省气候资源开发、利用与保护条例（草案）》《江西省促进发展预拌混凝土和散装水泥条例（草案）》《南昌市梅岭风景名胜区条例（草案）》《江西省实施〈中华人民共和国慈善法〉办法（草案）》《南昌市汉代海昏侯国遗址保护条例（草案）》《江西省地方金融监督管理条例（草案）》《江西省涉及国家安全事项的建设项目管理规定（草案）》等地方性法规、规章草案及其说明专家建议稿近20余项，为江西的民主法制建设做出了积极的贡献。代表性成果有《立法重大利益调整论证咨询机制研究报告》和专著《信访制度的法理研究》等。

七、江右哲学研究中心

1. 发展历史

江右哲学研究中心于2002年11月正式成立，本着复兴乡邦人文的宗旨，致力于研究江西传统哲学思想及文化，尤其理学思想文化，发掘江西传统的哲学智慧和人文底蕴，推进江西思想文化的发展。“中心”作为一个科研平台，发挥学科交叉的优势，组织了一支有较高水平的科研队伍，经过多年的研究，取得了较好的成绩，在国内同类研究中有较好的影响。中心首任主任为郑晓江教授，现任主任为杨柱才教授，学术委员会主任为清华大学陈来教授。

2. 现状概况

“中心”主要有江右儒学、江右宗教、江右哲学与社会历史文化三个研究方向，江右儒学着重研究宋明时期江西儒学思想，近期研究重点为朱子学及朱子门人后学思想研究。

主要成员有杨柱才、田炳郁、徐福来、邓庆平、许家星、邹锦良、张新国等。江右宗教主要研究唐宋以来江西佛教尤其禅学思想与文化，同时关注江西道教的研究。本方向主要成员有杨雪骋、习细平、徐清祥、谢飞等。江右哲学与社会历史文化主要研究明清及近现代江西地域历史文化，其中陈寅恪家族史研究是一个影响较大的特色领域。本方向主要成员有刘经富、廖艳彬等。

3. 主要贡献

“中心”承担国家社科基金重大项目、国家社科基金一般项目、省级社科基金重大、重点项目及省部级一般项目共30余项，获得南昌大学首例人文学科海外项目1项。在《哲学研究》《中国哲学史》《哲学门》《世界宗教研究》等国内外专业权威刊物发表了数十篇论文，出版了数十部学术专著和教材。获省部级社科优秀成果奖20余项。

八、江西发展升级推进长江经济带建设协同创新中心

1. 发展历史

江西发展升级推进长江经济带建设协同创新中心（以下简称“中心”），是江西省第三批“2011 协同创新中心”。“中心”以南昌大学中国中部经济社会发展研究中心（教育部人文社科重点研究基地）为基础，协同体包括武汉大学、江西财经大学、九江学院、江西省社会科学院，以及江西省发展和改革委员会、江西省人民政府发展研究中心、江西省山江湖开发治理委员会办公室等；协同试验示范企业有正邦集团有限公司、江西省德邦牧业有限公司和贵溪大三元实业（集团）股份有限公司等。

“中心”历经 2000 年 6 月—2006 年 6 月的协同体培育阶段、2006 年 7 月—2013 年 11 月的协同体组建阶段，以及 2013 年 12 月至今的省级协同中心申报认定阶段，2014 年 8 月 25 日协同创新中心正式被江西省教育厅认定为第三批江西省“2011 协同创新中心”。

2. 现状概况

“中心”现任主任为长江学者刘耀彬教授。“中心”充分发挥政府在区域经济协作发展中的主导作用，整合高等院校、科研院所的科技力量等创新资源，创建区域经济与区域开发、产业经济与产业规划、新型城镇化与城乡统筹发展、生态经济与生态系统管理、科技创新和制度创新 5 个协同创新研究平台，建立“新型智库、监测网络数据集成与共享平台”和 5 个试验示范基地，积极为江西发展升级、融入长江经济带发展提供科技支撑与管理决策咨询服务，构建基于协同创新为导向的机制创新体系和运行机制。

3. 主要贡献

“中心”成立以来，紧紧抓住江西发展升级、长江经济带建设的五大战略问题，依托五大创新平台，每个平台下有两个研究团队，共 10 个研究团队，对应五大研究方向，以“PI+ 团队负责人 + 学术骨干 + 技术人员 + 团队秘书”的协同创新团队模式积极开展研究攻关，取得了显著的成效。

刘耀彬教授团队建设的“长江经济带数据中心”，为长江经济带研究提供支持，预期取得巨大社会经济效益；与 EPS 数据公司合作建设的“中国革命老区数据中心”，旨在为革命老区研究提供全面的数据支撑；与 EPS 数据公司合作建设的“包容—绿色—高质量发展指数平台”，已经供江西省工信厅、发改委等政府部门和 50 多家同行单位研究查询和比较；与中经网公司合作的“中部经济社会发展数据库”，为中部地

区研究提供全面的数据支撑；与南昌大学网络中心合作的“区域·生态·计量云代码软件”，已服务南昌大学博士、硕士研究生300余人，对外服务400余人次。

胡振鹏教授团队建设的鄱阳湖水利工程，致力于实现长江与鄱阳湖和谐关系，有关研究绝大多数为鄱阳湖水利枢纽工程规划及其可行性研究报告所采纳，提出对策与九江沿江开发试验示范基地合作就维护鄱阳湖湿地生态系统健康进行转化，为长江经济带生态文明建设提供智力支持。

傅春教授团队编制的武宁县水生态文明示范建设方案，通过专家组验收，在水管理体系、水生态体系、供用水体系和水文化体系建设示范工程等方面提出十八个重点示范项目。何筠教授的“江西企业创新驱动发展路径研究”被录入《兴赣智论》之“改革创新篇”；涂国平教授的“农业生态能源发展模式升级研究——规模养殖生态链研究与实践”，被纳入《江西省农业循环沼气工程建设规划（2016—2020年）》建设内容，其沼气利用率提升工程在全省推广。

九、江西省大学生思想政治教育（德育）协同创新中心

1. 发展历史

2015年，由南昌大学牵头，以中共江西省委宣传部、中共江西省委教育工委、江西师范大学和江西财经大学为核心协同单位，以江西农业大学、南昌航空大学、江西中医药大学、华东交通大学和井冈山大学为主要参与单位，组建“学科交叉贯通、部门协同联通、人才互融互通”的强强联合、优势互补的大学生思想政治教育（德育）协同创新中心。中心组建以来，在人才培养与科学研究上积极与国内外高校与科研机构开展了广泛合作，已与日本创价大学、武汉大学、复旦大学等世界知名大学建立了多种形式的合作关系。

2. 现状概况

目前，中心有教授20人，副教授25人，博士23人，博导7人。有教育部高校马克思主义理论类教学指导委员会委员1人，全国教育系统先进工作者1人，全国教育系统思想政治工作先进工作者1人，全国高校思想政治理论课教学能手2人，全国高校思想政治理论课教师影响力人物1人，全国优秀教师1人，江西省优秀教师1人，江西省高校十大优秀思想政治理论课教师1人，省级教学名师1人，江西省思想政治理论课教学名师4人，江西省教育系统师德标兵1人，江西省高校中青年学科带头人4人；享受国务院政府特殊津贴专家1人，省政府特殊津贴专家2人，江西省高校哲学社会科学领军人才1人，入选江西省新世纪百千万人才工程2人。

中心形成5个研究方向，分别为大学生思想政治教育基础理论研究、大学生思

想政治与心理健康教育研究、大学生思想政治教育与红色资源利用研究、网络与新媒体时代的大学生思想政治教育研究和大学生思想政治理论课教育教学方式方法创新研究。依据研究方向组建核心研究团队，形成新型智库和示范基地。

3. 主要贡献

科研成果突出。2015—2019 年期间中心各团队取得科研经费 497.7 万元，获批国家社科基金、省规划项目等国家级、省级项目共 205 项。发表 CSSCI 期刊学术论文 194 篇；出版论著 33 部；科研奖励 30 项；获省级领导批示或厅级单位采纳 64 次。

学科建设新成绩。依托南昌大学习近平新时代中国特色社会主义思想研究中心、江西省大学生思想政治教育研究中心、中国特色社会主义理论体系研究中心、大学生心理健康研究中心、红色资源文化开发与应用研究中心等科研平台，推进马克思主义理论一级硕士点，思想政治教育二级博士点和马克思主义理论一级博士后流动站建设，2018 年成功获批马克思主义理论一级学科博士学位授权点。打造了江西省首家大学生思政教育实践基地“红色文化馆”，将江西省独具特色的红色文化资源优势转化为思政课教育资源优势，将红色文化融入大学生思想政治教育之中，使红色基因转化为大学生成长基因，取得了突出的成效，成为学校思政课教育的一张名片。中央第八巡视组组长欧阳淞，省委书记刘奇，教育部副部长翁铁慧等领导同志参观视察并充分肯定了红色文化馆的建设及其成效，中央和地方官方媒体给予广泛关注与报道。

十、廉政研究中心

1. 发展历史

廉政研究中心（以下简称“中心”）成立于 2009 年 5 月，是为加强党风廉政建设与反腐败斗争的科学研究工作成立的专业廉政研究机构。经由中共江西省纪委常委会批准，江西省纪委与南昌大学联合设立的学术机构——江西省党风廉政建设研究中心合署办公。2010 年 7 月，经江西省教育厅批准，确立南昌大学廉政研究中心为江西省高校人文社会科学重点研究基地。

2. 现状概况

“中心”聘有专职研究人员 34 人，其中教授 21 人，副教授 8 人，拥有博士学位 25 人。校外兼职人员 7 人，校内兼职人员 4 人。“中心”学术委员会主任为北京航空航天大学任建明教授，副主任为中国人民大学毛昭晖教授；委员包括厦门大学张光教授、香港城市大学公婷教授、湖南大学袁柏顺、田湘波教授等一批外省知名学者。“中心”目前设有廉政与效能、廉政与治理两个研究所和《廉政与治理》编辑部。

3. 主要贡献

“中心”立足江西，吸收国内外智力资源，团结和引导校内外研究人员，以中国特色社会主义理论为指导，开展反腐倡廉理论和反腐倡廉建设重大课题研究；开展反腐倡廉理论学术交流；开展反腐倡廉决策咨询。已基本建设成为省内一流的廉政建设和反腐败研究的新型智库。

“中心”专职研究人员广泛开展廉政治理和政府效能研究，多篇研究报告获领导批示或被各级纪委采用；在国际国内学术期刊发表论文一批和出版专著多部；“中心”还接受政府部门、国际组织以及企业的委托，对我国当前党风廉政建设中的热点难点问题进行专题研究。中心承担省部级以上研究项目 50 余项，其中国家课题 10 余项。承担中纪委、江西省纪委的研究项目 6 项。同时还承担众多的各地纪委和政府、企事业单位委托的反腐倡廉建设横向课题研究。

十一、中国特色社会主义理论体系研究中心

1. 发展历史

中国特色社会主义理论体系研究中心（以下简述为“中心”）前身为南昌大学邓小平理论研究中心，成立于 1994 年 7 月，被省委宣传部列为全省六个邓小平理论研究基地之一。2014 年 3 月被遴选为江西省普通高校人文社会科学重点研究基地。

2. 现状概况

“中心”现有专职人员 33 人，其中教授 7 人、副教授 13 人，讲师 13 人，具有博士学位 18 人，硕士学位 4 人。校内兼职教师 8 人，其中教授 4 人，副教授 2 人，讲师 2 人，具有博士学位 7 人。校外兼职教师 4 人，其中教授 4 人，具有博士学位 4 人。博导 10 人。国务院特殊津贴 4 人、省政府特殊津贴 2 人、教育部高校马克思主义类教学指导委员会委员 1 人、江西省思政理论课教学名师 6 人、江西省新世纪百千万人才工程人选 2 人。

3. 主要贡献

2016—2020 年，“中心”在人民出版社、中国社会科学出版社、江西人民出版社等出版高质量的学术专著 9 部；获批国家社科基金重点、一般和专项等项目 7 项，其他省部级课题 50 余项，经费达 327.5 万元，平均每年获得的经费达 65.5 万元；在《新华文摘》《光明日报》等国内权威报刊上发表学术论文 60 余篇；撰写的研究报告被省部级单位采纳或得到省部级领导同志肯定性批示及一般性批示多达 14 篇（次）。其中，被省部级单位采纳 2 次，被设区市地方政府（厅局）采纳 2 次，得到

省部级领导同志肯定性批示 9 次，一般性批示 1 次；获江西省社科一等奖 1 项，二等奖 2 项、三等奖 3 项，取得较大的社会声誉。尤其值得一提的是，2020 年 9 月，中心主任胡伯项教授专著《我国现代化进程中意识形态安全问题研究》荣获江西省委、省政府第三届“江西省文学艺术奖、理论成果奖、新闻奖”的“理论成果奖”。此奖项是针对在研究重大现实、历史和理论问题上有创见，提出了重要新观点、新结论，对学科建设具有重大贡献，或在省内外有重大社会影响，或解决当前社会实际问题，对促进我省经济社会发展有积极作用和贡献而设立的，每届只评选 6 项成果获奖，充分表明该著作具有重要的理论和现实价值。

十二、客赣方言与语言应用研究中心

1. 发展历史

客赣方言与语言应用研究中心（以下简称“客赣中心”）成立于 2003 年 4 月。客赣中心所依托的语言学科是南昌大学最早一批获得硕士学位授权点的学科，其中汉语史方向 1979 年开始招收研究生。在音韵、训诂、现代汉语、言语交际学方面特色鲜明，在国内具有一定的影响力。1996 年应用语言学获批为该学科全国第一个重点建设学科。刘焕辉教授的《言语交际学》在国内享有盛名；刘纶鑫教授主持了学校第一个国家社科基金重点项目，《客赣方言比较研究》获得学校唯一的教育部人文社科二等奖。2003 年 4 月，中文系以客赣方言与应用语言学两大学科为基础，成功申报了省高校人文社科重点研究基地。2017 年以来，中心获批国家社科基金重大项目 1 项、重点项目 2 项、一般项目 4 项。中心原负责人胡松柏教授担任了教育部“语言资源保护工程江西方言”的首席专家。

2. 现状概况

“客赣研究”一直是南昌大学国家“211 工程”“中西部高校综合实力提升工程”重点支持建设的学科。目前中心拥有语言与语言应用二级学科博士点，有汉语言文字学、语言学与应用语言学、汉语国际教育等三个二级学科硕士点，汉语言文字学与应用语言学多次获得省重点学科。目前中心形成了以客赣方言研究为基础的方言研究团队，以汉语音韵学研究为基础的古代汉语研究团队，以语言类型学研究为基础的现代汉语研究团队。研究队伍强大，梯队合理，研究实力强劲。

3. 主要贡献

“客赣中心”立足江西方言研究资源，聚焦“客赣方言与江西地方文化建设”“语言资源保护与开发利用”“汉语古典音系学理论构建”“语言类型学与现代汉语理论研究的结合”等方面的研究。目前“客赣中心”正在进一步加强学科规划，精心布局，立足江西语言资源，扩展学术研究领域，加强语言研究与现代技术的有机结合。在语言研究的科学性、系统性、前瞻性、实践性与应用性等方面提升创新能力，打造具有国内外重要影响力的客赣方言研究重镇，汉语研究高地。

十三、赣学研究院

1. 发展历史

赣学研究院是南昌大学以文、史、哲等三大学科为基础成立的文科高等研究院，是江西省社联重点研究基地，也是首批江西省哲学社会科学重点研究基地。

2. 现状概况

赣学是以江西方言、历史、思想与文化为对象的综合性研究，涉及文、史、哲三个一级学科，是一个多学科交叉融合的人文社会科学研究项目，是南昌大学“十五”和第三期“211”重点建设学科。

目前，研究院完成了一批重要课题，产生了良好的学术影响和社会效应。胡松柏教授兼任全国汉语方言学会理事、中国音韵学研究会理事、中国社会语言学会理事、江西省社会科学界联合会理事、江西省语言学会副会长兼秘书长，主持国家社会科学基金项目 2 项。李军教授为中国音韵学会理事、中国方言学会理事、江西省高校中青年学科带头人，主持完成国家社科基金后期资助项目 1 项，目前正在开展国家社科基金重大项目“汉语等韵学文献集成、数据库建设及系列专题研究”的研究。张芳霖教授为江西省高校中青年学科带头人，兼任江西省史学会理事、中国社会史学会会员、江西钱币学会理事，主持国家社科基金项目 1 项，现正开展国家社会科学基金重大项目——“近代长江中游地区（湘鄂赣）商会档案资料整理与研究”。

3. 主要贡献

赣学研究院立足江西，聚焦赣学、赣地文化、赣学文化、赣地文人等问题展开研究，目前已经完成赣学数据库的“江西历史文化”部分，该部分主要包括民国时期的中国国家图书馆的所收藏的江西报纸和期刊及部分地方契约文书及部分民间契约文书。

十四、文化资源与产业研究院

1. 发展历史

文化资源与产业研究院（以下简称“研究院”）是学校主动顺应国家及区域文化产业发展战略，推动江西省经济、社会、文化振兴发展及生态文明建设需要，专门成立的跨学科、综合性专职研究机构。“研究院”于 2010 年 6 月在南昌大学赣文化与古籍研究所（2006 年成立）、南昌大学江西产业经济研究所（2009 年成立）的基础上重新组建而成。下设文化资源研究所、文化产业研究所、文化创意研究所，依托单位为南昌大学人文学院、新闻与传播学院、经济与管理学院和艺术与设计学院。2014 年 3 月，“研究院”获批为江西省高校人文社会科学重点研究基地。

2. 现状概况

“研究院”现有专职研究员 15 人，校内兼职研究员 6 人，校外兼职研究员 2 人。“研究院”主要依托“中国语言文学”“应用经济学”“新闻与传播学”三个省级重点学科，“管理科学与工程”“中国语言文学”“哲学”“新闻与传播学”四个一级学科博士点，“中国史”“应用经济学”“设计学”三个一级学科硕士学位点进行建设。

3. 主要贡献

“研究院”依托学校文史类、经济管理类等优势学科资源，融合学校新闻传播类、艺术美学类学科专业的先进媒介、艺术力量，以“文化资源与产业研究”跨学科创新团队为基础，把握国家文化产业发展战略契机，立足江西省经济、社会、文化改革发展重大现实问题和鄱阳湖生态经济区建设、赣南原中央苏区振兴发展需求，开展跨学科协同创新研究，努力建设区域特色鲜明的高水平、综合性人文社会科学研究和人才培养基地。2010 年以来，研究院的专职研究员承担各种纵向课题 40 余项，其中国家社科基金项目 6 项、江西省社科规划项目 5 项、江西高校人文社科研究项目 23 项、江西省教育科学规划和艺术科学规划课题各 2 项；其他项目 4 项；围绕文化产业、文化资源和文化创意三个方面发表的高质量论文 30 余篇，其中 CSSCI 收录论文 29 篇；研究院出版专著 10 部，主要集中在文化资源的挖掘与整理这个方向；成果获奖 20 余项，其中获得 2019 年度“江西省第十八次社会科学优秀成果奖”一项，2017、2019 两次获得“教学成果一等奖”；文化创意及设计奖项 22 项；研究院承担各种横向课题 14 项，项目总经费 227 万元，主要集中在企业文化建设以及企业产品文化设计与创意领域，为企业提供智力支持，服务社会。

十五、赣剧文化艺术中心

1. 发展历史

赣剧文化艺术中心成立于 2005 年，是江西省依托于 211 综合型高校和省文化部门共同建设的第一家体制创新的专业戏曲团队，肩负着赣剧保护、传承和发展的多重使命。为江西省非物质文化遗产研究、传播基地，和江西省文化艺术科学重点研究基地，是集教学、研究、传承、创作、演出为一体的单位。

2. 现状概况

赣剧文化艺术中心自2015年以来连续四年获批国家艺术基金资助项目。这是江西省综合性大学在该项目上零的突破。赣剧中心在舞台表演上进行大胆创新，将戏曲、音乐、舞蹈、话剧表演等多种艺术表现手段融入赣剧表演中，展现了多元化的舞台艺术风格。让传统艺术绽放出新的生命力。中心每场演出都有学生的加入，学生们通过参与演出不但得到了舞台表演实践的机会，还能融入传统地方戏曲的创作中来，感受和领悟到传统文化的魅力。使得赣剧的传播与传承在校园中焕发出蓬勃的生机。组织创排的赣剧《红珠记》在全国如北京大学、清华大学、中国戏曲学院、北京师范大学、浙江大学等各大知名高校巡演，创下了演出共计113场的历史记录。获得了专家和青年观众的一致好评和欢迎。

自2012年起至今，每年承担"江西省高雅艺术进校园——赣剧专场"巡演活动。将赣剧的传统经典曲目《临川四梦》等带到江西省各地市院校演出，收到学生们的欢迎和好评。探索走出一条激活传统戏曲艺术魅力与高校校园文化建设有机融合的新路子，努力践行高校所担当的文化引领与传承的功能。真正做到了高雅艺术扎根于校园。还多次被国家汉办委派到世界多国孔子学院巡演，先后到德国、法国、美国、墨西哥、印尼等多个国家进行交流演出，将赣剧推到世界的舞台上。

3. 主要贡献

2010年中心组织创排的赣剧《临川四梦》代表南昌大学参加第二届中国校园戏剧节，获得中宣部批准的校园艺术最高奖——"中国戏剧奖·校园戏剧奖"优秀剧目奖、优秀组织奖以及"校园戏剧之星奖"。2013年组织创排的现代赣剧《青衣》参加参加第十三届中国戏剧节，荣获"中国戏剧奖·剧目奖""中国戏剧奖·优秀表演奖"。2014年新编创作赣剧《那杆秤》入选江西省繁荣工程和省五个一参选剧目。CCTV11全程现场录像，并在九州大戏台播出；同年，赴首届长江流域小戏小品展演。获得"最佳推荐剧目奖"。2015年，赣剧《南柯梦寻》参加第六届全国小戏小品展演获"优秀入选剧目"。2016年，中宣部调派赣剧《红珠记》进京参加全国地方戏展演。2017年，赣剧《红珠记》一举斩获江西省第十届玉茗花戏剧节优秀剧目奖、表演一等奖、集体伴奏奖等12个奖项。2018年，赣剧文化艺术中心陈俐教授受邀参加中央电视台第一频道直播的"春节联欢晚会"，这是春晚举办35年以来，赣剧第一次登台亮相，填补了赣剧上春晚的历史空白。多年来陈俐教授多次受到央视的邀请参加央视戏曲晚会和元宵晚会等重要晚会，直接把赣剧艺术推到全国最高水平的艺术舞台。2019年，陈俐教授还受邀参加中央电视台《元宵戏曲晚会》及上海电视台《长江中下游十二省市春节联欢晚会》，后又参加央视戏曲频道《一鸣惊人》国庆特辑演出；同年，赣剧文化艺术中心作为唯一一所外省大学受邀参加江苏省紫金花艺术节“戏梦风华·大学生戏剧”展演，演出赣剧《红珠记》，受到观众的热烈好评，荣获中共江苏省委宣传部颁发的“特邀剧目奖”。

十六、法治江西建设研究中心

1. 发展历史

法治江西建设研究中心（以下简称“中心”）成立于 2015 年 11 月，是江西省第一个法学类的省哲学社会科学重点研究基地，挂靠在法学院。

2. 现状概况

“中心”下设“中央苏区法律制度研究中心”“生态文明法律问题研究中心”“农业与农村法律问题研究中心”“部门法哲学与方法论研究中心”四个分中心。现有兼职研究人员 20 余人，组建了“苏区法律制度：思想、制度与传承”“生态文明法律问题”“乡村振兴法律问题”“部门法哲学与方法论”4 个团队。

3. 主要贡献

“中心”聚焦“苏区法律制度：思想、制度与传承”“生态文明法律问题”“乡村振兴法律问题”“部门法哲学与方法论”4 个方向开展研究。中心自成立起的成果和贡献主要有以下几方面：

一是中心与学院共同承办学术活动或者共同举办学术讲座。自 2015 年 11 月至 2020 年 12 月共同举办学术讲座 90 余次，共同举办了 2018 年中国法学会商法学研究会年会、2019 年中国法学会民事诉讼法学研究会年会、2020 年中国法学会法学期刊研究会年会等 10 余场学术活动。

二是中心研究人员产出了一批优秀的科研成果。中心研究人员在《法学研究》《中国法学》等杂志上发表 50 余篇论文，并被《新华文摘》《高等学校文科学术文摘》《人大复印资料》转载或转摘；中心研究人员承担国家社科基金重点项目、省社科规划重大项目等省部级和国家项目 10 余项；获得江西省社科优秀成果奖一等奖 1 项、二等奖 4 项；中心研究人员出版专著 8 部。

三是中心研究人员参与地方立法草案的起草、地方立法的论证、评估和咨询等活动，积极服务地方。中心研究人员领衔或者主要参与了《江西省生态文明建设促进条例》《江西省乡村振兴促进条例》《江西省全民健身条例》等立法草案。中心研究人员的立法咨询和立法建议多次受到省领导肯定性批示，例如研究报告《江西企业参与“一带一路”建设的法律风险防范》，2018 年 1 月得到了时任江西省常务副省长毛伟明肯定性的批示。

十七、翻译研究中心

1. 发展历史

翻译研究中心成立于 2009 年 12 月。2010 年底购置了一套高质量的 BOSCH 同声传译会议系统，用于支持本省的同声传译会议需求。也使得江西省首次具有自己的同声传译会议设备与技术支持能力。之后，中心成功购置了一套 TRADOS 计算机辅助翻译软件系统，以支持省内高端的以及大批量的文本翻译需求和笔译人才的翻译技术培养需求。

2. 现状概况

目前，中心主要为南昌大学翻译硕士专业学位点提供口笔译专业教学队伍、翻译技术和翻译理论与学术支持。依托江西省翻译基地和江西省翻译协会对全省进行翻译口笔译人才与技术支持、计算机辅助翻译技术培训、翻译质量专家认证和翻译学术支持。

3. 主要贡献

中心为本省培养首批同声传译人才。开启了省内的机辅翻译技术培训活动。中心的同声传译系统以及口笔译能力与技术已多次用于成功地支持省内重要活动的举办。中心的翻译专家在省内引领翻译研究和翻译质量认证工作，成为江西省翻译协会和江西省翻译理论与实践的引导者和重要贡献者。

十八、舆情监测与治理研究中心

1. 发展历史

舆情监测与治理研究中心（以下简称“中心”）获批于 2016 年，系江西省哲学社会科学重点研究基地，由南昌大学新闻与传播学院主管。

2. 现状概况

“中心”先后得到南昌大学国家“211 工程”“部省合建”“中西部高校综合实力提升工程”“部校共建新闻学院”等重点项目的支持，目前拥有“新闻传播学”的一级学科博士点和一级学科硕士点，以及国家一流专业建设点“新闻学”，以及江西省一流学科等。

3. 主要贡献

发挥智库作用。“中心”立项江西形象的网络传播、江西政务新媒体的建设、使用与管理等专项招标课题，推出系列专题性的舆情与社会治理研究成果，为江西省各级政府部门把握舆情走势和宣传管理提供智库支持；运用领先的舆情技术平台，推进舆情监测、舆情预警的数据分析和专项研究，为各级政府部门做好舆情研判提供帮助。

推进科学研究。“中心”聚合了来自新华社、大江网等知名媒体和高校师资等研究人员，积极申报和立项国家社科基金项目、教育部人文社科基金项目共10余项，开展了网络与新媒体传播、网络新闻与网络事件舆情、网络文化与网络传播管理等多项相关研究工作，在CSSCI等高等级期刊发表了以下相关研究成果60余篇。

开展专项培训。“中心”利用舆情监测的实践经验和研究成果，针对政府、企事业单位的各级管理者的实际工作需要，提供舆情宣导、新闻发言人培训等，通过创新性、针对性、实践性、可操作性的培训课程体系，为各级政府部门和相关部门妥善应对各类突发公共事件提供实战指导。

十九、谷霁光人文高等研究院

1. *发展历史*

谷霁光人文高等研究院是南昌大学“文科科研特区”试点单位，2017年7月6日，经学校校长办公会议审议成立。2017年12月4日正式挂牌成立。

2. *现状概况*

谷霁光人文高等研究院聘任国内人文社会科学领域一流学者担任学术委员会委员，中山大学党委书记、教育部历史学科教学指导委员会副主任委员陈春声教授为学术委员会主任，南昌大学赣学研究院院长、博士生导师王德保教授为学术委员会副主任，中国人民大学杨慧林教授，中国人民大学包伟民教授，南京大学赖永海教授，首都师范大学宁强教授，中国社会科学院叶涛研究员，南昌大学研究生院常务副院长、博士生导师黄志繁教授，南昌大学江右哲学研究中心主任、博士生导师杨柱才教授等为学术委员会委员。现任院长为黄志繁教授，副院长为邹锦良教授、李洪华教授、张新国副教授。

3. *主要贡献*

一是开展“霁光讲坛”。目前，十三届全国政协副主席邵鸿教授，中山大学党委书记陈春声教授，北京大学孙玉文教授，清华大学龙登高教授，中国社会科学院叶涛、魏明孔教授，中国人民大学包伟民、杨慧林、刘后滨、向世陵教授，首都师范大学宁强、李华瑞教授，南京大学吴俊、王彬彬教授，南开大学余新忠教授，华东师范大学杨国荣教授，香港中文大学科大卫（David Faure）教授，剑桥大学Joseph McDermott（周绍明）教授，加拿大渥太华大学吉奥格·诺瑟夫（Georg Northoff）教授，日本爱知大学周星，日本学习院大学王瑞来教授等国内外人文社科领域一流学者莅临讲座。二是开展“驻访学者”和“青年驻访学者”项目，已聘请中山大学黄国信教授、上海交通大学曹树基教授、南京师范大学梁丹丹教授、华东政法大学龚汝富教授、香港中文大学贺喜教授等作为“驻访学者”来学校驻访研究，开展讲座与读书会。三是已出版《雩光人文演讲录》1 册。研究院将对“雩光讲坛”进行全程录像，并将演讲实录结集出版。同时，谷雩光人文高等研究院每年不定期邀请海内外人文学者来院举办高端人文国际论坛，举行学术人文对谈活动，并将对谈活动进行录像，整理成“雩光人文对谈录”。四是挖掘和整理地方文化。从 2017 年建院开始，走出校园，与地方政府共同挖掘传承地方文化，2019 年和 2020 年分别主办了“解缙诞辰 650 周年学术研讨会”“宋代江西学术论坛”“全国首届王韶学术研讨会”“首届庐陵文化论坛”“中国进士第一村暨进士文化研讨会”等系列学术研讨会，在江西地方文献挖掘与整理的基础上，与来自不同文化和学科背景的学者开展跨学科交流，坚定江西文化自信，对江西地方经济社会发展有较大影响。

二十、旅游研究院

1. 发展历史

旅游研究院挂靠南昌大学旅游学院，是中国智库索引（CTTI）来源智库，也是江西省重点新型智库试点建设单位。旅游研究院的前身是 2003 年成立的南昌大学旅游规划与研究中心，2006 年中心成为江西省普通高等学校人文社会科学重点研究基地，2017 年正式更名为南昌大学旅游研究院，与南昌大学江西红色旅游研究中心合署办公，2017 年 9 月建设成为全国红色旅游创新发展研究基地。

2. 现状概况

研究院现有研究人员 22 人，其中教授 7 人，副教授 9 人，讲师 6 人，助理研究员 1 人，21 人具有博士学位，所涉及研究方向包括红色旅游高质量研究、旅游品牌研究、旅游地社会文化变迁研究、全域旅游发展研究等。

3. 主要贡献

研究院以服务地方旅游经济发展，促进省市县全域旅游高质量发展为目标，紧跟学科发展前沿和特点，围绕旅游重大理论和实践问题，搭建智库研究平台，培育一支集聚旅游学者、学科专家、旅业人士为主体的研究队伍，形成浓厚的科研氛围。研究院大力整合国家、地方政府、高校、企业等资源，深耕本土旅游产业发展实践，努力构建全国知名旅游智库平台及红色旅游学术研究基地，不仅为地方发展提供了大量政策咨询、决策建议和教育培训等服务，而且形成了一批有影响力的研究成果。2016—2020 年研究院共有 41 篇智库对策报告获得省部级以上领导批示，出版著作 12 部，教材 2 部，以第一作者或通讯作者身份在中文核心以上期刊发表论文 36 篇，其中发表 SCI/SSCI 期刊论文 8 篇，CSSCI 或 CSCD 来源期刊论文 18 篇。研究院获批纵向课题 29 项，其中国家社科基金项目 3 项，国家部委项目 3 项，其他省级项目 23 项。共承接地方委托横向项目 61 项，为地方旅游发展贡献智慧，得到社会各界人士的高度认可。

二十一、区域历史与档案文献研究中心

1. 发展历史

区域历史与档案文献研究中心（以下简称“中心”）成立于 2019 年 4 月，是以南昌大学历史学科的长期发展和学术积累为基本背景。2020 年 5 月，中心获批成为江西省哲学社会科学重点研究基地。

2. 现状概况

中心现有专职研究人员 16 人，其中国家级人才计划入选者 2 人、省级人才计划入选者 7 人。2015 年至 2020 年，获批国家社科基金项目立项 13 项，其中重大 2 项、重点 3 项。荣获省部级等科研奖励 10 项。中心研究人员在《历史研究》《近代史研究》《中研院史语所集刊》等专业期刊发表论文计 60 余篇。

3. 主要贡献

中心立足于江西区域深厚的历史文化内涵，着力提升江西历史文化研究水平，加强江西历史文化学科建设，促进江西区域研究人才培养。中心在“长江中游商业与市场史”“唐宋以来江西社会经济史”“近代中国社会史与苏区史”“民间信仰与地域文化变迁”“历史文献整理与档案开发”等方面，聚焦研究力量，取得了令人瞩目的成绩。张芳霖教授领衔的“近代长江中游地区（湘鄂赣）商会档案资料整理与研究”、吴永明教授领衔的“中央苏区民间史料收集、整理与研究”，均获批国家社科基金重大项目。中心致力于开展学术交流。2019 年，中心主办了“全球史与区域史视野下的近代商人、商人组织与商业市场”国际学术研讨会，“70 年来区域史研究的回顾与展望”国际学术研讨会，扩大学术影响。

二十二、江西省高校铸牢中华民族共同体意识研究中心

1. 发展历史

江西省高校铸牢中华民族共同体意识研究中心是中共江西省委教育工委为贯彻落实习近平总书记提出的深化民族团结进步教育，铸牢中华民族共同体意识，加强各民族交往交流交融的重要部署，依托南昌大学科研平台设立学术科研平台。2020

年6月中共江西省委教育工委正式下文成立，同年10月南昌大学正式下文成立江西省铸牢中华民族共同体意识研究中心领导机构。研究中心汇集学校人文学院、法学院、马克思主义学院等学院的科研人员，聘请省内外相关研究领域专家，开展铸牢中华民族共同体意识研究，建设全省民族宗教领域的咨政研究基地，基础性、理论性、探索性学术研究基地，民族宗教培训基地。

2. 现状概况

研究中心现任主任为滕勇前教授，常务副主任为江马益教授，副主任为邹锦良教授，主任助理为胡邦宁副教授，下设立学术委员会、综合办公室以及相关研究所。学术委员会主要由国内民族宗教、统一战线、法学思政顶尖学者以及校内人文学科相关学者组成，主要对各类研究对象进行分析与研究，就相关研究项目的重点与难点进行讨论，并结合研究提出切实的意见与建议。综合办公室负责中心的对外联络、科研、项目实施和日常运营管理等工作，协助各研究所开展工作。

3. 主要贡献

一是组建了研究团队，整合校内人文学院、法学院、马克思主义学院、新闻传播学院教授博士10余人；二是凝练了研究方向，设“铸牢中华民族共同体意识的红色基因研究”“铸牢中华民族共同体意识的宗教机制研究”“铸牢中华民族共同体意识的文化研究”“铸牢中华民族共同体意识的历史经验研究”4个研究方向；三是开展了全省高校师生宗教信仰情况调研，并撰写了调研报告；四是研究中心有彭睿博士、胡邦宁副教授两位研究人员撰写相关学术论文赴长安大学参加教育部高校思想政治工作创新发展中心举办的全国高校铸牢中华民族共同体意识论坛学术论坛。

二十三、江西媒体融合发展研究中心

1. 发展历史

2020年5月，中共江西省委宣传部、省委教育工委成立江西省重点新型智库“江西媒体融合发展研究中心”（以下简称“中心”），“中心”由江西省委宣传部、省委教育工委与南昌大学联合建设，挂靠单位为新闻与传播学院。

“中心”以服务党委政府的融媒体发展为宗旨，以融媒体发展的相关政策研究咨询为主攻方向，围绕全省融媒体发展的重大理论和现实问题，开展前瞻性、战略性研究，并提出政策建议，为省委省政府关于融媒体发展的科学决策提供智力支持。

2. 现状概况

“中心”在省委宣传部领导下，充分发挥南昌大学新闻与传播学科的学术优势和人才资源，以应用对策研究为主，采取“省委宣传部出题，研究中心解题”的方式，以提升省内融媒体中心传播的“四力”为核心目标，做好理论研究、效果测评、督导调研、政策解读与学术交流等工作。目前“中心”学术团队架构合理、研究方向明确、研究成果丰硕，得到省委宣传部和省委教育工委的肯定。

3. 主要贡献

编发工作简报。“中心”收集媒体融合发展方面的相关信息资料，定期编发《媒体融合发展动态》简报，以供省委宣传部、省委教育工委和省级新闻单位领导和相关处室参阅，为省委宣传部媒体融合发展相关政策制定提供参考。

开展项目研究。“中心”以“省委宣传部出题，研究中心解题”的方式，围绕“推动江西省媒体融合向纵深发展”“江西省新闻发布效果评估及创新”“新形势下江西海外新闻传播路径”“全媒体传播环境下突发公共事件舆论引导”“高效整合利用省级融媒体资源”等重大现实问题开展研究。

承接有关业务。“中心”主要承接省委宣传部、省委教育工委以及省级新闻单位相关处室举办的论坛、开展的评估、所需的服务等业务。“中心”与江西省融媒体中心及第三方机构合作，共同设计评估指标体系和评估方案。另外，在教育部及南昌大学对口帮扶原中央苏区振兴的框架下，“中心”对口帮扶上犹县融媒体中心，做好融媒体发展的智力帮扶。

二十四、江西省区域经济研究院

1. 发展历史

江西区域经济研究院成立于 2012 年，是在国家发改委和江西省发改委的直接关心和支持下成立的、直属南昌大学管理的跨学科实体性研究机构，为促进江西区域发展战略的实施承担政策咨询、理论研究和人才培养等任务。

2. 现状概况

江西区域经济研究院是江西省哲学社会科学重点研究基地，设立理事会，理事长由省发改委主要负责同志担任，副理事长由南昌大学主要负责同志担任，常务理事由省发改委、南昌大学、省有关厅局相关负责同志担任，理事由省有关厅局、高校和科研院所相关部门负责同志担任。顾问小组和学术委员会，负责研究院的学术决策咨询和学术活动的开展。目前研究院主要负责人为傅春教授。

3. 主要贡献

研究院成立以来承接了多项省政府及省发改委的重大课题，为江西社会经济发展的热点问题展开有成效的研究。研究院成立初期与“江西省科技创新与中部地区经济社会发展软科学研究基地”共同创办的内刊《决策咨询要报》自 2013 年 7 月始到2016年末共印发79期，共29份获得省领导批示及采纳，23个副省及以上领导批示和9个正厅采纳意见。基地于2017年7月正式创办江西省连续性内部资料性出版物《决策信息参考》（赣内资字第390号），月刊。目前已出版咨询报告20余份，获得省级领导批示十余份。

二十五、江西省科技创新与中部地区经济社会发展软科学研究基地

1. 发展历史

"江西省科技创新与中部地区经济社会发展软科学研究基地"（以下简称研究基地）为江西省首批软科学研究基地（共八个）之一，成立于2013年，属于校级科研独立机构，旨在围绕全省科技、经济、社会发展的前瞻性、战略性重大问题开展软科学研究，为党委、政府科学决策提供"智囊库"。

2. 现状概况

研究基地目前依托于管理学院，以服务科技管理决策需求为主要宗旨，以软科学和区域经济研究计划项目为引导，意在有效提高全院教师对社会经济建设研究的积极性与研究水平。基地主要任务如下：

（1）课题研究。面向科技管理决策需求，围绕软科学承接省科技厅指定的相关重大问题进行研究，围绕区域经济研究申报江西省社联年度招标的重点项目与一般项目。

（2）决策咨询服务。编撰江西省连续性内部资料性出版物《决策信息参考》，针对省内社会经济热点与难点问题开展决策咨询服务，定期报送至省委省政府，为省委省政府领导班子科学决策提供咨询服务。

（3）学术交流。积极开展学术沙龙、专家研讨会等研究交流活动，打造开放式的软科学和区域经济研究网络，成为相关研究领域的学术交流和资料信息平台。

3. 主要贡献

研究基地初期创办的内刊《决策咨询要报》自2013年7月始到2016年末初共印发79期，共29份获得省领导批示及采纳，23个副省级及以上领导批示和9个正厅采纳意见。研究基地于2017年7月正式创办江西省连续性内部资料性出版物《决策信息参考》（赣内资字第390号），目前已出版咨询报告20余份，获得省级领导批示十余份。

第七章　职能部门

职能部门是服务学校发展的重要工作单位，发挥着承上启下、连接内外，计划、组织、协调和控制的重要管理服务作用。伴随着南昌大学的发展，学校各职能部门也经历了多次的变革、重组和调整。

第一节　曲折中发展

从 1921 年到 1992 年，随着学校的建立及发展，学校职能部门从无到有、从少到多，不断成为学校建设和发展必不可少的支撑力量。

一、追根溯源

1921 年，江西公立医学专门学校作为培养医生的医科学校，以教学为主。1931 年 8 月，接国民政府教育部命令，校名改为省立医学专科学校。校长主持校政，在校部设校务会议、经济委员会、特种委员会与校长办公室。1948 年初至 1949 年，遵照民国教育部门修正之专科学校规程，设校长 1 人总理校务。校长下分设教务、训导、总务三处及会计室、统计室、附属医院、公共卫生事务所。1949 至 1953 年，先后成立医专青年团团支部、团总支、团委。1958 年 7 月，江西医学院与第八军医学校合并后。江西医学院党的组织机构有党委办公室、组织部、宣传部。职能部门的雏形开始显现。

1958 年 5 月 6 日，江西省人民委员会决定创办江西大学。7 月 1 日，江西工学院正式成立。1960—1966 年为江西大学的调整充实发展时期。1960 年以来，学校贯彻中央“调整、巩固、充实、提高”方针和“高教十六条”，修订了建校十年规划，缩减规模，合并机构，抽调干部下放。

1959 年 10 月，随着江西医学院的发展，职能机构明显增加：党政机构为党委办公室、宣传部、组织部以及基础部、医疗系、第一附属医院、第二附属医院 4 个总支和行政支部。行政机构为教务处、总务处、人事处、院长办公室、科学研究室、生产办公室、基础部、医疗系、第一附属医院、第二附属医院。群众机构为工会、团委。1959 年年底，学校决定：党委所属各部处不变，增设统一战线工作部，部长由党办主任兼任或另选拔干部。行政机构为院长办公室（内含秘书科、教学行政科、科研科、总务科、财务科、给养生产科、保健室）、基础部、医疗系、卫生学系、儿科学系。

1960 年初，江西医学院党委统战部正式成立，与党委办公室合署办公。同年，党委决定，教务处与基础部、医疗系合署办公。2 月 21 日，学院党委常委会议决定，组成中共江西医学院直属机关总支委员会与学生总支委员会。

随着国家对科技的重视，江西大学于 1963 年成立科学技术委员会，负责全校的科研工作。1973 年，江西大学成立科研生产处，统一管理和指导包括文科科研工作。1978 年 3 月，江西大学恢复了生产科研处，成立了政治部，改教革处为教务处，改校务处为行政处。同时任命一批中年干部，充实各系、处、室班子。为了充分发挥校内各职能部门的作用，学校于 1978 年 4 月下发《关于机关各部门工作职责试行的通知》，要求全体机关工作人员必须牢固树立为教学、科研服务的思想，要有全局观念；部门工作要从全校一盘棋出发，要发扬党的群众路线和实事求是、调查研究的传统作风，办事要雷厉风行。1979 年，江西大学科研处成立。

二、砥砺前行

根据中纪委“建立与健全纪检机构”的精神，1981 年 11 月，江西医学院党委决定成立中共江西医学院委员会纪律检查委员会。1984 年 4 月和 9 月，江西医学院开始进行了机构改革，先后新设立了共产主义思想品德教研室、医院管理处、培训部、医学教育研究室和口腔系，将保卫科升格为保卫处，恢复设立了学生工作部。

1985 年 1 月，根据国家六部委联合发布要求在全国部分高等院校进行军事训练试点的通知，江西工业大学被选为江西省唯一的试点高校。为做好军训工作，江西工业大学派遣四位教师前往培训。同年，江西工业大学抽调部分人员成立军事教研室，并与人民武装部合署。

为更好地做好校内安全保卫工作，1985 年，由省教育厅批准，江西大学、江西工学院、江西医学院成立大学保卫处，由科级单位升格为处级单位。

1986 年 4 月，江西省机构编制委员会同意江西医学院处级行政教学机构设置为：院办公室、教务处、科研处、人事保卫处、总务处、计划财务处、器材设备处、社会科学部（含马列主义教研室与德育教研室）、学报编辑部、基础课部、图书馆。5 月，江西医学院行文给省编委，并于同月得到省编委通知，同意“将‘人事保卫处’分设为‘人事处’和‘保卫处’”。

为更好地做好学生思想政治和管理工作，1987 年 3 月，江西大学成立了学生工作部（处），为正处级建制；同年 3 月成立学生工作委员会，学生工作委员会下设办公室。办公室内设思想政治教育科和学生管理科，教务处学生科人员转入学生工作委员会学生管理科。1989 年 4 月，江西工业大学成立了学生工作处，下设学生科、教育科。江西工业大学招生办公室、江西工业大学毕业生分配办公室均设在校学生工作处。新设立的学生工作处主要工作职责为负责全校普通本、专科学生的招生、分配、贷款、教育管理、奖惩等项工作。

1990 年 6 月，江西医学院正式行文给省编委，确认 13 个党政处（部、室）级管理机构：院长办公室、人事处、保卫处、学生工作处、教务处、科研处、计划财务处、器材设备处、总务处和 4 个党委机构。

1991 年 11 月，江西工业大学成立保卫部，保卫部与保卫处合署办公，实行两块牌子、一套人马，双重领导。

1991 年底，江西医学院除设立了省编委规定的 13 个党政处（部、室）级管理机构和省卫生厅规定的 10 个正处级教学业务机构外，还按照有关规定设置了监察室、世界银行贷款办公室、科技开发中心、基建办公室，以及二级单位一附院、二附院、附属口腔医院和医学科学研究所。

第二节　融合中壮大

1993 年，江西大学和江西工业大学合并组建南昌大学，开启了原江西大学和原江西工业大学融合发展的十年，标志性成就即学校获批成为国家“211 工程”建设大学。

一、融合调整

为做好学校职能部门的合并工作，1993 年 6 月，南昌大学出台《校内人事体制改革实施方案》，开展了“三定”（定岗、定员、定机构）工作，提出了“强化编制意识，调整运行机制；按需设置岗位，明确各岗职责；严格考评考核，健全聘任制度；优化队伍结构，提高整体素质；增强办学活力，提高办学效益”的人事改革工作要求。

为实现实质性融合，学校进行了全校机构和干部的调整，完成近 90 个处系一级单位和 297 名处级干部的调整，形成了统一的管理模式。全校党政管理机构精简了6个。中层干部平均年龄下降4岁，24.6%的中层干部换岗交流。学校实行干部聘任及任期制，所有行政干部均由校长聘任，聘期3年。根据学校工作的总目标和各部门的分目标，确定每位干部的任期目标，按照“一二三四”的办法进行干部考评：“一个中心”，将干部的业绩与学校的中心工作联系起来考核；“两个体系”，将德能勤绩情况分政治考评与业绩考评两个量化指标体系打分；“三级考评”，采用群众考评、同级考评和校考评小组考评相结合的办法，综合确定考评总分；“四级分等”，按考评总分排序，将全校中层干部分为优秀、胜任、基本胜任和不胜任。每年考评一次，按考评结果排序，实行滚动竞争，根据考评结果确定干部的任免奖惩。1994年、2000年进行了全校优秀干部表彰，对不能胜任的亮黄牌，甚至免职或下岗学习。这一举措调动了广大干部奋发向上的积极性。

按照方案要求，原两校党委宣传部合并为南昌大学党委宣传部。两校计划财务处作为内设机构，合并组成南昌大学计划财务处。原江西大学保卫部（处）、原江西工业大学保卫部（处）合并成立南昌大学保卫部（处）。原江西大学、原江西工业大学保卫部（处）内设办公室、治安科、校卫队、政保科，其后，为加强管理，更好地服务师生，陆续设立了户籍科、消防科、交通科、秩序科、安教科、督查科等。原江西大学设备管理处和原江西工业大学教务处设备科合并组建设备管理处。原江西大学设备管理处和原江西工业大学教务处设备科合并，组建南昌大学设备管理处。设备管理处下设设备科、实验室管理科、设备维修中心和印刷厂。学校新增设基本建设处，基建处下设办公室、工程技术科、工程管理科。1994年1月，学校撤销原江西大学总务处教室寝室管理科与原江西工业大学总务处学生宿舍管理科。南昌大学学生工作处增设学生宿舍管理科。12月，南昌大学撤销总务处教宿科，在学生工作部（处）设置学生宿舍管理科（南、北）。

1995年，学工处（部）与招办（正处）合署，由学工处（部）长主持工作，招办主任兼任副处（部）长，下设学生管理科（南，北），学生教育科（南，北）、学生宿舍管理科（南，北），招生工作由管理科负责，就业工作由教育科负责。

南昌大学党政管理机构精简后，校部机关单位23个，公共教学、业务、附属单位17个（1993年5月—1998年12月）。

校部机关单位（23个），分别是：纪委（监察室）、党委办公室、党委组织部（党校）、党委宣传部、党委统战部、老干部办公室、工会、团委、校长办公室（档案馆）、人事处、计划财务处、教务处、研究生处、成人教育学院、科研处、学生工作处（部）（招生办公室）、保卫处（部）、外事处、基本建设处、总务处、审计处、设备处、校办产业管理处。

公共教学、业务、附属单位（17 个），分别是：马列主义教研部、思想政治教学部、体育教研部、公共外语教研部、文化艺术教学部、基础课教学部、军事教研室（人民武装部）、图书馆、学报编辑部、高等教育研究室、计算中心、电教中心、网络中心、设计研究院、劳动服务公司、附属中小学、医院。

二、顺势发展

根据国家战略需要，2002 年 3 月，南昌大学与中国人民解放军海军政治部签署国防生培养协议，同年，学校成立中国人民解放军驻南昌大学选拔培训办公室。4 月，学工处（招办）增设“招生科”（科级机构）。2003 年，“南昌大学设备管理处”更名为“南昌大学资产管理处”，原属实验室管理科移交教务处，印刷厂移交后勤集团，设备采购工作移交南昌大学物资采购中心，资产管理处下设综合科、房产与土地管理科、设备管理科和贷款办公室。

随着学生人数的增多，后勤服务变得愈加重要，2003 年，学校成立南昌大学后勤服务集团。

随着高等教育的发展，2003 年，南昌大学科技处内设文科科研办公室。5 月，成立网络中心，设立科学技术处、社会科学处，两处合署办公；为更好地做好监督检查需要。5 月，设立纪检监察办公室，随着招生规模的扩大和招生省份的增加。同月，学校重组学工部（处），设立招生与就业工作处，为正处级建制单位。

第三节　支撑建设发展

根据高等教育发展规律，江西省委、省政府审时度势，批准南昌大学在前湖建设新校区。2003—2013 年，学校走过了建设发展的十年，标志性成就是建设了环境优美的前湖新校区，还入选了“中西部高校综合能力提升工程”。

一、开建前湖

为更好地做好前湖新校区建设，学校成立南昌大学前湖校区建设指挥部，负责前湖新校区基本建设。2003 年 7 月，学校决定成立中共南昌大学前湖校区工作委员会，作为学校的派出机构，全面负责前湖校区的党务和思想工作学生管理工作。同时，设置前湖校区管委会，由学校主要领导担任工委书记和管委会主任，分管校领导任副书记、副主任。管委会下设综合办公室、学工办公室、教务办公室、保卫办公室、后勤办公室、财务办公室和楼栋学生工作办公室 7 个正处建制办公室，负责前湖校区的全面管理。

二、融合江医

遵照《江西省人民政府、教育部共建南昌大学协议》，2005 年 8 月，南昌大学与江西医学院正式合并，组建新南昌大学。

根据中共江西省委教育工委、江西省教育厅《关于对南昌大学实质性融合方案的批复》（赣教字〔2005〕6 号文件）精神，2005 年，新南昌大学组织实施了《南昌大学实质性融合实施方案》，明确了实质性融合要遵循改革创新、促进发展、积极稳妥、重点扶持的原则。为进一步实现江西医学院在南昌大学内部实质性融合，学校制定并实施了《南昌大学医学院工作运行暂行办法》（昌大发〔2005〕11 号），在学校建制、医学院内设机构运行机制、医学院及其管理的附属单位干部级别和管理、学校人事、财务等管理体制及运行模式等方面都做了明确规定。学校内部管理实行统一校名、统一法人、统一领导、统一规划建设、统一财务、统一规章制度。为了确保融合工作平稳进行，将 2005 年 9 月至 2007 年 1 月作为融合的过渡期。在过渡期的前期，学校在医学院内设机构暂时保留，对口衔接，正常运作，逐步进行资源整合和机构调整，先对基础学科和机关管理部门进行整合，再逐步推进其他领域的整合。为了在融合初期建立平稳有序、高效快捷的工作运行机制，积极稳妥地促进各项工作正常进行，学校研究决定医学院工作运行实行如下办法：一是学校党委、行政对全校工作实行统一领导和部署，各职能部门对口衔接，医学院党委、行政及各部门根据学校总体要求、工作部署和统一的规章制度，相对独立负责地组织实施。二是学校对原两校前湖校区的学生工作、后勤服务、安全保卫等逐步实行统一管理，原有机构和人员进行整合。医学院党委负责医学院基层党组织建设和思想政治工作。党团费、工会会费按规定上交学校有关部门。

2005 年 12 月，学校审议通过的《南昌大学机构设置方案》，党群部门、行政部门、医学院内设机构、业务部门重新做了调整，共有党群部门 11 个，行政部门 17 个，医学院内设机构 11 个，业务部门 10 个。

党群部门分别是：纪检监察办公室、党委办公室（与校长办公室合署）、党委组织部（与党校合署）、党委宣传部、党委统战部、保卫部（与保卫处合署）、学生工作委员会办公室（与学生工作处合署）、离退休人员办公室、人民武装部（与军事教学部合署）、工会、团委。

行政部门分别是：校长办公室（与党委办公室合署）、驻北京联络处、发展规划委员会办公室、人事处、高层次人才队伍建设办公室、人才交流中心、计划财务处、教务处、科学技术处、社会科学处、学生工作处（与学生工作委员会办公室合署）、国防生工作办公室、助学贷款工作办公室、招生与就业工作处、国际合作与交流处（与港澳台办公室合署）、保卫处（与保卫部合署）、基本建设处、后勤管理处、审计处、资产管理处、产业管理处、教学督导与评估办公室。

医学院内设机构分别是：办公室、组织人事工作办公室、东湖校区离退休人员办公室、工会、团委（与学生工作办公室合署）、计划财务办公室、教务办公室、医学科技处、学生工作办公室（与团委合署）、东湖校区保卫办公室、东湖校区后勤管理办公室。

业务部门分别是：党校（与党委组织部合署），图书馆、图书馆医学分馆，档案馆，学报编辑部，物资采购中心，现代教育技术中心，网络中心，分析测试中心，实验动物科学部，科技园。

三、聚势发展

2003 年 9 月，南昌大学学生工作处内设的学生宿舍管理科撤销，设立南昌大学学生社区管理办公室。

为迎接本科教学评估，2004 年 5 月，南昌大学正式成立评建办公室。9 月，学校成立“南昌大学新闻中心”，建立新闻记者联谊会制度，制定《南昌大学新闻宣传工作管理规定》。

为更好地做好贫困大学生帮扶工作，2004 年 12 月，成立助学贷款工作办公室，该办公室归口学工处，为副处级建制。学工处助学办同时撤销。

随着学校从青山湖校区整体搬迁至前湖校区。2005 年 9 月，学工处与新校区学工办合并，成立中共南昌大学委员会学生工作委员会，同时，撤销南昌大学党委学工部。10 月，学校成立学生工作委员会，全面负责、协调学生工作。11 月，学工委办公室与学生工作处合署办公，该机构为正处级建制。12 月，学生工作处（与学生工作委员会办公室合署），国防生工作办公室、助学贷款工作办公室挂靠学生工作处。2006 年 5 月，撤销南昌大学学生社区管理办公室（副处级），设立南昌大学学生住宿管理服务中心（副处级），与学生工作处合署办公。6 月，原助学贷款工作办公室更名为学生资助中心，为副处级建制，挂靠学生工作处。2008 年 2 月，学校成立学生住宿管理服务中心，副处级业务单位，与学工委、学工处合署办公。

为适应新时期科研服务工作，2005 年 12 月，学校成立社会科学处。

随着毕业生人数的增加，为更好地做好毕业生就业服务工作，2006 年，学校设立毕业生就业指导服务中心，为正处级建制业务单位，与招生与就业工作处合署办公。

为适应学校研究生工作的发展需要，进一步加强研究生教育管理，经研究，学校于 2006 年恢复研究生院团委和增设研究生院专业学位办公室。

为更好地做好场馆管理和建设工作，2008 年，学校成立场馆管理中心，挂靠于资产管理处。

校友是学校宝贵的资源，为了更好联系和服务好国内外校友，2009 年，南昌大学校友工作办公室成立。

2010 年 9 月，学校党委会审定了科学技术处与医学科技处的重组方案（校党委会纪要〔2010〕14 号），对科学技术处进行了重组（昌大人字〔2010〕19 号）。科学技术处重组后，在医学院设立科研办公室，履行医学科技工作的组织和协调职能。科技处下设综合科、科研项目管理科、国防科技项目管理科、科研机构管理科 4 个科室。

2011 年，为加强学生素养、凝练大学精神，学校成立南昌大学博物馆。为更好地推进学校信息化建设，学校成立南昌大学信息化办公室。

第四节　打造“四梁八柱”

从 1993 年到 2013 年学校走过了三校融合、建设发展的两个十年。这 20 年，学校办学综合实力显著提升。学校职能部门的履职为学校发展做出了重要贡献。2013 年 7 月以来，学校党委厘清发展思路，做出了加强学校内涵发展的重大决策，开启了学校发展新时期。

一、建设基础

为加强对南昌大学国有资产的统筹管理和监督，维护国有资产的安全和完整，促进国有资产保值增值，提高国有资产使用效益，2013 年 9 月，学校设立南昌大学国有资产管理监督委员会及办公室。

为适应学校发展和学科建设的需要，进一步整合资源，明确职能，学校决定对现有的发展规划委员会及下设发展规划委员会办公室、“211 工程”和省部共建工作办公室、高等教育研究所三个处级业务部门进行整合并增加部分职能。2013 年 9 月，学校设立发展规划与学科建设处，对学校发展与改革、学科建设进行战略研究、总体规划协调，并开展国内合作交流。

2014 年 4 月，校党委研究决定，南昌大学医学部（对外冠名为“南昌大学江西医学院”）实体化运行，学校实行校部（院）两级管理，制定下发《中共南昌大学委员会关于印发〈南昌大学医学教育管理体制改革方案〉的通知》（南大字〔2014〕18 号），医学部设主任 1 个、党委书记 1 名，均由学校领导兼任。设正处级常务副主任 1 名、正处级党委副书记 1 名、正处级副主任 3 名（行政副主任 1 名、业务副主任 2 名），设正处级研究生党总支书记 1 名，副处级研究生党总支书记副书记 1 名，设正科级专职工会副主席 1 名。医学部设党政办公室、教务办公室、科研与学科建设办公室、研究生办公室、资产管理办公室、学生工作办公室（与学生工作委员会办公室、团委合署）6 个副处级管理机构和高等医学教育研究室 1 个挂靠机构。总编制 40 名。

为统筹各类招标采购工作，进一步提高学校招标采购工作效率，提高学校采购资金的使用效益，促进廉政建设，2014 年 5 月，校党委会研究决定，在原物资采购中心的基础上成立南昌大学招标采购中心。新成立的招标采购中心，新成立的招标采购中心为正处级建制业务单位，在南昌大学招标采购工作领导小组的指导下开展工作，统筹并负责学校物资设备、基建（修缮）工程项目、服务项目、教材图书等各类招标采购工作，原物资采购中心予以撤销。

为加强学校后勤保障管理，构建和谐统一的后勤服务保障体系，统筹学校后勤管理、基本建设、学生宿舍与教室管理等各项基础保障工作，2014 年 5 月，校党委会研究决定，设立后勤保障部。新成立的后勤保障部是为学校教学科研提供后勤保障、支撑发展的职能部门，在学校党政的统一领导下，履行统筹协调学校后勤服务、基本建设、学生宿舍与教室管理等各项后勤保障职能。后勤保障部下设综合管理办公室 1 个副处级机构和后勤管理处、基本建设处、学生宿舍与教室管理中心 3 个正处级机构。

为适应新形势下高校督办工作要求，进一步做好“综合协调、督促检查、参谋助手”等方面工作，提高服务水平和工作效率，推进学校改革发展重大决策、重要工作部署的贯彻落实，2014 年 6 月，校党委会研究决定，设立南昌大学督办室。新成立的督办室为副处级建制行政部门，挂靠党委办公室、校长办公室。在党委办公室、校长办公室的领导下，履行学校重大决策、重要事项的协调、督办、参谋等职能。

为优化配置学科资源，加强队伍建设，提高管理能力，根据学校工作部署，按照“强学科、精管理、惠民生、兴实干”的发展思路和“总控编、调结构、转职能、严管理”的原则，2014 年 9 月，学校制定《南昌大学机构设置方案》，对学校机构进行重新设置，并对编制资源进行调整。2014 年 12 月，学校发布《南昌大学岗位设置与聘用管理办法（2014 年版）》，根据不同岗位的特点和要求，设置教师、其他专业技术、管理、工勤技能、特设岗位 5 类岗位，其中特设岗位为非常设岗位。

为加强新型智库建设，提升服务江西发展的水平和能力，2015 年 4 月，校党委研究决定，组建南昌大学江西发展研究院。新成立的南昌大学江西发展研究院为校级独立建制机构，设专兼职处级岗位 4 个，下设办公室、学术发展部和编辑部。

根据《国务院办公厅关于深化高等学校创新创业教育改革的实施意见》（国办发〔2015〕36 号）、《江西省人民政府办公厅关于深化高等学校创新创业教育改革的实施意见》（赣府厅发〔2015〕49 号）文件精神，2016 年 5 月，校党委研究决定，成立南昌大学创新创业学院。新成立的南昌大学创新创业学院为学校正处级直属单位，履行协调全校创新创业教育、推动创新创业教育改革等职能。学院领导班子为 1 名正院长（教务处副处长兼任），5 名副院长（1 名专职副院长，4 名副院长分别由校团委、毕业生就业指导服务中心、学生工作处、科技园领导兼任）。

2017 年 3 月，根据工作需要和工商注册有关规定要求，将“南昌大学国有资产经营投资管理有限责任公司”更名为“南昌大学资产经营有限责任公司”。更名后，资产经营有限责任公司与产业管理处合署办公。其所属机构及部门调整为南昌大学科技园发展有限公司、低碳生态科技示范园建设与管理办公室、北京昌大京科高新技术有限公司、其他校有全资控股参股公司、综合部、财务部、企管部。

2017 年 3 月，因工作职责和定位需要，同意南昌大学科技园在原有已核定编制数不变的情况下，恢复其直属单位机构性质，为学校正处级直属单位，与南昌大学科技园发展有限公司合署办公。

2017 年 3 月，因工作需要，在原有已核定编制数不变的情况下，将“党务政务督察（巡视）工作办公室”更名为“巡察工作办公室”，调整后，巡察工作办公室的机构性质、设置和隶属关系不变。

2017 年 7 月，为加强和改进学校思想政治和意识形态工作，根据工作需要和省委巡视整改工作要求，党委宣传部机构设置：撤销理论建设与思政教育科，设立思想政治教育科和理论建设科。

2017 年 10 月,，为加强基层党组织建设，根据工作需要，设计研究院在原有已核定固定编制总数不变的情况下，学校决定成立中国共产党南昌大学设计研究院总支部委员会，设置副书记岗位 1 个（兼任副院长），由专业技术人员兼任。

2017 年 12 月，根据《江西省高校共青团改革实施方案》（赣青联发〔2017〕23 号）和《南昌大学共青团改革实施方案》（南大字〔2017〕78 号）精神，调整校团委机构设置，调整后，校团委总编制 13 名，内设综合部、组织部、宣传部、创新实践部等 4 个科级机构，科室主要职责不变。

2017 年 12 月，为进一步强化学校财务内部控制，根据工作需要和省委巡视整改工作要求，同意计划财务处增设稽核科，。计划财务处其他内设机构设置不变。

2017 年 12 月，根据学校与国家汉办签署的《关于支持南昌大学承办西班牙卡斯蒂利亚拉曼查大学孔子学院的协议》，同意国际事务部国际教育中心（国际交流学院）增设汉语国际推广办公室，国际事务部其他内设机构设置不变。

2017 年 12 月，根据工作需要，同意后勤保障部在原已核定编制总数不变的前提下，增设兼职副主任岗位 1 个。

2017 年 12 月，为进一步加强我校计划生育和学生健康教育工作，根据省有关文件精神，同意医疗保险管理办公室在原已核定编制总数不变的前提下，在职工医保与计划生育科中增设科级计划生育管理秘书岗职数 1 名。

2017 年 12 月，根据工作需要，同意医学部在原有已核定编制总数不变的前提下，设置纪检监察办公室，与医学部党政办公室合署，纪检监察办公室主任由医学部党政办公室主任兼任，内设科级纪检监察员岗位 1 个。

2017 年 12 月，为进一步优化队伍结构，建设好新型智库，同意江西发展研究院在原已核定编制总数不变的前提下，核减 1 名教学科研人员编制，用于增设 1 名管理（科级办公室主任岗）人员编制。

2017 年 12 月，为进一步加强附属小学红谷滩分校和红谷滩分校前湖小学的管理，依据合作办学协议，同意附属小学在原已核定编制总数不变的前提下，增设科级副校长岗位 2 个，由专业技术人员兼任。

2018 年 7 月，为理顺工作关系，加强前湖学院、高等研究院、国学研究院的学生党建和思想政治教育工作，经校党委常委会研究，同意核定际銮书院机构设置及调整前湖学院机构设置：学校决定成立中共南昌大学际銮书院委员会，组织关系隶属于中共南昌大学委员会，为正处级建制。同时，撤销中共南昌大学前湖学院委员会。根据以上情况和实际工作需要，学校决定核定际銮书院总编制数 6 名，设正处级书记岗位 1 个、副处级副书记岗位 1 个，下设党政管理办公室、学生工作办公室 2 个管理机构；核定际銮书院名誉院长岗位 1 个，由专业技术人员兼任。核定际銮书院院长岗位 1 个（由前湖学院院长兼任）、副院长岗位 2 个（分别由高等研究院、国学研究院分管教学的副院长兼任），均为专业技术岗位，按兼任人员原有行政级别，不另设人员编制；成立际銮书院院务委员会，设主任岗位 1 个（由学校校长兼任）、副主任岗位 1 个（由学校分管副校长兼任），学校教务处处长、际銮书院党委书记、际銮书院院长、高等研究院院长、国学研究院院长为院务委员。际銮书院院务委员会下设办公室，主任由际銮书院院长兼任，不设行政级别，不另设人员编制；核减前湖学院总编制数 6 名，具体为：核减书记岗位 1 个、副书记岗位 1 个，核减党政管理办公室、学生工作办公室 2 个管理机构 4 个岗位。调整后，前湖学院总编制数为 4 名，设院长岗位 1 个、副院长岗位 1 个、兼职副院长岗位 2 个（分别由教务处、学生工作处副处长兼任），下设教学管理办公室 1 个管理机构。教学管理办公室核定编制 2 名，设科级岗位 1 个，教学管理岗位（一般管理岗位）1 个。

为贯彻落实教育部与江西省政府签订的《关于“部省合建”南昌大学的协议》精神，进一步做好与教育部和江西省委省政府有关部门对接，深入推进部省合建与综合改革试点工作，2018 年 9 月，校党委研究决定成立南昌大学部省合建与综合改革工作办公室，南昌大学部省合建与综合改革工作办公室为学校临时性行政管理机构，由部省合建、综合改革试点工作领导小组具体领导，履行部省合建、综合改革试点工作的总体规划设计、实施方案制定，及综合协调、推动落实、考核督查、联系服务部省合建、综合改革试点等相关工作。

2018 年 11 月，校党委研究同意核定江西生态文明研究院机构设置，依据研究院现状和发展需要，学校决定核定江西生态文明研究院总编制数 11 名，其中教学科研人员编制数十名，管理人员编制数 1 名（科级办公室主任岗位），江西生态文明研究院设院长岗位 1 个（由校领导兼任）、副院长岗位 1 个（由教学科研人员兼任），不另设人员编制，享受原有行政级别待遇。

为进一步落实《南昌大学进一步加快聚才引智工作的若干意见》，根据学校人才工作发展新形势，结合学校人力资源管理与人才服务工作实际，2018 年 11 月，校党委研究决定调整南昌大学高层次人才队伍建设办公室机构设置，调整后，南昌大学高层次人才队伍建设办公室机构性质和职能不变，为学校正处级直属单位，挂靠人事处，履行学校高层次人才及团队的引进、培育、管理、服务和队伍建设等职能。

为贯彻落实《国务院办公厅关于全面加强和改进学校美育工作的意见》（国办发〔2015〕71 号）精神，总体规划学校美育教育工作，提高学生审美情趣和艺术修养，培养德智体美劳全面发展的社会主义建设者和接班人，2018 年 12 月，经研究，成立南昌大学艺术教育教学部，与艺术与设计学院合署，实行两块牌子一套人马，南昌大学艺术教育教学部设置主任岗位 1 个、副主任岗位 1 个，均由艺术与设计学院专业技术人员等兼任，不另设人员编制，享受原有行政级别待遇。

为抢抓部省合建新机遇，更好与教育部相应机构对接，2018 年 12 月，将资产管理处在原有已核定编制数不变的情况下，将其名称由“资产管理处”变更为“国有资产与实验室管理处”。

为进一步改进学校工程维修工作，规范校内工程维修的监督管理，提高工程维修质量，2018 年 12 月，经研究，决定后勤保障部在原有已核定编制总数和处、科级职数不变的情况下，撤销后勤保障部基本建设处工程维修科，设立南昌大学后勤保障部维修中心，挂靠后勤保障部基本建设处，履行全校工程维修报修工作，负责维修报修软件服务平台日常管理维护等职责。南昌大学后勤保障部维修中心核定编制数 5 名，设主任岗位 1 个（由后勤保障部基本建设处副处长兼任）、科级管理岗位 2 个、一般管理岗位 3 个。

为落实好党管人才原则，进一步加强学校教师思想政治教育和师德师风建设工作，经 2019 年 3 月学校党委研究决定成立南昌大学党委教师工作部，为学校党委领导下的正处级党群职能部门，与人事处合署办公，负责统筹协调做好教师思想政治教育和师德师风建设等相关工作。

为落实党中央对加强审计工作、完善审计制度做出的重大部署，加强学校党委对审计工作的领导，健全党委领导审计工作的体制机制，2019 年 5 月 14 日，学校成立中共南昌大学委员会审计委员会。审计委员会是中共南昌大学委员会的议事协调机构，直接接受中共南昌大学委员会及其常委会领导。审计委员会主任由校党委书记担任；副主任由校党委副书记、校长，校党委专职副书记，校纪委书记担任；委员由党委办公室、纪委监督检查室、党委组织部、发展规划与学科建设处、计划财务处、审计处、国有资产与实验室管理处主要负责人担任。审计委员会下设办公室，与审计处合署办公。审计委员会办公室是审计委员会的办事机构，负责处理审计委员会日常工作，办公室主任由审计处处长兼任。审计委员会负责学校审计领域重大工作的顶层设计、总体布局、统筹协调、整体推进、督促落实。主要职责是：组织学习中共中央审计委员会、中共江西省委审计委员会会议等精神，贯彻落实党中央和上级党组织关于审计工作的决策与部署，研究部署审计委员会工作；研究提出并组织实施在学校审计领域坚持党的领导、加强党的建设政策措施；审定学校审计监督重大政策和改革方案；审议年度学校预算执行和其他财务收支情况审计报告，审议学校审计发展规划、年度审计计划、审计结果运用、审计整改等审计监督重大事项；讨论评估学校内部控制的有效性，防范化解各类重大风险，提升治理效能。

为切实做好学校实验室及特种设备安全工作，根据工作需要，2019 年 7 月，校党委常委会研究决定，同意国有资产与实验室管理处增设实验室技术安全科。

为贯彻落实省纪委关于深化纪检监察体制改革的决策部署，依据《关于省属高校机构编制管理有关事项的通知》（赣编发〔2016〕5号）文件精神，根据学校深化纪检体制改革实施方案有关精神，结合学校发展实际，2019年10月，校党委研究，同意调整中共南昌大学纪律检查委员会机构设置，调整后，校纪委核定总编制数14名（不含书记），设正处级管理岗位2个，副处级管理岗位3个，校纪委下设综合办公室、监督检查室2个内设机构，为学校正处级党群部门，协助书记分管校纪委综合事务、信访审理、监督检查、纪律审查等工作。

为进一步深化医学教育管理体制机制改革，合理调整、下放管理权限，不断充实医学部所属教学学院（以下简称学院）管理职能，激发学院创新发展活力，现本着“优化、高效、管用”原则，在校院两级管理总体架构下，坚持“统一领导，相对独立，实体运行”管理体制，按照“关系清晰，职责明确，管理规范，权责统一，运行高效，监控有力”的要求，强化学院在人才培养、科学研究、社会服务的主体地位，强化学部在医学教育宏观规划、统筹协调、组织推动的主体责任，不断完善“学校宏观管理、部门业务指导、学部组织协调、学院自主运行”的内部管理运行机制，进一步理顺学校、学部和学院关系，明确分工定位，厘清工作职能，做到“校部院协同、医教研协同、人才培养科学研究学科建设协同”，2019年12月，校党委研究，对医学部机构设置进行改革。改革后，医学部作为学校实体运行的教学学部，在学校党委行政的统一领导下，在学校职能部门的业务指导下，履行宏观规划医学教育顶层设计，组织协调医学教育人才培养、科学研究与社会服务、学科与专业建设、师资队伍规划与建设、对外合作办学等职能。作为学校党委的派出机构，医学部设立党的工作委员会和党的纪律检查工作委员会。核定学部领导编制总数7名，设党工委书记岗位1个、主任岗位1个，均由学校领导兼任。设正处级党工委副书记岗位1个（主持党工委日常工作）、副书记岗位2个（其中1个由医学部常务副主任兼任、另1个兼任医学部纪工委书记）；设正处级常务副主任岗位1个（主持行政日常工作，由专业技术人员兼任）、副主任岗位4个（其中3个由专业技术人员兼任，1个从事行政工作）。核定医学部机关编制总数26名，设党政办公室（与纪工委办公室合署）、教务办公室、科研与研究生办公室、发展规划与合作办公室4个副处级办公室和高等医学教育研究室1个科研机构，医学部下设基础医学院、公共卫生学院、药学院、护理学院、玛丽女王学院、第一临床医学院、第二临床医学院、第四临床医学院、口腔医学院、眼视光学院10个直属教学学院。

为进一步推进学校实施科研成果转化，提高转化工作管理、服务水平，2020年1月，校党委研究决定组建南昌大学技术转移中心，为学校直属单位，与科技园合署办公，依据工作职责及运行需要，核定南昌大学技术转移中心（与科技园合署，以下简称“中心”）总编制7名，设正处级岗位1个、副处级岗位1个，正科级岗位2个、副科级岗位1个，一般管理岗位2个。中心下设综合管理办公室、技术转移与知识产权管理办公室、创新创业与成果孵化办公室3个管理机构。

为进一步推进学校科研成果转移转化，根据工作需要，2020年1月，校党委研究，将科学技术处下设的技术转移转化中心整体移交至南昌大学技术转移中心（与科技园合署）。调整后，科学技术处总编制14名，设正处级岗位1个，副处级岗位2个，正科级岗位4个，副科级岗位3个，一般管理岗位4个。科学技术处下设综合科、科研项目管理科、国防科技项目管理科、科研机构管理科4个管理机构。

为适应“双一流”学科建设以及部省合建高校建设的需要，理顺校区管理体制，提升综合服务水平，盘活青山湖校区和东湖校区资产，提高办学效益，2020年1月，学校党委研究，决定成立南昌大学青山湖校区管理委员会、东湖校区管理委员会（以下简称“青山湖校区管委会”“东湖校区管委会”），代表学校履行对所在校区管理、协调、服务、监督及处置紧急、突发事件的职责，重点是综合协调、监督处理本校区内的学生管理、资产运行、后勤保障和安全保卫等工作。

2020年6月，校党委研究，决定成立南昌大学部省合建办公室，履行部省合建工作的总体规划、实施方案制定，与教育部司局及江西省厅局的工作协调，推动落实考核督查等工作职责，核定总编制数为4名，设正处级主任岗位1个，副处级副主任岗位1个，科级岗位1个，一般管理岗位1个，原部省合建与综合改革工作办公室（临时机构）撤销。

二、打造迈入世界一流大学建设行列的“四梁八柱”

按照习近平总书记视察江西时提出的“作示范、勇争先”目标定位和“五个推进”更高要求，学校研判形势，精准定位，做出了把南昌大学建设为具有江西底色、中国特色、世界一流的大学的总目标和2025年迈入世界一流大学建设高校行列，2035年初步建成世界一流大学，2050年建成世界一流大学的阶段性目标。

为了保障学校建设目标的顺利实施，提升行政管理效能，着眼未来长远发展的顶层设计，打造学校未来发展“四梁八柱”，学校以大部制改革为契机，推动以行政管理改革为核心的学校管理体制改革。

2020年7月，为了推进学校治理体系现代化，提升学术管理和行政管理效能，学校专题部署实施学部制、大部制改革。学校综合考虑各部门承担的基本职能、内部领导体制特点、组织运行实际需要等因素，按照“大部门、大职能、大服务”范式，根据“整合相近职能、避免职责交叉”原则，对各职能部门进行机构重组，成立综合管理部、发展与改革委员会、本科生院等 11 个大部门，构建“大职能”管理体系。同时，学校还通过建立基本运行、沟通协调、弹性运行、综合服务、监督评估等五大机制，保障大部制高效良性运转，不断提升治理体系和治理能力现代化水平。大部门职责定位为综合协调，坚持“按需设岗、精简高效、服务至上、统筹协调”基本原则，实行扁平化管理，通过理顺工作关系，整合各处室的职能，提高职能部门的运行效率，更好地服务于学科、学生、学者及学术发展。各大部门设主任 1 人，由学校分管领导担任，发挥其部内协调、横向协同以及纵向推动的工作职责。具体组织框架如下：

（一）党群部门

1. 校纪委

校纪委是学校党内监督专责机构，在学校党委和省纪委双重领导下开展工作，履行监督、执纪、问责职责，主要是维护党的章程和其他党内法规，检查党的路线、方针、政策和决议的执行情况，协助党委推进全面从严治党、加强党风建设和组织协调反腐败工作。

2. 党政办公室

党政办公室是学校党委、行政的综合办事机构。党政办主要围绕学校中心工作，发挥参谋助手、督促检查、综合协调作用，以服务领导、服务部门、服务基层、服务师生为宗旨，积极做好文秘、机要、督办、调研、信息、接待、重要活动组织、综合事务管理、法律事务与信访等各项工作，完成领导交办的工作任务。

3. 党委组织部（机关党工委、党校）

党委组织部是学校党委负责党的组织建设、干部工作和人才工作的职能部门。在校党委领导下，认真贯彻执行新时代党的组织路线，按照上级部门有关指示精神和校党委的决议要求，制定开展组织工作的计划及实施措施，为完成学校的根本任务和中心工作提供坚强组织保证。

4. 党委宣传部（新闻中心、电视台）

党委宣传部（新闻中心、电视台）是校党委主管宣传、思想和文化工作的职能部门。负责全校理论武装、思政教育、文化建设、新闻宣传、舆情管控、意识形态安全等工作的统筹、组织、监督、考核。

5. 党委统战部

党委统战部是学校党委主管统战工作的职能部门，主要负责党的统一战线方针政策在学校的贯彻落实，履行反映情况、掌握政策、协调关系、举荐人才、增进共识、加强团结职能，联系和团结校内广大党外人士，围绕党的中心工作和学校事业发展大局，开展统一战线各领域工作。

6. 离退休工作处

离退休工作处是负责全校离退休教职工的管理和服务工作的职能部门。

7. 人民武装部（与军事教学部合署）

人民武装部是校党委的军事部门、学校的国防教育及兵役等工作的专职机构，受学校党委、行政和上级军事机关的双重领导。部门依据国家相关法规和上级有关文件开展组织实施国防教育、学生军训、军事教学、兵役、双拥、民兵预备役等工作。

8. 工会

工会是南昌大学党委领导下的教职工群众性组织。

9. 团委

团委是在南昌大学党委和共青团江西省委领导下的先进青年的群众性组织。设有综合部、组织部、创新实践部、宣传部 4 个部门机构，并指导学生会、青年志愿者协会、学生社团事务中心的工作。

（二）综合管理部

1. 校友工作办公室

校友工作办公室是学校拓展对外关系，争取社会广泛认同和获得资源的职能部门。

2. 信息化办公室（与网络中心合署）

信息化办公室是负责统筹协调信息化工作、研究制定学校信息化规划和相关政策、规章、标准规范的职能部门。

（三）发展与改革委员会

发展与改革委员会是学校大部制改革背景下成立的内设机构，由发展规划与学科建设处、部省合建办公室两个正处级处室联合组成，承担学校发展与改革、学科建设、政策战略、国内合作交流和部省合建等工作的研究、规划、协调、监督及考核等。

（四）人力资源部

1. 人事处、人才交流中心（挂靠人事处，副处级）

2020 年，南昌大学人力资源部成立。南昌大学人力资源部由人事处、党委教师工作部、高层次人才队伍建设办公室、人才交流中心、人才信息研究中心等部门组成。

南昌大学人力资源部是在校领导指导下主管学校人事人才工作的职能部门。根据上级政策，负责落实学校人才发展战略、制定并实施各类人才规划、人事管理及人才建设的规章制度；负责学校机构设置、人员编制、高层次人才引进、师资队伍建设、职称评审、人事调配、薪酬福利、教职工进修培训、年度考核、师德师风建设等工作；并及时向主管校领导汇报本部门工作，并为校领导提供准确的决策信息。

2. 党委教师工作部工作职责

党委教师工作部是学校党委领导下的负责统筹协调做好教师思想政治教育和师德师风建设等相关工作的职能部门，其使命是贯彻落实习近平总书记重要讲话及中央文件精神，为学校“双一流”建设、部省合建和落实立德树人根本任务提供坚实的队伍保障。

（五）本科生院

1. 教务处、联合培养人才工作办公室、高校教师教学发展中心（与教务处合署）、江西高校课程资源共享管理中心（与教务处合署）是学校主管本科教学工作和实施教学管理的职能部门。

2. 教学督导与评估办公室。2003 年，为解决因扩招带来的教学质量滑坡情况，南昌大学成立了教学督导办公室和教学督导组，确立了《教学督导工作条例》，明确“督导组在学校党政领导下开展工作”，“督导办负责督导组的管理和服务工作”，确立了督导办代表学校负责全校教学督导工作的行政职能。

3. 创新创业学院。2016 年，南昌大学成立创新创业学院，是负责协调全校创新创业教育、推动创新创业教育改革的职能部门。

4. 学生工作处、学生工作委员会办公室（与学生工作处合署）、学生资助中心。学生工作处是学校负责学生日常教育、管理和服务的职能部门。

5. 招生与就业工作处、毕业生就业指导服务中心（与招生与就业工作处合署）。招生与就业工作处是负责学校全日制本科学生的招生录取及研究生、本（专）科学生就业管理的职能部门。

6. 教育技术与教学资源中心。教育技术与教学资源中心是负责利用现代教育技术手段开展为教学、科研服务的职能部门。负责学校教育教学信息化环境的研究规划、建设管理、应用推广和技术支撑，护航线上线下课堂应用，承担视频摄制、在线课程等教学资源建设，促进教育教学模式创新。

7. 心理健康教育中心。心理健康教育中心是负责全校心理健康教育的规划、组织、协调和实施的职能部门，坚持“以人为本、问学于心、中立不倚、修己助人”的工作理念，坚持“以课堂教学为主导、以学生组织为依托、以校园文化为载体、以校园制度为保障、以科研创新为动力、以促进学生健康成长为目标”的工作思路，积极开展了以心理健康教育、心理咨询、团体心理训练、心灵有约报、心理测评、心理危机干预、心理素质拓展、心理影展、“心理文化活动月”、心理研究等为内涵的心理健康教育活动。

（六）研究生院

研究生院与党委研工部合署，是负责统筹、协调和管理全校学位与研究生教育工作的行政及党群管理部门。

（七）国际事务部

2001 年 11 月 12 日，经校党委会审议通过，外事处更名为国际合作与交流处（与港澳台办合署办公，两块牌子一套人马）。2007 年，南昌大学港澳台学生教育管理中心成立（与国际交流学院合署办公，实行两块牌子一套人马）。2016 年 6 月 3 日，经校党委会研究，决定组建国际事务部（港澳台事务办公室）。

1. 国际交流处是学校管理外事、港澳台事务的职能部门。

2. 国际教育中心（国际交流学院）是学校主管国际合作项目和外国留学生工作的职能部门。

3. 国际事务部（港澳台事务办公室）是统筹学校国际合作与交流（港澳台事务）、留学生教育工作的职能部门。

（八）继续教育学院

继续教育学院是学校负责成人高等学历教育、自学考试、非学历教育及职业技能培训管理的职能部门。学院以“立德树人”为办学宗旨，以服务社会人员、提高劳动者素质、提升学历层次，促进经济社会和谐发展、构建终身教育体系为工作任务，统筹做好各类继续教育管理工作。

（九）科研与发展研究院

1. 科学技术处

科学技术处是负责学校自然科学与技术研究及“四技服务”（科技开发、科技服务、科技咨询与科技转让）工作的管理工作的职能部门。

2. 社会科学处

社会科学处是负责全校哲学社会科学研究的规划、组织、协调和管理工作的职能部门。

3. 科技园、技术转移中心（与科技园合署）

2001 年，经江西省科技厅、教育厅批准，南昌大学科技园成立。学校出资 200 万元注册成立南昌大学科技园发展中心，为园区法人，负责南昌大学科技园的开发、经营和管理。2003年，增资到3000万元，并成立南昌大学科技园管理办公室，与南昌大学科技园发展中心合署办公。2020年，学校组建南昌大学技术转移中心，与南昌大学科技园合署办公。

4. 分析测试中心

1986年，利用世界银行贷款建立，拥有230万元的仪器设备。2003年，从化学系独立出来，成为学校的独立建制的处级单位 。2016年，利用中西部平台建设经费购进1600万元的仪器设备。

（十）财务与资产管理部

1. 计划财务处

计划财务处是学校一级财务机构，负责全校财务管理和会计核算工作。

2. 国有资产与实验室管理处、国有资产管理监督委员会办公室、场馆管理中心（副处级）

国有资产与实验室管理处是负责学校国有资产管理和实验室建设与管理的职能部门。下设综合科、设备管理科、房产与土地管理科、实验室建设科、实验室技术安全科。国有资产管理监督委员会及办公室与场馆管理中心挂靠于国有资产与实验室管理处。

3. 审计处

审计处是学校主管内部审计工作的职能部门。

4. 招标采购中心

招标采购中心是学校负责货物及服务的采购及售后以及工程招标工作的职能部门。

（十一）安全与后勤保障部

1. 后勤管理处、节能与环境保护管理中心（挂靠后勤管理处）、房产中心（挂靠后勤管理处）

后勤管理处是为学校教学、科研、师生生活提供后勤保障职能部门。后勤管理处主要完成学校物业管理、校园管理、饮食安全监管、水电保障、节能与环境保护管理、公有住房、房改、住房货币化补贴，兼管东湖、青山湖南北区家委会的各项工作，对后勤集团行使甲方职能以及领导交办的其他工作任务。

2. 基本建设处、维修中心（挂靠基本建设处）

基本建设处是学校负责落实校园建设总体规划，组织、实施基本建设项目的行政职能部门。

3. 学生宿舍与教室管理中心

学生宿舍与教室管理中心是负责全校本专科生、研究生学生宿舍和教室管理的职能部门。

4. 保卫处、社会治安综合治理办公室（与保卫处合署）

保卫处是学校主管安全保卫工作的职能部门。具体负责校园治安、交通、消防、校园秩序、户籍、安全宣传教育及综治维稳等日常管理工作。

5. 医疗保险管理办公室（副处级）

医疗保险管理办公室是负责学校职工医保、健康保健、学生医保和计划生育工作的业务部门。

6. 后勤服务集团

后勤服务集团成立于 2003 年，是江西省高校后勤社会化改革中成长起来的一家集经营、管理、服务为一体的多行业、多领域的现代化高校后勤产业集团。

（十二）馆藏与期刊部

1. 图书馆

图书馆是中国高等教育文献保障系统（CALIS）成员馆、CALIS 江西省高校文献信息服务中心、教育部科技查新工作站（L25）、高校国家知识产权信息服务中心、江西省医学科技情报中心。现有馆舍面积 5.9 万余平方米，根据学校学科分布设有前湖校区馆、青山湖校区馆、东湖校区馆。现有图书文献 434 万余册；年订购中、外期刊 1866 种；引进 EI、SCI、ISTP、SPRINGER、ELSEVIER、PQDD 等数据库 90 种；电子图书 254 万余册。目前已基本形成了以重点学科文献建设为中心，理、工、医、农、文、史、哲、经、管、法、教育等多学科文献并存的文献资源保障体系。

2. 档案馆

档案馆是集档案与校史文物资料收集、保管、利用、编研、展览为一体的科学文化事业机构，具有指导监督、执法检查全校档案工作的行政职能。

3. 博物馆

博物馆是学校独立设置并集陈展、研究、传播、传承、育人为一体的业务部门。2011 年 5 月，南昌大学博物馆成立。是江西省首家以外销瓷为主要藏品的高校博物馆，同年被命名为首批“江西省社会科学普及宣传基地”。2012 年 7 月，江西省文化厅批复同意设立南昌大学博物馆，这是江西省审批的第一个高校博物馆。2013 年，入选“全国人文社会科学普及基地”。

4. 期刊社

南昌大学期刊社是由学校授权的一个集校办期刊管理、编辑出版发行和研究为一体的正处级业务单位。1993 年，《江西大学学报》编辑部和《江西工业大学学报》编辑部合并组建《南昌大学学报》编辑部；2010 年 4 月由《南昌大学学报》编辑部与《南昌大学医学院学报》编辑部重组为南昌大学杂志社，2010 年 10 月更名为南昌大学期刊社。期刊社现任社长为钟贞山、总编辑为朱学春；1993 年以来，历任期刊社社长（学报编辑部主任）为肖华、郑晓江、姚学俊、周声柱、徐戎、宋三平，历任总编辑为徐戎、徐冬蓉。期刊社下设学报人文社科版编辑部、学报理科版编辑部、学报工科版编辑部、学报医学版编辑部和综合科，编辑出版《南昌大学学报（人文社会科学版）》《南昌大学学报（理科版）》《南昌大学学报（工科版）》《南昌大学学报（医学版）》《实用临床医学》5 本学术期刊。

（十三）经营类单位

1. 资产经营有限责任公司

资产经营有限责任公司是经主管部门批准成立的、国有性质的有限责任公司，对南昌大学授权经营的国有资产进行经营管理和规范运作并承担保值增值责任，是独立企业法人与学校内部职能部门的复合体。公司依托南昌大学的科技、人才、信息等优势，通过投资控股或参股、增资扩股、收购兼并、资产置换和重组等多种方式，促进南昌大学人才培养、科研开发工作与科技企业之间的结合，转化学校的科技成果，孵化和发展高新技术企业及相关的服务型企业，支持所出资企业对具有市场前景的重大科技成果进行产业化。

（十四）其他

1. 校医院

校医院是由原南昌大学医学院门诊部、南昌大学青山湖校区医院及南昌大学前湖校区医院整合组建的一所公立非营利性的二级综合性医院，是集医疗、预防、保健、健康教育及教学于一体的医疗机构。医院秉承“德高医精、厚德泽人”的宗旨，将一流的专家、一流的技术、一流的管理为全校师生、员工和广大病友提供一流的服务。2016 年，医院增挂“江西省医学科学院附属医院”牌子。

第八章 附属单位

南昌大学作为一所综合性大学，学科门类齐全，在百年发展历程中，附属单位起到了重要的支撑作用，它们立足工作实际，发挥自身优势，紧紧围绕学校人才培养、科学研究、社会服务、文化引领以及国际合作等方面积极贡献力量，为南昌大学创建世界一流大学提供了坚实保障。

第一节 第一附属医院（第一临床医学院）

一、历史沿革

1936 年 10 月，教育部筹建国立中正医学院，11 月 3 日，学院设计委员会正式成立。1937 年，随着日军兵临南昌，学校被迫开始了迁徙之路。1939 年，中正医学院西迁至云南昆明，与上海医学院在昆明市内合设门诊处，与红十字会及上海医学院在白龙潭共建昆明郊外医院，这就是南昌大学第一附属医院的前身。抗战结束后，医院于 1946 年迁回南昌。

1949 年 8 月 1 日，国立中正医学院附属医院改名为南昌医学院附属医院。10 月 1 日，南昌医学院与中国人民解放军第四野战军医科学校合并为华中军区医学院，医院亦改称华中军区医学院附属医院。1950 年 10 月，医院改称中南军区医学院附属医院。1951 年 12 月 15 日，医院改称第四军医学院附属医院。1952 年 11 月，医院改称第六军医大学教学医院。1954 年 3 月 18 日，第六军医大学教学医院改称中国人民解放军第一七三医院。1958 年 8 月，中国人民解放军第八军医学校集体转业与江西医学院合并，一七三医院改称江西医学院第一附属医院。1968 年 12 月 4 日，医院改称为南昌第一医院。1969 年 5 月，江西医学院与江西中医学院合并，改称为江西医科大学，1970 年 2 月迁江西省吉安市青原山，医院与学校脱钩。1972 年 4 月，江西医科大学由吉安青原山迁回南昌，医院与学校复钩，称江西医科大学第一附属医院。11 月 14 日，江西省革委会决定，撤销江西医科大学，恢复江西医学院和江西中医学院，医院恢复原名江西医学院第一附属医院。2005 年 9 月 28 日，医院更名为南昌大学第一附属医院。

二、医院概况

第一附属医院拥有东湖、象湖两大院区，截至2020年12月，编制床位6100张，在职职工 5947 人。医院集医疗、教学、科研、预防保健、康养于一体，学科门类齐全、师资力量雄厚、医疗技术精湛、诊疗设备先进、科研实力强大，是全国首批三级甲等医院。医院拥有国家级卒中中心、国家级胸痛中心、江西省一级创伤急救中心，医疗水平位于全国百强。2018 年医院呼吸与危重症医学科获国家发改委疑难病症诊治能力提升工程建设项目。2020 年，经江西省卫生健康委发文的江西省重大公共卫生事件医学中心落户象湖院区。经国家发改委批准，国家重大疫情救治基地落户一附院象湖院区。

2020年，医院门诊量275万人次，出院病人19.8万人次，手术量8.7万台次（含介入手术），三、四级手术比例达 73%。拥有烧伤科、呼吸与危重症医学科、神经外科、消化内科、疼痛科、急诊科、心脏大血管外科、重症医学科 8 个国家临床重点专科，占全省三分之二；国家级诊疗中心 1 个；省临床重点专科 9 个；省医学领先学科 23 个；省级诊疗中心 5 个；省级医疗质量控制中心 9 个；为中华医学会疼痛专业委员会主任委员单位，中国医师协会神经外科分会神经内镜专业委员会主任委员单位，中国康复医学会康复治疗专业委员会候任主任委员单位；省级学会 30 个专业委员会挂靠医院。

第一附属医院与第一临床医学院两块牌子一套人马，有完整的在校教育、毕业后教育和继续医学教育体系，拥有 6000 平方米培训中心专门用于各层次的医学生和青年医师的培养。医院是国家临床教学培训示范中心、全国 SP 实践教学示范基地、国家级大学生校外实践教学基地、全国临床药师师资培训中心、国家临床药师培训基地。为国家级住院医师规范化培训基地、全科医师规范化培训基地，拥有呼吸与危重症医学、心血管病学、神经外科学、普通外科学、口腔颌面外科学、内科老年医学、危重症医学 7 个国家专科医师培训基地。

每年承担博士生、硕士生、本科生、留学生、规培生、进修生等各层次近 6000 人的在校教育、毕业后教育和继续教育。拥有临床医学一级学科科学学位和专业学位博士点各 1 个（均涵盖 18 个二级学科，16 个三级学科），博士后科研流动站 1 个。设有临床医学、医学影像学、麻醉学、康复治疗学四个本科专业。

医院现有国务院特殊津贴人选 31 人，百千万人才工程国家级人选 1 人、省级人选 24 人，卫生部有突出贡献中青年专家 5 人，江西省突出贡献人才 3 人，井冈学者 3 人，赣鄱英才 555 工程人选 21 人，江西省“双千计划”人才 11 人，其中引进类 4 人；江西省主要学科学术与技术带头人 5 名，江西省科技创新杰出青年人才 25 人，全省卫生系统高层次学术技术带头人 10 名（全省共 20 名），江西省高校中青年学科带头人 32 人，江西省高校中青年骨干教师 25 人。在职职工中高级职称 763 人，博士 396 人。医院多人在国家和省部级学术团体、期刊担任学术职务，其中包括 13 个国家级学会 / 协会组织担任主任委员、候任主委、副主委（副会长），38 个省级学会 / 协会组织担任主任委员。

三、主要成就

（一）医疗成就

20 世纪 50 年代初，外科黎鳌开展了乳癌根治切除术、胆囊摘除术、腹会阴直肠癌根治术、胆囊切除加胆总管切开取石术，外科胡锡猷开展了前列腺摘除术、膀胱镜检查、睾丸移植术、输尿管移植术、阴茎癌根治术，外科傅滨开展了股骨头切开术、肩关节整形术，外科徐日兴等人开展了食道癌根治术。

1955 年，外科程源恩等人开展肺叶切除。

1954 年，放射科蒋士焘、张国忱开展锡尘肺诊断。

1957 年，外科程源恩等人开展缩窄性心包炎切除术、动脉导管未闭手术。

1959 年，普外科张铨、闻人坚开展肝叶切除。

1959 年，耳鼻喉科李德建开展鼓室形成术，耳鼻喉科王石安、李德坚开展内耳开窗术。

1962 年，儿科开展小脑延池穿刺及肝脏组织活检。口腔科开展口腔颌面恶性肿瘤颈清扫联合根治术，肿瘤科开展带放射 32 磷标记磷酸根治之临床应用。

1964 年，麻醉科王宗朝率先提出全麻于小儿气道异物取出术。

1974 年，消化内科王崇文开展纤维胃镜检查。眼科王魁仲、钟修樑首先在本省开展激光治疗眼病。

1976 年，脑外科徐庚生开展听神经瘤切除。

1977 年，麻醉科王宗朝证明麻醉穴位无明显特异、穴位选择提出新见解。

1978 年，耳鼻喉科文三立等人开展喉部显微手术。

1980 年，职业病组刘汉名开展人工冬眠法治疗五氯酚钠中毒。

1982 年，呼吸科开展纤支镜下支气管肺泡浣洗 VIDEO 在纤支镜检中应用。

1983 年，脑外科刘泉开开展脑室—淋巴管（脑导管）分流术。

1986 年，妇产科伍书辉、余桂林等人建立人类冷冻精库，1987 年 7 月出生我省用冷冻精子进行人工授精的第一例健康婴儿。

1988 年，普外科王子健开展皮下空肠盲袢胆道造口成形术。

1990 年，烧伤科李国辉等人开展辐照氟银猪皮治疗烧伤，1992 年获北京国际发明展览会铜牌奖。

1991 年，消化内科吕农华开展胃黏膜细胞癌变过程中糖蛋白的变化研究。

1992 年，妇产科易为民开展腹腔镜在妇产科中的应用。

1993—1998 年，Stehbone 钢板固定手术治疗腰椎滑脱症和脚趾移植手指、诱发电位诊断技术和颅内血肿穿刺术、在 B 超下经皮肺穿刺对肺部外围型病灶的组织细胞学诊断、心脏导纳图对小儿心功能的检测、腹腔镜胆囊摘除术、肾活检等新技术、新疗法成功开展。

1999 年，医院开展新技术、新疗法 30 项。冠状动脉造影术、冠脉内金属支架植入术、先天性心脏病动脉导管未闭的封堵术、全脑血管造影等心血管技术达到当时国内先进水平、领先于当时省内水平。

2000 年，医院开展新技术 9 项，主要包括起搏器的安装和新排量的测定、心内起搏螺旋电极安装等。成功开展第二代试管婴儿、供卵试管婴儿、选择性减胎术、实现了江西省生殖医学上一次零的突破，填补了省内空白。开展的异体骨髓移植术、腹腔妊娠剖腹术也属当时省内首例。

2001 年，医院创新、引进新技术 43 项，与上海中山医院合作成功进行了当时江西省首例心脏移植术和胸主动脉瘤腔内隔绝术。全国首例异基因外周血造血干细胞在院移植成功。成功开展了第一代、第二代附睾穿刺取精，赠卵联合体外受精与胚胎移植试管婴儿技术。开展了心内起搏、KOCH 三角起搏、右室流出起搏等介入术。这些新技术均填补了省内空白或达到国内领先水平。

2002 年，在上海专家指导下，医院成功为 2 位患者进行了肝移植手术、完成了 2 例心脏移植术。在省内首创开展了腹腔镜下“乙状结肠癌的根治术”“肾蒂淋巴管结扎术”“肾上腺肿瘤切除术”等。又在电子肠镜的引导下成功地为一例晚期结肠癌伴肝转移的老年患者放置结肠支架，该技术的成功开展填补了省内空白。

2003 年，医院辅助生殖技术中心通过卫生部验收，批准允许开展人类辅助生殖技术。成功了完成肾胰联合移植术，属省内首例。成功实施了全角膜联合角膜缘干细胞移植术、采用内窥镜外科技术摘除脑垂体瘤。用当时世界最先进的 AmplatNer 封堵器为一例患室间隔膜部缺损的小孩实施介入治疗获得成功，开创了江西省室间隔缺损介入治疗的先河。在省内率先开展经皮胆道金属支架置放术和内镜下反支架置入术治疗胆道阻塞。

2005 年，实施了全国首例异位甲状腺内甲状旁腺肿瘤切除术。成功实施医院第一例腹主动脉瘤带膜支架植入术。成功独立创新开展鼻内窥镜内鼻腔泪囊吻合术。成功开展颈段气管镍钛记忆支架加胸锁乳突肌骨膜瓣修复术，填补了省内该项技术的空白。成功引进经鼻显微手术切除垂体腺瘤，开创了省内微创垂体腺瘤外科治疗的新理念。

2006 年，医院开创全省首例的新技术、新疗法：脑室镜鞍区囊肿开窗手术、全喉全下咽颈段食道切除加游离空肠修补术、腹膜外腹腔镜保留性神经的前列腺癌根治手术、自体干细胞移植治疗糖尿病足病手术、腹腔镜下膀胱癌根治性切除加原位回肠新膀胱重建手术、肾癌根治术和下腔静脉节段（并癌栓）切除术等。医院首次开展了换血疗法治疗新生儿 Rh 溶血病。

2013 年 2 月，成果实施江西首例非亲缘性造血干细胞移植治疗急性白血病。4 月，胰腺、小肠移植经卫生部人体器官移植技术临床应用委员会初审和江西省卫生厅复审获准开展。江西首例非亲缘性造血干细胞移植治疗急性白血病在一附院获成功。5 月，江西首例人感染 H7N9 禽流感康复患者治愈出院。

2014 年，医院引进全省第一台手术机器人，并于 12 月 23 日正式开展全省首台达芬・奇机器人手术，完成了江西省首例手术机器人前列腺根治术、肾腺肿瘤切除术、巨大肾癌根治术，标志着江西省外科手术发展实现历史性突破，进入手术机器人时代。

2015 年，医院成功开展江西省首例“水刀”清创手术、人感染 H7N9 禽流感等治疗手术。全年审核新技术 54 项，全部建立技术档案。

2017 年，医院成功开展江西省首例：“机器人后腹腔镜肾移植供肾取肾术”、经心外膜 Brugada 综合征射频消融术、婴幼儿双供肾成人异体肾移植手术、“镜面人”行胰十二指肠切除术、微创治疗胸椎管狭窄症。大力发展达芬・奇机器人手术，完成达芬・奇手术 1012 例，单机手术量排名世界第一。推进微创手术发展，完成微创手术 1.8 万台次。在省卫生计生委发布的 2017 年江西省医院 DRGs 绩效分析简报中，医院出院病人数、CMI、手术例数、三四级手术比例及疑难危重患者的收治比例等指标均排名首位。

2018 年，医院成功实施首例左束支起搏术。成功完成一例急诊抢救性跨血型肝移植手术，系省内第一例自行完成的急诊抢救性跨血型肝移植。9 月，成功完成一例手术风险极大、国内罕见报道的甲状腺癌纵隔淋巴清扫和人工血管移植术。在省内率先应用吲哚菁绿（ICG）荧光导航技术成功为肾癌患者实施腹腔镜肾脏部分切除术。全年完成达芬·奇手术1038例。2018年开展五大中心建设，卒中中心获批国家卫生健康委脑防委高级卒中中心建设单位，江西省一级卒中中心，创伤急救中心为江西省一级创伤急救中心。

（二）科研成就

2006年，医院获全国高校自然科学二等奖1项，省科技进步二等奖1项、三等奖4项，省自然科学三等奖1项（是省自然科学奖中全省唯一一项医疗类项目）。

2007年，医院获得科技部批准课题1项，实现我省医学界国家“863”计划主持项目零的突破。荣获省科技进步奖5项，省高校科技进步奖4项。消化科青年医师祝荫和研究生朱振华所撰论文分获两项国际大奖。

2010年，医院获省级科技进步奖及自然科学奖共6项、中华医学奖3等奖一项（实现了江西省零的突破）、“重大新药创制”科技重大专项2项（实现江西省零的突破），科技部计划资助金额达1770万元。

2011年，医院通过新技术引进项目5项，获省科技进步奖3项。成立江西省再生医学工程研究中心、耳鼻喉－头颈外科研究所，科研平台又上新台阶。

2013年，医院获中华医学科技三等奖1项，国家科技进步二等奖（合作申报）2项，省科技进步二等奖1项、三等奖3项；省高等学校科技成果一等奖2项、二等奖5项。

2014年，医院4项科技成果获2014年度省科技成果奖，其中自然科学二等奖1项。

2015年，医院12项科研成果申报了2015年度江西省科技奖，7项通过初评和会评，占全省医学科技奖的一半。

2016年，医院6项成果获得2016年度科技成果奖，其中教育部科技成果二等奖和省科技进步一等奖各1项，省科技成果二等奖和三等奖各2项。

2017年，医院荣登中国医疗机构“2017自然指数”百强榜的医院。19个学科进入全国医院科技影响力学科排行榜，系全省唯一一家，占全省总数的50%。在2017年全省科学技术奖励大会上，获省科学技术进步一等奖1项，二、三等奖各2项。

2018年，医院作为第一完成单位共获得2017年度江西省科技奖9项，包括科技进步二等奖3项、科技进步三等奖4项、自然科学三等奖2项，奖项数量创历史新高，占全省医疗机构获奖项目数量的53%。

2019年，医院19个学科进入中国医学科学院信息研究所发布的“中国医院科技量值”学科百强榜。

（三）人才成就

1982 年，医院烧伤科曹勇喷射呼吸机获省科技成果一等奖，1985 年获国家发明三等奖，1987 年授予“有突出贡献中青年专家”。

1990 年，烧伤科李国辉等人开展辐照氟银猪皮治疗烧伤，1992 年获北京国际发明展览会铜牌奖。

2020 年 8 月，钱克俭荣获“中国医师奖”。

2020 年 9 月，金国强、冯亮荣获“国之名医优秀风范奖”。

2020 年 9 月，张伟荣获“全国抗击新冠肺炎疫情先进个人”称号。

（四）其他成就

1939 年 9 月，国立中正医学院与上海几家医疗机构携手合作，与上海医学院在昆明市内合设门诊处，与红十字会及上海医学院在白龙潭共建昆明郊外医院，为战时患者与伤员服务。

2020 年 1 月，医院获江西省新型冠状病毒感染的肺炎疫情防控应急指挥部授予“表彰令”。

2020 年 9 月，重症医学科党支部荣获“全国抗击新冠肺炎疫情先进集体”“全国先进基层党组织”称号。

第二节　第二附属医院（第二临床医学院）

一、历史沿革

医院前身可追溯至创建于 1927 年的南昌市市立医院，当时由国民党南昌市政委员会管辖。1934 年经扩充改建为江西省立医院，隶属于国民党江西省政府卫生处，院址设在南昌市贡院背（现民德路）。1937 年 4 月，江西省立医院被江西省政府确定为国立中正医学院的实习医院。1939 年，省立医院随民国省政府先撤至吉安市，后又迁往泰和县。1944 年，医院先后迁往兴国、宁都等地。1945 年 10 月省立医院随国民党江西省政府迁回南昌原址。

1949 年南昌解放，医院更名为江西省立南昌人民医院。1951 年，更名为江西省立南昌第一人民医院。为救治抗美援朝伤病员，同年 7 月改为第五预备医院。1952 年 1 月复名省立南昌第一人民医院。同年，江西省卫生厅调整部分医院格局，向专科重点方向发展，医院改名为江西省外科医院。1952 年 9 月，江西省立医学专科学校附属医院和省内科医院的部分专业人员调入省外科医院，这些人大多数以后都成为医院乃至江西省医疗卫生界的学科带头人。1955 年，更名为江西医学院附属医院，担负着城市医疗预防及教学工作的双重任务。1958 年 6 月，医院更名为江西医学院第二附属医院。1970 年 2 月，医院下放给南昌市管辖，改名为南昌第二医院，并在南昌市湾里区耗资 100 余万元兴建了设有 500 张床位的湾里医院。之后其更名为南昌市人民医院。1972 年 5 月，省革委会决定恢复南昌市人民医院与江西医科大学（原江西医学院）的隶属关系，医院更名为江西医科大学第二附属医院。11 月，复名江西医学院第二附属医院。

2005 年 8 月，医院更名为南昌大学第二附属医院。2020 年 6 月，南昌大学第二附属医院红角洲新院区一期全面开张，医院发展迈入新时代。

二、医院概况

医院拥有东湖院区、红角洲院区两大主院区，开放床位 4000 余张，是一所集医疗、教学、科研、预防保健、急救、康复为一体的现代化大型三级甲等综合医院。秉承“崇德佑民”的院训精神，医院书写了诸多江西之最。普通外科、心血管内科、心胸外科、甲状腺外科等数十个学科均为省内首创学科，省内第一台肾、肝、心移植，第一台人工低温体外循环等一大批诊疗新技术在此诞生。

目前，医院在职职工 3600 人，其中专业技术人员 3331 人，占 92.5%，高级职称 625 人，博导 74 人、硕导 281 人。医院名医荟萃，拥有教育部“长江学者奖励计划”特聘教授 1 人、国家万人计划 1 人、国家级百千万人才工程人选 2 人、国务院特殊津贴 35 人等，国家级人才计划共计 50 人次；入选江西省百千万工程人选、江西省杰出青年专家等省级人才计划 266 人次。各级学会任职达 1600 人次，其中国家级学会近 700 人次。

医院医疗水平全省领先，部分技术迈入全国先进行列。年门急诊量超过 200 万人次，出院人次 14.27 万，手术台次 6.38 万，平均住院天数 7.40 天。疑难手术频开，甲状腺恶性肿瘤 DRGs 连续 5 年位居全省第一，颈动脉支架和内膜剥脱技术等血管外科手术达国内领先水平，三四级手术占比达到 92% 以上，引领全省。医院充分发挥全省龙头的网络辐射作用，与 123 家医疗单位建立医联体合作关系，成立 18 个专科联盟，覆盖 400 余家基层医院。获批“中国胸痛中心”“中国心衰中心”“中国房颤中心”，蝉联“中国五星高级卒中中心”，成立江西省心血管病医疗中心。2018 年获批国家心脑血管疑难病症诊治能力提升工程；2019 年获批省域重点疾病诊疗能力提升项目；2020 年获批国家重大疫情救治基地。

医院临床专科特色优势突出。现有临床医技科室 57 个，全国医院专科百强学科 16 个，全省医学领先学科 25 个，现有心血管内科、普通外科、呼吸内科、神经外科、心脏外科等 9 个国家级和省级临床重点专科；甲状腺领域拥有全国十大名医，眼科、儿童眼科诊治水平处于国内先进行列，内分泌代谢科是省内唯一获批的国家重点代谢性疾病临床研究中心江西省分中心挂靠单位。拥有 6 个国家级临床培训基地、18 个省级培训基地。

医院每年承担博士生、硕士生、本科生、留学生、住培生等 4000 余人、共计 3 万余学时的教学任务。临床医学、麻醉学、医学影像学三个专业均以全省第一的成绩通过专业综合评价；国家级住培基地获批数达 31 个，全省最多。国家继教项目获批数连续 6 年全省第一。

医院积极落实《南昌大学推进“一流本科专业”建设方案》，加快推进教学改革类项目建设，努力打造精品课程，“传染病学”获“国家精品在线开放课程”“江西省级教学成果一等奖”。积极探索“新医科”卓越人才培养模式，获批开设“智能医学工程”本科新专业。积极开展示范性虚拟仿真实验教学项目建设，获第三批校级示范性虚拟仿真实验教学项目 16 项，投入资金 204 万元。

医院一直以来积极投身应急事件处置、抗震救灾、抗洪抢险、南极科考、援鄂抗疫、对口支援、援外医疗等社会公益事业。特别是 2020 年，面对突如其来的新冠肺炎疫情，医院第一时间派出精锐力量，分 8 批 159 人次前往湖北武汉和随州、江西新余和赣州等重灾区支援，是江西省派出医务人员最多单位，抗疫工作受到上级部门、受援单位和患者一致好评，先后荣获“全国优秀共产党员”“全国抗击新冠肺炎先进个人”“江西省五四青年奖章”等国家和省级荣誉称号。医院文化底蕴深厚，传承发扬“崇德佑民”精神，打造出了“六个一”（省首部院志、省首个医院院史馆、省首个医院文化广场、省首部医院宣传片、省内第一首医院院歌及省首个完善的医院文化 VI 系统）的文化载体。

三、主要成就

（一）医疗成就

1950 年，医院在省内首先开展胃切除手术。

1951 年，医院在省内首先开展胆囊切除及胆道取石术。

1952 年，医院在省内首先开展尿道外伤修补术、尿道狭窄扩张术、耻骨上前列腺摘除、肾切除术。

1954 年，医院引进全省第一台西门子热笔式心电图机。省内首次开展腹主动脉造影和淋巴造影术。

1955 年，医院在省内率先成立麻醉科，率先开展单次硬膜外麻醉及颈内麻醉。

1955 年，医院成立胸腔外科，在省内行首例肺切除术，首例脾静脉分流术。

1956 年，医院成立神经内科，在省内行首例心脏二尖瓣狭窄分离术成功，省内首创“局麻下小切口髓核摘除术”，开展省内第一例脑室 X 造影。

1957 年，医院开展省内第一例心导管检查术，在省内率先开展胃镜检查工作。

1959 年，医院率先开展针麻下行耳鼻喉手术，报道首例大疱性荨麻疹，率先在省内开展下颌骨切除立即植骨手术。

1960 年，医院在省内率先开展“A”型超声波检查；率先在省内开展心导管检查与心血管造影等技术，成功完成我省第一例室间隔缺损的心内直视手术。国内首创“肾穿刺造瘘术”；在省内率先开展头癣防治研究。

1964 年，医院引进我省第一台丹麦产脑电图，率先开展脑电图检查。

1984 年，医院省内首台 CT 机在医院落户。

1986 年，医院成立了全省第一个放射介入室。

1993 年，医院成立磁共振室，引进全省首台 ASM-D15P 核磁共振扫描仪。

2000 年，医院成功实施省内首例肝移植术。

2011 年，医院成为“全国贫困聋儿人工耳蜗抢救性康复项目”江西唯一定点手术医院。

2012 年，医院牵头启动江西省脑卒中筛查与防治工程。

2013 年，医院获评“卫生部脑卒中筛查与防治示范基地医院”。

2014 年，医院获批国家卫生计生委“第一批高通量基因测序技术临床应用试点单位”。

2015 年，医院在省内首创入院患者“一站式”服务中心和检查预约中心。获评“2015 年度全国创新服务示范医院”。

2016 年，医院获批全省首家国家级胸痛中心。

2017 年，医院成立全省首个肺癌早期筛查、诊治中心；获国内首批“中国房颤中心建设单位”，全国首批“心力衰竭建设中心”，“全国优质护理服务表现突出医院”。

2018 年，医院入选国家发改委心脑血管疑难病症诊治能力提升工程；获批全国“五星高级卒中中心”；率先在全省成立日间手术中心。

2019 年，医院获批“孕产妇危急重症救治中心”。

2020 年，医院获批江西省心血管病医疗中心。

（二）科研成就

1986 年，饶伟华教授获首届国家自然科学基金项目资助，开启临床医学研究新纪元。

2007 年，洪葵教授获江西省医疗界首个江西省自然科学一等奖及国家科技部 973 项目资助。

2008 年，程晓曙教授获国家科技支撑计划项目资助。

2009 年，郭武华主任医师获国家自然科学基金重大研究培育计划项目资助，系江西省临床医师首次牵头承担此类项目。

2011 年，洪葵教授获教育部长江学者和团队发展计划，系目前为止，本省临床医学领域唯一部级科研创新团队。江西省首个干细胞系统工程、院士工作站落户医院，该系统工程的建立填补了江西省干细胞领域的空白。

2013 年，医院率先成立省级研究型医院学会，挂靠在南昌大学第二附属医院。获教育部心血管介入治疗技术与器械工程研究中心，系江西省首个挂靠医疗卫生单位的部级工程技术研究中心；获国家科技支撑计划项目课题资助。周建良副主任医师获江西省首个国家高技术研究发展计划（“863”计划）青年科学家专题项目资助，系江西省内唯一立项项目。

2014 年，程晓曙教授获医院首个国家科技重大专项 – 重大新药创制项目资助，系全国首个抗凝药物临床评价技术平台，中西部地区首个心血管药物临床评价技术平台。邵江华教授取得肝癌研究重大进展，其成果在国际权威肿瘤学期刊 *Cancer Research*（IF：9.28）上发表，系当年江西省医学领域研究发表影响因子最高的期刊论文。

2015 年，洪葵教授获江西省医学领域首个国家自然科学基金重点项目资助。医院成功举办“2015 中国研究型医院高峰论坛”。

2016 年，洪葵教授再度荣获江西省自然科学一等奖。邵江华教授获国家重点研发计划项目课题资助。

2017 年，洪葵教授获国家重点研发计划项目课题资助。生物样本资源中心获国家科技部人类遗传资源行政许可，系江西省首个获该资质的规范化、标准化的生物样本库。

2018 年，易应萍研究员获国家重点研发计划项目课题资助。洪葵教授发表论文于 *Circulation*，系当年江西省心血管专业最高影响因子期刊论文（IF：23.054）。邵江华教授发表论文于 *Hepatology*，系当年江西省普通外科最高影响因子期刊论文（IF：14.079）。

2019 年，医院共 13 项江西省科技成果获奖，占江西省医疗机构获奖项目数的 52%，居全省医疗卫生单位前列。殷小平教授获科技部科技基础资源调查专项课题资助。

2020年，罗军教授获江西省医疗单位临床医学专业首个千万级国家科技重点研发计划医疗项目资助。程学新教授牵头的江西省临床生物样本库平台成功获批，并与中国研究型医院学会共同主办的学术年会，线上线下参与听课人数3.4万，学术影响力空前。医院获国家自然科学基金55项（重点项目1项），项目数和经费数分别较2019年增长17.02%、32.12%，打破医院历年立项记录。

（三）人才成就

1954年，刘方捷获全国青年社会主义建设积极分子奖章。

1979年，符式珪获全国劳动模范。

1984年，戴育成获人事部突出贡献中青年专家。

1995年，毛振邦获全国卫生系统先进工作者。

2002年，程晓曙获国家卫生部突出贡献中青年专家。

2002年，程晓曙获全国五一劳动奖章。

2005年，金春莲获全国青年岗位能手。

2007年，程晓曙获全国优秀教育工作者。

2007年，王小中获全国青年岗位能手。

2008年，邓志锋获全国五一劳动奖章。。

2008年，洪葵获国家卫生部突出贡献中青年专家。

2008年，汪昌运获全国优秀工会积极分子。

2008年，刘月辉获全国抗震救灾模范。

2009年，洪葵获国家级百千万人才工程人选。

2011年，洪葵获全国五一巾帼标兵。

2013年，董一飞获全国青年岗位能手。

2013年，刘燕娜获全国五一巾帼标兵。

2013年，刘志刚获全国医德标兵。

2013年，邵江华获国家级百千万人才工程人选、人社部突出贡献中青年专家。

2014年，洪葵获“万人计划”第一批百千万工程领军人才。

2014年，邹书兵获中国医师奖。

2015年，洪葵获全国师德标兵。

2015年，邵江华获全国优秀科技工作者。

2016年，程晓曙获中国医院杰出领导者、中国绿色医院优秀建设者。

2017年，程晓曙获中国医院管理创新人物、国家级杰出贡献奖。

2017年，洪葵获全国卫生计生系统先进工作者。

2017 年，刘季春获全国优秀科技工作者。

2017 年，邵江华获国家卫计委突出贡献中青年专家。

2018 年，刘繁荣获全国援外医疗工作先进个人。

2020 年，祝新根获“长江学者奖励计划”特聘岗位人选、全国抗击新冠肺炎疫情先进个人、全国优秀共产党员、全国卫生健康系统新冠肺炎疫情防控工作先进个人、江西省最美科技工作者。

（四）社会服务

1927 年 3 月，李为涟、杨瑞苞等医生设立防疫部，于 3 月至 5 月进行全市大种痘，从而未使南昌发生疫情。

1950—1953 年，朝鲜战争期间，医院先后选派 11 名医护人员参加江西省抗美援朝志愿医疗手术队，开展战地救护工作。

1954 年，赣江发生特大洪水，医院参加抗洪救灾。南昌红十字会抽调 50 名医务人员组成 4 个抗灾医疗队，驻蒋巷和尤口赣江大堤；省政府组织 119 个医疗队 1245 名医务人员参加。

1973—2010 年，相继派出医务人员赴朝鲜、突尼斯、乍得、约旦等国开展援外医疗救助共计 48 人次。

1965 年，医院响应“面向农村为工农兵服务”号召，迅速组织了三批医疗队共 100 名医务人员奔赴农村，深入边远山区开展巡回医疗。

1997 年 6 月，医院组织 50 多位专家分三批沿京九线在江西境内的九江沙河、德安、峡江、井冈山、兴国、定南、赣州进行“迎回归送医下乡”活动。

2003 年，“非典”爆发时，医院在全省率先制定了应急预案，成立了非典防治专家指导组、非典抢救治疗小组及非典应急救治小分队，派出多名专家参加江西省医疗专家组，分赴全省各地参加会诊与治疗。

2008 年 5 月 12 日，汶川大地震抗震救灾期间，医院先后派出 7 批医疗队，共 20 名医务人员赴灾区一线，带去 115 箱药品及物质，价值 30 余万元药品，共诊治患者 3000 余人次，施行手术 240 台，先后受到温家宝总理、卫生部领导的亲自接见和慰问。

2009 年 10 月—2011 年 1 月，承担中国第 27 次南极考察队长城站医疗保健任务。选派中医科医师执行国家海洋局组织的南极长城站科考任务的医疗保健工作。

2015—2020 年，先后共派出 6 名医护人员参加江西省援非医疗队，分赴乍得和突尼斯执行援外医疗任务。

2020 年初，新冠肺炎疫情发生以后，医院做好院内防控救治的同时，第一时间派出精锐力量，分八批共159名医务人员赴湖北武汉和随州、江西新余和赣州等重灾区参与援助抗击疫情，在援鄂抗疫中是省内派出医务人员最多单位，并获批国家重大疫情救治基地。2020年1月27日（大年初三），祝新根副院长作为江西省第一批援鄂医疗队队长，带领着临时从全省抽调集结的138名医护人员，身先士卒冲锋陷阵。2020年2月13日，徐建军副院长作为江西省第六批援鄂医疗队和二附院援鄂国家医疗队队长，带领队伍逆行出征，在武汉奋战47天，转战2个重症病区，医院医疗队137名医护人员在圆满完成任务后平安凯旋。援鄂抗疫工作取得了“收治病人零死亡，出院患者零返院，医护人员零感染”的成绩。

第三节　第四附属医院（第四临床医学院）

一、历史沿革

医院前身系南昌铁路中心医院，始建于1946年10月1日，是浙赣铁路局南昌段工程处的一个医务室，地址在南昌市二纬路。1947年医务室扩编改为“浙赣铁路局杭州总医院南昌分医院”。1949年10月，医院改为“上海铁路管理局南昌医院”，由上海铁路局卫生处领导。1950年，医院迁至民德路，并在向塘成立了“南昌医院向塘诊疗所”，系现向塘分院前身。1951年，医院在老福山现址建成门诊，住院和行管后勤房屋三栋。1953年1月医院改为“广州铁路管理局南昌医院”，由广州铁路局管理。1958年1月，南昌铁路局成立，医院随之扩为“南昌铁路局南昌中心医院”。1960年开始接受铁路和地方大中专医药院校教学任务，年接收来院实习进修人员超过30人，1968年成立医院党委。

1984年10月，南昌铁路局撤销，医院改为“上海铁路局南昌中心医院”，为上海铁路局直属单位。1985年1月，医院改为“上海铁路局南昌铁路分局南昌铁路中心医院”，隶属南昌分局领导。1996年8月，京九线开通运营后医院更名为“南昌铁路局南昌铁路中心医院”。1999年11月30日，南昌铁路局与江西医学院达成了共建江西医学院第四附属医院和江西医学院临床医学四系的协议，保持隶属关系不变，开始承担医学教学任务。2000年1月1日，江西医学院第四附属医院和江西医学院临床医学四系正式挂牌成立。2005年1月1日，医院由南昌铁路局整建制移交江西医学院管理，医院更名为江西医学院第四附属医院。同年9月27日，江西医学院第四附属医院更名为南昌大学第四附属医院。2006年4月，成立南昌大学第四临床医学院。2020年2月23日，增加“南昌大学附属康复医院”作为第二名称。

二、医院概况

2005 年，医院由南昌铁路局整建制移交至南昌大学管理以来，实现了国有资产保值增值，保证了医院较为正常的日常运营和职工队伍思想的基本稳定，实现了医院较好的发展，现已成为一所融医疗、教学、科研、预防保健和社区卫生服务为一体的省直三级甲等综合性医院。

医院学科门类齐全，拥有一批学科带头人。消化内科和康复医学科成功获评省级重点学科；康复医学科针刀微创治疗与康复、密集型银质针疗法处于国内、省内领先水平，是江西省针刀重点专科、全国脑瘫针刀微创治疗与康复示范基地；口腔科、体检科在全省具有较好的影响力；肝胆外科三镜联合治疗胆石症、微创治疗复杂性肝内胆管结石处于省内领先水平；脑瘫外科为国家民政部残疾孤儿手术康复明天计划全国两个定点医院之一；医院卒中中心为中国卒中学会综合卒中中心。康复医学科、神经内科等专业学科带头人在全国多个学会、协会任副主委、常委；呼吸与危重症医学科、内分泌科、消化内科、体检科等专业学科带头人在省内多个学会、协会任主委、副主委。呼吸与危重症医学科、神经内科、消化内科、体检科、肿瘤内科为江西省专科质控中心副主委单位。现有国家级临床药师培训基地 2 个，江西省住院医师规范化培训基地专业 16 个。

教学工作有成效。四临学院本科生就业率和考研录取率连续多年名列南昌大学前茅。2015—2020 年来，四临学院考研录取率 4 次全校第一，1 次第二，特别是 2017 年以 63.6% 的比例在全校遥遥领先，录取“211 工程”以上学校的占 89%，其中 12 级 11 班研究生录取率达到 69.81%。2020 年，毕业生考研升学率再创新高达 69.57%，杨婷、李春洁 2 名同学在全国大学生生命科学创新创业大赛中分别斩获团体一、二等奖。“青苗计划”成绩佳，本科生取得省级以上奖励 23 项，其中国家级奖励 9 项，学生发表论文 30 余篇，其中 SCI 收录 19 篇。在江西省教育系统名师工作室创建活动中，医院方正旭工作室、邓欢工作室被命名为“江西省教育系统名师工作室”。

医院现有职工 1137 人，在编 608 人，合同制 529 人。开放床位 800 张，2019 年全院出院 1.96 万人次，门急诊 30.81 万人次。

三、主要成就

（一）科研成就

截至 2020 年 5 月，医院获得国家自然科学基金项目 21 项，其中，面上项目 3 项，青年基金 1 项；获省科技支撑项目和省自然科学基金 70 余项；获各类市厅级课题400余项；获专利3项；在国内外学术刊物上发表学术论文论著1500余篇，SCI和核心期刊论文近260余篇。骨科科研实力强，有13项国家自然科学基金课题，获中国康复医学会科学技术三等奖一项；病理科邓欢博士主持国家自然科学基金3项，发表SCI收录研究论文20余篇，在干细胞领域世界顶级杂志《细胞·干细胞》（*Cell Stem Cell*）上发表论文，影响因子达23.394，以邓欢博士为负责人的南昌大学肿瘤免疫研究所挂靠在医院。

（二）人才成就

医院高级专业技术人员从2004年的77人增长到2019年的187人（其中正高从2004年的4人增长到2019年的48人），硕士从2004年的7人增长到2019年的155人。累计引进和培养了博士14人，国务院特殊津贴专家1人。从无研究生导师到现有博士研究生导师5人，硕士研究生导师25人。获得国际护理界最高荣誉南丁格尔奖章1人、全国五一劳动奖章2人、全国卫生健康系统新冠肺炎疫情防控工作先进个人2人、江西省卫生计生突出贡献中青年专家2人、省卫生系统学术和技术带头人培养对象7人、省高校中青年学科带头人1人、省高校中青年骨干教师2人、江西省名中医2人。

（三）社会服务

医院积极开展对口支农、南极科考、助残康复、抗洪抗震抗灾、志愿活动等各项公益活动，2007、2008年和2010年，先后3年与美国－中国儿童基金会合作开展救助孤残儿活动，为来自全国各地的100多名孤残儿实施了免费手术，受到了江西省政府高度重视，时任省政府副省长胡振鹏、谢茹等领导先后来院出席相关活动，并对医院在自收自支情况下仍坚持开展大规模公益活动给予高度评价和赞赏，省内众多媒体也给予高度关注，社会反响强烈。在南极科考工作中，先后派出三名医务人员参加国家南极科考队，其中，陈绍平成为中国南极中山站建站以来开展手术的中国医生第一人。在2008年抗冰救灾活动中，医院受到时任中共中央政治局常委、中央纪委书记贺国强同志和江西省委、省政府的高度评价，并荣获全省卫生系统唯一一个“抗冰救灾先进集体”荣誉称号。

2013年，医院志愿服务团团长邹德凤荣获第44届南丁格尔奖章，中共中央总书记、国家主席、中央军委主席习近平亲自为邹德凤颁发奖章。2017年邹德凤同志荣获全国“首届文明家庭”称号和“全国三八红旗手标兵”荣誉称号。2018年邹德凤同志当选为全国妇联执行委员，2019年获全国五一劳动奖章和“中国好护士”月度人物，现任省红十字会兼职副会长。

在2020年新冠肺炎疫情防控工作中，医院副院长唐浪娟、门诊部副护士长邓丽花被授予“全国卫生健康系统新冠肺炎疫情防控工作先进个人”；由副院长唐浪娟领队的江西省第二批医疗护理队获得了由国家卫生健康委、人力资源和社会保障部、国家中医药管理局授予的“全国卫生健康系统新冠肺炎疫情防控工作先进集体”，这是江西唯一一个获此殊荣的集体，并获得“江西省三八红旗集体”荣誉称号。2020 年 12 月，医院荣获“江西省抗击新冠肺炎疫情先进集体”荣誉称号。

第四节　附属口腔医院（口腔医学院）

一、历史沿革

医院前身可追溯至江西省立医学专科学校附属医院牙科。1958 年中国人民解放军第八军医学校与江西医学院合并，解放军一七三医院改名为“江西医学院第一附属医院”，江西医学院附属医院改名为“江西医学院第二附属医院”。同年，一、二附院牙科合并成立口腔病防治研究所，地点在医学院老专家门诊部。常铭纲任所长，病房设在一附院，共 12 张床，10 张椅位，业务范围包括口腔矫形、口腔外科、口腔内科。

1985 年，江西医学院成立口腔门诊部，受诊疗场地限制，无法满足群众求诊需求，学院酝酿成立口腔医院。1985 年 7 月，江西省计委批复江西省卫生厅，同意兴建口腔医院大楼，规模为 8000 平方米。1986 年 8 月，江西省编委（赣编发〔1986〕101 号）批复同意成立口腔医院，设办公室、医务科、护理部、总务科、财务科，拟定事业编制 300 人。1990 年 9 月，口腔医院大楼门诊正式对外开诊。1998 年 2 月，口腔医院被省卫生厅评为江西省唯一的三级甲等口腔专科医院。2003 年 12 月，更名江西省口腔医院。2005 年 8 月，医院更名为南昌大学附属口腔医院。2009 年 2 月，医院顺利通过江西省卫生厅三甲医院复评，8 月，江西省口腔医学会成立，学会办公室挂靠在医院。

二、医院概况

南昌大学附属口腔医院与南昌大学口腔医学院、江西省口腔医院、江西省口腔病研究所实行四位一体的管理体制，是集医疗、教学、科研、预防、保健、培训为一体的三级甲等口腔专科医院。

医院设有 23 个临床与辅助科室和 16 个行政职能科室。年门诊量 30 多万人次。作为国家级口腔执业医师考试基地，医院从 2001 年开始承担每年的江西省医师资格口腔实践技能考试工作。2017 年成为国家住院医师规范化培训基地，2018 成为江西省住院医师规范化培训考核基地，江西省口腔专业质控中心。2020 年，中央引导地方科技发展专项项目国家口腔疾病临床医学研究中心江西分中心获立项，同年，口腔组织缺损数字化修复研究所和口腔慢性感染性疾病研究所获批南昌大学校级科研平台。医院还是江西省牙病防治指导组、江西省口腔医学会挂靠单位，医院每年承担指导全省开展牙病防治、宣传口腔健康知识等工作。

口腔医学院是口腔医学一级硕士学位授予点，拥有自主设置牙医学二级博士学位授予权，现有口腔内科学、口腔颌面外科学、口腔修复学、口腔正畸学、口腔预防及儿童学、口腔基础医学等 6 个教研室。设有口腔病研究所和口腔综合实验室，其中，口腔内科、口腔正畸科、口腔修复科被江西省卫计委授予“江西省医学领先学科”，口腔正颌外科和口腔预防科被省卫健委列入“江西省医学领先学科建设计划项目”。学院设有研究生、本科生、继续教育等多个层次教学，30 多年来为省内外培养了 1000 多名口腔医学人才。2014 年江西省口腔生物医学重点实验室立项，2019 年通过验收。2019 年“海智计划”口腔颌面外科放射影像工作站通过验收，江西省口腔疾病临床医学研究中心立项。

医院先后承担 300 多项科研项目，其中国家自然科学基金 14 项，江西省卫计委跨世纪人才项目 1 项，重大技术引进招标项目 5 项，科技厅重大技术攻关项目 2 项，3 项课题获江西省科技进步三等奖，2 项课题获江西省高校科技成果三等奖，发表 SCI 论文 50 多篇。

目前，全院在职职工 380 余人，其中卫生技术人员 320 余人，副高以上技术人员 86 人，博士 14 人、博导 9 人，硕士 137 人、硕导 36 人，享受国务院和江西省政府特殊津贴 3 人，江西省突出贡献中青年专家 2 人，江西省“百千万人才”5 人，江西省高校中青年学科带头人 2 人，江西省高校中青年骨干教师 6 人，江西省卫生系统学术和技术带头人 13 人，赣江特聘教授 2 人、赣江青年学者 1 人。

三、主要成就

1. 科研成就

1988 年 5 月，医院口腔系口腔颌面外科教研室主任张永福教授主持的课题“腮腺病变手术方法研究”获 1988 年度江西省科技进步三等奖，为江西省口腔界首次获奖。

1993 年，医院口腔内科同江西中医学院合作率先在全国研制中药牙周缓释剂，通过了省科委鉴定，有关研究论文被国际权威检索机构收录。

2015 年 8 月，医院欧晓艳申报的课题“江西省第二次口腔健康流行病学调查”获社发领域重大类项目。

2015 年 8 月，医院朱洪水申报的课题“热碱溶液蚀刻对氧化锆与树脂黏结强度的影响实验研究”获社发领域重点项目。

2018 年 8 月，医院廖岚申报的课题“环状 RNA-1971 作为竞争性内源 RNA 结合 miR-103a-3p 影响口腔鳞癌发生发展的机制研究”获江西省自然科学类重点项目。

2019 年 8 月，医院国家自然科学基金立项喜获丰收，5 项地区基金获立项，科研经费 179 万元，在全国地区基金（口腔类）立项数排名第一。

2019 年 12 月，“江西省口腔疾病临床医学研究中心”获江西省科技厅立项，“江西省口腔生物医学重点实验室”通过江西省科技厅验收，“海智计划”口腔颌面外科放射影像工作站通过江西省科协验收。

2. 人才成就

2010 年 10 月，医院五位医生获江西省委、省政府“微笑使者”荣誉称号。

2018 年 12 月，医院成功引进澳大利亚昆士兰大学牙学院终身教授叶青松，获批“江西省双千计划人选”。

2020 年 6 月，医院廖岚获“江西省创新争先奖个人”称号。

3. 所获荣誉

2004 年 12 月，医院口腔正畸科获批江西省医学领先学科。

2010 年 9 月，医院口腔修复科为江西省医学领先建设学科。

2013 年 6 月，医院口腔内科被授予“江西省医学领先学科”称号。

2018 年 2 月，医院口腔修复科被授予“江西省医学领先学科”称号。

2018 年 9 月，在江西省普通高校本科专业综合评价中，医院排名全省第一（口腔医学类）。

2019 年 12 月，医院获江西省职工职业道德建设标兵单位。

2019 年，医院获得了江西省“优化行业形象改善就医人文体验价值案例”奖和国家卫健委“2019 年度改善医疗服务典型案例（医疗机构）”奖。

2020 年 6 月，医院口腔正颌外科获批“江西省医学领先学科”。

4. 其他成就

2004 年 9 月，医院成为以四川大学华西口腔医学院为首的中国中西部口腔医学协作组成员。

2015 年 1 月，医院获江西省首家国家医师资格考试实践技能考试与考官培训基地（口腔类别）。

2015 年 6 月，医院被评为“国家医师资格考试实践技能考试与考官培训基地”。

2017 年 10 月，医院入选全国第二批“住院医生规范化培训基地”。

2018 年 7 月，“江西省口腔医学远程医疗”在医院远程会诊中心启动，15 家江西省口腔专科联盟和省市共建成员单位成功实行远程医疗音视频互联网对接，开启江西省口腔医学互联网 + 医疗的新格局。

第五节　附属眼科医院（眼视光学院）

一、历史沿革

医院筹建于 2009 年，同年 9 月，江西省卫生厅批准设置南昌大学附属眼科医院。2010 年 6 月，江西省机构编制委员会办公室批复南昌大学附属眼科医院为正处级差额拨款事业单位。同年 12 月，南昌大学启动附属眼科医院筹备工作。2011 年 9 月，江西省卫生厅办理南昌大学附属眼科医院执业许可证。

2012 年 5 月 12 日，南昌大学附属眼科医院正式运行，易敬林同志为医院院长（兼），王仕旺同志为医院党委书记。同年 11 月，南昌大学批准设立眼科学与视光学系。2013 年，获批江西省眼科学重点实验室、江西省眼科学与视觉科学研究所和南昌大学眼科研究所。2014 年 9 月，眼科学与视光学系更名为学眼视光学院。2017 年 1 月，江西省人民政府办公厅关于印发《江西省医疗卫生服务体系（2017—2020 年）的通知》，规划建设南昌大学附属眼科医院九龙湖分院，用地面积 77.8 亩，编制床位 400 张。2020 年 12 月，南昌大学附属眼科医院九龙湖分院启动建设。

二、医院概况

附属眼科医院是江西省唯一一所融医疗、教学、科研、预防为一体的省直公立三级甲等眼科专科医院，与南昌大学眼视光学院一套人马、两块牌子。

截至 2020 年底，医院员工 230 人，其中专业技术人员 191 人；高级职称 32 人，博士 14 人，硕士 59 人；享受国务院政府特殊津贴专家 1 人、二级教授 1 人、入选“赣鄱英才 555 工程”2 人、“江西省百千万人才工程”1 人、“赣江学者”特聘教授 2 人、江西省卫健委有突出贡献中青年专家 1 人、教育部高等学校眼视光医学专业教学指导分委员会委员 1 人、眼视光专业教材国家评审委员 1 人；博士生导师 6 人、硕士生导师 21 人。

医院建筑面积 1 万余平方米，开放床位 120 张，设置有白内障、青光眼、角膜病、眼底病、眼眶病、眼肿瘤、眼外伤、屈光、儿童眼科、眼肌科、低视力和视觉康复、眼整形、中医眼科、神经眼科、整形美容、麻醉、内科等临床科室及视光部、功能检查、影像、检验、病理、输血等医技科室，在省内率先开设干眼门诊，其中眼眶病眼整形科为江西省医学领先学科，眼底病、眼眶病、眼肿瘤、青光眼、屈光诊治等技术水平达省内领先、国内有影响。

医院（学院）是南昌大学博士、硕士、本科生培养单位，承担眼视光医学、临床医学（卓越眼科）2 个本科专业理论和实践教学任务以及博硕士研究生和住院医师规范化培训的临床教学任务，形成了研究生、本科生、继续医学教育等多层次的高等教育体系。是教育部卓越医生教育培养计划与实践单位、国家药物临床试验（GCP）机构、国家住院医师规范化培训基地、江西省住院医师规范化培训基地、江西省眼科医生培训基地。拥有“南昌大学眼科学与视光学实验中心”，设眼科学、视光学、定配、显微眼科、验光学等教学实验室。

医院先后承担省级以上课题 68 项，获得科研资助金额 1210 万元，其中国家级 18 项（国家自然科学基金项目 16 项）；在核心刊物及以上发表学术论文 110 余篇，其中 SCI 60 余篇，荣获江西省自然科学成果奖三等奖 1 项。江西省眼科学与视觉科学研究所、江西省眼科学重点实验室、江西省眼科疾病临床医学研究中心、江西省红十字眼库、南昌大学眼科研究所、江西省儿童青少年近视防控中心、南昌大学儿童青少年近视综合防控研究平台落户医院。江西省眼科专科联盟牵头单位，江西省视光学学会挂靠医院。

医院是江西省防盲办挂靠单位，亚洲防盲基金会新“复明十七号”眼科流动手术车定点医院、国家卫健委“健康快车”项目基地医院及上车医院、中央财政支持 PNT 无创治疗青光眼救助行动定点医院，江西省“光明 · 微笑”工程、江西省“早产儿视网膜病变 ROP 筛查”项目负责单位。国家职业技能鉴定培训基地、全国糖尿病视网膜病变防治中心、援建中乍眼科中心、江西省白内障培训基地、眼科内镜微创技术培训基地均落户医院。

三、主要成就

1. 医疗成就

2013 年 3 月，成为省内首家施行真空小梁成形术（PNT）治疗开角型青光眼的医院。

2013 年 10 月，完成省内首例鼻内窥镜下经筛径路视神经管减压术。

2014 年 3 月，完成省内首例摘除患者左眼眼眶内接近眼球大小的巨大肿瘤手术。

2014 年 6 月，完成省内首例 Zeiss® 全飞秒 Smile 激光近视手术。

2014 年 8 月，在全省率先开展间接检眼镜下激光光凝治疗早产儿视网膜病变。

2014 年 9 月，在全省率先开展内窥镜微创技术成功摘除患者眼眶肿瘤手术。

2015 年 4 月，完成省内首例独眼的视网膜血管瘤手术。

2015 年 7 月，完成省内首例自膨胀水凝胶眼眶植入手术。

2015 年 7 月，为一例出生仅 42 天的双眼先天性白内障婴儿成功施行手术。

2015 年 10 月，完成省内首例人工角膜移植手术。

2016 年 2 月，完成省内首例慈善救助生物工程角膜爱心复明手术。

2016 年 6 月，完成省内首例三焦点人工晶体植入术。

2016 年 8 月，完成省内首台利用 3D 打印技术修复眼眶骨折手术。

2016 年 10 月，完成省内首例内窥镜下联合导航引导经蝶筛入路眶尖海绵状血管瘤摘除手术。

2017 年 5 月，为一例出生仅 40 天女婴施行鼻内镜下右侧下鼻道鼻泪管破膜引流术。

2018 年 2 月，在全省率先开展微导管辅助 360 度小梁切开术和粘小管成形术。

2018 年 4 月，在全省率先开展早产儿视网膜病变激光光凝术。

2018 年 5 月，完成省内首例折叠式人工玻璃体球囊植入术。

2019 年，在省内首次开展角膜表面镜片术和飞秒激光制瓣的角膜基质透镜植入术矫正远视以及角膜基质透镜用于矫正圆锥角膜和角膜溃疡、穿孔患者。

2020 年 7 月，完成省内首例角膜基质透镜植入术矫正高度远视散光。

2. 人才成就

2013 年 7 月，易敬林、张旭教授入选“赣鄱英才 555 工程”第三批人选（团队）。

2014 年 9 月，张旭教授荣获第五届中国侨界（创新成果）贡献奖。

2016 年 1 月，易敬林教授当选江西省视光学学会理事长。

2017 年 9 月，韩小建博士荣获江西省自然科学奖三等奖。

2018 年 8 月，角膜屈光科获评为“全省医师优秀团队”。

2018 年 8 月，古学军副主任医师获评为“全省医师优秀个人”。

2018 年 12 月，廖洪斐教授当选教育部高等学校眼视光医学专业教学指导分委员会委员。

2019 年 8 月，韩小建博士入选江西省百千万人才工程人选。

2019 年 8 月，易敬林教授当选第一届一带一路眼科联盟副主席。

2020 年 10 月，廖洪斐教授当选国家卫健委全国防盲技术指导组委员。

2020 年 12 月，何珍护士荣获江西省抗击新冠肺炎疫情先进个人。

3. 防盲工作

2017 年 8 月，医院专家远赴西藏自治区医院开展医疗援助工作。

2017 年 10 月，医院专家到非洲乍得、布隆迪开展对口支援“中乍眼科中心”项目调研。

2018 年 3 月，成为中华行健康快车停靠点基地医院。

2018 年 9 月，中国（江西）援乍得眼科中心建设工作启动，并开展首次“光明行”活动。

2018 年 10 月 9 日至 12 月 3 日，医院作为健康快车 2018 吉安行基地医院，完成 1061 例免费白内障手术。

2019 年 3 月，成为江西地区中华行健康快车眼科中心。

2019 年 9 月，医院援建的中乍眼科中心在乍得恩贾梅纳市中乍友谊医院揭牌，并开展第二次“光明行”活动。

2019 年 10 月，获赠新“复明 17 号”扶贫流动眼科手术车。

2019 年 10 月 10 日至 12 月 1 日，在甘肃省定西市圆满完成 2019“中国石化光明号”健康快车 1111 例免费白内障手术任务，获得国家卫健委肯定。

2020 年 10 月，成为省内首个国家卫生健康委医院管理研究所防盲协作单位。

2020 年 11 月 2 日至 2021 年 1 月 20 日，受省教育厅指导、南昌市教育局委托，开展“江西省儿童青少年近视筛查宣讲校园行”活动，对东湖区 38 所中小学计约 46000 人进行近视筛查及宣讲。

4. 其他成绩

2012 年 5 月，成为江西省眼科医生培训基地。

2012 年 9 月，成为第四批江西省住院医师规范化培训基地之一。

2014 年 4 月，江西省红十字会眼库在医院正式挂牌。

2014 年 5 月，承办第三届中华医学会眼科学分会眼整形眼眶病学术大会。

2016 年 5 月，入选国家卫计委全国防盲技术指导联合国际奥比斯启动中国县级医院眼科团队培训试点项目。

2016 年 7 月，成为全国糖尿病视网膜病变防治中心单位。

2017 年 12 月，成为全省唯一公立三级甲等眼科专科医院。

2018 年 1 月，牵头成立江西省眼科专科联盟。

2018 年 7 月，成为全国眼视光联盟理事会首批成员单位。

2019 年 1 月，眼眶病眼整形科获批为江西省医学领先学科。

2020 年 4 月，成为江西省儿童青少年近视防控中心挂靠单位。

2020 年 7 月，在全国三级公立医院（其他专科手术组）绩效考核中排名全国第 19 名。

2020 年 8 月，在全省公立医院综合改革效果评价考核工作中，成绩位于省直专科医院第 1 名。

2020 年 11 月，成为国家眼耳鼻喉疾病临床医学研究中心江西省分中心。

2020 年 12 月，入选国家第三批住院医师规范化培训基地。

2020 年 12 月，九龙湖分院启动建设。

第六节　附属中学

一、历史沿革

附属中学前身为 1960 年成立的江西工学院职工子弟学校和江西大学职工子弟学校。1986 年江西工学院职工子弟学校更名为江西工业大学附属中小学，江西大学职工子弟学校更名为江西大学附属中小学。

1993 年，江西大学附属中小学和江西工业大学的附属中小学合并为南昌大学附属中小学，但仍分南、北区管理。1999 年 12 月分区管理状况结束，两区行政、人事、财务整合为一。2003 年 8 月，附属中小学南北校区进行布局调整，附属中学集中到南区办学。2004 年 8 月，南昌大学投入 600 万元对附属中小学进行全面改造。同年被列为“江西省优质高中建设工程”首批学校。2005 年学校向国家开发银行贷款 1200 万元兴建附属中学新校区（即南昌大学青山湖校区北区）。同年 9 月 16 日，附中举行了新校区揭牌仪式。

2006 年 9 月，南昌大学改革附属中小学管理体制，附属中学和附属小学行政管理分离，各自独立成为南昌大学的附属单位。2006 年附中向国家开发银行贷款 1200 万元兴建的新校区落成并投入使用，初高中实现了一体办学。

2020 年 3 月 31 日南昌大学党委常委会研究，决定组建南昌大学附属学校，附属中学成为重要组成部分。南昌大学于 2020 年 5 月 26 日下发相关文件，附属学校正式组建并运行。

二、学校概况

南昌大学附属中学是江西省重点中学、南昌市名校。学校占地面积 140 余亩，坐落在文风鼎盛、学术氛围浓厚、校园环境优美的南昌大学青山湖区校园内，是首批全国百所数字校园示范校、全国教育信息化创新应用先锋学校、江西省现代教育技术示范校先进单位、江西省高中新课程实验样本校。2014 年学校荣获首届国家基础教育教学成果奖二等奖。

学校现有教师 287 人，其中正高级教师 3 人，特级教师 4 人，教育部中小学领航名校长 1 名，全国师德标兵 1 人，江西省职工职业道德建设标兵 1 人，全国优秀教师 2 人，省市级学科带头人 25 人，省级骨干教师 41 人，具有研究生学历的教师 110 位，大学兼职硕士生导师 10 人，40 多位教师获得过省市优秀老师等荣誉称号。

学校坚持立德树人，构建多元校本课程体系，促进学生的全面发展。通过创新升旗仪式、组织师生齐唱国歌，以及参观革命遗址、开展学雷锋活动，强化了学生的爱国意识和责任担当的品格。通过构建校艺术团、学生社团、艺术中心、体育队、数学研究中心、名师讲堂等阵地，学校为学生打造了丰富多元的校本课程体系。同时积极组织校园音乐会、篮球足球比赛等各类文体活动，参加省市全国各级比赛，极大地丰富了学生的文化体育生活，满足了学生全面而个性成长的需要。学校教学质量优异。高考方面，学校高考一本上线人数一直保持上升势头，2020 年突破 300 人大关，被誉为江西省发展最快的公办学校。中考方面，始终位居南昌市前列，中考重点上线率历年都在 50% 以上并继续保持上升势头。

学校打造了鲜明的信息化特色。自主开发的 IS（information service）平台，集学生学习、教师教学、办公管理、家校沟通等功能于一体，在教育实践中发挥了巨大的辅助作用，推动了学校教育思想、教育设施、教育管理的全面现代化。学校重视开拓学生的国际化视野。先后同德国巴登·符腾堡州海伦娜高级中学、美国圣山学校、南非柳山中学、新西兰西山高级中学建立了友好姐妹学校关系，签订了每年互派留学生协议；学校还是国家汉办的“汉语国际推广中学基地”，是教育部中国教育国际交流协会 AFS 项目学校，每年负责完成国家制定的外国留学生培养计划和向国外输送交流学生。

三、主要成就

（一）教学科研成就

2006 年 2 月 14 日，学校国际化合作教育取得历史性突破，首次与德国海伦娜高级中学签订互访、互派教师、互派中短期留学生的合作协议。

2007 年，学校被国务院汉办选为汉语国际推广中学基地。

2007 年，学校 IS 平台成为全省首创的中学家、校、生一体的信息化协同平台。

2010 年，学校“学案导学 + 网络辅导 + 电子白板”的课堂教学模式成为全省首创，并在全省校长培训会和新课改交流会做展示。

2010 年，学校首创的 IS 平台获得了国家著作权。

2015 年，学校被江西省选送参加全国教育信息化应用展。

2016 年，学校承办江西省现代教育技术示范学校（中学）信息化应用现场会并作经验报告。

2018 年，学校承办了 2018 年全国中小学智慧教育发展与创新应用研讨会。

（二）人才成就

2014 年，学校艺术团应邀参加在纽约肯尼迪艺术中心举办的国际中学生合唱艺术节，并荣获金奖。

2015 年，校合唱团参加江西省中学生艺术大赛，获得一等奖第三名。

2015 年，校管乐队参加江西省中学生艺术大赛，获得一等奖第一名。

2016 年，校跆拳道队参加 2016 年江西省青少年跆拳道锦标赛，获得金牌 6 枚、银牌 3 枚、铜牌 6 枚，并荣获团体第二名的佳绩。

2016 年，校管乐队荣获全国第五届中小学生艺术展演器乐比赛二等奖。

2017 年，校跆拳道队参加中国中学生跆拳道联赛，获得 4 枚金牌、1 枚银牌、3 枚铜牌。

2017 年，校足球队获得全国初高中校园足球嘉年华活动冠军，并获得南昌市校园联赛高中一等奖第一名。

2017 年，校初中篮球队获得 U14 组全国第五名，并获得南昌市中学生篮球赛初中组冠军。

2018 年，学校在江西省第七届中小学幼儿艺术展演活动中取得优异成绩，荣获 3 个一等奖、3 个二等奖、1 个三等奖，其中校管乐团《智慧之海》获得器乐类全省一等奖第一名。

（三）其他荣誉

2007 年，学校被评为“江西省现代教育技术示范校”。

2007 年，学校被省体育局授予“江西省体育传统项目学校”称号。

2008 年，学校被评为省、市两级新课程实验样本校。

2008 年，学校被授予“江西省培养体育后备人才中学”称号。

2008 年，学校被选为教育部中国教育国际交流协会 AFS 项目学校。

2009 年，学校被授予“江西省教育厅新课改教研基地”。

2009 年，学校晋升省重点中学，实现历史性跨越。

2009 年，学校被评为“江西省职工职业道德建设十佳单位”并荣获“江西省五一劳动奖状”。

2009 年，学校被评为“江西省外事工作先进单位”。

2009 年，学校被省体育局授予“江西省优秀体育传统项目学校”称号。

2011 年，学校被江西省教育厅、江西省司法厅评为“江西省依法治校示范校”。

2011 年，学校获省委教育工委“高校先进基层党组织”荣誉称号。

2014 年，学校《基于多平台信息融合的教与学方式改变的探索与实践》教学成果荣获教育部首届国家基础教育教学成果奖二等奖。

2015 年，学校被中央电教馆授予“全国教育信息化创新应用先锋学校”荣誉称号。

2015 年，学校被评为“全国教育信息化创新应用先锋学校”。

2016 年，学校被评为“全国学校体育工作示范校”。

2016 年，学校被评为“全国青少年校园足球特色学校”。

2016 年，学校被授予全国首批“中小学舞蹈教育传统校”。

2018 年，学校上报的信息化案例荣获教育部 2017 年度基础教育信息化应用典型案例。

第七节　附属小学

一、历史沿革

附属小学前身为 1960 年成立的江西工学院职工子弟学校和江西大学职工子弟学校的小学部。2006 年 9 月，南昌大学改革附属中小学管理体制，附属中学和附属小学行政管理分离，各自独立成为南昌大学的附属单位。

2010 年 1 月，医学院职工子弟小学并入南昌大学附属小学，更名为“南昌大学附属小学东湖分校”。同月，附属小学与南昌市红谷滩新区管委会合作创办“南昌大学附属小学红谷滩分校”；2015 年 6 月，学校与南昌市红谷滩新区管委会合作，创办了南昌大学附属小学前湖分校（2020 年 8 月分别更名为红谷滩区南大附小教育集团第一、第二分校）。2020 年 8 月新创办了红谷滩区南大附小教育集团第三分校。2020 年 3 月 31 日南昌大学党委常委会研究，决定组建南昌大学附属学校，，附属小学成为附属学校的重要组成部分。南昌大学于 2020 年 5 月 26 日下发相关文件，附属学校正式组建并运行。

二、学校概况

附属小学的 5 个校区雄踞英雄城南昌市赣江两岸，总占地面积为 7.6 万平方米，校舍总建筑面积为 5.5 万平方米。截至 2020 年 9 月，学校共有 138 个教学班，在校生 7019 多名，教职工 447 名，其中：总校 34 个教学班，1586 名学生，117 名教职工；东湖分校 6 个教学班，202 名学生，19 名教职工；红谷滩第一分校 45 个教学班，2560 名学生，159 名教职工；红谷滩第二分校 44 个教学班，2420 名学生，121 名教职工；红谷滩第三分校 9 个教学班，251 名学生，31 名教职工。

学校现有中小学正高级教师 1 人，中小学高级以上职称教师 19 人，中小学一级教师 141 人，教育部中小学领航名校长 1 人，省特级教师 2 人，省学科带头人 1 人，省骨干教师 13 人，南昌市名师 1 人，市“十佳”教师 2 人，市级学科带头人 26 人，市骨干教师 30 多人。具有本科及以上学历的教师占总数的 90%，另有 40 多人获硕士学位。先后有 50 余人次被授予全国优秀班主任、优秀校长和省市优秀教师、优秀班主任、师德先进个人、优秀大队辅导员、感动洪城“最美教师”和学科教学能手等称号。

三、主要成就

（一）教学科研成就

学校先后承担了包括全国教育科学“十三五”规划度教育部规划课题《乡土文化融入城市小学教育探索与实践》在内的 1 个国家级、8 个省级、30 多个市级课题研究。2018 年荣获江西省基础教育教学成果一等奖。

（二）所获荣誉

2005 年，学校被评为全国模范职工小家。

2007 年，学校被评为全省预防青少年违法犯罪工作先进集体。

2009 年，学校被省教育厅授予“江西省现代教育技术示范学校”称号。

2009 年，学校被评为全省教育系统先进集体。

2010 年，学校被评为“江西省阳光体育先进单位”。

2010 年，学校被列为全国青少年校园足球活动南昌市定点学校。

2011 年，学校被中国教育学会中小学整体改革专业委员会批准为实验基地。

2011 年，学校被江西省教育厅授予“依法治校示范校”称号。

2011 年，学校被江西省教育厅授予“江西省中小学实施素质教育工作示范校”称号。

2014 年，学校被人力资源和社会保障部、教育部授予“全国教育系统先进集体”称号。

2015 年，学校被中华全国妇女联合会授予“巾帼文明岗”称号。

2017 年，学校被共青团江西省委、江西省教育厅、江西省少工委授予“江西省少先队工作示范校”。

2017 年，学校被教育部评为全国中小学中华优秀文化艺术传承学校。

2019 年，学校荣获 2018 年南昌市教育系统“立德树人”暨“五看五比”省属事业单位办学校综合考核一等奖。

下编

百年经典

南昌大学在百年的办学历程中，始终与国运相系，与时代同行，紧紧围绕立德树人中心，在党建思政、学科建设、师资队伍、人才培养、科学研究、社会服务、文化引领、对外合作等方面积极探索，积累了丰硕成果，为国家社会经济发展，为国家教育事业进步，尤其是为江西地方社会经济文化发展做出了突出贡献，产生了标志性影响，为南昌大学百年荣耀增光添彩。

一、领导关怀

胡耀邦在第八军医学校做形势报告

1955年9月，中国人民解放军举行大授衔庆典。第八军医学校适逢其会，经国防部批准，评定出了校、尉官400余名，全校职工欢欣鼓舞，校园内洋溢着喜庆的气氛。

1955年11月28日，风和日丽，天高气爽，全院职工在学校大礼堂整装端坐。中国新民主主义青年团中央委员会书记胡耀邦，刚出席团中央有关会议后南下考察，他来到第八军医学校（1958年6月与江西医学院合并），为学校职工做《关于前途问题》的形势报告。他指出，落后了就要努力赶上去，要在不同阶段，达到不同的目标，要赶超日本和英、美。他还强调，我们有这个底气和本事，有这个雄心和志气，我们的前辈们能够打下江山，建立新中国后，我们就一定能够建设江山，建设社会主义和共产主义。

胡耀邦的报告引起了全校教职员工的强烈共鸣，全场响起了阵阵热烈的掌声。

“用青春铺路，让理想延伸”

——习近平两次视察南昌大学

南昌大学校徽上清晰的“1921”字样，昭示着学校始终与时代同行，与国运相系。这所大学有习近平总书记先后两次亲临视察指引的方向和凝聚的力量。这里有南昌大学人建设高水平大学的信念与荣光。

让我们把时间拨回到2008年10月15日，中共中央政治局常委、中央书记处书记、国家副主席习近平来到南昌大学视察，一下车便前往了学校工程训练中心调研。当时正读大三的材料学院064班学生尹芳芳，就在那里进行金工实习。

对这一历史性时刻，尹芳芳同学记忆犹新：“习主席路过我身边的时候，突然停了下来，我的心跳得扑通扑通的，有点儿不知所措，但习主席很和蔼，说话也很温和，就像长辈一样和我聊天。他微笑着问我在做什么，做了多久了，有什么收获……我都一一回答了。他还问我，在学校的生活适应吗？我回答说挺好的，挺适应的。”

另一位在场的学生、材料学院 062 班潘宜东则回忆道：“习主席路过我身边时，我想和他握手，但手上粘上了油污，有点儿脏，不好意思伸出手。习主席可能是看出了我的尴尬，伸出手来要和我握手，我当时那个激动啊，赶紧把手往迷彩服上擦了擦，说：‘习主席，您好！’习主席问我：‘你是大几的？哪个系的？’我回答说：‘我们都是大三的，材料学院的。’习近平听完之后和周围的同学说：‘大三了，很快就大四毕业了。你们要学好书本上的知识，同时也要多实践。这样的实践机会很好，可以让你们学到书本上学不到的东西，也培养了你们的动手能力，现在的工作不像以前那么好找，掌握好这些技能对将来都有帮助。’”

视察结束后，习近平与大家挥手告别，向在场的师生说道：“南昌大学，前景无限！”这句话，此后成为每一位南大人的自豪，也成为每一位南大人奋勇向前的动力。

时间来到 2016 年 1 月 8 日，2015 年度国家科学技术奖励大会在人民大会堂隆重举行，学校江风益教授团队的“硅衬底高光效 GaN 基蓝色发光二极管”项目荣获国家技术发明一等奖。中共中央总书记、国家主席、中共中央军委主席习近平亲手将 2015 年度国家技术发明一等奖的大红证书颁发给江风益。该奖项的获得，实现了江西省在“国家技术发明奖”这项大奖中一等奖零的突破，也是国内地方综合性高校的一个殊荣。

26 天后，也就是 2016 年 2 月 3 日，习近平总书记再次来到南昌大学调研，视察了学校国家硅基 LED 工程技术研究中心。听取江风益团队 19 年磨一剑，开辟了 LED 照明芯片第三条技术路线并实现了产业化的介绍后，习近平十分高兴，他指出“我国发展必须依靠创新，掌握核心技术的过程很艰难，但这条道路必须走。这个新兴产业大有可为，我对你们寄予厚望”，“高校作为科技创新的生力军，要创新人才培养机制和教育方法，为国家现代化建设培养造就更多的合格人才、创新人才”。习近平总书记还对在场的学子们寄予殷切希望，希望大家珍惜韶华，把学习成长同党和国家的事业紧紧联系起来、同社会和人民的需要密切结合起来，用青春铺路，让理想延伸。

明德正心，砥砺前行。习近平总书记的两次来校视察，让南昌大学师生心潮澎湃，成为南昌大学跨越发展的不竭动力。南昌大学将贯彻习近平总书记讲话精神，抓住历史机遇，蹄疾步稳地向着“建设高水平大学，实现百年辉煌”的目标奋勇前进。

二、学校历史

六应试学赴东瀛，五请愿医育桃李

——何焕奎创办江西公立医学专门学校

饮水思源，历史不会忘记，江西公立医学专门学校创始人何焕奎，为创办学校付出的艰辛努力。

何焕奎，名士魁，字星萃，1883 年出生于江西进贤县三里乡何家村。少时家境贫寒，但他勤奋好学，且天资聪颖。1902 年，参加县学科试，成绩优异。1904 年，参加南昌府试，即获秀才。1905 年废科举，兴学堂，是年考入洪都中学。1906 年，何焕奎考取清政府留日公费生，赴日本东京学习语言及基础课程。1908 年考入日本千叶医专，接受现代医学教育，于 1914 年毕业，学成归国，回到南昌，筹资自办了豫章医院，用自己学到的现代医学知识和技能行医诊疗，治病救人。何焕奎擅长于外科，先后在江西首创剖腹产、子宫瘤切除等外科手术，可以说是江西现代外科学的奠基人之一。他当时在南昌医界颇有影响，行医之路也顺风顺水，但个人的力量毕竟是有限的，作为一个爱国的热血青年，他心中有着更大的抱负。当时江西迭经兵火，战争造成伤亡和疾疫流行，社会急需高等医学专门人才。而 1915 年之后，江西已无高等医药学校存在。于是，何焕奎开始萌发再创办一所医药学校的初心和梦想，承担起为祖国和家乡培养现代高等医学人才的使命。

1916 年，何焕奎与留日归国的日本冈山医大毕业生杨瑞苞（字竺襄）和日本东大医药毕业生曾贞（字幹生）等同道商议，江西急需新式现代医学人才，单靠几个国外留学生是远远不能满足社会需要的，只有继续开办医药专门学校才是最好的办法。于是，公推何焕奎执笔上书江西省议会，申请创办江西公立医药专门学校，建议招收医科和药科学生各 1 班，但申办并不顺利，连续三年均被省议会以库款支绌、校址困难等为由被驳回。1918 年两位南昌籍的留学日本医大毕业生喻智静（字知青）和日本冈山医大毕业生钟季襄（字醉卿）回来后，亦投入筹办医校。1919年初，何焕奎等改变了申请呈送对象，将创办江西公立医药专门学校的申请对象从省议会改为省长戚扬，也依然碰壁。何焕奎在《医专事略》一文中记载了上述四次申办经过："自民五到民九为请求开办本校，奎与曾干生、杨竺襄诸同志上书于省议会者三次，上书于戚省长者一次，皆不得当。"

五四运动以后，国内不少地方陆续兴建和扩建了一批高等医学校，为江西开办一所新的医药学校做出了示范。但更为重要的因素是赣南大战后，伤兵之多，已经使江西医疗卫生界不堪重负，加之，军阀政府为争夺江西省的统治权准备战争，急需医务人员为之服务，这就为举办新的医校培养高等医药人才奠定了需求基础。1920年，何焕奎等人又一次请愿于省长公署，并在一批有教育救国思想的知识分子的再三请愿下，终获同意，创建一所新的高等医校的目标得以实现。

1921年，省府准予拨经费6978银圆筹办江西公立医学专门学校。同年3月19日省署正式下文委何焕奎为校长，限于经费，只设医科，学制为5年，而药科仍未如愿开设。首届招考录取32人，8月开学。当时尚无校址，即具文呈送江西督军陈光远，请求拨顺外大校场为校址，但陈光远未表同意。只好租赁解家厂（即今苏圃路北）民房三进为校舍，暂解燃眉之急，从此，开启了艰难的办学之路。

何焕奎是一位爱国知识分子和医学教育家，为学校的创建，做出了不可磨灭的贡献。他留下的历史功绩和精神财富，永远值得我们后人尊敬和铭记。

历经劫难，艰辛办学

——江西医专抗战时期的7次搬迁

回眸学校的百年办学历程，最艰险的时期，当属抗战时的7次搬迁。

1937年8月15日，日军飞机轰炸南昌，后因空袭频繁，教学十分困难，学校遂将校本部迁至郊区七里街（即今青山北路口南昌电厂旁）。岂料下半年学校连遭轰炸，校院房屋设备多被炸毁，损失惨重。为维护学生学业，保留残余设备，同年12月，校长李为涟（江西新余人，日本东京帝大毕业）奉教育厅令带领师生迁出南昌。从此，随着战事发展，为图存救亡，学校不畏艰险，百折不挠，坚持不懈，历经7次搬迁，迁移距离数千公里，艰难办学，谱写了一曲曲可歌可泣的抗战艰难办学壮歌。

1938年1月迁到江西新喻县（今新余市），借文庙暨明伦堂为临时校院地址，照常上课开诊。7月26日，九江经激战后落入敌手。因战事迫近，学校奉令从新喻迁至赣县，校院均设置于赣县旧镇台衙门，分别上课开诊，并收容病人。同年秋，招收新生 1 个班。

1939 年 6 月，日军分批空袭赣州，赣县屡遭敌机骚扰，学校奉令迁至南康县潭口镇廖家祠和附近民房办学。同年 9 月，招收战时救护人员训练班 1 班。1940 年 1 月，增设高级护士职业科，招新生 1 班。同年 11 月，李为涟辞去校长职务。熊俊（江西丰城人，日本东京帝大毕业）临危受命继任校长后，从全国各地招聘了许多知名教授来校任教，如细菌学教授李梃、药理学教授罗潜、病理学教授杨简、矫外科教授孟宪莸、内科教授程崇圮等人，为提高教学质量发挥了重要作用。

在南康的办学过程中，因农村乡间人口过少，医院病例不能满足教学需要。1940 年 12 月，学校不得已做出了迁回赣县，校院址设于省立赣县乡村师范学校内，并于旧镇台衙门设附属医院门诊部，另在乡村师范附近自建平房两栋为护士科宿舍及教室之用。1941 年 4 月，校本部再迁赣县东门外川峰垇，校址设于盐局仓库，并在该地及燕窝坪购地自建教室及礼堂等，条件极为简陋。熊俊还设法寻来一些图书，供教学使用。并特别为杨简教授盖了一个 20 多平方米的病理室，用以对本省各医疗机构送来的标本做鉴定。同年 9 月，恰逢江西第四区行政督察专员兼保安司令蒋经国之子患病，熊俊校长派顾毓麟大夫为之诊疗并治愈，由此得到蒋经国支持，将附属医院迁入小南门省立赣县中学原址，扩展了多间房屋作为院舍，又在大南门外乡村师范附近加建平房 1 栋，连以前所建 2 栋均作为外科住院部，而将护士科教室及附设卫生事务所设于学宫坪武庙内。同年除招收五年制专科新生外，并添设六年制专科 1 班。1942 年秋，建生理学教室与病理学教室。1944 年秋，奉教育厅令设立高级药剂职业科，招收新生 1 班，并于大南门外外科住院部增建病房及临床教室各 1 栋。

1945 年 1 月，战火又燃，学校被迫又从赣县迁往都葛垇作为临时校址。无奈当地盗匪猖獗，环境恶劣，不得已于同年 3 月，学校又迁往宁都县石上乡，借李家祠及九江女子师范学校校舍之一部为校舍。六年制专科低年级暨附设药剂职业科、护士职业科学生均在此上课。附属医院在宁都公园路购民房开设宁都诊所，并在石上设诊所。六年制专科高年级学生随宁都医院上课。同年 7 月，学校本部迁宁都温家祠，自建楼房 1 栋，又租赁民房 2 处，为高年级学生上课与宿舍之用。

1945 年 8 月抗战胜利后，学校决定迁回南昌。9 月 10 日，熊俊及随员 2 人先行到达南昌察看学校原校址，只见瓦砾遍地，满目荒凉，校舍全部被毁。9 月 26 日拜访南昌市艾怀瑜代理市长，商妥先借邮政路法院前小学校址为校本部与附属医院院址，于是决定分期迁回南昌。10 月 14 日，租赁系马桩 151、157 号民房 2 栋，为本校第二部。此房屋用于教员宿舍（起先也作教室用）内含寝室10间，传达室、工役室、会客间、膳厅、厨房各1间。10月15日，租赁荆波宛（即今羊子巷附近）14号民房1栋为本校第三部，租赁匡庐邨（即今松柏巷附近）民房6栋为本校第四部。11月1日，学生开始报到，同月19日，恢复正常上课。随后留宁都人员分两批迁回南昌。从此，学校结束了“流浪”生涯，转入重建办学的阶段。

杏岭弦歌薪火传

——胡先骕与国立中正大学生物系

20世纪30年代，中国处于战火纷飞之中，革命和建设最急需的就是各种人才。处于革命漩涡中的江西亦是如此，因此江西社会各界不断呼吁兴办大学，以解决人才之困。1934年夏天，江西省政府主席熊式辉向蒋介石倡议，希望在江西创办一所大学。这一提议得到蒋介石的认可。但因时机和条件限制，这一计划却未能实施。

1939年3月，南昌沦陷，青年学子日益迫切的生活压力和学习要求未能得到缓解和满足，逐渐产生严重的社会问题。在江西办大学，是江西对高等教育需求日益迫切，也是省内外有识之士的积极主张。1940年6月1日，江西省政府在泰和县杏岭举行了国立中正大学筹委会成立仪式。熊式辉应西南联大理学院院长吴有训博士的推荐，邀请江西籍著名学者胡先骕博士来主持校政。吴有训教授在推荐信中说：“胡先骕博士不仅是知名的自然科学家，而且对中国文化、西方文化也有精深的素养，可谓文理兼通，门生故旧遍及全国，中正大学是综合性大学，他出任最合适。”10月1日，胡先骕到校就职。

胡先骕（1894—1968），江西新建人，1916年获加州柏克莱大学农学学士学位，1925年获哈佛大学博士学位。他既是一位杰出的植物学家，被称为中国植物分类学的一代宗师，经他发现和命名的植物有6个新科，1个新属，151个新种。这在植物分类学界也是少有的，特别是有“珍奇活化石”之称的水杉的发现与命名，更是震惊世界。他的诗作《水杉歌》，陈毅副总理读后题识：“胡老此诗介绍中国科学上的新发现，明瞭中国科学一定能够自立，具有首创精神，并不需要俯仰随人。”

胡先骕也是一位优秀的教育家和知名的校长。他被誉为“民国时期最著名、最有影响力的八位大学校长之一”。国立中正大学也打上了他深深的烙印。他在国立中正大学就职典礼上说：“本人治校，‘教’与‘学’并重，希望造就多数专家”，在教学方法上，“不竞务新奇，亦不拘守陈说”。他指出：“从校长以至同学，每一个人都应有这样一个目标，就是要使本校成为国内一个最好的大学。”凭借他在学术界的地位和声望，知名学者从四面八方汇聚国立中正大学，成为一时之盛，先后有 120 余人来校讲学或做兼职教授，其中清华大学毕业的学人就有 20 余人，从美、英、法、日、德等国留学归来的近半数。胡先骕的崇高品德和治学严谨、辛勤耕耘、认真办事业的精神，为国立中正大学的发展培育了优良的学风和传统。1944 年 4 月，胡先骕因学潮不愿开除学生而自动辞职离任。在这四年间，国立中正大学在体系、教学、管理以及物质建设各方面，都得到较快的发展，成绩斐然，开创了江西高等教育新纪元。

同时，胡先骕是一位性格耿直的学者，他在学校开学的第一次周会上讲话的开场白是："在国外的知名大学，如牛津，剑桥，学生们是很难见到校长的，在校四年，一般可能只有两次见到校长的机会，一次是开学典礼，一次是毕业典礼。今天，诸生能够如此轻易地见到我，这是你们毕生的荣幸。"之后，学校每周一到周会，诸生都可以见到胡先骕校长。1943 年，胡先骕校长应广西大学邀请做专题讲演。讲演一开始，他说："我是国际国内都有名的科学家，我的名字早已在历史上注定了！诸生今天能够听到我的讲演，这是你们莫大的荣幸！"校长此言一出，全场哗然，甚至还夹杂着嘘声在内。校长当时却视若无睹，依然平静地开始他的讲演。他以"生命的意义"为题讲述，题材虽然平淡无奇，但是校长学识渊博，论点独到，辞藻感人，讲完，获得了雷鸣般的掌声。

尤值一提的是，国立中正大学生物系的成功创设和快速发展，得益于胡先骕的辛勤努力。他积极聘用知名教授，胡先骕在国际学术界享有盛誉，国内植物界人才，大都出自其门下。他尽力购置教学设备，国立中正大学曾向美国订购一批仪器，从香港运入。可惜日寇占领香港，致使这批仪器一直搁置在港。

1949 年 8 月 1 日，国立中正大学更名为国立南昌大学。1952 年，全国大规模院系调整开始，国立南昌大学农学院首先分出并单独组建江西农学院。1953 年 10 月，国立南昌大学正式撤销。不少学科和教授调出至武汉、南京、广州、长沙等院校。其中，中文、历史、数学、物理、化学、生物、艺术 7 科留给新成立的江西师范学院。1962 年，经江西省委文教领导小组研究决定，江西师范学院生物系并入江西大学生物系，江西大学继承了国立中正大学的师资和传统，也继承了胡先骕先生的学术传统。

亘古的东方水杉

——胡先骕发现水杉

纪追白垩年一亿，莽莽坤维风景丽。特西斯海亘穷荒，赤道暖流布温煦。陆无山岳但坡陀，沧海横流沮洳多。密林丰薮蔽天日，冥云玄雾迷羲和。兽蹄鸟迹尚无朕，恐龙恶蜥横駊娑。水杉斯时乃特立，凌霄巨木环北极。虬枝铁干逾十围，肯与群株计寻尺。极方季节惟春冬，春日不落万卉荣。半载昏昏黯长夜，空张极焰光朦胧。光合无由叶乃落，习性余留犹似昨。肃然一幅三纪图，古今冬景同萧疏。三纪山川生巨变，造化洪炉恣鼓扇。巍升珠穆朗玛峰，去天尺五天为眩。冰岩雪壑何庄严，万山朝宗独南面。冈达弯拿与华夏，二陆通连成一片。海枯风阻陆渐干，积雪冱寒今乃见。大地遂为冰被覆，北球一白无丛绿。众芳逋走入南荒，万汇沦亡稀剩族。水杉大国成曹郐，四大部洲绝侪类。仅余川鄂千方里，遗子残留弹丸地。劫灰初认始三木，胡郑研几继前轨。亿年远裔今幸存，绝域闻风剧惊异。群求珍植遍遐疆，地无南北争传扬。春风广被国五十，到处孙枝郁莽苍。中原饶富诚天府，物阜民康难比数。琪花瑶草竞芳妍，沾溉万方称鼻祖。铁蕉银杏旧知名，近有银杉堪继武。博闻强识吾儒事，笺疏草木虫鱼细。致知格物久垂训，一物不知真所耻。西方林奈为魁硕，东方大匠尊东壁。如今科学益昌明，已见泱泱飘汉帜。化石龙骸夸禄丰，水杉并世争长雄。禄丰龙已成陈迹，水杉今日犹葱茏。如斯绩业岂易得，宁辞皓首经为穷。琅函宝笈正问世，东风伫看压西风。

这首气势浩荡的长篇七言诗，题为“水杉歌”，讲述了一个稀有树种——水杉被发现的故事。这首诗的作者，也是水杉的鉴定者——我国著名植物分类学家胡先骕。

在南昌大学前湖校区外经楼，就有一排挺拔秀气的水杉。这排水杉是为纪念水杉的鉴定者和《水杉歌》的作者、原国立中正大学首任校长胡先骕而特意栽种的。

水杉是一个古老的树种，又称“东方红杉”，在植物分类学中有“活化石”之称。水杉树干通直挺拔，树枝向侧面斜伸出去，全树犹如一座宝塔。幼年时，它的形貌婷婷秀颀；成材时，它的外观古朴典雅。水杉既有极佳的观赏性，又是造林的良好树种，适应力很强，生长迅速，是造建筑、桥梁、农具和家具的良材，也是质地优良的造纸原料。

远在 1 亿多年前，地球上气候非常温暖，水杉的祖先诞生于北极圈附近。大约在新生代中期，受气候、地质变迁的影响，水杉逐渐南移，分布到了北美三洲，繁盛一时。新生代的第四纪是地球上的冰川时期，水杉抵抗不住冰川的袭击，大面积死亡，几乎绝灭。可实际上，水杉并没有真正全军覆没。冰川时期，中国大陆的冰川只是零星分散的“山地冰川”，虽从高山奔流直下，却也留下了不少无冰之处，一部分植物在无冰的“避难所”中继续生存，其中就包括水杉，躲在重庆、湖北交界带的山沟里，成为旷世奇珍。

像隐士一样孤独地经历了世上沧海桑田的变迁，高贵的水杉曾寂寞地生长。假若水杉有知，可能连它自己也不曾抱希望让它的典雅重新被世人所识。水杉的发现纯属偶然。1943 年，植物学家、农林部中央林业实验所技正王战在重庆万州（原四川万县）磨刀溪路旁发现了三棵从未见到过的奇异树木，其中最大的棵高达 33 米，胸围 2 米。王战发现的树木非常好看，树龄也相当长，但是应该属于哪一属、哪一科，王战也没搞清楚。1946 年，由我国著名植物分类学家胡先骕和树木学家郑万钧共同研究，证实这个不知名的树种就是水杉。从此，植物分类学中就单独添进了一个水杉属、水杉种。

“科学上的惊人发现 1 亿年前称雄世界而后消失了 2000 万年的东方红杉，在中国内地一个偏僻的小村仍然活着！”1948 年 3 月 25 日，美国《旧金山纪事报》在一条新闻标题中这样惊呼。古老的水杉仍然活着！这消息震惊了植物学界。

作为一个毕生从事植物分类学研究的科学家，胡先骕先生对世界植物学界的贡献远远不止鉴定水杉。他一生发表植物学论文 140 余篇，以发现 1 个新科、6 个新属和百数十个新种的植物学研究成就，成为著名的植物分类学家、中国植物学的奠基人、中国生物学的创始人之一，享誉世界。胡先骕在植物学上的成就足以让他在世界上名垂千古。但在江西父老乡亲的记忆中，对他印象最深的却是他担任国立中正大学首任校长的如歌岁月。在教育这条路上，无论前方是坦荡的平途，还是崎岖的山路，胡校长较毅然地用瘦弱的身躯书写了国立中正大学的历史。

1940 年，胡先骕先生一袭长衫，风尘仆仆，赶赴赣鄱。他搁浅了在丽江雪山下建一个植物园工作站的计划，接受了在战时的“一叶孤舟”里创办一所国立综合性大学的重任。

浊酒难销忧国泪，救时应仗出群才。胡先骕先生就任国立中正大学校长之时首届学生不过 300 余人。然而心怀责任和理想的他，并没有因战乱而退缩。他曾说：“省不办大学则矣，要办就要办一模范大学。”在任期的四年里，他呕心沥血，“正大”也因此逐显学府之气，在教学、学术研究及硬件建设上都获得了长足的发展。他运筹帷幄，招才纳贤，许多著名的学者、专家如黄野萝、杨惟义、陈封怀、张肇骞等人，在胡先骕的学术影响与人格精神的感召下，纷纷来校任教，使国立中正大学在抗战的岁月里一时人才济济，俊采星驰，很快跻身为东南地区的知名学府。

对于如何办好大学，胡先骕有自己独到的见解。他曾说：“教育不可以过于标准化。我们一生的精力不应该限于职业，在从事职业之暇，应于利用时间，去追求真善美，去追求世上无穷的知识。”

胡先骕提倡教育独立，反对专业训练。他说：“大学教育，既贵专精，尤贵宏通。”在他看来，使大学生的知识过于专业化是大学教学的大弊端，大学教育应该自由宏通。他指出，教育的主要目的是培养健全的人格，而不是为了培养所谓专家。所谓专家学者，未必是一个人格健全的人。他还说，中国人有一种“学位万能”的认识误区，以为一旦获得博士学位，就无所不知。殊不知博士学位所需要的研究，实在有限，“而硕学如严复梁启超者，又何尝在外国大学，得一博士头衔乎？”这样富有远见的教育思想，对于今天的高校学人，仍然具有现实意义，发人深省。胡先骕青年时代留学美国，后在植物学方面有很深的造诣。这样一个出色的理科生，他的中国文化功底却相当深厚，诗歌写得好，《水杉歌》被誉为亘古未有的科学诗。他早年还和国学大师一起办过著名的《学衡》杂志，在中国文化界引起过不少的争论。对于文学，胡先骕有很多看法，对于今天的文学爱好者，也是受用的：“文学自文学，文字自文字，文字仅取其达意，文学则必于达意之外，有结构有照应有点缀。而字句之间，有修饰有锻炼，凡曾习修辞学作文学者，咸能言之。非谓信笔所之，信口所说，便能称文学也。”

胡先骕先生对学生关爱备至。在担任校长期间，他将企图在学校大活动的国民党员拒之门外。理由是，学生的任务就是把学业搞好。面对教育官僚，他一向不留情面。有一次，学生与国民党所辖江西《民国日报》发生纠纷，砸了报馆，尽管蒋介石下手谕要求严惩，但他毫不畏惧，顶着牺牲大学校长职位的压力，只对学生记过了结，而他也因此失去了校长一职。这种专心治学、不畏权势的高贵品质影响了数代人，而爱生护生的深厚感情也成为南昌大学的优良传统，一直流传至今。

为了纪念胡先骕先生，南昌大学在前湖校区树立了胡先骕塑像。站在塑像前，看着先贤肃穆的神情，如果知道了胡先骕的故事，会不会有这样的想法在脑海中闪现呢：做人，就应该像泰然生长的水杉，经得起时代的考验，经得住寂寞的煎熬，最终成就人生的永恒……（本文选自《漫游中国大学丛书——南昌大学》，重庆大学出版社，2010 年）

胸怀救国志，学运展锋芒

——国立中正大学学子揭露皖南事变真相

20世纪上半叶的中国，随着民族危机不断加深，国内各种党派、群体纷纷涌现，踏上了救亡图存的道路。学生群体怀揣着理想与担当，在中国大地一次又一次地书写了波澜壮阔的画卷，成为推动近代中国进步的重要力量。

1941年1月，震惊中外的皖南事变发生，国民党掀起了第二次反共高潮，抗日民族统一战线再次受到威胁。事变发生后，以周恩来为书记的中共中央南方局在重庆向国民党当局提出严重抗议，利用一切公开场合和机会，向社会各界揭露皖南事变的真相。中国共产党的正义立场，得到了广大青年学生的支持。各地的进步学生纷纷采取行动，抗议国民党的反共行径。

1941年10月，国立中正大学学生在知晓事件真相后，悲愤不已，也加入揭露皖南事变真相的大潮中来。政治系二年级学生郑鸣鹗联络组织了一批同学，创办了《北斗》墙报，张贴在校园各处。校园里一时出现了“反对抗日战线中暗藏的汪精卫”“反对迫害真正抗日的人民力量”“反对国民党利用抗日大发国难财”等标语口号。同学们竞相观看，纷纷斥责国民党反动派的罪恶行径，在学校师生中产生了很大影响。

正当同学们积极揭露皖南事变真相之时，学校中的反动势力也活动起来。其中的代表人物便是共产党的叛徒、托派头目——叶青。他于1940年受国民党江西省省长熊式辉的邀请，赴江西参与指导“三民主义文化运动”，并在国立中正大学任教。1941年3月21日，叶青在校刊上发表《民生主义与共产主义》的文章。他表示：“共产主义是欧洲的社会主义，不适用于中国。民生主义是中国化了的社会主义。”“因此，我们应该大声疾呼：送共产主义回欧洲去。”在叶青等反动势力的鼓动下，1942年1月底，训导处以“共党嫌疑罪”宣布开除郑鸣鹗的学籍。

学生们得知这一消息后非常愤怒，于是在校园内发起了游行，要求训导处收回处分。这时，进步同学从工学院一同学身上搜出一份学生的黑名单，群愤激荡。经过逼问，这个同学最终交代了幕后操纵者是训导长朱某。随即全校爆发了“杀猪（朱）事件”。学生在校园内游行，抗议训导处的处分和学生黑名单。然后游行学生到校部请愿，强烈要求校方撤回开除郑鸣鹗的布告，将朱某驱逐出校，开除该特务学生。2月初，校方被迫全面接受学生的要求。5月中旬，叶青离校返回重庆。

回顾历史，此次运动是抗战时期千千万万学生运动的一个缩影，他们将自己的爱国激情汇聚成推动中国进步的汹涌波涛，成为时代变迁的重要推手。时隔八十载，国立中正大学学子的爱国故事，仍然感染着每一位南昌大学的师生，引导着他们把爱国情、强国志、报国行自觉融入坚持和发展新时代中国特色社会主义事业、建设社会主义现代化强国、实现中华民族伟大复兴的奋斗之中。

反强权，争民主

——国立中正大学青年剧社学子怒砸《民国日报》

抗日战争时期，民族危机不断加深，而各地的抗日民主运动也不断高涨。在这种历史大背景下，广大青年学生通过学校社团积极参与到抗日的伟大斗争当中。这些社团不仅开展各类校园文化活动，丰富学生们的课余生活；同时，他们还自觉投身到抗战和服务社会中，开展“劳军”“募捐”“义演”等活动，成为推动抗日战争走向胜利的重要因素之一。

国立中正大学从创办伊始，就存在着大量进步学生。他们成立了各类学生社团，积极开展抗日爱国运动和社会服务活动，极大地鼓舞了师生，使校园内的爱国民主氛围空前高涨。

中正青年剧社是当时学校最大的戏剧社团。1943 年 5 月，该社应省会各界纪念五四运动筹委会之约，为庆祝戏剧节和赈济逃荒来泰和的粤东饥民，在建艺剧场义卖公演四幕话剧《野玫瑰》。公演第一天，《民国日报》一项姓记者强行无票入场，而且横行霸道，擅自搬了两张椅子坐在台口，挡住了前排观众的视线，也造成通道的阻塞。同学们上前询问，才知道这名记者将事先赠给报社的招待券送给了别人。负责前台事务的同学劝他购票后对号入座，该记者竟一口拒绝。最后，同学们喊来了在场维持秩序的警员，才将其强请出场。

该记者被学生强请出场后恼羞成怒，翌日在《民国日报》上刊登了一则不实新闻，称：“国立中正大学青年剧社昨晚公演话剧《野玫瑰》，演出成绩欠佳，秩序尤成问题。”

新闻见报后，学生极为不满。中正青年剧社几番派出代表前往报社交涉，要求他们更正，而报社口是心非，执意护短，始终未予更正。在又一次交涉无果、失败而返后，同学们纷纷向代表追问相关情况。正值晚餐期间，交涉代表趁势踏上餐桌，向同学们报告了事情的始末。话音刚落，人群中高喝一声“打”，一时间学生群情激愤。经济系学生宁庸奔回宿舍，取来剧社演出用的大锣，一阵狂敲，同学们在一片呐喊声中聚集，随即便向泰和县城出发，直奔报社。当人潮抵达目的地后，整个报社门窗紧闭，员工走避一空。在吃到闭门羹后，群情愤怒的学生将整个工厂及办公室怒砸一番而去。当晚，省党部主任梁某在获得这个消息之后十分愤怒，立即公开指责，并向学校当局提出赔偿、惩凶等狂傲条件。这又一次激起同学们的反感。于是在翌日下午，学生再度集体前往省党部理论。色厉内荏的梁某不敢面对，越窗而走。

事件发生后，南京、南昌等地的日寇广播电台肆加利用，对此事做出了夸大其词的不实广播，使重庆最高当局极为震怒。教育部长陈立夫立即召见正在重庆工作的胡先骕校长，并将蒋介石"惩办为首学生"的手令转交给胡校长，要其迅即返校处理。6 月 2 日，胡校长回校后，了解到此事只是学生轻率无知，一时冲动所为，并无政治目的，随即召开全校学生大会，对参与学生"各予申诫一次"，并上报重庆方面，表示"吾教育无方，责任在我"。但重庆方面对胡校长如此处理的方式甚为不满。在短短 3 个月内，教育部训导委员会副主任钱云阶（7 月 5 日）、国民党中央组织部部长朱家骅（7 月 14 日）、教育部长陈立夫（8 月 11 日）先后到校，对胡校长施加压力，胡校长均已"未便变更"为由拒绝重新处理。12 月 25 日，国民党中央党政考核委员会特派专员王惟英来校劝说。由于胡校长刚正不阿，坚决拒绝对学生重新处理，最终激怒重庆当局。

1944 年 2 月，为了保护学生，胡先骕校长以身体不佳为由辞去校长一职。5 月 2 日新校长到职。翌日，胡校长离校时，全校师生专门举行了欢送会。胡校长在会上做了题为"离别的艺术"的讲话："今日大会，一送一迎，在国内各大学中诚为创举。"激愤之情，溢于言表。

胡校长离校后不久，校方以其他理由开除了事件的主要参与者吴墩等人的学籍，另有郑唯龙等 3 人也被迫离校。他们返回广东后，参加了共产党领导的抗日武装——东江纵队。不久，吴墩阵亡，为抗日斗争付出了生命。

此次事件中，国立中正大学的学子敢于直面强权和不公，显示出强烈的民主斗争精神。而胡先骕校长"燃烧自己、照亮学生"的高风亮节，使当年的学生唏嘘不已，一生难忘，令人敬仰。在他们的共同努力下，学校里的各种艺术活动不再受到打压处分，爱国民主氛围愈发浓厚，而国立中正大学也成为当时激励广大青年继续发扬民主爱国精神、传播革命思想的强大阵地。

反蒋斗争的"排头兵"

——国立中正大学护校会血斗国民党反动派

抗战胜利后，国民党为实现其一党专制的阴谋，对各地的民主运动采取了血腥镇压的政策，制造了一系列血案，如校场口血案、下关惨案等。这在国统区掀起了强烈反对国民党统治的人民民主运动。在这场反蒋斗争中，青年爱国学生成为中坚力量和先锋，他们反对国民党的政治压迫和经济剥削，沉重打击了国民党的统治，形成中国人民反蒋斗争的第二条战线。

1947 年，国统区经济危机愈发严重。国民党江西省政府对省内经济衰退局面一筹莫展。全省物价飞涨，人民苦不堪言。同样，在大学校园里，师生们的生活条件也每况愈下。

在这种情况下，国立中正大学学生向省政府、教育部等提出增拨经费、增聘著名教授的要求，开展了以抢救教育为目标的护校运动。运动伊始，学生成立了由各系级代表联合组成的护校委员会，并由陈潘旭、贝效良、林炳生、张天佑、蒋桢组成了委员会主席团。

2 月 19 日，护校会决定开始总罢课。3 月初，为劝导学生先行复课，教育部派出专员程其葆来校处理学潮运动，护校会不为所动。3 月底，在省会各界人士及社会贤达的一再调解下，护校会于 3 月 31 日将“请假”改为“销假”，静候教育部回复。

5 月 1 日，教育部督学吴兆棠气势汹汹地来到学校，对学生罢课强烈不满，要学生“深自反省”，并呈电教育部商讨处理学生的“解决办法”。但此时全国学潮热情高涨，沪杭地区又爆发了学生运动，提出了鲜明的反内战口号，烈火一经点燃，立即形成燎原之势，学校再次进入总罢课阶段。

5 月中旬，在仍未取得教育部任何实质性回应后，护校会决定全体学生于 5 月 22 日去南京集体请愿，此决定一出标志着学校进入自治状态。5 月 19 日，得知消息的江西省政府主席王陵基召开紧急会议，颁布了所谓的“处理正大学潮办法”，诬蔑护校运动变质，勒令护校会解散，冻结学生的公费。5 月 20 日，省政府扣押护校会派出的谈判代表，引起公愤。

翌日清晨，近千名学生分乘校车抵长头龇，并列队跟随指挥车向南昌进发。先锋队走在最前面，护校会主席团成员排在先锋队中。先锋队后边是上百名女同学的队伍，其后是以系级为单位的队伍。队伍行进到距中正桥（今八一大桥）半里路的地方，遭两千余名军警宪特的阻挡。同学们斗志昂扬，在游行大队总指挥陈振三的指挥下，指挥车向第一道防线冲去，由于树干、石块太多，指挥车未冲过去。这时，陈振三走下车来，高声喊道：“同学们，我们起誓，愿接受我指挥的请举手！”上千只手举了起来。陈振三下了“冲”的命令，同学们手挽着手，一连冲过军警设置的四道防线。在游行大队前锋接近中正桥头时，预先布置在马路两侧的大批宪兵呼啸而来，挥舞铁棒、木棍大打出手。先头队伍被打散了，后面的同学立即潮水般涌上来，用拳头同军警搏斗。穿着军装但摘去符号的军警打了过来，几十名同学倒下了，陈振三同学胸部被刺伤。同学们不畏强暴，高呼着口号继续冲。这时，几位地方知名人士赶来，慰问横遭毒打的同学，并出面斡旋，要国民党政府接受学生提出的“惩凶、发放公费、释放被抓同学和代表、医治受伤同学、赔偿衣物”等要求。最后，国民党政府被迫接受了这些条件，中正大学的学生取得了这次流血冲突的最终胜利。

五二一血案暴露了国民党反人民的本质，引起了广大人民群众的不满，赢得了社会的支持。国立中正医学院、江西公立医学专科学校、江西省立体育师范专科学校、江西省立兽医专科学校等院校学生也随即组织了五二一事件后援会，一致罢课，一同示威。全省各界人士在得知消息后，纷纷来信慰问受伤学生，南京、北平、上海等地学生也来电声援。值得一提的是，新华社高度评价了国立中正大学这次的学生运动，在同年 5 月 23 日发表的评论员文章中指出，这所“以蒋介石自己名字命名”的大学在这次全国反内战的学生运动中“站在斗争的最前线”。

在五二一斗争中，国立中正大学学子临危不惧，表现出了英勇无畏的斗争精神。这是江西学生运动的一次重大胜利，它与全国各地的“反饥饿、反内战、反迫害”运动汇合在一起，为推翻国民党在江西的统治做出了重要贡献。

两种教育制度、两种劳动制度的生动实践

——江西大学瑞金分校的创立

新中国成立后，为使教育更好满足国家建设的需要，提供更多的技术技能型人才，全国掀起了“半工半读”的热潮。1964 年至 1965 年，按照国家主席刘少奇提出的“两种教育制度、两种劳动制度”教育方针，天津、北京等大城市纷纷开始兴办各种类型的“半工半读”学校。教育部还在 1965 年分别召开了全国农村及全国城市举办“半工半读”教育的会议。

1964 年，为贯彻中央关于“两种教育制度、两种劳动制度”的指示，同时针对教育部所颁发教材出现的“理论多，实践少”的问题，江西大学决定实行文科半工半读教学方案。方案制定后，学校立即上报江西省委，这引起了省委领导的高度重视。

1965 年 1 月，江西省委领导同意江西大学文科（中文、政教两系）实行半工半读的教学方案，并决定将文科迁往瑞金县沙洲坝创办江西大学瑞金分校。

方案一经批准，江西大学立即由黄金贵、张希仁等人组成江西大学瑞金分校筹备小组，随即派出以黄金贵为首的先遣工作队。黄金贵等人到达瑞金县沙洲坝后，先接管了原赣南农干校的校舍和部分财产，然后开始着手筹办瑞金分校。紧接着，学校组织中文、政教两系 300 多名师生，由南昌奔赴瑞金县沙洲坝。经过短时间紧张的准备工作，江西大学瑞金分校于 3 月正式开学，全校师生在当年中华苏维埃政府大礼堂举行了开学典礼。

按照半工半读教学方案的要求，瑞金分校的师生们一边进行教学改革，一边参加生产劳动。教学中采取启发式、讨论式的教学方法，废除满堂灌、注入式的教学法，组织教师重新编写教材讲义，将提纲发给学生，教师做启发性讲课，指定参考书目，让学生自己看书，然后组织专题讨论，写出心得笔记或论文，培养学生自学的能力与分析解决问题的能力。比如哲学、文学概论、中国文学史等课程都在教改中做了大胆尝试，收到了一定效果。

1966 年，正当瑞金分校平稳起步时，全国进入了一个特殊时期。瑞金分校也被卷入其中，部分学生贴出大字报，学生之间发生冲突，办学秩序受到严重干扰。在这种情况下，瑞金分校师生纷纷返回江西大学总校，其 20 余栋总面积为 2 万平方米的建筑被闲置，学校里的图书资料和物资设备也分散在了瑞金县内的 20 多个单位。

江西大学瑞金分校历史虽然短暂，却有着十分重大的意义。其诞生于社会主义建设时期，为社会主义建设做出了重大贡献。同时，作为“半工半读”学校，它为教育改革提供了一定借鉴经验。江西大学瑞金分校同时也蕴含着理论与实践相结合的精神，一直以来激励着南昌大学的师生在做好理论研究的同时，积极投身到社会实践当中，始终坚持把论文写在祖国的大地上，为新时代中国特色社会主义事业做出应有贡献。

空谷幽兰傲肃霜，光风霁月识沧桑

——谷霁光与江西大学

1993 年 3 月 23 日，星期二，凌晨 2 时 16 分，在江西南昌，一位年近九秩的老人因脑溢血与世长辞。

此后不久，《人民日报》对这位老先生的去世予以报道，全文为：“谷霁光教授逝世 新华南昌电　民盟江西省委名誉主委，著名历史学家、教育家谷霁光教授，因病于 1993 年 3 月 23 日在南昌逝世，享年 87 岁。谷霁光是湖南湘潭人，1933 年毕业于清华大学历史系，解放前先后在清华、南开、厦门、中正等大学任教。解放后历任南昌大学文史系主任，江西师范学院历史系主任、教务长，江西省教育厅副厅长，江西大学校长、名誉校长。他还历任民盟中央委员、参议员，民盟江西省委主委，江西省人大常委会副主任，省政协副主席。”

1907 年 2 月 2 日，谷霁光先生出生于湖南省湘潭县乌石镇景泉村。1929 年，他考取了名校清华大学，与钱锺书、曹禺、乔冠华等是同级校友。1933 年，谷霁光从清华大学历史系毕业后便留在系里当助教。1936 年，他从清华大学历史系调至天津南开大学，担任文学院讲师。1938 年，谷霁光被聘为厦门大学历史系副教授。1940 年，34 岁的谷霁光任厦门大学历史系教授，兼学报编辑。1945 年 8 月，抗日战争取得了胜利，举国欢腾。此时，谷霁光又做出了人生中的一次重要决定，1945 年 10 月，他应国立中正大学校长萧蘧之邀，为了支援江西教育事业发展，离开任教了 7 年的厦门大学，来到江西南昌，任国立中正大学历史系教授。1953 年，谷霁光转任江西师范学院教授，兼任教务长。1960 年，谷霁光又受江西省政府指派，担任刚刚成立不久的江西大学副校长，先后协助杨尚奎、吕良校长为江西大学的发展贡献才智。1979 年，在史学界和江西教育界德高望重的谷霁光以 72 岁高龄受命出任江西大学校长。

谷霁光是一位“重教兴学”的好校长。他积极贯彻党的教育方针，忠诚人民的教育事业。如具体到怎样使学校上层次的问题上，他认为：“一个大学应当有一批名教授、名专业，培养出众多的名学生”。“高校要抓好教师队伍、教材建设、科学研究三件大事。”他常说：“教学是基础，科研是主导，教学促科研，科研提高教学，二者互为因果，而其中的关键又是教师。”身为学校领导的他，既以此律己，也以此教人，几十年如一日，身体力行，未曾松懈。

谷霁光是一位诲人不倦的良师益友。谷霁光学生数以千计，而登门求教或来函提问的，为数更多。他的态度是来者不拒，有求必应，有问必答经常一谈数小时，一信百千言。一年的信件，不下数百封。对送来的文稿，更是认真批阅，不厌其烦地三番五次提出意见，诚心诚意地直到帮助把文章修改满意为止。这种诲人不倦、甘为人梯的精神，受到学生们的广泛称颂和高度赞扬。1979 年，江西省水电工程局工人朱道清携自撰的 80 万字《中国史通志》书稿请教谷霁光。谷先生不仅没有瞧不起这位非科班出身的研究者，而且称朱道清是个奇才，夸赞说朱道清是一个从没有上过学堂却又精通中国历史、哲学和古代水利史的饱学之士。

1991 年，84 岁高龄的谷霁光对学生、中共江西省委宣传部副部长周銮书的请教谈了自己中肯的意见，表现出他们二位亦师亦友的情谊。关于江西省乐安县流坑村的保护问题，谷霁光说：“多年的战乱，将许多有价值的村子毁坏了，这个村子能保存下来很不容易，文物古迹那么多，是一个活的历史博物馆，值得我们珍视。同时，流坑具有重要的研究价值，中国封建社会那么长，这种一村一姓延续千年不变的村落，就是它坚固的根基。我们应该解剖它的封建土地制度、小农制度、宗法制度、科举制度、宋明理学以及它们之间的关系。流坑村是一个典型。马克思研究资本主义，首先解剖商品，商品是资本主义的细胞，从细胞入手，最终才把问题搞清楚。我们研究封建主义，却必须从解剖村子开始，村子是它的细胞，过去我们忽视了这一点，现在应该补救。今天，我们建设有中国特色的社会主义现代化国家，如何将流坑这类村子搞上去，同样是需要花大力气认真研究的课题。”正是在老师的鼓励下，周銮书深入流坑，做了大量的调查研究工作，写出了《千古一村——流坑历史和文化的考察》，并将流坑的古村落文化向外推广。

1985 年 9 月 10 日教师节，江西大学党委、行政为祝贺谷霁光先生执教五十二周年，赠送了一幅《群鹤浴日》工艺漆画给谷先生，他有感而发作诗一首《题〈群鹤浴日〉画》:“空谷幽兰傲肃霜，光风霁月识沧桑。盈亏清浊寻常事，幼鹤苍松景物长。”这应该是这位江西大学老校长治学、治校精神的体现和总结。

两江合流，蔚成大潮

——1993 年江西大学、江西工业大学合并

20 世纪 90 年代初，国家教委提出面向 21 世纪重点建设 100 所左右高等学校和一批重点学科。此时的江西省亟须集中精力建设一所全国重点大学。国家教委同意江西省的申请，将实力较强的江西大学与江西工业大学合并，加大投入，创建重点大学，力争进入国家“211 工程”行列。1992 年 12 月 15 日，省长吴官正召集多部门负责人，主持召开第 43 次省长办公会议讨论《关于江西大学与江西工业大学合并建设一所重点大学的总体方案》，会议决定成立由省教委负责人和江西大学、江西工业大学的党委书记、校长 5 人组成的并校工作领导小组，在省长、分管省长的领导下开展江大与江工的并校工作。

1993 年 3 月 1 日，国家教委给江西省人民政府正式发文，同意合并江西大学与江西工业大学，重新定名南昌大学。确定命名为“南昌大学”考虑了三方面原因，一是南昌历史悠久，文化底蕴深厚，当年中华人民共和国成立后国立中正大学就曾改名“国立南昌大学”；二是江西大学和江西工业大学都能接受；三是以省会城市命名，规格较高，不少全国重点大学皆以省会城市命名。1993 年 4 月，江西省委、省政府最终决定聘任潘际銮教授为南昌大学首任校长，同时任命省教委副主任周绍森

为南昌大学党委书记。

1993 年 5 月 4 日，新南昌大学诞生庆典在青山湖北校区隆重举行，省教委副主任、南昌大学党委书记周绍森主持大会，省政府副秘书长王飙宣读了国家教委关于成立南昌大学的批文。在热烈的掌声中，南昌大学校长潘际銮代表学校党委、行政宣布南昌大学正式成立并讲话。上午 10 时 30 分，在青山湖南区、北区门口，举行了隆重的“南昌大学”校牌揭幕仪式。毛致用、吴官正、潘际銮、周远清为校牌揭幕。全国政协副主席赵朴初为南昌大学题写校名，四个金光闪闪的大字圆润不失苍劲。中共江西省委原书记白栋材为南昌大学的成立题词“千秋伟业”。南昌大学从此掀开了崭新的一页。

1993 年 9 月，为改变文理工分离的格局，学校将原江西大学、江西工业大学共 76 个专业优化组合为 29 个系（院），其中新组建 13 个，调整 4 个，内部调整 12 个，共有本科专业 46 个、专科专业 21 个。1994 年 7 月至 1995 年春节前，学校将 29 系（院）进一步优化组合为 10 个学科群，江西大学与江西工业大学的各专业从“组合”发展为“化合”，真正意义上实现了两校合并。

南昌大学的合并成立，标志着江西省高等教育事业发展到了一个新的阶段，对江西省经济的振兴产生重大而深远的影响。

江西老表的桑梓情怀

——潘际銮教授受聘南昌大学首任校长

1993 年，江西大学与江西工业大学合并为南昌大学。学校合并，亟需一位资深的掌舵人。关于校长人选，省长吴官正指出，新组建的南昌大学首任校长最好由学部委员（院士）担任。周绍森建议，江西经济要发展，工科教育尤为关键，希望校长能具备工科专业背景，且要有丰富的高校办学经验。通过讨论，省领导一致认为校长人选最好是江西籍、有工科背景、在高校工作的学部委员。同年 3 月，吴官正省长前往清华大学访问，向清华大学校领导表示了改变江西高等教育现状的愿望，希望清华大学帮助推荐南昌大学校长人选。清华大学校领导按照吴官正的要求拟定了一份推荐名单，其中第一人选正是中科院学部委员、清华大学学术委员会主任、江西籍的潘际銮教授。

1992 年底至 1993 年 3 月，省教委先后两次召开部分在京江西籍国家学部委员扩大会，探讨了如何在江西省建一所重点大学，主要目的也是为了解部分同志是否有赴江西工作的意愿。两次会议，潘际銮教授都参加了，他对桑梓之地的高等教育、经济文化建设十分关心，提出了许多中肯的意见与构想。潘际銮教授是国际著名焊接专家，他的焊接理论和方法享誉世界，为全国诸多重点工程的建设提供了坚实的技术支撑。会后，吴官正省长委托黄懋衡副省长和周绍森副主任亲往潘际銮教授家中，恳请潘际銮教授出山领航江西高等教育的发展。

潘际銮教授有感于家乡亲人的至诚之心，欣然接受了邀请。1993 年 4 月，66 岁的潘老踏上了返乡上任之路。一路上，望着窗外家乡的变化和老区人民对经济发展的渴望，老教授心生感慨，决心要为家乡的高等教育事业贡献自己毕生的余力。潘老到达南昌后，省委书记毛致用和省长吴官正两人前往潘际銮教授下榻的江西宾馆，对潘际銮院士出任南昌大学校长表示感谢。1993 年 4 月 14 日，省委、省政府在江西大学学术报告厅举行南昌大学校长受聘仪式。满怀故土深情的潘际銮教授在毛致用书记等江西省委、省政府领导和学校师生代表的注视下，郑重地从吴官正省长手中接过了南昌大学首任校长的聘任书，开始了他为江西高等教育事业的艰辛创业历程。

百废待兴的江西高等教育迎来了首位院士，以潘际銮校长为代表的首任南昌大学领导班子带领全校师生不懈奋斗，实现跨越发展。三年后，学校不仅被列为国家“211 工程”重点建设高校行列，而且破解了江西高等教育“三无”的世纪难题，成为高校融合发展阶段的里程碑。（本文选自《漫游中国大学丛书——南昌大学》，重庆大学出版社，2010 年）

南昌大学进入“211 工程”重点建设高校行列

“211 工程”是我国为迎接世界新技术革命挑战实施的科教兴国战略，目的是在全国重点建设 100 所左右高等学校，以重点学科建设为核心，力争使一批高等学校和重点学科接近或达到国际一流水平。

1994 年 3 月，全国“两会”期间，原国务院副总理李岚清在与江西代表团座谈时就指出，把江西大学和江西工业大学合并是对的，鼓励联合进入“211 工程”。同年 5 月，南昌大学召开校风建设大会，校长潘际銮提出，学校的中心任务就是利用 3~5 年进入“211 工程”重点建设高校行列，利用 5~8 年办成一所全国有一定影响力的重点高校。之后，经反复酝酿研究，学校形成了“211 工程”建设总体方案。

1996 年 1 月，由中科院院士王梓坤任组长的国家教委“211 工程”预审专家组考察南昌大学，对学校教学、科研、产业单位，发展规划等方面进行全面的了解，并召开了学术带头人和中青年学术骨干座谈会。江西省委书记吴官正到场看望专家组成员，感谢他们的辛勤工作。学校顺利通过预审，成为全国首所通过预审的地方院校，揭开了江西省高等教育发展的新纪元。

1997 年 5 月，以中国科协副主席左铁镛院士为组长的专家组，根据国家计委、财政部、国家教委“211 工程”协调小组会议的部署，通过考察，一致通过对南昌大学“211 工程”建设立项审核。同年 11 月，国家计划委员会根据国务院批准的《“211 工程”总体建设规划》就江西省人民政府、省教委联合申报的《关于南昌大学“211 工程”建设项目正式立项的请示》进行研究，正式下文批复，同意学校作为“211 工程”项目院校，在“九五”期间进行重点建设。这标志着南昌大学正式作为“211 工程”重点建设大学在改革与发展的道路上又上了一个台阶。

“十五”期间，南昌大学坚持教育创新与“211 工程”建设同步推进，以改革促建设，以建设求发展，教育教学质量稳步提高，学科整体水平迅速提升，师资队伍结构逐年优化，科技创新能力明显增强，办学支撑条件逐步改善，国际交流合作广泛开展，校园建设力度不断加大，党建和思政工作得到加强，学校进入了一个全面、协调、可持续发展的新阶段，实现了教学型综合大学向教学研究型综合大学的转变。

20 世纪末南昌大学破解江西高校“三无”困境

近代以来，囿于各方面原因，江西教育逐渐落后。直至 20 世纪初，江西尚未有一所正规的高等院校。1921 年后，江西省才陆续创办江西公立医学专门学校、江西省立商业学校、国立中正大学等高等院校。新中国成立后经过高校大调整与特殊时期的教学中断、学校搬迁，曲折中发展缓慢。20 世纪 90 年代，江西仍然没有一所全国重点大学、没有一个博士点、没有一位国家学部委员（院士）。

1993 年，江西大学与江西工业大学合并为南昌大学，江西省委、省政府要求按照全国重点大学的标准来建设南昌大学，并成立了以副省长黄懋衡为组长、省直有关部门负责人为成员的江西省“211 工程”建设领导小组。1995 年 12 月，黄懋衡副省长率领省“211 工程”建设领导小组成员对南昌大学“211 工程”预审工作进行检查。1996 年 1 月 15 日上午，中共中央政治局委员、国务院副总理李岚清在国家教委党组成员朱新均、省委书记吴官正、副省长黄懋衡等领导的陪同下视察南昌大学。15 日下午，学校举行“211 工程”部门预审闭幕式，王梓坤院士代表专家组宣读了专家组评审意见。全体专家一致建议通过对南昌大学进入“211 工程”的部门预审，南昌大学成为全国第一所通过预审的地方高校。1997 年 11 月，国务院正式下文批复，同意南昌大学作为“211 工程”项目院校在“九五”期间进行重点建设。这标志着南昌大学正式成为“211 工程”重点建设大学。

江西大学与江西工业大学合并之前，两个学校研究生招生数量很少，南昌大学合并成立当年仅招硕士研究生 83 人，1993 年并校时学校仅有硕士点 17 个，没有一个博士点。1993 年 12 月，经国务院学位委员会第五次会议批准，南昌大学成为江西省第一个博士学位授权单位，“金属塑性加工”二级学科成为江西省第一个博士学位授权点，扶名福为博士生导师，李凤仪被批准为“工业催化”专业的博士生导师，并批准 9 个二级学科为硕士学位授权点。1994 年首次招收博士生 4 人，打破了江西没有博士点的历史困境。

1993 年，清华大学校领导向吴官正推荐了中科院学部委员、清华大学学术委员会主任、江西籍的潘际銮教授作为南昌大学校长人选。经省委两次邀请，潘际銮教授踏上了返乡之路。潘际銮教授是国际著名焊接专家。回赣后，他以其渊博的学识与高尚的人格魅力大刀阔斧的建设南昌大学，江西高等教育界迎来了第一位院士。

至此，南昌大学破解江西高校“三无”的困境，迎来了江西高等教育发展的新纪元。

前湖校区建设

高等教育扩招政策实施以来，中国高等教育进入真正的大发展时期。学生数量急剧增加，高校原有的办学场地和办学资源越来越不能满足办学需要。为此，全国掀起了大学城和新校区的建设热潮。南昌大学积极响应高校新园区建设号召，开始在南昌市昌南新园区建设新校园。

2003 年 1 月，省发改委正式批复南昌大学新校区校园建设可行性研究报告，同意学校在南昌市红谷滩新区红角洲前湖以北、昌樟高速公路以南、丰收水库以西、来龙山以东征地 3600 亩，建设新校区。新校区总体规划以“一核、二环、三水、五区”为框架，结合城市“一江两岸”的发展思路，以网络化的结构骨架将地块合理划分为办公区、教学实验区、学生生活区、文体活动区、教职工生活区五个功能区。强调利用原有地貌、水域、植被，在充分尊重自然生态环境的基础上，建立多层次生态、绿化系统，展现出“自然、自在、自律”的新思想、新原则。设计方案功能明确，充分展示了智能化、生态化、园林化、现代化的大学园区建设理念，动静交错，山水相映，既突出学校特色，又体现人文气息。

一期工程建设任务自 2003 年 2 月 8 日开始实施。在全校师生的共同努力下，9

月实现通水，10月实现通电，用不到8个月的时间，南昌大学新建了10栋建筑面积共计13万平方米的校舍，建成了校区正大门、3个广场、1座简易体育场、10个篮球场、10个网球场，构筑了13.6千米的主干道路基和2座桥梁部分桥基，挖铺雨水管14千米、污水管5400米、自来水管7900米、煤气管道900余米，铺设电信、网络、有线电视光缆、电缆及管道14千米，栽种灌木9万余棵，铺设草皮5万余平方米，确保了6300名新生于10月10日入住前湖校区。

从2003年11月初开始，二期工程全面启动。从6幢学生公寓、食堂，到综合教学楼基础实验中心，再到主干道路面铺设、两湖景观园林，新校区的基础设施工程相继开工。同时，还建成了校区东大门和景观桥1座，铺设电缆16千米及电信、网络、有线电视光缆7.5千米，网络建点10259个，种植各种乔木24000余棵，铺设草皮25万余平方米，修建了园林景观5处，安装景观灯240余套。截至9月，新校区二期建设重点工程全部完成，建筑面积近20万平方米的校舍竣工交付使用，新校区建设初步完成。

2004级新生的到来带来了朝气与活力，新校区也迎来了建设的快速发展阶段，分30余次完成了七大基础实验中心上亿元的仪器设备招标采购任务。学校改变单一的银行贷款投资方式，成功招商投资单位3家，投资金额达5亿元，投资建设校舍面积达36.4万平方米，为缓解建设资金紧张、加快新校区建设步伐创建了良好条件。这一成功尝试，在国家当时调控银行贷款利率、资金紧缩的大环境下，优势突显，为实现3年基本建成新校区的目标奠定了坚实基础。

经过3年的不断建设，新校区的基础设施得到进一步完善，多幢教学楼交付使用。2005年是新校区建设工程量最大的一年，也是新校区建设的决战年。全年竣工总面积达75.36万平方米，占到了前湖校区规划建筑总面积的70%。理科楼、信工楼、国际交流中心、高级学生公寓、四期学生公寓、研究生公寓楼，教工区体育场、研究生院办公楼、四期学生食堂9个项目陆续开工，建筑面积达42.07万平方米。此外，前湖校区还建设坚持与节约型校园建设同步推进，为所有学生公寓安装了太阳能热水系统，所有的校园绿化养护均利用回收的雨水，建成了国内首座符合国际比赛标准的全太阳能热水系统游泳馆。为了保证校区建设高质量高效率的完成，学校加大融资力度，融资项目多达7个，总融资金额达4.16亿元，为新校区建设提供了有力的资金支持，也为实现学校的迅速发展奠定了坚实的物质基础和良好的教学环境。

2006年是前湖校区建设的收官之年，学校克服了工程量大、资金短缺的重重困难，上下团结一心，真抓实干，完善了各建筑物周边道路和配套设施，为学校的整体搬迁创造了条件。从此，南昌大学的历史翻开了崭新篇章。

在南昌大学四年的辛勤建设下，校区建设基本竣工，完成了建设容纳能力强、涵盖学科广、汇集前沿科技与优秀教学资源，利于学科交流融合的最初目标。润溪微波，白帆飘扬，主教楼前，书声琅琅。这片承前启后，汇集文理，钟灵地秀的前湖校区在不断的建设和奋斗中，成为江西省与南昌大学最好的名片。

南昌大学与江西医学院合并

进入 21 世纪，中国高等教育实现了历史性跨越，进入到大众化发展阶段，以“共建、调整、合作、合并”为内容的高等教育体制改革，形成了中央和省两级管理、以省为主的管理新体制，其中许多原独立设置的医学院校纷纷参与合并。本质上，医学院校合并是要发挥综合性大学优势，实现医学跨学科融合，促进医学院在综合性大学更好发展。

2004 年 12 月 15 日，江西省人民政府、教育部共建南昌大学协议签字仪式隆重举行。教育部部长周济与江西省省长黄智权分别代表教育部和江西省政府签署了协议。根据协议，江西省进一步加强对南昌大学的领导，并明确积极推进原江西医学院在南昌大学内部的实质性融合。

2005 年 8 月 17 日，省政府决定南昌大学与江西医学院合并组建新的南昌大学，江西医学院改名为南昌大学医学院。同时，江西省政府以赣府字〔2005〕50 号文《关于同意南昌大学、江西医学院合并组建新的南昌大学的批复》发至省教育厅，全文如下：“省教育厅：赣教字〔2005〕5 号文收悉。经省政府研究，并报经教育部批准，同意南昌大学与江西医学院合并组建新的南昌大学，同时撤销原两校建制。两校合并组建方案由省教育厅报省委、省政府审定后实施。”

2005 年 8 月 17 日，江西省委教育工委、省教育厅联合发文（赣教字〔2005〕6 号），全文如下：“南昌大学：你校报送的《关于江西医学院与南昌大学实质性融合的实施方案（昌大发〔2005〕10 号）》收悉。经研究，并经报省委、省政府，同意你校上报的《实施方案》。请你校按照省委、省政府和《实施方案》要求，切实加强领导、周密部署、积极稳妥地推进江西医学院与南昌大学实质性融合工作，实现优势互补、资源共享，促进新的南昌大学更快更好发展，为江西经济社会做出更大贡献。”

原南昌大学、江西医学院合并组建新的南昌大学后，新南昌大学建制、级别和隶属关系不变，原南昌大学、江西医学院建制同时撤销。原江西医学院冠名为南昌大学医学院，原江西医学院附属单位冠名为南昌大学附属单位，由南昌大学医学院管理。

南昌大学内部管理实行统一校名、统一法人、统一领导、统一规划建设、统一财务、统一规章制度。为了确保融合工作平稳进行，将 2005 年 9 月至 2007 年 1 月作为融合的过渡期。在过渡期的前期，南昌大学医学院的内设机构暂时保留，对口衔接，正常运作。然后，稳步推进，逐步进行资源整合和机构调整，先对基础学科和机关管理部门进行整合，再逐步推进其他领域的整合。

2005 年 8 月 24 日，学校举行了南昌大学与江西医学院正式合并组建新南昌大学的揭牌仪式，教育部副部长吴启迪出席。随后，学校根据中共江西省委教育工委、江西省教育厅《关于对南昌大学实质性融合方案的批复》（赣教字〔2005〕6 号文件）精神，组织实施了《南昌大学实质性融合实施方案》，明确了实质性融合要遵循改革创新、促进发展、积极稳妥、重点扶持的原则。为进一步实现江西医学院在南昌大学内部实质性融合，学校制定并实施了《南昌大学医学院工作运行暂行办法》（昌大发〔2005〕11 号），在学校建制、医学院内设机构运行机制、医学院及其管理的附属单位干部级别和管理、学校人事、财务等管理体制及运行模式等方面都做了明确规定。

江西医学院与南昌大学合并，是江西省委省政府进一步贯彻国家高校发展战略和推进科教兴赣主战略的重要举措，也是深化江西教育综合改革实验的实践探索，标志着江西高等教育进入了一个新阶段。两校的实质性融合，使新的南昌大学学科门类更全、学科水平更高、综合实力更强，逐步发展成为国内一流、国际知名的研究型大学。同时，促进医学学科的快速发展及其与其他学科的交叉、渗透和融合，建设国内一流医学院，大力提高江西医学教育与医疗服务质量与水平，为江西在中部崛起，全面建设小康社会做出更大贡献。

三、党建思政

组织创先进，党员争先锋，群众学榜样

——“党建双领双同”计划

党建工作品牌，是党建工作水平和创新成效的集中体现，是党组织引领改革创新、永葆先进性的成果展示。过去学校缺乏叫得响、师生认知度高的党建品牌，这大大影响了党建引领作用的发挥。作为江西省唯一一所国家“211工程”重点建设高校，学校主动发挥引领带头作用，带动省内高校党建品牌的建设。

2018年，校党委书记喻晓社同志刚到学校工作，就带领党群部门深入各基层组织广泛调研。调研发现理学院党委14年来，一届接着一届干，凝练成的党员“先锋领跑”党建品牌在师生中有着较大的影响力，党建引领效果较为显著。负责学生思想政治教育、行为规范管理、成长成才服务的学生工作处，在学生党员中实施“星火引航计划”和“卓越工程计划”，积极发现、挖掘和宣传优秀党员事迹，鼓舞带动普通学生积极创优，充分发挥了朋辈引领作用。

经过专家论证，并结合理学院和学工处党建品牌建设经验，2019年，学校提出“党建双领双同”计划初步构想。2020年，出台了《中共南昌大学委员会关于实施“党建双领双同”计划的意见（试行）》。“双领”是指教师党员的“先锋领跑工程”和学生党员的“卓越领航工程”，师生党员在加强政治建设、潜心立德树人、加快内涵发展、服务经济社会、师风学风建设、文化传承创新6个方面内容发挥党员“领航”作用，带领党外师生“同心同行”，一起拼争一流。“双同”，指的是党外教职工、普通学生要通过“三爱”教育、“四自”教育凝聚共同理想目标，与党同心共振、同向同行。学校坚持以“双领”带动“双同”，以“双同”促进“双领”。以各学院“一院一品”对接学校的“双领双同”。该计划实施以来，学校坚持高位推动、过程督导、项目驱动。各基层党委层层发动，制定具体方案，主动推进，落实

主体责任。学院党组织积极召开现场交流会，分学部实地调研，并对工作汇报进行点评。学校大力营造“支部有亮点，学院有特色、学校有品牌”浓厚党建氛围，初步构建起“组织创先进、党员争先锋、群众学榜样”的良好局面。通过“定目标、规范建、综合评、树典型、立品牌”等步骤，不断增强基层党组织的战斗堡垒作用，增强党员先锋模范作用，有效促进疫情防控各项措施的落实和中心工作高质量发展，为学校高水平大学建设提供了坚强的政治和组织保障。

校党委书记喻晓社在接受《江西日报》记者采访时表示：“必须坚持围绕加强党建找问题、围绕办学治校抓整改，全面加强党的建设，为加快推进部省合建背景下的‘双一流’建设、落实立德树人根本任务提供坚实政治保障。”

2020 年，学校“党建双领双同”计划被正式列为教育部高校党委书记校长履职亮点项目”、江西省高校“一校一品”党建品牌建设项目。学校将持续加强党建品牌的建设，发现、挖掘各批有确确实实成绩的党员老师、党员学生并进行表彰，引领带动广大师生，在校园内营造“你超我赶”的奋斗局面。

江西省首个大学生思想政治教育（德育）协同创新中心

不拒众流，方为江海。自主创新是开放环境下的创新，绝不能关起门来搞，而是要聚四海之气、借八方之力。2015 年由南昌大学牵头，以中共江西省委宣传部、中共江西省委教育工委、江西师范大学和江西财经大学为核心协同单位，以江西农业大学、南昌航空大学、江西中医药大学、华东交通大学和井冈山大学为主要参与单位，组建了学科交叉贯通、人才互融互通、思政教学联通的大学生思想政治教育（德育）协同创新中心。该中心根据自身在大学生思想政治教育研究领域的优势，通过意识形态研究、民主政治研究、党史党建研究、政治经济学研究和红色资源研究等方面的协同研究，搭建起五个与思政有关的创新平台，聚集和培养了一批人才，用科技提升思政教育感染力，切实将红色基因转化为大学生成长基因。

深度挖掘红色基因，推动德育思政建设。为将红色文化融入大学生思想政治教育之中，提升思政教学的趣味性和感染力，中心依托南昌大学诸多研究平台，利用 VR 技术打造了红色资源库和江西省首家大学生思政教育实践基地“红色文化馆”，实现历史情境再现，切实增强学生现场体验感，将江西省独具特色的红色文化资源优势转化为思政课教育资源优势，打造学校思政课教育的一张名片。

海纳八方聚集人才，夯实德育人才基础。功以才成，业由才广。世上一切事物中人是最可宝贵的，一切创新成果都是人做出来的。协同创新中心围绕协同创新的目标，按照择优效率原则，通过内部选拔与外部引进相结合的方式，在 5 个研究方向都有一两名学术带头人领衔，三至五名科研骨干为主体，形成学科交叉、老中青结合的多层次跨学科科研分队。同时先后邀请国内外知名学者到中心讲学，鼓励年轻学者到著名高校进修访学，扩大中心影响力，吸引更多人才。

矢志不移自主创新，增强德育科研能力。创新从来都非易事，但创新中心的师生们凭借着“亦余心之所善兮，虽九死其犹未悔”的豪情，努力攻关，并取得了优异的成果。2015—2019 年期间中心各团队取得科研经费 497.7 万元，获批国家社科基金、省规划项目等国家级、省级项目共 205 项。发表 CSSCI 期刊学术论文 194 篇；出版论著 33 部；科研奖励 30 项；获省级领导批示或厅级单位采纳 64 次。

全面深化制度改革，激发德育创新活力。创新决胜未来，改革关乎命运，创新领域是最需要不断改革的领域。为了最大效率地发挥制度对于协同创新的激励作用，协同创新中心建成了“全员聘任、团队管理、开放流动”的人事管理制度，设立了“质量导向、绩效奖励、目标管理”的人员考核制度，产生了“科目灵活、严格审批、定期检查”的经费管理制度，设置了“尊重知识、合同管理、激励创新”的知识产权管理制度，形成了“紧贴主题、加强交流、拓展视野”的国内外学术交流管理制度，五位一体释放各类人才创新活力，营造出了有利于德育协同创新的政策环境，构建出了有效的引才用才机制，形成天下英才聚洪城、万类霜天竞自由的创新局面。

“凝心聚力谋合作，继往开来再创新。”协同创新中心秉持着“强强联合、优势互补”的思想，必将在大学生思想政治教育协同模式上有新探索、新突破，让南大精神更好地引领江西大学生思想政治教育在协同创新的道路上不断砥砺前行。

永生的“博导妈妈”

——记“全国模范教师”石秋杰

这是一份储存在她手机里尚未发出的短信遗言——“各位同学，对不起，因为身体原因，近半年来给予你们的关心和指导太少了，深感抱歉，请谅解！当初接纳你们的时候没有想到我的身体会这么快就变成今天这样，否则我就会把你们推荐给更优秀的老师。请继续完成好你们的学业，预祝你们都有美好的前程！永别了！”

遗言的作者，名叫石秋杰，1963 年 8 月出生。生前是南昌大学理学院化学系教授、博士生导师。曾获“南昌大学师德师风标兵”“南昌大学巾帼十佳”“我心目中的好老师”等荣誉称号。2011 年 5 月 28 日，她因病医治无效，不幸逝世，年仅 48 岁。

石秋杰同志爱岗敬业，在平凡的岗位上做出了不平凡的业绩。在身患癌症的14年间，她克服病痛的折磨，以常人难以想象的辛劳投入工作中。在每次手术、治疗、化疗之前，她都妥善安排好工作后才去住院，出院后又继续投入工作中，从未因治病耽误教学和科研工作。长期的化疗、治疗，致使她肺部纤维化，嗓子咳哑了，她就带着扩音器为学生上课，每年都超额完成教学工作量。她认真钻研教学方法，用心用情教学，深受学生喜爱。在住院期间，她经常通过手机、网络等方式与学生联系交流。在生命的最后时刻，她依然坚持指导研究生修改毕业论文、去实验室指导学生实验。她潜心教学科研，取得了显著成绩，先后在国内外发表学术论文60余篇，主持并完成多项国家和省级科研项目。在去世前的两个月，她还申报了国家自然科学基金项目并成功获批。

2011年5月26日，石秋杰去世前两天，她的同事来到医院看望她。在看望她的过程中，石秋杰一直喃喃自语：对不起学生，没能给学生更多的指导。实在无力说话了，她在一张纸条上写下不要让其他的同事和领导来看她，也不要告诉她的学生，大家都很忙，自己现在已经无法全力工作，就更不能影响大家的工作。

石秋杰老师爱岗敬业、潜心科研、爱生如子，是为人为师的楷模。她很平凡，但在平凡中体现着伟大，她是一个平凡而伟大的人。石秋杰，用激情与坚韧，完美地诠释了她那短暂却精彩无比的人生。多年来，她坚持党的教育方针，爱岗敬业，潜心科研，爱生如子，坚持不懈地教育学生追求真知、树立人生理想，成为教师的楷模、人生的榜样。

石秋杰老师是南昌大学办学百年来、新中国成立以来江西省高等教育战线涌现出来的一个典型。她的先进事迹得到了社会各界的广泛认可和高度评价。时任中央政治局领导李长春、刘云山、刘延东等同志分别做出批示，中宣部、教育部和江西省委省政府明确指示要开展好学习宣传石秋杰同的活动，人力资源和社会保障部、教育部联合追授她为“全国模范教师”荣誉称号，全国妇联追授她为“全国三八红旗手”荣誉称号。石秋杰老师入选为《光明日报》2011年十大典型人物和2012年CCTV“感动中国”江西十大候选人。

热风吹雨洒江天

——记材料科学与工程学院原院长王雨教授

2018年9月9日，第34个教师节的前一天，一个令人震惊和痛心的噩耗从南昌大学材料科学与工程学院传开——学院院长王雨教授突发心脏病，倒在了工作岗位上，走完了自己短暂而又绚烂的 50 年。

2014 年 6 月，南昌大学面向全球招聘材料科学与工程学院院长，王雨毅然放弃了香港理工大学的教职，应聘加入南昌大学。从香江到赣江，他选择把自己献给江西这块红色热土；从“双一流”建设到部省合建，他想让南昌大学拥有与世界一流平等对话的学科；从星星之火到燎原烈焰，他带出了一支科研的生力军……

“我有信心，把我们的学科建成立足江西，面向全国，走向世界的一流学科，我需要大家的共同努力！”直到今天，材料学院行政副院长陈建琴还记得王雨上任时那激动人心的话。“他就像一股清新的风，给我们的学科建设带来国际化的视野和理念，又极富鼓动性，让人充满力量。”

王雨到任之初，就带领学院上下准备资料、撰写报告，忙着申请国际工程教育专业认证，只要通过这项认证，南昌大学材料专业的学历将得到美国、英国、加拿大、澳大利亚等 20 多个国家的认可。

在王雨带领下，材料学院上下干劲十足，吃苦耐劳，这几年也是材料科学与工程学科发展最快的时期。除了通过国际工程教育专业认证外，还不断有标志性意义的好消息：2016 年 1 月，江风益团队所研发的“硅衬底高光效 GaN 基蓝色发光二极管”项目获得 2015 年度国家技术发明奖中唯一的一等奖；2016 年 6 月，认证顺利通过，标志着南昌大学材料科学与工程专业学生培养质量实现了与国际等效，进入全球工程教育的“第一方阵”；2017 年 9 月，南昌大学材料科学与工程学科入选国家“双一流”建设学科；2018 年 3 月，南昌大学被列入部省合建高校，学校再次把合建的重点之一放在了材料科学与工程学科。

为了探索学科“双一流”建设和部省合建的路径，王雨花了几个月时间跑遍了全国十几所高校虚心求教。他向学校提出了一个大胆的设想——把化学、机械工程、环境科学与工程、物理学、信息与通信工程等材料相关专业联合起来，建设一个大的材料科学与工程学科，统一规划、统一发展。他的信念从未畏怯，他的脚步坚定向前，他的话语言犹在耳：“干自己想干的事，还怕苦？”

学院的年轻人都记得，王雨常常在学科微信交流群里深夜“冒泡”，给大家大段大段地灌“心灵鸡汤”。他就像家里的大哥，关照着每一名新加入学院的年轻人，引领着大家去寻找科研领域新的坐标。“生活不只眼前的苟且，还有诗和远方。不信邪的年轻人，请跟我来，去找找那科研的诗和远方。”青年博士廖霞霞说：“只有站在他的高度，才会明白，那些‘心灵鸡汤’，正是他一直践行的人生信条。”王雨一直是这样奋斗着，给整个工程学院带来激情与活力。

谁也没想到，那个总说自己身体很好，安慰别人说生命很顽强，好像总在路上奋力奔跑的人，就这样突然倒下了，再也没有起来。

“王老师太累了，他只是睡着了。”每天，离开材料楼，青年井冈学者费林峰总会下意识地抬头回望一眼，301 办公室的灯是不是亮着，那个穿着浅蓝色衬衣、黑色西裤，拎着电脑包的中年人会不会从楼里走出来……

“我在这里啊，就在这里啊，惊鸿一般短暂，像夏花一样绚烂。”出事前几天，王雨还对人说起：“等忙完这阵，我要带着孩子们出去好好玩玩。”然而，一向守信的王雨这次完全失信了。再也没有人知道，生命的最后一刻，王雨还想了什么。唯一能确定的是，出事那天上午他还在办公室加班修改南昌大学部省合建方案。如今，这一方案已成为《江西省人民政府关于支持部省合建南昌大学的实施意见》，而他一手打造的南昌大学材料科学与工程学科将在他的怀抱下迎来发展的灿烂春天。

南昌大学对口支援瑞金市

赣南等原中央苏区在中国革命史上具有特殊重要的地位。新中国成立特别是改革开放以来，赣南等原中央苏区发生了翻天覆地的变化，但由于种种原因，经济社会发展明显滞后，与全国的差距仍在拉大。振兴发展赣南等原中央苏区，既是一项重大的经济任务，更是一项重大的政治任务。南昌大学主动扛起政治责任，落实国务院《关于支持赣南等原中央苏区振兴发展的若干意见》精神，于 2016 年 8 月，全面启动对瑞金市和瑞金经济技术开发区的对口支援工作。瑞金是“红色故都”、共和国摇篮，下辖 7 镇 10 乡，人口 70 余万，面积 2400 余平方千米。

学校高度重视对口支援工作，专门设立对口支援工作办公室，挂靠组织部。建立工作联席例会制度，每年安排专项资金 100 万元。自启动对口支援以来，学校充分发挥综合性大学优势，倾全力、全方位、多角度，有力地支援了瑞金脱贫攻坚、强村富市。学校参与的二级单位、部门超过 80 个，参与师生达 6000 多人，对接帮扶瑞金的各类学校 33 所、贫困乡村 7 个，累计投入资金（财物）800 多万元。2018 年 7 月，瑞金市率先在赣南脱贫摘帽，第一时间给学校发来感谢信。

在实现瑞金经济又快又好发展上，学校竭尽所能做出了最大的努力，诠释了高校的责任与担当。主要做法如下：

人才帮扶。派出 12 名干部与博士人才赴瑞金挂职；向瑞金经开区先后推荐了 2 批共 225 位专业技术人员挂靠区人才库，有力地支援了瑞金的人才队伍建设。

智力帮扶。成立南昌大学江西发展研究院瑞金研究中心，在瑞金成功举办了 4 次高峰论坛，先后派出 15 位专家、学者赴瑞金授课，激活了干部、教师的思想，提升了履职能力；旅游学院充分发挥专业优势，积极帮助瑞金市及多个乡镇编制旅游规划，发展全域旅游、红色旅游，助推瑞金打造全国红色文化旅游示范城市。目前，瑞金的旅游产业已成为最大的支柱产业，红色旅游领跑全国。

科技帮扶。组建南昌大学“精准帮扶科技专家团”，上门为瑞金企业解决实际问题，申报国家级和省级共性技术服务平台、研发平台，先后遴选 2 批专利成果共 33 项，低价或免费转让给瑞金经开区及企业。

教育帮扶。实施“圆梦南大”计划，共为 40 名考取南昌大学的瑞金籍本科贫困学子免除 4 或 5 年学费，总计达 100 多万元；派出 23 名优秀研究生赴瑞金支教；“一对一”对接瑞金中小学 33 家，捐助物资金额 200 多万元。

医疗帮扶。学校 3 家附属医院分别与瑞金市 3 家医院签订帮扶协议，先后派出了 9 名医疗骨干挂职帮扶瑞金，开展业务交流，提升医疗水平，开展远程医疗，培训医务人员，为瑞金人民健康助力助能。

其他帮扶。组织 123 名师生开展了为期半个月的暑期社会实践活动，翻山越岭走遍瑞金 17 个乡镇 227 个行政村，顶着烈日走村入户，收集、整理、录入上万份资料；公共管理学院 75 名师生帮助瑞金开展了精准扶贫第三方预评估工作；经济管理学院等 7 个学院为当地百姓建莲子冷库、建村民活动室、改善村委会办公条件、修建文化与健身广场，援助物资金额达 40 多万元；学校赴瑞金进行红色爱国教育的师生人数累计超 3000 人次；在中国扶贫 832 网采购了瑞金农产品 46 万多元……

对口支援路，绵绵苏区情。南昌大学师生以实际行动，用智用心用情书写了对口支援瑞金工作的新篇章，向江西省委省政府交出一份合格的答卷。

南昌大学对口帮扶玉山县程村村

上饶市玉山县紫湖镇程村村是南昌大学定点帮扶的贫困村，该村是省级“十三五”贫困村，地处大山深处，信江、钱江源头，山多地少，比想象的要闭塞和贫瘠。青壮年大多外出打工，年老后回乡种田、养殖，村民收入主要依靠外出务工和卖山货。2015 年，全村建档立卡贫困家庭 73 户，贫困人口 230 人，人均年收入只有 1760 元。

南昌大学自 2015 年定点帮扶程村村以来，程村村便成为南昌大学师生十分牵挂的地方。学校成立了由校党委书记任组长，校长、党委副书记任副组长的定点帮扶工作领导小组。学校定期召开专题会议听取驻村工作汇报，研究部署定点帮扶工作。制定了《南昌大学对口帮扶玉山县紫湖镇程村村工作方案（2015—2017、

2018—2020）》。校领导先后20多人次赴程村村指导精准扶贫工作，学校成立驻村扶贫工作队，先后选派9名干部接力驻村，努力推进“党建+精准扶贫”的长效机制建设。坚持出真招实招，久久为功，扎实推进。

2015年起，学校公共管理学院教授熊茜、魏丹来到程村村，走村串户开展起调研。“我和魏老师带着团队的16名学生入驻程村村，挨家挨户摸底调研。一个礼拜下来，摸清了70户建档立卡贫困户的基本情况，导入相关政策，因户施策进行精准扶贫。”熊茜记得，彼时要到山上的几个村小组，得穿过片片树林，加上不少村民从福建移民而来，路途遥远、语言不通都给扶贫工作带来了极大的挑战。

突出教育扶贫，斩断贫困代际传递。一是创新实施“圆梦南大玉山”计划，免除建档立卡贫困户子女本科期间学费。该计划已连续实施4年，受惠学生3人，累计免除学费6万多元。二是重点帮助定点扶贫地程村小学改善办学条件，打深水井、装电子屏、建国学工作室、电脑教室。同时，实施“爱心午餐”计划，建立“爱心食堂”，提供免费营养午餐。三是为切实提高程村小学的教育教学质量，学校附属小学、幼儿园主动与程村小学结对子，定期开展优秀教师送教送课下乡活动。实施程村小学教师到学校附小跟班轮训计划，通过学习观摩，提升教学水平，缩小城乡教育差距，实现资源共享。

突出产业扶贫，聚焦增收致富。学校驻程村村工作队统筹建设了酒厂、茶厂与竹制品加工三个扶贫产业，成功注册了种植合作社，帮助大批有劳动能力的贫困户实现了家门口就业。目前，已实现了扶贫产业全村贫困户全覆盖，村集体经济由2015年对接时的负债30万元，增长至2020年的38万元。

实施健康扶贫，提升发展保障。学校充分发挥附属医院医疗资源优势，建立交流互通平台，开展疑难病例远程会诊、转诊绿色通道和义诊等服务工作，帮助提高当地医疗诊疗水平，解决了因病致贫和优质医疗服务问题，受到当地百姓的热烈欢迎。

实施文化扶贫，提升发展品质。学校艺术与设计学院连续多年开展“艺术香樟”暑期社会实践活动，组织近百名优秀师生到程村村开展义务支教、支农、墙绘宣传、文艺演出等，深受程村村乃至紫湖镇老百姓的欢迎。

创新消费扶贫，提升发展动力。学校驻村工作队积极帮助程村村销售各类农产品，搭建了“秀美程村”微信公众号等5个长期稳定的网络销售平台，第一书记主动现身江西卫视，代言农产品。举办扶贫点农产品进校园或扶贫超市进办公楼活动，定向采购玉山特色农产品。学校积极推动消费扶贫资金超过136万元。

截至2020年底，学校先后投入资金300余万元，为村里建成花山大桥、党群服务中心、党建文化广场，完成村里的危房改造，代付了村里的30万元债务。2017

年程村村实现了整村退出贫困。目前，贫困人口 230 人，已全部脱贫，贫困家庭村民人均年收入由 2015 年的 1760 元增至 2020 年的 8100 元。学校被江西省扶贫开发领导小组评为 2015—2017 年度先进单位，驻村第一书记樊国宝被评为先进个人；驻村第一书记邹呈民先进事迹入选教育部扶贫典型案例，并被评为“上饶市最美扶贫干部”；驻村工作队队长张自峰同志被玉山县授予“玉山县十大最美扶贫人”称号。

四、学科建设

2013年学校入选《中西部高等教育提升计划名单》

我国高等教育扩招后，中西部地区20个省（区、市、兵团）的1150所地方属普通高等学校（占全国总数的50.81%），承担着全国半数以上大学生的教育工作。可以说，中西部地方属高校是区域经济社会发展提供人才和科技支撑的主力军，也是满足人民群众读大学的主要供给力量。但是，东部和发达地区与中西部地区在经济社会发展上的巨大差异，制约了中西部高等教育发展水平，更深刻影响着中西部能否与东部"同频共振"的未来发展。全省没有一所教育部直属高校，更成为很多中西部省份的"心头之痛"。

2013年5月，为加快抬高底部，确保为中西部经济社会发展提供坚强的人才和智力支持，教育部、发改委、财政部联合印发《中西部高等教育振兴计划（2012—2020年）》，实施"一省一校"高水平大学建设项目，即在没有教育部直属高校的省份，重点支持1所高水平大学。同年，南昌大学进入"中西部高校综合实力提升工程"入选高校名单，开启了内涵发展与特色发展的高水平大学建设道路。

2013年6月，江西省委对学校领导班子进行调整，任命周创兵同志为南昌大学党委副书记、校长。2014年5月，周创兵校长签批"中西部高校综合实力提升工程"执行方案，并正式启动执行。该执行方案按照教育部、财政部关于中西部高校提升综合实力工作的要求，聚焦学校优势特色和江西省区域经济社会发展需求，针对学校提升综合实力面临的突出问题和薄弱环节提出了创新改革的工作举措。方案内容主要分为学科建设、科研平台建设、师资队伍和团队建设、标志性科研成果培育、人才培养与教育教学、国际化提速和保障体系建设七个部分，共有76个具体项目。

中西部高等教育振兴计划建设期间，学校全面更新与提升办学理念，重新凝练与明确办学目标，确定"学术立校、人才强校、依法治校"的办学理念，"人为本、德为先、学为上”的育人理念，提出“强学科、精管理、惠民生、兴实干”的发展思路，倡导“学生成才、学者成功、学校成名”的理想追求，明确“有特色、高水平、综合性”的办学定位和“压规模、调结构、转机制、提质量”的工作主线，设定“到2020年，力争把南昌大学建设成为区域特色鲜明的高水平综合性大学，学校综合实力排名进入全国前50名；到2050年，建设成为国内外知名的高水平综合性大学”的建设目标。

通过四年的建设，学校办学质量、办学水平和办学效益全面提升，综合实力显著提升，在江西高等教育改革发展中发挥了示范带动作用。特别是江风益教授的“硅衬底高效GaN基蓝色发光二极管”项目荣获2015年度全国唯一一项国家技术发明一等奖，这不仅是江西省在该奖项零的突破，同时也是自国家科学技术奖设立以来，首次由地方高校获得的一等奖，为学校入选国家“世界一流学科建设高校”奠定了坚实的基础。

2017年5月，学校成为江西省“有特色高水平大学和一流学科专业建设”的高水平大学整体建设高校。9月，“新材料技术学科群”入选国家“世界一流学科”，学校成为国家“双一流”建设一流学科建设高校。

2018年2月，教育部与江西省签署《教育部、江西省人民振幅关于部省合建南昌大学的协议》，学校成为部省合建高校，迈入高质量快速发展之路。

2014年学校开展综合改革试点工作

2014年12月，江西省人民政府批复下发《江西省人民政府办公厅关于印发南昌大学综合改革试点实施方案的通知》（赣府厅发〔2014〕67号）（以下简称《方案》），《方案》是江西省人民政府在全国高等教育综合改革工作的大背景下出台的，旨在通过综合改革，努力使南昌大学成为江西高等教育深化改革的先导者、科学发展的示范者、现代大学制度建设的先行者，成为江西创新拔尖人才培养和高层次人才聚集的战略高地，成为江西科技创新体系的核心基地，成为江西区域经济社会发展的重要智库。

站在全国全面深化教育领域综合改革的战略抉择面前，学校党委行政审时度势，勇于担当，牢牢抓住综合改革这一千载难逢的战略发展机遇，经过一年多的精心谋划，在广泛调研的基础上，提出了把南昌大学作为江西省综合改革试点学校的设想和方案。这一设想和方案，不但高度契合了省委省政府实现高等教育进位赶超、推动江西发展升级的筹划和期望，又把南昌大学全体师生改革创新、奋发图强的强烈意愿上升为省委省政府的重大战略决策。省委省政府和教育部领导高度重视、充分肯定、特事特办，并在 2014 年底由省政府批准颁行《南昌大学综合改革试点实施方案》。

《南昌大学综合改革试点实施方案》的批准颁行，对南昌大学未来十年的发展具有里程碑的意义，也是一个纲领性的文件。为了深入学习宣传和解读好这个文件，学校高位推动，成立了由全体班子成员组成的宣讲团，分别深入各联系学院进行宣讲，以期在全校上下形成强大的学习宣传声势，营造浓厚的改革发展氛围。

根据《方案》精神，学校以“压规模、调结构、转机制、提质量”为主线，贯彻“问题导向、目标引领、创新驱动、协同推进”的方针，按照“党政协同、多位一体、分工合作、过程监控”的方式，全面推进教育综合改革工作。成立南昌大学综合改革试点工作领导小组，学校党政主要领导任组长。领导小组下设综合改革推进办公室，负责协调、推进、落实和督查综合改革各项工作，分管校领导任办公室主任。成立 12 个综合改革试点工作推进小组，分项推进综合改革试点实施方案所明确的具体任务。各学院成立相应的领导小组，编制本学院综合改革实施方案，配合学校综合改革推进办公室和 12 个工作推进小组开展工作。

为了使综合改革工作落到实处，学校推出了一系列具体的工作举措。一是推进治理结构改革，完善现代大学制度，逐步落实办学自主权，实现政府宏观管理、学校自主办学；二是深化教育教学改革，全面提高人才培养质量，培养创新拔尖人才、应用型人才；三是深化人事制度改革，打造一流人才队伍，实现高层次人才为核心的创新团队数量大幅增长；四是创新学科建设体制机制，建设“一流学科”；五是深化科研体制改革，促进科技创新，建立以创新、质量和团队为核心的科技评价体系；六是创新产学研用合作模式，提高服务区域经济社会发展能力，建立健全灵活的产学研合作机制和有效的激励政策；七是创新资产与后勤管理模式，提升综合保障能力；八是创新大学文化，培育大学精神，努力营造严谨求实、乐于奉献、风清气正的校园环境，塑造正能量的大学精神。

通过推进综合改革试点工作，学校综合改革试点任务基本完成，学校人才培养质量显著提升、师资队伍结构持续优化、学科建设成效不断凸显、科研创新能力明显增强、国际化水平不断提高、社会服务能力持续增强、内部治理体系不断健全、党的建设不断加强，学校内涵建设初见成效，综合实力持续提升，社会影响显著增强。

三位一体推进“世界一流大学”建设

百年学校，弦歌不辍，世纪学府，薪火相传。在“两个一百年”奋斗目标的历史交汇点，学校贯彻习近平新时代中国特色社会主义思想，坚持以“江西底色、中国特色、世界一流”为长期办学目标，以立德树人为根本，以支撑创新驱动发展战略、服务经济社会发展为导向，形成以世界一流学科建设为牵引、以江西省高水平大学整体建设为支撑、以部省合建为驱动的“三位一体”建设布局，加快了“世界一流”大学的建设步伐。

2016 年，习近平总书记来到南昌大学，视察了江风益教授所在的国家硅基 LED 工程技术研究中心实验室，听取了实验室研究成果介绍，视察芯片制作流程，了解实验室科技创新、人才培养、产学研结合等情况，并视察了南昌光谷展厅，肯定他们攻科研难题和抓成果转化决心大、目标高、工作实、成效好。习近平总书记同时指出高校作为科技创新的生力军，要创新人才培养机制和教育方法，为国家现代化建设培养造就更多的合格人才、创新人才。

近年来，学校坚持以新材料技术学科群为引领，制定了特色鲜明的建设方案，建立了“破五唯”的学科特区机制，实现了分类分层建设，很好地带动了一批学科蓬勃发展，提升了学校整体学科水平。

学校新材料技术学科“十年磨一剑，一朝露锋芒”，在国际上率先开创了具有中国自主知识产权的 LED 照明芯片第三条技术路线，成功研制了高内量子效率硅衬蓝光 LED 外延材料和高取光效率高可靠性单面出光蓝光 LED 芯片，并实现了 MOCVD 设备的心脏（反应管）和整机的设计、加工、安装、调试等硬软件系统性技术创新，成功研制出生产型硅基 LED 专用 MOCVD 装备，实现了相关应用的技术产业链，打破了日美等国在该领域的技术垄断；也正因如此，学校成了美国政府的“眼中钉”，被美国商务部列入实体清单。2019 年江风益教授当选中科院院士，实现了学校本土培育院士零的突破。

食品科学与工程学科立足江西省特色农产品资源（禽鸭、黑灵芝、油茶、南酸枣、蜂胶等），突破益生菌发酵、食物组分超微细化等农产品加工关键共性技术，研发剥皮机、核肉分离制浆机、生物流化床式多体多级蜂胶萃取机等关键装备，研究成果在江西江中集团等 20 余家企业应用和示范，实现销售收入超 100 亿元，获国家科技进步二等奖。在教育部第四轮学科评估中获评 A，全国排名第三，是江西唯一获 A 级的学科。

在一流学科的示范作用下，学校整体水平持续提升。2020 年，学校综合实力在中国校友会网中国大学排行榜中排名全国49位（较2017年提升10位），在武书连中国大学排行榜中排名全国第61位（较2017年提升13位）。

2020年9月，学校更是圆满地完成国家“双一流”周期建设，提交了一份满意的答卷。以中国科学院院士、西北工业大学教授魏炳波为组长的专家学者考评认为：学校的“双一流”建设内容符合建设方案，全面达成了建设目标，建设成效显著。材料科学与工程学科发展态势强劲，在硅基氮化镓半导体发光材料学科方向已居世界领先地位。一流学科建设有力地带动了学校整体办学水平的提升。

同年11月，易炼红省长来到南昌大学调研“双一流”建设工作，做出重要指示，要求全省各地各有关部门动员起来，“举全省之力办好南昌大学，争取进入世界一流大学建设高校行列”，并将这一目标纳入《江西省国民经济和社会发展第十四个五年规划和二〇三五年远景目标纲要》。

从“省部共建”到“部省合建”

——南昌大学跨越发展之路

2004年12月15日，江西省人民政府、教育部共建南昌大学协议签字仪式隆重举行。教育部部长周济和江西省委书记孟建柱，省委副书记、省长黄智权，省委副书记、常务副省长吴新雄等出席签字仪式。周济、黄智权分别代表教育部和江西省政府签署了协议。周济部长在讲话中肯定了南昌大学改革发展的成绩，他说，南昌大学经过“211工程”建设和两次合并重组，学校面貌发生了巨大变化，办学水平和综合实力明显提高。他希望南昌大学要“以服务求支持，以贡献求发展”，进一步增强为江西经济建设和社会发展服务的意识和力度，要大力加强学科建设，要坚定不移地实施“人才强校”战略。黄智权省长说：“从今天开始，南昌大学走上了省部共建的发展道路，这是南昌大学乃至江西高教发展史上的一个里程碑，标志着南昌大学的建设和发展将迈入新的历史性跨越。”

实施省部共建后，江西省人民政府和教育部积极推动、加强指导南昌大学建设。2004年11月和2005年12月，为了指导共建高校制定战略发展规划，推进地方高校的发展，教育部直属办先后在广西和北京召开了共建地方高校和直属高校发展规划研讨会，吸收了南昌大学参加，指导南昌大学制定发展规划。在《江西省国民经济和社会发展第十一个五年规划纲要》中明确提出：“积极实施南昌大学省部共建和‘211工程’建设。”“十五”期间，南昌大学共完成了“211工程”建设总投资26362.24万元，其中中央各项资金和江西省政府配套资金全部到位。

2018 年 2 月，教育部通过“部省合建”这一新的机制和模式，在尚无教育部直属高校的省份，按“一省一校”原则，重点支持南昌大学、郑州大学、河北大学、山西大学、内蒙古大学、广西大学、海南大学、贵州大学、云南大学、西藏大学、青海大学、宁夏大学、新疆大学、石河子大学 14 所高校建设。按照教育部与江西省人民政府共建协议，学校将在学科专业建设、科学研究、师资队伍建设、对外交流合作等诸多方面享受与教育部直属高校同等的待遇，这为南昌大学写好新时代奋进之笔注入了巨大动力。

自跻身部省合建高校以来，学校明确“打造两个世界一流学科，助力江西两大产业发展”的战略主题和“突破学科边界、聚焦产业发展、产教深度融合、扎根赣鄱大地”的总体要求，按照“育人为本、创新引领、合建驱动、改革攻坚、实干兴校、拼争一流”的建设思路和“压规模、调结构、转机制、提质量、强服务”的工作主线，确立创建国际创新研究院、建设大型系列研究平台、建立学科特区、加快国际合作交流、重构评价体系、提升人才培养质量六大现实任务，形成了世界一流学科建设、高水平大学整体建设和部省合建“三位一体”的建设布局。

在教育部、江西省委省政府的正确领导及对口合作高校的具体指导下，学校抢抓机遇、主动作为，积极协调推动召开江西省部省合建南昌大学工作领导小组全体会议，做实南昌大学部省合建办公室，加快推进部省合建六大现实任务，并取得了阶段性成效，有力推动了江西材料、食品两大产业高质量发展，为世界一流大学建设奠定了坚实基础。

学校配齐建强国际创新研究院领导班子，已引进 50 余名高层次人才；先后与南昌高新区管委会、小蓝经开区管委会签署共建协议，落实大型系列研究平台建设场地，分别于 2022 年 6 月、2021 年底正式投入使用。以“2+X”的方式推进学科特区建设，出台《南昌大学学科特区管理办法（试行）》及管理细则，落地职称评聘、岗位绩效等系列激励措施，参考院士评选程序和投票办法、业绩材料和现场答辩相结合，对申请人的品德、能力和研究成果的贡献度及影响力等进行评审，探索实行以“创新质量和服务贡献度”为导向的学科绩效评价改革，建立突出品德、能力、贡献、影响力的人才评价体系，为“破五唯”作了探索与实践，并取得实质成效。新材料技术学科群形成了新型 LED 技术长板，实现了产业化，形成了新产业链，在全国每年带动产值 200 亿元以上。食品学科立足江西省特色农产品资源，突破农产品加工关键共性技术，研究成果实现销售收入超 100 亿元。学校连续成功承办 2018 年、2019 年国际产学研用会议（南昌），六届中国国际“互联网 +”大学生创新创业大赛中共获 4 金 10 银 16 铜；入选国家级一流本科专业建设点 20 个，国家级一流本科课程 30 门。

学科特区建设

2017 年 1 月，经国务院批准同意，教育部、财政部、国家发展和改革委员会印发《统筹推进世界一流大学和一流学科建设实施办法（暂行）》；9 月，教育部、财政部、国家发展和改革委员会联合发布《关于公布世界一流大学和一流学科建设高校及建设学科名单的通知》，正式公布世界一流大学和世界一流学科建设高校及建设学科名单，南昌大学入选“世界一流学科建设高校”行列，入选学科为新材料技术学科群。

2017 年 5 月，江西省下发了《江西省有特色高水平大学和一流学科专业建设实施方案》，将南昌大学列为省高水大学整体建设高校，并将新材料技术、食品科学技术与健康、化学、生物学、临床医学、新闻与传播学、应用经济学和江右人文与中国哲学 8 个学科群列入省一流学科建设对象。

南昌大学正视学科发展不平衡的实际，以“需求牵引、科学发现、技术发明、哲学思考、文明演进”为学科建设方针，探索建立与学科特征相适应的发展模式和运行机制，设立了以坚持“破五唯”和“市场价值”为导向的学科特区制度，实行企业化运行，打造人才培养、科技创新和成果转化三位一体的科教融合体。2018 年开展“学科特区”试点，以“2+X”的方式逐步推进学科特区建设。“2”为学校的优势学科“新材料技术学科群、食品科学技术与健康学科群”，“X”指以“能进能出”方式滚动支持的候选学科，现已遴选公共卫生与大健康学科群、新文科学科群。

2018 年 11 月，学校出台了《南昌大学学科特区管理办法（试行）》，成立学科特区建设办公室。2019 年 12 月，出台“新材料技术”和“食品科学技术与健康”两个《学科特区管理细则》，并逐步落实学科特区在人事聘用、职称评聘、薪资发放等各项特殊政策。目前，两个学科特区已凝练出 11 个跨学院、跨学科的学科交叉研究方向，设置了学科带头人岗、学科方向带头人岗、关键岗、骨干岗和基础岗 5 类岗位，270 位科研、管理人员竞争上岗，组建 45 个宝塔形学科团队，与乌克兰、俄罗斯、白俄罗斯等国家的科研院所、高校开展人才培养、技术培训、科研项目等多方面交流合作，已从乌克兰柔性引进 4 名专家和 1 名院士。

“学科特区”制度实施以来，为“破五唯”做了探索与实践，并取得实质成效。“新材料技术”学科特区继 2015 年获得国家技术发明一等奖后，相继突破了多项新的世界难题，取得了水平更高、用途更广、价值更大的系列创新成果。2019 年，五项成果通过中国照明学会鉴定（4 项国际领先、1 项国际先进），实现了从并跑到领跑的跨越式发展。“食品科学技术与健康”学科特区，获得 2016 年国家科技进步二等奖，在教育部第四轮学科评估中，食品科学与工程学科获评 A，全国排名第三，是江西唯一的 A 级学科。2019 年，“US News 全球大学排名”中，学校农业科学学科（以食品为主）位居全球第 20 位。

大部制、学部制改革

党的十九届四中全会提出：“坚持和完善中国特色社会主义制度，推进国家治理体系和治理能力现代化。”高等教育治理体系，是国家治理体系的重要组成部分。实现国家现代化，教育要率先现代化。实现教育现代化，教育治理要率先现代化。为此，在“双一流”建设和部省合建背景下，南昌大学积极推行学部制、大部制改革，并于 2020 年 6 月、7 月先后印发《南昌大学学部设置及管理办法（试行）》《南昌大学大部制改革实施意见》，着力构建“党委领导、校长负责、教授治学、民主管理”的现代大学制度，为“作示范、勇争先、创一流”提供制度保障。

学部制改革——彰显学术权力，落实教授治学。学部是各学科发展的学术共同体，是维护基层学术权力、实现教授治学的重要组织形式。2014 年，学校推进综合改革，形成“校、部、院、系”四级管理构架和校院两级管理体系。根据事业发展需要，优化学部设置，将之前的人文社科、理工、医学三大学部调整为人文、社科、理工一、理工二、医学五大学部。五大学部分别由所辖学院、独立科研机构、学科交叉创新平台等实体组织组成，承担规划配置学科资源、推动跨学院科研合作、落实学科协同育人、服务学科特区建设等实质性学术管理职能。学部定位为学术管理的中心枢纽，是集决策咨询、管理服务于一体的综合平台。学部的设置有利于发挥学科综合优势，优化资源配置，推动学科交叉，开展需求牵引的有组织科研活动，更好地服务于国家和区域重大发展战略；有利于彰显学术权力，落实教授治学，规范完善学术组织及其功能，激发基层学术组织的创新活力和自我发展能力；有利于加强人才培养模式改革创新，加强复合型、创新型、应用型拔尖人才培养。学校还将通过战略规划、政策制定、宏观调控、监督评价等指导学部和学院发展，持续提高学术管理效能。

大部制改革——实现内部管理的精简与高效。2020 年，为提升行政管理效能，学校以大部制改革为契机，推动以行政管理改革为核心的学校管理体制改革。学校综合考虑各部门承担的基本职能、内部领导体制特点、组织运行实际需要等因素，按照“大部门、大职能、大服务”范式，根据“整合相近职能、避免职责交叉”原则，对各职能部门进行机构重组，成立综合管理部、发展与改革委员会、本科生院等11个大部门，构建“大职能”管理体系。同时，学校还通过建立基本运行、沟通协调、弹性运行、综合服务、监督评估五大机制，保障大部制高效良性运转，不断提升治理体系和治理能力现代化水平。大部门职责定位为综合协调，坚持“按需设岗、精简高效、服务至上、统筹协调”基本原则，实行扁平化管理，通过理顺工作关系，整合各处室的职能，提高职能部门的运行效率，更好地服务于学科、学生、学者及学术发展。各大部门设主任1人，由学校分管领导担任，发挥其部内协调、横向协同以及纵向推动的工作职责。

实行学部制、大部制改革，是学校深入贯彻落实十九届四中全会精神，推进高等教育治理体系和治理能力现代化建设的重要举措。改革坚持目标引领、问题导向的原则，打破条块分割，整合管理资源，完善治理结构，提升治理效能，为学校“在部省合建高水平大学中作示范、在国家双一流建设中勇争先、开启世界一流大学建设新征程”提供体制机制保障。

未来技术学院的建立

在“两个一百年”奋斗目标的历史交汇期，在百年未有之大变局中，教育部于2020年5月印发《未来技术学院建设指南》，提出高校应做好未来科技创新领军人才的前瞻性和战略性培养，抢占未来科技发展先机。

作为与国家和人民同呼吸共命运百年的高等教育学府，南昌大学第一时间响应政策号召，在广泛调研国内外先进育人范式的基础上，结合江西省情及学校校情，一个月内提出兼具时代需求和地方特色的未来技术学院建设方案，获得多方认可。2020年7月16日，南昌大学未来技术学院正式挂牌成立，江西省人民政府副省长孙菊生、省政府副秘书长樊雅强、省教育厅厅长郭杰忠出席挂牌仪式。孙菊生副省长指出：“南昌大学依托材料科学与技术世界一流学科和江风益院士团队在全省率先成立未来技术学院，为江西省高质量跨越式发展，培养未来技术领军人才，探索学科实质性交叉融合创新树立了新范式。”

新时代的科技领军人才，应是不受专业局限、至少在两个领域有深刻造诣的π型人才。为此，学院率先打破学科壁垒，邀请名师凝练整合知识点，减少理工科非基础知识约200课时，增设科技哲学、生物医学、艺术设计、管理营销课程，搭建理工文医并进的精炼课程体系。学院率先实行八年本硕博连读学制，率先实施双导师双顾问制，其中，科学技术导师由获得国家自然科学基金支持的青年教师担任，通过科研训练项目指导学生提升知识驾驭能力；科技领军导师由国家级人才担任，引导学生发展创新思维和能力；顾问由国家奖指导老师、企业高管、行业专家担任，带领学生探索科技成果开创市场需求的可能。学院坚持立德树人、四自教育，打造校内首批无人监考示范学院，创办院士院长论坛等科技前沿学习平台。

2020 年 9 月 14 日，学校审议通过学院机构设置方案，明确由国家技术发明一等奖获得者江风益院士担任学院总顾问，由国家有突出贡献中青年专家王小磊教授担任院长。10 月，学院开办新功能材料与技术实验班，经两轮选拔录取 34 名学生，在国家硅基 LED 工程技术研究中心举行开班仪式，聘请 5 名校级以上教学奖获得者任精炼课负责人，聘请 2 名中国国际“互联网 +”大学生创新创业大赛金奖导师任顾问。11 月，从 124 名获得自然科学基金支持的青年教师中选拔出 34 名科学技术导师一对一指导学生，导师包括国家级科研平台及人才团队教师及国家级奖励获得者，专业范围理工文医全面覆盖。

学院半年内从 0 到 1，高效完成组织机构架设、精炼课程搭建、新生选拔录取、导师顾问遴选、培养模式创新系列建设举措，成为国内首批响应教育部文件精神并开展建设的未来技术学院，为培养能引领科技变革、能推动“中国制造”到“中国创造”转型升级的科技领军人才做出有益探索。

江西省首个一级学科博士点

20 世纪 90 年代，江西大学与江西工业大学合并为南昌大学；1996 年，南昌大学获批系统工程硕士授权点；次年，南昌大学被列为国家“211 工程”重点建设大学。而在短短的三年后，在进入 21 世纪的元年，南昌大学又获批管理科学与工程博士授权点，而这也是江西省第一个一级学科博士点。

对于高等教育并不发达的江西而言、对于年轻的南昌大学而言，要申报一级学科博士点面临着诸多的困境。一方面是办学资金和资源的不足。受江西地缘和财政的多方影响，南昌大学在办学资金和资源等方面相较于国内其他竞争高校，具有明显的劣势。另一方面，是两校合并带来的机制问题，对博士点申报的工作机制仍然存在一些不畅通之处。尤其体现在人员不足、经验不足、信息不足等方面。

披荆斩棘，一马当先。面对严峻的形势，老一辈管理科学与工程学科的教师们不负众望，克服重重困难。多少个日日夜夜的奋笔疾书，多少次面红耳赤的头脑风暴，多少场求真务实的工作会议，多少回意义深远的学术交流，每一位为之付出辛劳和努力的教师们见证了南昌大学的历史性时刻，也为江西高等教育事业的发展画上了浓墨重彩的一笔。

经过20年的发展，目前管理科学与工程学科已经夯实了基础，牢固了梁柱，建立了“本—硕—博”一体化的完善的人才培养体系：以3个本科专业为基础，以2个学硕和2个专硕学位点为中心，以博士点和博士后流动站为高端人才培养的关键，将管理学的通识教育、专业教育与学术教育融为一体，致力于培养多层次、复合型的专业管理人才。在第四轮学科专项评估中，管理科学与工程的评估成绩为B–，位列全国并列第58位。自2001年以来，管理科学与工程学位点共招收博士研究生230多人，这是南昌大学首个人文社科类博士学位授权点，对于南昌大学这所综合类高等院校的学科建设与平衡发展而言具有重要的里程碑意义。

20年的发展，管理科学与工程博士点培养了近200名博士，他们已经成长为全国各地、社会各界的精英力量；20年的发展，管理科学与工程学科为南昌大学师资队伍的学历与能力提升做出了巨大贡献，很多优秀的毕业生如今已然成为博士点的教授、博导和学科建设与发展的中坚力量；20年的发展，管理科学与工程学科为江西省管理科学与工程类高等教育与科研事业的发展培育了大量的高层次人才，在区域范围内已然成为行业的领头羊；20年的发展，管理科学与工程学科为建设富饶、美丽的江西提供了大量的智库服务与智力支持，研究成果应用于指导江西经济、社会与科技发展和打造“江西样板”等方面积累了非常多的成功经验。

江西省首个专业学位博士点

百年江医，世纪芳华。时间拨回至1965年，江西医学院医学部正式开展研究生教育工作部署。从1998年获批外科学（烧伤）博士学位点，到2000年成为临床医学专业学位教育工作试点单位，南昌大学临床医学学科精诚协作、聚沙成塔，终于2010年获批临床医学专业学位一级博士点。截至今日，它仍是我省第一个也是唯一一个专业学位博士点，为健康江西的发展提供了稳固支撑。

临床医学是研究疾病的病因、诊断、治疗和预后，提高临床治疗水平，促进人体健康的科学，是现代医学体系中与人文社会科学紧密相连的、实践性很强的应用型学科。临床医疗实践是根据病人的临床表现，从整体出发研究疾病的病因、发病机理和病理过程，进而确定诊断，通过治疗和预防以最大程度上消除、控制或延缓疾病，在“减轻病人痛苦、恢复病人健康、提高病人生活质量、护劳动力”方面具有重要作用。

勇攀医学高峰，勇担时代使命。临床医学专业学位旨在培养具有良好的职业道德、人文素养和专业素质，能独立承担本专业领域常见疾病诊治工作，且具有较强的发展潜力，具备从事临床工作执业资质和一定临床科学研究能力的高层次临床医生。这同样要求临床医学学科必须锐意进取，积极开展师德师风、医德医风教育活动，思想政治教育工作特色鲜明；按照“学院管理，栋为基础”的学生管理运行模式，开展以“三进三结合三大建设一项工程”为主要内容的学生教育管理工作，才成就了学科严肃活泼、严谨认真的专业学风。

目前，临床医学专业学位涵盖了内科学、儿科学、老年医学、神经病学、精神病与精神卫生学、皮肤病与性病学、急诊医学、重症医学等 26 个专业领域，在消化系统疾病、心血管系统疾病、神经精神疾病、恶性肿瘤、呼吸系统疾病与危重症 5 个学科方向的临床与基础研究具有明显特色与优势，为全方位人才输送提供了切实可靠的保障。

立德树人，桃李芬芳。在研究生教育方面，学校围绕创新能力的培养，创新培养模式，优化培养过程，不断提升研究生教育质量，大力培养创新型人才。通过加强过程管理与监督，引入必要的淘汰机制，包括开题、中期考核、学位论文等环节，确保研究生的培养质量。

临床医学专业学位培养遵循医学人才培养的一般规律，顺应“生物—心理—社会”医学模式和“预防—医疗—康复—保健”医疗模式的发展趋势，为服务日益增长的医疗需求培养合格的医疗人才。2011 年至 2020 年底，学校累计招收和培养临床医学专业学位博士 277 人；目前有在校生 255 人。学科建立了以临床科学研究为导向的导师负责制，构建导师评价体系，优化导师队伍结构，目前共有博士研究生导师 186 名。不断健全研究生多元化的资助体系和奖励制度，并积极做好就业指导工作，各届研究生就业率均达到或接近 100%。学科专业学术成就同样卓越，《医学网络教学研究与应用》获国家级教学成果二等奖；发表论文 2789 篇，被 SCI 等收录 25 篇。

十秩芳华，弦歌不辍。临床医学博士点设立十年来，有效地促进了学校临床相关专业的学科发展，为学校内涵发展起到了重要的支撑作用，对服务地方社会经济发展也有着重要意义。

科研“福”农

——食品学科助力地方经济发展

南酸枣内核长有五个小眼，雅称五福果，寓意“五福临门”。

2019 年，南昌大学食品专业南酸枣产业化关键技术和装备创新与应用项目技术达到国际领先水平，项目在江西齐云山食品有限公司实施产业化应用，2015 年以来实现销售收入 13 亿元，带动农民增收近 5 亿元。

37 年来，食品学院立足专业学科优势，在产学研用合作实践中不断探索，为江西带来的“福”果远不止于此。

食品学院刘成梅团队集中攻克稻米精深加工关键技术，早籼稻生产高品质蒸谷米集成技术、新型米制品加工集成技术、轻碾营养米加工技术等一系列科研成果实现产业化，有力促进了江西稻谷深加工行业的发展。

立足禽鸭、黑灵芝、油茶、蜂胶等江西省特色农产品资源，食品学院突破益生菌发酵、食物组分超微细化等农产品加工关键共性技术，研发剥皮机、核肉分离制浆机、生物流化床式多体多级蜂胶萃取机等关键装备，研究成果在 20 余家企业应用和示范，实现销售收入超 100 亿元。

同时，学院牵头组建了“江西省绿色食品产业产教联合战略联盟”和“江西省绿色食品精深加工产教融合重点创新中心”，与江中集团、三元、无限极、中粮集团、伊利集团、南昌旷达、煌上煌集团、赣粮集团、阳光乳业等开展产学研合作，益生菌发酵果蔬、功能性碳水化合物、粉末油脂、食品安全快速检测等一批科研成果实现产业化。

依托南昌大学食品科学与技术国家重点实验室研发的“果蔬益生菌发酵关键技术与产业化应用”项目荣获 2016 年度国家科技进步奖二等奖，项目开发的 9 种新技术和益生菌发酵果蔬原浆、发酵果蔬饮料、发酵泡菜等 13 类全新系列产品，当年便在全国 19 个省市的 71 家企业推广应用。

新华社专访中提到，生菌发酵果蔬课题组仅在研究发酵菌株一件事上就执着了 16 年。为了寻找合适的菌种，食品发酵工程博士刘长根访遍了祖国大江南北。“白天找菌株，晚上就睡在火车上去下一个目的地，有时一找就是一个月。”刘长根说，“漫无目的地寻找、取样，让我遭遇了许多不解和冷漠。但要找到适应不同发酵果蔬的特异性菌株，就需要不懈的坚持和努力。”

生菌发酵果蔬课题组是南大食品人的缩影，他们潜心钻研、踏实苦干、勇攀高峰，闪耀着科学家精神的光辉。

16 年的坚守，创制了果蔬益生菌发酵上、中、下游全产业链关键技术创新体系，推动我国具有自主知识产权的果蔬精深加工迈向新“高地”。37 年的奋斗，使食品学院成为国家和江西省专业技术、人才培养、科学研究和成果转化的重要基地，为助力江西经济社会发展和实现在中部地区崛起提供知识服务、智力支持和创新动力，在服务国家和江西经济建设中做出重要贡献。

让“中国芯”点亮世界

——材料学科服务地方经济发展

春华秋实，寒来暑往。2015 年，南昌大学科研团队问鼎年度国家技术发明一等奖。这是令整个学校骄傲的事情，也是令江西省乃至全国骄傲的事情。因为，这个奖给了“硅衬底高光效 GaN 基蓝色发光二极管”。该项技术实现了一代人的蓝光梦，也创造出了真正的“中国芯”，让“中国芯”点亮世界。

巴掌大的蓝色圆形硅片上，一层层“生长”着多种半导体材料，两千个毫米见方的芯片整齐分布其中。由电变光，芯片发出神秘的幽蓝光，投射到荧光粉上，顿时柔和的白光洒射开来。“中国芯”令国人动容、世界震动。

而这样伟大的项目背后，是一代人艰苦磨砺、十年如一日的心血，是南昌大学副校长江风益和他的团队为期 19 年的奋斗故事。

1996 年，硅衬底项目启动；2004 年，研发出硅衬底 GaN 基 LED 材料与器件技术；2005 年，实验室出产品；2006 年，以硅基 LED 技术为依托的晶能光电公司成立；2007 年，中试成功；2008 年，开始小批量生产；2009 年，实现硅衬底小功率 LED 芯片量产；2012 年，成功突破新一代硅衬底大功率 LED 芯片技术……这个蓝光梦，江风益做了整整 19 年。

1996 年，在南昌大学一间 40 平方米的实验室里，江风益揣着 60 万元贷款开始了追梦，追踪日本技术做中国的 LED，自主寻找“中国芯”的路径。2003 年，江风益教授大胆选择硅衬底氮化镓技术路线。人才不足，就多投入精力。五千多次试验，夜以继日。饿了，叫盒饭在实验室里吃；累了，在实验室的小床打个盹。长期弯腰工作，江风益患上了严重的腰椎间盘突出椎管狭窄症，步行不到 50 米就得蹲下。经费有限，就自己动手组装试验装备。进口设备话费几千万不说，还受国外工艺局限。“自己组装充分体现我们的技术思路，”江风益教授说：“这是没钱的好处。”

星星之火，足以燎原。2003 年 12 月的一个寒冬日，实验室内硅衬底蓝光 LED 发出了一丝微光，江风益大呼“很亮”！

同40多年前曾经研究硅衬底的IBM及马德伯格等相比，这支仅有几人的研发团队，无论在资金实力还是研发实力上差距都不只一点。无数的质疑声、唱衰声不绝于耳。回首当年，江风益团队中的王敏教授坦言那是一段“在黑暗中摸索”的历史。不过，面对这些冷嘲热讽，教授淡然一笑。他说，有质疑很正常，“质疑是另外一种动力，最好的回答是把事情做好，用事实说话。”

技术研发不是一朝一夕的，攻坚克难是实验的常态。为了攻克实验难题，江风益和他的团队将实验楼当成了家。“楼里搞了个小食堂，办公室里摆了张床，经常一个星期不出房”。而研发阶段的完成并不表示实现量产的完成，拿下一场技术攻坚战不难，但制作硅衬底芯片并实现量产却又是一大难题。

从设计到实验，从实验到中试，从中试到规模量产……5000余次实验，贯穿了无数个昼夜，“明天下班”成为江风益团队的常态。没有可供参考的文献，没有可借鉴的经验，每走一步都是“摸石头过河”，实验经费的紧缺，几个亿的贷款重担，重重困难挡在研发团队的面前，但他们全都咬牙坚持了下来。

“凝聚力强，19年来我们只干了一件事。”团队成员刘军林如是评价自己所在的科研团队。LED技术的突破让不可能成为可能、冲破束缚开辟LED照明新路线、替代传统光源节省电量、让企业形成硅衬底LED产业集群雏形、有望将南昌打造出全国LED光谷……

小小的硅衬底蓝色发光二极管的诞生，使中国成为世界上继日美之后第三个掌握蓝光LED自主知识产权的国家、唯一实现硅衬底LED芯片量产的国家。

“我希望，在不远的将来，‘中国芯’能够照亮世界。这，是我的中国梦。”江风益教授如此说道。

集智聚力，让VR在江西更精彩

——信息工程学科服务地方经济发展

2016年2月，当VR产业在世界仍方兴未艾之时，南昌抢抓机遇，先手布局，打响了全球首个城市级VR产业发展第一枪。南昌大学作为江西省唯一的国家“双一流”计划世界一流学科建设高校，积极策应国家虚拟现实产业领域发展，主动围绕江西经济社会发展需求，对接江西省人民政府《关于共同推进南昌虚拟现实产业发展的战略合作协议》，于2018年5月依托信息工程学院成立虚拟现实产业技术研究中心，并与浙江大学共建创新合作团队，主攻混合现实交互、虚拟现实+教育以及自主无人系统智能交互研究，全力支持南昌发展VR产业。

信息工程学院刘且根教授就是团队中的一员，他说："2017 年 7 月从加拿大回国后，学院给我们返校的那一批老师都开了见面会，说的第一件事就是要我们高度重视 VR 领域的研究，助力南昌 VR 产业发展。我原来的研究方向是图像和视频处理，从那以后，就有意向地将自己原有的工作研究向 VR 应用方向倾斜。"

彼时的南昌大学，在 VR 领域的研究还是一片空白。但正是在高屋建瓴的顶层设计下，在像刘且根教授这样迅速行动的诸多老师的共同努力下，一个个与 VR 相关的闪亮成果逐渐亮相：虚拟现实创新创业基地成立、中国虚拟现实创新创业大赛硕果累累……

2018 世界 VR 产业大会提出："VR 技术必须和大数据、人工智能、互联网技术结合才能发展，才能从一个'玩具'变成'核心技术'。"当年 8 月，学校再次依托信息工程学院成立人工智能工业研究院，与虚拟现实产业技术研究中心一起为江西省努力打造 VR 产业集群和创新高地提供战略支撑。

2018 年 10 月，中国计算机学会、中国图像图形学学会、中国仿真学会，以及国际电子电气工程师学会（IEEE）四个学会为南昌大学授予了首批"虚拟现实与可视化技术国际合作创新中心"，与其他高校共同推进虚拟现实与可视化技术一带一路。

2019 年 10 月获批教育部空间信息智能感知工程技术研究中心（培育），实现了南昌大学在新一代信息技术领域的部级平台突破。

研究中心徐子晨教授说："VR 领域是个多学科交叉、创新性很强的领域，为了搭建服务地方的 VR 创新应用平台，研究中心也发挥多学科交叉融合优势，以产教深度融合为导向，不停地寻找合作伙伴。"

研究中心先后与华为、移动、联通、电信、旷视、东华软件、达华智能、北斗研究院等开展了产学研深度合作，逐步丰富产教融合协同育人"生态圈"，并参与了省级虚拟现实创新中心的建设和规划，一个个服务于地方的 VR 创新应用平台逐渐搭建起来，南昌大学服务地方区域发展的实效也逐渐凸显。

"我们的研究主要应用在培养外科医生、术前预测、制定术前方案、术中导航等，出的成果现在正在南昌大学第一附属医院应用，而且被科技部遴选参加中国国际工业博览会展出。"2018 年，刘小平教授以国家科技部 863 计划"基于高融合度增强现实技术的虚拟外科仿真与训练系统的关键技术问题"为依托，开展虚拟人体组织建模工作研究。

"我们成立的'应急救护 VR 实验室'产教融合基地完成了省市县三级红十字会 7000 人以及南昌大学 2020 级的 6000 人培训。基地目前还正在起草新一代信息技术和应急急救领域的新标准。"2019 年，刘捷教授团队的"VR+ 应急救护培训平台"

入选江西省首批VR应用示范项目。

同时，研究中心还开发了相应的VR课件，能直观、易操作的界面以及革命性的虚拟现实技术，给受众提供了一种自然而然的现实互动体验。目前，已开发的课程超过100课时，多数为国外课程的汉化版，并在国内部分中学建立了VR超级教室。

助力江西VR产业发展只是研究中心服务南昌、服务江西发展的一个缩影。

2019年，研究中心作为理事长单位分别牵头组建了“江西省电子信息行业产教融合战略联盟”、“江西省数字经济行业产教融合战略联盟”、江西省嵌入式系统工程产教融合重点创新中心。

段隆振教授团队获江西省人社厅重大专项“江西省信息化人社人才系统”立项支持，落地服务于全省3000万人保大数据。

肖霖教授和邓贞宙教授2020年入选省委组织部高层次人才服务团，分别挂职鹰潭（物联网产业园）、龙南（稀土电子制造）；杨鼎成、李安、肖霖和王玉皞等教授等是江西省多个关键产业链专委会核心成员，全力支持我省信息产业链和创新链的融合发展，助推江西地方经济产业转型升级。

东风劲吹好放歌。进入新时代，虚拟现实研究中心仍在集智聚力，创新创造，赋能产业转型升级，让VR等产业在江西更精彩！

“悬壶济世，医者仁心”的初心坚守

——附属医院建设成就概述

1927年，南昌市市立医院成立，开启了南昌大学附属医院的百年征程，经过近百年的沉淀与洗礼，如今已经发展成为四大附属医院和附属眼科、口腔共六大医院的南大附属医院共同体。沧海桑田，变得是不断发展的规模、是频频涌现的人才、是突破的高新尖技术，不变的则是他们“悬壶济世，医者仁心”的初心使命。

他们用园丁的精神培养人才，让南大桃李享誉全国各地。近百年来，南大附属医院始终把立德树人，培育卓越的医学人才放在突出的位置，黄志强、程天民、黎介寿、葛宝丰、黎磊石、丁健等医学界翘楚，是南大医学学子中的佼佼者。近年来涌现出来的获第44届国际护理界最高荣誉奖“南丁格尔奖章”的第四附属医院医疗服务部主任邹德凤、用自己的“高颜值”手术笔记折射出工匠精神的第二附属医院护士王婷，体现的都是作为医护人员的南大人才的非凡爱心和卓越成果。全国五一劳动奖章、全国劳动模范等殊荣屡屡落至附属医院的济济人才之中，正体现园丁精神在附属医院的伟大传承，也是附属医院桃李满园的生动写照。

他们用医者的仁心奉献社会，让南大关怀洒满华夏大地。“哪里有需要，哪里就有附属医院”。在灾难中，从 1954 年赣江特大洪水到长江下游凶猛汛情、令人胆战心惊的汶川大地震，我们都能看到南昌大学附属医院迅速组建的医疗队投入一线之中，坚守在任何一个有伤员的手术台上；血吸虫曾肆虐乡村，非典曾席卷全国，新冠冲击着整个世界，无论哪一次的特大疫情，附属医院永远是防疫战役的主战场，医院上下团结一心，相关科室积极配合，后勤保障及时到位，医护人员争上前线，谱写着动人的抗疫乐章；哪怕是在那有“白色荒漠”之称的南极，也有着附属医院南极医疗队不畏自然条件恶劣救治伤员的活跃身影。

他们用首创的精神科研攻关，让南大成果助力医疗发展。在 2020 年的抗击疫情战斗中，附属医院争分夺秒找准着力点，研发出了抗冠 1 号 2 号 3 号药物，将研究成果尽快送到了人民群众手中；独立申报各级各类新型冠状病毒性肺炎科研课题 24 项，投稿原创性论文和出版多部著作，为抗疫诊疗提供了有力的科研支撑，这是附属医院严谨治学的底气。通过采用红外线计算机导航进行膝关节置换手术成为全省首例，阶段导入式腹透置管术成为全国首例，这一次次高精尖手术的完美完成，是附属医院勇于实践的结果。以潜心科研来提升医疗技术，南大成果彰显着整个江西省医疗体系的中坚力量。

慨然抚长剑，济世岂邀名。南昌大学附属医院承载着百年来的光荣与梦想，坚持以人民健康为中心，以国家的医疗事业发展为目的，以推进建设医疗强国为时代使命，任重道远，催人奋进！继往开来，附属医院也必将以更好的姿态拥抱新时代，以更瞩目的成就引领新发展，让南大精神的光芒广布于神州大地。

辉煌砥砺 40 年

——有机硅 Karstedt 催化剂的国产化研制历程

催化是当今石油化工、精细化学品、绿色燃料、材料、医药、食品生产和污染控制的支柱科学技术，对国民经济、环境保护和公众健康起着极其重要的作用。21 世纪，催化科学将在国家可持续发展战略的背景下，在上述领域发挥基石支撑作用，面临重大的发展机遇和挑战。南昌大学工业催化学科始于 1978 年老一代学术带头人李凤仪先生建立的催化研究室，1993 年获得硕士学位授予权，2001 年获得博士学位授予权，2012 年建立博士后流动站，2018 年获批组建江西省环保与能源催化重点实验室，是江西省高水平学科和“重中之重”学科。组建 40 余年以来，在历代学科带头人的引领下，工业催化依托地方资源优势，立足于服务国家和地方经济，以研制工业应用催化剂为切入点，在精细化工、环境保护和绿色能源催化等领域开展了大量的工作，开发了系列具有实用价值的催化剂，在稀土催化和精细化工催化等领域填补了国家技术空白。

其中李凤仪先生创始研制的硅氢加成催化剂和技术具有代表性，有力引领了国家和地方相关产业发展。自 Summer 等人在 1947 年首次报道了该反应后，人们发现通过硅氢加成可在有机硅化合物中引入含碳官能团，得到多种有机硅功能化合物。如具有代表性的工业化 Karstedt 催化剂是一种铂基催化剂，可用于乙烯基聚硅氧烷与含氢聚硅氧烷的加成反应，具有活性高、选择性好和用量少等优点，是加成型硅橡胶、液体硅胶、有机硅涂料等重要化工产品生产中关键催化剂。90 年代初，我国有机硅催化学领域基本空白。为打破国外对相关催化剂的垄断，李凤仪先生开始了自主研发创新之路。经过多年努力，成功研制了有机硅单体及硅烷偶联催化剂和新工艺，获批了国家发明专利，并荣获 2002 年度江西省技术发明一等奖，成为新中国成立以来我省该奖项的首次获得者。之后该新工艺在江西星火精细化工有限公司、浙江巨化集团建化有限责任公司等企业先后实施产业化，取得了巨大的经济效益。

2001 年 8 月，在催化剂实施产业化之前，为进行工业化放大实验，课题组成员张宁老师带领硕士研究生余军文经历 20 余小时火车、汽车、三轮摩托车颠簸，来到南京市郊县一民营化工厂。当时张宁老师因为年轻，并不为企业看好，备受冷落。但他不为所动，而是迅速熟悉工厂流程、工序，第二天就开始了中试工作。但设备的陈旧和工艺的落后使得中试工作很不顺利，开始半个月工作毫无进展。他们毫不气馁，在对方技术人员不情愿配合的情况下，坚持白天工作在生产一线，拿到第一手技术指标，晚上就着泡面分析技术数据，制订新的技术方案。因工厂地处偏僻，晚上工人们都离开了工厂，孤独和凄凉相伴左右，蚊虫的叮咬更是家常便饭！他们曾想过撤回学校，但李凤仪老师一句话“坚持就是胜利，决不能让别人看不起南昌大学”，给了他们在困难中坚守的支撑信念。多少个日日夜夜艰苦奋斗、风餐露宿，终于在两个月后中试成功，所有技术指标均达到要求。对方管理人员和技术人员总算露出了赞许的笑容，称赞南昌大学真了不起！只要坚持信念，就能走向成功！只有真才实学，才能得到尊重！

之后张宁教授成长为工业催化学科带头人，继续带领学生开展相关的有机硅 Karstedt 催化剂国产化工作。2009 年 12 月，他带领学生丁顺民（目前已是工业催化学科副教授）前往东莞贝特利新材料有限公司考察。与企业交流时，发现 Karstedt 催化剂只能依赖德国贺利氏企业购买，价格惊人，达到 1200 元 /g Pt，而当时 Pt 的价格只需要 400 元 /g 左右。回校后，丁顺民主动请缨，要求开始进行该催化剂的国产化和产业化研究。但其实当时企业已经委托浙江大学进行过研发工作，催化剂无法达到生产要求。张宁教授让他做好攻坚克难的心理准备。

2010 年双方谈妥项目小试经费 50 万元，第一笔 20 万元当即到账了，要求当年在南昌大学完成小样配方研制。这期间丁顺民从事本科论文工作，搬了个行军床住在了实验室学生休息间，在前期的 2 个月完成文献查找，后期开始做实验。为了仔细观察实验现象，基本每天连续工作 16—18 小时。2010 年 6 月，小试样品得到公司的认可，公司负责人亲自来实验室参观了整个过程，包括小试样品的合成以及在硅胶固化中的应用，觉得可以移交到企业进行小试重复。

2010 年丁顺民留在张宁教授课题组攻读硕士学位，暑假期间即留校，2010 年 6 月—2010 年 9 月去企业从事小试工作。但由于当时企业对接不善，效率较低，工作开展并不顺利。直到企业安排技术总监协助他，工作才顺利开展起来，2010 年底，企业小试全部完成。2011 年企业开始了放大试验，从最初的 1g 到最终的 1 kg，反应器从 100 mL 到 200 L。经过大量反复的试验，克服种种困难，2013 年，技术放大问题完美解决。

2015 年 Karstedt 催化剂产品最终实施产业化进入市场，各方面性能与贺利氏的 Karstedt 催化剂相当，特别是价格和储存稳定性要远好于其催化剂。自 2015 开始到 2020 年产品仍在不断更新，可以根据具体反应体系进行匹配定制。目前该催化剂已经从原料—工艺—反应器—个性定制完全国产化，成为东莞 / 江西贝特利公司三大主打产品之一。该产品在 2016 年被认定为广东省高新技术产品，2020 年企业该产品销售额已经超 1 亿元人民币。

经过工业催化学科几代人的努力，成功完成了 Karstedt 催化剂的国产化过程，填补了国内技术空白并解决了“卡脖子”问题，有效推动了国内相关产业的发展，具有巨大的经济和社会意义，是南昌大学工业催化 40 年历史上值得一书的贡献之一。

五、师资队伍

十九年磨一剑

——南昌大学本土产生的首位中国科学院院士江风益教授

中国科学院院士，是国家设立的科学技术方面的最高学术称号。在 2019 年中国科学院院士新增名单中，南昌大学江风益教授赫然在列。江风益是南昌大学本土产生的首位中国科学院院士，标志着南昌大学领军人才队伍建设取得了重大突破。

1963 年，江风益出生出生于江西省余干县一个农民家庭。1980 年，他考取了吉林大学物理系，是全村第一个大学生。本科毕业后，他选择了回当时的江西工学院（南昌大学前身）任教。1987 年，他前往中科院长春物理研究所攻读研究生学位。硕士研究生毕业后，他没有选择继续读博或留在研究所工作，仍然义无反顾地回到了家乡。1993 年，南昌大学成立了材料科学研究所，从此江风益开始了他的发光追梦之旅。

江风益长期从事半导体发光方向人才培养、科学研究和社会服务工作。在各级领导长期大力支持下，他带领团队，敢为天下先，十九年磨一剑，在硅衬底第三代半导体氮化镓基（简称硅基）LED 方向取得了多项重要成果，获授权发明专利中国 55 件、美国 23 件，并实现了系列成果产业化。代表性成果如下：

成果之一：在硅基蓝光 LED 方面，他率团队提出并实现了硅基 LED 材料一种选区生长方法，攻克了器件级硅基 LED 材料生长世界性难题；发明了高光效硅基 LED 芯片结构及制造工艺技术，在国际上率先研制成功高光效硅基蓝光 LED 芯片，并实现了产业化，开创了 LED 照明芯片第三条技术路线，成果获 2015 年度国家技术发明一等奖。

成果之二：在硅基黄光 LED 方面，他率团队揭示了 V 形三维 PN 结提高硅基 LED 光效机理；解决了黄光量子阱铟镓氮相分离问题；研制成功黄光材料生长高端装备；研制成功光效世界领先的黄光 LED 芯片；实现了纯 LED 照明光源批量生产与应用。诺贝尔物理学奖得主中村修二教授评价："硅基黄光 LED 技术水平国际领先，堪称中国首次发明的照明技术，有非常大的价值"。

成果之三：在硅基绿光 LED 方面，他率团队为特定用户设计制造了高光束质量、高光效硅基绿光 LED 芯片，成功应用于专用先进装备上，其光效高、散热好、可靠性高、指向性强，解决了特种显示器功耗大、热量高的难题；为专用微显示市场设计制造了硅基绿光 LED 芯片，节能效果高于国际同类产品，并实现了批量生产。

成绩的取得缘于他几十年的坚持不懈，任劳任怨。为突破创业之初遭遇的困境，江风益破釜沉舟，放弃节假日和休息日，一头扎进了实验室。饿了，叫盒饭在实验室里吃；累了，在实验室的小床上打个盹。长期弯腰工作，江风益患上了严重的腰椎间盘突出椎管狭窄症，步行不到 50 米就得蹲下。在江风益的感召下，团队汇聚了一批学术和技术兼备的高层次人才。

江风益始终工作在科教第一线，把论文写在祖国大地上，为硅基 LED 的科技进步和产业化做出了开创性、系统性、创造性贡献。在他的带领下，南昌大学先后建立了教育部和科技部创新团队、教育部和科技部工程中心，承担了国家级科研项目 20 余项，培养博士硕士生 60 余名，所在学科入选国家双一流计划中一流建设学科（江西省唯一入选的学科）。

一个系和一个人

——江西省唯一的终身教授邓宗觉

南昌大学生命科学与食品工程学院大楼里有一个生物博物馆，对全校师生、各中小学生和社会人士开放。只要你进去看，一定会看到一件"镇馆之宝"——一只大型中华鲟标本。

中华鲟是我国珍稀鱼类，栖息于江河近海底层，摄食昆虫幼虫、小鱼、小虾，为洄游性鱼类，成熟的大鱼进入长江，上溯产卵，幼鱼入海生活。大型个体在长江偶有发现。

生物博物馆珍藏的这只中华鲟标本，有一段不平凡的来历。1952 年春天，国立南昌大学生物学系教授邓宗觉在南昌市中山路菜市场买菜，突然看见一个鱼贩子在他的摊档上叫卖大鱼。因为体型太大，所以准备分块出售。邓宗觉也被吸引到了鱼贩子跟前。出于专业的敏感性，邓宗觉当机立断，从鱼贩子手中买下了这只完整的中华鲟，用小板车把已经死去的中华鲟拉回学校。后来由吴功贤教授及其助手薛士良老师一起将它制成了标本。

今天，在南昌大学生物博物馆，每一个参观者看到这只中华鲟标本，都不禁称奇。大家感叹的，不仅仅是中华鲟的珍稀，也在于这个中华鲟标本随着南昌大学的变迁而经历了一段曲折的历程：1952 年在国立南昌大学,1953 年转属江西师范学院，1962 年转入江西大学，20 世纪 70 年代又转到南昌动物园，1976 年回归了江西大学，后珍藏于南昌大学生物博物馆。这只中华鲟标本经历了一段离奇的复归之路。

1940 年，国立中正大学于江西省泰和县杏岭成立时，邓宗觉已从南京中央大学毕业并留校教书多年。1949 年，他受国立南昌大学农学院院长杨惟义院士的邀请，到国立南昌大学任动物学系副教授。当时的办学条件很艰苦，教师资源奇缺，仅有一位因病休息的副教授雷震，动物学系教员也只有几个人，邓教授可谓是临危受命。

1950 年，邓宗觉任国立南昌大学动物学系主任，聘请他的老师吴功贤教授来校任教。1951 年，动物学系与植物学系合并成生物学系，由吴功贤教授任生物学系主任，邓宗觉教授任理学院辅导员。

1953 年，全国高校院系大调整，邓教授随生物学系被分配到河南师范大学。就在要走未走之时，江西省人民政府主席邵式平努力向上级争取，最终将国立南昌大学生物学系留在了江西，同时为江西留住了一批人才。从此，邓宗觉教授和江西高等教育结下了 60 年的不解之缘。

1962 年，江西师范学院生物学系并入江西大学，生物学系得到快速发展，开始在全国生物学界崭露头角。到 1965 年，江西大学已初具规模。但就在江西高等教育事业蒸蒸日上的时候，学校被撤销，人员被下放，邓宗觉被下放到江西药学专科学校（后改制为江西中医学院），在附属红旗制药厂劳动。当时生物学系面临着一个十分严峻的问题：生物学系的众多珍贵动植物标本怎么办？在这样的危急关头，邓宗觉教授果断地提出建议：图书仪器和植物标本给江西省共产主义劳动大学，动物标本给南昌动物园，其他实验材料埋掉。1972 年江西大学恢复办学，邓教授一家又回到了学校，那些被送出去的动植物标本、仪器、各类图书也重新回到了江西大学。在这场浩劫中，生物学系的损失程度总算被降到最小，主要的教学资源得到了保留。现在回想起来，生物学系的老同志们还这样说："邓教授的功劳有目共睹。"

经历过动荡的人，都会对和平与稳定倍加珍惜和感恩。邓教授等一批生物学系教师职工回校之后，更加努力地投身于科研事业，获得了显著的成就。回校不久，邓教授就组成了江西婺源荷包红鲤鱼提纯选优课题组，与省地水产养殖场合作，研究了江西源荷包红鲤体型形成及体色遗传，对江西婺源荷包红鲤种质提纯选优做出了很大的贡献。这项研究持续了好几年，在国内首先提出选育标准及程序，其中付出的艰辛也是我们常人无法想象的。当时，江西的交通很不发达，邓教授和他的助手们需要经常往返于婺源和南昌之间，每次去婺源都是当日出发，在景德镇住上一晚，次日才到，他们就这样任劳任怨地无数次往返于两地之间。在鱼苗孵化期间，他们要和工人们一起住在婺源养殖场。养殖场不仅生活条件差，也缺少科研设施，所有的仪器药品都是南昌带过去的。在鱼苗的孵化期间，时刻需要有人看守观察，课题组成员就轮流不分昼夜地守在孵化鱼池旁边。饿了，就在河边上凑合着吃点儿；困了，就坐着打个盹，他们就这样和鱼苗度过了无数个日日夜夜。

辛勤的付出，终于得到了回报，邓宗觉教授等主持的“婺源荷包红鲤提纯选优”获江西省科技进步二等奖、国家水产总局技术改进一等奖。后又分别与兴国鱼种场、万安鱼种场合作，开展的“江西兴国红鲤提纯选优”和“江西万安玻璃红鲤新品种培育”两个研究课题都获得了江西科技进步二等奖。荷包红鲤鱼还被选入国宴。回想起当初奔波于婺源、南昌两地的辛劳，回想起坚守养殖场的无数个日夜，其中的酸苦，如今也变得甘甜了。从中，邓教授体会到，省属高等院校开展科研，一定要符合本省的经济发展要求；其次要有一个相对稳定的团队，调动有关学科教师参加进来，大家互让互信、相互支持、分工合作。在三项研究工作中，73 级水产专业学生也参加进来。后来他们在自己的工作岗位上都能独立开展工作，那样培养起来的师生情谊经久不衰。

此后，邓教授参加了江西林业厅主持的江西鄱阳湖冬候鸟调查，发现了世界上最大的白鹤群，在世界动物学界引起了极大的轰动。时任世界野生动物保护协会会长的英国菲利普亲王也来江西省观看了白鹤群，邓教授一连陪同了三天，给他们细心讲解。这项发现获得了林业部科技进步三等奖，也为江西建立国家级鄱阳湖冬候鸟保护区奠定了基础。

1993 年南昌大学成立，邓宗觉教授虽然年事已高，但他仍然在生物学系执教，直到前湖校区建成。因为他对这所历尽艰辛的学校有着深厚的感情，他甘愿为其发展而付出。他是南昌大学唯一一位按国家政策经人事部批准暂缓退休的教授。

从生物学系到南昌大学是一个传奇，而邓宗觉教授则是这个传奇的重要经历者。他相信在昌大人的共同努力下，南昌大学定会有新的探索、新的创造、新的进步、新的成就、新的传奇。（本文选自《漫游中国大学丛书——南昌大学》，重庆大学出版社，2010 年）

两代人在南大

——胡正谒教授及其儿子胡平

20 世纪 80 年代，有一部反映改革开放之后第一次出国浪潮的报告文学作品《世界大串联》，在文坛上产生了巨大的影响。作者一位是胡平，一位是张胜友，现在都是我国著名的报告文学作家，当时他们写这部作品的时候，不过 30 岁出头。其中的胡平，是江西南昌人。20 世纪 80 年代起开始创作，当代报告文学代表性作家。已出版报告文学、历史与文化批评类作品 600 余万字。代表作有《中国的眸子》《子午线上的大鸟》《千年沉重》《禅机：苦难的祭坛》《战争状态》《国家的事》《瓷上中国——China 与两个 china》等。2015 年，二十一世纪出版社结集出版了十卷本《胡平文集》。先后获得过全国优秀报告文学奖、人民文学出版社当代文学奖、《中国作家》杂志报告文学奖、台湾《中国时报》报告文学奖等。其 2005 年作品《一百个理由》被《中华读书报》评为当年全国十佳图书之一；2008 年作品《情报日本》被《亚洲周刊》推举为当年全球中文十大好书之一；2014 年，《瓷上中国——China 与两个 china》获得“五个一工程”优秀作品奖。

胡平高中毕业时恰逢“文革”，当了 7 年工人，于 1977 年恢复高考后考入复旦大学中文系，毕业后主要以写作为业，现为南昌大学人文学院中文系当代文学研究所研究员。

在南昌大学，学校以胡平的名字命名建立了一个工作室，由胡平本人主持，举办“昌大智库”系列讲座。前来讲座的专家，均为国内知名的学者，他们站在人文领域各学科的前沿，为学生们阐述着各自独到的学术见解。迄今，“昌大智库”已经给昌大学子带来了 40 多期精彩讲座，场场是精华。比如著名经济学家易宪容先生的“当代金融形势和未来经济发展”的讲座，在海报贴出来的当天，就引起同学们的极大热情，甚至有同学放弃午休时间去占位。开讲以后，场面极为壮观，竟然连窗台都挤满了人。

每一场讲座，胡平先生都会前迎后送，也会躬身教导同学们要好好珍惜这红尘之外的智者之音。他耿直、幽默、诚恳的形象深深地印在了大家的心中。

作为江西人的胡平，回到南昌大学任职，大概一是缘于对江西故土的热爱，二是因为他的父亲——胡正谒，曾在国立中正大学担任过教授之职。

1948 年，北京大学法律系蔡枢衡教授返回家乡江西永修探亲，经家乡父老、学术界的热情挽留，出任国立中正大学法律系主任，后又被推举为校务委员会主席。蔡枢衡到校后，数次飞鸿厦门大学敦促其北大弟子胡正谒回江西共事。怀着报效桑梓的热情，胡正谒遂于 1949 年春应聘中正大学法律系副教授，讲授法学概论、刑法学、法理学等课程。

要说胡正谒与法学的缘分，那可真谓“歪打正着”！

1936 年夏天，胡正谒第一次走出江西，参加上海交通大学的考试。由于沪赣两地使用的代数教材不一样，考试内容偏深，胡正谒放弃了打拼，中途退出考试，转入了北京大学的考场。这一年，北大法律系只招 13 个人，全国却有 1000 多人报考，胡正谒正在那被录取的 13 个人之中。就因为这个“一念之差”，胡正谒的人生轨迹从此出现了巨大的转机，一个未来的工程师，却在法学上成就了一番事业。

考入北大后，胡正谒的学业和事业一帆风顺的甚至让人有几分羡慕。他 1940 年毕业于西南联合大学时期法律学系，获法学学士学位，同年 8 月留校担任法律学系助教。1943 年 8 月转任广西大学法律系讲师。次年 9 月因湘桂战局危急，该校宣布紧急疏散，胡正谒返回昆明，担任私立天祥中学教导主任兼国文教员。1945 年 8 月受聘为东北大学法律系讲师，翌年晋升为副教授。1947 年 7 月，胡正谒授课于厦门大学法律学系，先后承担法理学、刑法学等课程的讲授任务。后来因为法律系被批为走资产阶级路线，撤销法律系，所以胡正谒转而教授马克思主义。他在马克思主义研究方面做出了重要贡献。他在课堂上讲授的马克思主义影响了许多学生，使他们走上了革命道路。《什么是唯物主义，什么是唯心主义》《马克思主义哲学若干问题的研究》《逻辑通俗讲话》等著作在 20 世纪 50 年代的省政界、学界产生过极大反响。后来他又恢复本业研究法学，发表了《关于刑法中因果关系的一点质疑》《从哲学上的因果关系看刑法上的因果关系》《对犯罪概念与犯罪构成的探索》《对我国刑法第十条是否为犯罪概念定义的辨析》等学术文章，在法学界再次产生广泛的影响。

1949 年 9 月，国立中正大学更名为国立南昌大学。学校的繁荣发展，也给在校教师们提供了更大的发展空间，胡正谒教授也不例外。1951 年 8 月，新中国成立后高校第一次评定职称时，胡正谒晋升为教授。

胡正谒、胡平，父子两代人，犹如两颗明珠，其光彩闪耀在不同的时代，其名声却流传在同样的地点。透过他们的故事，我们看到了相同的拳拳之心在昌大传递。胡正谒和胡平父子先后供职于南昌大学的佳话，演绎着南昌大学薪火相传、前仆后继的奋斗精神。（本文选自《漫游中国大学丛书——南昌大学》，重庆大学出版社，2010 年）

扎根赣鄱写春秋

——江西本土高校培养的首个长江学者刘耀彬教授

“长江学者奖励计划”是由教育部实施的国家重大人才工程。在2012年度“长江学者”特聘教授名单中，南昌大学刘耀彬教授赫然在列。他是江西省本土高校培养的“长江学者”第一人，这标志着南昌大学本土培养人才在该项目上零的突破。

刘耀彬在本科阶段双修政治和地理，又先后获得地理学硕士学位和管理学博士学位。2005年，他入职南昌大学。之后，他又在美国密西根大学、复旦大学和华中科技大学系统地学习了理论经济学、应用经济学和公共管理学，成为一名拥有多学科交叉背景的经济学家。

进入南昌大学经济与管理学院工作以后，他全身心投入教育教学、科学研究和社会服务事业。他务实肯干、开拓创新的精神，在给学科发展注入活力的同时，也使自己得到快速成长。在南昌大学工作期间，刘耀彬针对国家需要与江西省发展实践，将自己潜心研究的理论与“中国城市化和生态环境问题”结合起来。由于当时研究课题的学科交叉性强，涉及的理念较新，刘耀彬也曾遇到过不理解，但他说“做学问就是要坚持”，他相信社会将越来越需要学科的交叉与融合。在其个人的不断努力与南昌大学的支持下，刘耀彬主持多项国家级课题，几乎平均每一年一项，发表中英文论文百余篇，出版专著多部，先后入选国家社会科学基金学科规划评审组专家、教育部新世纪优秀人才支持计划人选、“赣鄱英才555”领军人才培养计划人选、江西省高校中青年学科带头人，获得江西省社会科学优秀成果和高校优秀成果奖励多次。他带领团队申报的国家社会科学基金重点项目，成为经济与管理学院获得的第一项国家级重点项目，研究成果引起国内外学术界的广泛关注。

刘耀彬课题落地江西鄱阳湖，为其生态环境保护开发与城市化发展融合探索出了可持续发展的道路。在赣鄱大地上深深扎根做研究的他，为江西的绿色崛起贡献了自己的智慧。

这一系列耀眼成绩的取得，为他申报“长江学者”打下了坚实的基础。他曾在接受记者采访时说道：“申报‘长江学者’的竞争非常激烈，仅针对申报‘长江学者’的8分钟答辩PPT，南昌大学多位副校长、经管学院领导共18人，每人都看了两三遍，提出了28条修改意见，最后整整花了2个多星期才修改完成。”校原党委书记胡永新、校长周创兵以及学校人事处、社科处领导都非常关注“长江学者”申报的进展，为其提供了直接帮助。在入选“长江学者”之后，刘耀彬认为这是南昌大学的集体荣誉，他只是该集体的荣誉代表，并谦虚地说：“如果没有国家扶持中西部高校发展的政策背景，没有省教育厅、南昌大学一直以来对我科研工作的支持，我不可能入选长江学者特聘教授。”

能够顺利当选“长江学者”，无疑说明了刘耀彬已经站在了高校学术研究的尖端领域。如今，刘耀彬虽然已担任南昌大学副校长等行政职务，但是依然在区域经济与生态经济研究领域辛勤耕耘。而他作为应用经济学江西省省级重点学科带头人，必将有助于推动江西省高校重点学科的发展，也必将为南昌大学“文科振兴”梦的实现添上绚丽一笔。

化学创造美好生活

——学校首位国家杰出青年基金获得者陈义旺教授

国家杰出青年科学基金是中国为促进青年科学和技术人才的成长，鼓励海外学者回国工作，加速培养造就一批进入世界科技前沿的优秀学术带头人而特别设立的科学基金。2014 年，南昌大学陈义旺教授获得了此项基金项目，实现了学校该项目零的突破，他也由此成为学校本土培养的首位国家杰出青年基金获得者。

1996—1999 年，陈义旺于北京大学攻读博士学位。他一心扑在科研上，常常在北大化学与分子工程学院的暗室做实验，经常弄不清是几点。1999—2003 年，陈教授于德国美茵兹大学和马尔堡大学进行博士后研究，2003—2004 年进入新加坡国立大学化工系 Research Fellow。2004 年，他毅然选择南昌大学作为自己科研的新起点。据他回忆：“那时候对于我来说，事业正处于起步阶段，而家乡的发展也正处于上升期。”“当时真是白手起家，就连做实验用的滴管都是自己买的。”陈义旺带领着他的科研团队实现三个“从无到有”：从没有高分子化学研究力量，到拥有一支在全国具有一定影响力的科研团队；从没有化学博士点，到拥有一级化学博士点、博士后工作站以及完备的学科建设；从没有实验室平台到拥有江西省新能源化学重点实验室，以及中央与地方共建高校特色实验室“资源与环境化学实验中心”两个省部级重点实验室。他是南昌大学科研发展进程的重要参与者和见证人。

2004—2019 年，陈义旺教授担任南昌大学化学学院院长。在南昌大学期间，他坚持不懈地努力工作。他坚定认为，对于科研人员而言，求真务实和脚踏实地是最重要的品质，急功近利是万万不可行的。特别是青年学者，要聚焦真正的关键科学问题，能够看清科学问题的本质，目标要定长远一些。要做到科学与技术相结合，注重集成创新。陈教授是这么说的，也是这么做的。

在教学方面，陈义旺教授主讲和建设“高分子化学”“高分子物理”“化学创造美好生活”获省级精品在线开放认定课程；主编《钙钛矿太阳电池》《高分子物理》、《功能分子材料》和《化学创造美好生活》教材。按照以往惯例，陈教授担任了行政职务，还带了博士和硕士，从不间断给本科生上课，出于对教学的热爱，他从问题提出、文献筛选、实验设计到数据表格等都亲力亲为。

在学生眼里，陈老师不仅在科研方面给予他们很多帮助，还十分关心他们的思想品德和生活情感。有时候实验做得太晚了，他会督促学生早点回去，注意安全。陈义旺教授还荣获江西省教学成果二等奖 1 项、全国多媒体课件大赛中微课组优秀奖 2 项；指导学生参加“互联网 +”“挑战杯”等竞赛获全国铜奖 2 项（2018）、省金奖 2 项、省银奖 1 项、省三等奖 3 项等省级以上奖励十余项，并获 2018 年第四届中国“互联网 +”大赛优秀创新创业导师。指导研究生获江西省优秀博士论文 11 人次、中国青少年科技创新奖 5 人次、全国宝钢教育优秀学生特等奖 2 人次和优秀奖 4 人次。

在科研方面，陈义旺教授主持和完成国家自然科学基金重点项目、杰出青年基金项目、中德国际合作项目、科技部重点基础研究发展计划“973”前期研究专项等项目多项。他还以第一作者或通讯作者在知名国际期刊发表学术论文 400 余篇；获授权发明专利 30 项；撰写中英文专著 2 部。其研究主要聚焦于柔性有机太阳能电池和钙钛矿太阳能电池，超级电容器以及锌空电池，实现了大面积印刷碳基透明电极，其性能为 13Ω 方阻和大于 80% 可见光透过率。在有机太阳能电池方面，实现了从旋涂到大面积印刷，并从界面层和活性层角度提高了器件耐弯折性；在钙钛矿太阳能电池方面，通过含氟和高阻隔有机材料对晶界缺陷的填充，解决了其湿热稳定性和耐弯折问题，并以碳基透明电极为基础，实现了大面积柔性太阳能电池模组印刷，25cm^2 面积下效率突破 12%；在超级电容器方面，研发了水系宽电压高能量密度超级电容器，电压窗口为 2.4V，能量密度达 30Wh/kg，该技术可实现大面积涂布制备，可适用于叠片、模组以及微型柔性电容器。此外，还研究了高效双功能氧催化剂应用于柔性锌空电池。以及开发有机硅弹性体耐磨材料，应用于全有机硅皮革替代传统皮革，并实现半硅革产业化。虽然陈教授在科研方面硕果累累，但是在就读本科学业时，他对科研还一无所知，对未来的规划也不甚清晰，可他从来没有放松过学业，经常参加各种兴趣团体活动，开发自己的兴趣，最终走上了为之付出毕生精力的科研事业。

在教学与科研之外，陈义旺教授也是一位非常热爱生活的人。陈教授认为工作和生活结合在一起才不会枯燥，才能更好地工作。他平时很喜欢和自己的学生一起打篮球，既放松身心又锻炼身体。陈教授喜欢读书，他常常推荐学生去看看他最喜欢的书——《自然科学发展简史》，去了解科学发展的规律，激发对科研的兴趣。

陈教授总能在科研中找快乐。对他而言，当自己规划的课题和代表性工作得到发表的时候会很开心；当和学生一起讨论科研问题时会很开心；当看到自己的想法一部分被学生实现，一部分被别人发表，内心还是很欣慰的。他总说，科研是要坚持才有乐趣的。这是陈教授几十年科研生涯的真实写照。

红土地上的初心坚守

——学校首位国家自然科学基金优秀青年基金项目获得者聂少平教授

2014 年，聂少平教授获得国家自然基金优秀青年资助，成为学校首位优青获得者，实现了零的突破。聂少平，现为南昌大学食品学院院长，食品科学与技术国家重点实验室成员，博士生导师。

这一切皆源于他对家乡恩情的铭记，源于他对红土地的热爱、对初心的坚守。聂少平教授出生于江西丰城的一个农村家庭，勤苦踏实、努力奋进，通过个人努力，考入了南昌大学食品科学与工程系。本科毕业后，因成绩优异、科研能力强，他被顺利保送留校继续攻读硕士、博士学位。博士毕业后毅然决定留在母校，潜心科研，回报母校、回报家乡。为国家培养更多优秀的学生，为祖国的科研事业贡献自己的力量，这是他的“初心”。

获得国家“优青”资助，各类报道和奖励纷至沓来，而这一切的背后都得益于他十几年坚持不懈的科研坚持。聂少平教授“优青”资助课题为“复杂碳水化合物”，这在当时可是一块极难啃的“硬骨头”。复杂碳水化合物在自然界中分布极为广泛，有着许多特殊的理化性质和生物学特性，可用于食品包装、食品加工、功能食品、医药等各个领域。聂教授却对多糖产生了浓厚的兴趣，凭着自己对初心的坚持，从我国特有植物或真菌资源着手，对黑灵芝、石斛、车前子、青钱柳、江香薷等资源中的多糖的结构特征和生物活性展开的细致研究。从提取分离纯化开始一步一步脚踏实地开展研究，摸索着前进，一点一滴地积累经验和成果。

正是基于平时点滴的积累和不懈的努力，2018 年聂少平教授再次获得国家自然科学基金“杰青”资助。这更加坚定了聂教授在复杂碳水化合物领域的研究信心。聂少平教授深知，这一切只是开始，不是终点，“这是基金委对我们过去科研成绩的肯定，但更多的是对我们未来的科研期许，还有更多的难题在等着我们去解锁”。他认为，做科研就是要能静得下心、耐得住寂寞、坐得了冷板凳，切忌急功近利。他也在此后的时间里，斩获一项又一项科研奖励，荣获国家科技进步二等奖、省自然科学一等奖、省科技进步一等奖、国家教学成果二等奖、省教学成果一等奖。2018—2020 年，连续三年入选科睿唯安高被引科学家，入选江西省主要学科学术带头人、科技部中青年科技创新领军人才。

江西省首个国际科学技术合作成就奖获得者阮榕生教授

阮榕生，1963 年 5 月生，祖籍福建莆田。1991 年 8 月，他毕业于美国伊利诺伊州立大学农业工程系，获博士学位。1991—1993 年，他于美国伊利诺伊州立大学和明尼苏达大学从事博士后研究。1994—2002 年，他就职于美国明尼达大学生物系统与农业工程系。阮榕生教授的研究领域涵盖可再生生物质能源和农林生物质的增值加工食品工程学等领域。主要从事核磁共振及其成像技术、食品聚合物理论与核磁共振食品聚合物状态图技术、超高压技术、等离子杀菌技术和神经网络技术在食品加工与保藏、食品质量管理中的应用等方面的研究工作。同时，在生物资源的综合开发利用上开创一个新的研究领域，

2002 年 10 月，阮榕生受聘成为南昌大学特聘教授。作为南昌大学食品学科的领军人物，他很快就组建了一批年轻的科研骨干队伍，并倡导成立了南昌大学生物质中心。后在时任南昌大学副校长的刘三秋同志推动下，申请江西省生物质转化工程技术研究中心并于 2003 年正式获批，特别是利用可再生的农林生物质资源转化燃料、化学品和新材料；开展生物质基高分子材料制造工艺创新研究；开发延长食品货架期和确保食品质量以及保障食品安全的高新技术；开发先进的非热等离子及高压电场技术在生物制品和食品加工中的应用。

2005 年，阮榕生教授作为首席科学家获批国内食品学科领域第一个“长江学者”创新团队。2006 年食品学院举全院之力申报我国高校首个生物质转化领域的教育部工程研究中心并于当年 6 月正式挂牌运行。2010 年，阮榕生教授入选了中组部海外高层次创新人才。

作为南昌大学食品学科的领军人物，阮榕生教授始终坚持育人先正己的思想，在要求学生的同时，他更是严格要求自己，严谨治学，实事求是，踏踏实实做人做学问，为人胸怀坦荡从不计个人得失，在日常的教学和生活中深深影响着每一位学生和青年教师，成为师德风尚的典范。

鉴于阮榕生教授在进行国际合作研究、开发等方面取得的科技成果，在培养国际化科技人才等方面做出的贡献，2014 年，江西省人民政府决定授予阮榕生教授国际科学技术合作奖，成为江西省首个获此奖项的科技工作者。

在获得荣誉之后，阮榕生教授并未有丝毫懈怠。他曾说："时间总会流逝，再辉煌的时刻也会被时间抹淡！作为一名科研人员，纵使经历过无数次的失败，也要抱有希望，重拾信心，一切从零开始，千万别停滞于某个台阶，只有不断进取，才能跨过阻碍，才能走在世界科研领域的前沿。"正是秉持这样的治学态度和理念，阮榕生教授被授予国际科学技术合作奖之后，还于2014—2020年连续七年入选中国高被引学者（Most Cited Chinese Researchers）"农业和生物科学"榜单，h指数57，i10指数221，论文总引用次数超过13000次（谷歌学术）。据学校公布的世界前1%ESI学科"生物学与生物化学"统计，南昌大学发表论文总计被引频次8904，其中阮榕生教授贡献4376，约占总被引频次的50%，为南昌大学ESI学科"生物学与生物化学"进入世界前1%做出巨大贡献，同时为江西省有特色高水平大学和一流学科专业建设奠定一定的基础，为南昌大学食品科学与工程国家一级学科建设，食品科学与工程国家重点实验室筹建，生物质转化教育部工程研究中心等科研平台建设方面做出了突出贡献。

平日里不论工作多么繁忙，阮榕生教授都要挤出时间与学生谈心，了解他们的科研进展和思想动态，从日常点滴中潜移默化地引导学生。正是由于怀揣着教书育人的赤子之心，阮榕生教授先后为南昌大学培养高级访问学者和博士共计15名，已经在江西大型养殖企业建立了沼液养殖能源微藻大型产业化示范工程。目前，其团队正在积极筹划组建南昌大学国家级生物质转化工程技术研究中心，为更好地服务于江西发展做出新贡献。

把一切献给社会

——第44届国际南丁格尔奖章获得者邹德凤

2013年8月24日，第44届南丁格尔奖章颁奖大会在北京举行，中共中央总书记、国家主席、中央军委主席习近平亲切接见了获奖者，亲自向获奖者颁奖表示祝贺。江西省红十字志愿护理服务中心副秘书长、南昌大学第四附属医院医疗服务部主任邹德凤荣获国际护理界最高荣誉奖"南丁格尔奖章"，这是时隔10年之后，江西省第二个获此殊荣的护理人员。

邹德凤，1956年生，1977年加入中国共产党，她从16岁时投身护理事业，四十多年始终以"人道、博爱、奉献"的南丁格尔精神激励自己，在平凡的岗位上，成就了"四大非凡"：

爱心非凡。她始终以非凡的爱心和勇气投入护理工作，危难时刻总是第一个挺身而出，被大家公认为全院最不怕脏、最不怕累、最不怕危险、最有爱心的医护人员，被誉为“铁路爱心天使”。

成果非凡。她瞄准社区医疗这个薄弱环节，在江西首创了社区护理模式、社区居家老年护理服务模式、临终关怀模式及化解医患纠纷模式等一系列卓有成效的创新医疗模式，在省内外数十个县市得到大面积推广，被公认为江西社区医疗服务先行者。

奉献非凡。她以惊人的奉献精神投身到红十字志愿服务中，11 年当中，累计做义工达 1.9 万小时，成为全省数一数二的“超级义工”，被中国红十字会评为“红十字志愿者之星”“全国十大杰出红十字志愿者”“终身志愿者”“最美志愿者”。她坚持每年献 2 次血，总献血量达到 4800CC。她投身遗体捐献行列，带动了 100 多人捐献遗体。

影响力非凡。她以自己的身体力行，感染、带动了社会各界 4000 多人加入志愿服务、遗体捐献、献血、救灾等各项爱心事业当中，江西省 10 多所大中专院校均邀请她亲临授课，传播“奉献、博爱”的正能量，1 万多名学生聆听了讲课。她的团队，成为江西省红十字会志愿服务团队中，发展速度最快、年龄跨度最大、人员辐射面最广、活力最强的团队。

六、人才培养

南昌大学人才培养体系演变

百年名校南昌大学坐落于有着“物华天宝，人杰地灵”之美誉的历史文化名城南昌市，学校以接续江右文脉、传承红色文化为己任，筚路蓝缕，青蓝相继，育人不辍，谱写了一曲曲人才培养的壮丽诗篇。

南昌大学办学源头可追溯于1921年成立的江西公立医学专门学校。值民族危难之际，爱国志士、江西籍留日医学生何焕奎勇挑兴教救亡的重担，历尽艰辛创建学校，致力于培养江西省奇缺的新式高等医学人才。学校秉承“德高医精”的校训，不断发展壮大。至2005年与南昌大学并校之时，江西医学院已成为拥有博士、硕士、本科、专科、成人、留学生教育完整人才培养体系的高水平医科类专门学校。

1940年，由美国留学归来的胡先骕校长创办江西历史上首所综合性大学——国立中正大学，胡校长在教育上倡导“科学救国，学以致用；独立创建，不仰外人”的教育思想，将利国利民的办学理念贯彻人才培养全过程，设置实践性强的文法、工、农等学院，培养国家急需专业人才。国立中正大学重视通才教育，重视学生综合素质培养。南昌解放时，学校更名为国立南昌大学，学校名师荟萃，为当时国内高水平名校之一。1953年，学校服从国家高等院校调整大局，学校拆解，院系充实到全国其他高校，为新中国高等教育事业做出重大贡献。

1958年，为填补省内综合性大学空白，江西省组建成立江西大学。学校开设文、理专业，强调教育与生产劳动相结合，为社会主义建设和共产主义建设输送又红又专的专门人才。1962年，源自国立南昌大学的江西师范学院生物系整建制并入江西大学生物系，国立南昌大学的文脉得以传承，对学校办学产生了深远的影响。至1993年，江西大学拥有40多个本、专科专业，9个硕士学位专业点，并积极开展成人教育和国际合作交流，被国家教委列为全国百所著名大学之一。

1958年，为培养经济建设和江西工业发展所急需的专门人才，江西省组建成立江西工业大学。学校办学之初，按苏联教育模式致力于培养专业化人才，重视理论与实际相结合，重视教育与生产劳动相结合。至1993年，全校拥有31个本、专专业，在校研究生40人，为国家培养了大批优秀人才。

1993年，潘际銮院士出任南昌大学首任校长。潘校长着眼于经济社会发展对复合型人才的需求，倡导“文理渗透，理工结合”的办学理念，充分发挥综合性大学优势，设置了一批理工结合、文理兼容的院系，深入开展“三制”改革，优化教风、学风，努力培养综合素质高、创新实践能力强的复合型高素质人才。在潘校长任内，学校博士点、留学生教育等相继取得重大突破。2005年，江西医学院与南昌大学合并，学校综合性优势更为明显，学校构建并践行“文理工医渗透，学研产用结合”新型办学模式，不断完善人才培养体系、优化人才培养结构。

2013年，南昌大学进入内涵发展新阶段。面对高等教育前所未有的发展机遇，学校坚持立德树人根本使命，树立“人为本、德为先、学为上”的育人理念，深入推进人才培养综合改革。探索构建了“立德树人大思政育人模式”，运用“四堂联动”新模式，推动习近平新时代中国特色社会主义思想“进教材、进课堂、进头脑”；组建成立了“际銮书院”，开设人工智能学院、未来技术学院、医学创新实验班等16个实验班，探索本、硕、博贯通式培养，形成了“学科交叉、科教融合、个性培养、协同育人”特色鲜明的人才培养模式；大力实施“书院制”改革，推行学生“四自教育”（自主学习、自我管理、自我教育、自觉成长），初步健全了全员育人的教育格局，努力培养具有坚定政治认同、强烈国家意识、勇担社会责任、坚守文化自信、健全人格养成、宽厚基础知识、扎实专业技能、开放创新思维、恪守科学精神、宽广国际视野的国家栋梁和社会精英。

百年春秋育桃李，万千俊秀遍五洲。建校以来，学校共培养了50多万名优秀人才，为国家和地方经济社会发展做出了重要贡献。如今的南昌大学，人才培养涵盖本科生院、研究生院、国际交流学院、继续教育学院，学校本部现有全日制本科学生34143人，各类研究生14781人，国（境）外学生1218人。学校拥有12个学科门类当中的15个博士学位授权一级学科，47个硕士学位授权一级学科，96个本科专业，一级学科博士点、硕士点覆盖全部本科专业。完备的学科专业体系、“五育并举”的教育体系、“以学生为中心”的教学体系、以生为本的管理体系、通专融合的课程体系、德艺双馨的师资体系、科学严谨的保障体系，共同构成学校高水平人才培养体系，为学校培养高质量人才奠定了坚实的基础。

习近平同志两次亲临南昌大学视察，深情寄语“南昌大学前景无限”，勉励广大学子珍惜韶华，用青春铺路，让理想延伸！展望未来，学校以总书记视察学校重要讲话精神为指引，积极落实“人才强校、特色创新、产教融合”三大战略，遵循“育人为本、创新引领、合建驱动、改革攻坚、实干兴校、拼争一流”的发展思路，求真务实，开拓创新，奋力开启建设世界一流大学的新征程。

仰之弥高

——南昌大学院士校友选记

南浦春风，西山时雨，巍巍吾校，沐化其中。百年以来，南昌大学人才荟萃、立德树人，凝聚和培养了一批又一批人才，其中不乏院士（民国时期中央研究院院士、中华人民共和国成立初期中国科学院学部委员、中国科学院院士、中国工程院院士）等顶尖学术人才。

乞得种树术，将以疗国贫

胡先骕是国际著名植物分类学家，我国现代植物科学事业的组织者和奠基者之一。在其感召之下，生物系名师荟萃，张肇骞、严楚江、黄野萝、冯言安、马大浦等先后执教于此。20 世纪 40 年代，胡先骕与郑万钧教授首次鉴定并共同命名发表被誉为植物“活化石”的新种——水杉，并建立水杉科。胡先骕参与创办静生生物调查所，创建庐山森林植物园、云南农林植物研究所，发起筹建中国植物学会，开展大规模野外采集和调查中国植物资源工作，合编中国首部中文《高等植物学》，创立新的被子植物分类系统，整理出被子植物亲缘关系系统图，对中国现代植物学发展贡献巨大。在文化、诗词、教育等方面，胡先骕皆有精深造诣，为重要学术思想流派“学衡派”的精神领袖之一。1948 年，胡先骕入选中央研究院院士。晚年创作《水杉歌》，“证明中国科学一定能够自立且有首创精神”（陈毅读后感言）。张肇骞是国立中正大学生物系主任，长期从事植物学的教学和科学研究工作，1955 年当选为中国科学院生物学学部委员。与国立中正大学有着深厚渊源的江西大学生物系，中华人民共和国成立后也培养了诸多人才。陈晔光 1983 年从江西大学生物系后，一直从事细胞信号转导机制及其生理病理作用的研究，2017 年当选为中国科学院院士。

饮水思源，克荫后学

蔡方荫是我国著名土木建筑结构学家、中国力学专家、教育家，曾长期任国立中正大学工学院院长兼土木系主任。中华人民共和国成立初期，“混凝土”是建筑工程中最常用的词，但笔画太多，写起来费力又费时。于是思维敏捷的蔡方荫就大胆用“人工石”三字代替“混凝土”，“砼”字由此产生。1943 年 16 岁的黄克智以全国联考江西省第二名的成绩考入中正大学，投身蔡方荫门下。在蔡先生的培养下，打下了很好的工程力学基础。1947 年 7 月，黄克智以全班第一的成绩毕业于中正大学。蔡方荫爱惜人才，极力举荐优秀的学生到著名的学府，他把黄克智推荐到天津北洋大学。中华人民共和国成立后黄克智在裂纹尖端奇异场理论等方面取得了重要成就，主持了 7 项国家重大科研项目，1988 年获国家科学技术进步奖一等奖，1991 年当选为中国科学院院士。同样的育人故事还在延续，郑泉水 1977 年考入江西工学院（现南昌大学），大三便自学完成了研究生都认为高难度的“张量分析”和“非线性弹性理论”。1981 年，大三的郑泉水在《江西工学院学报》上发表了一篇研究论文，而当时整个工学院发表过论文的老师寥寥可数。毕业后，郑泉水留校任教多年，1989 年，郑泉水直接申请了清华大学固体力学专业博士学位，师从黄克智院士。整个 20 世纪 80 年代，郑泉水受到了杨德品（南昌大学）和黄克智（清华大学）等多位老师极大的鼓励和帮助，从此许下了重视人才培养的情愫。进入新世纪，郑泉水受聘为我校研究院名誉院长，为母校的学术发展继续贡献智慧和能量。郑泉水在微 / 纳米力学、断裂力学与本构理论、先进的力学实验科学、生物力学与仿生力学等领域成果斐然，2019 年当选中国科学院院士。

学以报国，情系桑梓

潘际銮 1944 年考入国立西南联合大学，1948 年从清华大学毕业后留校任教，1950 年进入哈尔滨工业大学机械系就读硕士研究生。潘际銮是中国焊接学科创始人之一，参与创建我国高校的第一批焊接专业，其成果被应用到我国的泰山核电站和时速 350 千米的高速铁路等重点工程中。学术成果先后被评为国家技术发明一等奖和国家科学技术进步二等奖。1980 年当选中国科学院学部委员（中科院院士）。1993 年，原江西大学和江西工业大学合并组建南昌大学，潘际銮被聘任为校长。在他的带领下，南昌大学推行学分制，跻身“211 工程”，突破“旧三无”，摘除“新三无”，启动建设前湖新校区，为学校发展做出了重要贡献。

多发光，少发热

江风益是南昌大学半导体照明技术学科带头人。他带领团队“19 年磨一剑”研发的硅基 LED 项目，改变了目前日本日亚公司垄断蓝宝石衬底和美国 CREE 公司垄断碳化硅衬底 LED 照明芯片技术的局面，形成了蓝宝石、碳化硅、硅衬底半导体照明技术方案三足鼎立的格局。在他的带领之下，学校先后建成了材料物理与化学专业博士点与国家重点学科、材料科学与工程一级学科博士点、教育部发光材料与器件工程研究中心和教育部半导体照明技术创新团队、南昌国家半导体照明工程产业化基地。江风益教授团队“硅衬底高光效 GaN 基蓝色发光二极管”项目摘得 2015 年度唯一国家技术发明一等奖，这是自国家科学技术奖设立以来，首次由地方高校获得的一等奖。2019 年江风益教授当选中国科学院信息技术科学部院士，这是南昌大学本土产生的首位中国科学院院士，标志着南昌大学领军人才队伍建设取得了重大突破。

俊采星驰，方兴未艾

杨简教授是中国著名病理学家，中国科学院学部委员，中国实验肿瘤学主要创始人之一。1940 年 11 月，熊俊继任江西省立医专校长后，从全国各地招聘了多名教授来学校任教，其中就包括病理学教授杨简。在流亡至赣县后，特别艰难的办学条件下，学校还特别为杨简教授盖了一个 20 多平方米的病理研究所，用以对本省各医疗机构送来的标本做鉴定。在抗战最为艰难困苦的时期，杨简教授在医专任教五年，与学校同甘苦、相始终，直到抗战胜利后才返回广东。1980 年被选为中国科学院学部委员。

邱定蕃，1962 年以优异的成绩毕业于江西工学院化工系。长期从事有色金属冶金、化工冶金的研究与开发。他研究成功的萃取分离镍、钴技术在中国国内首次实现了工业化。1999 年当选中国工程院院士。

丁健，1975—1978 年在江西医学院完成本科学业。在分子靶向抗肿瘤药物的研发、作用机制研究及生物标志物研发等领域有重要成果，2009 年当选中国工程院院士。

钟登华，1981—1985 年在江西工学院（江西工业大学）完成本科学业。长期从事水利工程领域的人才培养和科学研究工作，2009 年当选为中国工程院院士。现任教育部副部长。

此外，任校或就学于国立中正医学院的黎氏三兄弟——黎鳌、黎介寿和黎磊石，同为中国工程院医学与卫生学部院士，均在医学领域做出了开创性贡献，成就了中国医学界的一段传奇。程天民、黄志强、陈灏珠、葛宝丰等院士，一生心心念念在国立中正医学院的求学时光，江西医学院北院（国立中正医学院旧址）成为他们永恒的思念。此外，杨惟义、游效曾、曾庆元、简水生、欧阳自远等也是南昌大学校友院士。

附表一：南昌大学在世院士校友

序号	院士年份	姓名	类别	工作单位及职务	专业班级
1	1980	潘际銮	中国科学院院士	清华大学	南昌大学原校长、现名誉校长
2	1991	黄克智	中国科学院院士	清华大学航空航天学院	1947届中正大学土木系
3	1996	黎介寿	中国工程院院士	南京大学医学院	1949届国立中正医学院
4	1996	程天民	中国工程院院士	总后勤部科学技术咨询委员会副主任委员	1945届国立中正医学院
5	1999	邱定蕃	中国工程院院士	中国水产科学研究院东海水产研究所	1958级无机化工
6	2009	丁健	中国工程院院士	中国科学院上海药物研究所所长	1975级医学、上海校友会会长
7	2009	钟登华	中国工程院院士	教育部副部长	1981级水利水电
8	2017	陈晔光	中国科学院院士	中国科学院	1979级生物
9	2019	江风益	中国科学院院士	南昌大学	南昌大学教授、党委常委、副校长
10	2019	郑泉水	中国科学院院士	清华大学航天航空学院工程力学系	1977级工民建

附表二：南昌大学已故院士校友

序号	院士年份	姓名	类别	工作单位及职务	专业班级
1	1955	杨惟义	中国科学院院士	国立中正大学	曾任教于国立中正大学
2	1955	蔡方荫	中国科学院院士		曾任教于国立中正大学
3	1955	张肇骞	中国科学院院士	曾任中正大学教授、生物系主任	
4	1980	杨简	中国科学院院士		曾任教于江西医学专科学校
5	1991	游效曾	中国科学院院士	南京大学化学系	曾支教江西大学化学
6	1994	黄志强	中国工程院院士	中国科学院上海生命科学研究院生物化学与细胞生物学研究所	1944届国立中正医学院
7	1994	黎鳌	中国工程院院士	第三军医大学（原）副校长	曾任教于国立中正医学院

续表

序号	院士年份	姓名	类别	工作单位及职务	专业班级
8	1997	陈灏珠	中国工程院院士	复旦大学附属中山医院教授	中正医学院
9	1998	葛宝丰	中国工程院院士	同济大学汽车学院教授	1945届国立中正医学院
10		黎磊石	中国工程院院士	南京大学医学院临床学院（原）副院长	1949年就读于国立中正医学院
11		曾庆元	中国工程院院士	中南大学	1946级国立中正大学土木系

江西首位全国百篇优秀博士学位论文获得者陈奕

清秀的脸庞，飘逸的长发，一双坚定深邃的大眼睛，一副邻家女孩的模样，我们很难将一位如此年轻的女孩与江西省第一位全国百篇优秀博士学位论文获得者联系起来。

翻开这位名叫陈奕的女孩的履历，2000 年，她与南昌大学食品科学与工程专业结缘，成为一名大学新生。然而，食品并不是陈奕的首选，她坦言是被调剂到了这个专业。“当时我也没有特别喜欢这个专业”，陈奕回忆道。但是，既来之则安之，陈奕觉得，既然结缘了它就该去把它学好。在后来的本科学习过程中，她探索食品中的奥秘，研究食品周期和安全性检测技术，逐渐她融入了这个专业。

2004—2010 年硕博连读期间陈奕想要做出一番研究，选定了科研方向并坚持做下去。“博士论文注重的是系统性、连续性及创新性，其实我从硕士阶段就开始准备了。自己刚开始接触科研时，并不突出，当时就想，‘既然选定了一件事，就要去把它做好’。慢慢地跟着师兄师姐们学，经过一段时间的摸索，逐渐确认灵芝研究的选题，与导师谢明勇沟通得到肯定后，就启动了这个研究”，陈奕回忆道。

要研究灵芝，就需要去全国各地采集各个品种的灵芝样本，这是一项非常艰巨的工作。那段时间，她在全国各地飞奔，基本上是白天在地里采集样本，晚上匆忙坐上火车赶往下一个地点，几乎每晚都是睡在火车上。另外野外采集多是在人烟稀少、人生地不熟的地方，她又是一个女孩，其难度可想而知。而样本收集后还需要实验分析，可当时实验室设备稀少，大家要排队使用，每个人必须在固定的时间内把自己的测试做好，不然只能漫长地等下一次机会。因此为了一次实验，她会熬好几个通宵。“得益于学校的支持重视，导师谢明勇的悉心指导，团队成员的坚强支持，和家人无微不至的关怀，我才得以渡此难关”，每每回忆至此，陈奕总是这般感慨。

2010年，28岁的她获得博士学位，2012年其博士论文入选“全国百篇优博”。博士毕业后，陈奕留校工作，在参加工作的6年里，她先后在国际学术刊物上发表了SCI论文12篇，主持或参与过国家级课题9项，荣获江西省自然科学家一等奖等。2015年晋升为教授。2020年，获评为青年长江学者。

赣江泱泱，百年香樟。板凳甘坐十年冷，陈奕的不懈坚持，实现了江西省“全国百篇优秀博士学位论文”零的突破；不忘初心、牢记使命，南昌大学的人才培养之路，也必将越走越宽。

1993年南昌大学“三三制”改革

1993年，学校根据世界科学、技术、社会、经济发展趋势，围绕江西的经济、社会发展对人才的需求，提出了办学指导思想，即面向21世纪，以改革总揽全局，定位于江西，服务于江西，紧密围绕江西的经济和社会发展，建设有自己特色的南昌大学。

1993年6月25日至30日，南昌大学党委召开首次教职工代表大会，大会的主题是：团结起来，同心协力，大胆改革，加快建设，上质量，上水平，上效益，为学校尽快进入“211工程”，办成全国重点大学而奋斗。会议制定实施了《南昌大学建设与发展总体方案》《南昌大学内部管理体制改革方案》《南昌大学学分制、淘汰制与滚动竞争制及实施办法》等三大改革方案。

1994年7月，在共青城召开的党政领导和主要中层干部参加的党委扩大会上，参会人员清楚地认识学校在师资队伍、办学条件、教育水平以及自我发展能力等方面与“211工程”遴选条件存在较大差距。

为提高教育教学质量，缩小与“211工程”遴选条件的差距，潘际銮校长和党委书记周绍森与班子成员一道，带领全校师生，大刀阔斧，雷厉风行，开始了办学体制机制改革，简称“三三制”改革。

学校以学风建设为切入口积极推行以学分制、淘汰制、滚动竞争制为核心的学生“三制”改革。潘际銮校长指出：“学无压力难以成才，要办好大学没有投入不行，但光有投入也不行，抓学风比抓投入更重要，因为那是直接关系学生全面素质和教育质量的大事。”在全国省属高校中，南昌大学率先推行学生“三制”。

同时，学校在教师中实行“三制”改革，即“聘任制、考评制和奖惩制”，在干部中实行“任期目标责任制、考评制和奖惩制”，将德能勤绩分政治思想和业绩两个方面分别量化考评，考评结果分为优秀、称职、基本称职、不称职四等，每年滚动一次，考评结果与晋职、任免、聘任等挂钩。

虽然顶着各种压力，但“三制”改革始终没有动摇。由于学生“三制”的全面实施，学风很快有了好转，教育质量有了大幅提高。教师“三制”的实施形成了有效的激励机制，调动了教师、干部积极性，促进了教师教风、干部作风的转变。

“四自”教育没模板，际銮学子做示范

——际銮书院立德树人结硕果

南昌大学积极探索高等教育的新时代命题，2018年学校提出“自主学习、自我管理、自我教育、自觉成长”的“四自”教育人才培养思政新模式。在此过程中，际銮书院作为先行者，将“四自”教育作为立德树人的落实路径，牵引拔尖创新人才培养模式改革。

自主学习　学不可以已

“当我打开电脑想玩游戏的时候，看到周围同学的屏幕都是英文文献，瞬间觉得没有同伴的游戏变得索然无味。”2018级张思维在进入书院不久后感慨道，而书院的学子们基本都有过类似的感触。闲暇时的书声琅琅，课程后的科研文章，灯火通明的自主学习室，这种浓郁的学习氛围潜移默化地影响着书院学子。同时，书院打造了博雅讲坛、名师讲堂、导师沙龙、英语沙龙、国际文化沙龙等文化品牌，学生在交流互动中碰撞出思维的智慧火光；书院还邀请大国工匠、政商精英、时代楷模，构建起科研导师、班级导师、生活导师、校外导师的多元化导师制度，为书院学子指明方向、搭建平台、提供养料。

自我管理　严于行律于己

“我们可以凭借兴趣和志向自主选择本科专业和导师，每个人可以根据自己不同特点和个性差异量身定制个性化培养计划和方案”，2017级的万坤良说，“我们寝室四个人，四个不同的专业，四张不一样的课程表！”从制定适当目标到合理规划时间，从积极寻找兴趣到坚持日常锻炼，每一个学习日常与生活点滴，汇聚成自我管理的新合力。书院注重学生的个性发展，以目标、时间、兴趣、行为、健康、情

绪管理等引导学生主动认识自我、发展自我、提升自我，涵养人文情怀、家国情怀和世界胸怀。同时书院也充分实行学生自治，几十间自主学习室和近千平方的功能用房均由书院学子自主管理。书院党委更是充分发挥学生党员先锋引领和学生干部带头示范作用，进行学生社区网格化管理，引领书院全体学子追求卓越。

自我教育　百学须先立志

“不同专业、不同实验班的学生共建党团与学干团队，开展特色活动，实现了多种专业学生的高频交流碰撞。”这是让万坤良感触最深的地方。“参加国内外交流访学，参与国际赛事、专题论坛，这是真正能拓宽视野、提升思想和眼界的机会。”和万坤良一样，王子恒也是际鎏书院的学生，在他眼里，书院让更多的学子进入国内外一流高校，真正让大家开阔了眼界。同时。书院通过构建“红色基因传承”的理想信念教育平台、学科交叉的学习竞赛平台、身心素质提升的体育平台、人文艺术发展的美育平台和美丽幸福书院的劳育平台等自我教育体验平台，唤醒书院学子内在动力，激发自我服务的积极性和主动性，引导书院学子认识自我、挑战自我、战胜自我。

自觉成长　君子以自强不息

“今天的目标完成了吗？今天比昨天进步了吗？”2019 级学生颜莞每天入睡前都会问自己。明确目标、自律学习，总结反思、乐观积极，在相处中学会包容自立，这都是对自我高标准、高要求的期许，而书院学子从未在努力拼搏奋斗的路上轻言放弃。用远大的志向催生坚强不屈的意志，实现人生价值的华美绽放；在“悦见”中不断成长，自觉形成更加自然高效的成长动力；正确对待人生道路上的成败得失，做到处优而不养尊、受挫而不短志。这些都构成了书院学子自觉成长的丰富内涵。同时书院还构建自觉成长的评价体系和激励机制，克服“五唯”，客观评价学生的社会责任、人文素养、实践能力和创新精神，将自觉成长渗透到教育各个环节，使学生拥有终身成长的内核动力。

从“三制”到“三化、三制、三融合”

——南昌大学本科人才培养模式改革与创新之路

在百年办学历史当中，尤其两次并校以来，面对高等教育前所未有的发展机遇，南昌大学牢牢把握我国高等教育发展的历史逻辑、理论逻辑、实践逻辑，秉承

“格物致新、厚德泽人”校训，把本科教育放在人才培养的核心地位和教育教学的基础地位，借鉴海内外先进教育理念和实践经验，不断深入探索本科才培养模式的改革与创新。

“三制”改革树新风。1993 年我国高等教育还处于精英化阶段，大学生毕业后国家包分配工作，彼时人们形象地将大学生比作天之骄子，进入大学也就进入了保险箱，前途一片光明。但同时，也助长了一些学生骄傲自满、不思进取的不良风气，学校“60 分万岁”“考前突击、考后舞厅”等思想还大有市场。潘际銮校长接手南昌大学后，率先在国内推行本科教育改革，以学风建设为切入口积极推行以学分制、淘汰制、滚动竞争制为核心的学生“三制”改革。对各学期未修满规定学分数 60% 的学生，要求缴纳全部培养费，并跟班试读一次，仍未修满学分数 60% 以上者，予以退学；对公费生和自费生实行滚动竞争，学习不好的公费生可能转为自费生，而学习好的自费生则可以转为公费生。“三制”的全面实施，使南昌大学的学风很快有了好转，教育质量有了大幅度提高。1996 年，在总结前 3 年学生“三制”经验的基础上，改革人才培养模式，着力培养优秀人才、复合型人才，允许和鼓励学生跨系（院）、跨学科选课，以求拓宽知识面，增强适应性。对理工科特别优秀学生，因材施教，开办理工试验班，实行特殊培养。同时在文科也举办试验班，实行文、史、哲大文科统一培养计划，强化优秀人才培养。2001 年，潘际銮校长领衔的《南昌大学生“三制”改革的研究与实践》荣获得国家级教学成果二等奖。

拔尖创新人才培养模式再探索。2003 年我国高等教育进入大众化阶段。为了更好地响应建设创新型国家的号召，满足区域经济社会发展对拔尖创新人才的迫切需要，满足广大学子个性化发展的急迫需求，南昌大学在前期理工实验班的基础上，开启了地方高水平大学培养拔尖创新人才更加深入的探索与实践。2003 年开始实行年级导师制；2008 年依托高等研究院，开办“理工本硕实验班”，为每位学生配备导师；2009 年依托国学院，开办“国学实验班”，在总结实践经验的基础上，逐步将改革推向深入；2014 年成立前湖学院，开办“综合实验班”。

2014 年，朱友林教授领衔的“地方高水平大学拔尖创新人才培养改革与实践”荣获国家教学成果二等奖。周创兵校长亲自参与了该教学成果的凝练，他指出：高等教育大众化时期，地方高水平大学培育引领区域经济社会发展的拔尖创新人才，意义重大。一是要树立“以人为本、因材施教、科教融合、创新引领”的育人理念；二是要确立“志存高远、基础宽厚、个性鲜明、勇于创新”的培养目标；三是要创建“多学科融合、差异化培养、开放式教学、创新性实训”的培养模式；四是要构建夯实基础、强化实践的“学科交叉融合，专业互通集成”的课程体系；五是要采取激发兴趣、挖掘潜能的“研讨式教学、自主性学习”的教学方式；六是要建立“导师导学、开放游学、学分互认、综合评价”的育人机制。2015 年，在整合学校各实验班的基础上，周创兵校长力推成立际銮书院，将学校拔尖创新人才培养模式的理念与实践推向一个崭新的高度。

“三化、三制、三融合”引领风尚。际銮书院成立后，学校探索形成了集教学、管理、育人为一体的“三化、三制、三融合”拔尖创新人才培养模式。

“三化、三制、三融合”拔尖创新人才培养模式，即“个性化、小班化、国际化”教学模式、“学分制、导师制、书院制”管理模式和“教书与育人融合、理论与实践融合、课内与课外融合”育人模式，三者相互促进、有机统一的培养体系。“三化”教学模式是培养拔尖创新人才的途径，主要在于发挥学生优势潜能，调动学生学习的内在动力，提高自主学习能力和拓宽国际视野；“三制”管理模式是培养拔尖创新人才的保障，主要在于为学生提供全方位指导，营造有利于学生成长成才的学习环境；“三融合”育人模式贯穿于“三化”与“三制”的全过程，既是实现“三化”与“三制”的手段，又是“三化”与“三制”的目标，主要是培养学生社会责任感、实践创新能力和塑造健全人格；通过“三化、三制、三融合”的互动协同，实现拔尖创新人才的培养目标。

拔尖创新人才培养“三三”模式，一是丰富育人理念，凝练出了“人为本、德为先、学为上”的育人理念，充分尊重学生专业选择权，逐步扩大学生转专业比例，并在招生培养制度上逐渐向大类招生和培养转变。二是创新培养模式，探索多样化、国际化合作办学、学科交叉人才、卓越人才和校企合作订单式人才培养模式，既满足了学生的个性化需求，也满足了社会的多样化需求。三是全面实施导师制，2015 年起，学校全面推行本科生班级导师制，以班级、寝室或科研团队等为单位配备本科生导师，设立班级导师工作专项经费，每年投入 200 万元用于班级导师的考核、激励。四是全面推进全员育人。实施“四航工程”，全面构建了点、线、面、境相结合的全员育人新模式，对学生的指导贯穿学生成长全过程。五是全面开展“双创”教育。形成了创新创业教育和创新创业实践有机融合与政府—高校—企业三者有机融合的“两个融合”双创教育模式。通过设置创新创业学分、“三学期制”“学分制改革”等举措，构建了“开放共享、协同育人”创新创业教育体系，形成科教融合、以科研促创新人才培养等鲜明特色。

“三化、三制、三融合”的做法得到业界高度认可，朱友林教授、曹文华教授的理论文章《“三化、三制、三融合”拔尖创新人才培养模式的改革与实践》在《中国高等教育》2018 年第 1 期发表，“三化、三制、三融合”的表述被教育部采用于《教育部等六部门关于实施基础学科拔尖学生培养计划 2.0 的意见》文件当中，引领我国拔尖学生培养一时之风尚。

从理工实验班到际銮书院

——拔尖创新人才培养实践

南昌大学拔尖创新人才培养实践肇始于 20 世纪 90 年代中期。在高等教育大众化初启前期，开全国高校体制改革先河的南昌大学，在推出“学分制、淘汰制、滚动竞争制”育人改革的同时，1994 年时任校长潘际銮院士倡导“以生为本、因材施教、优才优育”教育理念开办了“理工实验班”，选拔校内理工科优秀学生，创建“早出人才、快出人才、出好人才”的育人机制，采用全面发展和因材施教的培养模式，突出“高、深、精、新”的教学特色，强化学生数学基础、计算机基础与技能和外语水平，利用综合性大学学科齐全的优势，强调理工结合和交叉渗透，扩大学生知识面，配备导师指导学生学习与科研，实行竞争动态流动，努力造就“既有良好的科学素养和宽厚基础，又有较强的创造力、适应能力和发展潜力”的尖子学生，开启了地方高水平大学培养拔尖学生的探索之窗。1994—2008 年先后有 600 余名学生在理工实验班学习，超过 50% 的学生考取研究生。

高等教育进入大众化阶段后，2005 年的“钱学森之问”，暴露出我国高等教育在拔尖创新人才培养方面存在的问题和差距。南昌大学加大了培养拔尖创新人才培养的探索和实践力度。2008 年，学校依托大理工平台高等研究院、由时任院长的郑泉水院士领衔开办了涵盖数学、物理、化学、材料、生物、力学等专业的理工基础学科拔尖创新人才培养的本硕实验班；2009 年，学校依托文史哲学科平台国学研究院、由时任院长程水金教授领衔开办了涵盖文、史、哲专业的文科基础学科拔尖创新人才培养的国学实验班。本硕、国学实验班对标教育部基础学科拔尖学生培养计划，融多个基础学科专业于一班，创新“学分制、导师制”“小班化、个性化、国际化”的育人机制，形成“学科交叉、科教融合、个性发展、协同育人”的培养模式，超过 95% 的本科毕业生进入全国一流高校深造学习，一批学科交叉、跨界创新学生逐渐崭露头角，2014 年本硕、国学实验班教改成果“地方高水平大学拔尖创新人才培养改革与实践”获国家级教学成果二等奖。

在高等教育大众化向普及化步进阶段，2014 年学校依托前湖学院开办了涵盖文理工大多数专业的综合实验班，2015 年学校成立际銮书院，并同时成立院务委员会统筹协调全校拔尖创新人才培养工作。际銮书院建设功能齐全公用设施，营造浓郁书院文化，集中各类实验班学生于同一栋宿舍住宿，统筹各类试验班学生思想政治和日常管理；际鎏与拔尖学生培养单位按照“一体化管理、多样化培养、开放式运行”的运行模式，协同纵深实施“学分制、导师制、书院制”“小班化、个性化、国际化”“教书与育人融合，理论与实践融合，课内与课外融合”的“三制三化三融合”培养模式，实行“全员、全程、全方位”的管理机制，引导践行“自主学习、自我管理、自我教育、自觉成长”的教育模式，开展“党团组织进书院、学业导师进书院、名师大家进书院、课外学业进书院”的教育方式，形成书院“三全四自四进”新型协同育人机制，为新时代拔尖人才培养奠定坚实基础。

2019 年以来学校陆续开办了人工智能实验班、功能新材料与技术实验班、新结构经济学实验班、稀土实验班、医学创新实验班，形成了覆盖不同学科、不同特色类型的拔尖创新人才培养体系，逐步探索出了一条经济欠发达省份、教育资源相对不足的地方高水平大学汇聚优质资源、突出学科交叉优势的拔尖学生培养特色之路。

际鎏书院成立以来，学生先后获省级及以上学科竞赛奖励 559 人次（其中国家级及以上奖励 196 人次）；立项科研训练项目 110 项（其中国家级项目 26 项）；在核心及以上期刊发表论文 61 篇，获得专利 8 项，赴英国、美国等参与长、短期交流访学项目 172 人次；2014 级、2015 级毕业学生 175 人，其中 141 人赴国（境）内外科研院所或高等学校继续深造。培养的学生政治素质高，涌现出“全国向上向善好青年”候选人、江西省“龚全珍”式好青年等优秀学生；学习成绩佳，超过 90% 的学生进入双一流建设高校、中科院或国际知名大学深造，其中直博学生 124 人；创新能力强，获得过省级以上竞赛奖励的学生，共计 889 人次，发表中文核心以上学术论文 93 篇，其中 EI7 篇，学生以第一作者身份在全球顶级期刊 *Journal of the American Chemical Society* 和 *Advanced Materials* 发表论文。

博学无畏，笃行报国

——海军国防生选培 20 年

在南昌大学前湖之畔有一座英雄楼，它始终熠熠生辉，是每一位南昌大学学子的骄傲。历尽 20 个春秋，培养了 1500 名栋梁。它就是“昌海楼”。“日月之行，若出其中；星汉灿烂，若出其里。幸甚至哉，歌以咏志。”而这些璀璨的昌海之星们现在正活跃在中国的海疆。他们负重前行，留给我们岁月静好！

2002 年初，中国人民解放军海军政治部看准了拥有雄厚实力的南昌大学。在与学校进行沟通后，双方一拍即合。2002 年 3 月，经教育部、解放军总政治部批准，南昌大学与海军政治部签署《依托培养军队干部协议》，成为江西第一所成规模为部队选拔培养新型军事人才的普通高等院校。随即，中国人民解放军驻南昌大学选拔培训办公室成立。6 月，选拔工作正式开始。报名现场格外火爆，短短两天时间，前来报名的学生达到 500 多人，远远超过了 60 名的选拔名额。

培养国防生是一件历史性的伟大工程，为国家培养优秀的国防栋梁，是令学校引以为自豪的历史性事业。国防生的培养是极其严肃和严格的，合格的国防生不仅要完成学生向军人的转变，更要完成普通军人向合格军官的转变。为加强国防生培养，2003 年 5 月，南昌大学国防生工作办公室成立，学校专为办公室配备了专职工作人员，全力支持国防生培养事业。从此，军地双方开始深入融合，为培养优秀国防生奠定了坚实的组织基础。

每天几十次的卧倒起立、数千米的正步踢腿练习、成百上千次的喊口令……经过严苛的军事训练，国防生队列动作更加标准，队列养成更为严格，军事技能明显提高，真正成为大学生引以为荣的优秀集体。不经一番寒彻骨，怎得梅花扑鼻香。为加强学生的政治素养，南昌大学选培办充分利用江西丰富的红色教育资源，组织国防生参观革命旧址，缅怀革命先贤，追溯我军光荣历史，坚定精忠报国之志。学习生活中，国防生通过周点名、旬唱歌、月检查、季汇报和学期演讲等形式，营造出浓厚的军队政治思想工作氛围。为更好地发挥党建引领作用，校党委决定单列国防生入党计划。2004 年 11 月，国防生直属党支部成立，国防生培养事业蓬勃发展……

为丰富国防生文体活动与规范团员发展，国防生团委于 2005 年 6 月成立。此后，国防生团体就广泛地出现在各类学生活动之中，2008 年 3 月正式成立南昌大学军乐团，由南昌大学国防生为主的军乐团代表南昌大学参加了各类表演和比赛，在各大高校中成为十分抢眼的明星队伍。蓝色方阵也给校园注入了一股清新的活力，营造了浓浓的“昌海国防文化”氛围。国防生的宿舍内务秩序井然，成为学校宿舍管理的先进样板；国防生国旗班定期举行升旗仪式，成为学校爱国主义教育的新载体；国防生特色的叠被子大赛、国防综合知识竞赛、献身国防演讲比赛、军营一日等活动，将军人刚毅坦荡、吃苦耐劳的品质渗透到大学生的日常生活，激励大学生强化思想道德建设，掌握科学文化知识，成为共和国腾飞的栋梁之材。

从 2008 年至 2017 年，国防生团体获得数百项各类奖项，其中不乏国家级荣誉。2017 年 4 月，南昌大学国防生受邀参加中宣部、教育部、共青团中央主办的五四晚会“五月的鲜花”大型文艺会演，正式在全国人民面前登台亮相，展现了海军第一国防生培养院校——南昌大学的风采，更是展现了南昌大学海军国防生的精神风貌。

2020 年注定是极其不平凡的一年，全国人民谱写了一曲“青山一道同风雨”的壮歌。南昌大学国防生在此期间秉持着高标准、严要求的纪律规范。习近平总书记曾指出："当代青年必须牢固树立中国特色社会主义共同理想，为实现中华民族伟大复兴的中国梦不懈奋斗。志当存高远。一个人的理想志愿只有同国家的前途、民族的命运相结合才有价值，一个人的信念追求只有同社会的需要和人民的利益相一致才有意义。历史和现实都告诉我们，青年一代有理想、有担当，国家就有前途，民族就有希望，实现我们的发展目标就有源源不断的强大力量。"南昌大学海军国防生以自己的实际行动彰显着青年一代的责任和担当。

2020 年 7 月，2016 级国防生在南昌大学国防生办与海军驻校选培办的培养下，全员通过了国防生毕业考核，4 年制国防生全部顺利毕业，奔赴祖国的海疆。6 名 5 年制的国防生在学院指导下参加最后的实习培训，不久后也将奔赴军营。国防生培养事业至此将圆满结束。事业的结束代表着另一个辉煌的启程，历史将铭记那些意义非凡的过往。承载着南昌大学"三铸"精神的昌海之星会一直带着他们的赤胆忠心，永垂青史。昌海精神将永远烙印在中国辽阔的海疆！

三学期制的改革与实践

"两学期制的学期时间过长，课程学习轻松，学生很容易松懈。""没有专门的时间段开展实践教育，理论与实践脱节的顽疾没法从根本上解决。"2013 年，刚履任南昌大学校长的周创兵一针见血指出原有学期制的弊端。

"要压缩原有学期，设立三学期，集中时间开展实践教育教学，培养学生实践创新能力。"对此，刚开始老师们有些不适应："第三学期长达一个月，而且学生不在学校，怎么给学生上课呢？""那是因为我们的教育教学理念还没有转变过来，我们还停留在以课堂、教材为中心的传统教育理念阶段"，周创兵校长不断传播着他的先进教育教学理念，"我们要更新理念，拓宽思路，要让学生们到广阔的社会当中去历练打拼、增长才干，学校要做的就是加强引导，做好服务。"

万事开头难。2014 年 12 月，学校出台《南昌大学暑期（第三学期）实践活动实施方案（试行）》，通过增加夏季学期教学活动，鼓励学生走出校门、走出课堂、走向社会、走向实践，并确立 2015 年为三学期制试点年。教务处深入各学院，指导、鼓励各学院根据不同年级、不同学科特点，完善第三学期实践教育体系。2015 年试点下来，效果却不尽如人意，参与学生不到 60%，且部分实践课程质量不高。

总结分析原因，老师和学生对三学期开展社会实践教育是欢迎的，效果不好的主要原因是学校各部门协同不够。暑期社会实践，学工、团委、教务、国际教育学院等各管一摊，资源丰富的学院项目过剩，资源单薄的学院项目不足，没有形成全校一盘棋。

为此，学校进一步加强了第三学期的领导，指定教务处作为第三学期改革领导小组办公室单位，统筹领导三学期制改革工作。教务处建立了数据库，将学校所有的三学期实践课程纳入数据库，主要包括校团委组织的社会实践，列入教学执行计划的实习活动、综合性实验等活动，创新创业训练项目、科研训练项目，赴国（境）外及国内名校学习交流（暑期学校），“互联网 +”大学生创新创业大赛、数学建模竞赛等各级各类学科竞赛培训，部分单独开班重修课，聘请境内外高水平教师讲授的各类课程和讲座，各教学单位自行组织的讲座或论坛、研讨会、工作坊、参观访问、社会调查等教学活动。

军中有粮，人心不慌。有了丰富、充足的实践课程资源库，教务处进一步加强引导和落实，要求学院将课程资源落实到每一位教师和学生，一个都不能少。2016 年，三学期制参与学生累积达 32647 人次，基本实现全覆盖。

几年下来，学校三学期制改革成效显著，特色明显。如校团委组织结合“大学生返家乡实践故事”主题活动，开展“三下乡”社会实践。通过闻“汛”而动，防汛一线构筑“青春堤坝”、文明实践，火热基层诠释“青春担当”、返乡实践，因地制宜贡献“青春智慧”、红色走读，学思悟践传承“红色基因”等特色活动真正做到暑期思政教育“不停课”。公共管理学院自 2015 年开展的“四百工程”中的“百村调查”，始终以“唯实唯真”为项目实施主旨，让学生走出去扎下去，现已成为学院人才培养的常态化模式。百村调查也从农村扩展到城市社区，发展成为百村（社）调查。从调查过的村（社）数量上早已超过百个，已在向千村（社）逼近。仅 2020 年夏季学期参与各类实习实践活动学生就达 16330 人次，开展各类讲座 181 场（其中，校外专家 62 场）。在国际交流方面，2020 年开展了与乌兹别克斯坦乌尔根奇州立大学来华留学本科“2+2”联合培养，与西班牙卡斯蒂利亚拉曼查大学人文社科类专业研究生联合培养，与日本武藏野大学本科及硕士双学位联合培养项目，与日本熊本大学、韩国汉阳大学、印尼乌达雅纳大学学生交换等项目，多渠道、多领域推进学校国际人才培养工作。

三学期制就像一个杠杆，撬动了学校实践教育教学的大改革。学校进一步树立了“学生中心”教育理念，充分利用和发掘各种优秀教学资源，满足学生自主学习和个性化发展的需求，不断拓宽学生学术视野、学科领域，着力培养学生创新精神和实践能力，人才培养综合质量得到全面提升。

高水平大学生运动队培养

南昌大学高水平大学生运动队作为江西省高校体育的一面旗帜，自创办起始终处于高速发展当中，为南昌大学的本科教学和专业建设注入新动力，为我国高校体育发展贡献南大力量。

自建校以来，学校就非常重视体育运动的发展，为各行各业培养了一批又一批的热爱体育的优秀人才。进入21世纪，学校开始开设了体育专业，并于2002年成为国家教委批准的试办高水平运动队高校，批准项目包括足球、篮球、排球、田径、赛艇。后经2017年二次申请调整，现教育部批准建设的高水平运动队建设项目有篮球、排球、足球、田径、网球等。其间，学校积极申办并于2007年获批运动训练专业，2009年开始第一届招生。通过运动训练专业建设，进一步扩大高水平运动队优秀生源，扩充学校高水平运动队项目，形成传统项目与特色项目并举、集体项目与个人项目共赢的良好态势。

组建高水平运动队以来，学生代表学校或上级单位参加奥运会、亚运会、全运会等国家级（含）以上各类比赛，获冠亚军100余项，创多项江西省竞技体育历史最好成绩。其中，世界军人运动会3金、亚运会2金2银、全运会3金、全国青年运动会4金。大学生赛场，全国学生运动会获5金1银。2012年，南昌大学成为全国唯一一所“三大球”全部进入全国大学生运动会决赛的高校，次年实现江西省“三大球”全国高水平比赛金牌零的突破。

高水平运动队前进的道路上，师生携手共进，筑梦前行。2019中国大学生跆拳道（竞技）锦标赛”，跆拳道队获全国锦标赛1金1银。“十年树木，百年树人”，不论从事什么学科的教学，都应该把立德树人放在首位，何明辉教练在这条路上不断前行。他表示，跆拳道提倡以礼始、以礼终的尚武精神，培养学生谦虚、忍让、友好的品格，要求学生无论是在训练当中还是生活当中，都要以礼待人，不卑不亢。2020年全国田径锦标赛男子跳高决赛，我校体育学院2019级研究生李佳伦跳出2.24米的个人最好成绩，获得该项目冠军。2017级体育学院运动训练班学生郑妩双，自9岁起开始接受专业的网球训练，在2020年中国网球巡回赛职业级总决赛暨全国网球单项锦标赛中，获得中国网球巡回赛职业级总决赛女双冠军，创造了江西网球在全国赛事中的最好成绩。

以上成绩的获得，让南昌大学从最初的全国崭露头角，逐步过渡到在国内外扩大影响力。

教学促进竞技，竞技反哺教学。南大学子一次次站上竞技体育的最高领奖台，凸显了学校体育工作在全国高校中的领先地位，也展现了学校在体育教学改革中的重要成果。多年来，学校建立的“训—教—研”结合、“国家队—省队—校队”多角色融合模式，实现了教学成果、科研成果、比赛成绩全面铺开、多点开花、整体推进的良好局面。

高水平运动队实行滚动竞争淘汰制和激励机制相结合的教学模式，实施目标管理、竞聘上岗、人才引进的发展战略。通过长期的探索与实践，2015 年学校主持的《地方高校体育竞技拔尖人才培养的探索与实践》获得省级教学成果一等奖，为省内外高校教学改革提供示范。校内方面，借助高水平运动队建设的优势，面对全校学生开设多达 26 门体育选项课，为各学院打造“一院多品”“月月有赛、人人参赛”的体育赛事活动。2017 年，为表彰在组织领导、体育教学、课外体育活动、科学研究、体育竞赛、师资队伍、条件保障以及学生体质健康标准实施等方面取得优异成绩并做出突出贡献的高校，教育部颁发了高校体育最高奖——“校长杯”，南昌大学和浙江大学、上海交通大学、北京大学、清华大学等高校一起分享了这份殊荣。“校长杯”的获得，不仅是对学校高水平运动队建设工作的充分肯定，更是对本科教学、专业建设、学科建设等方面的最大褒奖。

体育学院副院长郁庆定表示，学校大力支持体育事业的发展，在高水平运动队未来的发展规划中，要深化运动队管理体制的改革。运动员方面，要拓宽招生渠道，提高招生质量，去各地挖掘运动人才；教练员方面，要引进国内外著名高水平教练员，培养具有教练员潜质是高水平运动员，全面提高学校运动队水平。

“体育强则中国强”，为中华伟大复兴竭诚献力，传承体育精神、锻造人民体魄，肩负体育的社会责任和使命担当，培养志存高远、博学广闻、德馨技精的卓越体育人，是南昌大学体育学院的育人宗旨。我们坚信，随着学校高水平运动队实力的不断增强，未来一定会有越来越多的南大人站上世界的最高领奖台。

创新学分、互联网 + 大赛和学科竞赛纪实

党的十八大对创新创业人才培养做出重要部署，在此引领下，高校创新创业教育不断加强，取得了积极进展，对提高高等教育质量、促进学生全面发展、推动毕业生创业就业、服务国家现代化建设发挥了重要作用。2015 年，国务院办公厅印发了关于深化高等学校创新创业教育改革的实施意见，对深化高等教育综合改革，激发大学生的创造力，培养造就大众创业、万众创新的生力军做了重要部署。为落实《国务院办公厅关于深化高等学校创新创业教育改革的实施意见》，2015 年 10 月，

教育部会同国家发展改革委、工信部、人社部、共青团中央和吉林省人民政府联合举办首届首届中国“互联网 +”大学生创新创业大赛，大赛以“‘互联网 +’成就梦想，创新创业开辟未来”为主题。全国首届“互联网 +”大赛，南昌大学参赛作品从全国 1878 所高校的 3 万余个参赛项目中脱颖而出，学校选送的另两项参赛项目“高考小秘书”“大课桌项目”获得铜奖，学校整体成绩位列全国 15 位。

此后，学校连续在 2016—2020 年五届中国“互联网 +”大赛中获佳绩，累计收获 4 金 10 银 16 铜，获得“最佳人气奖”单项奖一次，在第二、四、五届获得“先进集体奖”。

中国高等教育学会《高校竞赛评估与管理体系研究》发布的全国普通高校学科竞赛排行结果显示：南昌大学在 2015—2019 年排行榜中位列第 42 位，在 2019 年排行榜中位列第 29 位，在全国综合类高校排行榜中位列第 12 位，在“双一流”建设高校排行榜中位列第 39 位，位列部省合建高校首位。

南昌大学之所以取得这么好的成绩，得益于学校坚持不懈开展创新创业教育改革，得益于学校以“互联网 +”大学生创新创业大赛为抓手，推进创新创业项目与江西产业发展的深度融合，得益于学校坚持“学生中心”教育理念，以提升学生创新能力和实践本领为根本目标，培养造就扎根江西大地的“双创”生力军。

创新学分开先河。2008 年学校要求学生至少选修 2 个学分创新学分，2012 年“创新学分”正式纳入本科培养方案，2016 年进一步拓展设置“创新创业学分”，构建由“通识课 + 跨学科基础课 + 专业主干课 + 跨专业选修课 + 创新创业学分课”的学科交叉融合、专业互通集成的多学科一体化课程体系，在全国较早实现将创新创业教育融入人才培养全过程。

实践体系有广度。学校全面推进双创教育体制机制改革，从组织机构、师资队伍、实践平台、经费投入、创业服务等方面全方位保障与推动创新创业教育工作，确保创新创业教育工作制度化、科学化、规范化运行。健全完善创新创业实践实训教学体系，制订实施国家—省—校三级创新创业训练计划，搭建校内训练平台和校外实训基地，健全双创导师库，全面推进“三学期制”，各类创新创业实践活动常态化开展，确保参加创新创业实践活动的学生达 100%。

成果转化有温度。学校积极锻造“教育—实践—孵化—转化”完整的创新创业人才培育链，打造校院两级创新创业孵化空间，形成学校内部完整的创新创业生态系统。依托南昌大学国家科技园，设立创业发展基金，并为双创人才队伍提供完备的硬件设施服务，将双创成果转化为优质教学资源与大赛项目，推进科教融合发展。

精准扶贫有高度。学校传承发扬井冈山精神，实施“星火引航计划”工程，将红色基因铸入创新创业教育，在创新创业基地成立学生党支部，积极策应国家战略，主动服务地方乡村振兴和精准扶贫。积极创建师生精准扶贫团队，团队完成全国首个国家贫困县退出的第三方评估和国家精准扶贫省级工作成效的第三方评估江西组任务，利用夏季学期，在江西省 100 个县（市、区）开展专题培训，实质性推进人才和技术帮扶工作。

产教融合有深度。学校围绕江西红色、绿色、古色优势资源，结合重大战略性产业方向，依托“一流”学科建设，打造以红色旅游、智能制造、绿色食品、节能材料、精准扶贫、智慧医疗等为代表的创新创业方向，加强校政校企合作，助力学生创新创业，推进产学研用深度融合。

“一院一赛”有亮点。学校以创新创业大赛为抓手，推进“一院一赛”品牌计划，鼓励学院开展各类学科竞赛活动，每年参加各类竞赛的学生达上万名并呈显著性增长，在创青春大赛、美国数学建模大赛、机器人大赛等各类赛事中屡创佳绩，获国际、国家级奖励近 4000 余项。

大学生“挑战杯”竞赛纪实

“挑战杯”竞赛是中国最具代表性、权威性、示范性、导向性的大学生竞赛，被誉为中国大学生学生科技创新创业的“奥林匹克”盛会。“挑战杯”全国大学生系列竞赛是由共青团中央，中国科协，教育部和全国学联携手共办的大型全国性赛事，分为两个项目：“挑战杯”全国大学生课外学术科技作品竞赛和“挑战杯”中国大学生创业计划竞赛。竞赛举办 30 多年来，已成为国内大学生最关注最热门的全国性竞赛。挑战杯系列竞赛的宗旨是：崇尚科学、追求真知、勤奋学习、锐意创新、迎接挑战。

学校在奉行竞赛宗旨的同时，也强调以赛促教竞赛方针，建设形成了一套较为完善的体系，由党委领导，团委负责，以团校“挑战杯”项目办公室、经管学院创新创业中心为主阵地，以各学院为直接抓手，通过举办宣讲会、培训讲座、作品评审会答辩会、获奖成果展示等一系列活动，点燃广大学子的竞赛激情。据统计，学校自 1995 年首次参加“挑战杯”系列竞赛以来，累计获得全国奖项 88 项，平均每年参赛学生人数超过 4000 人、两次捧得“优胜杯”，团体总分最好成绩位列全国高校第 12 名，参赛作品和参赛人数在全省乃至全国都位列前茅。

2020 年第十二届“挑战杯”中国大学生创业计划全国决赛，1400 余个作品入围国赛，432 个作品入围全国决赛终审答辩。南昌大学赛绩突破历史最佳，“秸然不同——微波热解秸秆还田工程”团队获得全国金奖，是本届比赛中江西省本科高校获得的唯一一项全国金奖。项目利用移动式微波装备对农业秸秆进行快速热解处理，以分布式处理模式实现秸秆就地利用以降低收、运、储成本。可为农户提供免费的秸秆处理服务，部分产物还田减少化肥支出，剩余产物通过售卖补贴农户同时为项目提供可持续运营资金。并向需要处理秸秆的企业提供设备租赁及免费的操作指导服务。将废弃秸秆变废为宝，为乡村振兴贡献青春力量，护美绿水青山，做大金山银山。

南昌大学坚持立德树人根本使命，注重对学生全方位能力的培养，充分运用国内外各级各类竞赛平台，鼓励学生积极参加各类竞赛，以赛育人，以赛化人，着力提升学生实践能力、组织能力、创新能力。在此指导思想指挥下，学生实践创新能力显著增强，在各类赛事中斩获佳绩，学校组织参赛的能力水平也不断提升，形成校院协同、师生联动的良好局面。近年来，在学校的高度重视下，南昌大学“挑战杯”系列竞赛成绩优异、硕果累累，创造了多个江西省高校竞赛史上的新纪录。

在第十一届“挑战杯”大学生创业计划竞赛省赛中，南昌大学 21 件作品获奖，其中学校入围答辩赛的 6 件作品全部获得金奖，5 个项目获国赛资格——代表江西省高校与全国各地的优秀大学生团队同台竞技。

在第十六届“挑战杯”大学生课外学术科技作品竞赛省赛中，南昌大学 29 件作品获奖，特等奖 3 件、一等奖 9 件、二等奖 13 件、三等奖 4 件，并获得“优秀组织奖”以及团体总分一名，且自然科学类本科组特等奖均由学校揽获。国赛阶段，南昌大学获得 3 个二等奖、2 个三等奖，其中获得国赛三等奖的“五步四转：破绿色殡葬推行之难——基于江西省吉安市的调研分析”项目组成员表示：在比赛过程中遇到的最大的问题就是在着手做这个项目的时候，大部分的成员都还是大二的学生，不论是总结能力还是参赛经验都很薄弱，想要将自己所提出的办法形成一个理论体系十分困难。但在指导老师的帮助下，他们不断克服困难，精益求精打磨作品，最终找到了解决方案：以“五步四转”的方式形成了一个理论体系，并在国赛与其他省市高校团队的比拼中斩获三等奖。

在第十二届“挑战杯”大学生创业计划竞赛省赛阶段，南昌大学获得金奖 7 件、银奖 3 件、铜奖 9 件，共计 19 件，获得“优秀组织奖”，并以团体总分一名斩获江西赛区“挑战杯”冠军奖杯。在国赛终审答辩中，共获 1 金 1 银 5 铜，取得了历史性突破，并捧得江西本科高校首个“挑战杯”中国大学生创业计划竞赛全国“优胜杯”。

从着力提升学生实践能力、组织能力、创新能力，到积极参与“挑战杯”系列比赛；从五枚国铜到三个二等奖，再到一金一银五铜的丰硕成果，南昌大学“挑战杯”工作体系愈加完善，培优育优效果显著，激励着更多南大学子投入到以“挑战杯”系列竞赛为代表的各类竞赛中，也必将在更多更高更强的舞台上展现南大学子风采。

从教学督导到“点线面体”质量保障

——教学督导和评估工作

20 世纪 90 年代初，南昌大学校园里多了一道独特的风景线：上课时教室后排忽然坐上了满头银发的老教授，他们静静地和学生们一起认真听课，不时做着记录；课间，他们主动走上讲台，和授课老师亲切交谈，切磋教艺；有时也会发些问卷给学生填写，了解学习和上课情况。

他们就是学校聘请的教学督导。为更好地维护教学秩序，保障教学质量，学校贯彻国家教委 1991 年发布的《教育督导暂行规定》，组建成立了教学督导队，成员以学识造诣深厚、热爱教育、德高望重的离退休教授为主。督导定期深入教学一线开展监督检查，为教学各环节指导把关，深入学生了解学习效果，收集反馈学生意见等。

教学督导工作的成效是明显的。学校教学秩序得以井然有序，教学管理得以进一步规范，教风、学风得到明显改善，有力地保障了人才培养质量。2003 年 9 月，学校进一步加强教学督导体系建设，聘任 36 名退休教授组成首届“南昌大学教学督导组”，原机械工程学院院长何成宏教授担任组长。同年成立正处级“教学督导办公室”，负责督导的服务与管理工作。

有了组织，督导的热情更加高涨，在完成日常督导检查工作之余，他们还总结各自自己多年来的教育教学心得体会，先后出版了《三湖教思》(何成宏著)、《教学督导文论集》《通识教育文集》《十年教学督导实践与思考》《前湖教学攻略》等著作，为广大教师留下了宝贵的精神财富。

2005 年 10 月，南昌大学与中国高等教育学会联合在井冈山举办首届“全国高等学校教学督导工作研讨会”，137 所高校 200 多位专家学者共聚一堂，被称为中国高等教育教学督导工作具有“里程碑”意义的“盛事”。2006 年学校在教育部本科教学工作水平评估中取得了“优秀”的好成绩，教学督导功不可没，学校教学质量和水平迈上新台阶。

2007 年，朱友林副校长接管学校本科教育教学工作。通过对十多年教学督导大数据的统计分析，他为督导的显著成效感到欣慰，也敏锐地发现了其中的不足：一些教学方面的问题，督导每年都指出，但是却改进乏力，教学督导持续改进教学质量的核心价值没有得到应有的体现。

怎么办？有着深厚高教理论造诣和丰富教学管理经验的朱友林副校长想到了评估。“抓住人才培养长链条当中课堂教学、专业建设和学院二级管理等几个重要关节点（Key Nodes），开展教师授课质量评价（点）、专业综合评估（线）、学院本科教学工作状态评估（面），并以此为基础开展全校本科教学整体状态的评估与监测（体）。”“将评估与日常教学督导、日常教学检查、日常教学管理相结合，搭建信息化平台，做到评估过程不扰民。”“加强教学评估结果的运用，将评估结果固化到学校职称评聘、评优评先、绩效考核等文件当中，完善激励约束机制，推动教学质量的持续改进”……学校内部教学质量保障体系的顶层设计在朱校长的脑海中逐渐成形、成熟。

2009 年，学校试点教师授课质量评价（点），形成“以学生网上评教为基础、专家评教为重点、网络辅助教学评价为补充”的多主体、全方位“学期授课质量评价”制度。

2012 年开始，学校开展了每年一次的学院本科教学工作状态评估（面），突出内涵建设与特色发展，对各学院的年度教学工作状态、人才培养成效及针对上年度存在问题的改进措施与效果等进行评估，切实强化学院本科教学主体责任。

2013 年教学督导办更名为“教学督导与评估办公室”，编制增加到 6 人，督导、评估工作实质融合，成为支撑学校教学质量监控与保障体系的基础和核心。

2015 年开始，学校组织开展校内本科专业综合评估（线），评估贯彻 OBE 理念，从办学资源的保障度、学生培养目标的达成度、专业与社会需求的契合度、在校学生的满意度、质保体系的有效度等方面，考察、评价专业建设质量。

在上述三个层面评估的基础上，学校开展本科教学整体质量监测与评估（体），形成学校本科教学基本状态数据分析报告和学年度质量报告，面向社会发布，接受社会监督。

2014 年、2016 年，“教师授课质量多主体全方位综合评价体系的建立与实践”和“‘点、线、面、体’相融合的本科教学内部质量保障（IQA）体系的研究与实践”先后获江西省教学成果一等奖；2019 年，全国高校内部质量保障联盟（CIQA）首届大会，南昌大学“‘点、线、面、体’相融合的内部质量监控与保障体系”荣获高校内部质量保障优秀案例一等奖。

教学督导工作赢得了学校上下的广泛赞誉与尊重。满头银发的督导们频频被聘为专家，出现在学校教改项目、一流课程、一流专业、专业认证、实验室建设规划、教学竞赛等评审会现场，为学校教育教学出谋划策、奉献经验与智慧，成为引领学校一流本科教育发展的一支重要力量。“‘督、导、评、领’，这就是我校督导工作二十多年来的历史逻辑和实践逻辑”，每每谈及此，教学督导与评估办公室主任蔡丹的脸上就会洋溢着幸福的笑容。

南昌大学教学督导和评估工作也得到教育主管部门和同行的高度认可。2015 年、2020 年，教育厅先后两次聘任朱友林副校长为“江西省普通高校本科专业综合评价工作专家指导委员会”主任委员，负责领导开展四年一周期的全省普通高校本科专业综合评价工作。首轮评价工作圆满完成，此项工作得到了社会各界的广泛认可。2019 年，受中国高校教育评估分会委托，学校承办“第八届全国高校教学督导、质量评价与质量保障体系建设学术年会”和“赣江论坛”，来自全国各高校代表超过千人，规模空前，是学校承办的又一次全国性督导盛会。2020 年，受 CIQA 联盟委托，南昌大学牵头编制《新时代全国高等院校教学督导培训教程》。

展望新时代，南昌大学将积极识变应变，持续改进常态化的督导评估，在保障教育教学质量的同时，牢固树立质量意识，打造南昌大学特色的质量文化新篇章。

让“智慧”之光照亮课堂

——教育信息化发展之路

从电化教育到教育信息化再到智慧教育，南昌大学利用信息技术促进教育教学坚持不懈的改革和探索，成为见证我国高等教育信息化改革发展历程的生动缩影。

1978 年，为贯彻落实全国教育工作会议上邓小平同志提出的“发展电化教育，实现教学手段现代化”指示精神，江西大学、江西工学院和江西医学院相继筹建成立了电教中心。江西电视台无偿调拨电视机、摄影机等一批电化教学设备给江西大学，学校投入 100 余万元建设电教楼和演播室。江西大学电教中心摄制的电视教学片《人体解剖学》首获省委宣传部 6 万元的经费支持。1992 年，随着电视的发展，江西工业大学电教中心开始安装有线电视，播放电视教学节目，传输十余套模拟电视节目，网络逐步延伸到全校教工宿舍和学生公寓。

二十世纪八九十年代，计算机网络技术迅猛发展，对教育产生重大影响，增添现代化的教学手段成为学校发展的必然选择。

1993 年，江西大学与江西工业大学合并成立南昌大学。新到任的潘际銮校长十分重视电化教育工作，将原两校的电教中心整合为正处级建制的电化教学中心，南昌大学电化教学进入快速发展时期。电化教学中心主要任务是制作录音带、幻灯片、放映教育电影、实验片等。1994 年投入近 60 万元，在青山湖南区机械楼、电机楼、青山湖北区生物楼阶梯教室安装电脑及投影机，学校进入了以 PPT 教学为代表的计算机辅助教学多媒体教学发展时期。1994 年 9 月青年教师葛刚首次在生物楼多媒体教室使用 PPT 授课。1994 年底拍摄的电视专题片《前进中的南昌大学》在全国教育厅局长会议上播出，取得了良好的反响。

进入 21 世纪，教育部出台《面向 21 世纪教育振兴行动计划》，提出实施“现代远程教育工程”。南昌大学因势利导，于 2001 年 2 月将电化教学中心更名为现代教育技术中心，推动教育信息化工作快速发展。2002 年学校投入 24 万元资金建设了清华大学的“教育在线”为内核的“昌大教育在线”网络辅助教学平台，引进了 40 门国内著名高校的网络课程课件和 603 门美国麻省理工学院英文原版网络课程。2009 年教学资源库的总容量已达 745G，其中包括全球开放性课程 2574 门。为鼓励建设校本网络课程，学校出台了相关文件，规定了用三年时间资助建设 300 门校本的“优秀示范性网络课程”。2005 年“医学网络教学研究与应用”获 2005 年第五届高等教育国家级教学成果二等奖。

2006 年，现代教育技术中心整体迁入前湖校区。在前湖北区教学主楼建成了省内第一套集控多媒体教学系统，全校建成 360 间公共教学多媒体教室，全校实现了多媒体教学常态化。2004 年人文学院刘纶鑫团队的“现代汉语”、2006 年朱传喜团队的“高等数学”荣获国家级精品课程。2007 年多媒体教学课件“实用人体断层解剖学”在“第七届全国多媒体课件大赛”中荣获高教理科组一等奖。

2012 年，教育部发布全国首个中长期教育信息化发展规划，实施“中国数字教育 2020”行动计划。2013 年依托南昌大学建设的江西省高校课程资源共享管理中心成立。2017 年 9 月，南昌大学网络教学平台投入资金 87.8 万元引进超星一平三端智慧教学系统，移动端开始使用，推进线上线下混合式教学的发展。

进入新时代，以 5G、物联网、云计算等为代表的新一代信息技术正将教育信息化带向智慧教育的高端形态。学校准确把握现代信息技术与教育教学深度融合的大趋势，通过加强“智慧”教室建设，服务学校教学改革，让“智慧”之光照亮课堂。学校在智华教学楼投入 960 万元建设 30 间智慧教室的同时，还争取了浙江蓝鸽等 6 家企业投入 860 万元设备软件和装修，在主教学楼 5 楼建成了交互型、研讨型、VR、虚拟演播、智慧党建、智慧物联等 9 间新型教室为代表的智慧教育研究体验基地一期工程，为各类视频课程拍摄、翻转课堂、虚拟仿真教学、网络会议、互联网+大赛等提供支持等。

“智慧”教室通过教学环境的重构，将教师从传统的“粉笔 + 黑板 +PPT”的课堂教学形态中解放出来，让每一堂课都具备“及时反馈、有效激励、灵活互动”的功能，实现真正意义上的“以学生为中心”的课堂教学。通过掌握“智慧”教室的使用方法，极大提升了学校教师在线教学能力和智慧化教学能力。2020 年，面对突发新冠肺炎疫情，网络教学成为春季学期开课的“主战场”，全校师生从容应对，“停课不停学，停课不停教 ”，3986 门网络课程在线上运行，日均上线教师 2000 余人，学生 3 万余人，实现疫情期间线上教学全覆盖、线上线下实质等效的工作目标。

2020 年 8 月，南昌大学现代教育技术中心更名为教育技术与教学资源中心，隶属本科生院。截止到 2020 年 12 月 31 日，南昌大学网络教学平台教学资源库总容量已达 21859G，线上课程数 19909 门，日均访问量 400 万人次，日均在线人数达到 2 万人。全校公共教学多媒体教室已达 359 间，互动型智慧教室 44 间。现有国家级一流线上课程 15 门、虚拟仿真项目 5 个、三类一流课程 10 门；省级线上一流课程 144 门，三类一流课程 60 门，育人共享课程 35 门。

十大基础实验教学中心

一流大学和一流学科建设离不开一流实验室的支撑。实验室作为创新人才培养、科学研究和科技创新的第一阵地，是“双一流”建设的重要环节，也是实现“双一流”的重要基石。

学校历来十分重视实验室建设，以本科实验教学为基础，以学科建设发展为主线，以培养高层次创新人才为目标，构建了由公共服务平台、基础课实验教学中心、各类功能专业实验室、省级和教育部重点实验室和工程技术研究中心等组成的教学科研互动的实验室体系。

十大基础实验教学中心由文科的语言实验中心、现代传媒中心，理科的生物学基础实验中心、基础物理实验中心、基础化学实验中心，工科的计算中心、电工电子实验中心、工程力学中心、工程训练中心和医科的基础医学实验中心组成。十大基础实验教学中心是学校整合全校资源、优化配置，高水平建设涵盖文理工医多学科组成的一体化基础实验教学平台。十大中心实行校、院两级管理，承担全校公共基础课、专业类平台课等实验教学以及各级别创新创业训练项目、科研训练项目和各类学科竞赛的培训。目前，全校现有教学实验室 56 个。其中校级基础实验中心 10 个，各类功能的专业实验室 46 个；国家级实验教学示范中心 1 个，江西省实验教学示范中心 14 个。

找准定位，勇担重任

十大基础实验教学中心建立之前，学校在平台建设、科学研究、人才培养、学术交流等方面投入很多，也取得了很多成绩，但在实验室建设方面投入甚少，导致教学资源配置不合理、实验人才紧缺、仪器设备落后。学校逐渐意识到加强实验室建设是"双一流"国家战略发展、现代化社会教育教学改革、构建创新型人才教育体系和国家级实验教学示范中心的迫切需要，并且我校作为"双一流"建设高校，承担着为地方经济发展培养人才的重任。加强实验室建设，制定并实施实验技术整体实力提升计划，助力高水平大学和"双一流"建设已迫在眉睫。

以人为本，特色发展

学校以人才培养为本，本科教育为根，形成布局合理、管理规范、开放共享、高效运行、效益明显的实验室运行管理保障体系，构建功能集约、资源共享、开放合作、运行高效的实验教学平台，制订实验技术人员能力提升方案，健全实验技术人员考核激励机制，提升实验技术队伍整体实力，提升学校和学科的综合实力和国际竞争力。

南昌大学以前湖新校区建设为契机，从 2003 年起正式启动十大中心建设。2003 年，学校投资 850 万元新建了语言实验中心，包含 30 个语音实验室和 6 个语音自主学习室，可同时容纳 1000 余名学生上语音课学习。2004 年，学校在前湖校区新建了基础实验大楼（包含学生受益面广的计算中心、电工电子、基础物理、基础化学、工程力学、工程训练六个中心）。实验大楼面积 6 万平方米，建设经费 7000 多万元。2005 年，学校依托中央与地方共建高校实验室，建成生物学基础实验中心，首期设备投入达 400 万元。同年 8 月，南昌大学和江西医学院合并为新南昌大学，至此基础医学实验中心成为十大中心的最后一块拼图。

作育英才，欣欣向荣

依托十大中心，学校启动了以多学科的知识技术为引导，以开放研究式的实验教学方法为手段，以多学科的实验教学团队为保障，以多学科融合的基础实验教学内容为核心的多学科型基础实验教学改革。十大中心建设促进了教学资源合理配置，提高了实验教学、实验室建设和管理的层次和水平。经过十多年的运行，十大中心为学校本科教学工作做出了积极贡献，培养了学生的动手实践能力、创新实践能力和综合运用各个基础学科知识的能力，充分体现了综合性大学的优势，打破原有基础实验教学难于整合、难于交叉的学科壁垒，助力学校一流本科建设。

截至 2020 年，南昌大学十大中心均被评为省级实验教学示范中心。其中，五个中心被评为国家级实验教学示范中心，两个中心被评为国家级虚拟仿真实验教学中心。依托十大中心共获批的国家级虚拟仿真实验教学项目 3 项。我们有理由相信，在全校师生的共同努力下，十大中心将会更好发挥其作用，培养更多具有实践能力的创新型人才，助力学校乃至江西的进一步发展。

文脉相传，育人不辍

——从十大教学标兵评选到教师荣誉体系的建立

师者，所以传道、授业、解惑也。百年南大，有着尊师重教的悠久历史和优良传统，学校秉承“格物致新、厚德泽人”校训和“人为本、德为先、学为上”的办学理念，文脉相传，育人不辍，涌现出一批又一批德艺双馨的教学名师。他们当中有报效祖国、服务家乡的何焕奎老校长，有倡导“科学救国、学以致用，独立创建、不仰外人”教育思想的胡先骕老校长，有“八小时以外奋斗终生”的谷霁光先生，有虽身患癌症却十几年如一日全身心投入教学的“博导妈妈”石秋杰，有用生命诠释教师“三爱”的王雨教授，有全国劳动模范、全国模范教师杨柏云，有被授予“全国优秀教师”称号的思政教学能手刘涛教授，有被授予“全国优秀教育工作者”的揭志刚教授……

2012 年，为贯彻科学发展观和国家、江西省中长期教育发展规划纲要精神，强化教学工作的中心地位，加强教师队伍建设，激励教师积极投身教学改革与教学研究，不断提高教育教学质量和管理水平，推动教学工作再上新台阶，学校制定了《南昌大学本科教学先进集体和个人评选及奖励办法》。办法规定：设立专项资金，表彰在创新本科教学方法、开展教学研究和建设优质教学资源等方面贡献卓著、表现突出的教师集体和个人，以及在教学管理岗位上爱岗敬业的集体和个人。

2012 年 4 月，在深入学习石秋杰老师先进事迹的氛围下，为表彰一批在教学一线爱岗敬业、表现突出、成绩优秀的教师，以榜样的力量激励广大教师积极投身教学改革和教学工作，全面提高教学质量，学校启动了“十大教学标兵”评选活动。通知规定，在编在岗的专任教师均可参加评选。申请参评的教师应满足以下几个条件：具有良好的职业道德、强烈的事业心和责任感，从事高等教育工作满 5 年，近 3 年均完成年度教学工作量且每年本科授课课时不少于 32 学时；学生网上评教成绩在全校同类课程中排名前 30%；潜心研究教育教学规律，开展教学内容、教学方法改革，在教学研究和教学改革方面取得突出成绩。评审包括教学业绩评比、教学业绩展示、现场示范教学、师生网上投票等多环节考核。

2014 年，为规范学校各级各类表彰和奖励行为，充分发挥表彰和奖励的激励作用，鼓励全校教职员工在教学科研、人才培养、管理服务等方面创造性地开展工作，推动学校教育事业发展，学校出台《南昌大学表彰和奖励管理办法（暂行）》，加大对教学业绩突出教师奖励力度，增强全校教师从事教育教学的荣誉感。学校形成了两年一度的十大教学标兵评选工作制度。至今共评选出教学标兵 50 名、教学标兵提名奖 50 名，教学标兵评选是学校关注度和参与度最高的评选工作。

进入新时代，教育事业更加呼唤德才兼备的优秀教师。习近平总书记激励广大教师要不负时代使命、不负人民期望，为培养更多德智体美劳全面发展的社会主义建设者和接班人而不懈奋斗，以“无上光荣”来形容教师地位，要做“四有”好老师，即有理想信念、有道德情操、有扎实知识、有仁爱之心的好老师；要做“四个引路人”，做学生锤炼品格的引路人，做学生学习知识的引路人，做学生创新思维的引路人，做学生奉献祖国的引路人。

教师是学校办学的主体，为贯彻落实习近平总书记重要讲话精神，进一步强化教师的价值引领和使命担当作用，营造干事创业氛围，学校在广泛调研的基础上，于 2020 年出台了《南昌大学教师教育教学荣誉体系实施办法》，荣誉体系以教师“品德、能力、业绩、贡献”为导向，通过荣誉激励，进行典型示范，让每一位教职工都有人生出彩机会，增强全体教职工获得感、幸福感和荣誉感。

教学荣誉体系，包括教教书育人终身成就奖、教书育人卓越教师奖、教学标兵奖和教学单项奖共四个级别的本科教育教学荣誉体系。其中教书育人终身成就奖，奖励长期从事本科教育教学工作，教学水平一流，教学成果卓著，为学校人才培养做出重要贡献，在国内同行中有很高声誉和影响力的资深教师。教书育人卓越教师奖，奖励长期从事本科教育教学工作，具有较高教学学术造诣和影响，在教育教学建设方面做出突出贡献，在教书育人方面做出突出成绩的教师。教学标兵奖，奖励具有一定教学地位和水平，在教学中认真履职、积极投入、教学质量高、效果好的青年教师。教学单项奖，包括教学竞赛优胜奖、创新创业优秀导师奖等，奖励在教育教学各项工作中做出突出贡献的教师。

《诗》云：“靡不有初，鲜克有终。”学校将以此次《办法》的颁布为契机，积极宣传教师队伍中的典型人物和感人事迹，营造尊师重教的良好教学生态，引导广大教师切实落实立德树人根本任务，践行“四个相统一”，争做“四有好老师”和“四个引路人”，不断提升教书育人能力，为创建世界一流大学贡献智慧和力量。

体系化设计，项目化推进，精细化实施

——以“四堂联动”构建一体化育人体系

为全面贯彻习近平新时代中国特色社会主义思想，落实立德树人根本任务，2019年开始，南昌大学运用“体系化设计、项目化推进、精细化实施”的思想政治工作新模式，着力构建“突出教学第一课堂、激活实践第二课堂、占领网络新课堂、融入社会大课堂”的“四堂联动”综合育人体系，形成全方位、多层次、立体化的育人格局，切实增强思想政治教育的亲和力、实效性。

守住“主渠道”，突出教学第一课堂。学校积极发挥思想政治理论课的主渠道作用，一方面，采用小班化、互动式、解惑式等授课方式，让思政课“生动”起来。另一方面，充分利用江西丰富的红色文化资源，把思政课开到红色教育基地，让思政课“鲜活”起来。同时，创造性地拓展思政课的“维度”，建设了新型数字化红色文化馆，打造VR沉浸式红色资源教学平台，具化学生的现场感受，提高教学实效。此外，学校着力推动了“课程思政”改革，推动建立100门示范课程，挖掘各门、各专业课程所蕴含的红色文化育人元素，“润物无声”开展学生的思想政治教育。

唱响“主旋律”，激活实践第二课堂。学校持续打造了“前湖之风”等思政文化品牌，开展卓越领航之“星火引航计划”、每周升旗仪式、习近平总书记金句典语诵读、“寻找红色旗帜”、“微党课进公寓”等活动。同时，学校精心雕琢了一批讴歌主旋律的赣剧、话剧、微电影等作品，如歌曲《总书记，我来自江西》和《祖国，我对你讲》等。此外，学校注重利用重大时间节点开展爱国主义教育，例如新生开学典礼举行“青春向祖国告白”宣誓仪式，以及打造“青春的担当”系列文化活动，以此引导青年学生感党恩、听党话、跟党走。

用好互联网，占领网络新课堂。学校顺应网络时代新形势，坚决把网络这一最大变量变成思想阵地的最大增量。开发了“思政云广播”，利用MOOC课程、在线开放课程等进行翻转课堂教学，并借助大数据、人工智能等技术手段，开展课后测试和教学评估。同时，加强学校官方微信公众号、微博等平台建设，打造“指尖上的理论阵地”。此外，制定出台了网络安全工作相关制度，在学生中组建“网络红军”工作队伍，扎实开展网络舆情值班、网络安全自查、网络安全专项排查整治等实际工作，在实践中增强学生网络安全意识。

融入“大熔炉”，用好社会大课堂。学校积极引导学生学以致用，把论文写在祖国大地上，既有“黔·行”支教团连续8年坚持在贵州服务，又有国家精准脱贫第三方评估队，助力36个国家贫困县退出专项评估。同时，学校“稻渔工程”团队在江西省建立近20个稻渔综合种养核心示范区，辐射稻田10万余亩，荣获了“中国青年五四奖章集体”。学校还打造18万平方米实践场地，建立了1800人创新创业导师库，设立成果孵化区和成果孵化基金，助推成果转化，打造校院两级孵化空间。此外，学校聘请“老阿姨”龚全珍为红色育人导师，组建“龚全珍研究生支教团”，组织志愿者前往江西瑞金市、云南保山市等革命老区和边疆地区服务。

招进来，扶上马，送一程，护一生

——南昌大学招生生源质量实现从追赶到引领

“心动不如行动，报她、报她、报她，金色九月，美丽的南昌大学等你来哦！”2020年7月22日晚，南昌大学官方微信公众号推出校友李佳琦为母校招生代言的视频，当天视频点击率就突破10万人次。这是南昌大学招生与就业工作不断创新招生宣传方式和提升招生宣传效果的众多举措之一。

20年前，南昌大学的本科录取分数线仅为普通本科线，是江西高考生的兜底学校。21世纪的第一个十年，随着南昌大学与江西医学院合并组建为新的南昌大学，南昌大学综合实力不断提升，学校在本省录取分数线排名从省内高校的第三名追赶至第二名。来到21世纪的第二个十年，学校与榜首的差距越来越小，2018年，南昌大学本省理工科录取投档线首次赶超至第一名；2019年，学校省内录取投档线实现“文理双榜首，历史新高度”；2020年，南昌大学录取投档线在江西省内再创新高，优势愈发明显。在14所部省合建高校全国各省区市投档分数线排名中，学校稳居第一方阵，生源质量稳中向好。

2020年初，一场突如其来的疫情打乱了高三学子们的复习计划。为了应对这场特殊的挑战，秉持着为国育人、为党育才的信念，招生与就业工作处为高三学子送来了贴心的备考指导和及时的高招资讯。春天，学校招生与就业工作处举办各类线上直播30余场，吸引87万人次观看，组织校内学科“学霸”为千名高考生万余次人次在线答疑，邀请高考名师直播授课和备考指导。这些举措博得高三学子的广泛称好。夏天，为让考生和家长在家里舒舒服服地就能收到南昌大学招生的第一手资讯，招生与就业工作处推出“天团亮相　院长来了”系列推文和直播30余篇次，给考生及家长朋友带来最全的南昌大学院校和专业介绍，浏览量达15.4万人次，优秀校友李佳琦为母校招生宣传代言，视频观看量突破28万，引爆南昌大学的热度；秋天，招生与就业工作处举办各式活动和座谈会，带给新生满满的温暖；问计于考生，了解考生的需求，改进招生宣传工作中的不足；冬天，为新一轮的招生工作继续耕耘，招生宣传和特殊类专业等招生工作。寒来暑往，走过了春夏和秋冬，极不平凡的2020年招生季，就是南昌大学招生人日复一日、年复一年用心服务考生，专心做好招生工作的缩影。

"招进来，扶上马，送一程，护一生"，给南昌大学学子稳稳的幸福是招生与就业工作处一直秉承的工作理念。

20年前，高中老师对学生说：没考好就读南昌大学。20年后的今天，高中老师感慨道：考得上南昌大学就好样的。两个十年，从追赶到引领，既是学校综合实力不断增强的体现，也是每一位南昌大学招生人辛苦付出的结晶。

下一个十年，南昌大学招生工作将不断锐意进取、拼争一流，为学校"在部省合建高水平大学中作示范，在国家'双一流'建设中勇争先，开启世界一流大学建设新征程"的奋斗目标提供一批又一批的高质量生源。

七、科学研究

科技创新，面向需求，引领发展

——南昌大学科技创新体系

科技自立自强是国家发展的战略支撑，科学研究与高等教育必定是联系在一起的。作为一个大学，科技创新是强校之基。构建特色鲜明的创新体系，提升创新能力、服务贡献度，是南昌大学科学创新的重要发展战略。

长期以来，南昌大学始终将加强科技工作作为推动高等教育内涵发展的核心内容和重点任务，在实践中不断提升高校科技创新和服务能力。

1993 年，南昌大学成立了校学术委员会，对学校重大学术问题进行决策和论证，实行专家治学。学校充分利用多学科优势，根据学科群的特点，在对院系的调整中，重点加强学科交叉渗透，调整科研机构，增设体现理工结合，文理渗透的科研中心。特别是在实施国家“211 工程”建设过程中，学校以重点学科建设为契机，促进科研管理的科学化、规范化，科研人员的科研能力和学校整体科研水平不断提升。

21 世纪以来，学校科技工作紧紧围绕建设高水平的新型综合性大学的发展目标，抓住“重大项目、科研经费、成果转化和学科交叉”四大科研要务，加强研究基地、创新平台和创新团队建设，深化科研管理体制机制改革，科研实力进一步得到增强。学校积极推动科研模式创新，强调面向国家经济建设和江西地方经济建设主战场，围绕“国家需求—研究开发—成果转让—产业化”开展科研开发工作，使学校成为江西区域科技创新体系的重要组成部分，在构建江西区域创新体系中发挥骨干和引领作用。

2006 年，在基本完成新校区建设和顺利通过教育部本科教学工作水平评估之后，学校把工作重点转移到了提升整体学术水平的内涵建设上，学校顺势召开科技大会，鼓励自主创新，推动自主创新建设，学校科学研究走上了规范化、制度化、科学化的轨道。特别是党的十八大以来，学校科技发展战略进行了调整，坚持有所为有所不为，有所先为有所后为，有所多为有所少为的战略调整。学校科技工作实现了由单兵作战向团队作战转变，注重数量向提高质量转变，从职称驱动初步向需求牵引转变。

作为一所综合性大学，学校高度重视人文社会科学发展，始终加强顶层设计，积极推动“哲学社会科学繁荣发展计划”，成立“南昌大学哲学社会科学繁荣发展领导小组”，研究决定学校哲学社会科学改革发展重大事项，推进高峰学科点工程、新文科工程、学术提升工程、标志性成果培育工程和成果转化与智库建设工程建设。

2020 年，学校召开了首届科技创新大会，明确了新时期学校“面向重大需求、完善评价机制、构建特色鲜明的创新体系、提升创新能力和服务贡献度”为科技创新工作的总体目标，提出了特色鲜明的创新体系的基本构成：研究方向体系、创新队伍体系、创新平台体系、产教融合体系、科技管理体系、支撑保障体系，明确了“六化”建设具体目标：科研方向特色化、创新团队结构化、创新平台功能化、组织模式协同化、科研合作国际化、学术生态规范化，凝练组建 10 个面向世界前沿科学问题和引领社会进步的重大技术问题，并在其研究领域实现领跑的第一层次团队（卓越创新团队），组建 30 个面向世界前沿科学问题和国家重大需求并在其研究领域达到国际先进水平的第二层次团队（杰出创新团队），组建 100 个面向经济社会发展需求和行业共性或关键技术并在其研究领域达到国内领先水平的第三层次团队（特色创新团队）。

面向未来，南昌大学科技创新体系将以习近平总书记视察南昌大学时发表的高校科研创新工作重要讲话精神为指导，始终面向重大需求，把论文写在祖国大地上，完善评价机制，提升创新能力与服务贡献度。

勇闯在第三条照明道路上的南大技术

——南昌大学国家硅基 LED 工程技术研究中心

早在 1993 年，潘际銮校长便召集与牵头建立了材料物理与化学硕士点，翌年成立材料科学研究所，开展材料科学的相关前沿研究。随后江风益教授及其团队，将目光投向了新型发光材料，进行了长期的探索与创新。在 2011 年 1 月，经国家科学技术部批准，依托南昌大学组建了国家硅基 LED 工程技术研究中心。该工程中心涵盖 LED 装备制造、材料生长、芯片制造、器件封装、产品应用和性能表征六个方面研究开发工作，同时聚集了众多高学历骨干人才，成为南昌大学学科特区之一。在 2014 年的科技部验收中，该中心成绩位列当年中国 34 个工程技术研究中心之首。

2016 年 2 月 3 日，习近平总书记来到南昌大学国家硅基 LED 工程技术研究中心视察时指出："我国发展必须依靠创新。掌握核心技术的过程很艰难，但这条道路必须走。这个新兴产业大有可为，我对你们寄予厚望。"鼓励中心科研人员为建设世界科技强国继续奋斗。于是工程中心的科研工作者秉承"十年磨一剑""梅花香自苦寒来"的精神，创新设计并研制成功生产型 LED 材料制造核心装备，实现了 LED 高端装备设计和制造自主可控。

在江风益教授的带领下，工程中心在黄光、绿光、红光、新型 LED 照明以及 LED 高端装备等方面均取得了新突破。2019 年 7 月，诺贝尔物理学奖得主、美国 UCSB 教授中村修二在半导体照明大会上公开称赞："南昌大学发明了发光效率世界最高的黄光 LED，技术水平国际领先，这是中国人的一项非常大的发明，它有非常大的价值。"工程中心研发的黄光 LED 光效不断刷新了自身保持的世界纪录，远高于国外公开报道的最高水平。此外，针对特定市场，中心又研制出光效达 56.7% 硅基绿光 LED 芯片，成功应用于专用显示装备上，为强化新一代专用装备中 LED 光源的全国产化起到良好的推动作用。

"硅衬底高光效 GaN 基蓝色发光二极管"项目获得 2015 年度国家技术发明奖一等奖。这一发明在国际上率先实现了硅衬底 LED 产业化，开辟了国际 LED 照明技术第三条路线。中央电视台《新闻联播》对此进行了题为"中国经济新活力：原始创新激发培育新动能"的特别报道，这些奋战在一线的科研人员，用智慧和汗水，有力展示了中国的自主创新能力和争创一流的志气，更令人欢欣鼓舞的是，创新之光已然在南昌大学熠熠生辉。

食品科学与技术国家重点实验室

"落后不但要挨打，还要挨宰。"在 20 世纪 90 年代，我国从美国进口的一种含硫的肉味香料在当时的价格远高于黄金。不过随着相关产品的国产化，依赖进口的局面被打破，我国一跃成为其他国家的肉味香料主要出口国。小小香料的例子就能看出改革开放 40 年来我国食品产业正在蒸蒸日上，但这背后离不开食品一流科研平台的发展，而南昌大学食品科学与技术国家重点实验室便是其中之一。它是目前我国食品领域唯一的学科类国家重点实验室，也是江西省第一个国家重点实验室，肩负着实现中国食品产业现代化的使命。

实验室于 2007 年获科技部批准立项建设，独立大楼总面积近 10000 平方米，建设有国际先进水平的公共研究平台，实行大型仪器集中管理、共享开放的制度。2010 年 1 月以优异成绩通过科技部验收，2011、2016 年均以良好成绩顺利通过科技部评估，其间荣获 2014 年度“全国教育系统先进集体”荣誉称号。现有国家重点学科、一级学科博士学位授权点和博士后流动站、国家国际科技合作基地、中国—加拿大食品科学与技术联合实验室（南昌）以及省部共建协同创新中心，与德国、加拿大、美国、荷兰、新西兰、韩国等国家的高等院校和科研院所建立了良好的科技合作关系，其中中德合作被德国专家誉为中德技术合作的杰出典范。实验室还成功举办（承办）了“中德食品安全研讨会”“中加科技合作高层论坛”“第十四届国际亲水胶体大会”等国际学术会议，形成了鲜明的国际合作与交流特色。

良好的实验环境和合作伙伴关系，为科研工作者潜心研究提供了较好的客观条件，也聚集了一批骨干人才。实验室现有教育部“长江学者”创新团队（食品质量与安全）、科技部重点领域创新团队（食物过敏）以及江西省首批优势科技创新团队（食品科学与技术）等国家和省部级创新团队，已形成以国际食品科学院院士、长江学者、国家杰青、国务院学位委员会学科评议组成员、国家万人计划人选等为学术带头人，以及一批海外留学归国博士等中青年学术骨干为中坚力量的研究队伍。

这些年来，这一批批优秀的科研工作者以跳出窗外的思维，围绕“食品科学与人类健康、食物资源高值化利用”研究主题，在“食品加工与组分变化、食品安全性检测与控制、食品配料与添加剂的生物制造、食品加工新技术原理及应用”四个研究方向开展科学研究。他们用前瞻性的视角和活跃的科学实践，引领和创新中国食品产业的未来。2015 年以来，实验室主持国家级和省部级项目 120 余项，科研总经费达 1.31 亿元；发表 SCI 论文 900 多篇，单篇影响因子最高达 40.182；出版专著（含参编）10 部，其中英文专著 1 部；授权国家发明专利 160 余件。

2010 年以来，实验室取得了一批高水平科研成果，获国家科技进步二等奖、国际食品亲水胶体基金会大奖、国家级教学成果奖二等奖、江西省自然科学、技术发明、科技进步一等奖等省部级以上奖励 28 项。同时，与江中集团、伊利集团、江西齐云山食品有限公司、江西煌上煌集团、南昌旷达生物科技有限公司等企业开展产学研合作，实现了一批科研成果的转化与产业化，实现的直接产值超过百亿元。这些科技成果的成功应用，有力推动了食品产业科技进步，为服务国家及地方经济建设、支撑和引领我国食品领域的科技创新和产业发展做出了重要贡献。

中德联合研究院

江西，有着底蕴深厚的传统文化，也有着海纳百川的广阔胸襟。1988 年，江西省政府和联邦德国波恩东亚研究院共同签署了一项具有历史性、前瞻性并历时达 15 年的合作协议——共同创建江西 -OIA 联合研究院，又称中德联合研究院。该协议意在“发展江西食品科学、促进区域经济建设”。

15 年的合作时光里，作为我国第一个与外国联合建立的教育科研机构，中德院先后多次得到党和国家各级领导人的关怀、指导和帮助。周绍森、王仲才、邵鸿、李华栋、许扬、刘成梅等先后任院长。经双方共同努力，中德院已培养出一批又一批高层次人才，累计培养硕士 58 人、博士 12 人。同时，在科学技术研究以及对外合作交流等方面也取得了令人瞩目的成绩，得到了中德两国政府的认可，被誉为“中外合作的典范”。先后被评为“江西省食品生物技术重点实验室”“1981—2001 中国食品工业 20 大科研和教学机构”，并与学校相关部门合作获得了“食品科学”国家重点学科和食品科学教育部重点实验室等称号。

2003 年 9 月 24 日，双方合作期满，中德院正式并入南昌大学。在学校的大力支持下，此后的短短五年间里，中德院承担了国家十五科技重大专项、863 和 973 计划课题，以及国家自然科学基金、国家计委高技术产业化示范工程建设项目等数十项国家级课题，发表了 212 篇高质量的学术论文，获得发明专利 4 项，申请专利 14 项，并获得了 3 项省部级奖励。

中德联合研究院现有刘成梅教授科研团队、“南山种豆”科研团队、“春华秋实”科研团队、科技部重点领域创新团队——食物过敏创新团队等研究队伍，研究成果显著。作为全国优秀科技工作者，刘成梅带领团队在我国食品领域创出品牌，在育人与研究路上一走就是 30 余年。“全国有三分之二以上的人口以稻米为主粮，然而稻米在加工中存在制品营养价值低、损耗严重等问题，攻克稻米精深加工关键技术，是我们团队一直在探索研究的重点。”刘成梅说。为此，刘成梅带领他的团队进行了长达 10 余年的刻苦钻研。技术探索研究的道路荆棘遍布，一道道难题犹如一座座大山阻拦着研究人员的步伐，但心中有理想脚下便有力量。“让人民吃上营养健康的食品”的坚定信念支撑着他们一路向前，是攻坚克难的不竭动力。最终，早籼稻生产高品质蒸谷米集成技术、新型米制品加工集成技术、轻碾营养米加工技术等一系列科研成果实现产业化，有力促进了我国稻谷深加工行业的发展。

中德联合研究院目前已成为“食品科学与技术”国家重点实验室、“食品科学与工程”一级博士点、教育部“食品质量与安全”长江学者与创新团队的重要组成部分，以及科技部国际科技合作示范基地，并打造了江西省“十一五”“生物化工”等重点学科。面向未来，中德联合研究院将进一步秉承南昌大学“育人为本、质量立校、特色强校、和谐兴校”的办学理念。同时，面向我国可持续发展的重大需求，中德联合研究院结合学科的国际前沿加快推进内涵式发展，将会有一个更加绚丽多彩的明天。

鄱阳湖湖泊生态与生物资源利用重点实验室

每年秋末冬初，鄱阳湖水落滩出，草洲、沼泽、芦苇荡等，吸引了种类繁多的候鸟来这个生态乐园越冬。于是有“鄱阳鸟，知多少，飞起遮尽云和月，落地不见湖边草”的壮观景象。不过，如此令人心旷神怡的美景，背后是一个我国大湖流域研究重要基地的坚守、一群骨干人才的付出。

2000 年以来，在长江上游水库群的作用下，鄱阳湖水文情势发生了剧烈变化，枯水期提前且历时延长，枯水位更枯，湿地生态系统出现严重退化，湖区周边城市出现生产生活用水困难。并且鄱阳湖水质出现水体磷含量超标，富营养化风险日益加大。生态阴云下，“赣北明珠”似有染尘之虞。一份来自南昌大学资源环境与化工学院的答案，为我们解答了这个忧虑。在 1960 至 1990 年，江西大学就有一批志在研究湿地与湖泊的学者。到 2003 年，江西省鄱阳湖综合治理与资源开发重点实验室在南昌大学资化学院正式成立。一座旨在守护鄱湖生态的实验室经砥砺奋斗而肇建，一群志在守候赣省生态乐土的科研骨干来自五湖四海而荟萃于江西。

鄱阳湖环境与资源利用教育部重点实验室，以国家和区域发展战略需求为导向，聚焦鄱阳湖及其流域环境与资源利用领域的重大科学问题，围绕 4 个研究方向开展了基础理论与应用技术研究，为国家和区域生态环境保护与资源开发利用提供科技支撑，对资源、环境、生态科学的发展起到学科引领、应用示范、骨干人才培养的作用。

在流域水资源及其调控方向，通过研究鄱阳湖水资源演变过程，系统揭示了近年来枯水现象的成因，提出了鄱阳湖生态水文过程线。针对水资源调控过程中存在的水工安全问题，从岩土力学角度研发了水工安全维持技术。在流域水环境演变及污染防控方向，从流域尺度研究了鄱阳湖水环境演变的过程，开发出污染过程精准识别技术，筛选出流域优控污染物；研制出鄱阳湖流域水质基准与标准，以水体总磷控制为核心，构建了山水林田湖一体化协同治理的水污染防控技术体系，提出了稀土矿山绿色开采与生态恢复方案，乡村农田和水体的稻渔工程和生态养殖技术，畜禽养殖废水微藻资源化处理技术；研发了农村面源处理的装置和污水净化新型材料，为流域水环境安全维持提供了科技支撑。在湖泊生物多样性与水生态保护方向，系统查明了鄱阳湖生物多样性现状、分布格局及其与水文过程的关系，分析了近 30 年来生物多样性的演变过程及影响因素，全面查清了鄱阳湖地形、水文与植被的耦合关系，发现了碟形湖在维持湖泊生物多样性中的重要作用，构建了鄱阳湖水生态综合模型，研究了各生物类型对环境变化的响应，揭示了鄱阳湖生态系统的退化机制，出版专著 3 部，获省科技进步一等奖，为鄱阳湖生态保护与生态调控提供了基础数据。在微藻与特色资源高值化利用方向，系统研究了鄱阳湖及流域藻种资源库分布，筛选并培育了一批优质藻株包括高效固碳控污藻株、高值利用藻株，重点研究了微藻通过光合作用高效固碳及积累高值产品的机理，研发了微藻规模化采收及微藻提炼蛋白质、维生素和其他高附加值化合物相关先进技术，并利用筛选的优质藻株在工农业废水高效脱氮处理与资源化利用，基于微藻平台的空间生命保障系统及装备研发、鲜食螺旋藻装置研发与应用和微藻制备生物燃料方面取得了一系列重大成果。

实验室理论与实践完美的结合，取得了一些阶段性进展和一批重要成果。评估期内，实验室共发表高水平论文 208 篇，出版专著 9 部，获国家发明专利 50 项，研发污水处理装置 3 套，参编国家和地方标准 4 项，获得省部级以上科研奖励 10 项，向国家和地方提交咨询报告 20 项，转让技术 1 项，技术转让费 100 万元，为鄱阳湖流域水安全维持和生态文明建设起到积极作用。

“静唱村渔乐，斜飞渚雁惊。 云披见楼阁，隐隐豫章城。”宋代赵抃泛舟鄱湖挥毫写下的诗句，成为鄱湖之美的不朽韵脚。历经千载悠悠，渗透历史尘雾呈现在我们眼前的，始终是江右一角不变的潋滟湖光。在这江湖好景上，有这样一座为保护鄱湖生态与资源而不懈追求的实验室，和一群恪守初心矢志奋斗的研究者。

全球视野与地方特色

——谷霁光人文高等研究院

随着学科建设的不断推进，人文学科发展不能完全依托教学单位，而应有一批专门的研究型科研人员，因此，在人文学科发展比较好的高校，基本都有人文学科的高等研究院。综合性大学如北京大学人文社会科学研究院、复旦大学文史研究院、浙江大学人文高等研究院、南京大学人文社会科学高级研究院等。为提升南昌大学人文学科发展水平，推进“文科振兴梦”计划，传承著名历史学家谷霁光先生学术，建设具有国际影响力的人文科学学术高地。2017 年 7 月，南昌大学成立“文科科研特区”谷霁光人文高等研究院。研究院提倡原始创新，着力培养原生思想，形成原创观点，建立原创理论，出版原著作品，真正实现构建学人平台，汇聚学界精英，形成学者群体，发表学术创见，构建理论源地，涵养人文氛围的目的。

谷霁光人文高等研究院聘任 9 位国内人文社会科学领域一流学者担任学术委员会委员。每年聘请多名国内外知名学者以“访问教授”名义来院进行一定时间的研究工作，多位国内知名高校青年学者以“青年驻访学者”名义来院进行一定时间的研究工作。同时，谷霁光人文高等研究院每年邀请十位海内外知名学者来院开展“霁光讲坛”。

为传承学术经典，研究院每年举办 10 期“霁光讲坛”。目前，十三届全国政协副主席邵鸿教授，中山大学党委书记陈春声教授，北京大学孙玉文教授，清华大学龙登高教授，中国社会科学院叶涛、魏明孔教授，中国人民大学包伟民、杨慧林、刘后滨、向世陵教授，首都师范大学宁强、李华瑞教授，南京大学吴俊、王彬彬教授，南开大学余新忠教授，华东师范大学杨国荣教授，香港中文大学科大卫（David Faure）教授，剑桥大学 Joseph McDermott（周绍明）教授、加拿大渥太华大学吉奥格·诺瑟夫（Georg Northoff）教授，日本爱知大学周星，日本学习院大学王瑞来教授等国内外人文社科领域一流学者莅临讲座，使研究院成为探讨真知、发扬思想的学术重镇。

来参加霁光讲坛的很多学者都会讲起一些学术界的掌故。如第一讲时，邵鸿教授开场白是这样说的：“我今天特别高兴，为什么高兴呢？因为回到了家乡，回到了长期任教的大学，回到了长期任教的学院和系。我能够有幸作为我们人文学院霁光讲坛的首讲。我先说几句谷霁光先生的事情。我 1984 年底中山大学毕业以后回到南昌江西大学，有幸给谷霁光先生担任助手。在他身边的几年中，他虽然没给我上过课，但是他给我改过两篇文章，我正是因为他给我改的这两篇文章才真正走上了学术的，才悟出学术的道理。谷霁光先生其实是具有非常崇高的学术地位的，可能在座的很多人已经不知道他了。其实他和吴晗先生是清华大学历史系的同班同学，他对府兵制度的研究是得到了陈寅恪先生的高度评价的。二十世纪七八十年代，我国第一次恢复博士招生，中国社科院的院长就专程致函谷先生，要求谷先生帮助兵制史研究生。谷先生说我个人是够胆，但是江西大学不够格，所以就没带，我们就失去了一个宝贵的机遇。”

同时，作为开放式学术平台，研究院聘请中山大学黄国信教授、上海交通大学曹树基教授、南京师范大学梁丹丹教授、华东政法大学龚汝富教授、香港中文大学贺喜教授等作为“驻访学者”来学校驻访研究，开展讲座与读书会。

谷霁光人文高等研究院一直秉持“服务地方”的办院精神，通过举办“挖掘和整理地方文化，坚定江西文化自信”主题的系列学术活动，深入探讨江西地域文化，加强学术文化交流，发掘江西地域文化成果，在讲好江西故事，传播江西声音，服务地方社会方面展现南昌大学风采，做出南昌大学贡献。从2017年建院开始，研究院坚持走出校园，与地方政府共同挖掘传承地方文化，在赣鄱大地经常可以看到谷霁光人文高等研究院的身影，2019年和2020年分别主办了“解缙650周年诞辰学术研讨会”“宋代江西学术论坛”“全国首届王韶学术研讨会”“首届庐陵文化论坛”“中国进士第一村暨进士文化研讨会”等系列学术研讨会，在江西地方文献挖掘与整理的基础上，与来自不同文化和学科背景的学者开展跨学科交流，坚定江西文化自信，对江西地方经济社会发展有较大影响。

“追光者”探索科技，“中国芯”照亮世界

——2015年国家技术发明一等奖南昌大学硅衬底LED项目

“多发光，少发热。”在被未知笼罩的探索道路上，有一群年轻人上下探索着未知的科技，努力点亮引领世界的另一道光。他们就是“追光者”——江风益教授和他的团队，最终他们让硅衬底LED点亮在南昌大学，并逐渐照亮人间大地。

1962年美国发明了第一支实用化红光LED，1994年日本发明了高光效蓝光LED。早期，国际上的LED照明技术主要由日本的蓝宝石衬底和美国的碳化硅衬底技术方案所主导。为了尽早结束点“洋LED灯”的日子，年轻的江风益念完硕士研究生后毅然返回南昌大学，决定发展一条新的LED技术路线，避开与这两条技术路线正面竞争。2003年年底，追踪了蓝宝石衬底LED技术已有7年的江风益教授，开始把目光对准了硅基氮化镓LED技术，因为硅衬底具有良好的导热性，且具有原材料成本低廉，晶圆尺寸大等优点，是一个理想的载体。

在硅衬底上做LED发光材料，江风益及其团队并不是第一个“吃螃蟹的人”。早在20世纪70年代，美国IBM公司就在研发这个技术，但由于该材料体系热膨胀系数失配大、带隙宽度失配大、晶格常数失配大，分别导致材料龟裂而无法制造发光芯片、衬底吸光而取光效率低、位错过多而内量子效率低，阻碍了其实用化。但江风益教授不惟书、不惟洋，勇闯“无人区”，决心突破这一核心技术，解决这一世界性难题。他坚定地对团队成员说：“我们要把不可能变成可能，创造LED照明芯片第三条技术路线。”此后12年，江风益教授和团队把实验楼当成了家。为了节

省时间，江风益教授在楼里搞了个小食堂，办公室里摆了张床，经常一个星期不出楼。从设计到实验，从实验到中试，从中试到规模量产……数千次实验，贯穿了无数个昼夜。

咬定青山不放松，功夫不负有心人。硅基 LED 技术终于取得了重大突破，一举打破了日美技术垄断，为我国巨大照明市场的战略安全提供了有力支撑。2004 年，江风益教授团队开发出硅衬底 GaN 基 LED 材料与器件技术；2005 年，实验室出样品；2007 年推出了国际上首只商用硅衬底蓝光 LED；2009 年，实现硅衬底小功率 LED 芯片量产；2012 年，成功突破新一代硅衬底大功率 LED 芯片技术……硅衬底 LED 技术研发成功及其产业化，是我国 LED 照明产业从中国制造发展到中国创造的缩影。

2016 年 1 月，2015 年度国家科学技术奖励大会在北京举行，江风益教授团队研发的“硅衬底高光效 GaN 基蓝色发光二极管”项目获得国家技术发明奖中唯一的一等奖。习近平总书记在人民大会堂为项目第一完成人江风益教授颁发了奖励证书。这是南昌大学有史以来获得的最高奖项，也是江西省在科技创新方面取得的历史性突破。

目前，硅衬底 LED 芯片因其出光方向性优势，已在手机闪光灯、强光手电、路灯、矿灯等领域获得了比较广泛的应用，取得十分显著的经济效益和社会效益。该项目公开发明专利 150 项，其中已授权的有 68 项，实现了外延芯片核心部件的专利保护，自成体系，打破了发达国家在这个领域的技术垄断，避开了与国外技术发生知识产权纠纷，推动了中国乃至世界半导体学科的发展，为我国 LED 照明技术自立自强和行业高质量发展做出了显著贡献。

“果蔬 + 益生菌”创造的神奇效应

——果蔬益生菌发酵关键技术与产业化应用

我国是世界上最大的果蔬原料生产国，全球 40% 以上的水果蔬菜都来源于中国，其中 1/3 的新鲜果蔬都因为没有及时加工或吃掉而被浪费，进而污染环境。每年大量烂掉的水果和蔬菜让农民损失惨重。究其原因主要归根于我国果蔬加工率太低，水果加工率小于 10%，蔬菜的加工率还不到 4%。

为了解决我国果蔬精深加工关键技术的瓶颈问题，南昌大学食品科学与技术国家重点实验室谢明勇教授和他的团队把目光聚焦到了益生菌上。益生菌由于对人体益处众多而备受青睐，益生菌发酵技术在乳品工业中广泛应用，不过却鲜少有人将益生菌发酵技术与果蔬加工联系到一起。为了寻找合适的益生菌种，谢明勇团队访遍了祖国大江南北，“白天找菌株，晚上就睡在火车上去下一个目的地，有时一找就是一个月”是工作的常态。16 年的坚持，谢明勇团队成功突破技术瓶颈，首次把益生菌发酵技术引入果蔬现代加工领域，建立了我国首个具有自主知识产权的果蔬发酵专用菌种库，保藏果蔬发酵专用菌株 6000 多株。团队核心成员熊涛教授激动地介绍，“我们有效研究了我国各民族地区流传千年的传统发酵果蔬制作工艺，在一定程度上防止了果蔬发酵菌种资源流失”。

“实验室里选育到的菌株再好，如不能进行工业化应用，一切研究都要大打折扣”，这是谢明勇对团队成员提出的要求，更是对自己的鞭策。为了实现益生菌发酵果蔬的规模化生产，谢明勇团队进行了大量试验，终于发明了两步干燥法生产高活性复合益生菌剂及其规模化制备技术，开发出直投式果蔬发酵专用益生菌剂产品，填补了国内外空白。“用我们的技术生产的胡萝卜汁，不仅有营养，口感还很好，国内外很多客人都评价说这是最好喝的胡萝卜汁。”谈起自己的代表性产品，谢明勇教授颇为自信。

益生菌发酵果蔬汁实现非浓缩全果打浆发酵，不仅保留了营养素，且不产生废渣，大大减少污染和浪费。此外，经过益生菌发酵技术，可有效去除胡萝卜、苦瓜、芹菜等蔬菜原有的土腥味，增加产品的酸鲜美味。与此同时，还产生了大量对人体健康有益的短链脂肪酸、黏性多糖和多肽等活性物质。团队核心成员聂少平教授通过大量实验证明：将益生菌应用于果蔬发酵后，不仅改善了果蔬加工产品的口感，而且增加其营养功能成分，有益于身体健康。

谢明勇教授团队先后荣获国家科技进步二等奖、江西省技术发明一等奖、中国产学研合作创新成果一等奖等奖励。项目技术已在江中、蜡笔小新、北京三元等国内多家大型企业成功转化，项目开发的 13 类全新系列产品（益生菌发酵果蔬原浆、发酵果蔬饮料、发酵泡菜、发酵果冻等）已在北京、上海、天津等全国 19 个省市 71 家企业推广应用。项目技术的推广应用，满足了大众方便获取优质果蔬产品的需求，为提高我国果蔬加工率、解决“三农”问题做出了重要贡献。

《中华苏维埃法制史》获全国高等学校人文社会科学研究优秀成果奖二等奖

江西被誉为共和国的摇篮，自 1927 年毛泽东率领起义部队来到井冈山，革命的烈火在江西迅速蔓延，革命的力量不断壮大。1931 年 11 月 7 日，中华苏维埃共和国临时中央政府在江西瑞金成立。中华苏维埃政权的法制建设，也在我国法制史上留下了浓墨重彩的一笔。

二十世纪八九十年代，中国知名法制史专家、江西大学法学院卓凡教授，在接触到苏维埃时期的各类法律文件时，敏锐地发现了苏维埃法制历史在我国当前法制史研究上存在的空缺，并深刻地认识到了这一课题对于我国当前法制建设所具有的重大意义——自 1927 年至 1937 年的十年间，中华苏维埃中央政权，以及在全国范围内建立的十几个根据地政权，都留下了众多关于加强革命法制建设的决议、文件（法律、法令、规章），以及有关制订、执行和解释法律的报告与说明等。这些法律和法规的制定、演变和发展，可以为建设中国特色社会主义法律体系提供可资借鉴的经验教训。

卓帆教授意识到这一课题的重要性，便开始了艰苦的资搜集整理工作。他不辞辛劳，倾注了大量的心血与时间，不仅搜集整理了一大批资料，而且在此基础上撰写了《中华苏维埃法制史》，形成近 400 页的巨著。著作完成后，引起了江西大学领导的重视。经原江西大学校长办公室会议通过，《中华苏维埃法制史》由学校划拨经费，交付江西高校出版社出版，1992 年 8 月正式问世。北京大学法学教授蒲坚、南京大学法学教授钱大群为专著作序，对著作给予高度肯定，直呼该书“在中国法制史领域处于填补空白的领先地位”，对“建设具有中国特色的社会主义法制，提供了极为宝贵的经验教训，具有很大的现实意义”。

《中华苏维埃法制史》的问世，在学术界也引起了轰动，中国人民大学法学教授张希坡为专著写了 6000 多字的“书评”，认为该书“在许多方面具有一定的独创见解，是一部具有学术价值的成功之作”。该文载入了当年《中国法学研究年鉴》。

1995 年，教育部为了表彰在高校人文社会科学研究中做出突出贡献的研究人员，鼓励高校研究人员积极探索，勇于创新，颁发了第一届中国高校人文社会科学研究优秀成果奖。《中华苏维埃法制史》名列其中，获全国高等学校人文社会科学研究优秀成果奖著作类二等奖，是我校首次获得的该类奖项。这次获奖，极大地提升了我校法制史研究在学界的地位，进一步打响了我校法学专业以及学校的知名度。

对中华苏维埃法制史的研究，是一项前无古人的开创性工作，是在我国法制建设的时代背景下对法制史研究提出的必然要求。卓凡教授眼光锐敏、敢为人先，为真理做学术，更为时代做学术，填补了学术史上的一个空白。

情缘与情怀交织，功能与功绩同辉

——李永绣教授的稀土研究

“铽铕镝稀泥巴—李永绣”，是南昌大学化学学院李永绣教授的微信名。用稀土元素中曾经都是非常稀贵的且与“特有地”谐音的三个元素名与稀泥巴组合在一起，会让一般人感到毫无道理。但正是这样一个看似无理的调侃式微信名字体现了李永绣对稀土元素研究的一种境界和追求！稀土与水搅和在一起就会形成稀泥巴，也就形成了能够用于建屋搭桥的基本材料。而与水关系更为紧密的稀土，当数产于以江西为主的分布在南方诸省的离子吸附型稀土。因为离子型稀土的成矿过程是水的功绩，稀土冶炼分离过程也是在水中完成；而要让稀贵的稀土元素演变成普通百姓能做能用的栋梁之材则不是一年两年的事，而是需要有坚定的信念和执着的追求，一如我们学习的井冈山精神，在持之以恒的艰苦奋斗过程中滋生出一种类似于家国情怀的豪迈气势！

如今，能够在一个单位围绕一个基本目标持之以恒地兢兢业业工作 40 年的专业人士是不多的，而李永绣就是这为数不多中的一个。从 1978 年进入江西大学读书，再到后来的工作，都在江西大学和后来的南昌大学，而做的科学研究工作都是围绕稀土来展开的。

2019 年 5 月 20 日，习近平总书记视察江西时对中国稀土产业发表了重要讲话。同一天，科技部发布了“深地资源勘探开发”专项国家重点研发计划项目指南。南昌大学李永绣牵头申报的“离子吸附型稀土资源高效绿色开发与生态修复一体化技术”最终获得批准立项。这是对南昌大学稀土研究工作的肯定，更是南昌大学的应尽的责任担当。

南昌大学有组织的稀土科研活动可以追溯到 20 世纪 70 年代末，以贺伦燕、冯天泽老师为主的课题组承担省科委的重点项目，对龙南花岗岩风化壳离子吸附型重稀土提取工艺进行改进。到 1982 年，提出的硫酸铵浸取—草酸沉淀法提取稀土工艺流程已进入工业实验阶段，而李永绣的本科毕业论文就是要从工业应用的角度证明这一工艺的可行性，并证明硫酸铵浸矿—碳酸氢铵沉淀法提取稀土新工艺的可行性。基于在这一研究和大学期间取得的优异成绩，李永绣被选拔留校任教，从此开始了与稀土的不解之缘。在前辈老师的指导下，经过持续的科研攻关，1984 年成功地将硫酸铵浸矿—草酸沉淀稀土工艺在龙南稀土矿实现了工业化推广应用，1985 年又陆续在定南县成功推广，并协助组建了定南县稀土公司。与此同时，又将碳酸氢铵沉淀法提取稀土工艺实现了工业化，形成了硫酸铵浸矿—碳酸氢铵沉淀法提取稀土新工艺。在此期间，课题组多次往返到龙南、定南等地的矿山、路远难行、每次路上往返就要四天；住矿区、喝烈酒，与工人打成一片，顶烈日，踏热浪，披星戴月，日夜工作。克服种种困难，建设了多个应用示范、举办了3期矿山技术人员培训班，使研发的新技术完全推广应用到全国离子型稀土矿山，并持续应用了30多年，成为中国稀土第一次冲击国际稀土市场的技术基础之一。这是李永绣考上杭州大学硕士研究生之前所完成的工作。1985年8月8日完成工业试验从龙南稀土矿返回南昌，并继续完成实验样品的分析测试任务。9月初去杭州大学开始攻读硕士学位，临行前，在陈先杨书记和贺伦燕、冯天泽老师的热情挽留下答应毕业后再回学校工作。1988年7月，研究生毕业后立即回到了江西大学稀土化学研究所工作，兑现了当初的诺言。

1989年，稀土行情剧跌，矿山产品销路受阻。稀土行业进入精深加工与低成本生产竞争阶段，江西大学的稀土研究从矿山工艺向高纯稀土产生迈进。为此，我们选择萃取分离后的沉淀结晶技术作为主攻目标，首先将碳酸稀土沉淀结晶技术从矿山推广应用到分离企业，用于单一高纯稀土的生产。同时将沉淀体系从碳酸盐拓展到草酸盐和磷酸盐，以同时实现稀土产品的高纯化和物性调控目标。开发的高纯稀土产品氯根含量控制技术解决了从盐酸介质中直接用草酸和碳酸氢铵沉淀稀土生产高纯度低氯根均匀粒度的单一稀土产品的技术难题，降低了投资和生产成本，减少了废水排放。碳酸稀土结晶沉淀方法和高纯稀土产品中氯根含量控制技术先后在赣州、江苏和包头等地推广应用，在全国应用了20多年。获江西省科技进步奖和技术发明奖。这两项原始创新技术是中国稀土第二次冲击国际稀土市场的技术基础之一。与此同时，率先将稀土产品物性控制技术确定为面向稀土材料制备和应用的桥梁技术，从产业链的发展要求，引导稀土分离企业开发稀土材料前驱体产品，在满足化学指标要求的前提下，重点解决物性可控合成技术难题，并向稀土材料迈进。在世纪之交的江西省有色金属工业发展座谈会上，提出了“醉翁之意不在酒，在乎山水之间也”的稀土产业发展思路，得到国家发改委和徐光宪院士的高度重视，启动了国家离子型稀土工程研究中心的申报工作。并将研究重点成功转移到稀土微纳米功能材料绿色制造与应用上来，开发的稀土发光材料和稀土抛光材料实现了大规模工业应用。与贵雅电光源厂和九江806共同申报的“大功率稀土节能灯产业化”获批国家高新技术产业化示范工程；在抛光材料研究中，课题组设计了几十套技术方案，从中筛选了18个样品直接用于江西凤凰光学最难加工的软质玻璃工件的抛光。经过与抛光车间技术人员和工人前后一个月的共同努力，突破了传统抛光材料的基本认识，产品质量大大提高，抛光合格率从进口抛光粉的60%多提高到90%

以上，大大超过了进口产品，而且适应面广，为后续大规模推广应用奠定了技术基础。功能导向稀土微纳米材料可控合成与性能获江西省自然科学奖。

2009 年开始，国家进一步规范了对稀土行业的管理。在 2011 年 5 月国务院颁布的《关于促进稀土行业持续健康发展的若干意见》中明确指出了我国稀土产业发展中存在的重大关切问题是稀土生产过程环境保护和稀土元素高值化平衡利用，首次正式地明确了稀土行业规划发展的基本原则，提出了加快稀土行业整合，调整优化产业结构的要求。2011 年 10 月 1 日环保部《稀土工业污染物排放标准》（GB 26451—2011）开始实施，对稀土工业的环境保护提出了更加严格的要求。为此，李永绣教授组织力量开展稀土高效绿色分离和高丰度元素高值化平衡利用的技术攻关。承担国家“863”“973”和支撑计划课题研究任务，创新环保绿色分离技术和新材料先进制造技术，并通过与企业的产学研合作，实现了基于碳酸盐和氢氧化物单独、混合或交替使用的稀土连续结晶和节水降耗减排新技术的突破，指导建设了全球规模最大的碳酸稀土连续结晶生产线。同时又攻克稀土抛光材料和稀土陶瓷材料与制品的工业化生产技术难题，在山东、甘肃、包头、赣州等地实现了大规模的应用，建设了全球规模最大的稀土抛光材料生产线，为中国稀土产业的发展做出不可磨灭的贡献，获江西省科技进步奖 2 项、中国稀土学会科技进步奖 2 项，还有中关村绿色矿山技术联盟科技奖、中国产学研促进会创新奖和中国侨联贡献奖各 1 项。

绿水青山就是金山银山，针对离子型稀土矿山收率低和环境污染大等突出问题，从离子浸取机理上寻找突破口，基于双电层模型和水化理论，提出了评价浸取试剂与矿物特征的基本方法，并以稀土浸取效率和尾矿安全稳定性为依据来选择高效绿色浸取试剂和浸取方法的科学方法。这些新观点新方法是李永绣教授领导的团队新获批的国家重点研发计划项目“离子吸附型稀土资源高效绿色开发与生态修复一体化技术”和两个国家自然科学基金项目的科学技术基础。在后续工作中，将重新评价离子吸附型稀土原地浸出技术的危害，杜绝不可控的技术方案对环境带来的长期危害；完善和推广以回收利用矿区废水废渣和减少废水废渣产生的硫酸铝浸矿新技术，解决历史余留的废水废渣和尾矿修复难题。研发集采选—浸取—生态修复于一体的新技术，提高稀土开发利用效率，保护自然生态环境。

2020 年 8 月 22 日，国家重点研发计划“离子吸附型稀土资源高效绿色开发与生态修复一体化技术”项目启动会暨“高丰度稀土高值化平衡利用国际高峰论坛”在江西省南昌市召开，来自北京大学、清华大学、中钢集团、有研稀土、中国科学院、包头稀土研究院、韩中科学技术合作中心等单位的 200 余名国内外知名专家集聚一堂。聚焦稀土绿色开采和高值化利用两大关键核心技术问题，共商发展大计。

分别由著名院士和专家学者就稀土永磁、发光、抛光、陶瓷、储氢、药物等与高丰度稀土高值化应用相关联的技术领域交流了 38 个精彩报告。

熊仁根团队的无金属钙钛矿型铁电体研究

新材料的出现往往能够引发社会和技术变革。3000 多年前，青铜被发现后，世界进入新的时代，人类由此创造了青铜文明；铁出现后，人类又进入了漫长的铁器时代。到了当代，新材料仍然引领了时代科技发展，火箭、宇宙飞船、空间站、隐形飞机等的出现和进步，都离不开新材料的发现和发明。而这也正是熊仁根及其团队正在做的事情。

早在 2013 年，熊仁根团队就发明一种新型的分子铁电体，它不含任何有毒重金属，而且可以在 50 ℃的水溶液中合成，是一种绿色环保和可持续发展的新型材料。该成果 2013 年 1 月发表在国际顶级刊物 *Science* 上，题目为“Diisopropylammonium Bromide Is a High-Temperature Molecular Ferroelectric Crystal”。

2017 年，熊仁根团队与合作者在分子铁电、压电领域又取得重大进展，从提升铁电极轴数量入手，利用相变前后对称性的巨大变化，发现一类具有优异压电性能的分子铁电材料。其成果于当年 7 月以“An organic-inorganic perovskite ferroelectric with large piezoelectric”为题发表于 *Science* 上。

2018 年熊仁根团队研制出世界首例无金属钙钛矿型铁电体，再次在 *Science* 上发表成果“Metal free three dimensional perovskite ferroelectrics”。

这一系列重大突破和重量级成果，使得熊仁根团队备受国内外瞩目，诸多单位纷纷伸出橄榄枝。作为土生土长的江西南昌人、江西大学（现南昌大学）化学系 78 级校友，熊仁根带着家乡情怀、母校情怀毅然选择了南昌大学。

熊仁根团队于 2018 年进入南昌大学后，成立了国际有序物质科学研究院。国际有序物质科学研究院选址在南昌大学青山湖校区南区化工楼，原先主要为教学用楼，没有仪器设备和实验室。在学校的大力支持下，快速建设好了部分实验室并到位了部分主要的仪器设备。压电效应能直接实现机械能和电能之间的相互转换，是铁电体最重要、应用最广泛的性质之一，在电子信息、医学成像和超声设备等诸多领域具有广泛应用。尽管熊仁根团队在 2017 年的 *Science* 上报道了优异压电性能的单组分分子铁电体，但压电性能依然不及锆钛酸铅等商业化无机铁电陶瓷。为了解决这一难题，熊仁根团队继续探索高压电性分子铁电体。由于刚来南昌大学缺乏学生，熊仁根指导廖伟强、汤渊源、李鹏飞等团队成员在实验一线做实验。为了利用更多的时间在实验室，团队成员均住在离实验室仅几百米的过渡房。经过不断地努力尝试，创制了具有准同型相界的分子铁电固溶体，其压电性能超越了商业化锆钛酸铅无机铁电陶瓷。这是自1880年压电效应发现以来，分子材料的压电性能首次超越无机铁电陶瓷，攻克了分子材料压电性不足的世纪难题，实现了分子铁电和压电材料领域的重大突破。成果于2019年3月15日以“A molecular perovskite solid solution with piezoelectricity stronger than lead zirconate titanate”为题发表在*Science*上。这是南昌大学首次以第一通讯单位在*Science*发表重要研究成果，具有突破性的意义。南昌大学化学学科ESI全球排名也从18年的前5.2‰上升到19年的4.4‰，自然指数排名提升从18年的全国第72位上升到19年的第65位，有效提升了学校化学领域的实力。

“问渠那得清如许，为有源头活水来”

——杨柱才教授的“朱子门人后学研究”

一个没有发达的自然科学的国家不可能走在世界前列，一个没有繁荣的社会科学的国家也不可能走在世界前列。在国家社会科学基金的支持下，南昌大学的社会科学工作者们坚持为学术创新发展、为国家建言献策的研究宗旨，担负起了历史赋予的光荣使命。经过不懈努力下，2014年杨柱才教授的“朱子门人后学研究”成为学校第一个国家社会科学基金重大项目。

众所周知，宋代朱熹及其门人创立的朱子学是我国传统文化发展史上的又一次高峰，其不仅极大地影响了中华民族思想文化，而且还跨越民族和地域的界线，传播到海外，对其思想文化产生不同程度的影响。改革开放以后，中国的朱子学研究取得了丰硕的成绩。

进入21世纪，越来越多的专家认识到，朱熹的整个学派并不是在他自己的时代就完成了的。他的继承者包括他的弟子、弟子的弟子，以及虽然不是他的弟子却信仰他的学问的人，这样的人群构成了整个的朱子学。朱子学一直流传到清代都没有湮灭。故而，对各个朝代（宋、元、明、清时代）的朱子学以及每位朱子学家的重要的见解进行分析，把他们流传下来的书籍、文献进行整理、研究，对于学科的发展会有很大的建树。

早在20世纪80年代前期，学校陈正夫教授就出版了《朱熹评传》，具有相当的学术影响。此后，南昌大学对朱熹及其门人一直比较关注，相关研究处于国内前沿。在中华朱子学会的大力支持下，2011年10月南昌大学江右哲学研究中心联合有关单位，在庐山白鹿洞书院举办“哲学与时代：朱子学国际学术研讨会”，海内外50余位专家学者出席会议。这次会议有力地推动了朱子学研究进一步走向深入。在随后的2013年4月，中华朱子学会发起并责成南昌大学江右哲学研究中心主办“朱子门人后学研究项目规划学术研讨会”，会长陈来教授、常务副会长朱杰人教授亲临会议指导，也同样收到了良好的效果，为南昌大学的第一个国家社会科学重大项目奠定了夯实的基础。

在不断研究和深化的基础上，杨柱才教授领衔的研究团队发现“朱子门人后学”仍然是国内非常薄弱的领域，亟须加强，特提出以“朱子门人后学研究”作为近期学术研究工作的重中之重，率先将该选题上报国家社科规划办，被列入2014年全国社科规划办第二批重大课题攻关项目。这是学校第一个国家社科基金重大项目。该国家重大项目的出现，正不断兑现着南昌大学对学界的庄严学术承诺，也促进了南昌大学人文学科学术发展及学术影响力的提升。

项目设立后，研究团队2015年4月举办“朱子门人后学研究”国际学术会议，2020年8月举办项目进展及成果报告网络会议，有效推动了项目的顺利实施。截止到2020年12月，该项目已出版专著2部，在权威刊物发表论文多篇，收到书稿多部，基本进入项目结项阶段。

当代中国正经历着我国历史上最为广泛而深刻的社会变革，社会科学也正进行着人类历史上最为宏大而独特的实践。在此背景下，南昌大学的学者们始终坚持在实践和理论上不断探索，而学校第一项国家社会科学基金重大项目的获得，则是在此进程中留下的不可磨灭的印记，是学校在社会科学研究上浓墨重彩的一笔，它必将激励并引领者后来者不断前进。

走向田野的历史研究

——黄志繁教授的江右地方文献整理研究

江西历史文化厚重，乡邦文献编撰和整理有着深厚的传统。从南朝雷次宗修撰《豫章记》到晚清胡思敬等人编修《豫章丛书》，历朝历代，绵延不绝。可以说，北宋江西人乐史修撰《太平寰宇记》专列“艺文志”，开创后世地方志书必备“艺文”一目之先河和江西深厚的文献编撰传统有关。

20世纪90年代，江西文化界曾经兴起一股赣文化研究的热潮，并得到政界的大力支持，然而，热潮退去，赣文化研究有停滞不前之迹象，甚至有学者畏言“赣文化”。南昌大学从“十一五”开始一直着力于赣学学科建设，虽然名称屡变，但以江西历史文化为研究对象的学科一直是学校重点资助的对象，一直延续至今。在赣学学科建设中，最为基础的无疑是资料建设。南昌大学黄志繁教授是江右地方文献整理研究的佼佼者。黄教授是南昌大学历史学硕士，中山大学历史学博士，复旦大学历史系博士后，哥伦比亚大学访问学者，现为南昌大学研究生院常务副院长，谷霁光人文高等研究院院长，历史系教授，博士生导师。他作为赣南人，同时作为一位历史学者，长期关注江西地方史研究，尤其注重收集整理赣南、婺源等地方珍稀文献。黄志繁教授秉承历史人类学的学术理念，将历史文献与田野调查结合起来，在查阅历史文献的同时，足迹遍及江西全省，赣南地区的许多乡村，他一待就是一周以上时间。1997 年一个夏天，他去赣县白鹭乡调查时，由于交通不便，班车坏了，他很晚才到达乡政府，乡政府认为他是盗墓贼，差点被抓到派出所。直到他打通赣州市博物馆馆长电话，证明自己身份，才免于拘留，足见学术之艰辛与不易。

2005 年，在邵鸿教授带领下，黄志繁教授组织团队进行了《〈清实录〉中的江西资料辑录》《江西省图书馆馆藏民国期刊篇目汇编》等基础资料编撰工作。随后邵鸿教授和黄志繁教授又组织团队开始收集地方契约文书，并于 2015 年在商务印书馆出版了 18 册之巨的《清至民国婺源县村落契约文书辑录》。该书收集清至民国民间文书 3600 多份（套）9000 余张，以契约为主；另外，纳税凭证、状词和账本也有一定数量，充分体现了乡村社会生活的复杂性。成果中出现的文献种类有供词、招告、托书、合墨、包书、包封、戏文、托字、杂单、手绘地图、分单、证明、售货清单、保证书、符、当会契、修屋清单、聘礼、礼单、药引、婚约、婚前财产公证、拚批等。

2015 年，黄志繁教授牵头组织江西古村落调研计划，出版“江西古村落档案丛书”，所调研的对象均为江西比较典型，知名度较高的古村落。黄志繁教授说：“编撰此丛书，就是要把江西主要古村落的历史面貌和重要资料保存下来。将来即使古村落被改变甚至破坏，通过‘丛书’人们还可以了解到它们在历史上的大致情况。”邵鸿教授对此丛书赞誉道：“该丛书中的村落绝大部分都是周銮书先生生前一直期望能够组织开展调研并编成‘江西古村丛书’的对象。由于种种因素特别是人员的制约，周老师没能像调查流坑村那样实现愿望，本丛书的编撰使得周老师的愿望变成现实，令人欣慰。”

2016 年起，黄志繁教授又领衔主编《江西地方珍稀文献丛书》，主要是和各个县的文史工作者合作，将他们手上珍稀的、对学界有帮助的文献出版共享。这套丛书出版后，学界和地方文史界反响很好，不仅为学术研究提供了非常宝贵的珍惜文献，而且更为重要的是，能够推动地方干部群众学习地方历史和优秀文化传统，树立民族自信心和荣誉感，增强凝聚力，为文物保护、非物质文化遗产保护、古村落保护提供文献依据，为促进乡村振兴、全域旅游开发提供历史文化支撑。

2017 年，黄志繁教授又着手于南昌大学赣学数据库（第一期）建设工作，该数据库最大的成就就是把《江西省地名志》全部做了文本处理，实现了全文检索，另外，还做了地方契约文书和族谱的收集工作。该数据库入库的契约文书达 2 万多份，族谱达 1000 部，该数据库不仅方便南昌大学文史工作者的学术研究，而且使南昌大学占据了江西地方文史研究的资料高地。

八、社会服务

扎根赣鄱办教育，服务社会促提升

——学校社会服务体系

2020年，南昌大学与南昌国家高新技术产业开发区签约3亿元共建国际材料创新研究院项目，推动超高温材料领域大型系列化研究设施落户；与南昌小蓝经济技术开发区签约4亿元共建国际食品创新研究院项目，推动发酵工程领域大型系列化研究设施落户；“稻渔工程”团队集成、创新、示范和推广了“稻虾”“稻蟹”“稻鳖”“稻蛙”“稻鱼”和“稻鳅”6类12种共作模式，被业内公认为是一项有利于农业增效、农民增收、粮食增产，并能够有效改善生态环境的现代农业新模式……这是南昌大学依托人才、学科、智力等优势，助力经济高质量发展的缩影。

南昌大学办学百年的历史，就是一部扎根赣鄱大地办教育，服务社会促提升的历史，在健康江西，产业发展，重大战略等方面探索出了一套具有南大特色和影响到社会服务模式。

健康江西事业，南大保驾护航。20世纪初，中国处在大革命时代，烽火岁月，刀光剑影，当时的江西迭经兵火，伤员剧增，加之疾疫流行，社会急需高等医学专门人才。而江西无高等医药学校存在，可以说，创办一所高等医药学校，培养医学专门人才是当时社会之所盼，民间之所需。江西进贤籍的留日医学生何焕奎1914年从日本千叶医专毕业，怀着报效祖国之心，毅然回国，来到南昌，筹资创办豫章医院，用学到的现代医学知识和技能行医诊疗，治病救人。同时，他邀集同仁创办一所医药学校的梦想和初心，承担起为国家和家乡培养高等医学人才的使命。在他的五次努力下，1921年，终于得以创办江西公立医学专门学校，从而为此后百年江西医学事业的发展奠定了坚实的基础，也为健康江西保驾护航。1954年，江西医学院把科学研究的重点放在消灭血吸虫病的研究上，在深入血吸虫流行的重灾区余江县、玉山县及九江郊区等地观察调查，并进行药物杀灭钉螺的实验。开展了口服锑剂及盐酸奎宁锑治疗血吸虫病研究，锑剂口服疗法为全国首创，达国际先进水平。2003年“非典”肆虐期间，2020年新冠肺炎疫情期间，南昌大学一附院负责全省重型和危重型患者集中救治和会诊指导工作，成为江西的主战场。2020年1月27日，由南昌大学二附院祝新根教授带队的江西省第一批援助武汉医疗队启程出发，驰援湖北。南昌大学一附院重症医学科詹以安副主任医师、总护士长杨珍赴乌兹别克斯坦协助开展疫情防控工作，为世界疫情防控输出了江西经验。

聚焦重大战略，彰显南大担当。江西作为稀土资源大省，做好稀土产业科技研发、技术攻关，成为一代代南昌大学科研人员的不懈追求。“百年南昌大学，半世稀土情缘”，南昌大学化学学院教授、稀土研究院院长李永绣这样形容学校和稀土的渊源。从20世纪70年代研发“硫酸铵浸矿—草酸沉淀稀土工艺”“碳酸稀土沉淀法提取稀土工艺”等技术，到1986年成立我省第一个稀土化学研究所开展重稀土催化石油裂化、稀土尾气净化以及稀土陶瓷颜料等研究，再到1993年推出的“高纯稀土氯根含量控制技术”“碳酸稀土结晶沉淀方法”“新型稀土聚氨酯高速抛光材料生产技术”“稀土尾气净化催化器”等系列成果，学校在稀土研发上取得的一次次技术突破，并在国内主要稀土企业推广应用，取得了显著的经济效益和社会效益。学校培养的稀土专业人才，已遍布江西、广东、四川、山东、江苏等稀土产业聚集地。南昌大学“稻渔工程”团队在稻田里进行水产养殖，构建出了让水稻与水产、农机与农艺有机结合的稻渔生态循环系统。团队在稻鱼工作的基础上，通过研究，集成、创新、示范和推广了“稻虾”“稻蟹”“稻鳖”“稻蛙”“稻鱼”和“稻鳅”6类12种国内领先的典型模式，促进了农业增效、农民增收、粮食增产，并有效改善了生态环境的现代农业新模式，成功地将科研成果转化为了农业生产力。南昌大学江西扶贫发展研究院强化科研服务导向，探索出的“以评促建”扶贫脱贫方法被国务院扶贫开发领导小组采纳，先后9次参加国家精准扶贫第三方评估标准的起草、修改和制定，学校连续两年荣获国家精准扶贫工作成效第三方评估“先进集体奖”“先进个人奖”。

立足特色资源，助力产业发展。学校食品科学技术与健康学科群瞄准食品学科国际前沿，凝练食品加工关键技术与装备、食物组分健康干预研究与应用、食品安全与营养转化工程、食品发酵工程四个学科方向。特别是立足我省特色农产品资源（禽鸭、黑灵芝、油茶、南酸枣、蜂胶等），突破益生菌发酵、食物组分超微细化等农产品加工关键共性技术，研发剥皮机、核肉分离制浆机、生物流化床式多体多级蜂胶萃取机等关键装备，研究成果在江中集团、煌上煌集团、齐云山食品有限公司等20余家企业应用和示范，实现销售收入超100亿元。

增强服务能力，发挥支撑作用。南昌大学大力推动产学研合作，建立“依托学院（学科）、立足行业、面向地方”的产学研合作创新模式。1个学院（学科）立足1个相关行业，在学校与地方政府的支持下，建成1个品牌产学研基地；以基地为载体，通过联合承担重大课题、委托研究、转化成果等方式，积极开展与地方大中型企业的实质性合作；每个理工科类学院在校外都建立至少1个品牌产学研基地，服务当地经济社会建设，为地方产业的发展持续不断地提供智力支撑和科技保障。同时，创建服务江西经济社会发展新型智库。以江西发展研究院、中部经济社会发展研究中心、江西发展升级推进长江经济带建设协同创新中心等平台为支撑，整合学校社会科学学科资源，聚焦江西对接“一带一路”建设、融入鄱阳湖生态经济区战略、长江中游城市群建设等重点发展任务，为江西经济社会发展提供战略咨询，充分发挥高校的智库作用。

完善激励机制，推进创新创业。南昌大学已建立教师创新创业激励制度，探索了科技人员的培养、使用、流动等有效机制，完善科技人才激励与评价机制，创新服务模式，为科技创新创业搭建平台，推动科技人才转化科研成果。加大学校科技成果转化体制机制创新力度，营造创新创业生态环境，出台《南昌大学科技人员创新创业试点工作暂行办法》，成立创新创业领导小组和工作办公室，成立南昌大学技术转移中心，设立创新创业专项基金。

江西医学院科研工作者参与余江血吸虫病防治工作

1958年6月30日，毛泽东同志在《人民日报》上读到余江县消灭了血吸虫的消息后非常高兴，他欣然写下一组诗：

读六月三十日《人民日报》，余江县消灭了血吸虫。浮想联翩，夜不能寐。微风拂煦，旭日临窗，遥望南天，欣然命笔。

其一

绿水青山枉自多，华佗无奈小虫何！
千村薜荔人遗矢，万户萧疏鬼唱歌。
坐地日行八万里，巡天遥看一千河。
牛郎欲问瘟神事，一样悲欢逐逝波。

其二

春风杨柳万千条，六亿神州尽舜尧。
红雨随心翻作浪，青山着意化为桥。
天连五岭银锄落，地动三河铁臂摇。
借问瘟君欲何往，纸船明烛照天烧

毛主席的第一首诗通过对广大农村萧条凄凉情景的描写，反映了旧社会血吸虫病的猖狂肆虐和疫区广大劳动人民的悲惨遭遇；第二首诗写新社会广大劳动人民征服大自然，治山理水，同时大举填壕平沟、消灭钉螺的动人情景。

说起血吸虫病，在中国有 2000 多年的历史，历史上记载，患病者死亡率极高。很多农村都成了寡妇村，民间有传说，得了血吸虫，十家九户绝后代。在江西余江县“血吸虫病流行时间可能有三四百年，而严重危害也有一二百年，仅解放前 30 年间，全疫区被血吸虫病夺去生命的达 29000 人，毁灭村庄 42 个，2 万多亩良田无人耕种”，是名副其实的“千村薜荔人遗矢，万户萧疏鬼唱歌”。

1955 年，毛泽东主席在全国发出“一定要消灭血吸虫病”的号召。1956 年 2 月 27 日，毛泽东在最高国务会议上强调“全党动员，全民动员，消灭血吸虫病”，并且把消灭血吸虫病写进了《农业发展纲要 40 条》。同年，中共中央成立了防治血吸虫病领导小组，派出大批医疗队到疫区进行血吸虫病防治工作。工作取得明显的效果，疫区余江县人们提出了“半年准备，一年战斗，半年扫尾”的口号，发挥冲天干劲，与瘟神作战。并大力兴修水利，填平沟壑，根绝血吸虫的滋生地，仅用了两年时间，就根绝了血吸虫病。

1954 年起，江西医学院把科学研究的重点放在消灭血吸虫病的研究上。1954 年 3 月间，学院寄生虫教研室曾先后深入血吸虫流行的重灾区余江县、玉山县及九江郊区等地观察调查，返校后即着手进行药物杀灭钉螺的实验。在当时价格低廉、药物来源容易的情况下，找到了夹竹桃叶杀螺和茶菇杀螺两种方法。同年 7 月，于上饶疫区采集了部分钉螺回实验室重复实验，得出了上述两种方法和生石灰杀螺方法在实际使用上的利弊。药理学教研室也在杀灭钉螺的问题上进行了茶子饼杀灭钉螺的实验研究，并在 1955 年的学术期刊《中华卫生杂志》上发表该学术论文。开展了口服锑剂及盐酸奎宁锑治疗血吸虫病研究，其中，锑剂口服疗法为全国首创，达国际先进水平。在针刺麻醉切除血吸虫病脾脏也进行了有益的尝试实践。学院先后承担省血吸虫防治研究委员会审定的科研课题 15 项。在血吸虫病防治工作上，从钉螺的生活习性、灭螺、血吸虫病流行病学，直到各种疗法及粪便管理等方面进行了全面完整且卓有成效的研究与实践。

1955年12月，中共江西省委决定成立省委防治血吸虫病5人小组，同时成立血吸虫防治研究委员会，结合本省防治工作中存在的问题进行研究。其中的主任委员和副主任委员均是江西医学院领导和教授，具体为：主任委员许德（江西医学院院长兼书记），副主任委员有邱倬（江西医学院原副院长）、孟宪莀（江西医学院副院长）、蒋士焘（第八军医学院一级教授）。可以看出，江西医学院的教职员工成了江西消灭血吸虫病的主力军。

众志成城抗击“非典”，大爱无疆医者精神

——抗击非典纪实

2003年初以来，一种传染性非典型性肺炎（SARS）波及世界多个国家，我国的许多省市也迅速蔓延，形势异常严峻，一场没有硝烟的抗击“非典”战争在全中国打响。一边要做好校园防控，确保校园师生安全，一边要守护好江西抗击“非典”主战场，南昌大学和江西医学院及其附属医院扎实开展防治“非典”的各项工作，取得了积极成效，为江西夺取抗击“非典”的胜利做出了贡献。

为贯彻落实上级通知精神，南昌大学于2003年4月18日召开非典型肺炎预防工作会议，强调要站在全面贯彻“三个代表”重要思想的政治高度，把预防非典型肺炎工作作为关系学校改革发展稳定大局，关系全体师生员工身体健康和生命安全的大事抓紧抓好。会后迅速成立了南昌大学非典型肺炎防治工作领导小组，办公室挂靠校医院。学工处、校团委牵头校本部各学院，产业处牵头机关各单位、附属中小学、附属工厂，相应成立非典型肺炎防治工作领导小组。学校各级领导小组从4月19日开始运行，负责指导学校非典型肺炎防控工作。通过强化门禁管理、成立防“非典”预备队、编印预防手册、建立校医院“发热门诊”和“隔离病区”、加强消毒通风和环境整治、暂停大规模师生活动、投入保障资金和防护物资等一系列措施，保持了整个校园的安全稳定。

在“非典”期间，作为江西省医学专门类院校，江西医学院为确保师生员工生命安全，维护正常教学、工作和生活秩序，从领导机构、宣传教育到重点场所的消杀、工作预案等，均严密部署、精心实施、落实到位。公共卫生学院还结合专业特色，在全院和省级媒体积极开展各类防治非典的知识讲座，使广大师生和人民群众对疫情有了更全面更深刻的认识，并增强了战胜“非典”的信心。

同时，江西医学院两所附属医院在支持全省防治“非典”工作中，冲在防治

“非典”的最前线，以大爱无疆的医者精神，谱写了一曲曲众志成城抗击“非典”的动人乐章。

第一附属医院被确定为江西省定点治疗非典型肺炎的医院。4 月 8 日，第一例可疑非典病人到一附院就诊，医院立即将优质病房四楼隔离，并迅速成立“非典”治疗小组。其间，医院上下团结一心，相关科室积极配合，后勤保障及时到位，医护人员争上前线，体现出医院前所未有的向心力和凝聚力。当时医院里说得最多的一句话就是：“我是党员我先上。”传染科主任、党支部书记陈士彬，他以一名共产党员的高度责任感，一名医生的神圣使命感，始终战斗在抗击非典的第一线，参与了整个隔离病房组建、疑似非典病人的排查与诊治工作。

第二附院医院把防治“非典”工作作为全院的重大任务，成立了领导小组、专家诊断小组、专家治疗小组，制订应急处理预案，治疗方案、消毒隔离指南。医护人员首当其冲，各科室迅速行动，组建发热门诊，搬迁输液室，支援药剂科赶制药品，宣传非典防治知识等。二附院急诊科承担了全院发热门诊的重任，科主任李国平主动请缨，身先士卒，承担了全院发热门诊组建工作，护士长迎难而上，党员干部冲锋在前，为防治非典筑起了一道坚强的战斗堡垒。

做一个敢负责任的人

——著名校友管轶抗击“非典”的故事

大学培养出来的学人，既要对社会有用，能够为社会创造日益丰富的物质财富，还要对社会有责任感，能够为社会的进步负起精神与道德的责任。南昌大学优秀校友的几则故事，印证着这所发展中的高校始终坚持着培养学生担负起精神与道德责任的办学理念。

提起 2003 年的 SARS，每个人都会心有余悸。那是一场没有硝烟的战争，巨大的恐慌蔓延，遍布社会每个角落的每个细胞。一切都那么突然，所有的事情都停滞了，除了“非典”，其他任何事情都变得不再重要……“非典”是什么？怎样才能战胜“非典”？

因为“非典”，一个有责任、敢于担道义的医学家的形象出现在南昌大学学人面前！他，就是南昌大学校友管轶。

1997 年在香港大学获得博士学位的管轶，现任职于香港大学生物系，在生命科学与技术领域从事病毒学方面的研究。

管轶，江西宁都人，1978 年考入江西医学院，1983 年毕业后，他辗转来到广东汕头一家医院当驻院儿科医生。1993 年，他申请了李嘉诚基金到香港大学进修，随流感专家邵力殊（Shortridge）教授修读博士学位。之后又跟随禽流感权威、美国圣犹大儿童研究医院 Robert G. Webster 教授。就在那时，他碰上 1997 年香港发生首宗人类感染禽流感个案。管轶虽是儿科医生，但对基础科学甚有兴趣。他认为，当医生，医病人的数量毕竟有限，而当微生物学家，一旦找到病毒元凶，便可以堵截病毒的传播，救回千万人的生命。于是，他最终改为从事医学基础科研。

在“非典”时期，管轶是“非典型性肺炎”研究的重要功臣，是世界上第一个成功分离 SARS 病毒的病毒专家。

2005 年 9 月，禽流感暴发，他带领他的团队不负众望，从样本中成功排出了 250 多个 H5N1 型禽流感病毒的基因序列，基本掌握了我国禽流感的发生、起源、变化规律。他作为主要研究人员之一，首先证实冠状病毒为 SARS 病原体。管轶在国际上首先发现并证实果子狸等野生动物携带 SARS 病毒，其研究成果发表在 *Science* 杂志上。他发现，广东市场果子狸分离到的病毒株与广东 SARS 病人冠状病毒基因高度同源，进而阐明，广东地区野生动物市场是人类 SARS 的主要传染源。他把这一重要发现及时报告给中国卫生部和广东省，广东省主要负责人连夜召开紧急会议，特请管轶教授报告了研究结果，并听取了钟南山等著名医学专家的意见，果断地做出了在市场上清除果子狸的决定，使得第二年广东省 SARS 没有再爆发，我国取得抗 SARS 的初步胜利，摆脱了前一年在国际上的被动，赢得了世界各国的赞誉。管轶教授的研究结果和努力，使中国避免了 SARS 再爆发造成的巨大经济和生命损失。

管轶的贡献不仅仅限于此，他对禽流感的研究也有很深的造诣，如今他是国际著名的禽流感专家之一。美国《时代》周刊 2005 年年底选出了 18 名“全球抗病英雄”，以表彰他们为拯救人类生命做出的巨大贡献，被誉为“禽流感杀手”的香港大学病毒专家管轶教授就名列其中。

1918 年和 1957 年的禽流感大暴发，分别夺取了 4000 多万和 200 多万人的生命，这些惨痛的代价震撼了全人类。世界流感权威 Robert Webster 指出，鸟类是禽流感大暴发的元凶，当鸟类和人类的流感病毒杂交组合成人类没有免疫力的新型变种时，世界就将面临新一轮的流感爆发。这就是我们今天面对的严峻形势，而管轶教授正是在这紧要的关头拼搏在抗流感第一线，因此他的贡献尤其令人关注和钦佩。

管轶教授是世界瞩目的中国青年科学家，2003 年 5 月到 2005 年 1 月的一年多时间里，*Science* 杂志就至少 9 次报道过管轶（这还不包括他的研究论文本身）。此外，2004 年 1 月 19 日，世界著名的《时代》周刊长篇报道了管轶教授抗 SARS 的研究成果和贡献，2005年年底还评选他为“全球抗病英雄”，专文报道了他抗流感的感人事迹。

管铁，一个英姿勃发的中国青年科学家的清朗形象。人们从抗击“非典”和抗击禽流感的拼搏中认识了他。2005年10月，他被任命为香港大学新发传染病国家重点实验室主任，这是国家在中国内地之外设立的唯一一个国家重点实验室。新近获悉，管铁教授已经被任命为世界卫生组织香港动物流感合作中心副主席。该中心是世界卫生组织仅有的两个动物流感合作中心之一。

作为一个爱国者，一个科学家，管铁首先是一个捍卫人类生命安全的战士。要做这样的一名战士，应该无私无畏，应该首先“铁肩担道义”。

说起“铁肩担道义”，人们总是很自然会想到它的后半句“妙手著文章”。

2008年，“三聚氰胺结石婴儿”事件在社会上造成轩然大波。8月底9月初，陕、甘、宁等多个省区报告多例婴幼儿泌尿系统结石病例。而随着一篇题为“甘肃14名婴儿疑喝“三鹿”奶粉致肾病”的报道的出现，三鹿奶粉事件曝光，三鹿集团终于承认其生产的部分批次奶粉受三聚氰胺污染。事后调查表明，三鹿集团早知奶粉受到污染却一直隐瞒，并曾提请石庄政府管控媒体，故问题奶粉迟不得曝光，导致全国受害婴幼儿数以万计。三鹿奶粉事件揭开奶业“潜规则”，全国范围的质量问责风暴也由此掀起。

《甘肃14名婴儿疑喝“三鹿”奶粉致肾病》一文的作者，系上海《东方早报》记者——简光洲。是他冒着巨大的风险，以一种自我献身精神直接点名三鹿奶粉。这一事件使国内奶粉业诸多知名品牌如多米诺骨牌，轰然倒下，露出了品质免检背后的种种弊端。这篇报道在社会上产生巨大轰动的另一层意义，则是因为作者简光洲第一个在报道中对“三鹿”奶粉直点其名。勇负责任的简光洲因此被许多中国网友视为中国新闻界的良心。

敢于负起责任的简光洲是中国传媒业的骄傲，也是南昌大学的骄傲，因为简光洲是南昌大学新闻系2003届的硕士毕业生。

对于自己在报道中对掺假使假的企业直点其名，曝光于天下，简光洲承认，尽管《东方早报》编辑部承受了巨大的精神压力，但“一想到那么多无辜的婴儿，因为喝了三鹿奶粉而必须终身洗肾，甚至丧失生命，我对我的点名报道选择不后悔”。

“以一人之力，发全国关注，维护人民之生命健康，功莫大焉。虽一介书生，人民所以相承望者，能忍辱负重故，特英姿雄才耳。”这是社会各界给简光洲的评价，是全国人民发自内心的感叹，真诚地抒发了对简光洲“妙手著文章”的赞赏。简光洲当之无愧被评为“2008年感动中国人物”候选人、《新周刊》“中国娇子新锐榜”2008 年度新锐人物。

光洲的成名一半在于他首先揭露了三鹿奶粉背后的黑幕，另一半是他怀有一身正气，在他身上我们看到道义、责任是如何生动演绎的。

2009 年 2 月 21 日，简光洲回到母校给昌大师生做了“‘良知、责任、民意’——一名新闻工作者的从业感悟”的报告。在报告的最后，他寄语学弟学妹：水光山色云过眼，龙腾湖畔好读书。（本文选自《漫游中国大学丛书——南昌大学》，重庆大学出版社，2010 年）

风雨摆渡人

——抗洪抗震特写

大江流日夜，慷慨歌未央。回首往昔岁月，南昌大学百年校史，就是一部与时代同行，与国运相系的历史，就是一部学校师生与祖国和人民心手相连、矢志奋斗的历史，书写着南大人的青春担当。

时针回拨，2020 年中国南方地区受到多轮强降雨的影响，滔滔洪水滚滚而下，地处长江中下游的江西也不断出现洪水红色预警。面对凶猛的汛情，学校师生校友全力以赴投入抗洪救灾工作中，坚决打好防汛抗洪抢险救灾攻坚战。

南昌大学第一、第二、第四附属医院迅速组建“防汛救灾应急医疗队”投入抗洪一线，随身携带价值数万元的医疗物资、药品和急救设备赶往新建、进贤、扬子洲等多个南昌周边受灾点，开展医疗保障工作，为官兵和灾民的生命安全和身体健康保驾护航。同时南昌大学干部职工也以强烈的责任感做好防汛各项工作，在八一桥段防洪责任点，72 名干部职工 24 小时对防汛责任区域进行值守、巡堤工作，为的就是圆满完成防汛各项任务。南昌大学还集结了青年突击队员奔赴一线，协助各个社区居委会处理灾后相关工作，他们服从命令听从指挥，团结一心，恪尽职守，为夺取防汛救灾胜利贡献青春力量。

“危难时刻伸援手，洪水无情人有情”，这一直是南大人恪守在骨子里的信念。早在 1998 年入汛的夏天，也曾有一场百年难遇的特大洪水席卷了江西这片红土地。为了取得抗洪救灾的胜利，南昌大学及附属医院想群众所想、急群众所急，用实际行动支援灾区人民。全校教职员工掀起了轰轰烈烈的赈灾募捐活动，干部领导亲自将这笔捐款送到九江地区灾情最严重的九江县新洲乡。南昌大学积极践行“人民至上，生命至上”理念，主动承担社会责任，倾力支援抗洪一线，不畏艰险、不怕疲劳、连续作战、甘心奉献，得到广大人民群众的高度赞扬，激励新一代青年在新时代新征程上披荆斩棘、奋勇前进。

天降大雨，南大人愿意做逆着洪流而上的建设者；地震当前，他们也有着“为有牺牲多壮志”的勇气去支援。2008 年四川省汶川地区发生了历史罕见的里氏 8.0 级特大地震，地震灾害给灾区人民的生命财产、交通运输、食品供应和通信等方面造成了无法估量的损失。党中央、国务院高度重视，迅速组织抗震救灾，江西省迅速派出消防特警、卫生医疗、电力抢修、地震监测等在内的救援队伍深入四川灾情最严重地区开展工作。南昌大学积极响应党中央、国务院关于开展抗震救灾工作的号召，在江西省委省政府的指挥下，动员党员干部带头，发扬一方有难、八方支援的中华民族优良传统，积极组织为灾区捐赠救灾款物，迅速成立救援队、医疗队奔赴一线进行医疗救援服务。

南昌大学第一附属医院首批 18 名抗震救灾医疗队员，在省卫生厅统一组织下飞赴灾区，拉开了江西卫生系统支援四川地震灾区人民的序幕。医疗队临行前成立了临时党支部，在这场千里驰援行动中，充分发挥党组织的战斗堡垒作用。大震虽过，但余震连连。当小震再次发生时，援川医疗队正在广元市中医院六楼手术室（顶楼）紧张地为地震伤员做手术。手术室内的灯具等物品强烈晃动，摇摇欲坠，部分墙体甚至已经开裂，十分危险。但是医疗队的医护人员没有一人退缩，只要病人在手术台上，他们就不会选择离开，他们始终秉承着救死扶伤的职业精神和人文情怀。

同时，南昌大学第二附属医院抗震救灾医疗队也紧急出征去川支援，并随身携带了价值近 30 万元的药品、医疗器械。当医护人员得当地医院有 200 余名重症骨科患者等待手术时迅速投入手术中，连续奋战十几个小时，其他队员则继续不舍昼夜前往重灾区救治伤员。

“读书乃为养正气，问学不敢忘忧国”，在潜心开展教育建设的同时，南大人也将继续肩负起历史使命，主动承担社会责任，以更加昂扬的姿态搏击于各项未知的困境，发扬南大人的精神！

脱贫攻坚的南大贡献

——江西扶贫发展研究院

习近平同志在 2012 年 11 月党的十八大上当选中共中央总书记时向全党全国人民庄严宣誓：“人民对美好生活的向往，就是我们的奋斗目标。”他指出，我们的责任，就是要团结带领全党全国各族人民，继续解放思想，坚持改革开放，不断解放和发展社会生产力，努力解决群众的生产生活困难，坚定不移走共同富裕的道路。党的十八届五中全会从实现全面建成小康社会奋斗目标出发，把扶贫攻坚改成了脱贫攻坚，明确到2020年我国现行标准下农村贫困人口实现脱贫，贫困县全部摘帽，解决区域性整体贫困。2016年2月和4月，中办、国办分别印发了《省级党委和政府扶贫开发工作成效考核办法》《关于建立贫困退出机制的意见》，明确了在脱贫攻坚中引入第三方评估。这既顺应国际发展趋势，又是国家治理体系与治理能力现代化的体现。但是，历史上没有、世界上也现成的程序、标准、方法，更没有现成的队伍。南昌大学本着“服务社会”和“实践育人”两个宗旨，立足于“脱贫攻坚”和“乡村振兴”等国家战略重大需求，成立了专门机构——南昌大学江西扶贫发展研究院。

江西扶贫发展研究院立足于精准扶贫国家战略需求，组建了专门队伍（国务院扶贫办十个核心团队之一），完成了12省230余县评估任务，为脱贫攻坚做出了突出贡献。团队在2019、2020年连续获国务院扶贫开发领导小组“先进集体”荣誉称号（全国唯一）；包括5名“先进个人”累计获7项国家奖（全国最多）。经验被新华社报道，模式被教育部“中国教育”和“中国教育电视台”推广。

这沉甸甸的荣誉是团队成员历经5年的艰苦努力，通过超乎常人的付出换来的，他们从平原到高山，从东北到西南，走遍了祖国的山山水水，也涌现了很多可歌可泣的感人故事。

团队成员黄雪琴说：“精准扶贫，让我深刻的认识小人物同样能够承担大责任，深刻地体会到基层干部对精准扶贫工作的奉献，深刻体验到贫困县农户的百态生活，我感恩精准扶贫让我不断成长，增强自身的责任感和担当意识。”团队成员陈靓说：“从农村到山村，从平原到高原，一次次不同的体验让我见证到我们调研员不惧万难、不畏艰辛的品格。其中令我印象最深刻的是前不久在青海省互助县调研时，我们像平常一样6点从村部出发回宾馆，在经过当地的事故高发路段‘十二盘’山路的时候，山里的天气说变就变，突然下起了大雪，加上天黑道路结冰，车辆无法继续前行，有很多同伴的车辆在爬坡的时候出现了惊心的滑行而紧紧地抓住车扶手。我们眼看着对向来车因道路结冰车辆失控而侧滑进了水沟，险些侧翻到百余米深的山沟里。随行的领导为了我们的安全，告诉我们不能继续坐车前行，需要下车徒步翻过山顶，等待山下的救援，就这样我们被困在3680米的高山上4个小时。一开始，我们是非常紧张不安的，但路上几人同行，互相鼓励，一边帮忙推车行走一边跟同伴聊天，还开玩笑说可以体验一下在山上过夜的乐趣了，就在这样苦中作乐的氛围中，救援到了。在将近11点到达了住处。简单整理好心情后快速用餐，熬夜到两三点完成了当天的工作。”

习近平总书记说，只有为人民做出贡献的青春，才能留下充实、温暖、持久、无悔的回忆。作为新时代的南昌大学青年学子，他们在用自己的方式为国家的脱贫攻坚工作做出自己的贡献。从 2016 年 10 月参加评估以来的 4 个多年头，他们的工作赢得了赞誉，获得了肯定，为南昌大学书写了绚丽的篇章。

把论文写在祖国的大地上

——稻渔工程团队服务地方产业纪实

习近平总书记曾提出 :“广大科技工作者要把论文写在祖国的大地上，把科技成果应用在实现现代化的伟大事业中。”人民的需要和呼唤，是科技进步和创新的时代声音。2020 年 4 月，南昌大学“稻渔工程”团队被授予“中国青年五四奖章集体”称号，体现了国家对南大师生在教育脱贫攻坚与精准扶贫道路上贡献“南大方案”的高度认可。

“稻渔工程”团队成立于 2016 年 5 月，由洪一江教授领导，以首批国家卓越农林计划水产养殖专业师生为主体，探索出了“稻渔工程”新模式，在稻田中实现“一水两用，一田多收”，打通了从高校实验室到田间地头再到市场的学研产用渠道，闯出了一条科技创新、人才培养、服务产业、助力扶贫的综合发展之路。

“稻渔工程”团队成立以来，依托江西省水产动物资源与利用重点实验室，在稻田里进行水产养殖，构建出了让水稻与水产、农机与农艺有机结合的稻渔生态循环系统。团队在稻鱼工作的基础上，通过研究，集成、创新、示范和推广了“稻虾”“稻蟹”“稻鳖”“稻蛙”“稻鱼”和“稻鳅”6 类 12 种国内领先的典型模式，创新了“八字经”种养法，实现了在亩产“百斤鱼、千斤粮、万元钱”的同时，亩均减少化肥和农药的使用量 50%以上的重大突破，促进了农业增效、农民增收、粮食增产，并有效改善了生态环境的现代农业新模式，成功地将科研成果转化为了农业生产力。

“稻渔工程”团队的学生们构建起“新青年讲习所”模式，跟随江西省特种水产产业技术体系、江西科技特派团的专家深入田间地头考察调研，对当地土壤、气候、水质各方面进行分析，因地制宜为不同地方推选最适宜的种养产品。同时实地举办农业科技培训和技术指导，培训结束后，师生们往往还要和农民吃住在一起，及时跟进培训效果，实地帮助农民解决种植、养殖过程中存在的困难与问题。三年过程中，团队在田间地头开展技术培训 50 多次，每年服务基层时间达 180 余天。在外出实践之际，成员还注重用好江西红色资源丰富教育形式载体，在潜移默化中把红色基因融入师生血脉，在创新创业中增长智慧才干，在艰苦奋斗中锤炼意志品质。

“稻渔工程”团队在永不停歇的实践中，把助力脱贫攻坚、乡村振兴作为自己的责任与使命，探索出4种扶贫模式，帮助30余家省内龙头企业实现经济效益3至5倍的提升，合作企业年产总值超10亿元。其中，九江市凯瑞生态农业开发有限公司在“稻渔工程”团队技术服务帮助下，两年时间里将亩产值从2100元增长到8600元，扶贫人数从52人增长到2664人，人均增收3630元，扶贫成效显著。

“稻渔工程”团队是数万名南大师生的一个缩影，他们勤于钻研、勇于探索、乐于实践，用实际行动践行着“把论文写在祖国大地上”，他们所获得的科研成果和产业扶贫成效，是对创新创业的完美诠释。

风雨南极，有我必行

——附属医院南极医疗队

溯游从之，梦牵百年，南昌大学南极科考医疗队已成为学校历史上不可磨灭的记忆，注入南大人的精神血液，湍湍流淌。

2006年10月，国家海洋局极地考察办公室（简称极地办）与学校公共卫生学院余万霰老师联系，商讨在南极开展极昼极夜的生物钟研究事宜，并有将国家南极考察越冬医疗保健任务交给南昌大学附属医院承担的意向。得知这一消息后，校领导研究决定，接受这一项光荣的任务！

若有战，召必回，战必胜。2006年12月，极地办主任曲探宙同志一行专程来到学校，与学校签订了“国家海洋局极地考察办公室委托南昌大学承担国家南极考察医疗保健任务的5年协议（2007—2012年）”。之后，学校立即成立了“国家极地考察医疗保健办公室”，组建赴南极考察医疗队。从此，揭开了南昌大学参与南极科考的序幕，先后历时12年，共14人赴南极工作。

坚守是对母校，对国家最长情的告白。2007年学校第一附属医院医生卢明巍经层层选拔，入选了国家第24次南极科考任务，率先奔赴南极，负责科考队员的医疗保健、疾病防治，同时为下一年学校科研人员赴南极工作做准备。出征之时，他穿上鲜红的南极考察队服，对着五星红旗深情告白：“不久就要离开祖国去南极了，那是地球最遥远的地方，我会时刻牵挂祖国。”2008年，学校在国家第25次南极科考工作中承担了更重的使命，即在长城站和中山站各承担一个科学考察项目，学校余万霰、陈绍平老师入选。这是国家第一次将赴南极科考项目交给地方高校，且一次组队就在两个站同时承担项目。

众所周知，南极大陆与其他大陆不仅相距遥远，而且周围还被数公里乃至数百公里的冰架和浮冰所环绕，这给海上航行造成了极大的困难和危险。至于气候方面，南极洲酷寒、风大，几乎无降水，空气非常干燥，有“白色荒漠”之称，由于相对湿度低，我校赴南极医疗工作人员常受着皮肤皲裂的痛苦，去救治伤员。在那些年间，他们创新设计了以预防为主的南极医疗与健康保障计划，凭借精湛的科学知识，成功完成了我国在南极现场第一例腹部外科手术。

2012 年协议结束，国家极地办希望学校继续承担医疗保健任务，学校毅然决定接受使命，再次承担了 7 年的国家南极考察医疗保障工作（2012—2019 年）。4300 多天的寒风，14 位南大人完成了中国南极长城站和中山站医疗保障工作任务。

从 2007 年到 2019 年，12 年来，南昌大学始终牢记祖国的重托，发扬南极精神，为考察任务的全面胜利付出了坚定而艰苦的努力，为我国建设海洋强国做出了卓有成效的贡献。从香樟叶到百丈冰，全体南大人，也将继续发扬南极科考精神，在服务社会经济发展中，担当更大作为！

以铁肩担重任，用生命护人民

——疫情防控中的南大贡献

在岁月静好的日子里，我们分辨不出谁是英雄，其实英雄就在我们身边。在突如其来的公共卫生事件中，他们挺身而出，逆行而上，他们就是英雄。

庚子之春，一场没有硝烟的战争，在中华大地骤然打响。疫情就是命令，时间就是生命，援鄂就是责任。南昌大学积极响应党中央和江西省委、省政府号召，以实际行动投身到抗击疫情的一线，展示南大人的风采。

这里有江西疫情防控的南大领航。作为新冠肺炎省级定点救治医院，南大一附院负责全省重型和危重型患者集中救治和会诊指导工作，成为江西的主战场。江西省新冠肺炎救治高级别专家组组长、南大一附院院长张伟挺身而出，奔波于指挥部与医院之间，在专家、院长、医生多个角色中频繁切换。对医院的疫情防控工作，张伟未雨绸缪、运筹帷幄，她提出了“分区分类、分人分策”的江西救治方案，科学排兵布阵，冲锋陷阵的白衣铁军、英勇无畏的保障部队、科学防控的王牌军团火速在象湖院区集结。在呼吸科深耕多年，这一次张伟院长依然与大家一起，坚守在危险的隔离病房里，只要不外出，她每天坚持查房。哪怕是深夜 11 点，也要对重病号的治疗方案一一详细过问。超负荷的工作，头痛、关节痛、牙痛接踵而至，张伟院长每天都要吃止痛药才能入睡。身边同事们担心她的身体，劝她多多休息，可她总是回答：“停不下来啊，有那么多病人在等着。”

这里有南昌大学附属医院驰援湖北的感人故事。2020 年 1 月 27 日，江西省第一批援助武汉医疗队启程出发。1 月 29 日晚，医疗队与武汉市第五医院相关医务人员进行工作与患者病情交接。江西援助湖北第一支医疗队第一批先遣队员进驻武汉市第五医院，接管其呼吸科、重症科等病区，建设新的传染病区，任务极为繁重。“你们真是及时雨，”武汉市第五医院呼吸科护士长激动地说，“非常感谢江西医生及时赶到，减轻我们的压力，给予我们缓冲。”武汉市第五医院很多护士已经连续抗战 40 多天，江西援助湖北第一支医疗队队长、南昌大学第二附属医院副院长祝新根布置交接工作，再次强调做好自我防护。第一批先遣队员更换房防护服进入“战区”，防护服上清晰可见“武汉加油！”祝新根明白，在尚无特效药的情况下，他必须全面掌握病区状况，掌握一手材料，保持时刻警惕。他说：“我们会尽最大努力救治最多的人，但也要做好准备，打好一场责任重大、持续的攻坚战 。”他是这样说的，更是这样做的。从进驻病区的第一天开始，他便带头进入核心病区和队员奋斗在第一线。拂晓出门，亲下临床一线；凌晨会诊，开应急会、病情研讨会……这是他战斗的“作息表”。层层的防护服令人窒息，汗水在衣间流淌，脸颊压痕红肿，双手也因频繁消毒粗糙开裂，长时间不能喝水上卫生间，工作的艰苦没有让他的热情冷却半分。其间，为了让已经奋战了十几个小时的队员们多休息片刻，身为医疗队最年长的“老大哥”，亲自去搬运救治物资，结果不慎伤到了腰，严重时晚上疼得都无法入睡，但他仍然带伤坚持工作。虽是满身疲惫，但他坚决不下火线，要与战友们坚守在患者的身边。

这里有创新护理模式的“领路人”。2020 年 2 月 4 日早上 8 时，接上级通知，南昌大学第四附属医院需选派一名院领导作为第二批援助武汉医疗护理队领队，带领来自江西省 62 家医院的 100 名护士驰援武汉。南昌大学第四附属医院副院长、主任护师唐浪娟主动请缨，带队出征。她说，“在这个关键时刻，我是一名老党员，也是党培养多年的领导干部，从事护理工作 35 年，积累了一些临床护理、护理管理经验，我去最合适。”

到武汉的第三天，这支医疗护理队就成立了临时党支部，唐浪娟任支部书记。党支部是临时的，可作用不临时，“我是党员我先上”，是队里最常听到的一句话。作为书记和领队，唐浪娟率先进舱督导护理工作。在她的带领下，不论是第一批进舱工作，还是为患者采集血标本、咽拭子标本等高风险护理操作，都是党员先上，让党旗在抗“疫”一线高高飘扬。在党组织的感召下，62 名队员递交了入党申请书。

方舱医院是集中收治新冠肺炎轻症患者的临时性救治场所，很多硬件、设备条件都远不及正规医院，患者数量多而且集中，给护理管理工作带来很大挑战。唐浪娟将南昌大学第四附属医院的6S管理模式等运用在抗“疫”一线，使舱内护理工作井然有序；她创新推行“江西护理排班模式”和“12=1责任制整体护理模式”，在满足患者需要的同时，让护士得到充分的休息。她探索出的“江西护理模式”，在方舱医院各省队广泛推广。

这里有世界疫情防控的南大风采。习近平总书记曾说：“病毒无国界。疫情是我们的共同敌人。各国必须携手拉起最严密的联防联控网络。”为积极响应习总书记提出的构建人类命运共同体号召，南大一附院重症医学科詹以安副主任医师、总护士长杨珍赴乌兹别克斯坦协助开展疫情防控工作，为世界疫情防控输出了江西经验。两名专家在乌执行任务期间，连续作战、不辞辛劳、严守纪律、顾全大局，依靠精湛的医疗水平和丰富的抗疫经验，协助乌方积极抗击新冠疫情，为世界疫情防控输出了江西经验。坚守江西、驰援武汉、援助友邦，一附院人从来不曾退却，因为身后是人民、心中有国家。

这里有爱国抗疫的南大篇章。为进一步激发全校师生责任担当，坚决打赢疫情防控的人民战争、总体战、阻击战，深入推进爱国主义教育，2020年3月，南昌大学在全校学生中开展了线上战“疫”主题思政课教学。本次主题思政课教学以“四个搞明白”为主要内容，即搞明白“疫情的来龙去脉是什么”；搞明白“党和国家把握疫情的战略部署和成效是什么”；搞明白“江西老区人民和南大人贡献了什么”；搞明白“‘90后’‘00后’的我们应当怎么做”。通过线上专题领学、互动答疑、主题活动征文等形式，教育和引导学生深刻认识时代使命和责任担当。南昌大学战“疫”主题思政课受到主流媒体的广泛关注，3月20日，新华社客户端推送南昌大学开设线上战“疫”主题思政课，阅读量达100万+。人民日报、央广网、中国青年报、中国日报客户端都进行了报道。学校还对《中国战“疫”大思政》网络课程进行了直播，在南昌大学官方快手的直播观看量达25W+，点赞数8000+。

九、文化传承

春风化雨，润物无声

——文化讲坛助力以文育人

文化是民族生存和发展的重要力量，是一个国家和民族的灵魂，更是凝聚民族精神的纽带。习总书记强调："一个国家、一个民族不能没有灵魂。"

"每周六上午9时，我们相约法学楼报告厅……"这句普通的约会用语，似乎从2007年开始成为南昌大学的流行语之一。为丰富校园文化生活，活跃校园学术氛围，帮助广大师生增长知识、开阔视野、提升品位，更好地培育创新拔尖人才，南昌大学于2007年10月13日开办了"前湖之风"文化讲坛，自开讲以来，目前已举办了206期。"前湖之风"文化讲坛面向全校师生，邀请国内外各领域的著名专家、学者和省内外知名人士前来演讲，建立了全方位、开放式的演讲人才库。讲坛定时定点举办且不销售门票，不强制组织观众，以开放、高雅、互动的崭新形式，成为大学生一道精美珍馐的校园文化大餐。讲坛不仅吸引了南昌大学学子，江西师范大学、华东交通大学等高校大学生也纷纷前来听讲。他们表示："因为有了'前湖之风'，我们的周末更加精彩！"自2007年"前湖之风"文化讲坛举办不到一年的时间，就荣获了2008年江西省高校校园文化建设优秀成果一等奖、教育部高校校园文化建设优秀成果二等奖。

2007年10月13日"前湖之风"周末讲坛开篇之讲在法学楼报告厅举行。此讲由时任南昌大学党委书记、研究员、博士生导师郑克强主讲，题目为"漫步在俄罗斯文化森林"。能容纳500人的会场座无虚席，连走廊和过道都挤满了前来聆听报告的师生。郑克强书记在演讲中首先强调指出开办"前湖之风"讲坛的重要性。他说名校必有名讲坛，第二课堂的讲座为丰富大学校园文化生活，活跃校园文化学术氛围，为广大师生增长知识、开阔视野、提高品位、更好地培育创新人才提供了良好的平台。

接着郑书记从俄罗斯的基本情况、俄罗斯的文化艺术门类、俄罗斯的民族性格和特征、俄罗斯的教育及启示四个方面带领听众感受了异域独特的文化与风情。谈到俄罗斯教育事业时，郑书记指出了中俄之间的差距。他说，高校不仅具有人才培养、科学研究、社会服务的任务，而且承担着创新和引领文化的功能。一方面，我们要直接培养文化创新的人才，另一方面，又要发展好大学文化，对社会文化起引领作用，这就需要我们全校师生提高思想认识，大力发展高水平的校园文化。这既是履行大学文化引领功能的需要，也是自身发展内涵、实现建设高水平办学目标的需要。南昌大学应该注重开放、交流、继承、引进、创新，逐步走向国际化。

在长达两个半小时的演讲中，报告厅内掌声频响，笑声迭起。演讲中仅笑声就达 36 次，惊叹声更是此起彼伏，让听众在接受文化熏陶、增长知识的同时也感受到郑书记的平易近人、幽默风趣，领略了一位拥有丰富高层行政管理经验和深厚文化修养的导师风采。

“前湖之风”周末讲坛的第一讲在轻松愉快的气氛中圆满结束，在这次讲座中，学生不仅领略了俄罗斯的文化、增长了知识，还收获了不少人生的哲理。演讲结束后，同学们表示受益匪浅，并纷纷请郑书记签名，期待着“前湖之风”带来更多的文化大餐。

2014 年 9 月 27 日晚上，国家一级演员，被誉为“当代美猴王”的演艺大师六小龄童（本名章金莱）做客第 156 期“前湖之风”周末讲坛，为南大学子带来题为“苦练七十二变，笑对八十一难”的报告。

讲座在《西游记》的片头曲中拉开序幕，场内座无虚席，并有许多同学或席地而坐，或靠墙站立。

章金莱老师首先回忆了其家族扮演孙悟空的历史，讲述了他在扮演孙悟空过程中的艰辛与收获，言谈间流露出他对《西游记》的无限热爱与自豪。在分享《西游记》17 年拍摄的乐趣、挫折的同时，他鼓励南大学子秉持拼搏努力、不屈不挠、永不言败的进取精神和乐观态度，在学业上，人生上走出自己的道路。

演讲持续两个小时，现场气氛愈加热烈，同学们意犹未尽。应现场观众的热情邀请，章金莱老师在现场耍起了金箍棒，演示了美猴王的经典动作，炉火纯青的表演立刻将观众带入到《西游记》的记忆当中，掌声和欢呼声迭起。

2020 年 1 月 4 日上午，讲坛特邀学校校友、中国科学院院士郑泉水为南昌大学第 206 期“前湖之风”文化讲坛做专题报告。

郑泉水以“选择、目标与坚持”为主题，围绕自身求学和科研经历，讲述了他人生中做出的 7 次关键选择，分享了他的成功经验，并为大家答疑解惑，激励在座师生热忱追梦、勇于试错、执着坚持，走好学术之路。他说："从追求卓越到追求梦想这个质的跨越，可以逐步培养个人科研与创新的相关核心能力素养，增强自己实现目标的自信与底气。而每次对目标的选择与坚持，都是在不断地完善自己的知识链条、培养自己的毅力、塑造自己的完整人格。"

2019 级本硕实验班学生孙宏顺学有所感："郑院士的报告让我深受鼓舞。人生不怕起点低，就怕没有宏远的目标，有了坚毅目标，就不怕暂时的走得慢和偶尔的不如意。本硕班为我们成长提供了非常好的舞台，选择自己正确的奋斗目标，沿着这个目标持之以恒地不懈努力，我相信一定获得最大的成绩。"

高校致力于培养具有健全人格、高尚情操的高水平建设人才，而这更需要高校具有一个良好的育人氛围。文化是一个民族的根和魂，高校承担着文化传承的崇高使命。优秀的校园文化像一双无形的手，它会锲而不舍地潜移默化着学生，从而塑造他们的综合素质和健全人格，使之成为对社会有用的人，尤其是在面对困境与浮华时，优秀的校园文化将使学子们的心灵更加澄净。学校"前湖之风"文化讲坛围绕着落实立德树人的根本任务，以多样的形式、新颖的内容多方面推进文化人、以文育人，丰富文化育人内涵，彰显文化育人特色，从而使我校师生更加坚定理想信念，不断增强文化自信和文化自觉。"前湖之风"文化讲坛的举办，不仅是南昌大学长期以来对优秀文化精神的传承，更是为一代又一代南大学子搭建文化育人的桥梁。

讲好江西故事，传播江西好声音

——赣文化研究 30 载

20 世纪 80 年代以来，随着社会经济的发展，地域文化成为学术界研究的重要课题，同时也引起了地方政府的高度重视。如大家熟知的齐鲁文化、三晋文化、三秦文化、燕赵文化、吴越文化、徽州文化、巴蜀文化等地域文化的挖掘和研究就是始于那个时代。

长期以来，在物华天宝，人杰地灵的颂歌中，江西人都无比自信，倍感荣耀。但囿于各方面原因，在改革开放的大潮中，江西与沿海地区的发展差距却越拉越大。江西受到了剧烈的震撼，出现了某种失落、悲观的情绪。在这样的背景下，江西学术界兴起了赣文化的讨论。这场讨论首先就是从刚刚成立的南昌大学发起的，进而引起了江西省委省政府的高度重视，从而成为江西文化复兴的标志。

时任江西省省长吴官正热情支持这场赣文化讨论。1994 年 7 月 23 日下午，应时任江西省副省长黄懋衡的约见，南昌大学赣文化研究所的几位同志（姚亚平、邵鸿、郑晓江、江冰、张来芳等）前往省政府办公厅，汇报并座谈了赣文化研究的有关情况。黄懋衡副省长听取汇了报，给南昌大学赣文化研究所布置了几项具体任务，然后引见专家学者去见吴官正省长。吴官正同志听了南昌大学赣文化研究所几位专家发言后，高度肯定南昌大学在赣文化研究中担当重任。他在即席讲话中说："《江西日报》关于赣文化的系列文章，大多数我都读过了，写得不错。你们要站在历史的高度，解放思想，搞出新东西。我有三点建议：一是你们要学点经济学，要以经济为基础；二是古为今用，要有历史的高度；三是文章要有可读性、知识性、趣味性，这样才会有人读。我支持你们干一番事业。各行各业都要出名人，一个省不出名人不行。历史是劳动人民创造的，名人也是人，英雄也是名人。现在是伟大的时代，你们中有些人将来也可以成为名人。我们江西是大有前途的。赣文化有辉煌的过去，有繁荣的现在，将有美好的未来。希望你们好好干，搞出好东西。"临走时，吴省长与大家一一握手，充满期望地说："希望你们热爱党，热爱社会主义，热爱祖国，热爱江西。你们热爱江西，首先就要热爱南大，建设南大，为南大献策出力。"在吴省长的关心鼓励下，当年，南昌大学赣文化研究所就着手做了 5 件事：一是组织了赣文化宣讲与采风活动，与省电视台合作组织"世纪之交的赣文化"系列电视讲座；二是以南大学报增刊的形式，编辑出版"赣文化研究"专辑；三是拍摄电视风光片；四是协助南昌大学学报社编辑出版"赣文化研究"专栏；五是设计课题。

此后，赣文化成为南昌大学服务地方文化的重要内容，也是江西文化研究和发展中重要内容，为"讲好江西故事，传播江西好声音"奠定了坚实的基础。

30 年来，南昌大学积极发挥学科和人才优势，按照省委省政府的要求，主动作为，积极推进赣学研究，形成了多层次、立体化、参与广、影响深的赣文化研究模式：组织了多次的赣文化研讨，在《江西日报》，江西卫视等新闻媒体进行广泛宣传推广赣文化。编辑了《赣文化研究》学术期刊，在相关文化企业的资助下，每年出版一本以赣文化学术研究为主的《赣文化研究》期刊，极大地宣传了南昌大学赣学研究影响，也提升了南昌大学赣学研究水平。创建了南昌大学赣学研究院，以南昌大学以文、史、哲等三大学科为基础成立的文科高等研究院，是江西省社联重点研究基地。重点开展江西方言、历史、思想与文化为对象的综合性研究。赣学研究院立足江西，接轨国际学术潮流，随着研究的深化、学术著作的出版、研究资料收集的完善、学术队伍建设的完善，成为国际上最重要的研究江西本土历史文化的资料中心和研究基地。编撰了大型文献丛书"赣文化通典"，"赣文化通典"分方言卷、方志卷、诗词卷、古文卷、书画卷、民俗卷、名胜卷、行政区划及沿革卷和明清经济卷9卷，梳理了赣文化生生不息的发展脉络，介绍了赣文化博大丰厚的内涵，展示了赣文化丰硕的发展成果，分析和总结了赣文化鲜明的地方特色，是对江西的历史文化、经济社会、风土民情等进行专题性介绍和研究的丛书。南昌大学的赣文化研究在培养学生中华文化自信，在推动南昌大学人文学科前进，在服务江西社会经济发展，在实现南昌大学的文化引领等方面均起到了重要的作用，也为南昌大学创建国家“双一流”计划世界一流建设高校做出应有的贡献。

奥运祥云圣火进入南昌大学

2008年3月24日，北京奥运会圣火在希腊奥林匹亚采集，随后在全球进行传递。圣火向所经之地弘扬着奥林匹克精神，它象征着和平、和谐、合作，象征着友谊和团结。南昌大学有幸成为国内奥运圣火传递进高校的第一站。

2008年5月16日一大早，5万多名南大师生便意气昂扬地分列于道路两旁，满怀激情地翘首盼望奥运圣火“祥云”的到来。9点40分，这个令人激动的时刻，火炬在彩车、警车的护送下缓缓向学校一号门驶来。紧跟着，第一棒火炬手身穿运动服，手举祥云火炬，迈着轻盈有力的步伐跑进了校园。

“火炬手来了！真的来了！快看！快看！”“奥运加油！北京加油！中国加油！”师生们的欢呼声与呐喊声、相机的咔嚓声，从一号门到整个传递完成，一浪高过一浪，整个南昌大学变成了一片欢腾的海洋。在传递过程中，锣鼓声、音乐声一刻没有停歇，欢迎方阵跟随着节拍舞动，各机关代表尽情舞蹈，附中附小的学生们鼓号齐鸣……37名火炬手的接力，3.9公里的传递路线，熊熊圣火绕着学校的中心干道转了一个完整的圈，其间通过“贝莲”雕塑、来龙山、基础实验大楼、正气广场、龙腾湖等学校的标志性景观和建筑。

在圣火的校园传递途中，校园里一幅幅支援灾区横幅口号显眼感人，“热烈欢迎奥运圣火抵达南昌大学”“同一个世界，同一个梦想”“点燃激情，传递梦想”“爱心传递、心系灾区，万众一心、众志成城”“一方有难，八方支援，众志成城，抗震救灾”……

小小的一团火点燃了全部南大人的热情，他们欢呼着、雀跃着，随着圣火一同奔跑，一同传递。10时32分，“祥云”火炬顺利走完了在校园内近4000米的传递路程。这短暂又漫长的52分钟，将奥运精神传递到学校的每一个角落，然后继续向下一站跑去。

作为中国高校第一个奥运圣火传递参与方，南昌大学对这次圣火传递给予了高度重视。为了迎接这一盛事，千百位南大人经过了漫长的训练和等待——每天固定的三次艰苦训练，一次次的动作纠正和细节完善。从4月29日的“2008人体多米诺为奥运献礼”大型活动，到圣火传递策划，再到排演，最后完美举行，其中的汗水与泪水都是每个南大参与者无法言说的荣耀。

“我们与奥运同在，我们与梦想同行。”奥运圣火点燃的是理想和希望，传递的是关爱、祝福和祈祷。它为师生们送来了更高、更快、更强的奥林匹克精神，也坚定了师生们万众一心、团结奋进的拼搏意志！

以我所学，回报社会

——龚全珍研究生支教团的青春奉献

“希望当代大学生珍惜韶华，把学习成长同党和国家的事业紧紧联系起来、同社会和人民的需要密切结合起来，用青春铺路，让理想延伸。”2016年2月3日，习近平总书记视察南昌大学时深情勉励南昌大学青年。成长于红色热土的南大学子，深深牢记习近平总书记殷切嘱托，把“到祖国最需要的地方去”作为人生追求，奔赴西部地区，扎根基层教书育人，写下了充满激情和奋斗的人生篇章，为广袤的土地带去无尽的生命力，为偏远地区的百姓带去希望。

“把有限的生命，投入到无限的为人民服务中去”，这是开国将军甘祖昌的夫人龚全珍在日记中写的一段话。年轻时她扎根在赣鄱红土地上，几十年如一日，为教育事业奉献自己的光和热，受到习总书记亲切接见和高度赞誉并深情称呼为“老阿姨”。老阿姨这样写，更是这样做。

2018年6月19日上午，龚全珍“老阿姨”被聘请为南昌大学思政政治理论教学顾问和红色育人导师，成为南昌大学的校友。龚全珍“老阿姨”在家中听取研究生支教团的汇报后，她握着研支团孩子们的手，深情地说：“我看到你们，很亲切，你们要把我们国家最优秀的文化、最优秀的传统继承下来，真正的马克思主义，是我们干出来、在实践中体验出来的，希望你们不要怕吃苦，到春耕的时候，也要向农民一样，不怕流汗，有机械化的地方，用拖拉机；没有机械化的地方，用大锄头，照样能结出丰硕的果实。劳动果实，就是提高我们思想认识的最好的方法……”经龚全珍“老阿姨”授权，南昌大学研究生支教团正式更名为“南昌大学龚全珍研究生支教团”并授旗。

“以我所学，回报社会”，研究生支教团志愿者把家国情怀融入西部建设中，自

2006年成立以来，服务地从江西革命老区拓展到彩云之南，志愿者们接续奋斗，志愿者们利用自身的专业优势和特长，言传身教，实实在在地感化、教育、引导学生，大胆打破常规，做应试教育向素质教育转变的大胆尝试者，极大缓解了当地师资压力，持续不断为乡村教育贡献南大智慧和力量。

用爱与担当为寒门学子撑起一片蓝天。在广昌一中，服务的第一届至第三届研支团志愿者开展捐资助学活动，资助5名当地学生每人300~1000元不等的助学金，帮助优秀寒门学子顺利完成学业，不因贫困而失学；联系爱心企业为广昌一中赠送了10台总价值近4万元的电脑，并为学生提供了参加全国性计算机比赛的机会，在第十七届全国“六一”国际儿童节威盛中国芯计算机全国总决赛中取得优异成绩，郭旭杰也荣获“最佳指导老师”和“特殊贡献奖”。在瑞金四中、共青中学、东湖小学，设立“筑梦助学”晨光励志奖学金，自2018年起，共资助3所学校20名贫困生，每人500元，共资助1万元。在瑞金四中，志愿者捐助图书1000余册，推动班级图书角建设。

一支管乐团点亮了孩子们的音乐梦。在共青东湖小学，志愿者针对留守儿童对音乐学习的渴望，发起了“音乐梦想”项目，经多方筹措，得到爱心企业支持，募集共52件，价值15万余元的管乐器，建立了留守儿童管乐团，并联系专业教师长期定点培训，让爱得以接力延续。孩子们的热爱，加上支教老师的努力，刚起步的管乐团成绩不错，多次在省市比赛中荣获一等奖、二等奖等佳绩，登上2018共青城市春晚，并作为特邀表演嘉宾参与共青城市马拉松。嘹亮管乐，吹出了孩子们的自信，成为当地一张靓丽的名片。

用书籍构建起孩子们的精神世界，让梦想从瞳孔中腾飞。地处怒江峡谷的云南省保山市隆阳区潞江镇明德小学，是研究生支教团最偏远的支教地，学生多是来自附近高黎贡山的傈僳族移民，文化底子较薄弱，志愿者在为孩子们“恶补”文化知识时，发现孩子们对科幻知识格外着迷。研支团在公益爱心组织的支持下，发起南昌大学“名著小书包”科普总动员项目，捐助232个书包、2784本书，通过系统化的科普名著阅读，缓解乡村地区孩童阅读危机，让孩子们走进科学，了解科学，培养科学创新精神。

此外，在瑞金四中，创建的“留守儿童之家”照顾和陪伴学校的孤儿和留守儿童。创办少年宫，开办跆拳道班，周末为孩子们进行课业辅导，购买学具，开展“单词王”“汉字英雄”“数学快手”“小老师”等快乐学习活动。“留守儿童之家”让孩子们感受到了亲情，享受了快乐，得到了成长。在共青城中学，发起的“香樟计划”缓解疏导学生的升学压力，通过心理团辅、情景互动、主题班会、健康知识讲座、急救知识培训、户外娱乐等多种形式的活动，向学生普及校园安全、心理健康、生理卫生、食品健康等相关知识。在共青小学，针对该校刚刚新建，学生兴趣社团较少，校园文化相对匮乏而创建“学生艺术团”，给学生开展舞蹈、合唱、主持等艺术培训。

15 年来，南昌大学龚全珍研究生支教团继承弘扬艰苦奋斗、为民服务的革命精神，先后派遣了 15 届研究生支教团，共 152 名志愿者，赴江西共青城、瑞金，云南保山等地服务。累计捐款捐物 50 余万元，开展活动 1200 余场，服务时长约 30 万小时，服务 1.6 万余名学生。研支团参与创作的红色家书歌曲《祖昌，我对你讲》获老阿姨认可，20 周年纪念宣传视频获全国学联、西部志愿汇等媒体转发，累计阅读量 10 万 +。

志愿者们的用心服务，得到了龚全珍老阿姨的关心关怀，得到了晨光基金会的支持，得到了社会各界的肯定。研究生支教团集体先后获评江西青年五四奖章（集体）、江西省青年志愿者优秀组织奖、南昌大学五四风华奖章提名奖等。研支团成员龚禹和程旭获得“中国大学生自强之星”、叶建飞获得“第十二届全国青年志愿者先进个人”、李可衎获得“南昌大学五四风华奖章”等。研支团策划编排的舞蹈、朗诵、合唱等作品多次获得省市县比赛多个奖项。研支团工作多次得到中青报、央广网、中青网、江西日报、江西卫视等媒体报道。

南昌大学龚全珍研究生支教团的成员年轻有活力，正值青春年华选择走向支教地，他们带着老阿姨为人民服务的精神，怀着纯粹的心，全心全意为学生，为当地教育，做出自己平凡而不平庸的青春贡献。他们牢记龚奶奶的深情寄语，用实际行动把龚奶奶和甘爷爷为我们树立的不忘初心、永葆本色、艰苦奋斗、无私奉献的榜样精神和模范作风在南昌大学传承下去，在社会中不断发扬光大，新时代青年的青春在支教中绽放，他们的理想也在奋斗中不断延伸。

爱给了我奋进的力量

——唐英老师自立自强的励志故事

一个对社会有责任感的人，往往也对生活充满着无限的爱。因为心中有爱，所以负责。社会就是在爱与责任的并行中向前发展。

南昌大学优秀毕业生唐英，他的听力重度残障，听不到任何声音，但他以顽强的毅力完成了普通高校本科和研究生阶段的学习。如果你问他，是什么使自己如此刻苦努力，他就会告诉你，一切皆因爱，是社会的关爱给了他奋进的力量。

唐英原本是个健全人，6 岁时因药物中毒，导致听神经坏死，从此听力完全丧失，生活在“无声世界”里。

生活可以无声，但要想过好生活必须要有心。在老师的帮助下，唐英从小学到高中，一直坚持看老师的口型学习，始终在普通学校里读书，和健全学生在一起。这样，虽然语言无声，但他却能够听懂老师的讲课，并保持着优异的成绩。

1990 年，唐英以高出重点录取线 21 分的成绩，考取江西大学图书情报系（现为南昌大学信息管理科学系）。招办的同志告诉系主任戴廷辉说：“这个同学很不错，就是耳朵不大灵。”戴廷辉说那没关系，就让他坐在第一排。谁想到当他见到唐英才发现他一点声音也听不到。

唐英真的很不错吗？戴廷辉心有疑虑。直到学校开校运动会，戴主任才真正见识了唐英的聪慧。运动会上系里要组织一个 40 人的仪仗队，唐英积极报名。戴主任起初不答应，但抵不住唐英的“死磨硬泡”，最终应允了下来。但他还是有些担心唐英因为听不见会在队中出差错，找了个预备队员，万一不行就顶上去。可是训练中，唐英半点儿差错也没出，向左转、向右转分得清清楚楚。原来他是以整个队伍为参照来做判断的，反应又快，使别人感觉不出有时间差。这下戴主任才明白了招办的同志为什么说唐英“很不错”。

虽然唐英“很不错”，但老师对他的学习还是想给予更多的帮助。特别是学习英语，虽然唐英可以看得懂讲汉语的口型，但对于英语的口型，就不那么容易了。班主任傅老师担心他英语跟不上，还曾在入学后陪他上英语课，做了唐英半个学期的同桌。

唐英听不见声音，学校照顾他可以免试英语统考。可唐英觉得没必要接受这个特别照顾，主动要求参加全国统考，英语四、六级都是一次通过。

平时生活中，唐英也得到了周围所有人的爱心与帮助。系主任很懂心理，经常找他谈心，巧妙地消除他的疑虑，鼓起他不断上进的勇气；任课教师课间常问他听懂多少，还需要什么帮助；同学们更是乐意与他同桌，帮他记笔记，告诉他各种口头通知。

在爱的力量的鼓舞下，唐英 4 年本科期间，每一学期的期末考试，都是全班总分第一。

1994 年，唐英以优异的成绩毕业，成为江西省第一位拥有本科学历的聋人。他的学习经历感动了江西，被评为江西省十大杰出青年。为了唐英能够更好地工作与生活，时任省长的舒圣佑同志亲自出面协调安排唐英的工作。唐英到省残联报到后不久，由《人民日报》记者提议，舒省长极力支持，南昌大学免试特招唐英就读硕士研究生。国家教委以最快的速度批复同意了南昌大学的请示，省残联也积极与南昌大学合作，共同培养唐英。唐英又回到南昌大学就读硕士研究生，他选择了计算机信息专业，师从林俊伯教授。

唐英本科学的是图书馆专业，研究生改为计算机专业，专业跨度实在有些大。有人问他，为何如此为难自己？唐英回答说："我希望利用计算机技术，给中国聋人再找一种与外界交流的便利方式。"导师很支持唐英，为他制订了切实可行的学习计划，对他提出了专业要求，要他的阅读不能限于本专业，而是要更广泛地涉猎人文社会科学各个方面；还为他提供机会去北京、天津、上海、广东等地参观，深入了解工厂、农村、部队、特区等各方面的情况，提高能力，丰富所学。

三年硕士研究生学习期间，唐英先后被评为全国三好学生标兵、全国自强模范、江西省十大杰出青年、江西省直机关优秀共产党员。

唐英拿到了硕士学位，但他好像还没学够，他要继续读博士。南昌大学得知了唐英想继续深造的想法，校领导立即委派林俊伯教授全力促成此事。林教授欣然受命，全然不顾花甲年龄，积极主动地为唐英寻找愿意接受他的名牌大学和导师，同时还指导唐英复习，赶办各种手续，讨论相关培养问题。

各方面对唐英的爱始终持续着。就拿博士生推荐信来说，一般报考博士研究生只需要两名副教授以上专家的推荐信就可以了，唐英则获得一位院士、两所大学计算机系主任、唐英的硕士学位答辩委员会主席、省教委副主任及江西省残联的推荐信。在各方面的热情支持下，唐英如愿以偿。1998 年 2 月，林俊伯教授亲自送唐英到上海交通大学开始博士研究生的学习。

在上海读书期间，唐英还创办了聋人之星网站，通过网络团结全国各地聋人朋友发起公益行动，在聋人之星网发起的"字幕工程"，不仅包括电视字幕，也包括机场和车站等公共场所的字幕提示、火车和公共汽车内的字幕提示等，得到中央电视台的支持，从此春节晚会重播时配上了字幕，让全国聋人也能享受春节晚会的精彩节目，为广大聋人营造一个无障碍的人文环境。字幕工程最终列入中国残联相关业务部门的工作日程，并间接促成了信息产业部建立中国聋人信息无障碍委员会。

2003 年 9 月 8 日至 10 日，中国残疾人联合会第四次全国代表大会在北京召开，唐英当选为中国聋人协会第四届委员会主席，受到时任国家主席江泽民的亲切接见。唐英还曾受科技部和中残联委派，赴日本参加日本政府资助的亚太地区聋协领导者培训班，并代表中国出席了世界聋人联合会大会。在国内唐英还上了中央台《东方之子》栏目和《实话实说》栏目，为聋人说出心里话。

唐英在南昌大学读了 7 年书。7 年里，唐英一直是同学中自强不息的典范。唐英在上海交通大学获得博士学位后回到南昌大学，在计算机技术工程研究所工作。

世间万物，不可能十全十美。唐英失去了听力，这是一次偶然，但唐英的故事却告诉人们，因为有了爱，偶然中就一定会出现唐英这样杰出的必然。对于唐英，昌大人说，他是我们学校的骄傲，因为他永远知道自己应该做什么、怎么做。昌大人还说，我们为唐英骄傲，就是为南昌大学这样为每个肯于上进的学生付出爱的学校由衷的自豪!

给予唐英无限关爱的人肯定记在了唐英的心里，也肯定记在了南昌大学校园历史的长河里。关爱唐英的人有多少？招他进校的老师、戴主任、班主任傅老师、英语教师、林俊伯教授、校领导、省长、省残联的同志们，还有唐英的许许多多本科、硕士、博士研究生的同学们……（本文选自《漫游中国大学丛书——南昌大学》，重庆大学出版社，2010 年）

爱乐难舍前湖之韵

——国内外高雅音乐走进前湖校园

灵碧的前湖水，青葱的湖畔山。湖前抚琴，山下听音，伴着拂熙的风。如果把美丽的校园比作一架古朴的风琴，那么，只要你心中有情，定会在琴键上谱出动人的乐曲。

2005 年 10 月 19 日，南昌大学师生迎来了一位尊贵而熟悉的客人——中共中央政治局原常委、国务院原副总理李岚清。这位在任时对南昌大学首倡国内高校体制改革给予高度评价的前国家领导人，应南昌大学之邀，为师生做题为“音乐·艺术·人生”的文化讲座。

在江西省艺术剧院，老人一落座，先自称为“江南老童生”，继而与师生们就音乐与人生这一话题娓娓道来。他谈到，自己平生喜欢音乐，退休后更以音乐为伴。音乐与语言一样，是人类社会不可或缺的重要成分。任何人都离不开音乐，没有音乐的生活、没有音乐的世界是不可想象的。对个人，音乐可以令人胸怀宽广；对集体，音乐可以培养人们的团队精神；对社会，音乐具有调整人与社会、人与人之间关系的功能。经常听高雅的音乐，有助于提高工作和学习效率，进一步了解音乐家的创作生活，他们的生平故事，则给人们以思想的启迪：对事业执着追求，对知识勤奋求索，对困难坚忍不拔。如果你懂了音乐，你就会更加坚定超越前人的志向，而在聆听音乐，特别是古典音乐的潜移默化中，则悄然学会了抓住主旋律、掌握节奏、注重和谐、张弛有度的学习和工作方法。

李岚清的讲座，令昌大的爱乐人好似在古典音乐的大海中遨游一般，经历了惊涛骇浪，也饱览了旖旎风光，更有茅塞顿开的欣赏之得。

举办音乐讲座，是各高校经常性的文化活动之一，南昌大学自不例外。音乐会举办得多了，听众就希望音乐会系列化、经常性。校领导就召集南昌大学党委宣传部、团委、艺术与设计学院、公共艺术教学部的负责人坐在一起商议：既然有了一个“前湖之风”周末讲坛，不妨再举办一个“前湖之韵”周末音乐会，与“前湖之风”形成姊妹篇。在学校党委宣传部的统筹协调下，经过周密准备，学校宣布，2008年3月8日，在前湖校区艺术楼音乐厅隆重举行“前湖之韵”首场周末音乐会。

“前湖之韵”周末音乐会的预告刚在校园网络上发出，前往团委索票的师生就络绎不绝了。爱乐人多，一票难求啊！如果运气好，或许能得到一张正式的入场券，可以气定神闲地在座位上享受一番，这让没票的同学好生羡慕；运气不佳的话，可以通融一下，混张通道台阶上的“坐票”，这也算是入了场；最最幸福的，应该是好不容易寻到一张靠墙的“站票”，一边锻炼腿力，一边欣赏音乐也是非常幸运的。毕竟，门外还有许多同学连进门都没机会呢！其实，对于求知欲望甚强的青春学子来说，为了听讲座，看演出，坐台阶上，站边上，这又有什么呢？没有这样的经历，还算是大学生吗？

“前湖之韵”周末音乐会问世，就得到了昌大学子的衷情喜爱，这让音乐会的主办者既高兴又惋惜。高兴的是，高雅艺术的普及推广，在高校看来并不困难，毕竟现在人们的文化修养有了很大提高，精神生活的追求也上了很高的档次；惋惜的是，当初设计音乐厅，要是再大些就好了，500个座位的音乐厅，对于有5万在校生的大学来说，还是小了点。

在南昌大学艺术楼音乐厅，学校青年室内乐团首先为爱乐人奉献了一台既恬淡又活泼，既高雅又轻松的音乐套餐。华美、高雅的乐曲，将现场的每个人带入音乐的圣殿，在听众心中泛起阵阵涟漪。

音乐会以莫扎特《G大调弦乐小夜曲》作为开场，充满明朗色彩和青春气息的旋律将听众带回到18世纪中叶的欧洲音乐之城——维也纳。接下来的《霍尔堡组曲》，爱乐人的神思又随挪威作曲家格里格的引导，来到了美人鱼的故乡丹麦。剧作家霍尔堡原籍挪威，后定居丹麦，被称为丹麦的莫里哀。《霍尔堡组曲》便是作曲家为这位丹麦文学之父200周年诞辰而作的。其中缓慢的萨拉班德舞曲最具挪威风情，让爱乐人在几分钟内就感受到了音乐史中民族乐派的创作特点。

第三个曲目，是英国作曲家布里顿的《小交响曲》。至此，在场的爱乐人似乎终于明白音乐会的主办者为什么要如此安排曲目了。三部音乐作品，让爱乐人从交响乐的古典时期走进了现代。《小交响曲》是英国作曲家布里顿在音乐学院学习时发表的作品。而在布里顿的音乐作品中，最通俗、最广为人知的，首推管弦乐曲《青少年管弦乐队指南》。这是布里顿受英国教育部的委托，于 1964 年为音乐教育影片《管弦乐队的乐器》而写的一部通俗古典音乐作品。听完了《小交响曲》，是不是会有再听《青少年管弦乐队指南》的愿望？布里顿给爱乐人的启示则是，高雅音乐的普及，确实应该从专业人士开始，南昌大学的“前湖之韵”，不就是这样的吗?

最后，在热烈的掌声中，为感谢现场听众的热情，南昌大学艺术与设计学院二胡演奏家王亮生教授欣然操琴，为大家献上二胡名曲《豫北叙事曲》，让师生们在欣赏西方古典音乐的同时，也品味了民族音乐的韵律精华。

至今，“前湖之韵”周末音乐会已持续举办了一年多，成为南昌大学一个常规性的品牌文化活动项目。它秉承“高雅性、鉴赏性、定期性”的原则，追求节目编排上的三大结合，即“西洋经典音乐与中国民族音乐相结合，高雅艺术熏陶与音乐知识普及相结合，校内演出与校外引进相结合”。具体节目构成以艺术与设计学院专业师生演出为主，不定期邀请校外音乐家友情演出。演出过程中有时会穿插作品讲解。

“前湖之韵”周末音乐会在南昌高校圈、文化界有了很响的名声。在校园里，“听音乐会去吧”也已成了同学们的口头禅。周末休闲，听校园音乐会是首选；同学沙龙，老乡联欢，先听“前湖之韵”也是绝佳的序篇。经过有效的组织，一票难求的现象有所缓解，但是每当有音乐大腕来的时候，那拥挤的场面仍然火爆。“唉——，音乐厅毕竟只有 500 座呀！”

每一场“前湖之韵”的演出，艺术与设计学院绝对是主力军。没有学院的师生积极参与，音乐会之花哪能长开不谢呢？且不说从音乐到歌唱再到舞蹈，所有的节目基本上由艺术与设计学院的师生担当，就连演员盒饭的准备、表演服装的清洗整理、演员的交通安排等工作，也做得非常到位。为了高雅艺术的普及，也为了“前湖之韵”的生命长在，也为了昌大文化的积淀底蕴，学院的师生们利用课余时间辛勤排练，在别人轻松愉快地享受周末美好时光的时候还得专心致志地表演。

“前湖之韵”周末音乐会为全校师生奉献了 40 余场精彩的演出，如“室内乐专场”“民乐专场”“戴中晖小号专场”“中外艺术歌曲专场”“封颖钢琴专场”“合唱歌曲专场”等。

随着“前湖之韵”在学校内外的名声越来越响，南昌大学艺术与设计学院的演艺水平日益精湛，在越来越多、越来越大的舞台上不断取得新成绩。

2008 年 7 月，应法国普瓦提埃大学邀请，艺术与设计学院民乐团赴法国进行了四场巡回演出，取得了圆满成功。

2008 年 7 月，音乐系青年教师郑璐在由文化部主办的第八届全国声乐大赛中，获得文华声乐节目表演优秀奖。

2008 年 10 月 3 日，舞蹈与表演系青年教师徐曼创作的舞蹈作品《我的未来不是梦》，在由中国文联、国家教育部艺教委、中国舞协主办的第六届中国舞蹈荷花奖校园舞蹈大赛中荣获普通院校组作品类银奖。同一天，随着一曲《禾秆歌 · 一江谣曲半湖歌》曲调的响起，南昌大学和江西省文联艺术团共同创作的大型民俗风情组歌《赣鄱谣》，在中国国家大剧院举办的“2008 国际民歌博览音乐周”正式亮相，这是江西省首次创作演出专题大型民俗风情组歌、首次参加国际民歌博览音乐周活动、也是南昌大学师生首次站在国家最高艺术舞台上。

2008 年 11 月 26 日晚，中共江西省委、江西省政府主办的“中国红歌会”大型晚会——《永远的红歌》在人民大会堂精彩上演，引起全国人民的广泛关注，其中最为脍炙人口的著名歌曲《红梅赞》，由南昌大学艺术与设计学院音乐系青年教师郑璐担任独唱。整场晚会，也是由南昌大学青年教师于闽军担任主持。

2008 年，仅仅一年中，南昌大学艺术与设计学院就捷报频传，这不仅是艺术与设计学院的骄傲，也是每一位昌大学子的自豪。令人骄傲的成绩更让高雅音乐以令人清心、怡情、悦耳的姿态，成为更多新爱乐人的精神伴侣。2009 年春节，南昌大学代表团又应邀赴德国南部靠近瑞士的城市——特罗辛根，参加了在音乐界中享有较大声誉的第三届“世界古老艺术节”，向世界各国艺术家展示了中国古老艺术的魅力。

音乐无界限，更无极限。“前湖之韵”周末音乐会的持续举办，使这一校园文化艺术品牌活动的社会影响力也穿过青葱的校园，润及周边，向着社会辐射。江西省、南昌市的政府官员应学校之邀，欣然前往者甚众，自不在话下。作为在音乐、戏剧、钢琴等领域资深的专业人士，原江西省文化厅厅长李坚女士就亲临“前湖之韵”好几次，并对这种文艺形式给予了充分肯定。

每周六晚的“前湖之韵”周末音乐会，不仅让喜爱音乐的学生多了一个周末好去处，也让有音乐喜好或准备让儿女学习音乐的南昌市民多了一个免费的学习机会。

《光明日报》一位年轻记者在南昌大学逗留几次之后，发现了一个奇特的现象：每逢星期六晚上，许多南昌市民都要坐四五十分钟公交车，到位于红谷滩新区的南昌大学听音乐会。前往者，既有风华正茂的大学生，也有年逾古稀的老乐迷，甚至还有天真烂漫的小小“未来音乐家”。他在专题报道中这样写道：市民到高等学府音乐厅“赶场”，是南昌大学长期坚持开展“前湖之韵”周末音乐会带来的“周末效应”。

音乐的魅力是无穷的。“前湖之韵”周末音乐会要继续举办下去。因为，这里是青年艺术家的第一教学实践舞台，也是昌大学子吸收艺术营养的最直接的宝库。聆听音乐会，得到的，不仅仅是对音乐的享受，更多的，是内心情怀的宁静与和谐。“前湖之韵”是昌大学人心中的美丽，更是昌大为社会的文明与进步奉献的一篇高雅的乐章。（本文选自《漫游中国大学丛书——南昌大学》，重庆大学出版社，2010 年）

“青春的担当”文化品牌

2016 年 2 月 3 日，习近平总书记来到南昌大学视察，并对南昌大学学子寄予了殷切希望：“希望当代大学生珍惜韶华，把学习成长同党和国家的事业紧紧联系起来、同社会和人民的需要密切结合起来，用青春铺路，让理想延伸。”习近平总书记的到来引起全校上下热烈反响，师生们备感振奋、备受鼓舞。中国共产党第十九次全国代表大会，习近平总书记指出“青年兴则国家兴，青年强则国家强，青年一代有理想、有本领、有担当，国家就有前途，民族就有希望。”

习近平总书记真挚热情的话语，温暖着南昌大学每一位师生的心。青春由磨砺而出彩，人生因奋斗而升华。南昌大学师生牢记习总书记的期望，努力培养新时代合格的社会主义建设者和接班人，学校青年牢记总书记嘱托，把发奋学习作为报效祖国的动力，用满腔的热血为祖国奉献青春。不负时代使命，肩负青春担当！自 2018 年起，南昌大学着力打造了“青春的担当”文化品牌活动。“青春的担当”活动从文化角度出发，充分彰显学校青年的精神风貌，展现学校青年担当时代责任、勇于砥砺奋斗的青春底色。

2018 年 12 月 29 日，学校于室内体育馆举办了“青春的担当”南昌大学 2019 年元旦晚会。2018 年，是我国改革开放 40 周年，祖国面貌焕然一新，南昌大学也不断在突破创新、高歌猛进。2018 年，我们抢抓部省合建新机遇，南大人创新求实，描绘着实力提升的崭新画卷。晚会以“喜庆、平安、团结、祥和、简朴”为宗旨，围绕“青春的担当”主题，分为爱国、励志、求真、力行四个篇章共 16 个节目，整台晚会融思想性、文艺性、教育性于一炉，通过歌舞、朗诵、说唱、故事、情景剧等形式，呈现了一场精彩绝伦的文化盛宴，开展了一堂深入人心的思政教育课。

晚会在童声独唱《歌唱祖国》和原创歌曲《青春的担当》节目中拉开序幕，节目表现了青年学子牢记习近平总书记嘱托，把报效祖国作为发奋学习的动力，用铁肩担当起历史使命的爱国奋斗精神。

“把自己的理想同祖国的前途、民族的命运紧密相连，做到忠于人民，忠于祖国。”“爱国”篇章中，教工舞蹈《沂蒙颂》，抒发了拥军爱国的军民鱼水情；歌曲联唱《筑梦中国》，唱出了全体南大人共筑中国梦的时代最强音；情景歌舞《天使情怀》展现了医护工作者的无私仁心；《少年中国说》，表达了青年的热血担当和爱国情怀。

“在新时代，青年人唯有求得真学问，练好真本领，才能不辱时代使命，不负人民期望！”“求真”篇章，歌曲串烧《最好的舞台》，体现了青年学子自信独立、勇于逐梦的精神风貌；情景剧《誓言》，阐释了白衣天使敬畏生命、仁爱诚信的文化精神；说唱《总书记我来自江西》描述了我校创新科研、勇攀科学高峰的求知精神和对科教兴赣、人才强省的自信与自豪。

“新征程的号角已然吹响，让我们用奋斗书写美丽青春，做知行合一的实干家。”篇章“力行”中，大型舞蹈《最炫民族风》描摹了多民族团结和谐、共荣携进的画面；说唱《说说南大新面貌》，彰显了学校改革发展新成就；歌曲联唱《奔跑吧，青春》，挥洒着教职工的澎湃激情和爱岗爱校爱生的情怀。最后，晚会在《歌唱祖国》的合唱声中落下帷幕，现场响起了经久不绝的掌声。

首场以“青春的担当”为主题的文化活动受到了观众和嘉宾的一致好评，极大地鼓舞了学校参演师生和活动的幕后工作者。此后，他们满怀激情，推陈出新，先后开展了一系列富有青春活力的文化活动。2019 年，我校于树人广场、前湖校区音乐厅、前湖校区留园分别举办“庆五一、颂五四”星火升旗仪式、万名大学生“青春告白祖国”宣讲会、合唱晚会、“以青春之名，为祖国献礼”征文、演讲大赛。2020 年，学校举办“青春的担当”2020 年新年音乐会、“青春的担当”毕业歌会。这一个个文化品牌活动，用艺术的形式充分展现我校青年的风采，不断唱响礼赞新中国、奋进新时代的青春主旋律；讴歌中国共产党“不忘初心、牢记使命”带领全国各族人民前仆后继走上伟大民族的复兴之路；大力弘扬以爱国主义为核心的伟大民族精神，引导广大师生深刻认识中国共产党团结带领全国各族人民进行社会主义现代化建设所取得的伟大成就。

润溪湖畔，奏砥砺前行之歌；校训墙前，扬开拓前进之帆。新时代的航道上，中华民族奋力前进的巨轮早已起航，现代化的大路上，南昌大学百年拼搏的擂鼓继续敲响。立身百行，以学为基，“青春的担当”系列活动用深刻的方式传递了以刻苦学习、报效祖国的实际行动所彰显的人生价值和意义，激励广大师生更加自觉地把个人抱负同全民族的共同理想统一起来，把个人奋斗融汇到振兴中华的伟大事业中去，为实现中华民族伟大复兴的中国梦谱写壮丽的青春诗篇。南昌大学学子以青春之名，在逐梦路上感恩奋进，谱写与众不同的精彩篇章，共同坚守中华民族的“根”与“魂”。

“网红”手术笔记折射工匠精神，育人育才更显立身之本

——二附院王婷“高颜值”手术室笔记

工匠精神，是从业者对产品和服务精雕细琢、追求完美的精神理念。巧匠们喜欢不断雕琢产品，不断改善工艺，享受产品在双手中升华的过程；医护工作者以生命为重，细究每一个医疗流程，享受呵护生命之花的艰辛与喜悦。党的十八大以来，习近平总书记多次强调要弘扬工匠精神。南昌大学牢记习总书记的嘱托，坚持立德树人的核心地位不动摇，全面提升人才培养质量，尊崇和弘扬工匠精神，为中国特色社会主义事业培养更多德才兼备、全面发展的建设者和接班人。

生命自会寻找出路，人生各有精彩。岗位可以平凡，心灵却自峥嵘。在南昌市东湖区道德讲堂，中国护理界元老、南丁格尔奖章获得者章金媛握着王婷的手，发出了“坚持病人至上，坚持细致入微，我们护理界后继有人”的感慨。2016年10月，大家都在关注南昌大学二附院“网红”护士的感动瞬间：手术室护士王婷的“高颜值”手术室笔记迅速“走红”网络和朋友圈。娟秀工整的字迹、与教科书如出一辙的解剖图、翔实细致的手术记录……笔记折射出的工匠精神，收获全国网友的“赞点”。

王婷，2015年7月从南昌大学医学院护理专业本科毕业，进入南大二附院规培。初入职场，面对事无巨细的护理工作，她惶惑过。第一次给患者注射，那位患者看她稚嫩，毫不客气地拒绝了，令她尴尬不已。然而，不断的学习与反思让王婷逐渐进步。入职不久，王婷和带她的巡回护士熊洁老师，去准备间给一个小朋友打留置针，可两岁半的小家伙哭得歇斯底里，手舞足蹈不配合。熊洁没有贸然去抓孩子的小手，而是打开了手机。王婷有点纳闷，心说难道要录现场教学片？没想到，熊洁找出的是一部动画片：“宝宝不怕，我们一起看动画片啦。”真灵！刚刚还泪流满面的小朋友破涕为笑。趁这个机会，孩子打上了留置针，一直心疼地抚摸着宝宝的妈妈连声道谢。这件小事对王婷影响很大，她记下过程和心得：“细处见功夫！护理工作必须精益求精。”

2016年8月，王婷由于表现优秀被调入手术室担任护士。面临全新的挑战，初做器械助手的她，也发生过递错器械的事。通过向优秀护士学习，以上台笔记为突破口，王婷快速“入戏”。做手术时当然不能一手拿笔一手拿器械一心二用，这需

要她在术后立刻将要点记在便利贴上，下班后再花费一两个小时，结合医学书籍上的知识和解剖图，将手术内容整理到笔记本上。也正是她的这本上台手术笔记，在网上引起了“轩然大波”。中央电视台、《人民日报》、新华社、光明网等全国主流媒体都纷纷聚焦进行了报道。

翻看王婷的“高颜值”笔记，记录着每一场手术的细节、每一位主刀医生的个人习惯；比如，带针是指带几号针，主刀医生所使用的手套码数，做组织分离喜好用分离钳还是组织剪等等。

虽然王婷的“走红”看似偶然，却有着她背后的团队40年坚守的必然。除了守护生命，他们还帮助社会重拾灵魂。南昌大学二附院这批极具匠心的医护工作者，用行动诠释的“工匠精神”更有时代感和真实性，感染了很多在浮躁中迷失的人们。

正如南昌大学二附院时任院长程晓曙所说，上台笔记是对患者生命的“贪婪”和“渴望”。我们总是希望自己的患者，活得久一点再久一点，活得好一点再好一点，抓住任何可能治愈的机会。而写好上台笔记增加了这个概率，这是医者仁心的现实注脚。

随后，王婷获得2016“感动江西医护瞬间”年度大奖，经省委宣传部推送，王婷入选《点赞中国》并参加央视颁奖晚会录制，全国医疗界仅3人。

娟秀的字体、精致的解剖图、翔实的手术记录，王婷用一份执着、一份认真为我们生动地诠释了什么是工匠精神。王婷的“高颜值”笔记不仅充分体现了工匠精神，同时也是新时代青年一丝不苟、精益求精、爱岗敬业精神的完美展现。“一年之计，莫如树谷。十年之计，莫如树木。百年之计，莫如树人。”我校在人才培养中将“育人”与育才相结合，始终坚持培养知识性、技能、创新型劳动者，不断创新人才培养模式，同时把工匠精神融入人才培养全过程，激发学生锐意进取、开拓创新、勤奋学习、以精湛的技艺投身国家建设的热情，致力于将工匠精神在我校发扬光大，培养出一个又一个像王婷一样优秀的新时代青年，努力在全面建设社会主义现代化国家新征程上书写新的不凡，创造新的辉煌。

十、对外合作

闯出一条特色鲜明的教育对外开放之路

——南昌大学国际交流合作体系

1921年，何焕奎等五位江西籍留日归国志士创立了江西公立医学专门学校。1940年成立的国立中正大学，副教授以上职称教师中海外归国志士高达81.7%。可以说，学校在创立之初，就通过“输入式”+“自主式”的创新方式，推进教育对外开放。

在百年办学历史长河中，学校始终服从、服务国家教育发展大局和外交工作要求，围绕教育教学、学科发展、人才培养等主要目标，依托国际合作平台和国际项目，遵循“吸收—借鉴—再创新”的发展模式，逐步提升教育国际化内涵。1993年，学校成立了外事处，学校的国际合作与交流事业初步形成框架；2001年，为进一步扩大国际交流，学校外事处更名为国际合作与交流处。“十三五”期间，学校围绕“一带一路”“长江经济带”“创新驱动发展”等国家建设，聚焦学校“双一流”建设和部省合建需求，着力推进科技创新领域的国际产学研用深度合作，创新推动学校教育对外开放工作，闯出了一条有鲜明特色的教育对外开放之路。

彰显南大担当，服务国家外交战略。自2006年以来，学校先后承办了援外人力资源培训项目18期，为来自世界80多个国家的510余名学员提供各类培训，很多学员已成为受援国相关领域的中坚力量。2018—2020年，学校派遣附属眼科医院专家赴乍得开展“光明行”行动，完成免费白内障手术、免费复杂性眼底病和青光眼手术等近1200例。2020年新冠疫情在全球肆虐，学校第一时间向西班牙、印尼、法国等合作院校捐赠口罩1.5万余个。学校培养的大批临床医学专业留学生校友，作为中坚力量奋战在国外抗疫前线，彰显了南大人的勇气和担当。

建设孔子学院，对外讲好中国故事。2004年11月，南昌大学审时度势，抢占先机，首倡在法国建立孔子学院。2005年10月，学校承办的法国普瓦提埃大学孔子学院挂牌成立，这是当时孔子学院总部首批在全世界成立的10所孔子学院之一，也是法国第一所孔子学院。此后，学校分别于2011年、2017年和2019年在印尼和西班牙设立了孔子学院，在法国凯兰高中和印尼阿迪拉伊斯兰学校参与建设了孔子课堂，在巴厘岛乌达雅纳大学开设了印尼首个“旅游汉语培训中心”，在彼尔姆国立大学建立了汉语研究中心。自设立海外孔子学院以来，学校已在孔子学院驻在国培养了各类学员26000余人，开展了上千场高水平的文化交流活动，接收培养了孔子学院选派的长短期来华留学生600余人，为讲好中国故事、推动中外教育文化交流做出了突出贡献。

注重质量，打造精品国际项目。2013年，学校获批实施与英国伦敦玛丽女王大学合作的临床医学（生物医学）专业本科合作办学项目。该项目办学过程中注重发挥中英双方学科优势，运用国际化教学和管理模式，注重对学生综合素质的培养，致力于把学生培养成兼备临床技能和科研潜质的高水平、国际化医学人才。截至2021年，已成功招收了8届学生，年招生人数约250人，且高考投档分数线逐年递增，获得社会各界的广泛认可。截至2021年，学校与法国普瓦提埃大学合作培养国际企业管理硕士项目已有23年历程，得到了中法两国政府和企业界以及欧盟等国际机构的重视和支持，成为中国培养中法国际化高级管理人才的摇篮。

搭建平台，服务区域经济发展。1988年，江西省教育委员会、江西省科学技术委员会和联邦德国东亚研究院联合创建的中德联合研究院设在学校青山湖校区，经过三十多年的建设，培养出了“万人计划”科技领军人才、“有突出贡献中青年专家”、“赣鄱英才555工程”领军人才等，签订了150余项科技成果转让合同，累计完成合同转让金额1232万元，被中德双方评估专家共誉为“中德科技合作的典范”。从2018年开始，学校连续承办国际产研用合作会议（南昌），形成可持续的高水平国际交流合作机制。前两届已有700余名中、俄、乌、白等各国知名高校、科研院所、企业及专家共聚这一国际性的产教融合高峰会议。学校还创建了国际材料创新研究院和国际食品创新研究院，扎实推进国际产学研用合作会议成果的落实落地，大大提升了学校一流学科建设水平和国际影响力与知名度。

孔子的朋友遍天下

——孔子学院建设

为发展中国与世界各国的友好关系，促进世界多元化发展，构建和谐世界，增进世界各国人民对中国语言文化的理解，为各国汉语学习者提供方便、优良的学习条件，我国在世界上有需求、有条件的若干国家建设了以开展汉语教学为主要活动内容的“孔子学院”。2004 年 11 月 21 日，中国第一所海外孔子学院在韩国汉城举行挂牌仪式，孔子学院的设立就此拉开序幕。

南昌大学很快地加入了这趟促进中外文化交流的列车。2004 年，时任分管国际交流合作工作的甘筱青副校长在出差途中获悉这一消息，立刻向校长报告，提出南昌大学要抓住时机，在海外承建孔子学院。在考证和规划过程中，学校将眼光瞄向了法国。

法国是率先与中国建交的西方大国，而南昌大学与法国普瓦提埃大学早有交流合作，1997 年 3 月，法国普瓦提埃大学曾向南昌大学发出邀请，游海副校长一行 3 人前往访问，并与法国普瓦提埃大学校长共同签署了《南昌大学与普瓦提埃大学关于建立校际合作关系的协议》。2002 年 7 月，法中学院在法国普瓦提埃大学举行揭牌仪式，甘筱青副校长与江西省教育厅领导一起赴法国参加揭牌仪式。

基于以上考虑，南昌大学决定与中兴发展有限公司强强联手，在法国成立普瓦提埃孔子学院。2005 年 2 月下旬，南昌大学与深圳中兴发展有限公司组成代表团，访问普瓦提埃大学，三方举行会谈，就各自的工作和职责达成共识：普瓦提埃大学投资 150 万欧元为普瓦提埃孔子学院建设专门的教学基地；中兴发展公司提供教学、办公所需的视听产品和相关设施；南昌大学参与普瓦提埃孔子学院的运作管理，拟定教学项目和课程设置，遴选赴法教学和工作的教师及工作人员。

在同年的 10 月份，中法共同在法国为普瓦提埃孔子学院举行挂牌和开班仪式，第一届汉语班开始招生，中国孔子学院第一次在法国登陆，成为法国和西欧第一所孔子学院。这一壮举在法国引起了不小的轰动。自此，普瓦提埃孔子学院成为中法两国沟通的桥梁之一。

普瓦提埃大学孔子学院成立后，除了面向社会招生、开办汉语培训课程，还在普瓦提埃大区中心医院开设了多个以中医为主题的汉语班，扩大了孔子学院汉语教学的受益面。2009 年，孔子学院在全法国知名的重点高中凯兰高中设立了孔子课堂，学习汉语的高中生达到 235 人，在乌龙小学开设中文和中国文化体验课程，55 名小学生选修了中文课，带动了当地热爱中国文化的热潮。

当时间来到 2010 年 9 月，普瓦提埃大学孔子学院专用大楼已落成，这对学院发展来说具有里程碑意义，是中法文化交流的标志性成果之一。大楼建设由法国政府、大区政府、省政府和市政府四方全额出资建设和装修，建筑面积 1000 多平方米，公用面积 3500 平方米，大楼的落成给孔子学院的发展提供了有力的保障。法国前总理拉法兰、江西省副省长孙刚等出席了新楼落成典礼。同年，南昌大学派出巡演团在孔子诞生日举办了大型歌舞演出，高水平的文化活动受到法国民众的赞扬，在法国西南地区掀起了一股“中国热”。

在孔子学院的建设过程中，普瓦提埃孔子学院也在同步成长，2007 年、2008 年、2009 年和 2011 年被汉办孔子学院总部评为优秀孔子学院，班级由 2005 年单一的汉语班发展到汉语班、武术班、太极班、中医班、书法班等，入学学习人数达到 2808 人，学员涵盖了大学、中学、小学、精英学校、公立机构、企业和社会各界。

有了这一成功的范例与多年的经验积累，南昌大学开始考虑筹办第二所孔子学院。2010 年 10 月，南昌大学与印尼哈山努丁大学共同签署组建孔子学院的执行协议。2011 年 2 月 22 日上午，哈山努丁大学孔子学院举行隆重的揭牌仪式。该孔子学院是东印尼地区唯一一所孔子学院。成立后，孔子学院开展了以市民为主要对象的汉语言和文化教学活动，积极为学校、社区、商界和个人提供汉语课程、学术文化及咨询等服务。

五年后，南昌大学又在 2016 年承办了西班牙卡斯蒂利亚拉曼查大学孔子学院，国家汉办、江西省教育厅与学校三方签署了《关于支持南昌大学承办西班牙卡斯蒂利亚拉曼查大学孔子学院的协议》。至此，南昌大学在海外建设的孔子学院由原有的法国普瓦提埃大学孔子学院、印尼哈山努丁大学孔子学院，增加为三所。

海外孔子学院的建设，是一件功在当代、利在千秋的事情，它对促进知识文化传播、加强各国人民交流有着重要的推动作用。通过承办孔子学院，也提升了南昌大学的国际化办学水平，为讲好中国故事，助力中国文化走出去，提供了南大智慧和南大样板。（本文选自《漫游中国大学丛书——南昌大学》，重庆大学出版社，2010 年）

江西省首个俄语中心

中俄互为最重要的全面战略协作伙伴，有着深厚的友谊，交流合作密切。在中俄两国领导人的共同推动下，长江中上游地区与伏尔加河沿岸联邦区合作已经成为中俄两国地区间一项常态化的工作机制。根据《国家发展改革委办公厅 外交部办公厅关于推动中国长江中上游地区与俄罗斯伏尔加河沿岸联邦区合作有关问题的通知》（发改办东北〔2013〕1044 号）以及长江中上游地区与伏尔加河沿岸联邦区主要领导人座谈会会议精神，江西省与伏尔加河沿岸联邦区进行全面对接，开展教育、科技、经济、贸易、旅游等领域的合作成为一个新的对外交流重要工作。推进江西省与伏尔加河沿岸联邦区合作，是贯彻落实中俄两国领导人达成的共识、扩大和深化两国地方合作的重要举措，是建设中俄全面战略协作伙伴关系的重要支撑，也有利于提高江西省对外开放水平，促进江西省经济社会持续健康较快发展。

在江西省委省政府、省教育厅的重视与支持下，2013 年底、2014 年中，学校先后与俄罗斯两所高校建立了友好合作关系。基于南昌大学俄语专业的平台优势，教育厅要求学校与俄方合作高校共建俄语中心。2016 年 4 月 13 日，南昌大学俄语中心在南昌大学外国语学院挂牌成立。它是江西省首个俄语中心。它的成立，顺应了中俄睦邻友好合作关系的潮流，是学校与俄罗斯高校合作的延续和升华，对于促进中俄语言文化交流、增进友谊具有重要意义，同时也大力推动了我校俄语专业的发展。

俄语中心成立至今针对俄语教学及俄罗斯语言文化推广举办了多次丰富多彩的学术讲座、俄罗斯文化系列讲座。通过组织俄语诗歌朗诵会、俄罗斯文化系列活动、知识竞赛、俄语角、文艺演出以及俄罗斯日、俄语日、二战胜利纪念日等各种活动促进学生的第二课堂活动；通过国家留学生基金委的平台，选送优秀学生到俄罗斯知名高校留学，参加俄方组织的夏令营活动、俄语短期培训、高级口译培训等项目，为毕业生提供丰富的俄罗斯读研、进修、工作机会；通过组织俄语专业学生与俄罗斯来校留学进行联谊活动等形式，为学生提供了更多的语言实践机会，同时极大地丰富了学生的课外活动，带动了俄语学习的氛围，促进了中俄青年的交流。

在当今国家大力推动“一带一路”建设的大时代背景下，南昌大学俄语中心充分发挥已经形成的国际化办学优势，积极拓展与俄罗斯的合作领域，促进南昌大学、江西省与俄罗斯在人才培养、科学研究、文化交流、社会服务等方面的全方位合作，在促进中俄文教、学术、文化交流的道路上勇于开拓，大步向前。

中英合作办学的突破

——玛丽女王学院办学纪实

提起玛丽女王学院，人们也许会以为这是一个培养女王的学院。但事实上，这是一个以培养临床医学能力与科研技能为特色的学院。从这里走出的学生，不但拥有中英双学位证书，更拥有卓越的知识技能、深厚的家国情怀和高远的世界眼光。

谈及玛丽女王学院的创办，就不得不提罗志军院长和肖霖书记。作为江西医学院 78 级校友、美国伊利诺伊州立大学芝加哥分校外科学系客座教授、美国爱因斯坦医学院博士、哈佛大学博士后，罗志军教授在其专业领域独具治学特色，享誉海内外。怀着炽热的爱国情怀和对家乡对母校深厚的情谊，2011 年罗志军教授毅然放弃了美国优越的生活和工作环境，利用所学知识和深厚经验，回国投身到江西的高等教育和科学研究事业。也就是在这一年，从英国伦敦玛丽女王大学毕业的博士肖霖，与她的导师牵线搭桥，将英国玛丽女王大学生物与化学学科学院引荐到学校。2012 年，罗教授代表南昌大学与英国伦敦玛丽女王大学协商合作办学计划，主导培养目标和课程大纲的制定。罗教授多次往返中国、英国、美国三地，跨越三大洲，日夜兼程，不断地与专家协商、谈判；不分昼夜地撰写、修改申报材料。终于，中国首个也是当时唯一一个临床医学专业类的中外合作教育项目——南昌大学与英国伦敦玛丽女王临床医学和生物医学联合培养项目获教育部批准，开创了江西省医学类中外合作办学之先河，也为世界深入了解江西开了一扇门。

然而项目在成立之初也遇到了许多困难。中西文化的碰撞、中方医学教育与西方医学教育的巨大差别、语言沟通的障碍、交流习惯的不同，使得中英双方的合作困难重重。所幸，经过熟知美国医学教育的罗院长的多方协调，中英双方项目负责人最终达成了共识，助推课程安排逐步走向合理和完善。

玛丽女王学院是江西省首个本科层次的中外合作办学项目，也是目前全国首个生物医学领域最高层次的中外合作办学项目。该项目学制 5 年，学生毕业时获中英两校双学士学位。中英临床医学合作办学项目办学过程中有着巨大的优势。

教学管理高度国际化。教学方面，项目由中英双方优秀教师共同完成。其中，英方所授课程数量、核心课程数量占比及核心课程学时占比等数据均高于教育部相关要求。管理方面，两校成立了项目管理委员会，定期召开会议对项目发展重大事项进行共同决策。

学生培养模式多元化。在中英双方教师指导下完成各类课程及科研及临床实习基础上，学生二年级暑期赴伦敦玛丽女王大学参加以毕业论文选题指导和课外拓展活动为主题的研学营，成绩优秀学生可于第三学年赴伦敦玛丽女王大学进行为期一年的课程学习。

培养质量监控规范化。项目采取设立学术委员会、考试委员会、聘请校外专家督导等方式，实施动态化教学质量评估，接受多方面的教学质量监督。高质量的教学培养了高素质的学生，自实施以来，项目学生共获得国家级、省级奖项 100 多项，发表 SCI、CSCD、ISSN 以及国家核心期刊论文 130 多篇。其中，2019 年，项目学生获得国家级学科竞赛奖项 13 个，省级学科竞赛奖项 27 个，发表核心期刊学术论文 30 余篇，申请专利 6 项，2019 年“互联网 +”大学生创新创业大赛中，荣获全国银奖 2 项，全国铜奖 2 项。

办学效益可视可量化。截至目前，项目已成功招收了 8 届学生，年招生人数约250人，已毕业的三届学生继续深造比例高达60%以上，其中985或211高校录取率达50%以上。2019年，项目8名学生推免保研至北京大学医学院继续深造。2020年，项目在江西省投档线587分，高出省控线52分，高出学校理工类省内投档线3分，办学质量得到了社会各界广泛认可。

南昌大学医学院与英国伦敦大学玛丽女王学院联合办学，在江西省乃至全国高等医学教育领域都是一个突破。项目合作办学双方充分利用各自在生物医学专业方面的优势，可实现“强强联手”，成就未来生物与医学领域精英的摇篮。这个项目必将成为江西省乃至全国深层次开放办学的一个展示窗口。

汇集高端众智，推进产教融合

——国际产学研用会议

2018年夏天，一场盛大的国际产学研用合作会议在南昌举行。来自俄罗斯、白俄罗斯、乌克兰、乌兹别克斯坦的高校以及科研院所的400多位专家，与省内外的专家、企业家齐聚一堂，围绕新材料和航空航天领域展开学术探讨、技术交流，寻求合作。2019年南昌大学继续作为会议的承办方之一，紧紧围绕国家外交方略和“一带一路”倡议，按照省委、省政府关于深化产教融合的要求，坚持立德树人的根本使命，着眼于“把论文写在祖国大地上”。扎根在火热的赣鄱大地上，南昌大学汇集高端众智，推进产教融合，在实践中积极探索与江西产业结构、经济结构相适应的特色化高等教育发展之路。

这是一场汇聚各国智慧的学术交流共享大会，也是一次通往合作共赢的思想碰撞。结合“双一流”建设和部省合建的目标任务，南昌大学努力构建“政府主导、市场引导、企业主体、南昌大学主为”的互动合作运行机制，积极探索“政产学研用”五位一体的协同育人模式，不仅组建了国际材料和国际食品两大创新研究院，还扎实推进首届国际产学研用合作会议成果落地落实，在师资队伍、人才培养、科学研究和社会服务等方面都取得了积极的成效。

历史的车辙在时空的长河中飞速驶过，唯有创新是时代不变的基调。此次会议致力于建设创新平台，拓展交流的广度和深度，产学研用合作平台日渐拓展。在江西省第二届高校科技成果对接会上，进行了国际材料、国际食品两大创新研究院的揭牌仪式和首批引进人才入职及校企签约仪式，还把建设两大国际创新研究院纳入部省合建重点任务。校领导带领国际材料创新研究院骨干团队赴乌克兰国家科学院、乌克兰基辅理工学院等院校和科研院所深入洽谈，就国际创新研究院在人才引进、科研合作、科技成果转化等方面签订合作协议，开展深层次、实质性的合作，开创了国际创新研究院对外交流的新局面。创新研究院已与乌克兰国家科学院就引进外专千人和院士团队达成协议，与俄罗斯伊万诺沃州立理工大学、白俄罗斯国立技术大学等单位签署了战略合作协议。

通过积极协调对接创新研究院内设机构设置与人员编制问题，细化了两大研究院人员机构等设置方案，已引进近50余名高层次人才，与乌克兰国家科学院就引进高层次人才团队达成协议，初步明确利用部省合建专项资金开展超高温材料和发酵工程两个领域的大型系列化实验装置的建设研发。2018年12月7日至8日，学校还举办了国际合作创新研究院发展论坛和以材料、食品学科为主的首届南昌大学交叉学科建设论坛，汇集高端众智推动两所国际创新研究院的发展与建设。2019年，国际材料创新研究院赴乌克兰“超高温材料”出国培训项目成功获批国家外专局专项资助，十余名国际材料创新研究院骨干成员将赴乌克兰国家科学院进行专业培训，对提升创新研究院队伍国际化水平具有重要意义。

未来，南昌大学将充分发挥国际产学研用合作会议作为推进产教融合加速器和催化剂的作用，整合相关学科的资源，组建科技创新团队，并纳入国际材料、食品创新研究院予以支持，构建“大材料、大食品”的优势学科群，打造范围更广、层次更高的国际性科技创新平台。相信在共同的努力下，产学研用合作能够多点开花，我们会收获更多意想不到的可能。

对口帮扶，转型升级

——北京大学、复旦大学等高校与南昌大学对口合作

为贯彻落实习近平总书记在全国教育大会上的重要讲话精神，帮助支持部省合建高校加快“双一流”建设、推进产学研协同创新，教育部安排北京大学、复旦大学、武汉理工大学、上海交通大学、中南大学、华南理工大学、江南大学7所高校对口帮扶南昌大学，进一步提升学校优势特色学科群的综合实力和辐射带动效应，进一步增强学校服务地方经济社会发展和产业转型升级能力。

2019年6月10日，北京大学与南昌大学对口支持合作协议签约仪式在南昌大学举行。北京大学党委书记邱水平，北京大学常务副校长、中国工程院院士詹启敏，江西省人民政府副省长孙菊生，省委教育工委书记、省教育厅厅长叶仁荪，省教育厅副厅长王江华，南昌大学党委书记喻晓社、校长周创兵出席签约仪式。

2020年7月24日，复旦大学与南昌大学对口支持合作协议签约仪式在南昌大学

举行。复旦大学常务副校长、上海医学院院长桂永浩，复旦大学上海医学院党委副书记、纪委书记杨伟国，南昌市委副书记、市长黄喜忠，省委教育工委书记叶仁荪，校党委书记喻晓社、校长周创兵，中国科学院院士、副校长江风益出席签约仪式。

按照协议，双方将充分利用部省合建政策机遇，本着“互惠双赢”的原则，成立对口合建工作领导小组和工作小组，围绕高水平大学建设目标，注重科教融合与服务江西健康产业，在共建联合研究中心、联合培养高层次人才、共同开展临床与基础研究和关键诊疗技术研发、加强国际国内交流与合作、搭建党建与思政教育红色文化交流平台、加强干部队伍建设等方面相互支持与协作，进而推动南昌大学临床医学学科群建设，助力南昌大学提高服务江西健康医疗的能力，推动南昌大学培养一流专门人才，产出一流成果，示范带动地方高等医学教育内涵式发展和质量提升。

目前，在双方对口合建工作领导小组的统筹协调下，南昌大学医学部、南昌大学第一附属医院重点与北京大学推进开展实质性合作；南昌大学医学部、南昌大学第二附属医院重点与复旦大学推进开展实质性合作。

健康援非，播散光明

——南昌大学眼科医院赴乍得医疗服务

为落实国家领导人承诺，2017 年 4 月，全国政协副主席、时任国家卫计委主任李斌与时任乍得共和国卫生部部长签署《关于开展医院对口支援合作的协议》。经研究，国家卫生健康委将任务交由南昌大学附属眼科医院具体落实，计划采取一系列措施，对口建立中乍眼科中心，增进两国人民健康和友谊。2017 年 10 月，国家卫生健康委率团、附属眼科医院参团赴乍得调研，了解乍得眼科疾病的基本情况，2018 年该项目被国家卫生健康委立项，2020 年再次被立项。3 年来，通过开展“光明行”活动、捐赠设备和药品、长期派驻专家帮扶、接收乍方医务人员培训、双方高层互访等方式，积极援建中乍眼科中心，取得了明显成效，树立了南昌大学援外品牌。

成立乍得首个眼科中心。2019 年 9 月 2 日，中乍眼科中心揭牌暨“光明行”启动仪式在中乍友谊医院，乍得卫生部部长和中国驻乍得使馆李津津共同为中乍眼科中心揭牌。乍得卫生部马哈穆德・优素福・卡亚尔部长表示：“中国政府援助的眼科中心是乍得首个眼科中心，给乍得人民带来了光明和希望，是中乍友谊新的象征。”中国驻乍得使馆大使李津津表示：“中乍眼科中心是中乍双方贯彻落实中非合作论坛北京峰会的得力举措，是中乍人民友谊的又一典范。”

开展“光明行”活动。2018—2019 年，附属眼科医院 2 次组织专家组赴乍得开展“光明行”义诊活动。2018 年，专家组完成 233 例白内障手术，超额完成了此次“光明行”预定 200 例的任务，其中单日最多完成 63 例白内障手术，患者最小年龄为 1 岁 11 个月（属乍得首例全麻下婴幼儿先天性白内障复明手术），最大年龄为 112 岁。2019 年，江西组建了实力雄厚、技术高超的专家团队，7 天完成了 270 例白内障和眼底病手术，填补了 9 项乍得眼科技术空白，乍得总统第一夫人母亲、乍中友好协会会长及其夫人、乍得国家石油学院院长及夫人慕名来就诊。乍得公共卫生部颁发荣誉证书嘉奖援乍“光明行”医疗队出色成绩。

2018—2019 年，双方还举行了中乍眼科中心建设启动暨“光明行”药械捐赠仪式，中国政府向乍方移交了价值 400 多万元的医疗器械和物资。中乍双方官员参观了中乍友谊医院眼科诊室，现场观摩了白内障超乳手术，并为手术患者揭纱布、赠礼品等。

中乍眼科中心从无到有仅用了短短 3 年时间，面貌焕然一新。诊室从 1 个扩大至 3 个，添置了超声乳化仪、手术显微镜、眼底激光仪等高端手术设备，长期为患者提供免费、优质的诊疗服务。中国驻乍得大使馆 2 次致信国家卫生健康委及江西省人民政府，对“光明行”专家组卓有成效的工作给予高度赞扬和诚挚感谢。李津津大使 3 次接见“光明行”专家组并表示，大力支持中乍眼科中心建设，计划将中乍眼科中心建设纳入中乍友谊医院升级改造项目大范围之内。

人才培养。接收乍方人员来赣进修。2019 年 3—9 月，附属眼科医院接受 1 名技师和 1 名护士来赣进修学习，重点学习眼科检查项目操作、手术室（器械）消毒、手术室和病房管理、手术护理等知识。2019 年“光明行”期间，2 位学员较为熟练地配合完成了手术任务。派遣眼科专家长期帮扶。附属眼科医院 2018 年安排鲁宇容主任医师作为第 14 批援乍得医疗队队员，2019 年安排张超中主治医师作为第 15 批援乍得医疗队队员，2020 年安排余学清、易路辉主治医师作为第 16 批援乍得医疗队队员，在中乍眼科中心分别工作 1 年，对中乍友谊医院的眼科医务人员进行手术示范、带教等，培训当地医院的眼科医生、技师和护士，规范中乍眼科中心管理，截至 2020 年年底，共完成各类眼科手术 1173 例手术。

高层交流。乍得官员率记者团进行卫生交流。2018 年 10 月 11 日，乍得总统府顾问、乍得“大爱基金会”副秘书长乌马尔率乍得记者访华团一行 7 人来赣参观附属眼科医院，表示“光明行”活动给乍得人民留下了深刻的印象，希望能加强中乍眼科医疗的合作，造福更多乍得人民。乍得卫生部官员率团来访交流。2019 年 4 月，乍得卫生部官员 5 人访华，受到南昌大学和江西省卫生健康委主要领导会见，与附属眼科医院商谈中乍眼科中心建设事宜，考察附属眼科医院等。

两次“光明行”活动均受到了乍方的高度关注，乍得国家电视台 2 次黄金档新闻中播出、乍得最大的新闻网站、乍得广播电台、最大报纸《进步报》头版头条刊登了中乍眼科中心建设暨“光明行”药械捐赠仪式、挂牌仪式等内容。

同时，在央视晚间新闻、央视四套、江西卫视、江西三套、《健康报》、《江西日报》、《江南都市报》、《江西卫生报》、《非洲华侨周报》等媒体先后对此事进行了多次报道，江西卫视 7 次播出、《江西日报》2 次（其中 1 次为半版）刊登，江西省卫健委公众号等媒体多次宣传。南昌大学、中国防盲治盲网、眼界专门进行了微信推送，对活动进行多角度宣传，获得广泛的认同感和参与感，提升了中乍眼科中心建设知名度和影响力。

2018 年 10 月 31 日，“光明行”活动情况作为省直要情编入江西省委内参，供江西省委主要领导参阅。2019 年，省卫生健康委也就“光明行”活动取得的成绩向省委省政府做了专报。

目前，中乍眼科中心成为江西援外医疗工作的一张亮丽名片。下一步，将把中乍眼科中心建设为乍得最具服务力和影响力的眼科中心，把服务半径扩大到邻近国家乃至中部非洲地区。

附　录

1.《南昌大学章程》

序　言

南昌大学是一所文理工医布局合理、学科专业体系发展协调的综合性大学。其前身江西医学院、江西大学和江西工业大学分别溯源于1921年创建的江西公立医学专门学校、1940年创建的国立中正大学和1958年创建的江西工学院。1993年江西省委、省人民政府决定将江西大学与江西工业大学合并组建南昌大学；1997年南昌大学被国家教委列入国家“211工程”重点建设大学；2004年成为教育部与江西省人民政府共同建设大学；2005年南昌大学与原江西医学院合并组建新的南昌大学。

学校秉承“格物致新、厚德泽人”的校训和“学术立校、人才强校、依法治校”的办学理念，践行“以人为本、德学为先、学术为上”的育人理念，坚持“强学科、精管理、惠民生、兴实干”的发展思路，赢得了良好的学术声誉和社会声望。

学校以民族振兴和社会进步为己任，致力于国内外知名高水平综合性大学建设，力争成为创新人才培养、科学技术研究、高层次决策咨询的重要基地，成为国家和区域创新体系的重要组成部分和重要力量。

为实现学校的发展目标，规范办学行为，按照章程自主管理，建立现代大学制度，根据《中华人民共和国教育法》《中华人民共和国高等教育法》《中华人民共和国教师法》《高等学校章程制定暂行办法》等有关法律、法规和行政规章，结合学校实际情况，制定本章程。

第一章　总则

第一条　学校名称为南昌大学，英译为NANCHANG UNIVERSITY，简称“南大”，学校的互联网域名为：ncu.edu.cn。

第二条　学校是由江西省人民政府举办的全日制普通高等学校，主管部门是省级教育行政部门，是具有独立法人资格的事业单位，依法享有办学自主权，独立承担法律责任。校长为学校的法定代表人。

第三条　学校注册地址为江西省南昌市红谷滩新区学府大道999号。学校现设有前湖主校区、青山湖校区、东湖校区、鄱阳湖校区、抚州校区等多个校区，在办学过程中并入学校的机构均为学校的组成部分。

第四条　学校坚持中国特色社会主义办学方向，全面贯彻和落实党和国家的教育方针，遵循高等教育发展规律和人才成长规律，致力于制度创新、内涵建设和特色发展。

第五条　学校实行中国共产党南昌大学委员会领导下的校长负责制，推行教授治学，实施民主管理，依法、依规、依章治校。

第六条　学校履行人才培养、立德树人根本使命，发挥教育教学、科学研究、社会服务和文化传承与创新的功能。

第二章　举办者与学校

第七条　举办者享有下列权利：

（一）依法管理学校办学行为；

（二）依法考核学校办学水平和教育质量；

（三）依照法律规定，制订学校经费拨款标准和筹措办法；

（四）监督学校依法使用、管理公有财产；

（五）审查批准学校需要举办者审批的事项；

（六）法律、法规规定的其他权利。

第八条　举办者应当履行下列义务：

（一）保障学校依法自主办学、自主管理；

（二）提供办学资金，保障稳定的办学经费来源，依照《中华人民共和国教育法》第五十五条的规定，保证学校的国家财政性教育经费逐步增长；

（三）依法保护学校的法人财产权不受侵犯，维护学校良好的办学环境和办学秩序，支持和引导学校发展；

（四）支持学校根据实际需要，按照国家有关规定，自主确定内部组织机构和人员配备，自主评聘教职工的专业技术职务，自主调整薪酬分配；

（五）受理学校需要举办者审批的事项，及时予以办理；

（六）法律、法规规定的其他义务。

第九条 学校依法享有下列权利：

（一）开展人才培养、科学研究、社会服务和文化传承与创新；

（二）设置和调整学科、专业；

（三）制定招生计划和招生方案，调节系科招生比例，确定选拔学生的条件、标准、办法和程序，并组织实施；

（四）制定学校规划并组织实施；

（五）设置教学、科研及管理服务职能部门；

（六）遵照国家有关规定收取费用，确定内部收入分配原则；

（七）招聘、管理和使用人才；

（八）使用和管理学校财产、经费；

（九）自主开展与境内外高等学校之间的科学技术文化交流与合作；

（十）法律、法规规定的其他权利。

第十条 学校依法履行下列义务：

（一）遵守法律、法规；

（二）贯彻国家教育方针，执行国家教育政策，保证教育教学质量；

（三）维护受教育者、教职工的合法权益；

（四）为受教育者或其监护人了解受教育者的学业成绩及其他有关情况提供便利；

（五）遵照国家有关规定公开收费项目；

（六）依法实行校务信息公开，依法接受监督；

（七）法律、法规规定的其他义务。

第三章 教育形式与学科门类

第十一条 学校基本教育形式为本科生和研究生阶段的全日制学历教育。根据社会需求，适当开展其他类型和层次的学历教育和非学历教育。积极开展多种形式的中外合作教育。

第十二条 学校根据人才培养目标和要求，组织实施教育教学活动，自主制定人才培养计划和教学大纲，自主选择和编写教材，并依据教学计划和教学大纲检查教学活动，考核学生成绩。

学校依法确定和调整学历教育修业年限，全面推行学分制，逐步实行弹性学制。推进拔尖创新人才培养模式改革，创建本科教育综合改革试验班（学院）。

第十三条　学校致力于教育质量的提高，通过课堂教学、实验实训、专业实习、生产劳动、社会实践、科学研究和毕业论文（设计）等环节和途径，完成对学生的培养与教育；由督导组织或第三方评估机构，对办学条件保障、教育教学管理、人才培养质量等进行评估。

第十四条　学校依法对完成学业的受教育者颁发学业证书或相应的学习证明。学校执行国家学位制度，依法授予受教育者学士学位、硕士学位或者博士学位。

第十五条　学校设置理学、工学、农学、医学、哲学、经济学、法学、教育学、文学、历史学、管理学、艺术学等学科。学校根据社会需求及办学条件，自主设置或调整专业结构。

第十六条　学校学科门类及专业结构的设置与调整须经过学术委员会、学位评定委员会等组织机构的论证，由校长办公会议审议决定。

第十七条　学校配备与学科门类和专业种类相适应的校舍、师资力量和教学设备，重视科研平台和实习基地建设，保障日常教学、科研、师生员工工作生活、体育锻炼及学校长远发展的需要。

第四章　学生

第十八条　学生是指被学校依法录取，取得入学资格，具有学校学籍的受教育者。

第十九条　学生除享有宪法、法律及法规规定的权利外，还享有下列权利：

（一）依法参与学校民主管理；

（二）参加学校教育教学计划安排的各项活动，使用学校提供的教育教学资源；

（三）在思想品德、学业成绩等方面获得公正评价，完成学校规定学业并符合相关规定的，获得相应的学历证书、学位证书；

（四）根据有关规定申请奖学金、助学金、临时经济困难补助及助学贷款；

（五）参加社会服务、勤工助学，依法在校内组织和参加学生团体及文娱体育等活动；

（六）对学校给予的处分或者处理有异议的，向学校提出听证要求或向学校、教育行政部门申诉；

（七）对学校、教职工侵犯其人身权、财产权等合法权益的，提出申诉或者依法提起诉讼；

（八）学校规定的其他权利。

第二十条　学生除履行宪法、法律及法规规定的义务外，还应履行下列义务：

（一）珍惜和维护学校名誉，维护学校利益；

（二）遵守学校的各项管理制度；

（三）按规定交纳学费及有关费用；

（四）爱护并合理使用教育设备和生活设施；

（五）学校规定的其他义务。

第二十一条　学校根据国家规定建立学生权利保护机制，维护学生合法权益。学生通过学生代表大会、学生会、研究生会、党团组织依法参与学校民主管理。

第二十二条　学校引导学生养成崇尚学术、尊重人权、尊敬师长、诚实守信、爱护环境、热心公益、热爱生活的良好品性。

第二十三条　学校对表现突出和为学校争得荣誉的学生集体或个人进行表彰和奖励。学校对违法、违纪学生给予批评教育和相应的纪律处分。纪律处分种类分为：警告；严重警告；记过；留校察看；开除学籍。学校给予学生的纪律处分应做到程序正当、证据充分、依据明确、定性准确。

第二十四条　学校支持学生参加教学实践、军事训练和社会实践活动。学校支持学生开展有益于身心健康的各类课外活动。学生参加各类实践活动应当遵守法律、法规以及学校、用工单位的管理制度，履行勤工助学等活动的有关协议。

第二十五条　学校为修完教育教学计划规定内容，达到毕业要求的学生颁发毕业证书；对符合学位授予条件的，授予其学位。为毕业生、结业生提供就业指导和服务。

第五章　教职工

第二十六条　学校教职工由教师和其他专业技术人员、管理人员、工勤人员等组成，学校按规定对教职工实行相应的岗位聘用制度。

第二十七条　学校引入人才竞争机制，依据精简、统一、高效的原则科学定编定岗，提高办学效率，优化干部、人事和劳动制度。

第二十八条　学校依据干部、人事和劳动管理制度，对教职工的思想政治表现、职业道德、业务水平和工作实绩等方面进行定期考核，考核结果作为对各类人员聘任、解聘、晋升、奖励或者处理、处分的依据。

学校对履行义务中业绩突出的教职工给予表彰和奖励；对违反学校规章制度或聘用合同的教职工，依据相关规定给予相应的处理或处分。

第二十九条　学校教职工除享有宪法、法律及法规规定的权利外，还享有下列权利：

（一）公平使用学校的公共资源，享受工资、福利待遇；

（二）公平获得自身发展所需的相应工作机会和条件；

（三）在品德、能力和业绩等方面获得公正评价，公平获得各级各类奖励及各种荣誉称号；

（四）知悉学校改革、建设和发展及涉及切身利益的重大事项；

（五）参与民主管理，对学校教育教学和管理工作提出意见和建议；

（六）就职称、福利待遇、评优评奖、纪律处分等事项表达异议和提出申诉；

（七）学校规章或者聘约规定的其他权利。

第三十条　学校教职工除履行宪法、法律及法规规定的义务外，还应履行下列义务：

（一）珍惜和维护学校声誉，维护学校利益；

（二）遵守学校规章制度，履行岗位工作职责；

（三）尊重和爱护学生，维护学生利益；

（四）提高履行本职工作业务水平，恪尽职守，勤奋工作；

（五）不得从事并自觉抵制学术不端行为；

（六）学校规章规定的其他义务。

第三十一条　教职工通过工会、教职工代表大会、学术委员会、学位评定委员会、教授委员会等组织参与学校管理，维护自身权益。

第三十二条　学校尊重和爱护人才，逐步提高教职工的福利待遇；学校尊重和保护学术自由，规范教师的学术行为，倡导良好的学术道德风尚；学校依法保障离退休人员的相关权益。

第六章　管理体制与组织结构

第一节　管理体制

第三十三条　学校构建校、部、院、系管理架构，建立校院两级管理体制，实施目标管理和绩效管理，充分发挥学院和独立建制二级单位的办学主体作用。

第三十四条　学校依法依规设置党政职能机构、学部、院系和直属机构，并根据现代大学制度建设需要逐步优化内部治理结构。

第三十五条　学校建立公共服务与后勤保障体系，为办学活动提供保障和服务，不断提高服务水平。

第三十六条　学校鼓励与支持各民主党派、党外知识分子联谊会、群众组织依法参与学校管理、民主监督。校内各民主党派组织及社会团体按照各自章程开展活动。

第三十七条　学校依据法律、法规的规定和民主管理、科学管理的需要，设立下列组织机构：

（一）设立学术委员会、学位评定委员会，保障学术民主和学术自由，保障学术权力的有效行使；

（二）设立工会、教职工代表大会、学生代表大会等组织机构，保障师生参与学校民主管理和民主监督的权利，维护师生合法权益；

（三）设立校友会、理事会等组织机构，保障社会利益相关者参与学校治理。

第三十八条　具有独立法人资格的学校附属单位，依照法律和学校规定实行相对独立运营与管理。学校对投资（包括无形资产）入股的单位，依照法律和相关协议履行监管职责，保障学校合法权益，实现资产的保值增值。

第三十九条　学校建立科学、民主、规范的决策制度和决策程序。

学校重大事项的决策，应当广泛征求师生员工意见，组织专家论证，进行风险评估、科学性和合法性审查，最终由党委会会议或校长办公会议等讨论决定。

第四十条　学校实行信息公开制度，主动并及时公布学校重大事项和办学状态，接受教职工、学生和社会的监督。

第二节　管理组织机构

第四十一条　中国共产党南昌大学委员会（以下简称“学校党委”）是学校的领导核心，履行党章等规定的各项职责，把握学校发展方向，决定学校重大问题，监督重大决议执行，支持校长依法独立负责地行使职权，保证以人才培养为中心的各项任务完成。

第四十二条　学校党委主要履行以下职责：

（一）全面贯彻执行党的路线方针政策和党的教育方针，坚持社会主义办学方向，坚持立德树人，依法治校，依靠全校师生员工推动学校科学发展，培养德智体美全面发展的中国特色社会主义事业合格建设者和可靠接班人；

（二）讨论决定事关学校改革发展稳定及教学、科研、行政管理中的重大事项和基本管理制度；

（三）坚持党管干部原则，按照干部管理权限负责干部的选拔、教育、培养、考核和监督，讨论决定学校内部组织机构的设置及其负责人的人选，依照有关程序推荐校级领导干部和后备干部人选。做好老干部工作；

（四）坚持党管人才原则，讨论决定学校人才工作规划和重大人才政策，创新人才工作体制机制，优化人才成长环境，统筹推进学校各类人才队伍建设；

（五）领导学校思想政治工作和德育工作，坚持用中国特色社会主义理论体系武装师生员工头脑，培育和践行社会主义核心价值观，牢牢掌握学校意识形态工作的领导权、管理权、话语权。维护学校安全稳定，促进和谐校园建设；

（六）加强大学文化建设，发挥文化育人作用，培育良好校风学风教风；

（七）加强对学校院（系）等基层党组织的领导，做好发展党员和党员教育、管理、服务工作，发展党内基层民主，充分发挥基层党组织的战斗堡垒作用和党员的先锋模范作用。加强学校党委自身建设；

（八）领导学校党的纪律检查工作，落实党风廉政建设主体责任，推进惩治和预防腐败体系建设；

（九）领导学校工会、共青团、学生会等群众组织和教职工代表大会。做好统一战线工作；

（十）讨论决定其他事关师生员工切身利益的重要事项。

第四十三条　学校党委实行集体领导与个人分工负责相结合，坚持民主集中制，集体讨论决定学校重大问题和重要事项，领导班子成员按照分工履行职责。

第四十四条　学校党委书记主持党委全面工作，负责组织党委重要活动，协调党委领导班子成员工作，督促检查党委决议贯彻落实，主动协调党委与校长之间的工作关系，支持校长开展工作。

学校党委会会议主要对学校改革发展稳定和教学、科研、行政管理及党的建设等方面的重要事项作出决定，按照干部管理权限和有关程序推荐、提名、决定任免干部。党委会会议按照《南昌大学党政会议议事规则》由党委书记召集并主持。

第四十五条　中国共产党南昌大学纪律检查委员会是学校的党内监督机构，在上级纪委和学校党委的领导下，按照党的章程和其他党内法规，监督检查党组织和党员贯彻执行党的路线、方针、政策、决议以及学校重大决策的情况，协助党委加强党风廉政建设，组织协调反腐败工作，履行党风廉政建设监督责任，保障和促进学校各项事业健康发展。

第四十六条　校长是学校的法定代表人，在学校党委领导下，贯彻党的教育方针，组织实施学校党委有关决议，行使高等教育法等规定的各项职权，全面负责教学、科研、行政管理工作。

第四十七条　校长主要履行以下职责：

（一）组织拟订和实施学校发展规划、基本管理制度、重要行政规章制度、重大教学科研改革措施、重要办学资源配置方案。组织制定和实施具体规章制度、年度工作计划；

（二）组织拟订和实施学校内部组织机构的设置方案。按照国家法律和干部选拔任用工作有关规定，推荐副校长人选，任免内部组织机构的负责人；

（三）组织拟订和实施学校人才发展规划、重要人才政策和重大人才工程计划。负责教师队伍建设，依据有关规定聘任与解聘教师以及内部其他工作人员；

（四）组织拟订和实施学校重大基本建设、年度经费预算等方案。加强财务管理和审计监督，管理和保护学校资产；

（五）组织开展教学活动和科学研究，创新人才培养机制，提高人才培养质量，推进文化传承创新，服务国家和地方经济社会发展，把学校办出特色、争创一流；

（六）组织开展思想品德教育，负责学生学籍管理并实施奖励或处分，开展招生和就业指导工作；

（七）做好学校安全稳定和后勤保障工作；

（八）组织开展学校对外交流与合作，依法代表学校与各级政府、社会各界和境外机构等签署合作协议，接受社会捐赠；

（九）向学校党委报告重大决议执行情况，向教职工代表大会报告工作，组织处理教职工代表大会、学生代表大会、工会会员代表大会和团员代表大会有关行政工作的提案，支持学校各级党组织、民主党派基层组织、群众组织和学术组织开展工作；

（十）履行法律法规和本章程规定的其他职权。

第四十八条　校长办公会议是学校行政议事决策机构，主要研究提出拟由学校党委讨论决定的重要事项方案，具体部署落实学校党委决议的有关措施，研究处理教学、科研、行政管理工作。会议按照《南昌大学党政会议议事规则》由校长召集并主持。

第四十九条　学术委员会作为校内最高学术机构，统筹行使学术事务的决策、审议、评定和咨询等职权。学术委员会致力于公平、公正、公开地履行职责，保障教师、科研人员和学生在教学、科研和学术事务管理中充分发挥主体作用，促进学校科学发展。学术委员会按照《南昌大学学术委员会章程》履行职责。

第五十条　学位评定委员会是学校学位工作的审议机构，依据法律及有关规定负责学位的评定、授予，学位授权点的申报评议和撤销，研究生指导教师遴选等工作。学位评定委员会按照《南昌大学学位评定委员会章程》履行职责。

第五十一条　学校实行以教师为主体的教职工代表大会制度。教职工代表大会是全体教职员工在党委领导下行使民主权利，参与学校民主管理和监督的基本形式和制度，学校尊重和支持教职工代表大会参与学校民主管理和监督，落实教职工代表大会有关决议和提案。

学校建立校、院（部）两级教职工代表大会制度。学校教职工代表大会依照《南昌大学教职工代表大会规程》行使职权。

第五十二条　中国教育工会南昌大学委员会（以下简称“学校工会”）是教职工自愿结合的群众组织。学校工会是学校教职工代表大会的工作机构，负责教职工代表大会的日常工作。学校工会接受学校党委和上级工会的领导，按照《中华人民共和国工会法》、《中国工会章程》和《南昌大学教职工代表大会规程》履行职责。

第五十三条　中国共产主义青年团南昌大学委员会是学校先进青年的群众组织，接受学校党委和上级团组织的领导，依据其章程开展工作，履行职责。

第五十四条　学生代表大会是学生在校党委领导、校团委的指导下行使民主权利和参与学校民主管理的重要形式，代表全校学生的意志，维护全校学生的利益。学校根据需要设立校级学生代表大会和院（部）级学生代表大会。学生代表大会按照其章程开展活动。

第五十五条　南昌大学学生会、研究生会是由学生代表大会产生的学生自治组织。学生会、研究生会按照其章程开展活动。

第三节　教学科研机构

第五十六条　学部是学校根据学科群或学科门类特点，整合优质资源、优化学科布局、强化优势学科群和优势专业群而设立的学术机构。

第五十七条　学校学术委员会和学校学位评定委员会在各学部设立分委员会。各学部学术分委员会和学部学位评定分委员会分别在学校学术委员会和学校学位评定委员会的指导下，分别依据其章程履行职责。

第五十八条　学院是以单一学科或相近与相关学科为单位组成的学校基层教学与科研组织，是人才培养、科学研究和社会服务的具体实施单位，在学校授权范围内实行自主管理。

第五十九条　学院根据学校的规划、规定或授权，履行以下职责：

（一）根据学校发展总体要求与自身特色，制订本单位发展规划，并组织实施；

（二）负责本单位内部机构运行，制定工作规则和办法；

（三）组织本单位教学、科学研究与社会服务活动；

（四）负责本单位人员的聘用管理和考核；

（五）制订并组织实施本单位学科专业建设、师资队伍建设、课程建设及教学计划；

（六）负责本单位学生的教育、培养及相关管理工作；

（七）科学管理和使用学校核拨的办学资源，负责学院资产和财务管理；

（八）学校赋予的其他职权。

第六十条 学院根据工作需要和党员人数，经学校党委批准，设立学院党的委员会或学院党的总支部委员会（以下简称学院党委或党总支）。学院党委（党总支）书记主持召集党委（党总支）会议。

第六十一条 学院院长是学院行政负责人，主持学院行政工作。院长应具有良好的学术造诣和学术声誉，具有良好的行政管理能力和群众基础。院长根据学校授权开展工作。

第六十二条 学院按照《南昌大学学院党政工作条例》实行党政共同负责制，学院党组织与行政共同决策本单位重要事项，共同负责落实本单位各项工作，同步接受工作考核，协同推进事业发展。

第六十三条 学院党政联席会议是学院的最高决策机构，讨论决定涉及学院改革、发展、稳定和教学科研、学科建设、队伍建设、行政管理、财务管理等方面的重要事务以及其他重大事项。

第六十四条 学院设立教授委员会。对学科专业建设、教学计划和培养方案等重要学术事项，以及学院发展规划、师资队伍建设规划等重要事项进行审议，提出意见和建议。学院教授委员会按照《南昌大学学院教授委员会章程》履行职责。

第六十五条 学院实行教职工代表大会制度，设立学院分工会委员会。学院教职工代表大会和学院分工会委员会在学院党组织和学校工会领导下，保障教职工参与学院民主管理和监督，维护教职工的合法权益。

第六十六条 除学院以外的学校下属独立建制的其他二级单位（研究院、研究中心、研究所、工程中心和重点实验室等），享有与学院同等的权利和义务，承担相应的人才培养、科学研究、社会服务等任务。

第六十七条 教学机构（系、中心）、教学实验中心等教学基层组织由学校按学科、专业而设置，承担具体的教学、科研等工作任务。教学基层组织依据学校规定履行职责。

第七章 资产与财务管理

第六十八条 学校以接受政府财政拨款为主，经费来源包括财政补助收入、上级补助收入、事业收入、经营收入、附属单位上缴收入、捐赠收入和投资收益等。

第六十九条 学校积极拓展办学经费来源渠道，筹措教育事业发展资金，鼓励和支持校内各单位面向社会筹措教学、科学研究经费及各类基金。

学校接受公共团体机关、公益性团体、企业以及个人的各类捐赠，捐赠应当符合法律、行政法规及有关财务规定，符合学校整体事业规划。捐赠款纳入学校教育发展基金会管理，捐赠物纳入学校资产管理。

第七十条　学校依据法律、法规制定和完善学校财务制度。学校依法依规使用和严格管理办学经费，坚持勤俭办学，为办学活动提供经费保障。

（一）学校按照国家政策规定依法组织收入，执行国家和地方规定的收费项目和标准；

（二）学校建立预算制度。预算由预算收入和预算支出构成。学校的各项收入和支出全部纳入学校预算，学校编制本级预算、决算草案，向学校教职工代表大会作关于本级总预算草案的报告，教职工代表大会审查和批准学校预算；

（三）学校遵循统筹兼顾、勤俭节约、量力而行、讲求绩效和收支平衡的原则，合理编制预算，建立跨年度预算平衡机制，建立经费使用绩效评价制度，建立健全经济责任制度和审计监察制度，完善监督机制，保证资金运行安全；

（四）学校实行“统一领导、分级管理、集中核算”的财务管理体制，计划财务处作为学校一级财务管理机构，在学校的领导下，统一管理学校的财务工作；

（五）学校财务管理工作自觉主动接受财政、审计、纪检监察部门和社会公众的监督。

第七十一条　学校国有资产包括用国家财政资金形成的资产、国家无偿调拨给高校的资产、按照国家政策规定运用国有资产组织收入形成的资产、接受捐赠等经法律确认为国家所有的其他资产，其表现形式为流动资产、固定资产、无形资产和对外投资等。

学校对本单位占有、使用的国有资产依法实施自主管理和使用。

第七十二条　学校依照国家相关法律法规制定资产管理的具体办法并组织实施，合理配置资源，提高资源使用效率。学校建立健全经营性资产管理制度，建立资产经营公司，依法行使投资者权利，履行投资者义务，保障投资者和经营者合法权益，实现资产的保值增值。

第七十三条　学校依据国家有关知识产权的法律，建立保护学校、教职工和学生的知识产权制度。学校依法保护校名、校誉。

第八章　校友会、理事会、基金会

第七十四条　学校依法注册成立校友会，依据国家有关规定及《南昌大学校友会章程》开展活动，学校欢迎和鼓励校友参与学校的建设与发展。学校对做出突出贡献的校友给予表彰。

第七十五条　学校理事会是根据面向社会依法自主办学的需要，设立的由办学相关方面代表参加，支持学校发展的咨询、协商、审议与监督机构，是学校实现科学决策、民主监督、社会参与的重要组织形式和制度平台。理事会一般应包含以下方面的代表：

（一）学校举办者、主管部门、共建单位的代表；

（二）学校及职能部门相关负责人，相关学术组织负责人，教师、学生代表；

（三）支持学校办学与发展的地方政府、行业组织、企业事业单位和其他社会组织等理事单位的代表；

（四）杰出校友、社会知名人士、国内外知名专家等；

（五）学校邀请的其他代表。

理事会成员及其负责人履行《南昌大学理事会章程》所规定的义务，并享有合法权益，参与学校建设和管理。

第七十六条　学校教育发展基金会（简称“基金会”）是学校加强和国内外各界的联系与合作，募集办学资金，推动学校教育事业发展的常设法人机构。基金会财产用于支持学校教育事业发展，基金会按照合法、安全、有效的原则实现基金的保值与增值。基金会理事会成员及其负责人依据《南昌大学教育发展基金会章程》产生，履行职责，开展活动。

第九章　校训、校徽、校庆

第七十七条　学校校训为“格物致新、厚德泽人”。

第七十八条　学校校徽包括徽志和徽章。学校徽志为景德镇制蓝色青花瓷盘，圆环中的樟树是江西省省树，茂密的枝干表示南昌大学是一所文理工医布局合理、学科专业体系发展协调的综合性大学，同时也象征南昌大学蓬勃旺盛的生命力和“百年树人”的教学风范。徽志标识的“1921”表明南昌大学办学始于1921年。

学校徽章为教职工和学生佩戴的题有校名的长方形证章，红底白字的为教师佩戴校徽，白底红字的为学生佩戴校徽。

校徽所用手写体“南昌大学”是1993年江西大学和江西工业大学合并时，由时任全国政协副主席赵朴初先生书写。

第七十九条　学校校庆日为每年的5月4日。

第十章　附则

第八十条　本章程向学校教职工代表大会征求意见后，经校长办公会议讨论通过，由中国共产党南昌大学委员会讨论审定，报江西省教育厅核准和教育部备案。

第八十一条　章程是学校的基本规章，学校的其他管理条例、办法及实施细则等均应该符合本章程精神，不得与本章程相抵触。

第八十二条　本章程具有下列情形之一时修订：

（一）本章程依据的教育政策或法律法规发生变化；

（二）学校举办与管理体制发生变化；

（三）学校的办学理念、办学目标发生变化；

（四）其他应修改章程的情形。

修改本章程，应由校长向教职工代表大会提出要求并说明修改理由；本章程修正程序应与制定程序一致。

第八十三条　本章程由学校党委会负责解释，本章程自核准之日起生效。

2. 南昌大学历任及现任校级领导名单

（1）江西医学院及其前身历任领导名单

姓名	职务	任职时间	校名
何焕奎	校长	1921.03—1925.09	江西公立医学专门学校
王子玕	校长	1925.10—1926.10	江西公立医学专门学校
	院长	1937.7—1949.9	国立中正医学院
李为涟	医学部主任	1927.02—1927.08	江西中山大学医学部
	校长	1927.08—1931.07	江西省立医学专门学校
	校长	1931.08—1940.11	江西省立医学专科学校
熊俊	校长	1940.12—1946.03	江西省立医学专科学校
孟宪茋	校长	1946.04—1949.04	江西省立医学专科学校
	副校长	1951.03—1952.01	江西省立医学专科学校
	副院长	1952.02—1966	江西（省）医学院
	副院长	1980.04—1984.01	江西医学院
	名誉院长	1984.01—1994.01	江西医学院
胡献尚	校长	1949.05—1949.08	江西省立医学专科学校
李宏	校务委员会代理主任	1949.08—1949.11	江西省立医学专科学校
	改革委员会主任	1949.08—1949.11	江西省立医学专科学校

续表

姓名	职务	任职时间	校名
张信昌	校务委员会副主任	1949.08—1949	江西省立医学专科学校
	改革委员会副主任	1949.08—1949	江西省立医学专科学校
徐福静	校务委员会代理主任	1949.11—1950.09	江西省立医学专科学校
	改革委员会主任	1949.11—1950.12	江西省立医学专科学校
	副校长	1950.09—1950.12	江西省立医学专科学校
许德	校长	1950.04—1951.12	江西省立医学专科学校
	院长	1952.01—1953.06	江西省医学院
	院长	1953.06—1958.06	江西医学院
	第一书记兼院长	1958.07—1963	江西医学院
申涵	兼校长	1950.04—1952.12	解放军广西军区卫生学校
王肇元	兼校长	1950.05—1952.12	解放军华南军区卫生学校
王可钧	校长	1950.12—不详	河南军区卫生学校
邱倬	副校长	1950.09—1951.05	江西省立医学专科学校
马统一	校长	1951—1953.05	解放军第42军医学院
	副校长	1953.05—1953.11	解放军第九军医中学
	副校长	1953.11—1954.08	解放军第八军医中学
	第二副校长	1954.09—1954.10	解放军第八军医学校
魏健	副校长	1951.02—1952.12	解放军华南军区卫生学校
	校长	1953.01—1954.09	解放军第八军医中学
	副校长	1954.09—1958.06	解放军第八军医学校
	副院长	1958.07—1966	江西医学院
魏怡春	第一副院长	1952.02—1952.07	江西省医学院
邓子华	党支部书记	1952.07—1953.11	江西医学院
乐峰	党支部副书记	1952.07—1954	江西医学院
	党委书记、副院长	1959.09—1963	江西医学院
	党委第二书记、副院长	1963—1966.09	江西医学院
王广斌	校长	1953.01—1953.11	解放军第九军医中学
尚友	副院长	1953.09—1959	江西医学院
	党总支第一书记	1955.04—1956.04	江西医学院

续表

姓名	职务	任职时间	校名
高彦身	副校长	1953.10—1954.09	解放军第八军医中学
牛步云	校长	1954.09—1958.07	解放军第八军医学校
	第二书记	1956.07—1958.07	解放军第八军医学校
阎海	政治委员	1954.10—1958.07	解放军第八军医学校
	党委第一书记	1956.07—1958.07	解放军第八军医学校
黄木兰	分总支书记	1954.10—1955.04	江西医学院
	党总支第二书记	1955.04—1956.04	江西医学院
	党委副书记	1956.04—1956	江西医学院
林怀远	副院长	1956.02—156.04	江西医学院
	党委书记、副院长	1956.04—1958.07	江西医学院
	党委第二书记、副院长	1958.07—1963	江西医学院
	党委第一书记、副院长	1963—1966.09	江西医学院
刘毓瑞	第四书记	1958.07—1961	江西医学院
程崇圯	副院长	1959.07—1966	江西医学院
	革委会副主任	1971.12—1973.03	江西医科大学
	革委会副主任	1973.03—1979.06	江西医学院
	副院长	1979.06—1983.08	江西医学院
张达山	党委书记	1966.10—1967.01	江西医学院
汤化山	党委副书记	1966.10—1967.01	江西医学院
王殿阁	革委会主任	1968.06—1969.05	江西医学院
	革委会主任	1969.05—1971.12	江西医科大学
	党委书记、革委会主任	1971.12—1973.03	江西医科大学
	党委书记、革委会主任	1973.03—1979.06	江西医学院
	党委书记、院长	1979.06—1979.09	江西医学院
苏震	革委会副主任	1969.05—1971.12	江西医科大学
	党委副书记、革委会副主任	1971.12—1973.03	江西医科大学
	党委副书记、革委会副主任	1973.03—1979.06	江西医学院
	党委副书记、副院长	1979.06—1983.08	江西医学院
王汝泉	革委会副主任	1969.05—1973.03	江西医科大学
	革委会副主任	1973.03—1975	江西医学院

续表

姓名	职务	任职时间	校名
杨杏珍	党委副书记、革委会副主任	1973.03—1979.06	江西医学院
	党委副书记、副院长	1979.06—1979.09	江西医学院
杨锡光	党委书记、院长	1979.09—1983.08	江西医学院
胡林	党委副书记、副院长	1979.09—1983.08	江西医学院
马隍	副院长	1979.09—1983.03	江西医学院
徐青和	主持党委工作	1983.03—1983.11	江西医学院
	党委书记	1983.11—1990.08	江西医学院
朱越藩	主持院务工作	1983.08—1984.01	江西医学院
	院长	1984.01—1987.02	江西医学院
陈彼得	副院长	1983.08—1989	江西医学院
张培	副院长	1983.08—1988.10	江西医学院
邹良志	党委副书记	1985.06—1988.10	江西医学院
	副院长	1988.09—1997.11	江西医学院
刘泉开	副院长（主持）	1987.02—1988.09	江西医学院
	副院长	1988.09—1993.03	江西医学院
朱玉芬	副院长	1987.02—1999.01	江西医学院
程占东	纪委书记	1987.02—1990.08	江西医学院
	党委副书记、纪委书记	1990.08 1993.03	江西医学院
武代洪	党委副书记	1988.09—1990.08	江西医学院
	党委书记	1990.08—1997.11	江西医学院
吴宣成	党委副书记、院长	1988.09—1997.11	江西医学院
魏家凤	副院长	1988.09—1997.11	江西医学院
	党委副书记、院长	1997.11—2003.09	江西医学院
史冠郁	党委副书记	1993.04—1997.11	江西医学院
易炳星	纪委书记	1994.01—2005.08	江西医学院
易为民	院长助理	1996.02—1996.05	江西医学院
	副院长	1996.05—2002	江西医学院
汪忠武	党委书记	1997.11—2003.09	江西医学院

续表

姓名	职务	任职时间	校名
胡永新	党委副书记	1997.11—2003.09	江西医学院
	党委副书记（主持）	2003.09—2004.08	江西医学院
	党委书记	2004.08—2005.07	江西医学院
沈建华	副院长	1997.11—2000.02	江西医学院
傅克刚	院长助理	1998.09—2000.02	江西医学院
	副院长	2000.02—2003.10	江西医学院
	副院长（主持）	2003.10—2004.08	江西医学院
	党委副书记、院长	2004.08—2005.08	江西医学院
陈伟高	院长助理	1998.12—2005.08	江西医学院
程传裕	党委副书记	2000.09—2005.08	江西医学院
高金庆	副院长	2003.05—2005.08	江西医学院
高国兰	副院长	2003.10—2005.08	江西医学院

（2）原国立中正大学历任领导名单

姓名	职务	时间	校名
熊式辉	筹委会主任	1940.06—1940.10	国立中正大学
胡先骕	校长	1940.10—1944.05	国立中正大学
萧蘧	校长	1944.05—1947.05	国立中正大学
吴兆棠	督学	1947.05—1947.08	国立中正大学
林一民	校长	1947.081—1949.04	国立中正大学

（3）原国立南昌大学历任领导名单

姓名	职务	时间	校名
蔡枢衡	临时校务委员会主任委员	1949.04—1949.06	国立南昌大学
农康任	校务委员会主任委员	1949.06—1949.09	国立南昌大学
艾寒松	改革委员会主任委员	1949.09—1950.02	国立南昌大学
刘乾才	校务委员会主任委员	1950.02—1953.07	国立南昌大学

(4)江西大学历任领导名单

姓名	职务	任职时间	校名
杨尚奎	校长	1958.06—1960.08	江西大学
吕良	党委书记	1958.06—1961	江西大学
	党委书记、校长	1960.08—1964.10	江西大学
张慈瑞	党委副书记、副校长	1958.06—1964	江西大学
	党委书记	1978.03—1983	江西大学
李林	党委副书记、副校长	1958.06—1961	江西大学
邹锦诚	副校长	1958.06—1966.02	江西大学
吴启中	秘书长	1958.06—1962.05	江西大学
臧靖	党委副书记	1960.12—1966	江西大学
谷霁光	副校长	1961—1966.05	江西大学
	校长	1979—1983.09	江西大学
	名誉校长	1983.09—1993.03	江西大学
于生	副校长	1961.01—1966.05	江西大学
李云扬	副校长	1962.05—1962.10	江西大学
	党委副书记、副校长	1962.10—1964.10	江西大学
	党委书记、副校长	1964.10—1966.05	江西大学
白尚德	秘书长	1964.10—1966.05	江西大学
	革委会副主任	1968.05—1968.10	江西大学
徐戈东	瑞金分校校长	1965.08—1966.06	江西大学
张希仁	瑞金分校党委副书记	1966.02—1966.06	江西大学
黄金贵	瑞金分校副校长	1966.02—1966.06	江西大学
徐从忠	瑞金分校副校长	1966.02—1966.06	江西大学
孟绍周	革委会主任	1968.05—1968.10	江西大学
张九同	革委会副主任	1968.05—1968.10	江西大学
涂湘木	革委会副主任	1968.05—1968.10	江西大学
王纪明	筹建小组组长	1972.12—1978	江西大学
周振远	总支书记、筹建小组副组长	1973.03—1978	江西大学
鲁明	总支副书记	1973.03—1983.09	江西大学
林怀远	筹建小组副组长	1974.09—1978	江西大学

续表

姓名	职务	任职时间	校名
林英	副校长	1979—1983.09	江西大学
张继福	副校长	1979—1987	江西大学
	副书记	1987.01—1993.04	江西大学
刘瑞霖	党委副书记、副校长	1980.01—1983	江西大学
王毅忱	副校长	1980.01—1983.09	江西大学
	顾问	1983—1984	江西大学
关键	党委书记	1983—1990	江西大学
戴执中	校长	1983.—1987.01	江西大学
	名誉校长	1987.01—1993.04	江西大学
王仲才	副校长	1983—1987	江西大学
	校长	1987.01—1993	江西大学
陈正夫	副校长	1983—1990	江西大学
肖纯槐	副校长	1983—1988	江西大学
熊耀祖	副校长	1987.01—1993.04	江西大学
邹道文	副校长	1987.01—1993.04	江西大学
吴吉祥	党委书记	1991.05—1993.04	江西大学
蒋如铭	党委副书记	1991.05—1993.04	江西大学
王振东	纪委书记	1991.05—1993.04	江西大学
何小江	副校长	1991.03—1993.04	江西大学

（5）江西工业大学历任领导名单

姓名	职务	任职时间	校名
白栋材	院长	1958.06—1961.08	江西工学院
张时超	党委书记、副院长	1958.7—1968.03	江西工学院
高陵	院长	1961.08—1968.03	江西工学院
潘良甫	党委副书记、副院长	1961.06—1968.03	江西工学院
	革委会主任	1968.03—1969	江西工学院
	副院长	1980.04—1983	江西工学院

续表

姓名	职务	任职时间	校名
牟桂本	党委副书记	1961.08—1968.03	江西工学院
吴启中	副院长	1962.05—1972.12	江西工学院
伍乃茵	党委副书记	1962.10—1972.12	江西工学院
安健	党委书记	1966.08—1968.05	江西工学院
鲁毅	副校长	1966.08—1968.05	江西工学院
孟绍周	革委会主任	1969—1972	江西理工科大学
王泽民	革委会副主任	1970—1972	江西理工科大学
罗廷柱	党委书记、革委会主任	1972.11—1973.02	江西理工科大学
	党委书记、革委会主任	1973.02—1983	江西工学院
李克勤	副院长	1980.04—1983	江西工学院
黄定元	党委书记	1983.09—1985	江西工学院
谢叔敏	副院长	1983.09—1983	江西工学院
王敬亭	副院长	1983.09—1985	江西工学院
	副校长	1985—1990	江西工业大学
杨应群	院长	1984.01—1985.04	江西工学院
	校长	1985.04—1986	江西工业大学
武代洪	党委副书记（主持）	1984.01　1985.04	江西工学院
	党委副书记（主持）	1985.04—1988.08	江西工业大学
张世英	副校长	1985.04—1988.06	江西工业大学
李嗣垦	副校长（主持）	1986.09—1988.06	江西工业大学
	党委副书记、校长	1988.07—1993.04	江西工业大学
潘传康	副校长	1986.09—1993.04	江西工业大学
黄汝为	副校长	1986.09—1993.04	江西工业大学
王文才	党委书记	1988.07—1993.04	江西工业大学
史冠郁	党委副书记	1988.07—1993.04	江西工业大学
刘锡忠	副校长	1991.06—1993.04	江西工业大学
欧阳锦堂	党委委员（正厅）	1991.06—1993.04	江西工业大学

（6）南昌大学党委历任及现任领导名单

<table>
<tr><td rowspan="3">党委书记</td><td>周绍森（1993.04—2002.12）</td><td>周文斌（2005.04—2007.02）</td></tr>
<tr><td>郑克强（2007.02—2010.04）</td><td>胡永新（2011.12—2018.03）</td></tr>
<tr><td>喻晓社（2018.03—）</td><td></td></tr>
<tr><td rowspan="6">党委副书记</td><td>潘际銮（1993.04—2002.12）</td><td>蒋如铭（1993.04—1994.03）</td></tr>
<tr><td>熊大成（1993.04—1997.11）</td><td>姚亚平（1994.11—2000.06）</td></tr>
<tr><td>李水弟（1999.12—2004.09）</td><td>周文斌（2002.12—2005.03
2007.03—2013.05）</td></tr>
<tr><td>陈东有（2002.12—2003.07）</td><td>程样国（2005.07—2010.02）</td></tr>
<tr><td>徐求真（2007.03—2017.11）</td><td>周创兵（2013.06—）</td></tr>
<tr><td>黄恩华（2017.12—2020.04）</td><td>李德平（2020.08—）</td></tr>
<tr><td rowspan="2">纪律检查委员会书记</td><td>王振东（1993.04—1994.11）</td><td>何小江（1994.11—2000.03）</td></tr>
<tr><td>黄　云（2007.02—2018.11）</td><td>史国珍（2019.02—）</td></tr>
<tr><td rowspan="17">党委委员
（1993.04—2017.05）</td><td>周绍森（1993.04—2002.12）</td><td>潘际銮（1993.04—2002.12）</td></tr>
<tr><td>蒋如铭（1993.04—1994.03）</td><td>熊大成（1993.04—1997.11）</td></tr>
<tr><td>李嗣垦（1993.04—1996.09）</td><td>熊耀祖（1993.04—2002.12）</td></tr>
<tr><td>潘传康（1993.04—1996.09）</td><td>黄汝为（1993.04—1995.01）</td></tr>
<tr><td>何小江（1993.04—2000.03）</td><td>王振东（1993.04—1999.05）</td></tr>
<tr><td>吴志强（1993.06—1998.04）</td><td>姚亚平（1994.11—2000.06）</td></tr>
<tr><td>游　海（1995.06—2002.12）</td><td>甘筱青（1998.10—2007.03）</td></tr>
<tr><td>程样国（1998.09—2010.02）</td><td>扶名福（1998.10—2009.05）</td></tr>
<tr><td>李水弟（1999.12—2004.09）</td><td>周文斌（2002.12—2013.05）</td></tr>
<tr><td>刘三秋（2002.12—2005.11）</td><td>李建民（2002.12—2016.05）</td></tr>
<tr><td>陈东有（2002.12—2003.07）</td><td>谢明勇（2004.05—2017.03）</td></tr>
<tr><td>高国兰（2005.07—2010.03）</td><td>傅克刚（2005.07—2010.01）</td></tr>
<tr><td>郑克强（2007.02—2010.04）</td><td>黄　云（2007.02—2017.05）</td></tr>
<tr><td>徐求真（2007.03—2017.05）</td><td>江风益（2008.08—2017.05）</td></tr>
<tr><td>李葆明（2009.02—2017.05）</td><td>邓晓华（2011.08—2017.05）</td></tr>
<tr><td>易敬林（2011.08—2013.02）</td><td>胡永新（2011.12—2017.05）</td></tr>
<tr><td>周创兵（2013.06—2017.05）</td><td>朱小理（2017.01—2017.05）</td></tr>
</table>

续表

党委常委（学校2017年5月起实行党委常委制）	胡永新（2017.05—2018.03）	周创兵（2017.05—）
	徐求真（2017.05—2017.11）	黄 云（2017.05—2018.11）
	江风益（2017.05—）	李葆明（2017.05—2019.02）
	邓晓华（2017.05—）	朱小理（2017.05—2020.09）
	李 鸣（2017.05—2017.07）	舒 明（2017.05—2018.05）
	黄恩华（2017.12—2020.04）	喻晓社（2018.03—）
	徐光兵（2018.08—）	饶 勇（2018.08—）
	滕勇前（2018.08—）	史国珍（2019.02—）
	刘成梅（2019.12—）	刘耀彬（2019.12—）
	李德平（2020.08—）	

（注：学校2017年5月开始实行党委常委制）

（7）南昌大学行政历任及现任领导名单

校长	潘际銮（1993.04—2002.12）	周文斌（2002.04—2013.05）
	周创兵（2013.07—）	
常务副校长	李嗣垦（1993.04—1996.09）	熊耀祖（1997.11—2002.12）
副校长	潘传康（1993.04—1996.09）	熊耀祖（1993.04—1997.11）
	黄汝为（1993.04—1995.01）	何小江（1993.04—1994.11）
	吴志强（1993.06—1998.04）	王振东（1994.11—1999.05）
	游 海（1995.06—2002.12）	胡振鹏（1996.09—1997.11）
	程样国（1998.09—2010.02）	扶名福（1998.10—2009.05）
	甘筱青（1998.10—2007.03）	邵 鸿（2000.01—2006.07）
	刘三秋（2002.12—2005.11）	李建民（2002.12—2016.06）
	谢明勇（2004.05—2017.04）	高国兰（2005.07—2010.04）
	傅克刚（2005.07—2010.01）	朱友林（2007.03—）
	江风益（2008.08—）	李葆明（2009.02—2019.02）
	辛洪波（2009.02—2019.12）	邓晓华（2009.02—）
	朱小理（2017.02—2020.09）	刘成梅（2020.01—）
	刘耀彬（2020.01—）	
巡视员	邹良志（2005.07—2008.05）	
正厅级校领导	徐求真（2021.03—）	

续表

校长助理	李建民（2001.01—2002.12）	徐求真（2004.07—2007.03）
	王玉芝（2004.07—2007.03）	李　鸣（2013.11—2017.07）
	李培生（2013.12—2017.03）	
总会计师	黄新建（2007.06—2014.02）	
江西发展研究院院长（参加校领导班子分工）	黄细嘉（2015.09—）	

3. 南昌大学国家专业教学指导委员会委员名单（2018—2022）

姓名	职位	教学指导委员会
周创兵	副主任委员	土木类专业教学指导委员会
周创兵	副主任委员	土木工程类专业教学指导委员会
朱友林	副主任委员	生物技术、生物工程类专业教学指导委员会
刘耀彬	委员	经济学类专业教学指导委员会
彭迪云	委员	金融类专业教学指导委员会
蒋平	委员	英语专业教学指导分委员会
陈信凌	委员	新闻传播学类专业教学指导委员会
伍歆	委员	天文学类专业教学指导委员会
洪一江	委员	生物科学类专业教学指导委员会
熊兴福	委员	工业设计专业教学指导分委员会
范杰平	委员	林业工程类专业教学指导委员会
刘成梅	委员	食品科学与工程类专业教学指导委员会
赵大显	委员	水产类专业教学指导委员会
李葆明	委员	临床医学类专业教学指导委员会
郑莉萍	委员	临床实践教学指导分委员会
陈晓	委员	儿科专业教学指导分委员会
雷恩骏	委员	麻醉学专业教学指导分委员会
廖洪斐	委员	眼视光医学专业教学指导分委员会
邱嘉旋	委员	口腔医学类专业教学指导委员会

续表

姓名	职位	教学指导委员会
郭健	委员	中医学类专业教学指导委员会
孙贵才	委员	中西医结合类专业教学指导委员会
蒋丽萍	委员	药学类专业教学指导委员会（含临床药学、制药工程等专业）
何朝珠	委员	护理学类专业教学指导委员会
龚花萍	委员	图书馆学专业教学指导委员会
张芳霖	委员	档案学专业教学指导委员会
张发明	委员	工业工程类专业教学指导委员会
黄细嘉	委员	旅游管理类专业教学指导委员会
朱传喜	委员	大学数学课程教学指导委员会
葛刚	委员	大学生物学课程教学指导委员会
宋固全	委员	力学基础课程教学指导分委员会
周小军	委员	医学人文素养与全科医学教学指导委员会
黄孝天	委员	医学人文素养与全科医学教学指导委员会
周创兵	委员	对口支援工作指导委员会

4. 南昌大学国家级人才称号名录

南昌大学各类高层次人才名册（截至2020年11月）		
序号	姓名	人才类型
1	江风益	中国科学院院士
1	周创兵	“973计划”首席科学家
2	田小利	“973计划”首席科学家
1	阮榕生	国家级人才项目入选者
2	梅林	国家级人才项目入选者
3	邓曙光	国家级人才项目入选者
4	闵卫东	国家级人才项目入选者
5	黄涛生	国家级人才项目入选者

续表

南昌大学各类高层次人才名册（截至2020年11月）		
序号	姓名	人才类型
6	杨维冉	国家级人才项目入选者
7	周杨波	国家级人才项目入选者
8	张进	国家级人才项目入选者
9	徐振江	国家级人才项目入选者
10	赵德威	国家级人才项目入选者
1	江风益	国家“万人计划”人选
2	洪葵	国家“万人计划”人选
3	陈义旺	国家“万人计划”人选
4	刘耀彬	国家“万人计划”人选
5	刘军林	国家“万人计划”人选
6	聂少平	国家“万人计划”人选
7	陈红兵	国家“万人计划”人选
8	朱传喜	国家“万人计划”人选
9	戴煜	国家“万人计划”人选
1	周创兵	国家杰出青年科学基金获得者
2	邓晓华	国家杰出青年科学基金资助者
3	李葆明	国家杰出青年科学基金资助者
4	陈义旺	国家杰出青年科学基金资助者
5	熊仁根	国家杰出青年科学基金资助者
6	聂少平	国家杰出青年科学基金资助者
7	李竞	国家杰出青年科学基金资助者
1	阮榕生	国家级人才项目入选者
2	辛洪波	国家级人才项目入选者
3	李葆明	国家级人才项目入选者
4	邓晓华	国家级人才项目入选者

续表

南昌大学各类高层次人才名册（截至2020年11月）		
序号	姓名	人才类型
5	刘耀彬	国家级人才项目入选者
6	熊仁根	国家级人才项目入选者
7	张立明	国家级人才项目入选者
1	廖伟强	国家级人才项目入选者
1	祝新根	国家级人才项目入选者
1	谢建华	青年拔尖人才（万人计划自然科学类）
1	周创兵	教育部学部委员
2	谢明勇	教育部学部委员、国务院学科评议组成员、国际食品科学院院士
1	朱传喜	国家教学名师
1	周创兵	国家百千万人才工程人选
2	江风益	国家百千万人才工程人选
3	张华	国家百千万人才工程人选
4	郭光华	国家百千万人才工程人选
5	洪葵	国家百千万人才工程人选
6	邓晓华	国家百千万人才工程人选
7	曾旭辉	国家百千万人才工程人选
8	王建斌	国家百千万人才工程人选
9	陈红兵	国家百千万人才工程人选
10	刘成梅	国家百千万人才工程人选
11	刘耀彬	国家百千万人才工程人选
12	邵江华	国家百千万人才工程人选
13	熊涛	国家百千万人才工程人选

续表

南昌大学各类高层次人才名册（截至2020年11月）		
序号	姓名	人才类型
14	王立	国家百千万人才工程人选
15	张发明	国家百千万人才工程人选
16	陈义旺	国家百千万人才工程人选
17	王小磊	国家百千万人才工程人选
1	郑仁奎	中科院“百人计划”人选
1	聂少平	国家优秀青年科学基金获得者
2	周猛	国家优秀青年科学基金获得者
1	江风益	教育部新（跨）世纪优秀人才支持计划人选
2	陈义旺	教育部新（跨）世纪优秀人才支持计划人选
3	陈红兵	教育部新（跨）世纪优秀人才支持计划人选
4	傅春	教育部新（跨）世纪优秀人才支持计划人选
5	唐建成	教育部新（跨）世纪优秀人才支持计划人选
6	邱建丁	教育部新（跨）世纪优秀人才支持计划人选
7	聂少平	教育部新（跨）世纪优秀人才支持计划人选
8	王立	教育部新（跨）世纪优秀人才支持计划人选
9	刘耀彬	教育部新（跨）世纪优秀人才支持计划人选
10	潘秉兴	教育部新（跨）世纪优秀人才支持计划人选
11	梁汝萍	教育部新（跨）世纪优秀人才支持计划人选
1	江风益	享受国务院特殊津贴
2	陈俐	享受国务院特殊津贴
3	尹继东	享受国务院特殊津贴
4	王亮生	享受国务院特殊津贴
5	陈世润	享受国务院特殊津贴
6	刘成梅	享受国务院特殊津贴

续表

南昌大学各类高层次人才名册（截至2020年11月）		
序号	姓名	人才类型
7	王命延	享受国务院特殊津贴
8	李建民	享受国务院特殊津贴
9	刘念华	享受国务院特殊津贴
10	熊华	享受国务院特殊津贴
11	程晓曙	享受国务院特殊津贴
12	占传杰	享受国务院特殊津贴
13	许杨	享受国务院特殊津贴
14	黄菊花	享受国务院特殊津贴
15	张华	享受国务院特殊津贴
16	万福生	享受国务院特殊津贴
17	傅华群	享受国务院特殊津贴
18	吕农华	享受国务院特殊津贴
19	郭光华	享受国务院特殊津贴
20	谢明勇	享受国务院特殊津贴
21	辛勇	享受国务院特殊津贴
22	段降振	享受国务院特殊津贴
23	朱传喜	享受国务院特殊津贴
24	卢晓勇	享受国务院特殊津贴
25	郑月慧	享受国务院特殊津贴
26	王共先	享受国务院特殊津贴
27	张剑	享受国务院特殊津贴
28	张吉翔	享受国务院特殊津贴
29	武友新	享受国务院特殊津贴
30	邓泽元	享受国务院特殊津贴
31	张焜和	享受国务院特殊津贴
32	洪葵	享受国务院特殊津贴
33	彭迪云	享受国务院特殊津贴
34	梁尚栋	享受国务院特殊津贴

续表

南昌大学各类高层次人才名册（截至2020年11月）		
序号	姓名	人才类型
35	闫洪	享受国务院特殊津贴
36	邓晓华	享受国务院特殊津贴
37	王建斌	享受国务院特殊津贴
38	邵江华	享受国务院特殊津贴
39	时军	享受国务院特殊津贴
40	刘季春	享受国务院特殊津贴
41	聂少平	享受国务院特殊津贴
42	陈红兵	享受国务院特殊津贴
43	伍歆	享受国务院特殊津贴
44	曾旭辉	享受国务院特殊津贴
45	刘耀彬	享受国务院特殊津贴
46	陈信凌	享受国务院特殊津贴
47	辛洪波	享受国务院特殊津贴
48	刘军林	享受国务院特殊津贴
49	张芳霖	享受国务院特殊津贴
50	张发明	享受国务院特殊津贴
51	王立	享受国务院特殊津贴
52	熊涛	享受国务院特殊津贴
53	张伟	享受国务院特殊津贴
54	吴延庆	享受国务院特殊津贴

5. 南昌大学国家级一流本科专业建设点名单（2019—2020）

序号	专业名称	所在学院	年份
1	经济学	经济管理学院	2019年
2	法学	法学院	2019年
3	汉语言文学	人文学院	2019年
4	英语	外国语学院	2019年

续表

序号	专业名称	所在学院	年份
5	新闻学	新闻与传播学院	2019年
6	数学与应用数学	理学院	2019年
7	物理学	理学院	2019年
8	应用化学	化学学院	2019年
9	生物科学	生命科学学院	2019年
10	机械设计制造及其自动化	机电工程学院	2019年
11	材料科学与工程	材料科学与工程学院	2019年
12	通信工程	信息工程学院	2019年
13	计算机科学与技术	信息工程学院	2019年
14	土木工程	建筑工程学院	2019年
15	化学工程与工艺	资源环境与化工学院	2019年
16	环境工程	资源环境与化工学院	2019年
17	食品科学与工程	食品学院	2019年
18	药学	医学部	2019年
19	工商管理	经济管理学院	2019年
20	行政管理	公共管理学院	2019年
21	金融学	经济管理学院	2020年
22	广播电视学	新闻与传播学院	2020年
23	历史学	人文学院	2020年
24	生物技术	生命学院	2020年
25	材料成型及控制工程	机电工程学院	2020年
26	测控技术与仪器	信息工程学院	2020年
27	软件工程	软件学院	2020年
28	水利水电工程	建筑工程学院	2020年
29	制药工程	资源环境与化工学院	2020年
30	食品质量与安全	食品学院	2020年
31	临床医学	医学部	2020年
32	口腔医学	医学部	2020年
33	预防医学	医学部	2020年

续表

序号	专业名称	所在学院	年份
34	医学检验技术	医学部	2020年
35	护理学	医学部	2020年
36	管理科学	管理学院	2020年
37	会计学	经济管理学院	2020年
38	电子商务	管理学院	2020年
39	旅游管理	旅游学院	2020年

6. 南昌大学省级以上重点学科名录

（1）“十二五”期间省级以上重点学科名录

江西省高水平学科名单	
序号	学科项目
1	物理学
2	化学工程与技术
3	机械工程
4	临床医学（内科学）
5	临床医学（外科学）
“十二五”江西省重点学科名单	
序号	项目名称
1	应用经济学
2	法学
3	马克思主义理论
4	中国语言文学
5	新闻传播学
6	化学
7	生物学
8	材料科学与工程
9	信息与通信工程
10	计算机科学与技术

续表

江西省高水平学科名单	
序号	学科项目
11	环境科学与工程
12	食品科学与工程
13	基础医学
14	临床医学
15	药学
16	管理科学与工程

（2）“双一流”建设期间省级以上重点学科名录

国家“双一流”建设学科名单	
序号	学科项目
1	新材料技术学科群
“江西省有特色高水平大学和一流学科”名单	
序号	项目名称
1	新材料技术学科群
2	食品科学技术与健康
3	临床医学
4	化学
5	生物学
6	江右人文
7	应用经济学
8	新闻传播学

7. 南昌大学现有博士学位授予权学科专业名录

序号	学科名称	授权类别	授权级别
1	哲学	学术学位	博士一级学科
2	马克思主义理论	学术学位	博士一级学科

续表

序号	学科名称	授权类别	授权级别
3	中国语言文学	学术学位	博士一级学科
4	新闻传播学	学术学位	博士一级学科
5	化学	学术学位	博士一级学科
6	生物学	学术学位	博士一级学科
7	力学	学术学位	博士一级学科
8	机械工程	学术学位	博士一级学科
9	材料科学与工程	学术学位	博士一级学科
10	环境科学与工程	学术学位	博士一级学科
11	食品科学与工程	学术学位	博士一级学科
12	基础医学	学术学位	博士一级学科
13	临床医学	学术学位	博士一级学科
14	药学	学术学位	博士一级学科
15	管理科学与工程	学术学位	博士一级学科
16	临床医学	专业学位	博士

8. 南昌大学历届省级及以上各民主党派和统战团体组织领导、政府参事、文史馆员名单

一、民主党派领导

（一）民革江西省委员会主委、副主委

张剑青　民革江西省第六、七、八届委员会副主委

黄天纵　民革江西省第八、九届委员会副主委

贾益纲　民革江西省第十届、十一届委员会副主委（曾兼任政协抚州市第三届委员会副主席）

傅　春　民革江西省第十三届委员会副主委

（二）民盟江西省委员会主委、副主委

谷霁光　民盟江西省委会第三届副主委，民盟江西省委会第四、五、六、七届主委，民盟江西省委会第八、九届名誉主委

戴执中　民盟江西省委会第八届主委，民盟江西省委会第十、十一届委员会名

誉主委

姚公骞　民盟江西省委会第七届、第八届副主委，民盟江西省委会第九届主委

辜　清　民盟江西省委会第十一、十二届副主委

朱友林　民盟江西省委会第十一、十二届副主委

黄菊花　民盟江西省委会第十三、十四届副主委

（三）农工党江西省委会主委、副主委

胡献可　农工党江西省委会第四届副主委

郑小燕　农工党江西省委会第八、九届副主委

张永福　农工党江西省委会第七届副主委

兰绪达　农工党江西省委会第六、七、八届副主委

刘季春　农工党江西省委会第十二届副主委

（四）九三学社江西省委员会主委、副主委

邵　鸿　九三学社江西省委会第四、第五届委员会主委

张　伟　九三学社江西省委会第八届副主委；九三学社江西省第八届委员会主委

薛士良　九三学社江西省委员会第一、第二、第三届副主委

辛洪波　九三学社江西省委会第七、第八届副主委

周　浪　九三学社江西省委会第四、第五、第六届副主委（曾兼任政协上饶市第三届委员会副主席）

二、统战团体领导

（一）省侨联主席、副主席

陈海晏　第四届省侨联副主席

张吉翔　第五、第六届省侨联副主席

辛洪波　第七、八届省侨联副主席

周　浪　第八届省侨联副主席

（二）省留联会会长、副会长

第一届副会长：程晓曙　谢明勇

第二届副会长：朱友林　邵江华

三、省级及以上政府参事、文史馆员

省政府参事　陶学荣（2003—2012 年）　耿茂鹏（2003—2009）
　　　　　　胡　清（2008—2014）　黄邵刚（2008—2014）

朱光辉（2008—2014）　　黄河浪（2014—2018）

贾益纲（2018—　）

省文史馆员　沈星棣　俞兆鹏　文师华

9. 南昌大学历届省级及以上人大代表、政协委员名单

一、全国人大代表

第三届　代表：万泉生　孟宪荩

第五届　代表：胡献可

第六届　代表：郭季炳　胡献可

第八届　代表：戴执中　黄天纵　叶如美

第九届　代表：朱友林　黄天纵　叶如美

第十届　代表：朱友林

第十一届　代表：朱友林

第十三届　代表：黄菊花　张　伟

二、全国政协委员

第三届　委员：谷霁光

第四届　委员：谷霁光

第五届　委员：孟宪荩　谷霁光　孙泽瀛

第六届　委员：谷霁光

第七届　委员：戴执中

第十届　常委：邵　鸿　委员：李冬妮　郑小燕

第十一届　委员：周　浪

三、江西省人大代表

第一届　代表：孟宪荩　谷霁光

第二届　代表：孟宪荩　谷霁光

第三届　代表：万泉生　孟宪荩

第五届　副主任：谷霁光　代表：万泉生　郭季炳　胡献可

第六届　代表：戴执中　郭季炳　李希靖　胡献可

第七届　常委：兰绪达　代表：张剑青

第八届　常委：兰绪达　代表：夏宏根　姚公骞
第九届　常委：兰绪达　代表：涂书田
第十届　常委：辜　清　黄河浪　涂书田　代表：肖　萍　谢　弘
第十一届　常委：辜清（2012.5 年调离）涂书田　张　伟
第十二届　常委：朱清仙　涂书田　代表：赖晓阳　刘月辉
第十三届　常委：朱友林　刘季春　傅　春

四、江西省政协委员

第一届
常委：孟宪荩
第二届
副主席：谷霁光　常委：孟宪荩
委员：孙泽瀛　刘孔芝　胡献可
第三届
副主席：谷霁光
常委：孙泽瀛　刘孔芝　胡献可
委员：邓宗觉　林　英
第四届
副主席：谷霁光
常委：孙泽瀛　邓宗觉　胡献可　郭季炳　孟宪荩
委员：万泉生　姚公骞　沈荣熙　林　英
第五届
副主席：谷霁光
常委：姚公骞　邓宗觉　胡献可　孟宪荩　郭季炳
委员：赵寿元　程齐贤　雷　冲　周苏廉　张剑青　彭德玮　龚子夫
第六届
副主席：戴执中
常委：姚公骞　邓宗觉　高摄渊　薛士良　张永福　郭季炳
委员：李招贤　王桂林　赵寿元　程齐贤　雷　冲　周苏廉
　　黄天纵　廖信平　彭德玮　龚子夫　吴　鹏
第七届
副主席：戴执中

常委：张剑青　戴惠娟　黄天纵　秦　中　胡振鹏　高摄渊　张永福　戴惠娟

委员：曾小鲁　王桂林　罗志野　吴景探　俞兆鹏　何成宏　衷仁保　雷　冲　廖信平　吴　鹏　李招贤　赵衍曾　龚子夫

第八届

常委：邵　鸿　陈海晏　秦　中　何成宏　朱友林　马志武　郑小燕　周　浪　赵　玲

委员：刘寿昌　罗志野　吴　鹏　刘天伦　王港元　曾广兴　胡　清　陶海南　范广涵　相南翔　黄模佳　解　丽　辜　清　贾益纲　陈　恳　李招贤　黄河浪　李华栋　卢胜平　朱光辉　赵衍曾　陈蔷娟　朱清仙　赖晓阳　苏　海　曾　飞

第九届

副秘书长：邵　鸿

常委：邵　鸿　陈海晏　贾益纲　周　浪　黄菊花　朱光辉　赵　玲　张　伟

委员：陈　恳　陈　涛　胡　清　黄劭刚　刘天伦　卢晓勇　罗时民　欧阳珊　卢胜平　熊曼玲　王德保　文师华　曾广兴　张　彬　周天瑞　孙雪玉　解　丽　朱清仙　郑月慧　赖晓阳　刘季春　刘月辉　朱培谦　胡琼华　苏　海　曾　飞

第十届

常委：贾益纲　黄菊花　黄河浪　卢晓勇　刘季春　王德保　赵　玲

委员：罗时民　李越湘　卢胜平　肖　萍　欧阳珊　朱清仙　郑月慧　宋固全　张　彬　熊曼玲　赖晓阳　朱光辉　文师华　刘月辉　袁兆康　熊建萍　朱培谦　陈　恳　张　萌　傅　春　蒋　平　吴建勇　辛洪波　胡琼华

第十一届

常委：黄菊花　郑月慧　卢晓勇　刘季春　辛洪波　张　伟

委员：贾益纲　傅　芬　李越湘　朱友林　肖　萍　宋固全　罗　坚　熊曼玲　文师华　袁兆康　熊建萍　周　浪　张　萌　傅　春　洪一江

第十二届

常委：郑月慧（2018.1—2018.12）　涂书田　辛洪波　吴代赦　肖　萍

委员：傅　芬　李越湘　李　萍　辛国华　杨　峰　罗　坚　赖晓阳　张　萌　蒋　平　洪一江　刘月辉　王予江　吴　闽　熊　涛　魏　华　乐爱平

备注：以上均为党外省级以上人大代表、政协委员名单

后 记

为迎接南昌大学办学100周年，并客观真实地记录学校100年的发展过程和建设成就，2020年5月，学校组织力量编撰一部全面反映学校100年来办学历程的校史。学校成立了校史编撰委员会，校党委书记喻晓社任主任，校长周创兵等校领导任副主任，周创兵同时担任校史主编。6月，学校成立校史编撰工作组，邹锦良任执行主编，余启胜、钟贞山、朱旺力、吴丹等任副主编。

2020年6月15日，学校召开了第一次校史编撰专家研讨会，时任校党委常委、副校长朱小理与张兴荣、俞兆鹏、周声柱、袁礼华、文师华、张芳霖、黄志繁、徐戎等专家学者研讨校史编撰大纲，编撰体例以及编撰原则等。2020年6月底，校长周创兵对校史编撰提出了基本要求，坚持实事求是、尊重史实原则，重点反映与国运相系、与党史相随的发展历史，展示1993年合并以来学校的办学成就，写出南昌大学立德树人特点，体现南昌大学的大学文化与精神，体现南昌大学扎根赣鄱办教育的特色。7月2日，学校召开了第一次校史编撰工作组会议，明确了任务分工。

校史编撰具体内容及分工为：上篇“百年源流”分为四章，第一章“学校溯源”又分为四节，分别为“江西医学院（1921—2005）”（由余启胜、黄晓红执笔），“国立中正大学与南昌大学（1940—1953）”（由胡邦宁、邹锦良执笔），“江西大学（1958—1993）”（由吴杰华、邹锦良执笔），“江西工业大学（1958—1993）”（由刘敏执笔）；第二章“融合发展（1993—2002）”（由钟贞山、李云辉执笔）；第三章“建设发展（2003—2012）”（由朱旺力、叶林桢执笔）；第四章“内涵发展（2013—2021）”（由吴丹、欧阳润、叶庆华执笔）。前三章在尽可能吸收90周年校史的基础上，挖掘新史料，对内容做了补充和增改，并且在体例上也做了较大调整，“国立中正大学与南昌大学（1940—1953）”一节则是本次校史编撰新增加的内容，第四章是学校近10年来发展成就的突出体现。校史中篇“百年建制”也分为四章，包含第五章“学部院系”（由戴磊、欧阳润执笔）、第六章“科研平台”（由叶庆华执笔）、第七章“职能部门”（由刘尧飞执笔）、第八章“附属单位”（由廖元新执笔）。

2020年12月8日，校长周创兵在听取校史编撰工作组情况汇报后，提出在上篇“百年源流”、中篇“百年建制”的基础上，编撰下篇“百年经典”，选取整理南昌大学办学100年历程中在党建思政、学科建设、师资队伍、人才培养、科学研究、社会服务、文化引领、对外合作等方面具有代表性的100个案例编辑成稿。编撰工作组通过单独拜访、咨询专家顾问、对口座谈，搜集整理素材线索，并通过各种形式面向全校师生、海内外校友、社会各界征集，经多方讨论、汇集众智，最终确定百年经典条目100个。在此基础上，编撰工作组组织余启胜、邹锦良、朱旺力、李云辉、廖元新、方之美、叶庆华、胡邦宁、韩东、吴杰华、戴磊等同志进行百年经典内容的撰写，后由孔爱民、邹锦良、廖元新、刘水龙等对内容进行修改完善，校党委书记喻晓社、校长周创兵等校领导，文师华、张国功等教授对百年经典内容进行了细致审读并提出了中肯意见。

全书日常统筹工作由邹锦良负责，学校党委宣传部和档案馆承担资料征集、单位稿件收集、档案资料查证和协调服务工作，宣传部部长饶勇和档案馆馆长王静、邓筱玲、赵果、熊亚菲等同志在其中做了大量工作。

在百年校史文稿审定后，十三届全国政协副主席、九三学社中央常务副主席邵鸿，中国科学院院士、清华大学教授潘际銮，南昌大学党委副书记、校长周创兵在百忙之中拨冗为本书作序，在此致以崇高敬意和衷心感谢！

在百年校史编撰过程中，校党委、行政给予了高度重视和精心指导，校党委书记喻晓社、校长周创兵多次听取校史编撰工作进展情况，并亲自指导校史内容编撰及文稿审阅工作，提出诸多宝贵意见。校党委副书记李德平、副校长邓晓华等学校党政领导多次召开校史编撰工作会议，协调解决编撰工作中诸多事宜。同时，编撰工作得到了周绍森、王振东、郑克强、陈东有等多位老领导的悉心指导，也得到了袁礼华教授、文师华教授、张国功教授、周声柱教授、王德保教授、黄志繁教授等专家的鼎力相助，得到了校内各单位的大力支持，得到了离退休老同志、广大师生和校友的热心帮助。尤其是几位审稿专家，在农历春节期间放弃休息，细致审读，提出意见，令人感佩。在此，对关心支持本书编写的所有单位和个人一并致谢。

毋庸置疑，南昌大学办学历史源远流长、办学过程曲折艰辛，史料档案未能完备延存，加之编写时间仓促，且处于疫情期间，资料收集力度不够，编写者水平有限，一些征求意见未能在此次校史编撰中充分吸收，疏漏之处在所难免，恳请读者批评指正，我们将在今后的修订中更广泛、更充分地吸收各种意见和建议。

本书编委会
2021年3月